周先庚文集

卷二

阎书昌　周广业◎主编

中国科学技术出版社
CHINA SCIENCE AND TECHNOLOGY PRESS
·北　京·

图书在版编目（CIP）数据

周先庚文集. 卷二/阎书昌，周广业主编. —北京：中国科学技术出版社，2013. 10

ISBN 978 - 7 - 5046 - 6424 - 2

Ⅰ. ①周…　Ⅱ. ①阎…②周…　Ⅲ. ①社会科学—文集②心理学—文集　Ⅳ. ①C53②B84—53

中国版本图书馆 CIP 数据核字（2013）第 212673 号

出 版 人　苏　青
责任编辑　许　慧　韩　颖　周晓慧
责任校对　刘洪岩
责任印制　张建农
版式设计　魔弹文化

出　　版　中国科学技术出版社
发　　行　科学普及出版社发行部
地　　址　北京市海淀区中关村南大街 16 号
邮　　编　100081
发行电话　010—62173865
传　　真　010—62179148
网　　址　http：//www. cspbooks. com. cn

开　　本　787mm×1092mm　1/16
字　　数　901 千字
印　　张　43. 5
版　　次　2013 年 10 月第 1 版
印　　次　2013 年 10 月第 1 次印刷
印　　刷　北京长宁印刷有限公司
书　　号　ISBN 978 - 7 - 5046 - 6424 - 2/G・3494
定　　价　152. 00 元

1990 年于北京大学燕东园 34 号寓所内

1991 年参加清华大学 80 周年校庆（摄于二校门）

1923年

1928年

1929年

1937年

1938年

1945年

1947年

1963年

1966年

1975年

1976年

1984年

各个年代的周先庚

20 世纪 80 年代末在北大燕东园 34 号小楼寓所内留影

1989 年 3 月于柳无非家（外甥汪松摄）

周先庚文集

特邀顾问

张侃

编委会

主编：阎书昌　周广业

编委：高云鹏　彭凯平　范庭卫　陈　晶　周文业

序　言

张厚粲[①]

《周先庚文集》（卷一、卷二）两年多来在各方面的共同努力下，即将正式出版问世，对此我深感欣慰与振奋。《周先庚文集》（卷一、卷二）的出版是中国心理学界的一件大事，意义重大。其作用不仅在于对周先生个人毕生在心理学科研、教学方面全面的总结与回顾，更是对整个中国现代心理学发展的一次审视与见证。国家发展需要心理学，心理学对国家的建设与发展确实大有可为。20 世纪二三十年代是中国心理学发展过程中一个繁荣向上的时期，我们不会忘记是周先生这样一些前辈以顽强的科学精神与艰苦奋斗，给我们在科学的大道上奠定了坚实基础。当前国家对心理学的重视与支持，更显示着心理学欣欣向荣，繁荣昌盛新时期的到来。

周先生一生勤奋工作，成就卓著，为中国现代心理学的创建与发展贡献巨大，功不可没。我特别想强调的一点是：周先生是中国实验心理学这门学科的奠基人。先生 1925 年（时年 22 岁）就学于美国斯坦福大学生物学院心理学系，学习实验心理学，受到严格的实验心理技术训练，相继获得学士、硕士学位，1930 年获得博士学位。1929 年在第九届国际心理学年会上崭露头角，宣读他发明创造了四门速示器的论文，后来又在美国权威的《实验心理学杂志》（*Journal of Experimental Psychology*）上发表，对实验心理学的发展起了积极的推动作用。先生归国后，以实验心理为主攻方向，用实验的方法和技术研究人的各种心理现象，同时也研究心理学各个领域的问题。1932 年先生与人合作编写《初级心理实验》手册，是目前所知我国最早的自编心理学实验手册，影响深远。

众所周知，实验心理学的创建使心理学超越了思辨哲学的范畴，成为一门独立的科学。虽然实验并非心理学研究的唯一方法，然而实验心理学是科学心理学的基础，由于它引进了自然科学的研究方法，心理学得以快速发展，不断地生产出心理学的各个分支。为此，心理学的发展要依靠实验心理学。我认为：实验心理学荣则心理学荣、实验心理学衰则心理学衰；加强基础研究，改进和提高现代化的心理学实验方法和技术，对促进我国心理学的发展至关重要。为此，我更要向中国实验心理学的开拓者周

---

① 张厚粲教授，1927 年生，晚清“四大名臣”之一、湖广总督张之洞孙女。1948 年毕业于辅仁大学心理系并留校任教，现任北京师范大学心理学院教授、博士生导师、北京师范大学校务委员。曾任中国心理学会副理事长、国务院学位委员会心理学科评议组成员、国际心理科学联合会（IUPsyS）副主席等。主要研究领域为实验心理学、人类认知、以及心理与教育测量。——编者注

先庚先生，表示崇高的敬意。

周先生的众多学生都擅长于实验心理，人才辈出、贡献很大。我虽不是周先生的亲授学生，也曾接受周先生的指导。在我的德籍老师、辅仁大学心理系主任葛尔慈(J. Goertz)（德国实验心理学派创建人冯特第三代嫡传弟子）1951 年被驱逐回国后，我就以周先生为师，主动地向他请求指导。不久前，周先生长子周广业寄给我在整理周先生材料时发现的与我有关的两份材料，使我倍受感动，深为庆幸。其一是发表在 1958 年《北京师范大学学报》第一期上，我的文章《一种简便的言语强化条件反射实验器》的抽样本。当时正值北师大发起了“心理学大批判”，我突然成为被批判对象，文章虽已面世，也就从此销声匿迹，甚至在我的记忆中也逐渐消失。庆幸的是，当时我曾寄出一个抽样本请周先生赐教，被周先生收藏保存起来。55 年后“失而复得”重见天日，怎能不让我万分激动与感激。另一份是在“文化大革命”后心理学刚恢复时期，先生的日记中发现有如下的一页：“1978 年 4 月 18 日：上午师大张厚粲、谢斯竣、实验员孟某以及待分配来的韩昭，还有心理所赫葆源来 302 与陈舒永、杨博民、朱滢讨论实验心理学实验设计和新仪器的使用”。正是在那以后不久，我与北大陈舒永、心理所赫葆源合作写出了新中国成立后第一本《实验心理学》。该书曾经获奖，被公认为是一本影响深远的基础教材。很显然，书中包含了周先生的关怀与指导。

我拜读了一遍《周先庚文集》（卷一、卷二）初稿，就可感受到周先生的一贯主张：今后中国心理学的繁荣与发展必要遵循之路，一是大力开展对心理学理论与技术的深入研究；二是同时大力开展应用心理的研究与实践。1931 年周先生回国后，在清华大学心理学系同时开设实验心理学和应用心理学两门课程，很早就为我们树立榜样，指明了中国心理学的发展方向。1935 年周先生发表《心理学与心理建设》一文，呼吁对应用心理学的研究要重视和加强。指出心理学服务于社会实践，为大众所接受是推动心理学发展的重要动力，并且强调心理学应成为人民大众能理解、能接受的科学。今天回顾这样的谆谆教导实在发人猛省，令人深思。

周先生一向重视心理学科普工作，他曾教导学生：不要小看科普工作，如果专业工作者只重视研究，忽视向人民大众普及和传授，那么“知识就是力量”就变成了一句空话；又曾说过：“科普工作者是把高深的理论转换成为大众所理解和接受的通俗知识，进而起到教育人民、提高民族文化素质的作用。”在另一个指导研究选题的场合，周先生对他的学生语重心长地讲道：“要考虑选题是否有益于世，尽可能地考虑到社会要求，选题不仅要有理论意义，更要有实际应用价值。”早在 1931 年周先生发表文章《心理学的回顾》，就强调心理学要面向大众、面向人类实际生活，他当时倡导“常识心理学”，也就是现在所说的“心理学科普读物”。

《周先庚文集》（卷一、卷二）展示了周先生毕生为心理学勤奋工作，不断开拓创新的精神，取得的丰硕成果和对晚辈后生的关怀与期望。周先生对心理科学的无比热爱与重大成就，给读者以极大鼓舞。周先庚先生在现代中国心理学史上占据一席重要地位，是中国现代心理学史上一位巨人、先驱者、当之无愧的大师。我们缅怀他、敬重他、感激他、学习他！

《周先庚文集》（卷一、卷二）让我们温故而知新，它清楚地告诉我们中国心理学在20世纪二、三十年代曾经辉煌过。虽然后来经历了较长一段坎坷多难的时期，但现在已然重返正途。领导重视、社会需要，心理学科已经成为重点学科，并且还规定要重点发展。面临心理学科学事业的跃进新时期，如何珍惜来之不易的大好局面，做好继承和再发展，需要我们每个人认真思考。广大的心理学工作者，特别是中青年的同行们，作为生力军同时是主力军，一定要不负众望，加强社会责任感，多做“有益于世”的创新工作。牢记周先庚先生的教导：既要加强心理学基础理论知识的学习与掌握，也要面向实际加强应用心理学的发展。我虽已进入耄耋之年，但自觉心身尚佳，愿与年轻的同行们相互勉励，携手共进，努力把中国的心理科学推向一个新的高潮。衷心祝愿明天的中国心理学更加充满阳光，灿烂辉煌。

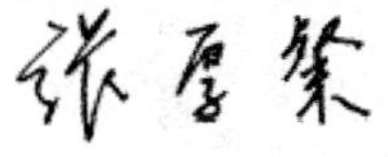

2013年7月25日

附录：在周先庚先生任清华大学心理系主任时，清华大学与其他大学心理系之间学术交流很多，1947年5月16日我在辅仁大学大三学习时，周先庚先生曾到辅仁大学讲“青年心理的发展”，周先生的博学多才和儒雅风度为全体同学折服。我班喜好文艺的孙昌龄同学深受启迪，萌发了对青年心理的研究，并于20世纪80年代出版了《青年心理健康顾问》一书，风靡一时，成为当年科普最畅销书，获文化部嘉奖，还被国家教委向全国中小学推荐为“在校期间应读的课外书籍”。五十年后，周先生应邀任北京市社会心理学会顾问时，与时任副理事长兼秘书长的孙昌龄相逢，二人共忆往事，感慨万千。当孙昌龄得知《周先庚文集》（卷一、卷二）即将出版时，无比欣喜。在我的邀请下，认真帮我成文，并进行文字修正，意在表达对周先生的怀念与感激。我在此也对老同学的帮助表示衷心的感谢。

编辑说明

2013年是中国现代心理学家周先庚先生诞辰110周年。值此之际，本编委会编辑了《周先庚文集》，以期通过对周先生所留下的宝贵学术遗产进行一次全面、系统的搜集、整理，展示他整个心理学生涯的学术成就，并透过其心理学生涯，折射出中国现代心理学发展进程的一些侧面。

周先生生前精心珍藏着他所参与过的几乎各项工作的相关资料，包括在国内外发表的学术论文、授课讲义、指导的学生毕业论文、学生的读书报告和考试试题，以及许多调查、实验研究的原始资料，其材料之丰富，其时间跨度之久，令人难以置信，这是中国心理学的宝贵遗产，它见证着中国现代心理学发展的艰辛历程。这些原始文献大部分收藏于清华大学档案馆、北京大学档案馆以及周先庚先生后人家属手中，它们是本文集编撰工作得以开展的基础。

《周先庚文集》共分两卷，整体上按照心理学的分支领域对文稿内容进行分类，每个类别内发表的文章或文稿按照发表或写作时间先后排序，本文集同时收录少量具有重要历史意义的翻译作品。本文集以周先庚的心理学著述为主体，以少量学术散论以及五四运动前后的杂论为辅。

《周先庚文集》收录的文献时间跨度大，每篇文章写作的社会背景不同，发表的载体不同，学术名词术语以及英文汉译等方面都有差异。为了真实反映不同时期中国心理学发展的形貌，编辑工作以保持文稿原貌为基本原则，只在必要时加注予以说明。

因任务繁重，时间紧迫，人力有限，加之编者水平有限，《周先庚文集》的选编工作难免存在问题，乃至舛误，敬请心理学界的前辈、同仁批评、指正。

《周先庚文集》编委会

2013年7月

凡　例

一、编排

根据心理学主要分支领域对文稿内容进行分类。每个类别之下的文稿以时间先后排序。

二、篇名

一般采用原文稿的标题，少量标题是由编者拟定，均加注说明。

三、注释

（一）题注

必要时对一些文章的写作背景、产生的社会影响等以题注形式作简要说明。

（二）脚注和尾注

文稿中原有的脚注均按照原文排印。原文中与正文一一对应的尾注，均改为脚注；否则，照录于文末。

（三）编者注

编者认为有必要对文稿中的部分内容进行说明的地方，一般采用脚注加以说明。

四、标点符号与数字

一般按照中华人民共和国国家标准《标点符号用法》、《出版物上数字用法的规定》执行。

五、文字

（一）繁体字一般均改为现行简体字。

（二）为保留文稿的历史面貌和风格，原文中的异体字和异形词有所保留。

（三）因战争年代报刊、杂志的印制艰辛，错讹较多，编者对有充分根据认定的错字或根据作者所藏稿本或自存本上的修订，径改不注。

（四）作者著述中的一些习惯用的字词如“响应”（即影响）等，编者均照录，必要时加注说明。

（六）原文中的一些外国人名、地名与现在的译法稍有不同，一般照录原文，编者对其中较为明确的人名、地名在必要时予以加注说明。

目录

CONTENTS

一、 工业心理学

国防设计与心理技术建设①

最近南京国防设计委员会调查处发出全国专门人才调查表二张，并附有信一封，印就回封一个，希望全国专门人才填答寄回。当此一切建设正在开始的时候，国家竟有专门人才调查之举，不能不说是政治修明的萌芽。我们常觉得政府谋建设，若舍去国有专门人才不用，而希望聘请洋大人，当然很难得到好的效果。全国专门人才之调查是目前刻不容缓的事，也即是我所谓的“心理技术建设”的一种。所以我特先表明我个人对于专门人才调查的希望，然后再约略提出几个国防设计中进一步更重要的“心理技术建设”。

第一，我希望国防设计委员会调查处这次必须切实认真调查。我以为凡是政府中实地工作的人员，当事一天，就应该真正尽量利用自己目前现实的机会，认真作点事情。我不相信政府计划中所有的国家大小事业，都在“推行不动”之列。国防设计委员会调查处比较的可算是一个实地工作的机关，很可以放手做去，把急待需用的全国专门人才认真的，详细的，敏捷的调查出来。

第二，我希望全国专门人才，于收到此项调查表格的时候，不问政府有无诚心任用，大家都要详详细细，切切实实的认真填答。我们既然希望政府认真作事，自己当然应该同心协力帮助政府，促成一切。在个人只是一举手一投足之劳，在国家则是一件大事。我们决不应该置之不理，漠不关心，以为有我亦不足重，无我亦不足轻。这种“独善其身”，“拔一毛而利天下不为也”的心理是要不得的。

第三，我希望全国专门学术团体与机关，同时也能够把专门人才调查，当作学术活动中一件重要的工作。专门人才只有专家认得，各种专门人才对于国家的需要与价值，以及他们所能贡献的技术与才能，只有专家本人知之最明，赏识最清。所以全国专门学术团体与机关应该响应政府，自动发起，努力进行专门人才调查工作。同行同业应该早早团结起来，作本行本业之技术的合作，系统的联络，与有计划，有步骤的专门人才调查，人才统计，与人才的均匀发展与分配，以为二次大战时我们担任后方工作的准备。

第四，我更希望一方面全国专门学术团体与机关，能尽量介绍专门人才，具体呈献专门技术方案；另一方面政府机关如国防设计委员会，经济委员会，建设委员会，军事委员会等能尽量利用调查所得的各种专门人才，尽量采纳他们所呈献的专门技术方案。专门人才调查是一切国防与建设事业的基本工作。但是调查非为调查而调查，

① 本文刊载于《独立评论》1934年第110期。——编者注

填答非为填答而填答；专门人才应该勇于填答报告个人专长，政府领袖也应该真正能虚心容纳专家的意见与建议，然后庶乎大家不致于白费精力。

第五，我希望全国专门人才调查，这件工作本身，能够比较的科学化，合理化，心理化，效率化。利用邮政分发问答表格收集材料的方法，他的可靠程度不单随调查问题之性质而异，问答表格编制得科学不科学，合理不合理，效率大不大，合乎心理不合，都大有关系。编制问答表格一事，已有各种专家曾经费了许多心血，研究出一些通行原理与原则：如某种事实需要何种调查表格，应采用何种方式，应包括若干节目，若干条例；各项节目与条例应该如何排列，空白多少，使便于填写，统计，保存，与查考，无一不按科学方法，为受调查者之填答心理与行为所支配，妥为制定。表格制定之后，先须经过少数人的初步试验填答，然后屡次修缮改良，务求增加应用效率，减少填答者心理上之厌恶与行为上之不便。此次国防设计委员会调查处所发出的调查表格，老实说，不能算为尽善尽美。譬如各专门人才之特别经验或专长与国防设计之关系，应当明白指示叫人详细填答。我希望此次的表格能加以改善。

其实专门人才调查不过是“心理技术”中“人事管理”的一部分。小而言之，国防委会调查处此次举行专门人才调查，事实上已涉及较广的“人事管理”问题，侵入专家的领域。在美国政学界与工商界，都有独立人事管理机关专负人事调查，人事测验，与“人事研究”之责。全国有人事管理与人事研究之学术团体与组织，有关于人事管理或“人事研究”之定期刊物。实验应用心理学者有专习此道，入社会即专作大工厂，大商店，大银行，以及政府公共事业机关，如邮政局，电话局，铁路局等“人事研究”之心理技术专家。可见区区人事调查工作，已有“专而能”与“不专而能”者之分。专而能者不过比不专而能者作得比较的成效好些，效率高些，事半而功倍些罢了。

大而言之，国防委会调查处此次举行专门人才调查，最低限度可以引起一般人注意其他许多方面进一步更重要的“心理技术建设”。所谓“心理技术建设”（psychotechnology），即是现代（特别是欧战之后）实验应用心理学，在国计民生日常生活各方面，关于人事之科学的研究与贡献。当此建设时期，我们只知道模仿欧美的物质技术建设，殊不知人家早已前进一步，走上心理技术建设的路了。二十世纪一切物质技术建设，必须先有心理技术建设，才不致于徒劳而无效率。

自从孙总理首创知难行易的“心理建设”以后，党国要人都有各人所谓的心理建设。去年四中全会竟有“心理建设”的提案，在目前轰动一时的“新生活运动”，其实即是一种心理建设，最近本刊中所讨论的“无为主义”与“信心与反省”，自然更是一种心理建设。这些空洞的，抽象的，个人的思想态度或行为习惯方面的革新改造，在目前诚然都是很重要的，值得提倡的。不过我以为欧美实验应用心理学家在欧战以后，关于人事方面许多适用的，具体的研究与贡献，许多非由专家来办不可的心理技术，我们不能不介绍，更不能不建设。在这一方面，国内近来已有一些萌芽，时机已经成熟，但是还没有人积极的，有意的鼓吹与提倡。前一二年王云五在商务印书馆应用科学管理法，最近汪院长注意办公科学化与效率化，国防设计委员会举行全国专门人才调查，冯玉祥请人讲演心理学（虽然不知是什么心理学），新任中央研究院心理研究所所长汪敬熙注意“工业心理学”，都是与“心理技术建设”有很好的响应的。现在我先就国防设计一问题，略选几个实例，讨论心理技术建设的意义与目标。

（一）心理技术建设的第一个意义是人事之预测与控制。自大战后，欧美各国学者在实验应用心理学方面的努力，确实证明十九世纪的物质技术建设太忽略人事，太不注意人与工作事业的关系；把人完全当作机器一样看待，好像无知觉无感情，一律相等的东西，所以西洋物质文明所造出来的罪恶日深一日。自从在现代实验心理学方面，有英国的 Galton 美国的 Cattel，和德国的 Münsterberg 注意研究“个别差异”（Individual Differences）；在“人事工程”（Human Engineering）方面，有美国的 Taylor 提倡科学管理法以来，于是一切摩登心理技术才慢慢的建设起来。这些适用的，科学的心理技术研究之唯一目标是在人事——人的心理与行为之预测与控制。工作与事业是要人来作的，机器商品是要人来造，要人来管的。但是什么人宜作什么工？什么人能办什么事？机器商品要那种人去造去管，效率方才高？欧美明达之士，早已不把这些问题委诸常人，仅凭常识决定，而请心理技术专家专负其责了。

例如美国在一九一七年加入欧战的时候，全国心理学家在美国心理学会会长 Yerkes 领导之下，全体动员，帮助政府，作后方工作。当时唯一迫切待决的问题，即是如何以极敏捷而比较科学可靠的方法，把军队中各级人员的才能，性格与情感精确的考察出来，使得工作分配人称于事，事得其人。这个问题当时美国军事领袖不自作聪明，而肯虚心让心理技术专家去研究试验。所以在普通智慧方面，有大规模的军队团体智力测验法之推行；在性格方面，有系统的，标准一致的主观尺度评判法（Rating Scale）之应用；在情感方面，有简易通行的生活烦恼心理问答表之创制；在特殊技能方面，有各种职业技能测验法与试验法之创用；在机械人才方面，有各种器械试验法之发明：如飞机驾驶员之动觉试验，炮舰上精敏炮手之选择试验与训练试验；汽车驾驶员之选择试验等，均为心理技术专家之贡献。美国军队团体智力测验于数月之内，把将近二百万士兵与下级长官的普通智力，一一客观的调查出来。根据这个调查的结果，改编的改编，升级的升级，退伍的退伍，其判断之速，应用之便，成效之大，关系战时之大局，实在不易想像。视觉心理技术专家 Dodge 当时为炮舰上选择炮手所发明之机器，试验成效极著，至今美国军舰上仍然应用，海军部对于他的构造仍然严守秘密。试验飞机驾驶员之转旋机，效用至今更外普遍。汽车驾驶员之科学的选择法，近来心理技术专家也极注意，特别研究发明一套器械试验法，使稳捷的人和容易闯祸的人立刻辨别出来，以免雇用误事。现在全国造路造飞机场的空气正浓，但是因此而买来的汽车与飞机要给妥当的人驾驶呀！翁文灏给汽车撞得几乎丧命，最近报载甘省一位秘书长居然翻车捐躯，人人怜恤；月前杭州航空学校飞行教官胡家枚在空中演习作战，失慎坠地粉身，人人惋惜。殊不知我们只买人家的汽车与飞机，而不知他们还有附带的人事问题与心理技术呢!

二十世纪的战争与国防，物质的发明固然重要，但是心理技术在人事预测与控制方面之科学的研究，与军政领袖能虚心容纳并利用最新的种种心理技术建设，实在也是很重要的。专门人才调查不过是上级领袖人事管理之一部分工作，至于中下级实地佣雇或募征的职兵或士卒之人事预测与控制，在国防设计观点看来，尤其重要。我希望南京国防设计委员会与军事委员会亦能注意及此。

（二）心理技术建设的第二个意义是"人力"之保存与节省。远在欧战以前，首创"科学管理法"的 Taylor 就注意到，工业发达的结果，每每只知"物力"的保存与节省，而不知"人力"亦应当保存，也应当节省。所以他用科学方法做各种劳工之"动作研究"使得每种劳工只要用最低限度的动作，费最低限度的时间。欧战的时候，英国特设一个"兵工厂工人卫生委员会"（现名工业疲劳研究处），专门研究在劳工方面，各种人力之保存与节省问题，换言之，即一切人力之经济问题。例如他们证明每日工作时间若太长，缩短时间反可增加出品：有一组兵工厂工人，每周作工 45.6 小时，反比作 66.2 小时多增加出品百分之九。工作时间过长，结果是把人力白白耗费，并且伤害工人的身心健康；常有定期休息时间，可以减少疲劳与单调而增进出品。工业心理技术专家对于人力消耗与劳工疲劳之发生，均有精细详尽的研究结果，可以供国防设计者之应用；他对于劳工之效率，常可因适当的工作重行分配而增加；他对于各种工业所用的工具，常常研究改良，免生疲劳，把无用的动作竭力尽量的除去；他对于工作环境，如工厂光线，温度，湿度，杂声等，无一事一物不用科学方法客观的态度，一一探讨实验，然后立定标准。其他如普通设计之人力经济，厂内与长途运输之时间经济，制造材料之使用经济等，都要靠工业心理技术专家去研究改善。二十世纪之国防，不是全靠物力财力而可以办到的，如若没有专家作科学的人力保存与节省之研究工作，是万万敌不过人家的。我们中国人一切都不讲求效率，更谈不上人力之经济。所以国防设计中心理技术建设之第二目标，即在战前与战时之人力保存与节省。

我们的政府，在最近一二年中，不能不算有点进步，一切设施，不能不算有点相当成绩；党国领袖在心理方面，不能不算有点觉悟，有点改革；对于人民不能不算有修明政治的诚意。最近国防设计委员会举行全国专门人才调查，至少是走向开明政治康庄大道的一种具体表示。但是欣慰之余，我对于这次调查的本身，认为是积极的心理技术建设的一种——科学的人事管理与人事研究的基本工作；所以特别提出五点，以供实地工作的人们参考，目的完全是在积极的，善意的激刺当局，能妥为利用现实的，心有余而力已到的实地工作机关，把这一件似甚简单而实繁杂专门的事业扩大，办得比较的像个样子，比较的有成效，有用处，有声色。我所提出的五点是：（1）调查者要认真调查；（2）填答者要认真填答；（3）专门学术团体与机关要响应政府，自动的各自认真调查报告本行本业的专门人才；（4）专门学术团体与机关根据调查所得，要尽量介绍专门人才，呈献专门技术；政府要尽量利用专门人才，采纳专门技术建议；(5) 专门人才调查之本身要科学化，合理化，效率化，心理化，要参考此项事业专家之意见或建议去改善。我所谓的心理技术建设在国防设计中的意义与目标有二：(一)战时人事之预测与控制；(二) 战时人力之保存与节省。

二十三年七月九日于北平

英国十年工业心理技术建设之教训①

英国的工业心理技术建设已有十余年的历史了；许多人不单不知道英国“国立工业心理研究所”的存在，恐怕连“工业心理学”这个名词也未听过。一提起“心理学”三字，一般人就联想到看相算命的谈心论性，推吉测凶，不然就以为必是“心理分析”或“心灵研究”。很少人知道人类心理与行为之纯粹科学的研究，不单在教育与心理医疗方面的应用，已有很大的价值，在工商业方面，现在也渐渐的可以解决许多重要问题了。

工业心理技术不是仅限于心理学的。他还注意生理学方面有关的事实，因为在实际生活中，心理与生理活动是分不开的。所以工业心理学是在应用并推广心理学与生理学方面有关的技术与知识，来解决工商业的问题。换句话广义的说，他要用科学方法改善职业中“人的关系”。物理的，化学的，与工程的技术与知识，在“物力”与效率方面的应用，已得到一般人的认识；心理的与生理的技术与知识，现在也正在证实他们的价值，来增加“人力”与效率——改善劳工的条件与动机；消灭人力，时间，与物质方面一切无用的浪费之根本原因；确定各种职业成功之心身必要的条件；估计人们在选择终身事业，或要求某种位置的时候，是否具有相当的资格；决定训练与升职之最好的方法；并且要预测顾虑“人的问题”之千变万化，不能像一般只知作形式的，机械的，换汤不换药的工业改组的人们，一味忽略这个最关紧要的“人的问题”。

英国当代心理学界泰斗迈优士博士（Dr. Charles S. Myers），一九一八年当他还是剑桥大学心理实验室主任的时候，曾经向当时英国士大夫知识分子公开演讲二次，演讲录后来印出专书，名为《现代心理学之应用》。这次演讲的大意是说，虽然有人已把心理学的原理与方法，应用到医药与教育——青年与变态心理方面，但是还没有人热心的把心理学与生理学的技术与知识，在工业与商业生活方面实地的应用。所以他建议在英国发起几个应用心理学研究所。

不久以后，伦敦就有一位大富商——一位茶业与橡皮业权威，名魏尔施（H. J. Welch）的，来和迈优士博士接洽。这位大富商早已感觉到人类的努力与能力之惊奇的浪费，早已觉得青年们失业，或不能得到相当的职业之痛苦与烦恼。他曾经计划要组织一个全国的机关，专门鼓励并提倡具体的，科学的指导青年选择他们的终身事业。这一次会谈的结果，魏尔施先生与迈优士博士决定组织一个研究所，基金由会员自由募捐，目标有三：（1）积极宣传关于职业选择与职业实地状况的改善之科学的

① 本文刊载于《独立评论》1934年第113期。——编者注

知识；(2) 作关于这个问题的系统的研究；(3) 设若有个人或工厂，商店，行政机关愿担任一点实施费用，所有研究的结果就可以尽量介绍给他们应用。

这个“国立工业心理研究所”的名称，竭力避免“人力效率”或“科学管理”等字的意义在内。他们与劳工界领袖会商之后，觉得一个学术团体，如若使劳动者感觉在外表他是与他们不利的，这个团体的发展根本就有困难；所以再三讨论，结果采用了这个毫无嫌疑的名称。以后劳工界对于这个学术团体，总是同心协力的合作；例如，在一个最早的工厂里的实验，装箱动作的速率增加了百分之三十五，工人自动感谢研究所的指导员，因为他们下班回家之后，反而觉得疲乏减少得多了。

研究所的原则是不在劳工后头驱使他们，而在前头把所有身心方面之阻力与障碍的因子除去。自然有时传统的慢工怠工习惯，是由于管理方面的疏忽，一定要改善。但是研究指导员的注意点，大半是在铲除心理方面的不适：如激刺，烦闷，惧怕，不必需的活受罪与单调等；并且增加较大的同情，兴趣，满足，合作，与适意等。

魏尔施先生自动捐助办公处，雇用临时书记，与迈优士博士同心协力的筹备一切，先成立一个“组织委员会”。一九一九年四月二十四日，他们开第一次会议，下年五月又开会三次，于是把组织大纲拟定，起草一个向各方募捐的宣言。在下一次的组织委员会中，就选择了八位当时心理学界与政界工界的名流作基本会员。

发起人主张，这个研究所不能为谋利而设，所有的基金都应当拿来用系统的科学的方法，促进各种职业生活方面“人力”之有效的使用，提高工人利益与安适之标准。这个研究所不单要独立进行研究工作，并且应当为私人实业团体，帮忙解决实际问题。发起人有一个信仰，即是科学知识与科学的研究，在劳工与管理两方面，都可以减少无谓的浪费，低效率，烦闷，与疲劳，并且可以铲除一切足以酿成劳动者与资产者不和谐，不谅解，不合作的现象。

研究所的工作大概与一个医院的医学校相仿佛，一面作实际工作，一面研究，并且一面宣传，三方面是同等重要的。实际工作是考察工厂内“人的问题”的改善，介绍科学的雇工选择法，并且指导青年选择最适宜的职业。研究工作包括探讨最多出品之人的条件，追索心理与身体疲乏与单调之所以发生的原因，并且创制科学的，心理的职业选择与职业指导方法。宣传工作包括设立图书馆，向资产者与劳动者作系统的宣传，开训练班，在大学作公开演讲。

以上是第一次募捐宣言的大纲，他的效力是很大的。立刻就有许多富商名流与工商界大商店，大公司等承捐。Carnegie United Kingdom Trust 立刻慷慨应捐一千镑，并且允许从一九二〇到一九二三年，每年继续捐助一千镑。到一九二〇年各方任捐的数目已达三千五百镑。组织委员会虽然觉得这个数目还未达所望，但是大家认为若想更多的捐款，必需先把工业心理技术的应用具体的表证出来，然后才可以达到目的。所以在一九二〇年七月十四日，委员会遂议决研究所正式成立，租定所址，立刻开始工作。

研究所自始即与政府机关“工业疲劳研究处”密切的合作。“研究所”的成立，一部分是因为“工业疲劳研究处”当时不能研究职业指导问题。“研究所”成立，“研究处”立刻挪借三位研究员与研究所，举行最初的工业研究。在一九二〇年八月，研究所的办公处只有两间小房。一九二〇年十月十四日组织委员会开会，遂正式通过组织大纲，一九二一年二月十一日研究所在政府正式立案。魏尔施先生即被举为第一任主席及名誉会计，一直到现在还是继续担任着。在一九二二年六月迈优士博士于是辞去剑桥大学心理学教授，专任研究所的专任干事了。在这以前，他是兼任干事的。

八年以内，研究所的所址增加到三倍——到一九二八年所址实在不敷应用，于是搬到现在的二十四间房的新所址。Laura Spelman Rockefeller Memorial 对于研究所的工作之价值非常重视，所以特别捐助四千一百镑，作为这个新所址的租金，分作七年分发。

在一九二〇年职员只有一个所长，一个干事。到一九三〇年所有职员增加到五十位，其中研究员，研究生，组主任，助理员等一总不下三十五人——差不多全体都是大学毕业生——许多人那时候已经把工商业的实际状况，与比较圆满的职业生活各种必需的条件，都调查得很熟悉了。

研究所成立之后，创办人于是商请各大学心理学系与生理学系主任，组织“科学委员会”，讨论如何使研究所工作科学化。在一九二一年十一月十一日“科学委员会”于是开一个会议，共到心理学界与生理学界名流十九人。这些学者对于研究所的工作，以后总是继续不断的帮忙。他们主张，如果研究所一声募得确款，应该立刻即在国内主要大学设立工业心理学研究教授或讲座。

研究所成立时的工作计划约有六项：（一）研究工厂，商店，公事房中最好最经济的“人力”使用法。特别注意（甲）铲除不必需的动作，（乙）分配最适宜的休息时间，（丙）减少单调活受罪的感觉，增加兴趣等。后来又加（丁）有计划的布置工厂中之一切设备，（戊）连锁制造与行销两方面的合作。（二）研究各种工商职业的必需条件与资格，编制并应用各种测验法，以便（甲）与工商界合作，用比较效率高而科学化的选择法去选择劳工，（乙）与学校合作，使青年可以得到比较可靠的指导，去选择他们终身事业。（三）决定并确定其他各种条件，务使（甲）工人可以得到最大的健康，满足与安乐，（乙）维持资产者与劳动者亲善合作的关系。（四）研究响应出品推销之许多因子，例如广告，图案，展览等。（五）向资产者与劳动者公开演讲；替经理，工头，公益服务人员，研究员等开设训练班。（六）进行工业之心理的与生理的研究工作，鼓励并统一全英帝国关于这方面的研究，并且发表这方面研究的具体事实，使他立即有实用的价值。（以上节译 Henry J. Welch & Charles S. Myers：Ten Years of Industrial Psychology，Chapter I. London，1932）

英国“国立工业心理研究所”这段创办的经过与努力，处处可以为吾人效法。目前中国工业心理技术之建设，可以借镜于英国先例的地方，约有下列几点。

（1）送工业心理技术上门——我们要觉悟，政府社会不能来找专家，专家一定要去找政府社会。我们应当向政府社会呈献计划，建议方案；工业心理技术如果真能满足并解决一些明显的需求，政府社会不乏明达之士，终有一日会注意并且重视他的。迈优士博士自信他的工业心理技术可以为政府社会效劳，魏尔施先生的问题，正是迈优士博士所能帮忙的，急迫的需求立刻得到久待的供应，这是很自然的。我们不应当一味怪政府社会，或学校当局，不知道工业心理技术建设的重要——一切心理技术建设的价值；我们应当先作迈优士博士，去找个把魏尔施先生一类的事业家才对。

（2）先要克服社会心理——我们要认清，政府的阻力，社会的偏见，我们正要当作社会心理问题去研究去解决。政府为何有阻力，社会为何有偏见？人类的一切心理与行为，都是可以预测可以控制的。心理技术专家不能甘心认败，以为政府有阻力，社会有偏见，就得过且过，不去积极奋斗。专家要找出路，阻力与偏见是可以避免的，可以防止的。迈优士博士与魏尔施先生肯虚心下问劳动界领袖，注意劳工们可能的反感，预为防范；他们立定主意不驱使劳工，而辅助劳工去建设工业心理技术，这是我们应当效法的。

（3）多游说少号召——我们要明白，凡是举办一个新事业，或发起一个新会社，我们的方法步骤根本要合乎人情，要心理化。迈优士博士是一个聪明的领袖。他先游说政府社会，得到实力赞助以后，然后才来组织同志（非尽同行），号召同志；他知道实力要凭人格声望去努力，他知道若先空洞的组织，野心的号召，那是不成的。有社会的同情，实力的后盾，然后始有同志的团结；有同志的团结，然后始有建设。

（4）由小而大由个人而团体——我们要承认，工业心理技术的需要与价值，一经政府社会认识之后，大家一定会来赞助建设他的。不单我们现在稍有积极建设诚意的政府，即是国内大实业家，大财主，如若知道工业心理技术建设，是与他们直接有利的，我们不愁无能力设一个学会，或创办一个刊物。但是我们知道凡事都当大处着眼，小处下手。我们应当分头一点一滴的各尽所长，先建设几种简易的工业心理技术，同时宣传鼓吹他与建国振兴，复兴民族有莫大密切关系；先由少数人分头的努力到相当程度，然后才渐渐的合作有组织有声色的团体的努力。

英国十余年工业心理技术建设之教训是很多的，方法步骤是很值得我们效法的。我希望党国要人，大学当局以及社会一般人士，能够及早考虑我国工业心理技术建设之可能。

第一，我希望政府当局能虚心容纳专家的建议，完全认识心理技术——特别是工业心理技术的重要与价值。工业心理技术（即实验应用心理学的一部分）是与国计民生，复兴民族大有关系的。我们中国事事落伍，欧美各国在物质经济技术建设之外，早注意到各种心理技术之建设，而我们还不知“心理技术”为何物，真是痛心！

第二，我希望大学当局，特别是工商学院当局，能考虑鼓励学生选习工业心理学的可能，务使他们将来出来当工程师或实业家的时候，能应用现代实验应用心理学，在人事方面所作之科学的研究与贡献。

第三，我希望学术机关，如中央研究院，文化基金等，能于最短期内考虑在适宜的大学，设立工业心理学研究奖学金的可能；清华留美和庚款留英，能于下届招考时添设工业心理学名额数人。我想在目前的中国，工业心理学之迫切急需，远在其他各门心理学之上。一个工程师如果对于工业心理技术有兴趣，只要有一点心理学与生理学常识，即可致力于工业心理学，成为美国所谓的“效率工程师”。一个心理学家如若对于这门实验应用心理学有兴趣，而性情又特别相近，肯与工人机械为伍，那么应当对于各种工程学的基本知识稍立基础，对于工厂管理与劳工问题要特别研究，然后方可作工业心理技术建设专家，而不仅是贩卖欧美工业心理学的教书匠。

英国“国立工业心理研究所”是一九二〇年成立的。一九三二年创办人魏尔施先生与迈优士博士著《十年工业心理学》，叙述该研究所前十年之研究工作甚详。我以为该研究所创办的经过，很可以为我国学者所借镜，所以暂先把第一章节译出来，以便引起政府社会一般人士之注意。总之，（1）我们要积极的提倡工业心理学；（2）我们要先克服政府的阻力与社会的偏见去提倡他；（3）我们要先作宣传表证实验调查的工作，然后再谈组织同志，唤醒社会不迟；（4）我们要一点一滴的去做，由小而大，由个人而团体。另一方面，我希望（一）一般人能认识心理技术建设的价值；（二）大学当局能考虑鼓励工商学院学生选习工业心理学的可能；（三）政府学术机关能考虑设立工业心理学研究奖学金，清华留美与庚款留英能添设工业心理学名额的可能。

二十三年七月三十一日于北平

心理学与心理技术①

在目前的中国，我们最需要的不是纯粹心理学，而是“心理技术”；我们所最需要努力的，不是行为主义的提倡，不是“格式道心理学”的鼓吹，也不是生理心理学或动物心理学的发展，而是心理技术的建设。关于后一点，我已在本刊发表过两篇文字，一论国防心理技术建设（第一一〇期），一论工业心理技术建设（第一一三期）。所谓心理技术建设，即是介绍并试作欧美现代（特别是欧战之后）实验应用心理学，在国计民生日常生活各方面，关于人事之科学的研究与贡献，以谋国家各种事业之建设。

但是心理技术与心理学究竟是什么关系？心理学究竟有多少分野？心理技术究竟有多少方面？我最近因与各方面接触，从各观点考虑，都觉得还有略加概括叙述的必要。以下我先将现代心理学的含义稍为说明，并示什么是我们所应注意的，然后再略述中国目前所急需建设的，是心理技术的各方面。

（一）心理学的第一个意义是常识的。一般人最易联想到的心理现象，如催眠术，变戏法，猜心思，拜菩萨，茶余酒后的谈心论性，相家命家的看相算命，街巷铺店的讲价择货，晚间深夜的玩神弄鬼，正是最易明了，最易赏识的“心理”。这些常识心理现象，用科学实验方法去研究出来的结果，无论是消极的破坏，还是积极的建设，都是有价值的。常识心理学，我们不可不承认，至少是自然的，真正的心理学的一部分。例如催眠术，在变态心理学中，已是一个确定的事实，而大学中传统心理学每每持为异说；又如“心理分析”已成诊断心理学中的良好方法，而传统心理学每每闭口不谈；再如“心灵研究”，虽然研究的对象是超人的鬼神灵魂存在问题，略近离奇，但是以科学的态度去研究，用实验方法去探讨，即是反面的证实，这种努力仍不失其价值。常识心理现象的实验科学化，是我们目前需要努力去做的。

（二）心理学的第二个意义是派别的。心理学自翁德（Wundt）在一八七九年采用实验方法，形成为一门科学之后，名义上虽然离哲学而独立，事实上仍然舍不了哲学的意味，派别的色彩。所以一般人一提到心理学，即联想到行为主义，内省派心理学，机能派心理学，目的派心理学，“格式道心理学”等等，五花八门，无奇不有。在十九世纪末叶，所谓“新的”实验心理学，振动一时，万目所视。他的内省法，不过是应用在意识的内容方面的一个方法而已，何尝自称为一学派呢。等到他的势力，一天比一天大了，效果一天比一天多了，美国的“行为派”，于是不得不起来鼓吹他的“主

① 本文刊载于《独立评论》1934年第116期。——编者注

义”；“机能主义”老早就宣告独立，“目的主义”也不得不起来抵抗，保守地盘；所以弄成互相割据的局面，今天你挑我的是非，明天我骂你的不是，其实是因为康奈尔大师狄企纳（Titchener）的影响太大了。这种现象，现在德国尤其不堪设想，那些五花八门的心理学派别，差不多有心理学家那么多，而且都是持之有理，谈得津津有味，不外乎气不愤翁德老先生的威风而已。派别的心理学是“安乐椅上的心理学”，在目前的中国，除非为综合观点起见，我们没有特别注意的必要。

（三）心理学的第三个意义是个人的。上面所说心理学派别的无政府主义，活活的把心理学三字弄成人格的代表了。无论心理学如何顾忌，如何反对谈学问而涉及个人人格问题，心理学的个人主义这种现象，终归是无可讳言的。心理学各派别有普通名称，亦有个人的标识。所以我们提到内省派心理学，就想到 Wundtian 与 Titchenerian 两个熟见的人名形容词；提到行为主义，就知道有 Watson，Hunter，Tolman 等人的不同；提到“目的派心理学”，就知道是 McDougall 的心理学；提到“格式道心理学——就联想到 Wertheimer，Köhler，Koffka 三杰的努力；此外我们知道还有 Krueger’s Entwicklungspsychologie，Sprangers Geisteswissenschaftliche Psychologie，Jasper’s Verstehende Psychologie，Jaenscb’s Eidetik Typologische Psychologie 等等；讲起“心理分析”，普通我们都知道有 Freud，Jung，Adler 三家的大同小异——Freudianism 更是已经极通行的普通名词了。心理学而带个人的色彩与人格的标识，终不免有近玄学而远科学的嫌疑，不是目前的中国所急需注意的。

（四）心理学的第四个意义是专题的。心理学三字的专门含义，差不多是无穷尽的。所有教科书中的专题，如感觉，知觉，视觉，听觉，情感，情绪，注意，联想，思想，动机，动作，睡眠，疲劳，暗示，模仿，发明，诵读，学习，智慧，性格与人格等，都已早冠在心理学三字之上，成为种种专门研究，有专门名著，有独立课程了。在别的科学中，我们知道有各种精益求精，专而又专的 Ologics；在心理学中，我们就有以上所举的这些专门分野，某种某种心理学。这些都是以日常心理现象为单位，而成为独立研究的。常识心理现象，不能因为人人具有，人人习见，就忽视他们的专门性。理论系统心理学自然也很重要，不过我觉得与其注意个人的，派别的心理学，不如多致力于这些专题的研究或介绍。

（五）心理学的第五个意义是类别的。类别心理学有好几方面。（甲）照研究方法分，有实验心理学，因为过去的哲学心理学与经验心理学，经过现代科学化之后，特别注重实验，所以成为独立的名词（虽然不是独立的一门）；有生理心理学，因为实验心理学借重于生理学方法，所以也成为一个独立的一门；有“心理物理学”（Psychophysics），因为实验心理学脱胎于物理学方法，所以也成为一个独立的一门；有统计心理学，因为现代“相关度方法”（Correlation method）的发明，实验心理学与“心理物理学”的范围扩大，统计心理学经过诸多专门学者的研究，已有专成一门的趋势；有心理测验，因为智慧测验方法的成功，性格与人格的全体，如态度，兴趣，信实等，都有数量方法去测量，也是一门专门学问；至于“心理分析”严格的说，也是在变态方面一种方法的专精。实验，生理，物理，及数量方法是正统科学方法，心理学如要科学化，非得用实验方法去做有生理，物理与数量基础的研究不可，这是我们应当特别注意的。至于统计，测验，及分析的方法，虽有时不免过于滥用，发生流弊，但是如能纯以科学态度取其长而削其短，那是我们最容易努力，而研究最方便的。（乙）照研究对象分，有人类心理学，动物心理学，与“心灵研究”；人类心理学一方面有儿童，青年与成人，男子与女子，常态与变态（正常与反常），天才与低能或罪犯之分，别一方面有个人，差异，与民族之别；变态心理学又有所谓诊断心理学，医药心理学，神经病学，心理卫生等区别；动物心理学包括低等动物，高等动物，胎胚研究，白鼠学习，比较研究等门类；“心灵研究”包括许多超人超动物心理现象的研究——如此种种都是现代心理学专门分野的类别。变态心理学在目前的中国特别需要，应当多鼓励人专攻此道，但须使有生理学与医学基本知识的人为之才对。（丙）照应用范围分，一方面有社会心理学，政治心理学，法律心理学，教育心理学，职业心理学，工业心理学，商业心理学等；另一方面有音乐心理学，美术心理学，文艺心理学，发明心理学，战争心理学等。每种差不多都是独立的一门，有历史的专著，有专门定期刊物，在欧美大学中都开设有独立的课程。这些方面的应用心理学，在德国总名为“心理技术”。在目前的中国，心理学三字所代表的含义是非常狭窄的，殊不知即照类别而分，已有方法的，对象的，与应用的各方面。我们现在所迫切急待建设的，是心理学之科学的，实验的，生理的，数量的与物理的基础的树立；是诊断心理学，医药心理学，神经病学，与“心理卫生运动”的特别注意；并且是各种实验应用心理学中的心理技术的推广。

综合现代心理学的全体，我们在上面已经把目前中国所需要的心理学的各方面，通盘介绍，分别指出他们的缓急。总之，（1）常识心理问题需要树立科学的，实验的基础，各种迷信心理一律要推翻（除非迷信心理本身的研究是一个目的），欧美学者在这方面早已有一番努力了。在目前的中国，常识心理问题之科学的研究，本身虽不是一个主要目的，但是为提倡其他各种现代科学的，实验的，应用的心理学起见，我们不能不先下一点打开一般迷信心理的工夫。（2）心理学派别之多，观点之不同，在目前的中国，似乎还未十分得一般人的认识。我们只知道有内省派与行为派之争（最近“格式道心理学”才有点露角，）殊不知继行为主义而起，五花八门的理论派别，还多着呢。我们在理论系统心理学方面，还需要多多的介绍。有通盘的介绍，然后才有综合的观点，有综合的观点，然后才有均匀的发展。心理学的个人主义，我们不必去多注意，但是心理学究竟脱不了哲学玄学的意味，这是我们要认识的。心理学的心理，以及心理学家的心理，我们要特别研究；真正的心理学的观点是“心理主义”的观点。（3）心理学专题的研究，我们特别缺乏，不可不多致力。（4）各种类别的心理学，在方法方面，我们务必要提倡科学的，实验的，有生理，数量与物理基础的心理学。心理学若想叫人看得起，与其他各科学有同等的尊严，他本身必定先要有够上看得起的资格，配有同等尊严的可能！统计心理学与心理测验，我们要特别避免通行的流弊，研究介绍要审慎从事，不可小题大做，因噎废食，更不能因他有易生的流弊，而忽视他本身的价值。“心理分析”是变态方面一种实际诊断医疗方法，虽然每每有不科学的嫌疑，但是不能一概而论，一味抹杀。人类心理学各方面，都有加紧努力的必要，我们要特别多开以人类为实验研究对象的风气。动物心理学有他研究的便利，我们不能不承认；不过不能人人图方便罢了。在应用方面，所有社会、政治，法律，教育，职业，工业，商业，音乐，美术，文艺，发明，军事等问题，都各有他们特殊的心理技术；在目前危急存亡的中国，我们尤当从先有计划，有组织，有系统的去建设他们。心理学是介乎自然科学与社会科学之间的一门科学，他的研究方法，大半是自然科学的方法，但是他的应用范围，是在人类社会，所以沟通自然科学与社会科学的对立，是心理学家的责任。

由此看来，我们可以把现代心理学的趋势分析为两种：（1）一种是学者所谓的“心理学”或“心理技术”。这种所谓的新科学，日趋于专门，总是在那愈弄愈杂，愈变愈多，所以什么人都可以在“心理学”里找到工作做；不问你是系统理论家也好，专门技术家也好，都有你发展的机会。他与常识所了解的心理学内容，竟直是风马牛不相及。有一部分性近乎抽象的学者，在那不惜为理论而争执，为学派而辩护，于是弄成近玄学多而似科学少，千变万化的主义出来；同时另外一部分性近乎实际的学者，尽管埋头去愈专愈精，愈走愈远，把“心理学”愈弄愈不像常识心理学了。（2）一种是一般人所了解的“心理”或心理研究。哈佛大学著名实验心理学史著者鲍麟氏(Boring)① 说，普通人还是“要根据常识或哲学的心理学去直觉心理学的内容”；普通人和一部分心理学家，如 Mobius 与 Janet，对于心理学最后的使命还是有信仰，还是相信他终有一日可以顾及人们的希望与失望，谦让与羞耻，胆量与志向；可以把精力，脑力，心力，开一个出入开支流水账，可以造成一个新的“心理纪元”。

总而言之，心理学与心理技术都是多方面的，学者的“个别差异”也是很大的。心理学家应当格外认清各人自己的“个别差异”，以及各人所处的境遇的不同，分头向多方面去发展，认真的去发展，努力的去发展，合理的去发展；然后这门新科学在中国才有出路，才有希望。

附注 本文所用心理学分类大纲，在拙著“心理学观点的电影观”中第一次提及，见 Siegen K. Chou，Cinematography of psychologies，*Psychological Review*，*1931*，38（3）：254—275。文中所提“心理主义”，也是在此处第一次提及的。以后都当详细讨论。

---

① 今译波林。——编者注

发展工业心理学的途径[①]

汪敬熙先生在二十二年三月本刊第四十号“中国心理学的将来”一文中曾经提到：“至于工业心理研究的一条路，现在是尚无人走。极希望有这种兴趣的人努力，并且更希望有力的研究机关加以提倡。”（据作者所知，北大，清华及中央早有“应用心理学”一课，大半注重工业心理学）。这种希望现在可以算是达到了第一步，因为有力的言论机关如本刊，自二十三年七月以来，继续发表关于此类的文字，共有以下数期：一〇七，一一〇，一一三，一一六，一一八，一二二，和一二五；而且差不多同时萧孝嵘先生在中央大学教育学院所出版的《教育丛刊》第一卷第二期里（二十三年六月）有二篇关于“实业心理技术”的文字；最近该校心理学系所出版的《心理半年刊》第二卷第一期，又特出一期“应用心理专号”，（二十三年十二月一日）专门介绍欧美各国“实业心理”研究的史略及概况，颇为详尽。（除去“实业心理”而外，还有关于“医药心理”与“农业心理”的介绍文字各一篇）。可见应用心理学在目前的中国已有人注意，这是很好的现象。

现在我先把中央大学诸位同志的介绍文字摘要披露，以飨本刊读者，然后再提出发展中国工业心理学所应注意的几件事。

在中央大学教育学院所出版的教育丛刊第二期中，萧孝嵘先生有二篇关于“实业心理”的文字：第一篇是报告“实业心理技术之几种尝试”，内容如下：（一）“金陵大学所委托之测验工作”是为选择候选学徒而作的。所用的测验有“视察能力，”“目测能力，”“三度目测能力，”“二手合作，”“专注与分心，”“排列测验”六种，与萧先生自编的“多方适应”测验二种；受试者有二十六人。各种测验因在中国尚无标准常模，故学徒之录取仅以等第为根据。（二）“中央大学一部分技工之测验。”受试者有十人，其所作的测验有下列数种：“视察能力”“目测能力，”“持久注意，”“三度目测能力，”“二手合作，”“专注与分心，”“排列测验”“手的运动的正确性，”“角度估计，”“关节觉测验”及“多方适应测验”（第一与第二种）。（三）中央大学校工之测验。受试者有一百七十人。所用的测验有“持久注意，”“专注与分心，”“迷津，”“关系与委托”五种。（此外“复有疲劳感受性之测验”，此种测验只限于用力之工人。与试者共有三十八人）。（作者于二年前亦曾受清华物理系的委托，用美国密尼所塔“机械组合测验”，在数十人中拣选实验室练习生一名，结果，非常圆满）。萧先生第二篇文字是介绍“各国实业心理学之发展”，很得其要。

① 本文刊载于《独立评论》1935年第135期。——编者注

中央大学心理学系所出版的《心理半年刊》第二卷第一期是“应用心理专号”共有介绍文字十六篇。萧孝嵘先生首论“心理学在生活的各方面之应用”如家庭，学校，实业，军事，医学，法律；又论《实业心理学之功用及其背景》：他提到实业心理学的功用有四：（一）为实业机关解决雇聘人员之问题；（二）对于工作自身效率之贡献；（三）增进实业机关的管理效率；（四）货物之推销；后谈“实业心理学之背景含有三因素：一为属于经济者，一为属于社会者，一为属于心理者。”

王书林先生介绍“心理学与工业效率”时讨论到：（一）应用心理学之发展；（二）工业心理学之范围：（1）工业中之心理学，（2）工业效率之问题，（3）工人之训练，（4）工作之方法，（5）疲劳，（6）单调，（7）工作环境，（8）风纪与纪律，（9）意外事件之预防；（三）工业心理学之将来：（1）现在状况，（2）其他专家之合作，（3）工人之态度，（4）管理方面之态度，（5）将来的研究。

陈剑修先生有一专篇介绍“关于疲劳的几种研究”、吴南轩先生讨论“心理健康与身体健康的关系”、潘菽先生讨论“一个医生所应该知道的心理学”，均能各自代表另一方面。张德琇先生讨论“实业心理与农村”时，提及农作效率，农民幸福，农村调查，及农村合作等问题。此外还有好几篇翻译的文章，介绍外国学者对于工业心理研究的结果。

总观上列各篇，这本心理半年刊“应用心理专号”大半是关于“工业心理”的介绍文字。中央大学心理学系能够这样系统的介绍应用心理学，我想不久社会定会对他发生响应的。现在有这些人对于这门技术学如此发生兴趣，我想在不久的将来，应用心理学在中国终可以有相当的发展。不过我觉得我们一方面介绍欧美应用心理学的现况，一方面万万不能忽略中国社会的实地情形，万万不可不反省：这些技术我们是否也能彻底应用。英国十年工业心理技术建设所给予我们的教训，我已在本刊讨论过（一一三期），现在我想再论我们目前需要什么样的应用心理学。有几点我要说明。

第一，我觉得我们在未提倡任何科学的实验应用心理学之前，我们应当顾虑到社会一般印象：他们以为“应用心理”或“实验心理”都是指着些日常神秘现象而言，如催眠术，变戏法，猜心思，拜菩萨，茶余酒后的谈心论性，相家命家的看相算命，街巷铺店的讲价择货，晚间深夜的玩神弄鬼。但是狭义的科学的“实验应用心理学”包括人类经验行为二方面的事实与现象；而这些事实或现象的实验与应用，如“工业心理”，“职业心理”等，又是很难得一般人（士大夫在内）谅解的，所以在未提倡任何专门的“实验应用心理学”以前，我们必须先打破社会上一切误解心理，迷信心理，成见心理，偏见心理，与藐视心理不可，以免我们所提倡的与社会人士格格不入。

第二，我们要认清“实业心理学”与“工业心理学”是不同的。西文 Industry 一字有时免强包括“工业”“商业”二方面，译为“实业”极为妥当（英文“Industry and commerce”常连在一起，而无一字可以代表）；但是普通它仅是指“工业”而言。

在事实上看来，“工业心理学”与“商业心理学”差不多完全是独立的，自然我们知道应用心理学始祖孟斯特布（Münsterberg）在他一九一三年出版的 *Psychology and Industrial Efficiency* 一书中曾把“商业心理”也包括在内，但是他在这时候，于文中就用“Economic Psychology”一词包括工商二方面。可见 Industrial Psychology 这个名词他只情愿限于工业一方面。这个限制后来在美国特别需要，因为工商业心理学在美国最为发达，不能不分开。在其余的国家，商业心理学根本不甚发达，所以“工业心理学”在理论上有时包括商业心理学，但在事实上，商业心理学并未实地顾到。萧孝嵘先生所谓的“实业心理学”是广义的 Industrial Psychology。如果我们真能毫无顾忌，同时双方兼顾，把工业心理学与商业心理学相提并论，合并介绍，我以为用“实业心理学”一词非常切当。不然，二者应当分别讨论，择急介绍，先提倡工业心理学，后涉及商业心理学为妙。所以我主张在中国目前提倡工业心理学，似乎可以仿效欧美先例，暂且辟开商业心理学不提，或单独分别提倡；不然，我们所要达到的目的恐怕反要被我们的步骤打消了。我并不是说商业上的特殊广告买卖心理学在目前的中国不需要。我的意思是说：商业心理学与工业心理学的旨趣完全不同不应混为一谈，勉强名之为“实业心理学。”不知萧先生以为然否？

第三，我们要认定一国的社会背景决定一国所需要的工业心理学。美德二国生产过剩，人工过多，又加之测验风气本来极盛，所以佣雇招工方面的问题比较的严重，因而“佣雇心理技术”也特别发达。佣雇心理技术即是测验的技术，他的目标是要极精细的考试佣工，把他的特殊技能完全调查出来，然后分配去担任极专业化的工厂工作。这种需要只有工业早已最发达的国家，才可以绝对不可避免。目前的中国根本就未工业化，劳工根本有限，所以还够不上资格大规模的运用科学的测验方法去选择劳工。在英俄二国，或因传统关系，或因民族性格的不同，工业心理学只注意工业效率，为工人用科学方法分配工作时间，改良工作环境，如光线布置，空气，杂声等；研究分析劳作时的动作方式，与动作所占的时间；铲除减少工作效率的心理因子，如疲劳，单调，肇祸等；改善工人与管理间的关系，运用科学管理法等。在目前的中国，工业刚在萌芽，一切劳工问题大半是工厂中环境管理的问题，并不是劳工本身的问题。所以我觉得我们应当效法英国俄国，先注重工业效率，不宜仿效美国德国，专门发展佣雇心理技术。我的理由是：

（甲）社会还没有佣雇心理技术的需要。欧美各种工业特殊技能测验法的尝试与订正，是极其有价值的；但是中国浅识的工商界能否信任这些测验，采作佣雇的标准，大是问题。在目前的中国，连政学界本身都不信任测验，我们若叫工商界去信任测验，恐怕更难了。

（乙）自然这种困难并不足以成为不当提倡雇佣心理技术的理由，因为我们不能多顾虑一般人的偏见与浅见。不过测验的技术，在目前中国的劳工雇佣上似乎根本用不着，因为中国佣工根本不多，分工也并不精细，选择每每根据社会的与个人的标准，一时很难打破。等到工业真正发达到一个相当程度，然后自然有运用大规模测验技术的必要。到那时候再发展特殊工业技能的测验技术还不迟。

（丙）欧美各国（尤其是德美二国）工业发达，一切都是大量制造主义，而外在足以响应工作心理与效率的物质环境与行政管理，比较的本来早就很适宜，很科学的，所以特别在劳工“人的因子”方面下工夫，因而佣雇心理技术比任何国都好。反过来看，中国的幼稚工业连最低限度的物质环境与行政管理，都不能达到常识的标准，现在哪还能把工人劳作的效率与技能的适宜，务求其能达到理想的标准呢。

（丁）还有一点，佣雇心理技术的发展必须有工厂中特设独立研究部处，始能实地应用，办理有效，这是德美二国的经验。而目前在中国的工厂中，自然没有如此开明，情愿特设心理研究部处或人事部处的。若想单凭几个书生在大学中附带作点佣雇心理技术的尝试，即可引诱工厂经理委托代办佣工的招收，那是很理想的。

第四，我们如果认清目前在中国幼稚工业的需要，是在于改善足以响应工作心理与效率的物质环境，足以酿成怠工罢工风潮的行政，管理方法，那么我们极当多效法英国与俄国，先专门注意在厂工人的特殊教育，工作方法与材料工具的经济，动作疲劳与工作时间的研究，单调肇祸的防止，工厂环境与纪律管理的改善等。我们所以有这种主张的理由是：

（甲）这种工作无需仪器，不花大本钱，也不需要什么太狭窄的专家。只要有点书本知识，对于欧美专家研究结果的原则原理熟悉，而稍有一点观察批评能力的人，都可以办到。我们到工厂尽量参观尽量以严格批评的态度去参观，很可以看出中国这点幼稚工业所以不振的缘故，都是因为最基本最低限度的效率条件未能满足。

（乙）这种工作不单没应用测验技术可以招管理工人双方的反感的毛病，而且一定可以得到他们的尝试与欢迎。心理学家来应用心理学根本不能不顾到这一点。我们不能让我们的步骤抹杀我们的目标。我们自己步步得应用一点常识心理来应用专门的心理技术。

第五，以上我们提到在目前的中国若想发展工业心理学，宜于先作调查观察以求改善的工作，不宜于作测验实验的工作。前者是实际的问题，后者是技术的问题。我们无发展新技术的可能，也无直接采用欧美特殊测验技术的必要。但是参观，调查，观察，批评，以求改善的工作，国内现有任何心理学家都可以胜任；只要有此需要，我们人人都可以离开教室，率领学生参观调查，改善建议的工作。事实上据作者所知，国内现在只有一位是对于这种工作有实地经验专门训练的。而这种工作又非有实地经验不行。我们如想提倡这门似常识而实又很专门的工业效率心理学，我觉得最紧急的问题是实地调查人员之养成的问题。关于这个问题的解决，我觉得应当注意下列几个原则。

（1）凡是对于实验应用心理学有研究兴趣的人都应当集中合作。

（2）通盘筹划发展工业心理学的实施计划，创设或添设工业心理研究所或部。

(3) 招收大学毕业生加以特殊训练，立即作实地参观调查，批评建议的工作。我们学心理的人也须受同等的训练。

(4) 工业心理研究所或部应多与工科相近，除中央研究院心理研究所而外，同时有工科的大学心理学系，最适宜于发展工业心理学。

在这篇文中我所提出的是：最近提倡工业心理学的言论机关，有本刊与中大的《心理半年刊》有此萌芽，工业心理学在中国最近的将来或可发展。不过目前我觉得有数点要注意：(1) 我们要顾到社会一般心理，小心的提倡实验的应用心理学；(2) 我们要认定工业心理学是比较的急需，商业心理学是比较的不重要；(3) 我们要认清中国幼稚工业的问题，比较的是足以响应工作效率与管理效率的物质问题，而不是劳工技能选择分配的问题；(4) 当今起始提倡工业心理学的第一步，是要参观调查，批评建议，以求改善工业界一切足以响应工作效率，管理效率，与心理态度的物质因子；(5) 目前国内长于工业心理学的专家甚是缺乏已极，所以集中研究，训练人才是当今最迫切问题。

二十三年十二月二十七日清华心理学系

心理学与“心理建设”[①]

心理学最近在中国的不景气象可以算是已经到极点了。数年前大学中心理学有独立学系的还有五六处，但是到最近独立学系还存在的只有一二处了。在心理学本身方面，根本连一个心理学会都组织不起来[②]，一个专门刊物都筹办不成功[③]，这是中国学术界很奇怪的一个现象。心理学家自己也都每每畏缩不前，甘心认败，毫无积极的举动，好像是命运如此，只有听凭这门科学自然淘汰而已。在社会方面，学术机关并不鼓励心理学的研究，各处留学考试并无心理学的名额，社会上无论什么机关，都不需要学心理学的学生，中等学校并无心理学一科，一般社会人士，根本不知道心理学是什么一回事[④]。处在这种情况之下，教心理学的不是转行，就是灰心；学生自然一天少一天，因为他们觉得心理学一不能增加他们学术研究的尊严，二不能帮助他们解决职业问题。

心理学在中国为什么不发达到这一步呢[⑤]？据我个人数年来的观察，我十二分觉得心理学在中国不发达的基本原因，追根求源，还是在心理学与心理学家本身。我们不能怪社会人士了解心理学的人太少，冷落心理学的人太多，因为心理学实在有不易了解的地方，心理学家实在有被人冷落的理由[⑥]。我们更不能抱怨心理学在中国没有出路，因为心理学与心理学家根本就未为出路而努力，未为学术而奋斗。心理学不发达，心理学家要负其责任。我们需要一个意志坚强，学识卓越，而足以推动这门新科学的人格，我们需要一个眼光远大，见解平和，肯为这门新科学鼓吹提倡的领袖。

我们没有一个翁德或铁青纳，专门凭他们的学识人格来感化学者，训练人才；对于心理学的科学观有坚决深刻的认识，虽经万重波浪亦所不顾。我们没有一个高尔登[⑦]，霍尔，卡退尔[⑧]或孟斯特布[⑨]这类的先知先觉，对于现代心理学的全体，有折中不偏的见解，一心为这门科学谋发展，专门替后知后学开辟新道路。我们找不到一个

---

① 本文刊载于《中山文化教育馆季刊》1935年第2卷2期。——编者注

② 南京方面在三年前曾经一度组织过，但不幸失败了。我们有一个“测验学会”或者可以扩充为心理学会。

③ 一九一二年创办而随即停刊的《心理》杂志，虽然有许多不满意处，但是仍然不失其为中国第一个心理刊物。

④ 作者常被人问：能不能猜他的心思，催眠术是否真的，到底有鬼无鬼等问题，表示问者对于现代科学的心理学毫无常识。

⑤ 常有人说心理学无论在那一国都是不发达的，不单是中国如此。这是错的，心理学无论在那一国都比在中国发达，此处不能详细讨论。

⑥ 一般人对于心理学每每有过分的企望，企望不达，自然失望。

⑦ 今译高尔顿。——编者注

⑧ 今译卡特尔。——编者注

⑨ 今译闵斯特伯格。——编者注

艾滨诰斯，桑戴克，斯不尔门[①]，或华逊[②]，在心理学贡献上真正有开辟新纪元的功绩，在心理学研究上供给我们许多启示与方法。我们更找不到一个佛洛伊德，杨格[③]，艾德娄[④]，或克拉僻廉，对于变态心理有伟大贡献，为社会一般人造福。缺乏领袖人才是中国心理学不发达的根本原因，我们不想发展中国心理学则已，若想发展中国心理学，最后的关键还是在中国心理学家本身的单独努力与共同合作；简言之，即是在于学术领袖人才的培养与拥戴。

一切事业都是人的问题，一门科学的发达与否，每每是因为一二个有为的人在那里努力经营，肯卖力气去埋头研究，或者自己处领导地位，毫不嫌忌的扩充设备，鼓励他人研究。我国的地质学，生物学，生理学，物理学，与经济学，所以有相当组织与成就的缘故，还不是因为每科都有一二位知名的领袖，得到后进的爱戴，肯为同行号召，肯为学术争荣吗？为什么我们的心理学就没有一个领袖肯出来引导我们呢？还是因为后进的人自己不肯出来拥戴领袖呢？但是发展中国心理学是尤其需要领袖的。

具体的说，我个人觉得一方面我们目前需要一个翁德、基易密娄或铁青纳，另一方面，我们更需要一个霍尔，卡泰尔，或孟斯特布。我们需要一个翁德或铁青纳，因为他始终忠实于他的科学，纯凭他的学识资望来吸引门徒，并培植有为的青年，作纯粹科学的心理研究他的主见不妨偏倚狭窄，固执极端，因为学术成就，往往是这种怪特的学者产生出来的。我们更需要一个卡泰尔或孟斯特布，因为他宁愿牺牲他的学者尊严，一面扶植青年学子，一面跨入社会，为心理学谋出路，为心理技术找生机。他的观点宽博折中，适合平衡，因为一切纯粹的应用只有这类学者才可以激发起来。纯粹心理学家是我们目前需要的，应用心理学家目前我们更格外需要。

纯粹科学与应用科学是根本不相同的，纯粹科学以观点为重心；纯粹科学家所站的地位，好像是在一把扇子的柄头，他的兴趣是顺着扇骨子向扇子四围发展的。应用科学以适用为目的，应用科学家好像是在扇子的四围活动，而总以扇子的柄头为最后目标，很谨慎地选择工具，以谋达到他的目标。所以纯粹科学是离心的，应用科学是向心的[⑤]。应用科学其实一律应当叫做“技术学”（Technology），因为他们并不是仅仅应用一种或多种科学的方法与结果而已，他们本身就有他们自己的理论，问题，方法与结果。严格的说，虽然他们不是科学，但是他们与科学永远是互相为用的。纯粹的心理学即是翁德派传统所谓的“实验心理学”，应用心理学即是孟斯特布所谓的心理技术学[⑥]。我们若想积极发展中国心理学，心理学家本身非同时容纳这两种观点，向这两

---

① 今译斯皮尔曼。——编者注

② 今译华生。——编者注

③ 今译荣格。——编者注

④ 今译阿德勒。——编者注

⑤ 这个比喻是铁青纳的，见 H. P. Weld，*Psychology as Science*，1928，p. 71，有中文译本。见张绳祖、朱定钧译，《心理学之科学观》，页五〇（二十三年八月）。

⑥ Psychotechnology or Psychotechnice 孟氏一九一四年著，书名为 *Grundzuge der Psychotchnik* 是德文的。

方面积极努力不可。我们不能再踏前人的覆辙，纯粹心理学家诽谤应用心理学家，应用心理学家冷落纯粹心理学家。我们若肯同心协力的共同合作，为我们的科学而奋斗，为我们的信仰而牺牲，我们是可以在现代心理学史中找到前车之鉴的。

翁德把心理学实验化，目的是要他成为一门纯粹科学。这门“新心理学”的性质是生理的，方法是实验的，在当时可以说是旧的哲学心理学的革命。这第一次革命的标识就是“实验”二字，它的精神完全是纯粹为科学而科学的。翁德在德国唱之于前，铁青纳到美国去发扬而坚持之于后。他们当时的注意点，自然暂时仅限于意识的内容，他们所用的具体实验方法也仅限于内省法，而内省的对象也仅是感觉的元素与元素的混合[①]。不过后来因为其他“新心理学”的注意点多了，所以正统“实验心理学”的研究对象，就慢慢的结晶专成为“普遍的，正常的，人类的，成人的心[②]”。始终未出那些下级心理历程，如感觉，知觉，与注意等。

到后来哥尔布用“系统的实验内省法”研究思想历程，艾滨诰斯用无意义学字实验方法研究记忆，比纳，斯比尔门用测验方法研究智慧，纯粹科学的实验心理学才渐渐的扩充他的研究对象，慢慢引起学者转变观点与注意点。所以卡泰尔的兴趣于是从个人的心理现象，转变到个别的心理差异；孟斯特布的志愿于是从纯粹的方面渐渐转变到应用的方面。孟斯特布既有“心理技术学”之词，翁德的忠实信徒铁青纳于是就有“心理学：科学乎？技术学乎？”的问题发生[③]。铁青纳的结论自然是：心理学是科学，同时也是技术学。心理学不忌应用，但是同时应用心理学也不应阻止心理学为科学而科学，纯粹为检讨而检讨的科学[④]。这两个观点是互相为用的，是可以共存共荣的。应用心理学不必嫌纯粹检讨的心理学不切实际，太偏于理论，太不近人情，因为纯粹为检讨而检讨，为科学而科学的心理学是有权利如此的。自然另一方面纯粹心理学家也不必妨碍心理技术学家广谈应用。

总而言之，心理学最近在中国的不景气象是很危险的，我们心理学家本身必须把纯粹为检讨而检讨，为研究而研究，为科学而科学的态度稍微改变一下，分点精力注意于实际工业，社会，政治，法律，教育，卫生等心理问题的研究与实验。然后心理学才可以打入社会，一般人才能认识现代心理学的全体，才能赏识心理学与一切社会事业的密切关系。若想达到这个目标，我以为非有几位肯牺牲的先进学者出来领导不可。

我们需要一个翁德，因为他是我们的老前辈，无疑义的是第一个心理学家。在他

① 参看 E. G. Boring，*A History of Experimental Psychology*，1929，p. 377－379.

② 关于这个历史的传统看法，见 Boring 的书，页 202、407、469，我曾指出这个传统限制是不自然的，参看我的书评，清华学报，7 卷 2 期，二十一年六月。

③ Titchener E. B. Titoboner，Psychology：Science or Technology? In *Popular Science Monthly*，1914，lxxxiv，46ff，参看前书第四及第十五章。

④ Weld 有 Critieal Science 之分，前者是一切与应用技术科学对立的纯粹科学。我试译为“检讨的科学”，参看张朱译本。

以前，心理学是有的，但是并没有心理学家。翁德的讲座虽是哲学，他的著述虽大半是关于哲学的[①]，但是在他自己的眼光中，与全世界人的眼光中，他是第一个最大的心理学家。我们说他是实验心理学的“创始者”，因为我们知道他是第一个人承认心理学是一个独立的科学，同时他也是心理学家的老前辈[②]。翁德对于实验心理学有坚强的信仰，他设立了世界上第一个心理实验室，创办了第一个实验心理学杂志[③]，指导了无数实验研究[④]，训练了几十个有为的门徒，出来传播这个实验主义的精神。他成就了这些，并不是因为他的根性是一个实验家，而是因为他的哲学信仰告诉他这是对的。

我们更需要一个铁青纳，因为他是纯粹实验主义“唯存心理学”[⑤] 的忠实拥护者。在翁德派实验主义正被后生群起而攻之的时候[⑥]，唯独有他一人敢起来担当一切。实验心理学到他手里是彻底脱离哲学而独立了。他觉得心理学在美国的根基要先巩固起来，所以系统的翻译德文名著。他充实实验室的设备，他卖大力气写了四本不朽的实验心理课本[⑦]。后来机能派“唯用心理学”起来反抗，他还是坚决的独唱他的“唯存心理学”。他看不惯行为主义者总是一知半解的以“科学”“客观”等字眼来迷惑通俗的人[⑧]，他忠实尊敬大科学家本人对于科学的界说，指示我们观察不是容易的事[⑨]，科学根本不是为用的。我们很容易明了思想还未成熟的青年学者，怎样容易为学术运动所驱使而有浮浅轻薄之嫌。看到铁青纳为古典派心理学而辩护的言论，实在使我们感觉到中国心理学之所以毫无重心，恐怕是因为我们没有一个真正思想成熟，见解深刻的学术领袖。我们只有随时尚而迁易的心理学家，而无主张一贯，始终不变的纯正心理学家。时间证明了古典纯正翁德铁青纳派内省的，唯存的内容心理学最后还是有价值的[⑩]。

以上我特别提到正统派心理学二大领袖的人格与响应，目的是要表明这二位是欧美二洲中纯粹科学心理学的重心，一切新主义与新运动差不多都是为反抗这二位钻石意志而生的。我们需要这种人格，然后我们的心理学才有归宿，我们的心理学前途才有实在巩固的希望。简单的说：我们现在正缺乏类似这二位的伟大人格，因为我觉得

---

① 实验心理学成立之后，计多领袖都拿他当作哲学的手段，每每为个人理论而找实验根据，并非为寻求真理新知识而实验，当代的许多大实验家还是如此，“格式道”派就是一例。

② 参看 Boring 前书，页 310。

③ 但名为“哲学研究”。

④ 参看 Boring 前书，页 322。

⑤ 是 Existential Psychology 的试译。

⑥ 参看 Boring 前书页 340。

⑦ 参看 Boring 前书页 405，E. B. Titchener，*Experimental Psychology*，4 Vols，1901—1905。

⑧ E. B. Titchener，*Systematic Psychology*：*Prolegomlna*，1929，p. 25。

⑨ 参看 E. B. Titchener 上书页 38—41

⑩ 内省心理学对于意识所研究的结果，现在已经渐渐有神经的理论根据了。参看 L. T. Troland，*The Principles of Psychophysiology*，Part Ⅲ，Cerobrationand Action，1932，E. G. Boring，The Physical Dimentions of Consciousness，1933。

一部实验心理学史是以个人的努力为基础的，我们认为一门学术人的关系是非常重要的，权威资望每每决定一切。除去真正忠实于他的科学的一位强有力的人而外，自然我们还需要一个霍尔替我们热心筹办杂志，设立实验室，更需要一个卡泰尔替我们用全副精神来推广心理学知识。但是这些究竟是次要的，主要的还是先要在我们心理学中树立一个学术重心。

实际用的心理技术学正是因为先有纯粹理论的科学心理学，然后才渐渐产生的，犹如翁德是现代实验心理学的始祖，孟斯特布确是现代应用心理学的始祖。孟斯特布（一八六三——一九一六）在他开始教学的时候，好像是实验心理学新运动中的一名健将。他事实上是翁德的学生（一八八二——一八八五），不过所受的响应比别人稍少一些。他在赖甫柒①念完，便到海达巴②继续攻读（一八八五——一八八七），然后到福来布当讲师（一八八七——一八九二）。在福来布他发表他的“实验心理学的贡献”（一八八九——一八九二）。他已经在那里创办了一个实验室，并且他的实验是非常新颖的，颇引起当时学者的注意。别人对于他的许多批评都是反面的，铁青纳当时在赖甫柒很怪他对于翁德发生误会。基易密娄攻击他非常利害。但是另一方面威廉·詹姆斯刚刚出版他那本著名的《心理学原理》，于是写信给孟斯特布，夸他见解折中而有平衡，为他的批评者所缺乏的。詹姆斯对孟斯特布印象极佳，所以竟把孟斯特布请到哈佛（一八九二——一八九五），想永远留他。这个计划果然成功；孟斯特布得到永久的聘书，但是回到德国想了二年，最后还是决定终身效忠哈佛（一八九七——一九一六）。孟斯特布来了以后，詹姆斯把自己的名义从“心理学教授”改回去为“哲学教授”，好让孟斯特布发展。所以孟斯特布在哈佛成为这个新心理学的领袖了。但是事实上原来的计划毫未实现。实验心理学中差不多没有什么重大的贡献是孟斯特布的，只有当年在福来布所作一些实验还稍微占点地位。因为事实上孟斯特布是太富于创作性了；他那好动的性格立刻使他转向更新的心理学去了。他奠基了心理治疗学，法律心理学，与工业心理学；我们可以说他“创造了”应用心理学，他有时还沉醉于心灵研究的工作。一半因为这个，一半因为别的缘故，他在社会上成了第一等名流，威闻四海，言传八方。他竟会半官式代表美国到柏林一年（一九一〇——一九一一），组织柏林美国协社。很明显的，这种生活不是一个科学家的生活，所以福来布时代的计划完全未能实现，但是许多别的成就可是实现了。孟斯特布在世界大战的时候暴卒，因为他一心想美国与德国和平谅解，但是终归失败，并且因为在那美国正在惧怕德国的时候，美国人对他起了恶感③。

我们知道现代应用心理学的发展，差不多大半有赖于孟斯特布的鼓吹提倡。他上与政治家哲学家来往，下与实业界人士接近，到处演讲游说，在有力杂志上常常写关

---

① 今译莱比锡。——编者注

② 今译海德堡。——编者注

③ 引自 Boring 前书（《实验心理学史》）页 420－421 关于孟氏的生平事迹，有他女儿的一本传记可看：Margaret Munsterberg, *Hugo Münsterberg: His Life and Works*, Appleton, 1922。

于应用心理学的文章。他亲自由美洲东部跑到西部，用实验心理技术测验一个罪犯究竟是否供认属实；他为电话局研究招雇司机员的测验方法，他为电车公司研究考试驾驶员的考选仪器。心理技术学一词就是他第一人用来专门指着心理学在工业方面的应用。[①] 我们中国现在正需要这么一个人来把心理学打入社会去。我们知道纯粹心理学有铁青纳在康乃尔硬凭他那高压独断的魄力，造成美国当时心理学界一个重要的重心；孟斯特布在哈佛同时并驾齐趋的在应用心理学方面，也造成一个响应同样大的重心。这二种重心，我们目前都很缺乏，不过后者更为重要罢了。

严格的说，"心理学"三字照常识的了解似乎根本是属于实际应用的一门技术科学。不过应用心理学事实上还是在纯粹实验心理学的发展之后，才正式成立，渐渐科学化的。霍林屋斯与泡奋波沟把应用心理学的发展很含糊的分为四个时期：第一是实验心理学以前，第二是实验心理学以后，第三是应用心理学的成立，第四是效率工程学的兴起。[②] 这个分期未免过于简略。我觉得在实验心理学以前，应当有两个时期：一个我们可以叫做神秘时期，从古到十八世纪中叶墨斯墨[③]发现动物电磁现象为止，一个叫做假科学时期，从墨斯墨起到十九世纪后半叶实验心理学成立时为止。实验心理学以后有二段也可以叫做胚胎科学时期与早期科学时期。在胚胎科学时期中因为有外界的响应，如心理遗传，效率工程学，职业指导等，科学实验的应用心理学于是渐渐形成。但是应用心理学的正式成立，还是因为孟斯特布积极提倡的结果。当世界大战将爆发的时候，孟斯特布已经把应用心理学的整个计划与方案订了出来，[④] 但是那时尚无许多的确实材料，所以大战以前只能算是早期科学时期。到大战以后，真正实验科学时期的应用心理学才开始。我们把这个分期与霍泡二氏的分期在下表互相比较，更可以看出应用心理学的鸟瞰[⑤]：

（一）神秘时期（上古——七七六墨士墨）

（二）假科学时期（一七七六——八六九高尔登）〔（一）（二）即霍泡二氏的实验心理学以前〕

（三）胚胎科学时期（一八六九——九一一斯创）（即霍泡二氏的实验心理学以后）

（四）早期科学时期（一九一一——一九一四孟斯特布）（即霍泡二氏的应用心理学的成立）

---

① 关于孟氏与他的事业以后再作详细的介绍。

② H. I. Hollingworth and A T. Poffenberger, *Applied Psychology*, 1917, p. 10－14。

③ 今译麦斯麦。——编者注

④ 孟氏有下列关于应用心理学的书：*Psychology and Life*, 1899；*On the Witness Stand*, 1908；*Psychotherapy*, 1909；*Psychology and the Teacher*, 1910；*Psychologie uud Wirtechafts lebon*, 1912；*Vocation and Learning Psychology and Industrial Efficiency*, 1913；*Grundzuge dor Psychotochink*, 1914；*Psychology and Social Sanity*, 1914；*Psychology: General and Apphlied* 1914.

⑤ 周先庚、郑丕留，应用心理学的史略及其最近趋势，本刊 2 卷 1 期，页 271－283，此处所用的史略分期即是本篇所讨论的 。

（五）实验科学时期（一九一四——一九三五）（即霍泡二氏的效率工程学的兴起）

照孟斯特布的意思，应用心理学可以有二方面，一方面是利用纯粹心理学知识来解释过去历史的或其他科学中的事实，另一方面是利用纯粹心理学的知识来解决现在的与未来的实际问题。前者孟斯特布以为是"心理历史的科学"，后者是"心理技术的科学"。霍泡二氏对于这个区别表示反对，[①] 我觉得他们的理由不充足。我们应用心理学知识来解释历史上的人物，事迹，或潮流时，或者来了解文学中的结构，人物，情绪时，或者来分析美术中的鉴赏心理与行为时，我们可以说是无意中承认了一种应用心理学。[②] 同时我们若想应用心理学知识来解决工业，商业，职业，或农业问题，甚至于社会，教育，政治，法律等方面所有现实的问题，都可以应用心理学知识来解决，那么这种应用心理学显然的与前者大有分别。所以孟斯特布特造"心理技术学"一词来表示：这一类的应用心理学性质更专门，基础更实在，问题更技术化。我个人对于这个区别是相当佩服孟氏的卓见的。

关于应用心理学，[③] 或心理技术学的定义或目标，霍泡二氏似乎太偏重于效率。[④] 我因为要把孟氏所谓的应用心理学的两方面都包括在内，再三推敲，觉得应用心理学或心理技术学的目标，除了效率而外，至少还有四个。第一，人类心理与行为的"预测"是应用心理学的最大任务。一个法律心理学家或罪犯心理学家，要应用心理技术来预测罪犯的供词或心理；社会的与政治的心理或行为，若不谋预测，不能算是应用心理学；变态的心理与行为，一个诊断心理学家不能预测是无济于事的。预测是许多应用心理学或心理技术学的共同目标。第二，人类的心理与行为能预测了以后，自然要谋"控制"，不然还是白费精力。控制与预测每每是平行的。有预测就要控制。例如法律心理学或罪犯心理学即是有预测亦有控制的。预测的主要点是发现现成的。习惯的心理或行为，控制的主要点是驱使这种心理或行为自动随意产生。但是预测出某种心理或行为，再控制他随意产生以后，应用心理学家或心理技术学家的责任还未终了，我们对于这种行为或心理还得有第三"改变"与第四"响应"。[⑤] 例如教育心理学或心理教育学，是以"改变"行为为主要目标的一种应用心理学，而商业心理学就是以"响应"为主要目标的一种应用心理学。我们研究学习历程，为的是要知道如何获得并改变人类的经验；我们利用动的图案或显著的颜色来作广告，我们预先拟好一篇谈话好与一批大货的买主交谈，无非是想响应他当时的心理，立刻有购买这批大货的行为

---

① Hollingworth and Poffenberger，前书页 8－10。

② 现在通行的应用心理学教科书中，有好几本是从这个观点去写的，如 F. A. Moss，*Your Mind in Action*（also Called Applications of Psychology），1929，G. W. Crane，*Psychology Applied*，1932。

③ "应用心理学"一词有人根本反对因为他太偏于通俗的意义，很容易使人联想到神秘时期的假心理学。见 M. Freyd，What is Applied Psychology? *Psychological Review*，1926，33，308－314 参见 M. S. Viteles，*Industrial Psychology*，1932，P. 37。

④ 霍泡二氏的应用心理学第一章即论《效率与应用心理学》。孟氏所谓的《心理历史的科学》本文不能讨论。

⑤ 前文作"影响"不切。见本刊 2 卷 1 期，页 283。

发生。自然现代应用心理学——特别是工业心理学的主要目标似乎是效率，但是应用心理学或心理技术学的全体，决不是仅仅图效率而已，仅仅为少花金钱精力，多得出产与报酬而已。在目前中国提倡应用心理学尤其要认清这五种不同的目标，因为设若专门注重效率，我恐怕这种应用心理学的提倡，在目前中国根本就不合常识心理原则，必归失败。

我们一方面认定纯粹科学的，实验的心理学的在中国目前要格外巩固基础，使他能有一个学术重心，为一切应用心理学的根据，另一方面我们主张要积极提倡应用心理学与心理技术学。学心理学的人要共同合作，向社会介绍现代心理学的应用；要为心理学前途作整个的打算，通盘的计划；要在心理学没有出路的时候打出一条出路。一个科学家为他的科学而奋斗，而论战，而辩护，我认为并不是一个可耻的事。我们不能一味还是畏缩不前，在自然科学面前每每表示一种愆人之感，或自卑心理，而在社会科学面前又自以为了不得，是科学的，实验的。目前中国心理学的不景气象是无可辩言的。照我个人的观察，我们若要改善这种现象，我觉得有许多事情我们应当积极的去做，有许多问题我们根本就要先谋解决之道，有许多现状我们根本不能再容忍，再拖延了。

为什么要发展中国心理学，读者从上面或者可以得个大概。至于如何发展中国心理学，我以为目前有几个迫切的先决问题，我们要特别注意。

第一，中国现在所有留学的心理学家，[①] 照我个人的临时估计，常在三十五人左右。其中以留美的为最多数，所受的训练大半相似。目前最根本的先决问题即是如何使这三十五位心理学家能够一块合作，至少要正式成立一个心理学会，主办一个定期刊物。这二件事是当前刻不容缓的，没有组织，什么积极工作都不能办。这一二年来各科学术会社都热闹极了，唯独心理学会的组织与产生，连动议倡和的人都没有。自然我们曾经失败过一次，这次要小心，但是不能小心得畏缩不前，根本不动。我们有了一个组织与一个刊物以后，然后一切事就可以正式下手去做。譬如中等学校添设心理学一课，训育人员一定要受相当心理学训练，军事训练一定要有心理常识，大学应当有职业指导与心理卫生等设施，心理学在大学课程中，应作各院系普通必修科或选科等问题，都是需要与教育当局接洽的，若有一个团体，交涉起来，就方便多了。还有向社会人士作鼓吹提倡工作，也非有一个定期刊物不可。除去一个稍专门的而外，另外一定还可以办一个稍通俗适用的月刊或周报之类。专门刊物的内容能专登新颖的研究自然更好，但是我觉得关于欧美心理研究的现况也应当有系统的介绍。这一点我觉得是很重要的，因为目前有心理系的既少，欧美心理学杂志中所发表的最近研究结果，对于心理学有兴趣的人，自然很少机会看到。即是有杂志的人们，往往也很少去看。如若我们自己办一个定期刊物，其中有关于欧美心理学现况的记载与介绍，我想

① 以专攻心理学的为计，纯粹教育心理学家不算。

与一般人士必定有益。此外在报章上办一个副刊，专门讨论日常心理问题也是很重要的。学会与刊物这二件事无论如何我们是应当立刻办的。我希望在最近的将来有人肯牺牲个人的时光与精力出来发起筹办这二件事。

第二，心理学专著的翻译与介绍，大学中心理学教授应当多负责任。心理学所以在中国不发展的原因虽多，但是我以为很重要的一个，恐怕是介绍现代科学实验心理学的专著太少。我们国人所知道的一点心理学，都是些书店中商业化的译著，编译者也都是些学生与专赖编译书籍生活的书生。这些人所介绍的书籍，不是空论的通俗心理学，就是些专门讨论学派的理论心理学，只能使读者继续感觉心理学还未真正成为一门科学罢了。真正奠基现代科学的实验心理学的几本不朽的，历史的著述，至今总是无人问津。我们不能怪已经为我们努力的许多职业化的著述家根底太差，因为他们只够编译那类的书籍；真正科学实验的杰作与开辟新纪元的原始实验贡献，当大学专任教授的学者们，应当负责编译，书局也应当多请真正的专家担任编译。

第三，我个人觉得心理学本身有些地方应当改造。这些根本改造不单在中国应当立刻注意，恐怕各国的心理学现在已经有这个趋势了。这些根本改造中的最重要的一个就是纯粹理论心理学应当多向自然科学方面走，而应用心理学与心理技术学应当多向社会科学方面走。我们向来是说心理学是介乎自然科学与社会科学之间的一门科学。最近我个人渐渐感觉这个观点实在有碍于心理学的发展。心理学每每只得自然科学的外表，而无自然科学的实质，因为纯粹学心理学的多半不单物质科学如数学，物理，化学等根底毫无，即连生物科学如生物，生理，解剖等最低限度的技术训练都没有。反而言之，心理学对于社会科学只会嫌其“空话”太多，而不会赏识社会科学中的重大问题。结果心理学比上不足，比下也未必见得有余。

今后，我觉得：设若我们的志趣是偏向社会科学方面的应用心理学或心理技术学，我们应当多多与社会科学接近，诚心了解社会科学所注意的人类社会中的重大问题，而从心理学的观点去谋解决的方法，或找理论的根据。譬如：设若我们的志趣是在实验社会心理学，我们必得与社会学，政治学接近，真正到社会中找社会心理问题去调查或实验；设若我们的志趣是在工业心理学，我们必得与工程学接近，真正到工厂工业界去找工业心理问题。其他如法律心理学，商业心理学等也是如此，为发展心理学起见，我觉得或者我们暂时不作独立的心理学家，而与各社会科学接近，去作各该社会科学中的专门心理学家；因为在博不在精，在广读不在死磨的社会科学的问题，可以借现代科学实验的心理技术而更趋向于科学实验化。

设若我们的志趣是偏向于自然科学方面的纯粹实验心理学，我们更应当与自然科学接近，多花时间，多下功夫先把基本科学根底打好，并把实验技术与常识弄好，庶乎我们这门最幼稚的科学才能真真有科学的尊严与实质。譬如：设若我们性近机械，我们不妨完全转到工程去，而以工业心理技术学为辅科；设若我们志在实业经商，我们可以研究商业中的广告买卖心理学；设若我们无兴趣在纯粹实验方法，我们不妨多读物理化学课程，不妨专门制造并改良仪器。这一层我个人觉得非常重要，因为心理学的实验方法每每使人有儿戏草率之感，所用的仪器都是极幼稚粗糙的，都是很笨拙没脑筋的，在这方面如若有人去专门学机械工程来系统的认真制造并改良心理学实验仪器，把几个重大实验，如韦博定律，反应时间，交替反应，速示实验，学习实验，“迷思”① 学习等，完全自动机械化，那可以减少实验者与受试者许多麻烦。若有人这样做去，我想对于一个真正科学实验的心理学基础的树立必定有大贡献。其次对于生物科学设若有信仰，我们应当多读动物学，生理学，神经学等课程，真正能够用生物学正统方法去研究心理问题，换句话应当多注意神经生理心理的研究，少作外表行为的梏桎观察，或死板缺少意义的记录。例如设若我们怜恤神经病者想专习变态心理学，我们根本应当先有医学的知识。

我们要把自然科学的归纳方法，客观态度，重张本不重意见的信条，多往社会科学输送，以换他们对于人类所注意的重大问题，好来用心理方法去解释或解决；另一方面我们要仍然肯虚心多学些自然科学实验研究的技术，好使我们这门幼稚科学的基础来得格外坚固，方法来得格外精密，地位稍微可以提高。事实上心理学在目前中国似乎没有完全独立存在的必要。教育学对于心理学可以算是最慈善的保姆了，但是他太溺爱了，所以有时反而妨碍他整个的独立发展，保持他整个的个性。设若社会学，政治学，经济学，文学，哲学，美术，新闻学等，也都像教育学同样爱戴心理学，或者心理学多请教这些叔伯弟兄，这么他或者还有可以发展的希望。生物，生理，神经，医学，物理等对于心理学本是很想提携的，但是心理学本身必得先争气，要学好，然后方可以得到他们诚意的帮助。心理学在目前中国的不景气象，或者真是一个重大的激刺，足以使他在最近的将来奋发有为。他若是有一日果真在大学里没有独立存在的必要，那么与其他科学正式积极合作，或者更可以往许多特殊分野去脚踏实地的认真自由发展。②

不发展心理学我们可以真正的心理建设吗？谈心理建设可以不懂心理学吗？这是我最后要讨论的问题。要回答这个问题，我们顶好再从现代心理学的发展史去探讨。

心理学家普通有一句笑话即是：心理学先丢“灵魂”，其次没了“心”，后来又失了“意识”，最后所剩的只是“行为”。③ 目前我觉得好像“人格”把“行为”又打倒了。心理学在十九世纪中叶，从哲学中奋斗独立出来，算是第一次革“灵魂”的命；到实验心理学成立不久，“意识”于是起来把“心”的命也革掉了；二十世纪初年，“意识”又不时髦，于是“行为”又起来革了他的命。目前的趋势，照我个人的观察，“行为”似乎又有被“人格”革命的倾向。总之，人类思想是时刻往开明的方向走的。现代心理学的发展犹如整个人类思想的发展步骤和心理的改造程序一样，都是由神秘而

① “Maze”的试译。

② 至于心理学的各分野在中国目前究竟孰缓孰急，已经有另文讨论。见周先庚《心理学与心理技术》，独立评论，第一一六期二十三年九月二日。

③ R. S. Woodworth. Psychology，*The Study of Mental Life*，1921，p. 2。

趋于科学，由迷信而趋于理智，由感情而趋于智慧。美国当代著名历史学家鲁滨逊，在一九二一年著书名曰《心理的改造》，[1] 就是从历史的观点指示我们：社会改造最后的希望还是在于心理解放。法治，宗教，与教育三种改革方法都已归于失败，只有智慧可以挽救我们于危亡。

从心理学的观点看，鲁滨逊的议论是有根据的。二十世纪在西洋有心理纪元之称，意思就是说，物质文明已达极点，人们对于物质所持的科学客观态度，渐渐能运用于人事问题上去了。现代西洋各国一切关于人事的设施，都能运用心理学最新的发现与事业来解释。譬如现代智慧测验技术的兴起，使得社会人士特别注意人们个别智慧差异的重要，所以一国的开明领袖能够特别注重天才教育，以及领袖人格的养成。又如近年来民意态度的测量技术发明，我们可以自由预测，控制，并改变群众心理，我们可以用数量方法比较各民族彼此互相仇恨或爱护的程度。又如用变态个案传记方法研究政治领袖人格的结果暗示我们国家兴亡每每系于一念，社会的安宁，政治的开明，纯靠当权者的个人性情人格如何。[2] 我常觉得我们中国是永远会落人后的，因为人家总跑前一步，而我们总不会像日本，像苏俄，受别人的经验的恩赐，超过人家一步。人家早已由禽兽心理，经过野蛮心理，演进到最高尚的理智心理了。而我们远未脱野蛮心理的阶段。二十世纪的社会改造和政治革新完全是要运用心理智慧的。[3] 现代科学实验心理学的精神与态度，在西洋算是一种心理革命，远可以与十六世纪的科学革命相提，近可以与十九世纪的工业革命并论。这种心理革命的最大认识，就是人对于人自己在文化中的响应。人们要用科学的客观实验态度，来毫不介意的研究自己的心理与行为，来测量社会心理与行为；要用实验应用心理学以及诊断变态心理学的观点，来解释社会变迁，政治潮流，与国际战争——这是人类最勇敢的一种心理改造，最彻底的一种心理建设。具体的说，在教育方面，下自小学，就注重身心发展的关系，身心健康问题，以及智慧高下不等的个别教育；实验儿童心理学家要自幼稚园起，从头起始系统的观察人格的发展与养成，适应环境不良的具体结果；到中、大学的时候，教育心理学要特别注意青年身心的特殊发育，要施行专门的性教育，技术的职业指导，智慧测验，以及性格，兴趣，态度，人格等测量。二十世纪的教育是心理化的教育，二十世纪的心理学响应教育是极大的。在社会方面，工业问题自欧战后，在西洋差不多完全受了实验心理学的支配，人力早已不能与机器同等看待了，劳资间的冲突要找心理的理由了，工人对于工作的适应要用科学方法测验了，讲究效率，非注意人的因子不可了。政治，外交，革命等问题也都倾向于人的解释，法律也需要心理技术来检查罪犯的口供，经济也需要人们本性需要的解释。诸如此类的问题，现代心理学没有

① J. H. Robinson, *The Mind in the Making*: *The Relation of Intelligence to Social Reform*, 1921，宋桂煌《心理的改造》，商务二十年五月。

② 参看 *Psychology at Work*, 1932, edited by P. Achilles, H. D. Lasswell, *Psychopathology and Politics*, 1930。

③ 参看周先庚，农历年在民间的意义，《民间半月刊》，1 卷 19 期，59。

一个是没有直接间接贡献的。心理建设能够不懂现代心理学吗？若想心理建设能够不发展心理学吗？

自从中山先生首创“知难行易”的“心理建设”以后，党国要人都有各人所谓的心理建设。[①] 前年四中全会竟有“心理建设”的提案；在一年前轰动一时的“新生活运动”，似乎目的也是一种心理建设；南方的复古读经，在他们看来，恐怕也是一种心理建设；《独立评论》的“无为主义”与“信心与反省主义”。好像也是一种心理建设，最近卒然而起的“文化建设”，自然是一种心理建设。这些空洞的，抽象的，个人的思想态度或行为习惯方面的革新改造，在目前诚然都是很重要的值得提倡的。[②] 不过我以为西洋现代科学的实验应用心理学，自欧战以后，在各国成就的许多具体的心理建设事业，我们万万不能忽略。最近我留意全国学者对于心理建设的言论，使我感觉：凡谈心理建设的都未注意现代心理学的发展与现状，心理学家除去一二人而外，似乎没有谈过心理建设的。心理建设确是目前挽救民心的一个主要工作，不过我所要提出的是：如何具体的达到这个目标。发展心理学以求心理建设，我个人看，是第一步最具体的心理建设。我们要建设一个健全的民族心理。我们要建设一切现代心理技术。凡是太笼统，太模糊，太抽象，太理论；太不切实际不易办到的主张都是不能解决实际问题。运动要科学化，理论要实在化，建设要具体的精神的兼顾。我们目前只有空谈精神的，理论的，抽象的，心理建设，而没有谈具体的，科学的，实验的，心理学的心理技术建设。发展心理学以求心理建设才能真正的心理建设。

---

① 参看邵元冲，《心理建设论》；杨幼炯，心理建设之诠释，《中央半月刊》，第 24 期，19—31 页（十七年六月一日）；江问渔，做人究竟为什么？——心理建设之基本观念，《复兴月刊》，3 卷 4 期，二十三年 12 月 1 日。

② 以上一段节录自周先庚国防设计与心理技术建设，《独立评论》，第 110 号，页 6。关于心理技术建设的文字，《独立评论》中还有好几篇：我们需要怎样的心理学（郑沛蓼），英国十年工业心理技术建设之教训，心理技术在军事方面的应用（张民觉），人才统制的必要和方法（敦福堂），何谓工业心理学（郑丕留），职业指导的重要；发展工业心理学的途径；兴趣与职业等，散见于 107，113，118，122，125，130，135，137 等号中。

中国工业心理学之兴起①

（一）绪言

需要是创造之母，是一种运动一种事业底发动之母。假如我们说现在是“中国工业心理学”兴起的时候，那么，一定是由于我们现在需要有“中国工业心理学”的缘故。

创造一种运动，提倡一种事业，都不是偶然的，一定有其所以要创造，所以要提倡的背景。这种背景基源于需要；同时这种需要就产生了力量——促成运动发生，推动事业发展的力量。假如我们说现在“中国工业心理学”已经萌芽了，我们要看看促成“中国工业心理学”萌芽的力量是什么呢?

需要固然是成功之母，然而我们不能只凭那不着边际的渺茫的需要以冀运动或事业之成功；力量自然能推动运动或事业走向成功之途，然而运动或事业之成功与否，还得看推动底力量之大小而定。假如我们要追溯“中国工业心理学”兴起的由来，我们就得先看看在“中国工业心理学”兴起之前，有哪几方面曾经感觉到有提倡“中国工业心理学”之需要；他们感觉到需要“中国工业心理学”之后，究竟产生出什么力量以促成“中国工业心理学”的诞生或兴起。

“工业心理学”在欧美先进诸国中还算是一种时新的科学；在事事落后的我们中国，自然该当作新而又新的科学了。汪敬熙先生在他底《中国心理学之将来》一文中曾这样说过：

> “至于工业心理研究这一条路，现在是尚无人走。极希望有这种兴趣的人努力，并且更希望有力的研究机关加以提倡”。②

这三年前的话了，而且是指中国的心理学家对于“工业心理学”之不重视不努力而言。然而普通一般人对于“工业心理学”的态度又怎样呢?这一层我们不妨拿作者自己的话来作代表：

> “英国的工业心理技术建设已有十余年的历史了；许多人不单不知道英国‘国立工业心理研究所’的存在，恐怕连‘工业心理学’这个名词也未听过”③

汪先生和作者自己的话都是无可讳言的事实。然而近几年来国人提倡鼓吹“工业心理学”甚为努力，现在已进一步的作实地尝试实验工作了。这种突飞猛进的发展，是偶然的吗?

---

① 作者为周先庚、陈汉标，本文刊载于《中国心理学报》1936年第1卷第2期，140—166页。——编者注

② 汪敬熙：中国心理学的将来，《独立评论》，第40号，民国二十二年三月五日。

③ 周先庚：英国十年工业心理技术建设之教训，《独立评论》，第113号，民国二十三年八月十三日。

二三年前的中国心理学家，诚然很少人致力于“工业心理学”的研究；“工业心理学”这个名词，也确实是没有多少人知道。然而这不能说中国不需要“工业心理学”，也不能说中国完全没有人注意“工业心理学”。我们以为过去的许多教育家，工商界，心理学家，和政府机关，都先后感觉到“工业心理学”的重要，他们也先后各自努力为“中国工业心理学”立下稳固的根基，只不过有好些人没有引用“工业心理学”这个名词罢了。所以“中国工业心理学”的诞生或兴起并不是偶然的，是由于多方面的需要，多方面的力量促成的。这各方面的力量是由于：

（甲）教育界之职业指导运动；

（乙）工商界之注意科学管理，人事管理和工业安全；

（丙）政府机关之颁布劳工法令，提倡行政效率及调查专门人才；

（丁）心理学家之普遍宣传与实地研究。

（二）教育界之职业指导运动

增加效率是“工业心理学”底主要目的之一。可是增加效率的方法很多，我们先不谈机器，和其他的因子，单就人的因子来说，只要每人都得到和他自己最相宜的职业，每人都得到和他自己最合适的工作，那么，效率自然就增加了。所以欧美各国的工业心理学家和工业心理研究机关，对于工人选择，职业指导，和职业选择诸问题都极其注意。中国的工业尚属萌芽时代，而曩昔一般工商领袖又多墨守成规，故于工人选择一层，自难望其不为习俗所拘，而毅然采用科学的工业心理学方法。不过有一部分教育界先进，很早就感觉到职业指导和职业选择之重要而起来提倡了。现在且借民国十八年刘湛恩与潘文安发表的《十年来之中国职业指导》一文里边的话，以见中国教育家提倡职业指导之一般。他们说：

职业指导一名词，流行于中国，不过十年。提倡最先最力者，在学校，为北京清华学校；在研究机关，为本社（指中华职业教育社而言）。继起响应者，则上海青年会，与沪宁及各地之学校。①

中国之职业指导尝试，大概起始于清华学校。民国五年清华校长周寄梅先生为指导学生择业起见，曾敦请专家作职业演讲，并且叫学生填写将来志愿，为选择学科的标准。不过那时候大家对于职业指导都还没有什么研究。所以民国九年清华教务长王文显先生乘护送学生赴美之便，考察美国职业指导情形。这一次除了收集各种统计测验及参考材料之外，又复征求在美清华同学关于选择职业的意见。后来将答案汇集成册，刊行于世。② 此书不但对于后来的清华学生有莫大之助益，即于全国青年学生之择业也有相当帮助。民国十一年清华聘请庄泽宣先生为教授。庄先生未返国之前，常在

① 刘湛恩、潘文安：十年来之中国职业指导，《教育与职业》，第100期，民国十八年一月。

② John Wong－Quincey. *Educational Guide to the United States*: *for Use of Chinese and Other Oriental Students*, 1921.

教育与职业杂志中发表关于职业教育及职业指导一类的文章，故其受聘于清华之后，于职业指导有详细计划。民国十二年清华校长曹云祥先生设立“职业指导部”于学校行政系统中。十四年庄泽宣将清华之职业指导工作，编成报告，名曰《职业教育指导实验第一辑》。①

我们也许会奇怪为什么职业指导之实施于中国，先由清华学校提倡，而非由其他学校其他团体所发动。我们以为清华之所以最先注意到这个问题，是因为他最先感觉到有提倡实施之需要。从前清华的学生都是幼年派送赴美读书的。他们这样的年轻而无经验，往往因一时之高兴而选择学科，以至改科改系的常有所见；然而终因无人指导，不免有盲人瞎焉之叹。所以清华之最早实施职业指导，也不是由于偶然，实由于他们感觉需要。

然而其他的学校就无职业指导这种需要吗？我们看看民国六年中华职业教育社的成立宣言，就可以想像当时中国教育之失败，当时学生之需指导了。宣言里曾有这样的话：

甲寅之秋，同人有考察京津教育者。某中学学生数百人，其校长见告：吾校毕业生升学者三之一，谋事而不得者二之一，……今岁全国教育联合会各省区代表报告，而升学者仅及十之一，或不及十之一。……此外大都营营逐逐，谋一业于社会，而苦所学之无可以为用也。

或者谓此之所云，普通学校耳。则试视夫实业学校，专门学校，有以毕业于纺织专科而为普通小学校图画教员者矣。……甚有以留学欧美大学校专门毕业，归而应考试于书业机关，充普通编辑员者矣。所用非所学滔滔皆是。②

所学无可用，所用非所学，这两句话就是当时教育的写照，也就是使一般教育家如郭秉文，沈恩孚，黄炎培，王正廷，史家修，诸人之所以急急于组织中华职业教育社的缘故。我们再看他们底实施方法是怎么样的。宣言里说：

救济之主旨如上述，其施行方法奈何，曰调查，曰研究，曰劝导，曰指示，曰讲演，曰出版，曰表扬，曰通俗问答。其所注意之方面为政府，为学校，为社会。而又须有直接之施设，曰择地创立都市式乡村式男女子职业学校，日夜星期职业补习学校。而又须有改良普通教育之准备，曰创立教育博物院。迨夫影响渐广，成效渐彰，又须设职业介绍部，其为事曰调查，曰通告，曰引导。③

中华职业教育社最初的目的无疑地是推广职业教育，改良职业教育；所以他的实施方法也不过是调查职业，创立职业学校，宣传职业教育等等。可是中国学生之所学无可用，所学非所用，并不是只由于其所学之不适应于社会，大部分乃由于学非其所

① 庄泽宣编：《职业教育指导实验第一辑》，商务，民国十四年。
② 中华职业教育社宣言书，《教育与职业》，第1期，民国六年。
③ 中华职业教育社宣言书，《教育与职业》，第1期，民国六年。

应学，业非其所应业，其结果不是学无可用而致失业，就是学非所用而致改业。也许中华职业教育社有见于此，所以民国八年就设立职业指导部，同年复在《教育与职业》杂志刊发职业指导专号，职业心理专号。民十复自制职业心理测验器，并于该社附设职业学校之入学考试时应用之，此实开中国应用职业心理测验之先河。其后中华职业教育社复在南京设立职业指导部，常在中小学举行职业指导测验；他如编辑或翻译关于职业心理职业指导的书籍，亦无不尽力为之。职业指导在中国之倡导，该社之功实不可没。

职业指导之在中国，已经有二十年的历史了。曩昔我们之所以需要他，是因为他能助益于学生之选习学科，现在我们还是需要他，是因为他不单能助益于学生之选习学科，同样的也能助益于一般人之选择职业，工人之选择工作。可是职业指导是“工业心理学”内容之一部，我们需要职业指导，我们进一步就需要工业心理学。所以在中国已有长久历史的职业指导运动，实在是预先播散下“中国工业心理学”的种子了。然而我们不要忘记这种力量是教育家赐给我们的。

（三）工商界之注意科学管理人事管理和工业安全

中国自古号称农业国，其工商业之不发达是无可讳言的。不过自海禁大开以后，复经中日战争之教训，朝野上下，都改变其昔日保守故旧之眼光，而汲汲于维新是务。于是振兴工业，发达商务，遂成为救国之要途。数十年来中国遂一变其家庭式的工业而为工厂式的工业，组织简陋的商业而为组织繁复的商业。然而工商业的范围既已拓大，雇用人员又复增加，于是人事管理的问题就因此发生，而需要采用科学管理方法，就成为尽然之趋势。这一层我们很可以引程守中先生的话来作例子。他说：

中国工厂，最初皆自小而大，主持者一二人，开始时无所谓计划，无所谓组织，……逐渐拓充，……惟事过境迁，以善于应付数十工人之材力，来应付三四百工人，殊难也。知其材力之不胜任，而鉴于西人科学管理之效能成绩，乃触发其采取之动机。①

考科学管理法之流入中国，以民国五年穆湘玥先生翻译的《工厂适用学理管理法》② 为最早。这书的原著者书名是：W. F. Taylor，《*The Principles of Scientific Management*》，一九一一年出版。泰罗是科学管理运动的创始者，而该书对于科学管理运动亦极为重要。穆先生之翻译该书，而将科学管理介绍于国人，其功诚不可没。不过自穆氏书出后，工商界似乎没有多大的响应，这或者是由于当时中国的工商业组织尚属简陋，一般人仍未感觉到有采用科学管理之必要的缘故。民国十八年王云五先生在接受商务印书馆的总经理职务之前，曾赴欧美各国参观考察，以冀于科学管理作深切的研究。他回国以后就在商务印书馆试行科学管理法。这其间的经过，我们可以引刘涛天先生的话以见一般。他说：

① 程守中：中国实行科学管理应注意之几点，《工商管理月刊》，第1卷，第1期，民国二十三年五月。
② 穆湘玥译：《工厂适用学理管理法》，《中华》，民国五年。

重复加入商务印书馆以后，王先生察觉那时期的商务印书馆，因为管理弛缓，效率不彰，基础上很是危险。同时鉴于商务对于中国文化界任务的重要，觉得应有迫切地整顿的必要。所以他回国后，担任总经理职务的第一声，便是科学管理方法的提出。在事前他亦曾估量到从实施到成功中，一定有着一个艰难的过程，为企图容易见效起见，所以决定从知识程度比较高的编译所首先试行。不想他的理想竟会与事实正相反。因为编译所的人员向来是自由惯的，对于王先生这次施行，形似鼓励，而实际寓有裁制意思的办法，由不免因怀疑而起反对。王先生对于施行科学管理的碰壁，事前也未尝料不到。因为科学管理法的实施，本来有两种程序，第一程序是由上而下。就是先从知识分子着手而逐渐推及知识比较单纯的工友，在理论上走这一条路是容易见效。另一方策是由下而上。就是由工人分子先着手而再倒溯推及上层的知识分子。这一条路比较麻烦。王先生因为希望早日见效，俾商务能早日勃兴，所以他便冒险择了第一条由上及下的路。及至风潮闹起来，由市社会局出面调解。在调解前，人人以为王先生必不肯牺牲他的主张，结果总不外彼此略为让步。哪里知道在调解会中，竟自动的撤回了自己的方案。这一来确是引起过不少人的惊疑和希奇。……王先生对于那时候所发生的情势经过一番深长的思索，……而且觉得科学管理法由国外搬到中国来尝试，这还是第一次。这一炮开出去既然不能顺利，如其硬做，估量前途一定没有好结果。这非但科学管理的真精神无法实现，抑且有破坏科学管理法真精神的危险。且科学管理法在中国是第一次实施，如果这一次实施而失败，岂不影响后来者的亦都不敢尝试吗？“王某不能做科学管理法的功臣，但是也不愿做科学管理法的罪人。所以决定急流勇退，保全科学管理法的真意义，待异日乘机再起。”但是表面上他虽表示了退让，暗地里仍抱着一贯精神，并转变了方针，把科学管理法无形中向工友方面着手实验，并且在物质方面积极进行。结果，果然得了很好成效。所以王先生对于科学管理法的锐意应用，事前虽经一度波折，但最后他们仍然是成功。[①]

商务印书馆之施行科学管理法虽遭雇用人员之反对而不得不停止，然而年来中国工商业渐趋发达，科学管理法之需求日殷，所以民国十九年的夏天，孔祥熙，王云五，和曹云祥诸先生复创立中国工商管理协会，民国二十三年该会复刊发《工商管理》月刊。他们底目的很可以从曹云祥先生的发刊词中看出来。他说：

夫近代实业组织之要素，为资本，劳工与管理三者并重。在泰西资本主义形成之初期，从事实业者，仅以资本与劳工为主；迨至实业组织日益繁复，乃感管理人材之重要。沿至今日，则管理已成为一种专门科学，而为实业要素之中心。如资本之能否运用得当，劳工之能否管理得宜，胥视管理之是否有效为断。盖以管理者之天职，为协调劳资，增加生产效率，减低生产成本，使货物之品质与价格均能符合社会之期望，而以服务社会为主旨者也。本会本此使命，征集科学管理资料，研究讨论。实地调查

---

① 刘涛天：出版业经营家王云五传略，《教育与职业》，第161期，民国二十四年一月。

工厂；多方提倡，或经厂方之请求派员指导，或由各方之咨询，尽量贡献，故年来已博得社会间渐感科学管理之重要，而实业界亦深悉管理与实业有密切之关系焉。顾我国经济建设，困难多端，民族资本，尚在襁褓，厂商资本未能充足，欲使其负担此项经费，大有无力胜任之难，因是进行途径，未免迂缓，成绩亦随之难期显著。……兹复依本会事业之方针，谋汇集专家名彦之关于科学管理各种论著或其译述，附以本会会讯，暨专载等项，发行《工商管理月刊》，俾工商团体或有志研究此项问题者，得以参考寻绎。①

这里很明显的表示科学管理已渐渐被工商界所了解了。而且中国工商管理协会，更以全力为科学管理的提倡。同时他们觉得中国的工商业资本薄弱，恐厂商不能担负研究费用，所以他们一方面设立服务部为社会效劳，一方面创立工商管理补习学校以训练人才。誉之为中国唯一提倡研究科学管理之机关，不为过也。

然而工商界近年来之努力还不止此。民国二十二年吴蕴初诸先生乃有工业安全协会之组织，并刊发《工业安全》杂志以唤醒国人之注意。从此工业中之肇事，失慎，卫生诸问题，遂渐渐引起国人的重视了。此外则民国二十三年中华职业教育社一部分人员与上海工商界复创立人事管理学会。并由该会刊发人事管理杂志，举办人事管理讲习所。他们的目的可从何清儒先生的话中略窥一二。他说：

本会工作范围，根据会章，为人才训练，实施设计，问题研究，方法试验。而实行方法经理事会议决为训练，演讲，调查，出版等事。②

总括上面的情形看来，中国工商界所需要的是科学管理，人事管理之提倡与实施，工业安全之注意与设备。有了这种种需要，而中国工商管理协会，人事管理学会，和工业安全协会乃应时而生。我们知道泰罗之科学管理是促成“工业心理学”发生的主要基础，而人事管理和工业安全中的许多问题又复为“工业心理学”中的问题。中国已感觉得需要注意这些问题，而工商界复努力提倡研究，这实在是促成“中国工业心理学”萌芽底最有效果的力量。

（四）政府机关之颁布劳工法令和提倡行政效率及调查专门人才

政府机关对于“中国工业心理学”的诞生，表面上似乎没有深切的关系或助力。可是工厂法和工厂检查法之公布与施行，全国学术咨询处之成立，行政院内政部之设立行政效率研究会，刊发《行政效率》期刊，编纂《行政效率》丛书，以及教育部之召集职业教育会议等等，都直接的或间接的使我们感觉到有提倡“中国工业心理学”之必要。

国民政府的工厂法和工厂检查法都已于民国二十年公布施行了。工厂法中对于工作时间之规定，工人福利之施设，工厂安全与卫生设备之鉴定，工人津贴及抚恤之订立；工厂检查法中之注意工人状况，灾害，伤病统计，以及安全卫生设施——这些都

① 曹云祥：工商管理月刊发刊词，《工商管理月刊》，第 1 卷第 1 期，民国二十三年五月。

② 何清儒：人事管理学会一年工作概况，《人事管理学会第一周年纪念刊》，民国二十四年六月。

可以看出政府当局以法律的权力提高工人地位并谋工人福利。“工业心理学”发生的重要原因，是因为我们感觉到工人不是机器。一个机器在适当的条件之下可以工作多时而不改变其工作效率，但是我们人类就不能这样。假如工作时间过长，不但于工人身体心理方面有害，就是工作效率也会大大降低的。工厂安全与卫生的施设，也所以谋工业中灾害与疾病之减少，而直接或间接的就足以使工作效率增加。至若工人福利，灾害抚恤之规定，都可以增进劳资间的协作，而间接的增加工作效率。所以国民政府这几种法令的施行，虽与“中国工业心理学”没有直接的关系，然其中条例，确实有许多是以心理学或“工业心理学”的原则为根据的。然则谓此等法令之施行足以鼓舞我们对于工业心理学之研究，恐非过甚其辞了。

民国二十三年南京国防设计委员会调查处有调查全国专门人才之举。同年全国学术工作咨询处成立，以调查国内外专门以上学校毕业生和介绍职业为主旨。这种举动先庚曾指为是心理技术建设的一种。① 本来工业心理学底主要目的是想人人能得到与他自己的知识，才能，和兴趣等最相宜的工作或职业。所以这种调查的工作，也可以说是走向“工业心理学的”途程中的初步。

还值得我们深加注意的是行政院内政部的人员于民国二十三年设立一个行政效率研究会，并由该会刊发行政效率期刊，编纂行政效率丛书。要讲行政效率，就少不了以客观的测验结果为用人之标准，行政人员能得到适当的职位，用科学管理法以处理行政机关，增加办事效能，用精密方法以考查行政人员的成绩。凡此种种，都莫不与心理学或“工业心理学”有关。所以从研究行政效率说，他们最后的努力亦必走向心理技术之一途。

我们都知道中国人的工作效率平均较欧美人的工作效率低些，而且在中国人当中，又以官吏的办事效能为最小。向来中国官吏在公事房，只会喝茶抽烟的，工作效率自然谈不到了，可是现在的情形却和先前不同。甘乃光先生在内政部的报告，更足以资佐证。他说：

有一天，我到校对室去看，共有三个人。校对公文时，一人口念，一人对照，其余一人，就无法做事，必需待至第二次校对时，方可替换，还太不经济。乃令改作一人将正副文件自行对照，三人同时并看三种文件。校对以后，另选一人，再行复校。以前办法，二十分钟只校得一次的两种公文，改用此法，二十分钟可以校得两次的三件公文。②

我们现在且不管改变后的方法是不是最合理的，最好的，最能增加工作效率的方法。我们觉得可喜的是现在的政府机关真正的在求行政效率之增加，我们觉得尤其可喜的是甘先生以一位政府机关的重要人物，而能注意到这些小的地方。由此也可以看

① 周先庚：国防设计与心理技术建设，《独立评论》，第110号，民国二十三年七月二十二日。

② 见《行政效率》第3期，民国二十三年。

出政府人员之组织行政效率研究会，并不是要来装装门面，是真正感觉到有研究行政效率之需要的，是具有实行之决心的。

职业指导是“工业心理学”的一部分，上面已经说了。中国之提倡职业指导，向来是出自学校当局或私人机关。可是民国二十三年教育部曾召集一次职业教育会议。这次的到会人共约百人，都是全国各省市负责职业教育和职业指导的代表，对于职业指导之实施有详细的讨论。此实为政府召集的第一次大规模的职业会议，也可以代表政府重视职业教育与职业指导的态度。

民国二十四年夏国立中央研究院心理研究所和国立清华大学心理学系合办工业心理研究事宜，更足以表示政府提倡“中国工业心理学”之决心。这种工业心理研究经费由中央研究院和清华大学双方担负，而中央研究院与清华大学合聘之工业心理研究员陈卓如先生，研究助理郑沛缪先生和作者等则担任研究调查职务。现在已经分别在平绥铁路南口机厂及南通无锡等处作详尽的考察工作了[①]。以少量的经费，匆促的时间，复加之社会上一般人对于“工业心理学”还没有充分了解，我们是不敢希望有什么了不得的结果的。然而这种事业虽属于尝试性质，其对于“中国工业心理学”之诞生，则含有重大的意义。

从上面所说的各点看来，政府机关和政府当局有种种需要，更从这些需要而发动了种种与“工业心理学”有直接或间接关系的事业。是以政府机关之举办工业心理研究固非偶然，而其所提倡的之足为发展“中国工业心理学”最有效的力量，则尤可断言。

（五）心理学家之普遍宣传与实地研究

中国的心理学家对于“中国工业心理学”之诞生有什么贡献呢？这实在是一个很有趣的问题。照应用心理学史或工业心理学史看来，心理学家对于心理学的应用不见得是最早的一个。泰罗是提倡科学管理法最早的人，他却是一位工程师，吉尔布勒士（F. B. Gilbreth）是始创“动作研究”的人，他也是一位工程师。等到工程师工商界应用渐广之后，心理学家才努力于应用心理学或“工业心理学”的提倡与研究。中国的情形也正和此相同。早年前中国的心理学家并未致力于“工业心理学”，有之，也不过是学校中开设应用心理学课程，和杂志上零星发表了几篇介绍各国“工业心理学”概况的文章。这时候的介绍许是为着新奇为着一时高兴，是没有组织没有系统的。假如我们一定要说那时中国的心理学家有所贡献于“工业心理学”的话，那就只好说是因为有一部分心理学家致力于职业指导的工作。民国十八年郭一岑先生在教育杂志中发表《筹备“中央心理研究所”之建议》一文，曾极言中国有提倡应用心理学的必要。他说：

科学上最大的功绩，不在学说之成立，而在事实规律之发现。物理学上最大之功

① 陈卓如：参观南口机厂的杂感，《独立评论》，第182号，民国二十四年十二月二十二日。

绩，不是电子说，原子说，乃在万有引力定律，落体定律之发现。心理学上之重大发明，不是什么机能学派，构造学派种种，乃是爱斯特（Ernst）的后像定则，约斯特(Jost）的联想定则。这种爱空论，当然就是现在欧洲学者尚不免，但是在我们中国为尤甚。我们看这几年来谈心理学的，哪个不仍是抱着哲学的老态度。不是从唯心论方面来观察心理学，便是从唯物论方面来观察心理学。心理学和哲学愈接近，则心理学的价值愈减，心理学的地位愈危险。我们要把心理学的价值提高，心理学独立的地位树稳，便应该极力脱离哲学的关系。换言之，便应该少谈学说，多重事实，竭力提倡应用心理。

郭先生对于当时中国心理学界的批评是否有当，我们不想在这里有所论列，不过我们对于提倡应用心理学这点，却表示十分同意的。郭先生还以为中国之所以要提倡应用心理的理由是这样的：

现在世界上物质界的科学化，合理化，已经进步了。但是我们的精神界，行为界的科学化还正在发端。它的发达却完全靠着心理学的进步。我们中国社会行为的混乱可谓已达极点，每个商店、工厂，学校，军队，行政机关，都可发现许多不称职的人。不但是他们的知识不称职，就是他的能力也不称职。换言之，就是他的身心的条件都不相宜。这种社会上的损失，若有统计，定可惊人。中国现在的社会现象只要什么地方有饭可吃，便都钻了去，不必问自己的身心，自己的知识相宜不相宜。连有时自己的意志都要强迫违反了。以这样不相宜甚至不愿意的人而勉强辨理一件事业，则其效能可想而知了。我们现在正是百业待兴，对于效率方面更要注意。则应用心理学的原则去使工作科学化，实在是政府应有之责。①

其实当此百业待兴，事事应革的中国，无论从政治，经济，或社会的哪一方面看，都有提倡应用心理学或“工业心理学”的必要；无论从人才，效率，或组织的那一方面讲，也都得研究应用心理学或“工业心理学”。后来国立中央研究院心理研究所成立了，可惜郭先生的建议并没有人响应，而国立中央研究院心理研究所也没有人致力于应用心理学或“工业心理学”的研究。是不是那时候中国的心理学家还没有充分了解中国之需要提倡应用心理学或工业心理学呢？是不是那时候的中国根本就无需乎提倡应用心理学或“工业心理学”呢？是不是那时候的中国已经需要应用心理学或“工业心理学”，那时候的中国心理学家也已经知道提倡应用心理学或“工业心理学”的必要，却因为别的原因而阻止其提倡，阻止其研究呢？这种种疑团，我们现在都无法猜测。

心理学之流传于中国，虽然比其他科学晚些，中国人之致力于心理学研究，虽然不算很多，然而正如汪敬熙先生所说的②，“心理学也曾时髦过一阵”。中国的心理学虽

---

① 郭一岑：筹备“中央心理学研究所”之建议，《教育杂志》，第21卷3号，民国十八年三月。

② 汪敬熙：中国心理学的将来，《独立评论》，第40号，民国二十二年三月五日。

说是已由“翻译外国书的时代走入国人自己研究的时代了”，然而“现在心理学不但不能引起人的注意，并且多数人对于心理学起了反感”。有了这种种特殊的情形，无怪乎近来国内各大学心理学系的学生那么少，更无怪乎有人以为现在各大学心理学系之设立是妄费国家的财力。不过中国的心理学家并不是一点成绩都没有，前中山大学和现在中央研究院的心理研究所和其他大学的心理学系都有实验的研究发表。“在这些研究之中，确有些能站得住，并且能引起外国同行的赞许的”。中国的心理学家毕竟不愿意任“这点心理学的萌芽”渐渐的消灭了。所以民国二十二年汪敬熙先生就指出两条“此巷不通”的路（教育心理学家测验之路与动物心理学家迷津学习之路），和两条可走的路（理论研究的路与实用研究之路）。汪先生所指之实用研究的路，就是“工业心理”的研究。他以为：

我国工业才见萌芽。在工厂的组织和布置，工人的选择和训练，工作的方法，各方面均有种种的问题等待研究。这些问题大半是在工业心理学范围之内的。我国心理学家如走这一条路，不患其无问题可研究，更不患对于国家无实际的贡献①。

汪先生的意思，我们自然是赞同的。心理学之应用于工业之中，在欧美各国已经得到相当的成效，假如我国能够提倡“工业心理”，研究“工业心理”，自然也会得到圆满的成效的。而且从近年来中国工商界之提倡科学管理，人事管理和工业安全诸事业看来，他们对于“工业心理”研究，确实十分需要。这差不多是明白摆在我们眼前的事实，毫不足奇的。但是我们以为值得深加注意的是汪先生说：

至于工业心理研究的一条路，现在是尚无人走。极希望有这种兴趣的人努力，并且更希望有力的研究机关加以提倡。这种研究如果发达，心理学家自己也可得一种好处，就是可以为学生开一条出路。可以使学生在出校之后能用其所学；可以看见自己的学生向上生长；可以免去学生堕入“官”，高等游民阶级之苦。并且有出路之后，自然可以吸收些有才力的青年②。

从汪先生这段话看来，心理学家确实应该努力于“工业心理”的研究。尤其是处在被人看轻岌岌可危的今日的中国心理学，更应该有心理学家出来在这方面打开一条活路，为将来发展中国心理学树立稳固基础。中国心理学家假如致力于“工业心理”研究，一方面可以为国家社会谋实际的贡献，一方面又可以替一般大学中读心理学的学生谋出路，而间接的就提高了心理学在中国的地位，中国心理学将来的发展自然有望了。我们敢武断的说，像这种名利双收的事情，没有一位心理学家会不赞成的。而且一年后中国心理学家之所以风起云涌的起来提倡工业心理研究，多少总受了这种思潮所影响。

在“中国工业心理学”诞生的过程中，萧孝嵘先生，郑沛缪先生，谢循初先生，唐钺先生以及中央大学心理学系诸人的提倡介绍之功是不可埋没的。萧孝嵘先生曾介

① 汪敬熙：中国心理学的将来，《独立评论》，第 40 号，民国二十二年三月五日。

② 汪敬熙：中国心理学的将来，《独立评论》，第 40 号，民国二十二年三月五日。

绍各国“实业心理学”之发展情况[①]，阐明“实业心理学”的功用及其背景[②]，叙述“实业心理学”之过去现在与将来[③]，并且还作“实业心理技术”之尝试，以测验学徒，技工及校工[④]。郑沛缪先生亦曾亟言“工业心理学之需要”[⑤]，并诠释“工业心理技术”这个名词[⑥]，而使一般人得到明确的概念。此外则刘湛恩先生很早就介绍过欧洲“工业心理学”之发展[⑦]，郑文汉先生也介绍过德俄的“工业心理学”[⑧]，谢循初先生介绍过英国的“工业心理”研究机关[⑨]，中央大学心理学系诸人曾于《心理半年刊》内刊发“应用心理学专号”以介绍“工业心理学”之各方面[⑩]，唐钺先生曾经广播“工业心理学”[⑪]。其他介绍“工业心理学”的文章零星散见于各杂志者亦复不在少数。凡此诸人之介绍鼓吹工作，于增进国人对于“工业心理学”之了解均不为无功。先庚也是提倡“工业心理学”的最努力的分子。曾讨论过心理技术建设的意义与目标[⑫]；介绍过英国“工业心理”的研究[⑬]；阐发过心理学与“心理技术”的关系[⑭]，“实验心理学”，“应用心理学”和“工业心理学”的含义[⑮]，“工业心理学”的兴起及范围[⑯]；还进一步的提出比较具体的发展“工业心理学”的途径[⑰]，和提倡“中国工业心理学”应取的态度[⑱]。先庚所发表的几篇文章，可以说是比较有计划的。

关于“工业心理学”之中文书籍，据我们所见到的有高祖武先生翻译的《工业心理学浅讲》[⑲]，和王书林先生翻译的《心理学与工业效率》[⑳]两种。前者是 Bernard Muscio 著的，原名为 *Lectures on Industrial Psychology*，后者是 Harold E. Burtt 著的，原名为 *Psychology and Industrial Efficiency*。此外则最近潘菽先生编的《心理

---

① 萧孝嵘：各国实业心理学之发展，《国立中央大学教育丛刊》，第 1 卷第 2 期，民国二十三年六月。可参阅 M. S. Viteles，*Industrial Psychology*，Chap. 5，或周先庚与程时学译文，《教育杂志》，25 卷 4 号。

② 萧孝嵘：实业心理学的功用及其背景，《心理半年刊》，第 2 卷第 1 期，民国二十三年十二月一日。

③ 萧孝嵘：实业心理学之过去现在及将来，《东方杂志》。第 32 卷第 13 号，民国二十四年七月。

④ 萧孝嵘：实业心理技术之几种尝试，《教育丛刊》，第 1 卷第 2 期，民国二十三年六月。

⑤ 郑沛缪：我们需要怎样的心理学，《独立评论》，第 107 号，民国二十三年七月一日。

⑥ 郑丕留：何谓工业心理技术，《独立评论》，第 125 号，民国二十三年十一月四日，又（郑沛缪与郑丕留系同一人）。“谈工业心理学”，《人事管理》，第 5 号，民国二十五年一月十五日。

⑦ 刘湛恩：欧洲工业心理及职业指导之发展，《教育与职业》，第 86 期，民国十六年。

⑧ 郑文汉译：德俄的工业心理学，《教育与职业》，第 133 至 135 期，民国二十一年五月。

⑨ 谢循初：介绍两个英国工业心理研究机关，《安徽大学月刊》，第 1 卷第 8 期，民国二十三年九月。

⑩ 国立中央大学《心理半年刊》，第 2 卷第 100 期，“应用心理专号”。民国二十三年十二月一日。

⑪ 唐钺：工业心理，《广播周报》，第 5 期，民国二十三年十月十三日。

⑫ 周先庚：国防设计与心理技术建设，《独立评论》，第 110 号，民国二十三年七月二十二日。

⑬ 周先庚：英国十年工业心理技术建设之教训，《独立评论》，第 113 号，民国二十三年八月十三日。

⑭ 周先庚：心理学与心理技术，《独立评论》，第 116 号，民国二十三年九月二日。

⑮ 周先庚：M. S. Viteles：Industrial Psychology 书评，《清华学报》，第 10 卷第 3 期，民国二十四年七月。

⑯ 周先庚程时学译：工业心理学的兴起及其范围，《教育杂志》，第 25 卷第 4 号。

⑰ 周先庚：发展工业心理学的途径，《独立评论》，第 135 号，民国二十四年一月十三日。

⑱ 周先庚：英国十年工业心理技术建设之教训，《独立评论》，第 113 号，民国二十三年八月十三日。

⑲ 高祖武译：《工业心理学浅讲》，商务，民国二十年。

⑳ 王书林译：《心理学与工业效率》，商务，民国二十四年。

学的应用》一书中[①]，于工业心理的问题亦有所论列。但是国人自著之《工业心理学》书恐怕是始于陈立先生之《工业心理学概观》一书[②]，（虽则萧孝嵘先在很早就要写一本实业心理技术学[③]，但现尚未见其出版）。

国立中央研究院心理研究所与国立清华大学心理学系合办的"工业心理研究"事业，我们在上面已经提到了。他们在上年度一方面到平绥铁路南口机厂研究试验工人建议制度及工人考勤评判制度，一方面还到上海各大工厂参观考察，到南通大生纱厂考察一般工业效率问题，这实在可以说是中国心理学家实际走入"工业心理研究"之途的先声。我们希望中国的心理学家能够热心的维护这个雏形的起始，而使之发荣滋长，我们更希望国内有力的机关能够多多提倡类似中央研究院与清华大学合办的"工业心理研究"事业。那么，不出数年之后，"中国工业心理学"就更能引起国人的同情与注意了。

（六）中国工业心理学应注意的几点

统括上面所说的看来，我们可以知道中国的教育家早就有感于一般毕业学生之所学无可用和所用非所学，因而起来提倡职业教育和职业指导。中国的工商界也渐渐的感觉到工厂之管理弛缓，效率不彰，设备不良，而急速的注意于科学管理人事管理和工业安全诸问题之提倡与实施。中国的政府机关已经感觉到国人之不讲行政效率，因而起来倡导研究了。中国的心理学家也因想替中国的心理学打出一条活路而起来提倡"中国工业心理学"了。但是究竟上面所说的教育家，工商界和政府机关所提出的问题，和心理学家所提倡的"工业心理学"有什么关系呢？"工业心理学"究竟是什么呢？"工业心理研究"究竟又包括哪些问题呢？这几点我们都得在这里简略说明的。

工业心理学的含义向来弄得参差不齐，广狭不一。先庚在一个书评里曾说：

"工业心理学"这个名词也有广义的与狭义的二种。广义的含义是直接代表两文所包括的工业，商业，职业三方面的应用心理学，在中文可以统名为"实业心理学"。但是商业心理学在事实上早已独立，职业心理学最近也有独立的趋势，所以评者主张"工业心理学"这个中文名词，不但要除开商业心理学，并且要除开职业心理学，而纯粹当他是一门关于工业效率的狭义的心理技术学[④]。

先庚把"工业心理学"，商业心理学，和职业心理学分开，而以"实业心理学"一名总括三者，这不但可以免去我们对于这种种名词的含混，而且表明目前的"实业心理学"研究已经发展到分化的时期。换句话说，"实业心理学"已分化为工业心理学，商业心理学和职业心理学三个独立的研究了。不幸得很，实业心理学尽管分化，工业心理学尽管独立，而事实上目前还很少专门研究工业效率的工业心理机关，也还极少

① 潘菽：心理学的应用，《中华》，民国二十四。
② 陈立：《工业心理学概观》，商务，民国二十四年。
③ 萧孝嵘：实业心理学的功用及其背景，《心理半年刊》，第2卷第1期，民国二十三年十二月一日。
④ 周先庚：M. S. Viteles：Industrial Psychology 书评，《清华学报》，第10卷第3期，民国二十四年七月。

专门讨论狭义的工业心理的教科书。我们曾约略统计过十来本工业心理学教科书，其中所讨论的主要问题有下列几种：

（1）物质环境因子之影响工作效率

（2）疲劳，工作时间，休息与工作效率之关系

（3）工作方法之影响工作效率

（4）工业肇事之统计，分析及预防

（5）科学管理与工厂组织问题，行政工作效率

（6）工人之教育训练选择

（7）单调与效率之关系及其补救

（8）工作动机，工资，升调，暗示及赏罚，劳资关系的调整，工潮的消弥

（9）工人的生活，适应不良的工人

（10）职业分析，测验，选择与指导

（11）广告心理学

（12）买卖心理学

这些问题虽说是大部分属于狭义的工业心理学的范围之中，但是仍然包括有商业心理和职业心理的问题。这无疑的是受了传统思想的影响。可是现在实业心理学的研究日趋专门，工业，职业和商业心理学都正如先庚所说的渐渐有独立的趋势了。我们正在进行提倡的时候，不能不把这些问题划分清楚的。

从另一方面说，工业心理学虽然和商业心理学及职业心理学渐趋分化，可是工业心理的研究技术也常常可以应用到商业心理，职业心理及其他方面去。所以上面提到的中国的教育家，工商界，以及政府机关所急需解决或提倡的问题如职业指导，科学管理，人事管理，工业安全，行政效率等，都是直接的或间接的与工业心理学有关系的。工业心理学就是利用心理学已有的原理原则和心理学的与生理学的方法去增进工业效率的。从国家人才与事业的立场说，工业心理学可以使人人得到比较适宜于自己的个性才能和兴趣的工作，事事可以得到比较称职的人员。从资方的立场说，工业心理学可以增加生产效率，减少成本与耗费。从工人的立场说，工业心理学也可以增加个人的福利，安全，保障，减少工作的疲劳，肇祸，单调，而直接或间接的就促进工人的愉快与舒适。

工业心理学的主旨和问题既如上所述，则工业心理学与中国的教育家工商界和政府机关所发生的问题之关系自然容易明白。我们以为过去十数年来中国的教育家之提倡与实施职业指导，中国的工商界之施行科学管理，注意人事管理，和着重工业安全，中国的政府机关之提倡行政效率，发起专门人才调查，以及中国的心理学家之努力鼓吹工业心理学真诠，提倡工业心理学研究，这种种事实，件件都表示目前我们需要有“中国工业心理学”，件件都在给予“中国工业心理学”诞生及发展的机会与力量，“中国工业心理学”之得以萌芽滋长，就是由于这种种需要种种力量有

以促成的。

然而我们以为这正在萌芽滋长的“中国工业心理学”，虽既具有含苞放蕊的可能，却还是脆弱得很，还须我们努力培植。所以我们以为今后，“中国工业心理学”的展望，应该注意下列几个问题：

第一，我们要确立工业心理学的名称。工业心理学在中国只可以说刚刚萌芽，然而类似工业心理学的名词却已不少。什么劳动心理学呀，实业心理技术呀，实业心理学呀，工业心理技术呀，工作科学呀，心理技术呀，五花八门，弄得人家莫名其妙，这是很不应该的。先庚曾指出工业心理学与实业心理学之区别①也就是要避免含混。未来中国是有提倡工业心理学的需要，而工业心理学的真义及其功用却很少人知道。目前中国心理学家肯出来宣传鼓吹，正所谓恰逢其会。不过我们的目的既然希望工业心理学能应用于中国的社会，我们就不能不先顾虑到社会的一般心理与态度。心理学在中国无疑的引起社会人士的反感，轻视与误解，应用心理学②与工业心理学则更不用说了。先庚曾说过：

一提起“心理学”三字，一般人就联想到看相算命的谈心论性，推吉测凶，不然就以为必是“心理分析”或“心灵研究”。很少人知道人类心理与行为之纯粹科学的研究，不单在教育与心理医疗方面的应用，已有很大的价值，在工商业方面，现在也渐渐的可以解决许多重要问题了③。

先庚所说一般人对于心理学的态度，是不容否认的事实。本来心理学还被人误解轻视的时候，我们又再进一步的贸然作应用心理学和工业心理学的提倡，不问也可以知道不容易使一般人信服采用的。所以先庚更明白的说：

我觉得我们在未提倡任何科学和实验应用心理学之前，我们应当顾虑到社会一般印象。他们以为“应用心理”或“实验心理”都是指着那些日常神秘现象而言，如催眠术，变戏法，猜心思，拜菩萨，茶余酒后的说心论性，相家命家的看相算命，街巷铺店的讲价择货，晚间深夜的玩神弄鬼。但是狭义的科学的“实验应用心理学”包括人类经验行为二方面的事实与现象；而这些事实或现象的实验与应用，如“工业心理”，“职业心理”等，又是很难得一般人（士大夫在内）谅解的。所以在未提倡任何专门的“实验应用心理学”以前，我们必须先打破社会上一切误解心理，迷信心理，成见心理，偏见心理，与藐视心理不可，以免我们所提倡的与社会人士格格不入④。

处在这种情形下的中国，要想提倡应用心理或工业心理自然非得先打破一般人对于心理学与应用心理学的误解，迷信，成见，偏见，与藐视不可。但是困难的地方却

① 周先庚、程时学译：工业心理学的兴起及其范围，《教育杂志》，第 25 卷第 4 号。

② 周先庚、郑沛瞟：应用心理学的史略及其最近趋势，《中山文化教育馆季刊》，第 2 卷第 1 期，民国二十四年一日。

③ 周先庚：英国十年工业心理技术建设之教训，《独立评论》，第 113 号，民国二十三年八月十三日。

④ 周先庚、程时学译：工业心理学的兴起及其范围，《教育杂志》，第 25 卷第 4 号。

在于要打破这种根深蒂固的误解，迷信，成见，偏见，和藐视既非一朝一夕所能成功，而目前中国又有急需工业心理学的要求。要是我们不顾社会人士的心理而贸然作工业心理的尝试与施行，我们敢说我们纵然侥幸不致招人家的反对，也决不易引起人家的同情信仰与合作。试问我们心理学家自己能不与社会合作而从事工业心理的研究吗？要是我们耐心地先转移一般人对于心理学及工业心理学的误解成见，然后再实施工业心理学，这自然是比较合理的途径。然而我们上面已经说过这非一朝一夕所能成功，而同时中国又急需工业心理学之提倡。所以我们以为最好的方法是一方面即速从事于心理学与工业心理学之宣传以打破一般人的误解，促进一般人的了解；一方面则联络工业界领袖从事于工业心理研究的尝试与实施，不过我们暂时不用工业心理学的名目以作号召罢了。这种避名就实的态度是我们目前不得不采取的方针。其实我们提倡工业心理学的主旨却在于工人的福利与工业效率，我们只要在这些方面能有所改善即可算是达到目的，又何必斤斤于名词之争呢？也许有人会说像这样无名无目，我们怎能够提倡工业心理学呢？这一层我认为并非绝对的不可能的事①。不过我以为即使我们非得要一个名目以作号召不可，我们也宁可暂时避免心理学之字不用，而采取“工作科学”这个名词。好在这个名词德美的工业心理学家都曾采用过②，在欧美虽然不甚普遍，在目前中国却可以减少一般人的误解。

第二，我们要联合教育家，工商界，政府机关和心理学家这四种力量，以谋共同发展“中国工业心理学”。先庚曾说我们提倡工业心理学应当先克服社会心理，要多游说少号召，要由小而大，由个人而团体③。这个意思是对于三年前的情境而言的。现在一般人对于心理学的误解虽然还没有完全打破，然而教育界工商界和政府机关的领袖人物确已改变了态度。而且这些领袖人物较有远大眼光，纵令一时尚未完全了解工业心理学的真诠，我们也比较的易于说服他们。我们为集中人才经济力量起见，似乎不能不联合上面所说的各个团体共同努力。

众擎易举，众志成城。无论从人才或经济哪一方面讲，一人之不如多人，一个团体之不及多数团体，那是显而易见的。关于人才集中这一层先庚也早就注意到了。

目前国内长于工业心理学的专家真是缺乏已极，所以集中研究，训练人才是当今最迫切的问题④。

先庚当时所指的是只属于心理学家之集中而言，然而从根本方面着想，我们以为不但对于应用心理学有研究有兴趣的心理学家应当集中起来，就是凡属感觉到有提倡

---

① 上海康元制罐厂之实行科学管理而能得到成功即可为佐证，参阅《工商管理月刊》，第1卷第1期登载之康元厂科学管理实况一文，民国二十三年五月。

② 德国的工业心理学家 O. Lipmann，曾著一工业心理学的书，叫做 Lehrbuch der Arbeitswissenschaft，美国的工业心理学家 M. S. Viteles 也曾著一本讲工业心理学的书，叫做 The Science of Work 。苏俄有一个规模很大的工业心理研究机关，叫做 The Central Institute of Work。

③ 周先庚：英国十年工业心理技术建设之教训，《独立评论》，第113号，民国二十三年八月十三日。

④ 周先庚程时学译：工业心理学的兴起及其范围，《教育杂志》，第25卷第4号。

研究工业心理学之必要的人或机关，如教育家，工商界，政府机关，和心理学家等，都应该集中力量团结起来。我们希望以上四种人都需要提倡工业心理研究，不过就现在的情形而言，他们各自努力，各自为政罢了。从人才方面说这种现象是不经济的，从财力方面说这种现象也是不经济的。

英国国立工业心理研究所的发展是足为吾人效法的①，这个研究所发动于心理学家迈优士博士（Dr. Charles S. Myers）和茶业与橡皮富商魏尔施先生（Henry J. Welch）两人。主持研究的人虽大半是心理学家，然而所以能成效卓著的缘故，则一方面固然由于心理学家之苦心经营努力研究，一方面也不能不归功于教育界，工商界和政府机关诸人之赞助与合作。我们知道他们所作的职业指导实验大部分是和教育委员会或各学校合作的。其他如医学研究会，文官委员会，监狱委员会，邮政局，军政部，农业部，教育部，劳工部，皇家煤业委员会，巴福（Balfour）工商委员会，教育实业委员会，皇家文官委员会等都曾请工业心理研究所代作各种实验，代为指导，或共同合作研究。此外复有无数工厂商店与之合作，许多政府名人与以赞助，其得有今日之成绩，岂是偶然的吗？我们除非不想发展"中国工业心理学"则已，不然的话，非得联合教育家，工商界，政府机关和心理学家共同努力不可。

第三，我们应当赶快多多训练富有经济，工程知识，心理生理技术，深知工厂实际情况的工业心理研究人才。这种人才之缺乏，先庚在三年前也曾提到②。不过就目前情形看来，我们在这三年中并没有产生出工业心理研究人才。其实这种人才之养成也并非一朝一夕的事。中国的心理学家似乎都想作纯粹的科学研究，所以不太注意于社会经济科学知识的探求，中国的心理学家本来就没有打算作工业心理的研究，所以多数人对于工程知识全然缺乏，对于工厂情形甚是隔膜。然而这种人才也不容易在工程师中工商界中找到。工程师中也许有不少注意效率工程的人，可是他们过于重视效率把工人当作机械。像这种全然忽略人事因子不顾工人人性人格的办法，自然失了工业心理学的初旨。目前中国的工商界中确实有热心于科学管理人事管理的人。然而这种人实在太少，而且其中富有心理学生理学知识与技术的人更是凤毛麟角。所以我们要提倡工业心理研究非得赶快从事训练人才不可。苏俄在这几年来正训练大批的心理技术人才为发展工业心理研究事业之用。一九三二年苏俄有一个研究所的训练课程是这样的③：

（一）社会科学（包括经济学，历史，辩证法唯物论，列宁主义）

（二）普通科目（包括物理学，生物学，生理学，心理学，教育学，数学等）

（三）特别科目（包括合理化，卫生学，工作教导，心理技术分析，工人选择，实

---

① 关于英国国立工业心理研究所的工作可参阅注二，注 28，注 29。如欲得知情形，可读 H. J. Welch and C. S. Myers：*Ten Years of Industrial Psychology*。

② 周先庚、程时学译：工业心理学的兴起及其范围，《教育杂志》，第 25 卷第 4 号。

③ R. S. Schultz & R. A. Mcfarland. Industrial Psychology in the Soviet Union. *The Journal of Applied Psychology* 1935. 19. 265. 308。55，周先庚、程时学译：工业心理学的兴起及其范围，《教育杂志》，第 25 卷第 4 号。

验方法）

（四）其他科目（包括外国语，军事训练，体育。）

这四种都是在课堂上讲授与实验的功课，总共约占四千多小时，此外尚有工厂实习，总共约占三千五百多小时，这种实习的工作最初多半在研究所里面的工作室实习，先使被训练的人熟习工业中的基本动作，其次则到工厂的机器房去实际作工，最后又到劳工组织部去实习，熟练其他心理技术的工作。我们以为苏俄这种训练办法是可以给我们参考的。特别是被训练的人必需先在工厂实地工作，这一点尤足使我们效法的。因为我们知道仅仅依照书本知识是不够应用甚或不适实用的。假如工业心理研究人员能在具有相当基本知识与训练之后再到工厂实地工作，则他们平日耳濡目染，对于各种工作性质，工厂情形，以及工人生活等早有充分的了解，日后他们出来做工业心理研究时，才不致茫无头绪，有书本知识与实际情形不相连结之苦。

可是工业心理研究之进行似乎刻不容缓，而工业心理研究人才之养成又非一朝一夕的事。我们在这个过渡时期，一方面固然要从速训练人才，另方面也得开始研究工作以示提倡。先庚曾说过：

当今起始提倡工业心理的第一步，是要参观调查，批评建议，以求改善工业界一切足以响应工作效率，管理效率，与心理态度的物质因子[55]。

这个办法是过渡时期中所应采纳的。而且先庚也曾指出这种工作无需仪器，不花大本钱，国内现有任何心理学家都可以胜任。可见现在中国的心理学家并非一点儿都不能替工业心理学效力的。只要是我们肯努力的脚踏实地做去，“中国工业心理学”的将来是很有希望的。

第四，我们应当选择目前中国最需要的而且最能表现工业心理学之机能的研究工作。现在中国的工业心理研究人才已如此缺乏，而社会经济又呈不景气之象，我们无疑的不能只凭个人的一时高兴而作盲目的宣传与实验。我们为求人才与财力的经济起见，自然得尽先提倡最适合于中国社会背境的工业心理学。先庚曾主张我们应当效法英俄两国之注重工业效率，而不宜仿效美德两国之专门发展雇佣心理学术，所持的理由是：

（甲）社会还没有佣雇心理技术的需要。欧美各种工业特殊技能测验法的尝试与订正，是极其有价值的；但是中国浅识的工商界能否信任这些测验，采作佣雇的标准，大是问题。……（乙）自然这种困难并不足以成为不当提倡雇佣心理技术的理由，因为我们不能多顾虑一般人的偏见与浅见。不过测验的技术，在目前中国的劳工雇佣心理上似乎根本用不着，因为中国佣工根本不多，分工也并不精细，选择每每根据社会的与个人的标准，一时很难打破。等到工业真正发达到一个相当的程度，然后自然有运用大规模测验技术的必要。到那时候再发展特殊工业技能的测验技术还不迟。……（丙）欧美各国（尤其是德美二国）工业发达，一切都是大量制造主义，而外在足以响应工作心理与效率的物质环境与行政管理。比较的本来早就很适宜，很科学的，所以特别在劳工“人的因子”方面下工夫，因而佣雇心理技术比任何国都好。反过来看，中国的幼稚工业连最低限度的物质环境与行政管理，都不能达到常识的标准，现在哪还能把工人劳作的效率与技能的适应，务求其能达到理想的标准呢。……（丁）还有一点，佣雇心理技术的发展必须有工厂中特设独立研究部处，始能实地应用，办理有效，还是德美二国的经验。而目前在中国的工厂中，自然没有如此开明，情愿特设心理研究部处或人事部处的。若想单凭几个书生在大学中附带作点佣雇心理技术的尝试，即可引诱工厂经理委托代办佣工的招收，那是很理想的①。

先庚当时已经指出需要注意到中国社会的实情，并指示吾人不宜仿效德美之着重佣雇心理技术，而应效法英俄之注重工业效率，不过当此国人尚未十分了解工业心理研究的时候，我们尤其要先做一种表证的研究，充分的表示出工业心理学的功用与利益，使劳资两方同收实惠，使国人切实的了解工业心理学之应用。我们敢说这种表证研究的结果，其影响于国人对于工业心理学的信服，远胜于我们今日之空口说白话的宣传。

第五，我们实施工业心理研究或应用的时候，在工业心理学尚未得一般人之同情与了解之前，宁可避名就实，暗中进行，以求实效，不宜大张旗鼓，招人反感。工业心理学之应用在欧美各国中不但工厂经理愿意花钱招罗研究人才，就是工人也深表同情于此项工作。可是中国的情形却大不相同。厂主或经理比较的具有远大眼光，我们苟能耐心宣传，实不难使他们信服工业心理学的效能而促其采纳吾人之实施计划。但是下级职员及一般工人的知识太低，而且守旧性成，故对于任何一种新规例新施设，时常不免作盲目的反对。现在“中国工业心理学”正在萌芽，我们要想他将来能够发荣滋长，那么，我们在起始试行的时候就不能不加意小心，我们对于实行时应当采取的方针与步骤就不能不预先考虑。

商务印书馆实行科学管理之起因，经过，以及终于遭职工反对的情形②，上面已经很详细的讲过了。现在我想引用上海康元制罐厂实行科学管理的经过以作比较，而为我们实行工业心理研究者之借鉴。他们曾在《工商管理》月刊中报告过：

本厂试行科学管理于兹有年矣。回溯民国十五年前不整齐不经济之现象到处皆是，暮气重重，危机四伏，是年六月，项总经理倦游归来，目击斯状，怒焉忧之，召集员工，痛抉弊害，合座闻之，色焉以惊项，项总经理筹维再四，决定入手办法，先定工作效能。……继又广购关于科学管理之书籍，穷日夜之力而遍读之，至是而科学管理之大体完全了解，信仰之心油然而生，乃召集厂中领袖作有系统之讲述，传有明确之科学观念，又复选购要籍分发各人使自阅读，而各部领袖讲科学管理不过纸上谈兵。……因又加以训勉鼓其兴味，重理一过，居然有得，询其意见，咸谓科学管理法诚精美，大厂行之有利无弊，若我厂规模粗具，……于是避名就实，拟定各种具体方案依次试行，并告以此种方法不过改良现状，以言科学管理相去尚远。怀疑既释，努

① 周先庚、程时学译：工业心理学的兴起及其范围，《教育杂志》，第25卷第4号。
② 刘涛天：出版业经营家王云五传略，《教育与职业》，第161期，民国二十四年一月。

力自增。……本厂制罐部之内容最为繁杂，因决定先从制罐部着手，藉研究态度，用奋斗精神，拟定方案，审慎周详，必认为妥当然后试行。……不求速，不间断，……迨工作时间标准告成，而前者十一小时之工作只有三小时之效能者，今则九小时之工作已有七小时半以上之效能矣。言时间减少四分之一，论效能增二倍有半，至是始告以凡此种种俱为科学管理，事实毕呈，众乃翕然①。

拿康元制罐厂实施科学管理的经过和商务印书馆实施科学管理的经过作一比较，我们就不难看出为什么康元制罐厂可以得到最后的成功，而不遭剧烈的反对，为什么商务印书馆起初就遭人反对。我们以为最大的关键不在于工厂职工之未能充分了解科学管理之真诠，而在于康元制罐厂预先顾虑到职工之不了解，故虽暗中进行科学管理之施设，而并没有明白宣布其实行科学管理。商务印书馆则没有顾虑到职工之不了解，或者是顾虑到了而以为无关紧要，故开始就明白的宣布实行科学管理。目前一般人及工厂职工对于工业心理学还未了解，所以实施的时候我们应该观察情势，不能一味强迫施行，我们宁可采取康元制罐厂实施科学管理的步骤，而不愿如商务印书馆之遭职工反对。总之，我们苟能使用应用心理学的原理原则以求得实施之最小阻力，则“中国工业心理学”的前途是很可乐观的。

（七）总结

工业心理学虽说是一种新近才被人注意的科学，然在欧美大小各国都既先后的极力倡导了。我国十数年来：（一）教育家之提倡职业指导运动，（二）工商界之注意科学管理人事管理和工业安全，（三）政府机关之颁布劳工法令和提倡行政效率及调查专门人才，（四）心理学家之宣传工业心理学，研究工业心理，这四种力量都是目前“中国工业心理学”诞生发展的主要因子。我们以为今后中国工业心理学的发展应该注意：（一）确立工业心理学的名称，（二）联合教育家，工商界，政府机关，和心理学家，以谋共同发展“中国工业心理学”，（三）赶快多多训练富有经济及工程知识，心理生理技术，深知工厂实际状况的工业心理研究人才，（四）选择目前中国最需要的而且最能表现工业心理学之机能的研究工作，（五）实施工业心理研究或应用的时候，在工业心理学尚未得到一般人之同情与了解之前，宁可避名就实，暗中进行，以求实效，不宜大张旗鼓招人反感。我们知道中国工业心理学既为各界所需要，若能按部就班的努力提倡研究，其有益于社会人群固不待言，其能发荣滋长，亦意中的事。

附言：此文于民国二十五年一月脱稿，故所取材料亦止于民国二十四年以前者。一年来作者实地从事工业心理研究工作，获得非书本上所能得到之经验不少，故对于本文之意见及主张亦不无改变之处，但为存真起见，特照旧稿发表，他日有暇，当再论列。

---

① 康元厂科学管理实况，《工商管理月刊》，1934年第1期。

（八）附录

中国工业心理学发展大事纪

年代	事由
民国五年（一九一六）	清华学校校长周寄梅（贻春）先生为指导学生择业起见，遂有职业演讲之举办，并令学生填写各人意见，以观兴趣趋向，而为确定选习学科之标准。此实为国人注意职业指导之端倪。 《中华教育界》登载关于各国职业教育和中国实施职业教育的文字，自后该杂志亦常刊登职业指导的文字。 穆湘玥（藕初）先生选译 F. W. Taylor：*The Principle of Scientific Management* 一书，名曰《工厂适用学理管理法》，由上海中华书局出版，此为国人介绍科学管理最早之书。
民国六年（一九一七）	中华职业教育社于民国六年五月五日假座江苏省教育会开成立大会，通过章程，并推定聂其杰（云台），张元济，史家修（量才），王正廷，杨廷栋，郭秉文，沈恩孚，朱葆康，黄炎培九位先生为临时理事，沈恩孚先生为临时主席。此社以推广及改良职业教育为目的，调查，研究，出版，指示等为方法。以后对职业指导及职业介绍诸工作，亦甚努力。 中华职业教育社刊发《教育与职业》杂志一种，月出一册，以宣传介绍职业教育为主旨。后来亦极力从事职业指导，职业心理及工及工业心理之介绍。 朱元善编译日人川本宇之介所著的《职业教育真义》一册，由商务印书馆出版。
民国八年（一九一九）	《教育与职业》杂志刊发《职业指导》专号，同年又刊发《职业心理》专号，此实足以表示中华职业教育社诸人渐渐转移其注意职业教育之眼光，而及于职业指导及职业心理之介绍。 中华职业教育社设立职业指导部。 中华职业教育社编译《职业教育丛刊》，其中有一部分是关于职业指导与测验一类的书。 熊崇煦译日人秋保治安所著之《职业技师养成法》一书，由商务印书馆出版。
民国九年（一九二〇）	清华学校教务长王文显先生护送学生赴美，并考察职业指导情形，搜集各种统计，测验及其他参考资料，更乘此机会征求在美清华学生关于择业之意见。王先生曾将此次赴美考察所得材料汇刊成册，名曰：*Educational Guide to the United States, for use of Chinese and other Oriental Students*, by John Wong—Quincey, 1921. 此后《教育杂志》中亦常有关于职业心理的文字。
民国十年（一九二一）	中华职业教育社表演其自制之职业心理测验器（包括目力，手力，手及眼之注意力，速率辨别等测验），又曾于该社附设职业学校之入学考试时举行测验，此为国内采用职业心理测验之端倪。 《教育与职业》杂志刊发职业训练专号。 王文显先生（John Wong－Quincey）所编的 *Educational Guide to the United States. for use of Chinese and other Oriental Students* 一书在商务印书馆出版。

续 表

年代	事由
民国十一年（一九二二）	清华学校聘请庄泽宣先生为教授，并由庄氏详细计划职业指导事宜
民国十二年（一九二三）	清华学校校长曹云祥先生于学校行政系统中增设职业指导委员会。以各教授为指导员，分别指导全校学生。 陆志韦先生在国立东南大学开设应用心理学课程，讲词曾刊于《心理》杂志。 邹恩润编译 T. G. Chapman 所著之 *Trade Tests* 一书，名曰《职业知能测验法》，此为中华职业教育社之《职业教育丛刊》之一，商务印书馆出版。 邹恩润著《职业指导》一书，亦是《职业教育丛刊》之一。商务出版。
民国十三年（一九二四）	中华教育改进社等团体亦提倡职业指导运动。 庄泽宣先生译 H. L. Hollingworth & A. T. Poffenberger 所著之 *Applied Psychology* 一书，名曰《应用心理学》，此为国内最早之应用心理学教科书。商务出版。 刘崇儒 E. E. Purinton 所著之 *Personal Efficiency in Business* 一书，名曰《实业上个人效能论》。商务出版。
民国十四年（一九二五）	庄泽宣编《职业教育指导实验第一辑》，即分析统计清华学校之结果而成者，列为中华职业教育社之《职业教育丛刊》之一。商务出版。 唐开斌译日人非关十二郎所著之《广告心理学》一册。商务出版。 《教育杂志》刊发职业教育专号，载职业指导的文字。
民国十五年（一九二六）	上海康元制罐厂总经理项康元先生有感于科学管理之重要，乃搜集书籍作专心之研究以求了解，后复向厂中职员宣传解释以冀实行，惟因多数人未能完全了解，故只暗中实行科学管理法，俟得有成效后，始宣布于众。此为国内工厂实行科学管理之先声。
民国十六年（一九二七）	中华职业教育社于十六年九月在上海成立上海职业指导所。 刘湛恩先生在《教育与职业》杂志中介绍欧洲工业心理及职业指导之研究。
民国十七年（一九二八）	中华职业教育社与南京青年会合设南京职业指导所。 沈星若先生在《教育与职业》杂志中介绍劳动心理学。 高书田译日人大野见辰所著之《商业心理学》一册，商务出版。
民国十八年（一九二九）	国民政府公布工厂法，注意工人生活之改善。 商务印书馆总经理王云五先生赴欧美考察科学管理。 郭一岑先生在《教育杂志》发表一文，名曰《筹备‘中央心理研究所’之建议》，对于应用心理学，极主提倡。

续 表

年代	事由
民国十九年（一九三〇）	全国职业指导机关联合会。 中国工商管理协会成立，由于孔祥熙先生，王云五先生，寿毅成先生及曹云祥先生之提倡。成立后以曹先生为主席，并以提倡科学管理为目的。此实为国内最早之提倡科学管理之机关。 商务印书馆总经理王云五先生施行科学管理法，旋因馆中职员向未明了科学管理真义，故遭反对而至罢工。王先生乃收回成命，而于暗中进行科学管理之施设。
民国二十年（一九三一）	高祖武先生译 B. Muscio 所著之 *Lectures on Industrial Psychology* 一书，名曰《工业心理学浅讲》，商务出版。此为国内工业心理学书之最早者。 国民政府定八月一日起施行工厂法。 国民政府定于十一月一日施行工厂检查法，注意工人安全。
民国二十一年（一九三二）	郑文汉先生在《教育与职业》杂志中介绍德俄的工业心理学。 莫若强先生著《科学管理的意义与价值》一册，商务出版。
民国二十二年（一九三三）	汪敬熙先生在《独立评论》中提出“中国心理学之将来”的问题，并谓工业心理学是一条可走的路。 吴蔼初先生等发起工业安全协会，并刊发《工业安全》杂志。 何清儒先生著《人事管理》一书，商务出版。 中华职业教育社南京办事处举行南京市中小学升学及职业指导调查，计十校共五百人。
民国二十三年（一九三四）	周先庚先生在《独立评论》及《教育杂志》等刊物中发表提倡“中国工业心理学”的文字，并介绍英国工业心理研究所的工作，指出工业心理的途径等。 萧孝嵘先生发表并介绍实业心理学的文字，作实业心理技术尝试。 郑沛畛先生发表提倡工业心理学及诠释心理技术的文字。 中央大学《心理半年刊》刊发“应用心理学”专号，登载工业心理的文字。 谢循初先生介绍英国的工业心理研究机关。 唐钺先生鼓吹应用工业心理学 中国工商管理协会刊发《工商管理》月刊，登载科学管理及工业心理的文字。 人事管理学会成立，以王云五，江问渔，曹云祥，戴志骞诸先生为名誉理事，何清儒先生等为理事。此会以提倡，研究，推广人事管理为宗旨，以训练，演讲，出版等为方法。 北平各大学毕业生联合向政府请愿，发起职业运动，共千余人。 全国学术工作咨询处成立，调查国内外专门以上学校毕业生，并登报介绍职业。 上海市教育局中小学升学及职业指导委员会，举行演讲及训练。 教育部召集全国各省市负责职业教育及职业指导代表，及职业教育专家共约百余人，在南京举行会议，此为政府召集的第一次大规模职教会议，亦可以看出政府重视职教之一般。 行政院内政部设立行政效率研究会并刊发《行政效率》期刊，编印行政效率丛书。 南京国防设计委员会举行全国专门人才调查。

续 表

年代	事由
民国二十四年（一九三五）	国立中央研究院心理研究所与国立清华大学心理学系合办工业心理研究事宜，以陈卓如先生为工业心理研究员，郑沛嵺先生为助理，此为国内首先试办之工业心理研究事业。 王书林先生译 H. E. Burtt 所著之 *Psychology and Industrial Efficiency* 一书，名曰《心理学与工业效率》——商务出版。 潘菽先生编《心理学的应用》一册，中有关于工业心理的讨论。中华出版。 陈立（卓如）先生编《工业心理学概观》一册，此为国人自著的工业心理学书之最早者，商务出版。 陈卓如先生在《独立评论》上发表《南口机厂参观的杂感》一文。

心理技术与心理建设①

作者曾在本栏一再指出：传统的实验心理学，与实际心理教育社会问题，丝毫未发生关系，就是号称教育心理学，或社会心理学的全部内容，也是与实际心理教育、社会问题，驴头不对马嘴。所谓的教育心理学，所谓的社会心理学，统统不是技术的应用心理学。又说，而今若要教育改造，社会进步，以求科学的心理建设，我们必须积极创立真正教育的心理技术学，和社会的心理技术学②。

作者这个论断，即等于主张，将所有传统的教育心理学，社会心理学，工业心理学，政治心理学，军事心理学等纯粹理论实验部分，归入实验心理学本身，而另外创立教育的，社会的，工业的，政治的，军事的心理技术学。这些心理技术学即等于人事工程。他们必须切实仿照物质工程，具体研究各方面的实际心理人事问题，而在技术上考究，务须能真正承办每一件心理人事工程。换句话说，我们要利用现代学校中科学的实验心理学知识，来求心理解放，以图心理改造，而谋心理建设③。心理如何才可以解放，心理如何才可以改造，心理如何才可以建设呢？我们非先提倡心理技术，以完成心理教育不为功。

以上我们提出了两个比较不常见的名词，一个是心理技术，一个是心理教育。“心理教育”二月十八日已经论及④，现在谈论心理技术，然后再说明他们与科学的心理建设之关系。

什么是心理技术呢？这个问题最好是拿物质方面的技术比喻来解答。

在物质现象方面，例如苹果落地，水壶涨汽，都是未意识化的感觉知觉，都是司空见惯，不足为奇的常识。等到牛顿和瓦特，忽然异想天开，把他们意识化了，成为有组织，有系统的记忆联想之后，于是产生了动力学和机械工程等。机械工程是万有定律和蒸汽机原理的应用技术学，但是并不即是物理学。

同理，人有天才笨伯，上智下愚，这自然是常识，谁不知道？但是究竟智慧才能是什么？用实验科学方法研究这类问题，而成为学问的，是教育心理学，而不即是随意制造天才，改造笨伯的心理技术学。但是等到比奈西蒙为小学分班问题，而编造智慧测验，来测量智慧，心理测验于是成了道地的心理技术，脱离教育心理学而独立。这种测验心理技术，是因为心理常识，受实验的教育心理学之响应，而演变成心理技

① 此文刊载于《正义报》1944年3月27日。——编者注

② 实验心理学与教育，《正义报》，“教育与青年”（周刊），二十三年二月十四（第十五期）。

③ 教育心理与心理教育，《正义报》，“教育与青年”（周刊），三十三年二月二十八日（第十七期）。

④ 教育心理与心理教育，《正义报》，“教育与青年”（周刊），三十三年二月二十八日（第十七期）。

术的。其他，如心理调查，心理问答，心理评判等常识方法，亦早经应用心理学家，专门研究成为比较精确的特殊心理技术了。

再如催眠现象，在起初，麦斯麦偶尔发现，利用这个现象可以医治精神病。到现在，他已可以随意被人实际应用，成为一个普遍的心理治疗术了。其原因是这样的：吾人情感化的记忆联想，被压制到下意识之后，非经一个受吾人信仰的催眠者，用集中暗示的方法，来把我们催眠过去，这些记忆联想不能重复表现。这种重复表现作用，就是下意识之重行意识行动化。情感化的记忆联想，既能用催眠技术，来重复表现，而再行意识行动化，心理分析家和精神病学家于是把催眠术，正式当作一种心理技术来应用。所以催眠术在早年虽是一二人私有的，未意识化的心理艺术，但是现在已成为公开的应用心理技术了。

其他，如同检查色盲的各种仪器材料，实验手续，阅读眼球转动之活动照相记录术等，亦可以称为心理技术。感觉知觉，反应时间以及思想联想速度之测量仪器和手续，自然更可以称为心理技术。知觉注意之广阔深度，可以用照相机镜头式的标准速示机来测量，以定一人之观察能力。学习记忆之成绩，有复杂仪器，自动露示学习记忆材料，自动记录学习记忆之反应次数及速度等。情绪之生理的微细变化，如手心出汗，可以用皮肤电流来测量，以示一人之感情程度。大脑和肌肉中之潜伏的电压活动，可以用电波记录器来记录，以侦察一人之想象和意念。这都是心理技术。

又如一个人之品格性格，最近有人专门利用特别精细标准化的墨迹测验，来实地检查分析，或者利用时间取样法在预先布置好的戏剧化的情况之下，实地观察详细判断。个人或团体之态度意见，极端中庸都可以很快的用态度量表来精密的测量。所谓态度测量或民意测验之心理技术，现在在美国是最时髦的。其他如买卖广告，宣传，访问，接谈，口试，待人接物，处世立身等，亦都有很专门的心理技术，都成了特殊的心理技术学。

心理技术是无穷尽的，科学的实验心理学早已证明，他们在实验室标准的情况之下，功效是非常之大的。心理技术学的任务，就是要把这些实验室中的各种心理技术，按照教育，工业，社会，政治，军事等实验心理问题，组织成有系统的心理人事工程学，来实地承办这些心理人事工程。

照心理主义的观点来说，人类一切知识不外常识，学问，艺术，技术四种。常识是未意识化的感觉知觉，学问是意识化的记忆联想，艺术是未意识化的情感情绪，技术是意识化的行为动作。传统的心理建设是一种常识，一种未意识化的感觉知觉。他经过敏感敏觉，先知先觉者提倡，已经二十余年，他给我们许多意识化的记忆联想，几乎成了一门中国学问。但是他同时也激动我们许多未意识化的情感情绪，使我们顾虑，忌讳，使我们回避寡言，有如只能意会而不能言传的艺术，卒然侵占着我们一般。我们不能常谈心理常识，理智的心理建设，亦不应只谈哲学艺术的心理建设，而不考究其何以立言立行之道。我们必须把这一门中国学问认真科学化，实在的行动化。如何始可以达到这个目的呢？那非提倡心理技术，以完成心理教育不为功。

参见拙作

（一）国防设计与心理技术建设，《独立评论》，二十三年七月，110 期，4—9 页。

（二）英国十年工业心理技术建设之教训，《独立评论》，二十三年九月，113 期，7—12页。

（三）心理学与心理技术，《独立评论》，二十三年九月，116 期，7—12 页。

（四）心理学与心理建设，《中山文化教育馆季刊》，二十四年，夏季号，2 卷 2 期，423—435 页。

（五）论教育心理学之改造，《正义报》，“教育与青年”（周刊），三十三年一月十日（第十期）。

心理学与人事管理①

(一)绪论——几个关于人事管理的实例

人事纠纷，人事问题，人事研究，是心理学的一部分，可以由几件实例证明。

第一个例子：常有一种人，能力不错，但缺乏自信心，最怕担负责任较重的新职务。他们有时竟拒绝担任这种新职务。有一次，有一位女职员，屡次拒绝做行政的事，故后只得强迫她担任。等到上任，她做得很好，她所管的部分效率最高，这位女职员为何有这种态度，与她的过去经历很有关系。她第一次加入机关服务，是在一位管理极其严厉的上司之下工作。这位能力卓越的女职员，反抗这种严厉管理政策，所以常与上司起纠纷。她于是对一切行政人员渐起轻视之心，决心不干行政，以免“所有女职员轻视我”。等她被迫担任行政职务时，一切听她自由主持。在她的部下，实际并无章则规程，事实也不需严厉管理。渐渐的所有女职员都喜欢她。另外那位严厉长官的部下，反而常闹人事问题。在她的部下，不但从无人事问题发生，成绩反而最佳。

第二个例子：有一次有一位职员与管理员在办公室打架，据说是想把管理员从四层楼推下去。主任派三人调查，二人通过无罪。但是这个职员仍被扣了薪水，调到另一部工作，这自然是个麻烦问题。不久，他的管理员报告他不听命令，又说他粗鲁暴动，等到他见主任面谈时，他气得要死，前次打架情形，如在眼前。谈话渐渐发现，他的管理员对于某件事有误解，他的看法是对的。据他说，他当时不过坚持他的主张而已。此时主任命管理员到场，三人当面对话，管理员于是自己认错，对他道歉。此后两人成为朋友，管理员于是总给他较难的工作做。职员完全可能有理，管理员可能无理。在上的主任们应当欢迎事实，避免对工作与人事的误会。问题是如何得到事实；从管理员处，是得不到真事实的，就是好管理员，也得不到。

第三个例子：有一次有一位教授，到事务组主任室，去催促一件工程预算。技术股办事员说，主任在总务处，他们于是持函同去，以便就近请示总务长。哪知道总务长并不在，而事务主任则在。办事员于是立刻就走了，让那位教授与事务主任直接交涉。事务主任正在外间与书记谈话，教授遂将函交上，请转商总务长批示。事务主任以为是越级直接找总务长，不高兴，立刻将函尾“此致某某某主任”最后五字删去，不客气的说：“你找总务长去好了，我不负责任”。这位教授来总务处，本是他部下带去先找他，然后就近一同见总务长的，但是误会了。由此可见，凡是办事，一涉到权限尊严问题，就容易发生误会。

---

① 本文刊载于《建国导报》1944年13、14、15期。——编者注

由此三例看来，所谓人与事的纠纷，人与事的问题，追根求源，不外是几种社会心理作用，人心必有其理，人事亦必有其理，所以心理学与人事管理之学，其关系之密切，是不言而喻的。

（二）心理学的意义

这种对人事心理的看法，完全是常识的看法，与传统的看法是不同的。

一、我们说："人心太坏"，"人心不死"，意思是说："人性太坏"，"人性不死……"心'就是"性"。我们说："心理作用"，"心理建设"，"心理改造"等等，意思就是："心思不静"，"无中生有"，"态度不正确"，"精神要振作"。"心理"似乎就是"思想"，就是"态度"。至于说："心理学"三字，虽可训为"心"之"理"的学问，然而究与一般所谓的"心理"不同。不过专门的弗洛伊特"心理分析"之学，则须与常识的心理学相近。"食色性也"，"唯我独尊"，"心理分析"之心理学，即以此为研究对象。

二、心理学传统的意义是哲学的，科学的，又是技术的。冯特以前（一八六〇），心理学是哲学的附庸，冯特以后（一八七九），心理学自以为一门独立自然科学。到了闵斯特堡（一九一三）手中，心理学遂产生技术学。

三、照闵斯特保的意思，心理学的分野可以区别为普通与应用二类；应用又可有实用的，技术的二种。

（甲）心理学研究的对象，设若是以一般心理现象为主，换言之，即是以"普通，常态，成人，人类心理现象"为主，那么，我们就可以采取感觉分析主义，而容纳铁企纳，主张一种描写的"实存心理学"。

1. 这种"实存心理学"的地位，就如同物理学，化学，生物学所处的地位一样，他是纯粹为真理而直理，用科学方法，去实验研究，解释明了自然现象。他不得不模仿正统科学，吹毛求疵，精益求精的，追究生命活动之精神的元素。虽然他的内容，先由灵魂一变到心性，二变到意识，三变到行为，但是他的精神，始终不愧为一种纯粹"实存主义"，科学的实验心理学，亦即所谓普通心理学，或是生理心理学。

2. 在物理学，化学，生物学未产生以前，人们仍然可以用物理学，化学，生物学原理，来解决日常生活问题；同理，普通实验心理学与生理心理学未产生以前，人们更可以用心理常识，或生理常识，来解决日常生活问题。

(a) 在实用方面，无论是文艺，历史，民族，文化，或宗教的事实，都可以应用心理常识来解释。

(b) 等到普通实验心理学与生理心理学产生以后，于是职业选择，工业效率，商业广告买卖，人事研究，人事管理等实际问题产生了普遍的应用心理学。这些带社会性的专门心理问题，渐渐专精系统化以后，闵斯特堡特名之为心理技术学，因为纯粹心理学有这些特殊分野的应用，特别是在工业方面的应用，常人不能胜任，非由有过科学的，实验室训练的人负责不可。

3. 由此看来，普通心理学之对应用心理学，有实用的常识的应用，与专门的技术的应用之分，犹如物理学，化学，生物学之对一切经验之运用，如建造长城，开通运河，淘金冶矿，农作园艺等——这是实用科学；又如对现代各门工程技术学的产生。如土木工程，电机工程，机械工程，航空工程，化学工程等。一切工程技术学，与物理，化学，生物学，是同样的客观，同样的科学，同样的数量化；所谓心理技术学，例如工业心理学，同理，也是客观的，科学的，数量化的。但是常识经验之实用的应用心理学，却与专门知识之技术的应用心理学，大大的异趣了。这可以从几方面来讨论。

（a）普通纯粹心理学与心理技术学的目标，在探求一般人工的心理行为之因果关系，或一般实际心理行为之解决技术方法。这些因果关系，可以简略书为定律，摘要叙为原理原则。如用数理统计眼光来看，纯粹普通心理学与心理技术学之艺术经验，是个别差异，是例外之注意，是算差数，求离中趋势。例如，智力测验是一种专门心理技术，利用这种技术，来建立关于智力论的许多学说，简言之，是“学”，不是“术”。“学”是我们人品观察的普通描写，“术”则暗示我们人品鉴别的规则。

（b）纯粹普通心理学与心理技术学所用的方法，是实验的，统计的分析；但是实际心理技术，是无意中的观察之结晶，是经验的直觉。

（c）纯粹学理或应用技术之获得，是有控制的观察，但是实际心理艺术，是随时随地的领悟。

（d）实验统计出来的定律，或原理原则，既是在有控制情况之下得到的，其可靠度可高可低，是可测量出的，知道的。无意的，随时随地的领悟，其可靠度亦可高可低，但是假设的，未测量出来的。

（e）前者是直接的人造产物，后者是人们应付环境的副产品。

（f）人与生理物理的激刺环境，互相刺激响应时，这种结果可以完全用“学”的观点，“学”的态度去研究，所有的因子是心理物质的；人与人的关系，多由于心理社会的因子而发生，只能用“术”的观点，“术”的态度去推敲。

（g）物事的研究可以成“学”，人事的研究则多半只是“术”；因为事的元素是可以分析的，而人则重全体特性，不便于分析，或者分析即失去意义。

（乙）应用心理学之目的——照以上所说，心理学虽然有经验的应用与技术的应用之分，但是他们的目的是一样的，就是，同以知己知彼为归，而达到百试百验的境地。一、我们以己之心，度人之心，藉以了解赏识人家意识变化，动机起伏，喜怒哀乐；二、以便对于人，对于己，在行为方面，能够预测；三、在动作方面，能够控制。四、这种自知之明，渐渐可以改变一己，或他人之品格气质，五、增加个人才智运用之效率；六、响应人与人相处之态度。传统的看法，以效率为心理学应用之唯一目的，是不通的。人们的才能智慧，固可以利用精密科学方法，使之增加效率，但是人们的动机意念之了解赏识，行为动作之预测控制，品格态度之改变响应，更为重要，更为迫切。

（三）新心理学之建立

传统心理技术学，只是理智心理的应用，又可以说，只是（甲）“脑”的心理学。这种心理学，因为只注意中央神经系统，所以是分析的，静止的，屑碎的；不关痛痒，不切实际。但是我们知道，神经系统除脑及脊髓之外，还有所谓自主神经系统。所有心肝五脏，均与心理有关，自主神经系统，即是管制这些内脏器管的，“脑”是神经系统之主宰，“心”是内脏之主宰。（乙）设若我们赞成亚力斯多德的主张，而创立一种心脏之“心”的心理学，或较西洋原意为“灵魂研究”之“赛考逻辑[①]”为近情理（吴伟士在其巨著《实验心理学》，第二十八章，“阅读”，七一五页，直译汉字“心理学”三字为“心脏道路研究”，虽为可笑，然似有一部分真理）。

1. 我们提倡“心理学之改造”是有历史背景的。心理学经翁德创立为实验科学以后，内心省察之内省法，渐渐演为唯一方法，感觉意识渐渐认为唯一对象。到铁企纳手中，实验心理学遂成为构造学派感觉主义之“实存心理学”。感觉主义后来又激起机能主义，行为主义，目的主义，心理分析，格式道心理学，以及文化科学心理学等学派的冲突。这种内在的理论冲突，引起一般人不满，而有意区别所有心理学为动的，与表的，分析的，与综合的；前者注重描写，后者注重解释，前者是原子论的，后者是整体观的。同时在应用方面，情感情绪，气质品格，种种实际问题，逼迫心理学家，对人，对生活，发生兴趣，而采取另一种观点，另一套方法，来研究心理行为。

2. 变态心理学之观点，是与传统实验生理学之观点对立的，弗洛伊特创立“心理分析”系统，以下意识压制作用，为主要观念；指出色情性欲，自我享乐，是心理行为变态之根源。他的门徒艾德洛[②]独唱“自卑之感”为百病之因，杨格[③]分人为内向，外向：静的动的两种。这正好像“脏”理学渐渐往“心”理学走似的。

3. 唯心脏之“心”的心理学之建立——麦独孤既对传统构造学派，渐失信仰，对新兴“心理分析”渐感同情，于是创立所谓目的主义心理学。这种目的主义是以：(a)人性人情人才之分析为职志，而以人性为人情人才之主动力，人之本性，是藉着人之才能，对外界事物环境发生认识，然后产生怕、怒、喜、哀之情。(b) 人与人相处之心理，乃真正的社会心理，其对人生之重要，远比人对物质，人在生理方面所起之心理行为，重要得多多。

（四）人事管理学

唯心脏之“心”的心理学，建立之后，其另一方面之结果，即辅助公共行政与工商管理，创立“人事管理学”。所谓“人事管理学”，与“人事管理”不同。人事管理的知识经验，经学校学者系统化，写成专著教科书，称为“人事管理学”。这些学者都

---

① 此为Psychology的音译。

② 今译阿德勒。——编者注

③ 今译荣格。——编者注

不必是人事管理“家”，因为他们自己可以不必有直接经验，尽可以利用别人直接经验来归纳研究，成为系统学问。所以人事管理学又可以称为“人事研究”。

1. 内容摘要——普通论人事管理的书籍，不外讨论：聘任雇佣，卫生安全，教育，训练，研究；福利设施，代表参议等事务问题。我们所主张的内容，略有不同。

2. 人事问题——可以分析人与人，人与事，人与物，人与器，人与财等方面之“纠纷”。事物器财，既然常与人发生关系，这种关系自然需要精确系统的研究。所以“人事研究”是“人事管理”的条件。人事如不能研究，人事便无管理之可言。

3. 心理学者研究人事，与常人茶余酒后，谈论人事不同。人事谈论是消遣，是解闷；人事研究是一种学问。人事之心理基础，各家理论不一，然以麦独孤氏之本能论，为最适合于解释一切人事纠纷，人事问题所以发生之原因。麦氏于一九〇八年，首唱本能论学说（见拙著，人之本性（书评），《自由论坛》，第三卷一期，三十三年，九月一日）作为社会心理学的基础。他所谓的本能，并不是像后人所说的那样含糊，那样固定不变。社会响应是可以改变原始本能的。人事研究既是社会心理之中心问题，本能论自成为人事心理之基础。读者如觉“本能”二字太迂腐，即训作“本性”也可。

麦氏所谓本能是一种遗传的，天赋的心理体质倾向。这种倾向使其所有者，知道并且注意某类事物；知道这类事物时，还经验到一种特殊的情绪激动，对他起一种特殊反应；或者，至少经验一种冲动，要起这种反应。本能的反应可以有四种变化：
（1）本能的反应不仅可以由原本刺激事物引起，并且可以由这些事物的意念，和其他知觉意念引起；（2）本能所引起的身体反应，可以有无穷的改变；（3）复杂意念，既然可以引起本能活动；几种本能，可以同时被激动，溶合成为不同的经验；（4）这些本能的倾向，于是以某种事物或意念为中心，而组成复杂经验。

我们根据自我生存，生存竞争，民族传种，自我立业之人生四大目标，参考麦氏本能论，把几种主要本能开列如下：详细讨论，另文发表（参阅：人之本性（书评），《自由论坛》，三卷一期，三十三年九月一日出版）。

自我生存		生存竞争		民族传种		自我立业	
1	嗜好心 饥渴感 饮　食	7	惧怕心 畏却感 逃　避	11	性爱心 色情感 配　偶	15	好奇心 知识欲 求　知
2	厌恶心 呕吐感 抗　拒	8	自卑心 恶劣感 顺　从	12	合群心 势从感 社　会	16	消遣心 娱乐感 游　戏
3	吨倦心 疲劳感 睡　眠	9	竞争心 愤怒感 争　斗	13	父母心 慈爱感 保　护	17	好名心 事业欲 创　造

4	安逸心 舒畅感 休　息	10	自尊心 优越感 好　胜	14	求救心 灾祸感 求　援	18	占有心 所有感 获　得
5	喜悦心 快乐感 笑						
6	哀怜心 悲伤感 哭						

（四）人品鉴别方法——人之本性究竟如何可以侦察：人品鉴别是以本性之侦察为条件的，设若本性有法侦察，人品自然也鉴别。

（1）迷信法是道听途说，人云亦云。例如，星相术，巫术，骨相术，面相术，手纹术，心灵术，这些都是半神秘方法，无科学根据的；或者稍有一点科学根据，而用之太滥，言之过甚。反而毫无价值了。

（2）传统法是经验之谈，相当有效，然视用者能力而定。例如，从书信笔迹中判断才智道德，虽然间接，然而心理行为之表现于此方面者，远较遗留于外物及躯体者众多。设若环境允许，能够直接接谈，则言语表情，举止动静，更易即时形诸外表，现出个人特征，识者不难对当前人品本性，下比较明确的判断。

（3）科学法——当代实验应用心理学，与常识实用心理学合流，产生各种心理法，如智力测验，品格测验，道德测验，职业测验，成绩测验等；又产生各种评判法，如考勤考绩，态度意见测量等。这些方法不过是把上述各种迷信传统法之精华保留，而加以系统数量，使之科学化。他们的科学根据，就在于技术化，专门化，而非常人所能了解，有如生物学之显微镜，天文学之望远镜，化学之天平，电学之电表，光学之光表。他们既然都是专家造的，为专门技师或技术家用的，其中必有他的大道理存在，常人不得而知。

（五）人事研究之十二基本原则——我们讲授应用心理学之经验，使得我们感觉：人事纠纷，人事问题是可以研究，值得研究的。这种人事研究，设若一方面不要失之迂腐，一方面又要科学化，经验化，有十二个基本原则，可以遵行（详细讨论，另文发表）。

（1）差异律——“人之不同，有如其面”。这是至理名言，俗称“个性”。天文学家称“个人方程式”；心理学家称“个别差异”律，就是指的这个意思。许多人事纠纷，许多人事问题，都是因为大家不肯互尊个性而致。我们在消极方面，多注意人们之奇怪，人们之反常；但在积极方面，则很少顾虑到人们之特长，人们之优点，思有以利用之。我们把张三李四同样看待，同等估量；结果张三听话，李四不听话，张三效忠，李四反叛，反而莫明其妙。

（2）意识律——“推己及人”，“己所不欲，勿施于人”，“己所欲，施于人”。这是中外圣哲遗教。社会心理学告诉我们，人们是有意识的动物。他不单自己有意识，而且可以意识得到，推测得出来他人的意识。以君子之心，度小人之腹，固可不必；以小人之心，度君子之腹，亦非常情。许多人事纠纷，许多人事问题，都是因为己所欲，不施于人，己所不欲，反施于人之故。我们自己喜欢名利，但嫉恨人家得名获利；我们自己不喜欢下司争权张势，但我们对上司仍是争权张势。换言之，我们不能想像他人意识。

（3）相对律——人品优劣，人格高低，都是相对的。所谓优劣，所谓高低，意思是说张三在李四眼中是优，在周五眼中是劣；同僚评之为高，异党估之为低。上智下愚，亦复如此。智力高者，品格优者，堪负重任，如与以微职，则不安于位。反之，其理更明。人对人是相对的，人对事亦是相对的。

（4）特殊律——庸碌常态之人，本来容易应付；特殊古怪之士，特别需要留神。在上者疏忽此点，每每失去调协，发生内部纠纷。在下者疏忽此点，每每不能容忍，失去积进领导。一切格言，一切规则，其效用都视特殊人士而定。

（5）极端律——人而闹事，都是在某方面为极端之人。正极端为一类，负极端为另一类，皆不可与中间大众相提并论。有经验之人，每易将正负两极端之人，特别看待，其应付所得之方法秘诀，亦只限于此两类之人。无经验之人，每每忽视经验之谈；学者书生，更不承认经验之可贵。所以学而为仕，焉得不闹人事？

（6）例外律——人事秘诀，既是为应付极端特殊之人而设，在行不通之大众常人视之，则为例外。这种例外正是天才应用之对象。大众常人是不发生问题的，比较容易应付。少数例外之人是应付人者之中心问题，须要时时研究，时时反省，方克应付。“学”之目的，在于铲除例外，“术”之目的，在于单独应付例外。例外是个别例证，是过与不及之人：过与不及之人，自然不能与大家庸碌之人，采取同样应付之法。

（7）全体律——人之身心是不可分的。心理态度，以行为表现于躯体全体。某种行为标识是心理态度的符号，但是离开躯体全体，那种标识，即不能单独引起心理态度之认识。例如，面部表情，不能说是眉、眼、口各单独部分的功用，而是这些部分在全面孔之上，或者甚至于全躯体活动时，所引起的反应。设若叫人们服一律的制服，只露一面孔，则心理态度之认识，将较困难。科学注重分析，控制因子；实际经验注重全体，崇尚直觉。全体境况的直觉，乃是一切应用知识的基础。

（8）意见律——心理学告诉我们，人格是社会的产物。一人之品格性格，乃是一人在其同僚心目中之意见总和。品格性格，离开人群，是无意义的。这个事实，在人事方面，极有关系。我们谈论人事，每以人之人格为中心；好像这个人格，就如同那人所穿衣服一般，是属于他的。其实造成这个人格的同僚，对于这人人格之养成，极关重要。我们估量一个领袖之人格，应着重在其拥护者之研究，至少要和研究这个领袖一样的重要。我们若要明了一个人格之发展史，我们须追溯到他全体家庭，各个分子与他相处，互相响应之关系。我们可以说，从个人立场说，人格是属性；从社会团体立场说，人格乃是同僚群众之意见。在实际应用方面，这个理论告诉我们，群众与领袖，个人与团体，是互为因果的，不可偏废。

(9) 侦察律——实验法用在心理行为方面，是有限制的；此中不足，须补以个案诊断侦察法。实验法以一般普遍定律为归；个案诊断侦察法，如医生，律师，法官所用者，以特殊案件，临时有犯定律，或有违法律，或有反正常者为对象。科学家做实验，须以人工布置环境，来观察有意自设因子之变化；医生诊断疾病，须从全体病况中，寻觅病征；律师或法官审判案件，同理，须从各种实地环境中侦察最有关系之证据。所以日常人事经验深者，可以说，好似善于诊断疾病之医生，或善于侦察探询之侦探家。诊断既可为学，侦探既可为术，人事经验自然也可以为学为术。

(10) 经验律——由此看来，经验与科学，似乎是对立；人事学与心理学似乎是矛盾的。其实不然。照我们心理主义观点看来，科学是意识化微分现象之总和，经验是未意识化微分印象之总和。例如，我们与一人见面，自第一次起，都是有定数的。究竟见了多少次面，才会发生“诚实”的印象，也是有定数的。每次见面，随时随地都有印象，这印象大半是意识化的，不过未经内省注意，以备回忆罢了。设若以后每次见面时，一切环境情况，均能有意深深印入，并且记录下来，那么，会见者本身虽然不自知，研究者则可以明了，并解释此会见者所得偏见之原因，及其发展情形。换言之，经验是在随时随地逐渐意识化、意识化的经验，自然成为科学了。

(11) 观点律——人事关系，往往因为观点不同，所看到的各是一方面，而闹出问题。事实真相，是整个不变的，但是设若各人固执一己之见，不肯另移立场或观点，来看事实是非，那自然起争执。犹如，戴红色眼镜，所见都是红色；另一戴蓝色者，所见既是蓝色，自然与戴红色者，所有不同，而互相辩论。其实，只要各人承认，各人所戴眼镜颜色不同，即是观点不同，那么，意见之不同，即可以立刻解决。

(12) 忌讳律——人事研究之对象，是人事关系，人事纠纷，人事问题。但是人事关系，一声因纠纷成为问题，研究就受限制。这种限制——最大的是忌讳。根本“人事”二字不好听，成了“问题”，更是家丑不可外扬，如何可以公开给人研究？人都是有自尊心的，谁愿意将自己弱点暴露呢？不过现代心理分析告诉我们，一切心思，不论如何恶劣，如何自私，一切态度，不论如何反社会，不道德，如若老实承认，坦白分析，可无后患。忌讳压制有时有必要，可以息人宁事；但是有时反足以为大害。还有一层，照习俗讲，可以对话私语，耳闻口谈者，不可以当众宣扬，有意传说；可以互相闲谈者，不可以笔之于信函，刊之于书报；可以书之于信函，刊之于书报者，不可以著之于专书，以传于后世。所以忌讳有深浅，文明愈进步，政治愈开明，人事忌讳亦愈少。

以上是人事研究之基本原则，乃为历来人事研究学者所不谈的。然为创立一种新人事学，使其完全实用，合乎实际情形起见，不得不站在常识立场，来归纳几条要义如上。

（六）精神团结与个人满足——动机——无论劳心或劳力，劳者总要报酬。普通我们以为薪金工资是唯一的报酬，惧怕是唯一的驱使力。赏鉴，兴趣，求进展，负责任，也是一种诱力，实际则顾不到了。许多事实告诉我们，金钱薪资与惧怕之功用是有限制的；只要生活水准能维持到某种适宜程度，非金钱的，精神的报酬，如自尊心，好胜心，创造心，好奇心，合群心之激发，远较利用惧怕金钱为有效。个人抽象欲望满足后，团体精神才可以振作。从动机之应用来说，惧怕与金钱是不能维持长久的。人之本性，无论贵贱，总希望在世上能得人赏鉴，看得起，能有点成就，能胜过人家。行政人员，每每把事务员，劳工，当作无心灵生活之静的器物一般，可以随意指使调遣，而不发生反感。或者一道命令发下，即盼其能够遵行照办，丝毫不考虑顾忌到，下面人心目中所生之反应如何；更不知有何动机，可以诱导群众，执行命令，遵办一切。

（七）行政领袖之心理的分析——行政长官，与实际领袖，略有不同。

（1）行政长官为执行事务官，实际领袖为精神领导者。前者办事业，后者理人事。兴趣外向，长于社交者，为人事领袖；兴趣内向，性情内向，性情沉静者，为事业领袖。这二种领袖之产生，可以无形中自荐起来，可以由群众举荐起来，但普通以由上任命者为多。（2）领袖与同事群众接触之方式，有暗示，模仿，传道，劝说，宣传，辩论，分析；情感作用，布置时势等。（3）这些领导方式自然还需要领袖条件：如精力，脑力；需要确定目标，还要有热诚，友爱，操守。此外专门知识，决断，智慧，教导力，信仰，亦关重要。（4）在实际领导的时候，方法不外发令，谴责，奖赏；还要严肃，征集意见，养成团体精神，介绍新人，启发团体自动训练，处置谣言。（5）正副领袖之问题，有上对下，下对上二方面。上对下指示要清楚，明白；声调要和谐，客气，简单，积极；避免否定指示，要前后一致，免除矛盾。上对下如须谴责，必须先查明事实，私下谴责；遇纠纷，勿发脾气，应暂拖延，使其自沉自灭；遇危急，则当机立断。上对下希望有完全信任信仰；并希其能代部下解释一切，以增强其地位。具体言之，须以承上启下中间人自居，留意无稽谣言，征集部下意见情绪；把握时机，使领袖随时可以与部下见面训示；帮助培养团体精神，使领袖可与部下接近；建议达到理想之新方法；替领袖节省时间，精力，例如，设若长官允许，凡遇无理要求，应为之挡架；尽力使事务顺利进行；尽量供给有关团体精神的事实记录与报告。

下司对上司，副领袖对于正领袖，有时遇到困难，应沉着以赴。例如：凡①有命令不同意时，应先得允许，然后表示意见，并示意希望回答，以资学习；②越级声诉是没有用的；③如果你对你的团体有信仰责任，则不应常对你上司批评反对，所批评的或者是对的，但批评本身是不对的；④不必重复催促上司，关于重要决定之拖延；⑤行政上重要决定和执行，一定要等时机成熟；部下对于这些不可避免的延误，务须特别忍耐；⑥凡是知道节省长官时间的，很少缺乏会见长官的机会；⑦长官催促，应诚恳接受；敏捷行动是忠心之表示；⑧部下极限范围，可以渐渐清楚；凡遇疑忽时，可以问“关于此类事，此后是否须来请示，还是可以自己决定?”⑨部下权责范围，须早弄明白；⑩好的行政，很少有例外事件发生；预先设计。早已防避了惊异；如真遇到急务，应以团体利益为前提，加以应付，注意明白，确切，强调叙述之；⑪上下个人接触与感情，虽然缺乏，但是不一定即是不相投；互相信任已足，长官之冷淡与隔绝，并非怀疑对立之根据；⑫设若你受到委曲，先不要说话，等你心境痛快，脑子清楚时，再行动，保持一种和善的态度，去会见你的上司，设若事情还不解决，请求允许再见高一级上司；⑬在职务以外之团体娱乐聚会中，不必畏惧上司，应诚恳自然；职外的来往接触每每是上司主动计划的。

（6）领袖之缺点往往是过于爱好权力；情感不稳健，极端畏惧，神经过敏；自卑之感，强词夺理；男女色情，损人利己等。故在修养方面，应有心理学常识，自知之明，处世秘诀；以及利用所有知识，完成使命之能力；此外，还要丰富个人常识，把整个人格变成 一个通才。其方法不外：①在人指导之下。实地练习领导；②由小职渐渐介入大职；③学徒式实习研究；④与领袖团体讨论；⑤师徒系统个人讨论。

（7）领袖之自我分析——吾人处世之道，待人接物之方，照心理学家分析，不外公正；知己知彼；自动，精细，坚忍；快乐；要用思想，要在行；更保持平衡中庸之道。吾人如欲作领袖，作行政长官，吾人得自问有无下列十六条件：坚决心，引人信任之能力，对人发生兴趣之能力，使得部下 工作完成无误之能力，征求并利用部下意见之能力，与部下共同工作之能力。领导而不驱使部下之能力，培养团体合作之能力，表示仁慈而不被人轻视之能力，正当谴责之能力，不忧虑之能力，妥善分配工作之能力，尽量利用人之所长之能力，当场就事训练之能力，使新人感觉有如在家之能力，自信力。

人事不休，事业无成；领袖不开明，人事更无从管理。所以国家应当认真训练领袖。

（五）结论

心理学如欲有助于人事管理学，吾人必须认清：普通心理学之态度，方法，与内容，可以应用于日常人事纠纷，人事问题之上，以完成一种实验的，科学的人事研究，或人事心理技术学。他的目的是了解，赏识；预测，控制；改变，响应，人事关系，以增加人事效率。为达到这个目的起见，传统唯“脑”的心理学是无济于事的。我们必须建立一种唯心脏之“心”的心理学。换言之，我们必须承认：弗洛伊特之心理分析学，与麦独孤目的主义本性论之动的心理学，与实际社会问题，最有裨益，最能解决一切日常人事心理现象。这种动的心理学——以情感情绪，品格人格，为出发点的唯“心”的心理学，需要与实际家行政人员合作研究，始可产生一种彻底的人事心理学（参考书目从略）。

本文作者周先庚教授专长于实验应用心理学，对于西洋所谓“工业心理学”提倡研究，不遗余力。周教授虽性近于实验的应用心理学，但对于经验的实用心理学，仍主张加以合理化，系统化，科学化。本文“应用心理学之目的”，“新心理学之建立”，“人事之心理基础”，“人事研究之十二基本原则”等，乃其最有卓见之议论，承尤第一次在本刊发表，特此致谢！

——原编者

交通与工业安全问题①

近年来交通方面肇祸失事案件，时有所闻。远如某部长在京杭国道上之汽车翻车，近如今年滇越路七凸坡之火车翻车。再如桂林撤退时某报总编辑之汽车翻车；编者同班同学，年前即有两位死于非命，一死于汽车翻车。一死于飞机失事。日前侨领侯四反及乘客二十一人，又死于飞机失事。其他如轮船失事，亦曾出现于嘉陵江上。似此交通安全无保障，人命金钱之损失，实不可以计算。兹将西洋学者对此严重问题之损失估计，介绍与读者，希望政府当局能注意及之，则幸甚矣。

交通与工业肇祸失事，本是现代高速度工业化之自然结果。美国劳工管理学者瓦特金斯（Watkins）与脱德（Dodd），在其《劳工关系之管理》一书中指出：工作机会增加以后，工业肇祸死亡估计：一九三五年是一万六千五百人，一九三六年增至一万八千人。在一九三五年一年之中，因工业肇祸失事而永久残废者，有六万人，暂时受伤者有一百三十四万人，到一九三六年，前者增至七万人，后者增至一百四十六万人。在所有“危险性”工业中，如煤矿，钢铁业与铁路，生命的牺牲特别大。在一九三五年，钢铁业中就有一万三千六百二十二人受伤（比起一九一三年虽然只是十分之一）。在一九三二年，美国铁路工人失事次数是三万五千五百七十五次，其中有一万六千六百五十九次需要较轻的赔偿，有一千三百二十九次需要较重的赔偿，有七百一十一次需要死亡抚恤。在工业化最盛的宾夕法尼亚州，一九三〇年因失事死亡者有一千七百五十二人，受伤者有十四万二千九百一十七人；一九三七年死亡一千二百四十六人，受伤十二万九千九百零六人。从一九三〇到一九三七这几年中，死亡者从未少过千人（页四八六——七）。

另据工业心理学者樊特利斯（Viteles）在其巨著《工业心理学》一书中估计：根据全国安全协会最近报告，美国在一九三〇年，有九万九千人死于非命。这是等于十万人中有八十点四人死于肇祸失事。在一九二九年灾祸的肇祸死亡是男人死亡的第二个大原因，是女人死亡的第八个原因。一九三〇年的肇事失祸死亡中有百分之二十左右（一万九千人）是由于工业的。此中有百分之十七左右（三千人）是由于汽车的。从工业全体来说，每一个死亡，就有一百三十个受伤。这就是说，在一九三〇年，受伤不能做工的人就有二百五十万左右。（页三六五）。

以上这些骇人听闻的数字，不容易使我们得到一个明确概念，更不会使我们感觉到现代工业化之罪恶。樊特利斯在另一本通俗书《劳作科学》中说：在美国所有的战

① 本文刊载于《昆明中央日报》1944年11月27日。——编者注

争之中，如独立战争，一八一二年战争，墨西哥战争，南北内战，美国西班牙战争，以及上次大战，美国人战亡者在三十万以下。在过去十五年中（一九三四年以前）——以上六次战争总计约十五年——在美国境内因汽车肇祸失事而死亡者就有三十二万五千人。古罗马人在一百一十七天罗马节期中，斗士互斗，不过斗死四千九百四十一位斗士。现代用机器发动的汽车，代替了古代的斧剑，三百六十五天中，我们可以撞死差不多三万人之多。这些数字不过是指汽车肇祸失事而言。一九三二年无辜受灾祸而死的有八万五千人是一九二四年以后最少的一年。这其中有一万五千次是工业方面的灾祸，二千五百次是属于汽车的。假设一年做工二百五十日，每天则有六十位男女工人因肇祸失事而死（页一九一）。

于至经济的损失，我们不妨再引这两位学者所估计的数字，作一比较。瓦特金斯根据另一人之估计说：每年平均，因工业肇祸失事而死亡的约在一万四千人之内。此外在美国四千五百万工人中，至少有三百万肇祸失事，使他们因伤而不能上工。设若死亡者与残废者所牺牲的工作数，也加入受伤者所损失的日数，美国每年当有三万万工作日之损失，等于一百万人做一年的工。每年工资的损失则当有十三万万元之谱，工业肇祸失事之全部金钱损失，除去医药保险等直接开支外，还有其他各种间接费用，如重行补充工人，安全福利，行政等费用；因工作停顿或迟缓而增加之生产费；社会慈善机关对于失事肇祸工人家庭之救济等。如把这些的项目一齐加在一块，照韩立志（Heinrich）的估计，每年工业肇祸失事之经济损失当在五十万万元以上（页三二五六）。

这些数目字太耐人深思了，但是他们并不能告诉我们，受了灾祸的个人与家庭所受的痛苦。在林兹（Lynds）所调查的“米德唐”（Middletown）那个美国小城市中，进工厂的工人，每年五人中有一人要因肇祸失事而停工。这些受伤者百分之五十七要停工八天，百分之十三要停工八天至二周，百分之一要停工二到三周，百分之二十九要停工三周以上，轻伤包括瞎眼，失去手足，手指等，除去失业而外，肇祸失事是家庭烦闷之主要原因。受伤者之性格可以完全受影响（樊特利斯著：《劳作科学》，页一九四；《工业心理学》，页三二六）。

中国工业化呼声近来不常听见了。笔者在此时提出交通与工业安全问题。并非私见。远在民国二十二年，实业家吴蕴初氏即发起工业安全协会之组织。并刊发《工业安全杂志》，以唤醒国人之注意。而今抗战后，交通工业一切，较前复杂，反而无人注意安全问题，诚属憾事。我们不必高调人道主义，即从社会经济立场来说，工业交通之肇祸失事，损失太大。我们的技术人员，知识分子，每因灾难而牺牲：甚至国家各业领袖，随时性命不保，负实当局似应积极发动组织，以作宣传运动。

工商心理漫谈[①]

本栏主编倪中方教授再三命笔者为本栏写稿。笔者并不是没有话说，而是想说的话太多了，不知从何说起。前四期倪教授谈到“如何引起顾客注意广告”，“人工制造的第一次印象”，和“缩短工人每日工作时间”；张世富先生论到“工作意见箱的使用”。这些都是心理的技术，科学的见解。以后关于这类新知识，必定陆续介绍，读者一定可以得相当益处。笔者所要说的是：这些新知识，在目前中国根本不需要，绝对谈不上。这种论调好像是浅薄的见解，根本反对介绍西洋工商业心理知识。不然，笔者对工商业心理技术发生兴趣，已有相当久的时间，并且对工商业极有爱好与信仰。我国现时所以不需要讲究这一套心理技术的理由如下：

第一，“士农工商”，“士”为贵。这种轻“工商”的群众心理，一日不改，工商业心理技术是谈不到的。我们看西洋各国，这种阶级观念是没有的。就是做了大总统，退而经商，也是社会所允许的；但是我国情形完全两样，士大夫根本以退入工商为最无出息。目前穷教授虽得了政府默许，可以经营工商，但是同事之间，还是另眼看待。这种工商心理竟直是殖民地心理。为什么呢？一个国家如果没有健全的工商心理，他的工商业决不会发达，而必由人家国家代庖一切。根据实际调查，所有新兴的国营工厂技徒，开小差的也不知多少。此中原因虽多，但是，青年一声稍识别几个字就以做工为耻，恐怕是主要的原因。这是千真万确的事实，工商界同仁或有同感。我们士农工商应当一视同仁，无所谓贵贱。我们要知识青年从军，是好事，我们更要知识青年与学者，从工经商，然后工商业建设才有希望，工商业心理技术才有用武之地。

第二，工商业未发展到饱和点，不必讲究什么工商业心理技术。为什么呢？譬如说，工商出品如欲迅速大量推销，自然非讲究广告不可。但是在我国目前及最近将来，一切都是供不应求，东西都是要偷着卖的，如何能大锣大鼓的广告出去？再譬如说，工厂作工应当改良各方面条件，以增加效率，但是，工作做得太快，原料没有了，资本缺乏了，更成问题。譬如交通工具，如公共汽车，火车等，我们应当讲究坐椅舒适，开停守时，免除拥挤等，以迎合旅客心理，但是这些工具根本就缺少，因陋就简，还是有人坐，就是时常出事，危险万分，还是有人满之患，所以一切也不必讲究了。至于说，缩短工作时间等等，也是正得其反。许多工厂是计时制，自然愈多钟点，愈好；而况且时间缩短，工作自然当紧张些，但是根本无紧张之必要，如可奈何。反过来说，如果工商业发达已极，一切靠竞争，那么以上所说各点，自然应用得到了。

① 根据手稿录入，该文稿部分发表于《工商导报》1945 年第 6 期。——编者注

笔者提出以上两点，表面似乎反对讲究工商心理技术，其实是极端赞成的。不过，讲究工商心理技术之先决条件是：(1) 纠正一般士大夫轻视工商之谬误心理；(2) 政府大量实行工商业建设计划，任凭国营私营工商业竞争。除非这两层办到了，工商心理之新知识是不大能有实用的。

工人心理的考察①

平绥铁路南口机厂试行建议制度初次简略报告

建议制度（Suggestion System）为考察工人心理，藉以整饬风纪提高效率的好方法。清华大学教授周先庚博士于“七七事变”曾携助手多人，在南口机厂，作实地调查，所获资料甚富。抗战期中，流转各地，幸未散佚，近始整理成为初步报告，交本刊发表，俾供关心我国工业人事问题者参考。编者附识

（一）南口机厂试行建议制度之决定

我们自1935年九月起迄1936年三月止，在南口机厂中对于工作环境，工作设备，工作时间，工资制度，工作程序，以及工人生活等等，均经长期之考察，所得到比较显著而最急需从事改善的各点已概略叙述于前一报告中——考察平绥铁路南口机厂后记（见《独立评论》）。在促进厂方认识工作环境及管理上各种改进时，辄感觉一种人事上潜在的困难，实不能尽如从事实验室工作之进行顺便，此后我们即改换方针，不即从事于侵入厂方权限之急进改善，而在无形中刺激厂方了解某种改善之重要性而使之谋缓进之改善，我们与厂长经过若干次的谈话，不时讨论厂方有可因改善而益能增加工作效率的各点，使厂当局对于我们所提出的各点有深切的注意，而同时我们对于厂方有许多一时不能达到改善的地方，其中阻挠的所在，亦有相当的明了。这种暗中的激励，对于增进工作效能各点，我们见到很收成效，有些厂方居然依照我们的暗示而在暗中谋改进。

但是我们与厂当局所谈的种种改善仅是就我们所观察的我们处于旁观的地位来设法改进一切，厂当局是处于管理者的地位来负责改进；这些改进是否即是工人所最迫切希望改善的尚未可知。所以从工人方面而获得他们认为最急迫的改善，则当更有价值。因工人对于各种损失工作效率的实况均是身受，知之更切，故获得工人对于厂方一切改善的意见也是最急切而最需要的。

工人对于厂方各种意见往往是会谈中获得，会谈需要富有训练及经验的人，而对于工厂工作时间也有相当损失，尤其是在南口机厂，会谈或能引起外人的误会，所以我们决定“建议”的方式，在汇集工人对于厂方一切改善的意见，工人建议费时较少，而建议内容可更详确，且可避免外人的误会，这些均较会谈更好。因为这些人事上的

① 本文刊载于《民国日报》1947年3月29日，4月5日。——编者注

限制，我们开始感到有先进行试行建议制度之必要，然后再定各种进行研究的方针。

（二）试行建议制度程序简述

建议制度在南口机厂试行之决定约在三月中旬，后即开始计划及准备一切。草成一短简文字说明建议制度之用意，试行之程序，并编制一“建议表格”。背面列有建议说明及规约。三月二十八后数度去南口与钮步云厂长商谈进行各点，颇为顺利；并在厂布置一研究室，俾得长期住南，以利进行。

四月九日起发出建议表格，每工人均有一份。四月十三日始设“建议箱”，收集建议，每天收取建议两次，印以日期。收得建议后即填发一“致谢建议书”，每日收取之建议随时加以审查及整理，分别归类。

审查各项建议亦略具标准；择其有意义而确能增进工作效率，改善工人生活者加以考虑。遇有技术问题（大部为机械方面之问题），则送交厂长审查，决定其价值其它各建议，则由我们与厂长共同审查已决定。

建议奖金之分配以较普遍为主，而不求奖金数额之增大，每建议之奖金视其建议之重要性而定之。有时一人建议数问题而不以问题为单位，仅酌给奖金若干。

在试行建议制度中以每四星期为一期，预定先试行三期（约三月）。第一期于五月中旬审查完毕，发给奖金，结果具载于本报告中，第二期亦已完毕，因厂方审查费时，结果未及加入本报告中，第三期当时已在进行中。各期中取集建议，发送表格，奖金发给，均因试验性质而有所更改，当详述于总结果报告中，此间姑不赘及。

（三）第一期试行建议制度结果述要

（甲）关于建议数量上之统计结果有下列三项

（一）建议表格之数量

以收到建议表格之张数为依据，不以人为标准，因一人可投入建议表格多次；不以建议表格中之建议问题数为标准，因一表格中有时包括几项建议，有时并无建议。

由此项统计结果得到下列各事实：

（A）由逐日收到建议可看出自第二周起建议数量有渐趋改少之趋向。

（B）由每周收到建议数量作比较以第一周为最多（133 份），第二周次之（53 份），第三，四周，更次之（15，20 份）。共计第一期收得之建议表格为 221 份。

（C）由建议表格数量作比较，内工匠投入者占 60.63%，小工投入者占 39.37%（至于各工房之详细比较从略）【注：工人包括工匠与小工。工匠：包括工目，工匠，学徒，小工包括各工房小工，杂工房杂工，及“其他”（伙夫，库工，牌工，抄写，更夫，杂差】

（D）第一期中投入建议表格最多者 18 份一人，5 份一人，2 份八人，余一八〇人均投入一份。

（二）建议人数

这里仅就建议人数作讨论，不问一人投入建议表格多少，建议之问题若干。由此项统计结果得到下列事实。

(A) 第一期建议人数为 191 人，内工匠 109 人，小工 82 人，或工匠 57%，小工 43%。

(B) 全厂建议人数占全厂人数之百分数如下：建议工匠占全厂工匠之 21.3%，建议小工占全厂小工 22.8%。全厂建议人数占全厂工人 21.9%

(C) 请人代填建议之人数共 26 人，占建议工人之 13.6%

(三) 建议问题数量

这里仅以提出之建议问题数量作叙述之根据，有时一份表格上可以有数项建议问题，有时所填写的却并未提出具体事实或改良方法，仅涉空言，而议"

此项统计结果显示下列各事实：

(A) 第一期 221 份建议表格中有 53 份，为"非建议"，并未提出何种意思。故作为 53 条"非建议"，余 166 份中有 290 条为具有意思之"建议问题"。

(B) 工匠提出之"建议问题" 199 条，"非建议" 25 条，为 88.4%，11.6%，小工提出之"建议问题" 91 条，"非建议" 28 条，为 76.5%，23.5%，小工中之"非建议"较工匠为多，此与教育程度有关。

(C) "建议问题"中工匠提出者 68.6%，小工提出者仅 31.4%，"非建议"中工匠提出者 47.2%，小工提出者 52.8%。

(乙) 建议问题性质上之统计

(一) 全厂普遍问题类

凡建议之涉及全厂之普遍问题均归入这类，第一期计共 131 条，普遍问题中复分成十二大标题，各项问题之数量及其百分率如下：

普遍问题类别	问题数量	百分数
1. 工作环境	23	17.6%
2. 卫生设备	34	25.9%
3. 安全设备	7	5.3%
4. 福利设施	12	9.2%
5. 废料利用	9	6.9%
6. 工资问题	8	6.1%
7. 工作时间	5	3.8%
8. 改进工作技术	12	9.2%
9. 技术训练问题	6	4.6%
10. 合作问题	6	4.6%
11. 业余活动	2	1.5%
12. 其他	7	5.3%
总　计	131	100.0%

在这十二项普遍问题中尚分成若干较细项目，可以看出建议问题内容之一般，兹请加以简略之叙述，(1)“工作环境”一类，有建议粉饰墙壁，以增光线，修辟窗户以通气增光；设暖气，取消火炉，增设茶水炉；大路旁应筑下水道以免雨后工作场地之积水等等。(2)关于“卫生设备”方面，有建议厕所之建筑及设置之改善，此问题在南口机厂颇为重要，前报告中已述及，而这一期中建议者竟有二十六人之多，可见其重要之一般。他如扫除屋宇，清理废物，设置痰盂等等。(3)“安全设备”方面，有建议消防问题之注意与器械之设置；危险部分设专人视察；车站应盖天桥以利工人交通而免危险等等。(4)“福利设施”方面有建议在厂内设医疗部以省工人去南口医院就诊之时间浪费及救急，建工人食堂宿舍免工人来往饮食奔波之苦，扩大浴室；厂内设公寓以利夜工住宿等等。(5)“利用废料”方面有建议设堆集废料屋宇，使废物有所归而全厂洁净；设熔铁化厂内之废铁利用废料等等。(6)“工资问题”有提出包工计件制增工作效率；按期加薪，提高有能力者之工资等等。(7)“工作时间”方面有建议规定休息时间；改工作为八小时制；夏季应改订工作时刻；改汽笛标记等等。(8)“改进工作技术”方面有建议设技术促进会，选择有能力之工人，实行考试制，提升小工为工匠等。(9)“技术训练问题”则有训练有技术工人考察实习，设绘图课程等等。(10)“合作问题”方面有建议准工友之申请，双方应由感情而合作；每月应开谈话会由厂长谈话；休息时广播讲演等等。(11)“业余活动”方面有建议设工会俱乐部；设运动场及运动器械等等。(12)“其他”如厂内缺额由工人子弟填补，设邮箱，工人应穿一色工衣等等。

(二)各工房特殊问题类：

凡建议之涉人关于各工房特有之问题，均归入这类，共计第一期为159条，这类问题复分成五大标题，关于各标题下提出之问题数及其百分比例之如下，至于各房各类问题之详细比较，此问姑从略。

特殊问题类别	问题数量	百分数
1. 工作环境(各工房的)	53	33.%
2. 工作设备	55	34.6%
3. 修改机件	29	18.2%
4. 改工作方法	16	10.1%
5. 管理问题	6	3.8%
总　计	159	100.0%

这五项标题下各有若干详细之建议问题，各工房所有建议因各工房之工作环境情况及工作性质之各殊，而彼此之问题亦不同。关于Ⅰ.“工作环境”方面大部为工作场地之应加扩充，露天工作部份之应盖建铅板棚，以免雨日之苦光线，通气室温等等之改善，Ⅱ.“工作设备”方面大部为机器及工具之添增，添设车轨等，而以设置起重机，天车，调机，镐车等起运笨重机车，锅炉，车轴等为最多，亦为较急迫。

Ⅲ.“修改机车件”一项建议仅机车，机器，翻砂，电机等房有之，其中以机车房提出之问题为最多（20 条），约占此项建议总数（29 条），三分之二，Ⅳ.“修改工作方法”一项之建议则各房均不甚多。Ⅴ.“管理问题”更少，仅涉及检查制品，零件；改良收发材料手续等六条；对于人事上之管理问题独付阙如，这点或因建议规约中厂长主张加入“绝对不准攻击私人”条文之限制而对于管理问题独少（我们规约中原文本规定对于厂中一切需要改善者都可以积极建议，后始添入“不准攻击私人”等字之条文）。

（三）从各种建议问题标题下的较细项目之建议问题之数量多少可以看出各种问题之重要性。例如总述“卫生设备”标题下者有 20 人之多。可见此问题之迫切，又如“利用废料”下之“设熔铁炉”化废铁建议者有七人之多，更可以察出厂内废铁遍地而未加利用，从各工房提出之问题更可察出其所需改善之问题何在。

（丙）建议资金之分配

第一期得奖问题之数量如下：

（1）全厂普遍问题得奖者 28 条，计：

一、工作环境 6

二、卫生设备 3

三、安全设备 2

四、福利设施 4

五、利用废料 2

六、工资问题 2

七、工作时间 2

八、改进工作技术 3

九、技术训练问题 1

一〇、合作问题 2

一一、业余活动 1

一二、其他　　0

得奖问题数占全厂普遍问题数之 21.4%

（2）各工房特殊问题得奖者 71 条，计：

一、工作环境 14

二、工作设备 2

三、修改机件 18

四、修改工作方法 9

五、管理问题 4

（3）获得奖金人数之分配：

第一期得奖者计共六十三人，除油车房例外，各工房均有获奖者，其职务如下：

职务	人数	奖额百分比
工目	5	6.00
工匠	33	58.00
学徒	8	12.00
小工	11	15.00
其他	6	9.00
总计	63	100.00

(4) 各房无建议，建议，得奖匠工年龄及入厂年数之比较：

统计中发现有二工房匠工之投入建议特少，殊为特别，后经发觉该工房匠工大部年龄已大，进厂已久，但是否因此而对于厂内之改善不甚灵感，很少建议？实为不注意之问题，后经分析，发现之事实及结论如下：

(A) 大部建议匠工年龄较各该房匠工平均年龄及无建议匠工之年龄为小。

(B) 大部得建议奖匠工之年龄较未建议之匠工年龄为犹小。

(C) 大部建议匠工之进厂年数较各该房匠工平均进厂年数及无建议匠工之进厂年数为少。

(D) 大部得建议奖匠工之进厂年数较未建议匠工之进厂年数为犹小。

(E) 建议特少之两房匠工年龄比其它各工房为均大，进厂年数亦较其它各工房为均多（仅一房之工稍不符），现请将引得此项结果之总平均字表示之。

(a) 年龄之比较：

全厂工人平均年龄：	匠工	39.4	37.7
无建议者平均年龄：	匠工	40.1	38.8
建议者平均年年龄：	匠工	37.9	34.8
得奖者平均年龄：	总	33.6	

(b) 进厂年数之比较：

全厂工人平均，进厂年数：	匠工	13.2	11.8
无建议者平均，进厂年数：	匠工	13.6	12.4
建议者平均，进厂年数：	匠工	12.5	7.4
得奖者平均，进厂年数：	总	9.6	

(四) 结尾

从收集工作建议，我们可以得到各种对于厂方一切改善问题意见之总汇集，有些问题建议者人数甚多，即可看出其重要性之一般；有些问题建议人数虽少而提出的改善则具有真知灼见，确为迫要的。以前我们考察到的各种改善问题，在工人建议中几乎有多人提出改进，而且大部问题确是较重要的。这点足证我们旁观者考察所得的问题与工作所身受而提出请求改进效率的各点颇为一致。

厂当局在审查每期工人建议时，对于这些改进工作效率的意见，无不详加考虑，细按批语；有的说明不能照办的困难，有的认为可备厂方考虑，研究；有的认为意见甚好，实行则有困难；有的断为可予采纳，可以办理。这些建议中有厂方认为可以采纳，可以照办的均已渐次设法实现，如粉饰各工房墙壁，建立厕所，增设邮箱等；有些厂方且提出南口站务委员会决议作普遍的讨论及决定，如成立员工俱乐部，扩充员工浴室，增设员工合作社等；有的直接商请机务处（路局）办理的，如夏季改订工作时间等。最近自建议制度试行后，已按着建议内容，渐渐实行改革了。这些不能不归功于建议制度暗中之力。

我们希望以后可以从事建议中就工人与工厂认为切要解决的问题中，再进而由实验研究方面渐渐地谋改进工作效率，得些较具体的结果。

＊ 每期建议结束后，我们把所有得奖的建议（即较重要较有意义的建议），另抄一份给厂方，以备厂方参考，而刺激其实行。

工厂建议制度[1]

(一) 总说

1. 建议制度之价值

在近代工业里面，发明家，工程师，工业专家，技术人员都拿出了他们最高的才智，造出比以前巧妙的机器，使生产增加到最大限度，工业心理学家贡献了完善的，利用“人的因子”的制度，和控制环境的方法，使工业效率空前增高。就目前而言，劳力和物质的利用虽然已近于饱和点，但仍未达到理想的标准。整个生产方法，仍有许多缺点存在，为补救这些缺点，最好的办法是把智力普遍加以应用，因为只是少数专家在绞脑汁，究竟还达不到最完满的程度。

在许多的工业组合中，生产机关中，工人一向被视为机器的一部，被认为没头脑也没思想，这是很错误的看法，他们整天在工厂中生活，所以关于工厂的事，和他们自己天天所接触的事物，他们知道得最清楚，他们是实验者，日日在工厂实践着专家们的理论，在其间有许多大大小小的问题，绝不是埋头在实验室或在书本中可以看到的，工人最清楚工厂中做工的事，一旦给他们发表意见机会，无论是关于机件的改良也好，人事的调整也好，环境的设备也好，工作的手续也好……他们的意见都是由实地而得的宝贵经验中产生出来的，自有其可贵的价值，把工人的实践经验与专家的学理认识打成一片，我们便可以料想得到工业效率会达到更高的水准，生产量提到更大的高度，而使生产方法充分利用各生产要素，和关于制作的一切有利条件，以达到经济的目的。

2. 建议制度的功用与目的

建议制度不但能汇集厂中有见解有思想的工人对工作和对工厂的意见，且能刺激起工人对工作的兴趣，使管理者与劳动者之间增多接触和了解的机会，这些也是很重要的事情，工人在厂因对工作无兴趣而产生之怠工及不满厂中管理而发生之罢工，影响工厂之出产量甚巨，即以美国为例，在一九三七年一年之内，因怠工及罢工，全国各厂损失之总和在一万万元以上。

在最近二十年之中，工业的发达空前未有，跟着在这期间“建议制度”也突飞猛进，它由近代工业中产生出来，但它生长迅速，不久，又在工业的后面推动着它往前跑，在欧美工业发达的国家，各工厂及与各生产有关部门，大都采用了这种制度，昔日的学徒制度，工头的专权，厂主对工人的高压策略，已早为有眼光的厂主弃而不用，

① 本文刊载于《民国日报》1948年1月24、31日，2月7日。——编者注

代之而起的是新兴的“建议制度”，它可以集合起工人，厂主，管理者，技术专家之互补的力量，共同来合作生产。事实证明了，在过去四十余年之间，一个成功的建议制度，至少可以有下面的几点好处：

（1）生产量增加与品质改良——厂方收集到工人对工厂生产效率的各种意见，他们都是由实地经验得来，所以切实得多。他们会告诉工厂，把机器某部改良一下，出产得会更多，他们会告诉工厂他们的工作场所过于黑暗，温度不调和，燥声太多，不能工作很有效率，他们会指出为什么工作容易发生危险以致死伤，他们也会说明哪样的工作手续最为简捷方便，这种种的例子很多，只要工厂方面鼓励他们发表意见，他们会开诚布公的，他们也一定觉得一个合理的制度，对厂方有益，对自己也会有些好处。

（2）容易合作——工厂常虐待工人，轻视工人，工人对厂方也因之怀恨，故暗地常常作不平之鸣，有时甚至乘机与厂方故意为难，如怠工，罢工，甚至捣毁机器及工具，裂痕日大，结果工厂倒闭，工人失业，实在是一种很大的损失，如果厂方尽量让他们发表藏在心中的议论，且厂方能接受的，诚恳接受，不能的，解释其难处，这样工人与厂方有如朋友，互相尊重，双方纠纷可避免很多，此外“建议制度”使工人和管理者常保持有经常的接触，相互间增加了了解，也可以增加友谊，这样，厂主，管理者与工人三者可以一起合力生产。

（3）鼓励工人学习与刺激创造能力——“建议制度”鼓励了工人多思考多探讨的喜好，这样他们对于知识便有了需要的感觉，所以有时便常常去阅读有关书籍，从对证所思考探讨之究竟，渐渐养成读书的习惯及观察的能力，工人中也有智力很高的，他们能发明，能创造，“建议制度”便能鼓励，刺激富有创造性的思想进取的精神。

（4）其他——“建议制度”除了达到合作的目的，教育的目的以外，最主要的还是在它能使工业达到经济的目的，一个成功的“建议制度”，可以使成本减少，产量增加，这在厂方纯利可以增加，而工人的待遇与生活的享受可能提高，其家庭可以安定，社会秩序可以维持平静，由于工人之失业或待遇太低，不能赡养其家，皆可发生不安，此系就社会而言，再就厂主方面言之，设立此种制度，无异组织了一个智囊团，都是对他有利的建议，他自乐而为之，另外在工人方面，由他们积极的生活态度，与认真不苟的精神。

建议制度在欧美各大工厂中，已经得到很大的成功，如通用电气公司（General Electric Co.）采用了建议制度后，于1924年一年之间，省下了442.792金元[①]，纽波造船厂（Newport Shipbuilding Dry Dock Co.）在1928年省下了250.000金元[②]，大利公

---

① Charles Waster Lytle. *Wage Incentive Method*；1929。

② Charles Waster Lytle. *Wage Incentive Method*；1929。

司（Dary Co.）为办理建议制度虽然用去了1700，但由于建议制度之效果，而获得了＄17，000元之纯利，竟较用费高去十倍①。

这种制度也确是轻而易举，甚为简单，只在工厂方面是不是认真去办？是不是有诚意接受建议而时时改进，和对建议制度的态度是否诚恳？此外，还得良好的组织与管理去执行，这样产生的效果不会不圆满的。

3. 建议制度之发展

建议制度最早在1844年，行使于美国国家账机公司（National Cash Register Co.）至今仍为行使建议制度成绩最优良者。至1917年有梅古公司（Mavord Coulson Co. Ltd）在当时为英国最成功之工厂。是时，建议制度尚很幼稚其中弱点很多，但在1894年1914年之间，已改进多多，至1923经过了二十九年的研究已具备有完整的方式，直至1925年，又较前为进步，是时在欧美采用建议制度之工厂增多，尤以大规模之电气工厂造纸厂，橡胶工厂为最，而成为建议制度最盛时期，1925年，迪肯逊博士（Dr. Dickinson）调查美国二十六个大工厂共有工人约六十万人，平均一千工人中，于一年之间共提出建议7，186件，共支出建议奖金＄64，674，其中奖金有高至＄500一件者，最低奖金数为＄0.50，平均每件为＄9.00②，（注一）此实为建议制度鼎盛时代，即以通用电气公司为例于1925年共收到建议12，217份被采纳达3，244份之多，共支出奖金达＄39，531之巨。

1926年及1927年，此两年建议制度仍方兴未艾，美国十一个最大工厂均已采用建议制度，两年之内共收到工人之建议28，762份，有价值被采纳者有9，318份以上，共计支出奖金额竟达＄99，967之巨数③，1927年司徒贝克汽车厂（Stude baker Co.）亦开始采用建议制度。

1928年据迪肯逊之研究，仍无大变更，是年最令人注目者为纽波造船厂施用建议制度之成功，共有工人5，000人，但收到最具体有价值的建议1，482份，其中有679份均曾给予奖金，美密西根大学（Michigan University）教授迪肯逊曾谓："在美国正在应用此种建议制度之工厂不下三四百家，工人不下百万人，不仅限于大规模之工厂有的工厂工人在五百人以下者亦均采用"，彼又于National Industrial Conference Board报告谓："有此建议制度之工厂210个之中，仅有55家工人在五百人以下。

1928至1930年建议制度仍然蒸蒸日上，保持着上升趋势，在采用建议制度之工厂数目上，略有增加，各工厂投建议书之工人数目亦继续增多，可以说由1925直到1930，此种进展趋势，未曾停止，建议制度经过了五年，由于多数工厂的应用并改进，故至此时，方称完备，行使时之缺点，已渐渐克服。

---

① Walter. *Applied Personnel Administration*（1931）。

② Quartely of Economics，1932，Vol. 46 p. 617—643.

③ Service Iehcy. Industrial Conference Board，June. 5，1928.

至1931，建议制度盛行如故，但至1922至1933此两年，正是世界经济恐慌时期，各国工业衰退，金融疲惫，民生凋落，工厂停闭极多，美国尤甚，建议制度亦不幸蒙受其影响，但至1934年，世界不景气潮流渐渐过去，各国工业又复振兴且较前更为发达进步，各工厂之机器又开始动作，而建议制度亦不因一时之不景气而损失其价值，故1934年建议制度又复兴盛。

以上所举事实多为美国工业界中建议制度之发展概况，此外在英国方面，著名之刊物如《事务月刊》(Business)《工业心理月报》(Journal of National Institute of Industrial Psychology) 讨论建议制度甚为热烈，复有毛顿 (L. T. Morton)，梅沃 (Mavor) 郎慕尔 (J. B. Longmuir) 等专家提倡，故此种制度，各工厂公司大多应用，且多甚为成功，最著名之梅古公司即为英国建议制度之最成功者，此公司早在1917年开始应用建议制度，由1917至1921年每年收到之建议最多不过五十份，最少系开始之第一年，只收到建议十余份，在建议制度初用时，会遭许多工人白眼，至1922年突增到2，600份，被公司采纳者，亦有一千份，足见此时工人已对此制度兴趣渐浓，待到1933年，更为工人所拥护，一年间建议竟达二千九百份以上[①]，达到了空前的高潮以后，各年由于工业界领袖的认识和专家的提倡，此制度始终在工业界保持着其优越的价值，进步的趋势。

待至今日，欧美各工业行进国家，其所以有如此悠久的历史而且一天天发展，是因为它得到了人们的信任和爱护。工业家和其商家在这五十年之中随时应用随时改良，修正，不断的讨论研究他们共同的目标，使这个制度达到最理想，最完美的地步。

4. 建议制度内容

(1) 建议制度之范围

工厂或公司等组织，应用建议制度，不外以节省财力，物力，人力为最主要目标，工厂所希望得到那些建议，性质上往往不同，但他们主要的目标都是一样的，有人将建议归入下列各类别：①生产与工作方法，②系统与组织，③对人事方面之批评，④安全，但Rowntree将建议制度的范围分为三类，即：①技术程序，②工作环境，③管理与组织[②③]。

劳工管理专家哈凯特 (Hackeh) 只将建议分为两大类，即：

①制造

a 经常装备。

b 改良制造情况。

---

① 见 *Journal of National Institute of Industrial psychology*，Vol. 10.

② Dutton & Henry Post. *Factory Management*，1924.

③ Hackett. *The Human Factor in Business*，1925.

c 改善产品之品质与数量。

d 改进机械。

e 设计新方法，新产品，新机械等。

f 取消废料。

g 利用废料。

②工作环境

a 预防意外危险

b 在事务上，教育上，训练上有一般的便利[①]最早创用建议制度，National Cash Register Co. 最欢迎之建议有十项，即：①增加合作，②增进品质，③减低成本，但并不减低每日工资及产品品质。④取消不必要之重复工作，⑤工场工作之较好计划，⑥增加产品之消售，⑦改良表格式样，⑧增进工人健康，⑨注意安全使工作减少危险，⑩采用价廉之工具与简便工作方法，而获得同样效果[②]。

这十项建议所包括事项，已够完全，所以在当时所收到之建议均以此十项为准，所得之效果已很美满。其他又有利华兄弟公司（Levev Bros Co.）将建议的范围分出下面的几项来：①减少意外事件的次数，使工人能得更大安全，②改进制造方法，③增加生产，④改善产品之外观，⑤减少工作动作次数或不必需疲劳之总量，⑥造成较好之工业关系，⑦使广告推销更有效，⑧帮助经常装备，⑨提出减少或消减废物的方法[③]。

魏司汀好电气工厂（Westingbouse Electric Manufacturing Co.）所规定之建议制度之项目最多，最为完全，现举出其项目之一部如下：

①器具——

a 品质 b 成本 c 数量 d 简单 e 可靠 f 装置 g 装运 h 使用 i 完成 j 设计 k 手艺 l 材料

②情况——

a 健康 b 洁净 c 卫生 d 通风 e 秩序 f 预防火险 g 防止意外 h 采光 j 电力 i 经济

③其他——

a 机器 b 工具 c 使用 d Jigs templates e 材料运输 f 材料处置 g 储藏与供应 h 系统与方法[④]。

魏司汀好电气工厂所规定各项最为具体。由以上各公司所希望之建议看来无论是具体的，是原则的，分拆起来最受欢迎的建议不过是：

a 改良产品——使产品品质精良，数量增加。

b 减少成本——以最少的代价而得较大之纯利。

---

① Hackett. *Labor Management*, 1929.

② Bloomfreld Daniel. *Labor Maintenance*, 1920.

③ Hepner. *Haogy in Modern Busineess*, 1930.

④ Walter. *Applied Personnel Administration*, 1931.

c 减少消耗——节省工料人力，防止意外，如失火，机器损坏，罢工等。

厂方所最欢迎的建议，也往往便是他们所希望的目标有了确定的目标还得要有严密合理的组织来负责处理，关于建议制度的一切事务，所以有人说：“建议制度并不是设立几个建议箱或贴些‘征求建议’标语，就算了事，最要紧是管理者得花许多功夫，努力促其实现建议。”

（2）建议制度之组织与管理

1）专门组织

一个制度，无论多么有道理有好处，总得要实行才知道，而要实行一个制度，必得有一个专门的组织去促进它管理它才会发现它的价值有了这个完善的组织才可以把一个抽象的制度化成具体的效果，尽管一个制度多好，多有价值，但无一个适当的组织，则这个制度会暗然无光，毫无起色。

应用建议制度的工厂大多组织一个“建议委员会”以主持这个制度的推行，通常委员会里面，包括有厂长或经理各部分之负责人员，工程师，但最好最合理的委员会还包括管理员及工人两方之代表（因此二者彼此关切最为密切，而二者与厂方之关系亦甚密切）人数相等，此外尚须一书记以负责每天收集建议并加日期图章，发送致谢建议书，整理建议条文，将建议之原因等等，至建议委员会之主要任务为：审查建议发表结果，决定奖额等事务，委员会经常有例会举行。

魏司汀好电气工厂之建议制度委员会包括主任一人，下有监督，工程师，工头，视察员，工人，此委员会之份子最为完全，司徒倍克公司为此制度，乃组织“合作部”也可以说是“人事部”，来负责这个制度的进行，其他各工厂公司亦大都由“人事部”来管理关于建议制度的一切事务。

2）建议制度之进行法不同，但其道程大致如下：

①收集建议，②加盖收到日期，③发出收到建议致谢书，④将建议交建议委员会，⑤研究并审查建议，⑥颁接受之建议，⑦颁布报酬。兹分述如下：

a 收集建议——收集建议之方法，大多用建议箱（Suggestion Box），将箱置于引人注目之处所，箱旁备有建议表格，任工人取用，建议箱最好漆以明显之颜色及标志，并加锁闭好，每日由负责人开箱收取建议，亲自持交委员会或人事部。

b 加盖收到日期——这一点非常重要，因为一个意见常有两人或两人以上同时提出，委员会根据最先投入者为准授以优先权。

c 发出收到建议致谢书——收到建议后即发致谢书，一则可表示建议收到，二则可鼓励工人建议并引起兴趣。

d 将建议交委员会——交委员会以资审查，同时另外抄录一份给建议所涉及之各部主管人员，以作参考，研讨，有时由考察员与每一建议人会谈，因工人或许写得辞不达意。

e 研究并审查建议——审查者多为委员会或人事部，但也有由经理，厂主独自审查者。

f 公布接受之建议——建议中认为有意义者，即公布于众：表示该建议已有奖，可不发生重复之建议，可引起兴趣，至于不能采用之建议，对该项建议者叙明不能采纳之原因。

g 颁布报酬——接受之建议，其建议人均有报酬，报酬多为金钱，但又有视其价值而分等级者，有特殊价值者，给予特优之奖金，亦有不给奖金而给建议者多天休息假日，或资助彼旅行他处，或赏以礼物者。

3）表格

式样均有大同小异，柯达公司（Eastman Kodak Co.）之建议书及致谢书较为完备，此外于表格之外，须附——说明书及建议规约，其中包括：①厂中最欢迎的建议，②建议的方法，③奖金的等级，④注意的事情。

4）报酬

报酬使人可以得到实惠，这实惠是个很大的鼓励工人兴趣之因素，胜过任何口头上的夸奖，现在各工厂对接受建议之建议人，多用金钱为报酬，因为这种办法较为方便，且为人所欢迎。

奖金的办法各有不同，有的工厂对所接受之奖金，如 National Cash Register Co.，Northern Connetiut Lighted Power Co.，Common Wealth Edison Co.，对每一接受之建议，一律奖给以＄1，00 工奖金，遇有特殊价值者额外奖赏，如海古公司，每半年审查最有价值之建议，给予特优奖金，柯达公司则视所建议性质之重要而给奖，计：

a 改良产物——5，00

b 减低成本——4，00

c 改良制造方法——3，00

d 减少意外及火险——2，00

e 一般的便利——1，00

另外有特殊报酬可高至＄1000，00，每月另设二奖额第一奖＄25，00，第二奖＄10，00 奖给采纳建议数量最多之一部工头，以鼓励工人与工头间之合作[①]。National Cash Register Co 除给予每一接受之建议以奖金＄100 外，另外，每半年举行“建议赛”，以资提倡，其奖金分配如下：

a 最好之建议一名每名＄100，00。

b 二等建议一名每名＄75，00。

c 三等建议一名每名＄50，00。

d 四等建议二名每名＄30，00。

e 五等建议三名每名＄25，00。

---

① *The Human Factor in Industry*, 1920.

f 六等建议七名每名＄20，00。

g 七等建议五十名每名＄5，00。

同时工厂各部份亦因下列各条件而有奖：

a 获得总奖金者（最高奖金）。

b 获得大奖人数最多者。

c 采纳建议最多者

d 采纳建议之平均奖金最多者。

e 工人平均奖金最多者。

大利公之奖励办法与众不同，凡工人之建议，能节省公司方面每一机器出品在二元者，酬奖二分，如一星期行之于 500 机器之产具，则建议人一周内可得＄10，00 之酬金。

克莱顿与戴松主张，如建议所获之利益不能以金钱做估计，如增加福利安全避免火灾等问题，经采纳后，奖＄1—5 即够，如建议可使厂方省钱，能够估计其价值者，即以第一年所省之百分之十作酬金①，但此点过分轻视厂方之安全，工人之状况，殊不知此二者与工作方法之重要正相等，因不安全而发生之意外，足可毁灭整个工厂，而工人状况不良，足可使工厂出口减少很多。

其他报酬的方式，有的增加工资，有的升调职务，有的给予假期，有的资助旅行，有的赠送礼物，有的在刊物上登载该项建议以资介绍，总之，奖励建议之方法很多，但均以能刺激工人对于建议发生兴趣为目标。

建议者经过一番努力后，需要相当报酬来满足他们，这报酬还可以刺激他们作更进一步的努力，但分配奖金的数量却是难事，奖金有一最低限度，过此限度会引起别种影响，奖金必须使工人深觉他们的意见确受到了公司方面的赏识，受到同事们的尊敬，而起了工作的兴趣和建议的爱护。

5. 结论

自建议制度的美国之 National Cash Register Co. 于 1894 年创用，至今已及五十年，此五十年适为人类物质文明进化史上最辉煌之一段，科学发达已至可惊的地步，建议制度在此最丰满之氛围中，得到丰富之滋养，此为当时的客观环境，复有科学家，工业家，劳工问题专家如 Rowntree，Gilbieth，Frankel Bloomfield，Dutton，Haskett，Mavor，Morton 等人之提倡研究，遂使建议制度管理与组织之方法上，开一新纪元。

建议制度之价值，在前两章已择要略述及之，其中材料多系 1938 年以前者，近五六年来，该制度在工厂应用所产生之效果，虽无正式之报告，但由多方面探询投集之材料，足可证明这制度在实业界中，所给予的实惠较前为大，二次世界大战又起，现在的战争即是生产的战争，在军事工业上，谁的产量占优势，谁在战场上便占上风，

① Cleeton and Mason. *Executive Ability*, 1934.

所以有人说："真正的战场是在工厂里面，真正的士兵便是工人"，这话虽很过分，也含有几份道理，如此说来，建议制度也便成为最好的战略了。

我国工业落后，现在大部工业尚停滞在手工业时期，当然较大的工厂太少，管理问题也没有人注意，这次抗战，沿海一带大工厂又遭战火毁灭，内地工厂规模更小，而存心决意改善加强管理，以增产者更少。

这一次抗战的经验告诉我们，中国在战后得工业化，但是重工业的建立，不管如何困难，是必定要实行的，这样，未来的大工厂是会有的，同时应用人力的许多问题也会产生无疑，中国多的是人力，然而在中国也最糟蹋得太多，许多工厂根本把工人仅视为劳动力的社会的传统看法，要中国工业化，根本连"观点"也得改变，建议制度即是改变旧看法的新措施，认为工人，厂主，工头都一起是生产分子，关于生产的事，大家都可以发表意见，可以说是政治上的民主精神，扩大到生产部门里面去。

和它有关的有许多问题：（1）劳资问题——厂主如只为了自己利益打算，在施用建议上，当然有许多地方依然可以剥削工人，而工人一方面未必尽全力贡献许多意见，让好处由工厂独得，（2）教育问题——没有受过适当教育的工人，在这制度里面不会有所表示，有所贡献，同时厂方的代管人或经理如果没有适当的教育，断不会应用此制度很得法。

总之，建议制度是一个很好的方法，看谁用？如何用？

本文主要参考书：本文系下列前四种原稿之摘要，由张世富君执笔草成，特此致谢。

1. 周先庚，郑沛畱，陈汉标：平绥铁路南口机厂建议制度之试行，一九三七（未发表）。
2. 同上：平绥铁路南口机厂试行建议制度之结果报告，一九三七，（未发表）。
3. 同上：平绥铁路南口机厂试行建议制度初次简略报告，一九三七，（见本刊三十六年度三月二十九日之第 68 期及四月五日之第 69 期）。
4. 同上：怎样在工厂中屡行建议制度——建议制度概述，一九三七，（未发表）。
5. Gilbreth. *The Psychology of Management*, 1920.
6. Hackett. *Labor Management*, 1929.
7. Walters. *Applied Personnel Adminisrvation*, 1931.
8. Dickinson. *Suggestion from Emplyees*, Mich, Business Stu, Un of Mich, 1927.
9. Dickinson. *Compensating Industrial Effort*, 1937.
10. Burtt. *Psychology and Industrial Efficiency*, 1929.
11. Moore. & Hartman. *Readings in Industrial Psychology*, 1931.

工业心理学鸟瞰[①]

所谓工业心理学就是心理学在工业方面的应用；它是应用心理学里面的一枝，是一门应用科学。这门应用科学在德国称做“心理技术学”（Psychotechnik）或是“工业心理技术学”（Industrielle Psychotechnik），也有称做“工作科学”（Arbeitswissen-schaff）。在英美则称做“工业心理学”（Industrial Psychology）。

工业心理学在欧美等先进国家都已有惊人的发展。在最近一二年来我国心理学家也认识工业心理学之急需而积极倡导，迎头赶去。关于工业心理学的重要性，关于各国工业心理学发展之历史背景及现况，以及关于工业心理学中某一问题之研究，在国内杂志上已经有不少文章在介绍。这里作者所要叙述的是：工业心理学整个范畴所包括的究竟是哪些问题？这些问题我们怎样着手研究？心理学应用在工业方面后我们得到的结果是怎样？

（一）工业心理学所研究之问题

心理学在工业方面之应用大约有下列三项问题：

雇佣问题——即选择人员的问题；需要各种技术去测量谋事者潜在的能力，对于该项职务是否具有动作上及心理上的必备之条件。

工业效率问题——此问题可包括工人在雇佣后如何训练，如何取最有效方法从事工作，如何解除疲劳及单调，如何设置有助于工作的环境等。

广告及售卖问题——如何能引起顾客之注意，如何使货品易于销售等问题。

上述这的三项是广义的工业心理学所包括的问题。狭义的工业心理学仅是限于上述的第二项问题，工业效率的问题；此问题需工作环境中求解答的。至于第一个问题是工人在工作前之选择，可以由职业心理学（Vocational Psychology）去研究。第三问题是在工作后货品之销售，可以由售卖心理学（Psychology of Selling）去研究。所以本文所讨论的即为工业效率的问题，完全为工人在工作中所需研究的种种问题。

（二）如何训练工人

新进的工人对于工作当然是外行，在工作的环境中还需要学习。至于如何采取有效的学习在心理学实验动物及学校中已经得到了许多关于学习的原则，这些学习原则仍然可以应用到工厂中工作的学习上去。现就能应用到工厂中工作方面的几条基本学习原则列之如下。

1. 学习一件动作须经多次的练习才能完成，这是最显著的；可是在练习一种动作

① 本文根据手稿录入，原稿未署名，从笔迹判断为周先庚的译作。——编者注

开始时，宁可特别注意于动作的准确性，对于刺激作正确之反应，然而才能讲速率。要是仅注意于速率而忽略准确性，因此而造成的不正确动作到后来就颇难改正。有人研究打字，得到的结果是要集中注意于准确性，速率亦渐次增加；可是集中注意于速率，准确性顿见减低。

如果不幸而获得一种不良之方法，则可停止练，经久不用而亦可渐消减。

2. 当工人工作正确时彼亦觉相当满意，错误时便不满意，此甚有利于学习。适当的奖励及处罚亦均能促进学习；有人研究结果以为积极的奖励较消极的处罚为优。

3. 交替反应之学习原则可应用于教授工人反应一种新符号，以之替代原来可以引起某种动作之符号。

工人在学习工作时须由自身经验而学习。从自身筋肉的活动后能使特种的刺激与相当的反应有所结合，而有技巧。

4. 工人之态度与动机对于学习具有很大的关系；有些工人肯用心学习有些工人却不行。个人间或团体间的竞争颇能促进努力学习。金钱与地位之升格亦能刺激学习，尤以后者为有效。

5. 工人在复杂的情境中工作往往不明头绪，莫知所从；应告以集中注意于某紧要点。

这些是工人在学习工作时需要的基本原则。至于工人在学习的进境应用练习曲线图表示，以备稽考团体进境的速率，及个别差异等。

我们应用什么方法去教导工人学会一种工作呢？教导工人学习工作大概有下列几种方法。

(1) 电影教导法——将工人工作时各种最合标准的动作步骤，由一老练的熟手表演而收入电影，然后将这些动作，映给工人看，使他们很彻底地，明晰地学习各种动作，有时动作本来是很快的，可以特别映慢，使每一动作都能观察无遗。而且，在需要时可以随时放映。这种电影教导法在外国用得很多。

(2) 传习学校（Vestibule School）——所谓传习学校就是一所机器设备与工厂相同的场所，使工人在进工厂前处于严紧的监督下受教导。这种传习学校优点颇多，如(a) 可以选拔适合于何种机器工作之工人。(b) 有对于某项工作有专门技巧的技师加以教导。(c) 检察工人之进境。(d) 组织有伸缩性；如工厂中有多余之工人即可在传习学校再训练它种工作，以备后日之用。在传习学校学习后再入工厂则较为合适。

(3) 其他方法——其他尚有种种方法。如给以实际工作，使新雇工人习熟之。兹举例以明之：有一纺织厂所用绕纱线之工人常常因断线而须接线头，以致常生厌烦，而事实上断线与接线无法避免，且几为工作之主要部分，新雇之工人每因此项工作而生厌烦。厂方乃专为训练新雇工人习稔此项厌烦而设一仪器。一小机器上绕线数根，并设一活动物，每间相当时刻将线切断，工人势须接好线头。如是工人每间相当时间辄希望发现断线，而对于断线接线之厌烦反渐消减于无形。

（三）如何做工

上节所述者为如何教导工人，现请述如何改善工作之方法。由此我们可以发现那些动作是不必要的，取消之减少疲劳。工具及工作的情境应如何布置才为经济。都是我们所需研究的。唯有一点需特别申述者，即工业心理学是在改善工作方法，增进工作效率，并不是使工人趋于悖理之努力，当作机器看待。工业心理学对于工人及雇佣者的福利都顾全得非常周到。

一件工作可以有许多种动作来完成它。既然我们想法取消不必需之动作以减少疲劳，则应将工人在工作时之动作精确记录，妥加分析，然后能发现何者为必需之动作，何者为不必需之动作。记录动作之方法在欧美常用连续摄影及摄取电影等方法将工人在工作时之动作收入镜头，然而就瞬刻细加分析。此种记录之技术，本文暂不论及。

工人在工作时各种动作应细加研考，此种动作研究（Motion Study）为改良工作方法，增加工作效率之依据。现请以 Gilbreth 对于泥水匠在被研究动作后增加效率之一例以明之。泥水匠在砌墙时每叠一砖必需俯前身拣拾一次，经详密之审察始知泥水匠在每砌一砖时所用之动作有十八种之多，其中大部为不必需者。如以左手取砖，找寻较好的一边砌做墙面，以右手就近灰泥取泥，然后叠砖于墙上。在工人以左手取砖时右手闲着无用，可同时用右手取泥，因左右两手并不须要有协作。还有把砖头巅来倒去地找出较好的一面这种动作甚费时刻，亦需除去，即用一无专技的工人，令专拣砖之较好的一面永向某一边叠着，这样砌砖的就无需加以认别。这些砖头高可齐腰部，可以随手拈到，无需伛偻拾取。这等等的改善使最初的十八种动作改削成五种；每工人本来平均每小时可以砌一百二十块砖的经改良方法后可以砌到三百五十块砖。这是很早动作研究所收获的惊人结果。

工人在工作时所用之材料及器具应取最经济的方法来布置，然后能增进工作效率。许多研究告诉我们材料及工具之重新布置，较取固有方法设置时为经济。例如排字（英文字），排字者须从各字匣中取出字母而排列成字。从字母应用到的次数之多少而决定布置之地位。譬如常用到的字母置于右手之近处，常用在一起的字母如 t、h、e，亦置于一处。这种变更活字布置研究所得的结果，平均手部动作可以减少百分之二十。其他的例子甚多，此间不及赘述。

在工作中我们更须注意工具的设计；合适工具可以增进工作效率。

工作的性质能否适合工作者之个性亦颇重要。现请举例以明之：有人在锡匣厂中发现有些工人焊圆的匣子比焊方的或有角度的匣子来得好，有些工人焊方的或有角度的匣子则比焊圆的好。

有节奏的动作可使活动较为经济，在动作时就可重复进行，不必再事决断。如我们漫步时不必常下决断，现在是左脚，等下是右脚，再等下又是左脚。这样对于精力大为节省。有时有节奏之长时间动作且可使工人不觉疲倦。可是有节奏的动作亦有快慢不同，而工人之个别差异甚大，须视个人之适应能力而定，未能一概而论；例如吾人之步伐有徐疾不同，有人走得飞快，有人则走得甚慢。

工人在团体工作时因竞争而更出力，工作更易见效，由此可知团体的激刺对于个人的工作绝对需要的。此项研究之结果甚多，现举例如下：有人用握力器（Dynamometer）测验握力，在单独测验时为二〇三，在两人测验时增至二二四。但据更进一步之研究结果表示个人测验为二一一，两人竞争时增至二三九，如为团体之一分子而在团体间作比赛时则仅二二一。团体激刺所生之效果不如两人竞争为优。更有以记忆之材料作研究，亦得到此项结论。令被试读二字之字偶，以后说出第一字后须记起第二字。在团体作业中能记忆者之字偶，较在单独时可增出百分之三三，另一组增至百分之九三。

（四）疲劳之研究

（1）疲劳之意义

疲劳之研究在工业心理学中颇为重要。我们可以说工业心理所研究的在积极方面是如何增加工作的效率，而在另一消极方面是如何消减疲劳。

所谓疲劳实具有两层意义：一方面客观的，指工作力之低降；是生理的原因。因筋肉之工作而消耗精力；所谓精力的消耗即体内之糖，特别是臓粉（glycogen），与肺及血中之养连合而生精力。如果体内发生精力的原料消耗太多，筋肉即不能正常地收缩；好像机器没有汽油就不能走动一般。还有一种原因，即废物（如二氧化碳及？酸）之不能在产后即由肾脏或腺之排泄而堆积体内，以致筋肉发生疲劳。最近有人以为在筋肉达到真正的代谢的枯竭之前神经系统已拒绝传导刺激于筋肉。疲劳生理的原因在这里我们暂不讨论。

另一方面是主观的，指工作者自己在长时工作后觉着疲乏，此种疲乏不是生理的而是心理的，在工业心理中颇为重要。一个人他“觉得困得很”往往工作就松弛下来，很不高兴似的。这种工作的松弛是用来补偿不高兴的感觉。

工作大致可分为，一种是用“心”的，一种是用“力”的；但这两种分法并不是绝对的。用“心”的工作如工作者被适当的引起动机，即经长时工作其效率不致大减。通常是不愿意工作，并不是不能做工作。在工厂中用“力”的工作亦常有似乎疲乏得不能做工，其实是不愿做工，由此而得补偿。

（2）疲劳之测量法

在研究消减不必须疲劳一问题之先，必先研究怎样去测量工作中之疲劳，此种技术颇为重要。但不幸得很，我们至今尚无完善的测量疲劳之方法，可以正确地知道在某时工作者疲乏至某种程度。而且，许多疲劳实验多是开始于某特种筋肉或某特种感官之情形而言，所谓疲劳者显然非普遍的机体情况。

测量疲劳大概可有下列两种方法：

（a）产量记录——工作之产量是可作为疲劳之指示：如工作者在一日之中产量渐次降低，我们可以说他是渐渐地疲乏了。在工业中大部情况之下，一人之产量均可得一量的表示。产量的记录颇为简单，即在一日间每点钟之产量画成一曲线，即可得一客观之标准。此种每日产量曲线之特性约如下图所示，即在工作开始后产量渐见增加，在工作开始时其产量未能即有如此高者因此时工作者尚需“活活手脚”（warm up）。继之产量未见再增，成平坦状，再则产量低降而开始发生疲乏之现象。经午刻之休息后产量有时稍增进，但继之则又一如前者之渐趋低降。

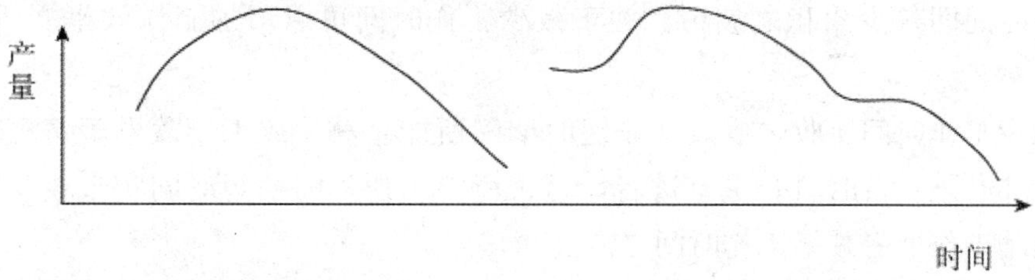

（b）意外事件记录——另一测量疲劳之方法即将一日间各点钟内工作者之意外事件如产量记录一般画成一曲线。此种曲线之特性约如下图所示：

此两图表示工作者在晨间发生之意外事件较少，而在后数小时内渐增，似表示因疲劳而致此。在停工前意外事件反较少者因彼时工作松弛。但适述之趋势并非是普遍而一致的，唯在多数工厂情境所得之大概趋向。而且意外事件之发生虽有些完全可归因于疲劳，但有些则为其他因子所形成；如不正确之知觉或注意力之缺乏等。除外尚有工人因急于保持速率而引起之兴奋与焦急有时亦为造成意外之原因。其他各因子当在后节述及，此间所须提出者即工人在每日各时刻所最易发生意外事件者或即是疲乏之时。

（3）消减疲劳的方法

消减疲劳的方法可以分下列三种：

（a）环境上的适应——有许多不必须的疲劳可以改变环境而节省劳力。①工作时的姿势于产量颇具关系，如桌凳须适合于工人的高度及工作的性质。②各种合适机械设置可以改省人力时则最好。③工作时四周的环境亦颇重要，最好工作四周较宽广。人体挤近时，心上亦觉得不宽敞，而疲劳就易于发生。桌上堆得杂乱无章时看着就嫌厌烦，而且找件需要的东西得翻动全局。④光线对于集中注意于工作也很重要，杂乱的及直射的光线很容易使眼睛生倦，由墙壁及天花板反射出之光线则较好。⑤震荡及嘈杂的声音对于工作影响颇大。例如将一工人移至幽静一角做工，其产量有时可增至百分之二十五。⑥长短，轻重，大小适度之工具对于工作可增进甚大，颇为重要。

（b）缩短工作时间——一般实验均指示缩短工作时间可以增加每日之工作效率及工作产量，此点似非吾人预料所及者。兹请举一例以说明之：在大战时英国兵工厂工人每周工作六十八小时。彼时虽受爱国心之激励而毅然加增工作钟点，然产量犹未见增益。星期二早晨开始之工作并不如星期日之收效为大。无疑的，此由于日中工作时间之增多，一夜休息犹未能补偿昨日之疲劳。后经一度研究，将工作时间减为六十小时，视有何种影响发生。其结果显示非但每小时产量增加。即就全日之产量言，亦增加百分之八。简言之，每周六十小时工作所产生之效果较每周六十八小时为优。所以减少工作时间即减少累积之疲劳。关于减少工作时间可以增加工作效率之研究颇多，此间不及多述。

但减少工作时间所收之成效辄非短时期间所能企冀。故工厂欲思藉缩短时间为消灭疲劳者亦必须稍待时日。更有进者，是否所有工作均需缩短时间实未敢断言。笨重的肌肉运动工作似有减缩工作时间之需要。

(c) 休息时间之支配——减少疲劳之焦点似不在缩短全日之工作时间，而在如何分配休息之时间。因疲劳是累积的，在疲劳累积过甚之前即予以休息则可消减疲劳；此项假定在理论上似属可能，而实际亦甚收效。一制鞋厂用三女工轮替做二女工之机器工作，每人每小时可有二十分钟之休息，亦即每人可有三分之一之时间休息；另外二人则并无休息。在此种情况之下，有休息者产量增加百分之四十四，而工人则仅增百分之三十三。如此例者似不常见，且如此长时间之休息亦似非必要。关于在工作时间中有休息时间与无休息之实验研究甚多，均一致证实有休息所获之产量较无休息为多。故工作时插入休息实较经济。

适述休息在工作时间中之重要性，但在工作进程中以何插入休息为最适宜此亦为吾人所亟欲知道者。休息时期在产量曲线中产量低降开始时即行插入为最合理。例如下图之实线代表产量，于A处即开始下降，则即应插入休息，产量即现增加。经过相当时间于B处产量又开始低降，须视各种之工作而异。

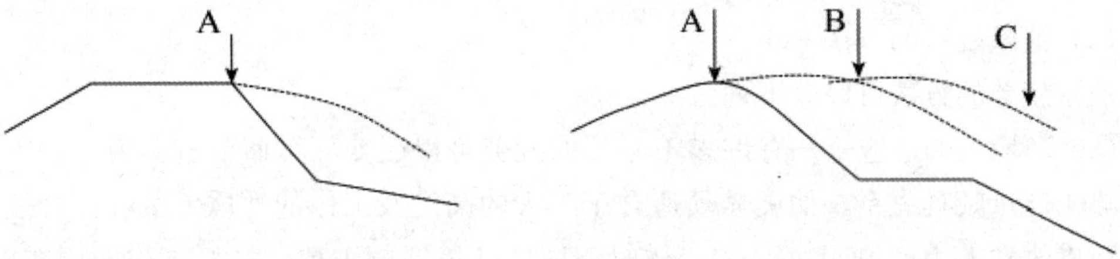

我们知道插入休息之时间后复须知道究竟以休息多少时间为最经济？因我们一方面虽想藉休息以消减疲劳，在另一方面犹须顾全工作之连续不致因此而损断。所谓休息时间之经济上的观点，即指休息所耗之时间与休息后所获增之产量是否能平衡而言。工作速率为机器所限制者长时间之休息并无裨益。工作速率为工人所管辖者则可由实验求得休息之适当时间，但须视各种工作之性质而异，似无某种原则可循。有人谓休息时间之长短与所收之成效不成比例，故比较地短时休息亦已足够。

(d) 适度休息——各种适度休息的方法亦属重要，但须视工作性质而异，工作者可以变动工作之姿态；劳心者可以从事于身体活动，劳力者可以略事休闲之歇息。即工作者调换工作之式样，亦足以增加产量。

(e) 其他——其他如工人之个别差异甚大，各工人对于休息之时间所得之益处不必尽同。有人谓较蠢之工人，在休息后之产量增加较多，得益最大，休息对于工人态度亦有影响。此间均不及细述。

（五）单调之研究

长期之工作不但使人疲劳，且使人厌倦；厌倦由于工作之单调，无变化。单调并不是每种工作所必具的，但在长期重复的简单工作中，我们可以由产量之低降（并非由于疲劳所发生的）或在工人所表现的态度上可以看出。但此项研究不如疲劳实验研究之易于着手。现请略述研究之趋向及可能。

发生单调之主因系由于近代工业分工极细，一个工人整天重复地做某一种工作，而觉得单调乏味。还有一种是社会的因素，有时工人被隔离开工作，绝无外来之分心，如间或的谈话等，以致发生单调。但在工作中是否有单调很难下断语。有时一种旁人以为单调的重复的工作而在工作者或具有特殊兴味。所以工作是否单调须因人而异。例如一包电灯泡之女工，工作性质为将灯泡包入纸内，插入盒中；每天包一三〇〇〇灯泡，前后已十二年，但她却觉得很有趣而合意。这样的工作对于一般人是厌倦到要命的。但是另外一些人工作变异性很大而诉说单调，如教师，医生等；实在他们的对象常在变换，反应也很不同，而觉单调。所以单调大部还是主观的态度。如有人调查煤矿工人对于他们重复工作之感想。中五百人述对于工作有所感想，七百人未述及对于工作之感想，而九百人则根本并无感想。故单调并非全部由于环境。而个人对于单调之感受性亦颇大。

关于单调之实验研究颇少，且无确定而一致之结论。此间暂不论及。

至于如何消减单调的方法，约有下列数端：

①使工作本身具有兴趣——如 告工人材料之来源，他的工作在全部工作中佔着何种地位，如何重要等亦颇能引起工作之兴趣而减少单调。

②工人闲暇时之教育——在闲暇时工人能得有教育之机会（不必相关于彼工作者），而藉此闲暇时刻能得兴味者对于工人之态度颇多裨益。或由工厂举办夜校，能多有社会接触，多有社会活动而消减烦闷。

③工人之分配——如测量技术进步至测量工人单调感受力时，则工人不难有适当之分配，而工人对于工作亦较能满意。

④变换工人之工作——变换工人之工作，使工人不致继续一固定工作或能消减单调；但此种变换只能偶然行之，变换太多时即能侈 失效率。

（六）工作环境

工作环境影响于工作效率至为重要。最明显者如视觉的及听觉的纷扰，使注意不能集中于工作；而光线及空气之流通更能影响工作效率。兹请述光线与空气之流通在工作中应具备之条件。

(1) 光线

在工作时应有适当之光线几为尽人皆知之事实。有一保险公司发觉工厂意外事件中百分之十其主因为不适当之光线所造成，后有百分之十四光线失当为其副因。美国安全研究会述及在九一〇〇〇意外事件中百分之二四由于光线不良所致。工厂中亦有因增加光线而意外事件减少百分之五十至七五者。在美国因光线不良而减少之产量及发生之意外每年损失约在五万万元之谱，此项损失不能谓不大。现请述光线之强度。

光线强度增加，则工作效率亦因之而增加，已有很多实验证实之；纽约邮局办事人约近五千，如将其工作地点之光线强度从三．六增至八只光（foot－candle）则信件分类之效率即增加百分之四．四，每年增加光线所费仅三九〇〇〇元，而可省下之薪给则有一四八〇〇〇元。但光线强度之增加至何种程度有其最适当只限度，而各种工作需要各种强度之光线亦各不同。有些工作且须有特种眼镜以增工人视觉能力。

光线的配置亦甚重要。如果工人在没有遮光罩的灯下工作，光线射在眼之外部，事实上损失工作效率颇大。分光使工人感觉不舒服，而且使眼睛绝无休息之机会。除了阳光外，人工的光线约有三类：①间接光线，即灯下置一不透光之灯罩，光线必须由墙壁及天花板反射至工作地点。四壁吸光，故在此情况下需用强光之灯泡。②半间接之光线，即灯下之灯罩是半透明的，光可由此透至工作地点及四壁。③直接光线，光线不经反射，由灯泡直接射至工作地点。此三类人工光线及阳光对于眼之疲乏或眼之效率曾有实验研究，以检视此各类光线对于工作之效率为如何。结果证实经二三小时阅读后眼之效率在日间光线下稍减，间接光线更稍减，半间接光线则有显著之减少，而直接光则更有显著之减少。兹特将结果之表抄录如下：

光线之类别	损失效率之百分率	
	三小时后	二小时后
日间光线	6	5
间接光线	9	10
半间接光线	72	34
直接光线	81	37

但由多种之实验结果看来，采用何种类光线则并不一致。须视工作之性质（如有些工作须利用直接光线以得物影者）及工作之地点而异。总之，过强或过弱之光线均足以增加视觉工作之疲劳。视野周围之光线使光线及工作之焦点冲突，致眼肌肉适应疲乏。此种不必须之光线可戴避光眼罩避免之。

除工作场中光线之普通情况外，工人视觉之适应亦属重要。此项适应须分两点叙述：(a) 时间上的视觉适应——即眼在受某种光度中可影响在他种光度（较强或较弱）

中的感受力。工厂中许多意外事件之发生由于工人在受强烈光线骤至暗弱光线中工作以致发生意外。因彼习于强光，骤入暗处而不能视见。如于进行工作前先在暗处稍待片时，习于暗光后即可免意外事件之发生。（b）空间上的视觉适应——即网膜上某部中之光度可影响他部中之感受力，此虽不如时间上的视觉适应之明显，但亦颇重要。实验证明如所观察之物体较背景为晦暗时，虽光度颇佳，但无论如何此种情境仍不适宜。反之，所观察之物体较背景为明亮时则无甚困难。故工人在工作时被光线所刺激之程度较物体所刺激为尤甚。如有此种情景发生时亦可设法避免，如加增物体局部之光线，减少周围物体之光线，变换工作者之地位等。

光线对于如注意力等之高级心理历程尚未有十分确定。在有些试验情况下发现各种颜色之激刺其间差异甚微。有些实验情况下（如街道之光线）发现平匀之光线使注意减弱而反应速率减低。故就唤醒工作者而言，在室内工作中光线稍有变动似属需要。

（2）空气之流通

在工厂中空气不能流畅可以引起工人工作之不安适与减少效率，几尽人皆知。因空气不能流畅所引起不安适之原因似非由于空气中少氧而多二氧化碳，而身体外部所接触之温度与湿度更为重要之因子。吾人身体约在华氏九八．六度（注：摄氏 37 度）时由皮肤散热及蒸发，如空气太热或太湿，则散热及蒸发感觉困难。有些实验将受试闭入一室。受试因缺氧及多二氧化碳而停止谈话而表示不安适。在此种情况下籍电扇使空气流动而身体中湿气可蒸发，及降低体温，而使受试感觉稍适。更有些室内受试者由室内通至室外之管中吸入新鲜空气，而在室内空气不能流畅时并无助益。更有些受试者在空气流畅之室外吸入污浊之空气而并不表示不安适。上述实验均归结至空气流畅至足重视，而温度与湿度更为其中之主要因素。

在有几种心理测验中发现空气流畅与否在效率上并无多大影响。实际上工作时动机颇为重要，有时工作者觉得不能工作，其实是不愿工作。反之，即在空气恶劣之环境中从事用心力的工作，只要有适当之动机，亦能克制此项困难。但空气流畅在理论上似属必要。

由于各种工业产量研究所得到结论可简述如下。

英国工厂中研究得到的结果指示空气之流动较之空气之调换更为重要。装置电扇——人工通风之工厂与无此项设置之工厂在八个月中产量之差异，前者为百分之三，后者为百分之十三。因季候之变迁夏季不安适之天气较冬季凉快天气工作产量减少甚多。然有电扇之设置时夏季较冬季产量上亦无甚大之参差。

从意外事件之数量亦可反映空气情况之重要。在炎夏因意外事件发生最多，天气太热当亦为造成意外事件之主因。反之，在适合于身体之气候及空气流畅之情况下，意外事件发生之百分率亦减少。至于气候凉爽时工作效率则有增加。

（3）喧哗

由于喧哗之纷扰而影响于工作效率，其理至为明显。但所谓“喧哗”必须指吾人所觉察者而言；吾人亦可以习熟某种喧哗而似不曾意识到者，如钟声，工人对于机器之旋转声等。但习熟之喧哗对于工作效率具有何种影响，则仍须由实验结果中找得可靠之结论。如装置货物之工作产量甚低，乃疑其为电扇之喧扰，电扇停止后，虽空气不甚流畅而工作产量即增加百分之十二。后有因打字之喧扰而设置吸音壁，其工作产量即增加百分之四．三。故工作环境应予寂静，四壁应吸音均为吾人所应考虑者。

（七）意外事件

在工业中我们常常碰到肇祸及意外事件之发生。意外事件发生于机械者似不能免除，但为数甚少，而大部皆发生于人的因素，或因为注意的丧失，或因为反应时间的缓慢，或因为心理上的失常等等均可造成意外事件之发生。

在心理学的研究中，不论属于个人性格的，或是属于个人能力的，我们都提出其间个别差异之重要性。在意外事件的统计中我们也发现有这种事实。有一个研究显示一个人有了一次意外过后，易有继续发生之倾向。从这一项研究结果中工业心理学家现正趋向于研究如何去选择工人，使意外事件减少。尤其是对于驾驶电车汽车的工人特别注意。

工业心理学之兴起及范围①

一、绪论

从早期心理和生理实验室中所作的零星实验，我们便可看出那引起现代精细工业心理问题的趋向。由前世纪中马锐（Marey）和麦率（Mosso）对于体力工作与疲劳之研究，及本世纪初十年中艾特科（Ioteyko）和英伯提（Imbert）等工作中，我们已经认清了工业心理的主要问题。而且这些研究产生了许多于工业情况颇为有用的技术。本世纪初，夸柏林（Kraepelin）的学习曲线研究，奠定了分析曲线以选择并训练工人的基础。其余如白兰与哈特（Bryan & Harter）对于学习电报历程，和布客（Book）对于学习打字的心理条件等研究，也于工业的训练上有同样的意义。一九〇五年雷芓（Lihy）作了一个关于打字成功所需的心理生理特质的研究，于是开拓出一条工作分析及佣工选择的途径。在一九〇八年，他又作了一个选择电车夫的初步实验。一九〇七年德国里朴曼（Lipmann）和威廉·斯特（William Stern）所主编的《应用心理学杂志》也是提倡这方面的研究的。

在一九一一年斯可特（Scott）印行了第一本关于应用心理原则的书，其中讨论如何增加工作的质和量，如何招收工人，如何贩买，如何登载广告等等问题。斯哥特说"目前我们最大的商业问题就是工业中人事的问题和如何领导并响应他人得到商业方面的成功的技术问题。……若想知道在商业上如何影响他人的技术，必须从学心理学入手；因为心理学之于这种技术，正如物理化学之于工程学一样……"，他更说道："它是能予我们以人性真确知识的唯一科学"斯哥脱既以此为前题，他更在"特娄制度"（Taylor System）所提出的物质动机之外，更列出一些足以驱使人们工作的确凿隐讳而非经济的心理条件来。该书可以代表一个精通心理学说和方法的人第一次作分析工人动机的研究结果。

二、孟斯特布（Münsterberg）之贡献

虽然很早就有人对于人类劳作问题发生兴趣，可是把工业心理的问题和方案系统的表达出来的，却以孟斯特布为第一人；他是一个德国心理学家，晚年曾任哈佛大学（Harvard）心理实验室主任。孟斯特布系出身于赖浦企实验室（Leipzig）。他和卡特尔（Cattell）一样对于早前翁德派（Wundtian）正统实验表示不满，而对于个别差异发生兴趣。他因而想把心理实验室里所发现的东西应用到实际生活中去。在一本通俗书 *On*

① 本文刊载于《教育杂志》1935 年第 25 卷 4 期。Morris S. Viteles 著，周先庚、程时学合译。——编者注

the Witness Stand 中，他叙述如何应用心理学的原理去探查罪犯。其他“心理学与教师”（Psychology and the Teacher）一书是讨论在课室中有用的心理事实与原理的。他在一九一〇——一九一一年回柏林大学作交换教授时，已经提到工业研究及工业心理学的计划。这个计划后来详细编著成书，于一九一二年在德出版，次年复在美国印行一英文本。本此观点之推展又成第二本书《心理技术之原理》（*Grundzügeder Psychotecknik*），于一九一四年问世。

孟斯特布指出心理在工业情况中提高工人效率及适应能力之重要性。他以为在工业方面，心理学家第一可以发现具备某种心理特性的人最适宜于某种工作，第二可以决定某些心理条件，在这些条件之下，每人都可得着最大最满意的出品；第三可以极完全的转移人心，使某人对于商业发生兴趣。因要达到以上这些目的，孟斯特布提出许多方法，如运用测验以选择工人，运用学习定律来训练工业人员；运用心理技术去研究工作的条件，工人的动机，产生疲劳的因子等等问题。他不仅列出大纲而已，并且还援引他自己从选择汽车夫，电话司机及船员等研究结果，以说明他所介绍的方法的可能性，及其应用后所得到的结果的性质。

在他的书中，孟斯特布把他的计划与特娄（Taylor）的科学管理相提并论；而尤其注重说明工厂经济的繁荣如何依赖着人力的运用。孟斯特布在他所拟的大纲中也未忽视社会的意义。他说：“我们不要忘了，用未来的心理适应及心理环境之改善以增加工业效率的目的，并不仅在佣主方面，而尤其注重的是佣工方面；他们的工作时间可以减短，工资可以增加，生活程度可以提高。除去这个纯粹商业的双方获利以外，还有一个极重要的目的，就是把全国经济生活所依赖的文化程度提高，使人人都能各尽所能各得所需。经济的实验心理学所贡献的东西，就在于工作和精神的互相适应这个基本观念，这些观念可以把在工作方面的心理的不满压抑或颓丧铲除，而代以丰富的愉快和内心的谐和。”

孟斯特布计划之发表，从欧美二方面看，都可谓为创始工业心理研究的原动力。美国从欧洲从赖浦企大学并且由于翁德（Wundt）的努力才产生实验心理学。在新大陆中一位德国心理学家受了环境的刺激，把这个新心理学的原则和理论应用到日常生活各方面，而拟就一个计划大纲带还欧洲；而这些原则和理论都是从“旧大陆”中带来的。所以欧洲和美洲都认孟斯特布为工业应用心理学的始祖。关于孟斯特布（死于一九一六年）以后的工业心理学的发展，只能列一广泛的纲要，恕不赘叙。这种提纲叙述可以给出工业心理学发展的略图，以为最近的发展的估计和解释之助。关于对他的兴起，最好是从各国的贡献方面分别叙述，但在分别叙述之先对于“世界大战”这个共通的原因，似乎不可忽视，因其于全世界工业心理学的发生都有影响。

三、世界大战之影响

孟斯特布的工业心理学大纲在大战爆发之前已经拟就。他创始的这种新应用的动机，随着参加欧战各国对于选择和分类军队之心理应用而益发加强。例如，英国实验室内的心理学家便被请去编造并施行测验，以选择飞机驾驶者，航空窥测者，电警司机者，操潜水艇者，以及其他许多需要特殊技能的军航工作。在德法二国也用测验来帮助选择人员去管开炮之执行，汽车之开驶，飞机之窥察及驾驶，以及其他特辑的职务。

一九一七年美国加入大战，用了心理方法举行大批的心理测验。当时的军事当局接受了心理学会一个委员会的介绍，用测验一类的心理技术来分类人员。结果，驰名的军用团体测验产生了："阿尔发"（Alpha）是测验识字的，伯塔（Beta）测验文盲，在美国参加大战的二百万人都曾受过这种测验。而且，也如欧洲一样，美国更研究用特殊测验来测验航空及其他专门技术。这类的测验不只测验普通能力，其中还有一种职业测验，专门测量人的熟练程度，以决定他适宜作工匠，电工，水手或者半赖机巧的汽车夫等。

同时，在欧战其中，许多参战或未参战国对于特殊职业的科学选择及工作条件的实验，都曾在普通日常生活中照样进行。关于工业心理最有意义的发展。且容后文分国详论之。

四、美国工业心理之兴起

美国工业心理学之发端，大部分有赖于教师及依附于大学校的研究工作者；他们以为实验室在工业中之重要正如大学中的教室。现在西北大学（Northwestern）的校长斯哥脱（Scott），支加哥大学的约卡（Yoakum），哥伦比亚大学的坡芬布吉（Poffenberger），屋海星省立大学（Ohio State）的波提（Burtt），支加哥的苛仑荷丝（Kornhauser），及华盛顿大学的摩斯（Moss）等都可引为例证。工业心理学应用之先锋宾汉（Bingham）开始其工作时，不过为大学中的职员，而且还须藉暑期学校来维持他与学校的关系。我们可以公正的说："最大的成功和贡献是来自依附大学而对于工业心理有专门研究的心理学家。"他们与工程师，医生，药师，及操其他职业者不同；美国的工业心理学始终与大学未脱离关系，因为他们藉大学的赞助和鼓励而进行他们实际的工业研究。在这依附于大学的研究工作者之外，还有一批附属于私人工业机关的工业心理学家，他们的工作更推展到这些机关中的人员问题。林克（Link）是对于雇佣心理有研究及著述的人，密尔倭克（Milwankee）电车及电灯公司的谢落（Shellow），和斯靠卫尔工厂（Scoville Works）中的庞德（Pond）等，都是工业心理学家在私人公司的实验室里作研究的好例。美国的工业心理研究不像欧洲一样，还没有办到机关化。因此，要述他兴起的过程，只好从独立研究者的个别工作说起。

美国工业心理最早的应用只限于佣工选择的技术。一九一四年麦康玛（McComas）对于电话司机的研究，一九一五年容斯（Jones）对于电报生的研究，同年斯哥脱对于以会谈（Interview）为选择销售员之助的研究，及一九一七若吉斯（Rogers）对于打字生及速记员的测验研究，均可视为美国工业心理学的萌芽标志。随后的发展则多在推广应用心理测验，由此工业心理的内容和方法都大增丰富，于是广施到训练工人，祸事之减少，工作之单调，及工作方法之分析等问题上去了。不过，美国大部分所作的工作是在佣工之选择方面。

美国工业心理学之进展还可以用一些新出的杂志为证。在一九一七年创办的《应用心理学杂志》中，有许多关于工业心理研究的文章。一九二二年开始由宾汉主编的人事研究联合会的机关刊物《人事研究杂志》中有许多文章都是讨论人事的问题。科尔格大学（Colgate）的勒尔（Laird）于一九一六年创办了一个不很专门的心理研究杂志《工业心理学》，但于一九二八年旋即停刊。自从一九一六年浩林活斯（Hollingworth）出版一本《职业心理学》，一九一七年浩林活斯和坡芬布吉二人合著一本《应用心理学》之后，于是有一批讨论工业心理各方面问题的单本书籍大量印行。这可证明他发展的迅速。

虽然美国工业心理学之发展大部出诸个人的努力，但是因为要各处研究合作，要各种研究互相调节，并且要交换此项知识，所以又有许多团体目标专在联络全国的个别研究。一九一五年宾汉在卡尼基工科大学（Carnegie Institute of Technology）所创办的"应用心理组"要算是最早的了。该组随后改名为"合作研究组"（Division of Cooperative Research），因而产生许多小组织与商界合作研究。在一九一六年"合作研究组"把二十七个国内的合作公司组织成一个"销售人员研究处"（The Bureau of Salesmanship Research）。欧战后，在斯哥特及约卡二氏领导之下，该处换名为"人事研究处"确于销售的研究上颇有贡献。"应用心理组"的另一分枝为一九一七年由迈诺（I. B. Miner）及卡特（Charter）所主办的"批发人员训练研究处"（Research Bureau for Ratail Training），该处与一批批发店协同发展选择训练并雇佣店员伙计及小店主的一切技术此外"合作研究组"职员还指导许多关于各个公司的调查工作。"批发人员训练研究处"约于一九二二年改属于皮兹布吉大学（University of Pittsburgh），在一九三〇年其中九个皮兹布吉的人员十七个推广人员，八个研究处的职教员，与十五个充任研究助理的毕业生。

这些研究大部由实业团体维持，但在"卡尼基工科大学"的庇护之下，对于工业心理的发展，——尤其是在销售人员及经理的选择和训练上有很大的贡献。有许多与卡尼基工科大学联合的人（有的为独立研究者，有的是大学里的职员）多能保持他们对于工业心理学的兴趣，并且对于内容和方法均有增益的地方。

一九二一年所组成的"心理学社"（Psychological Corporation）目的在于"心理学的发展及心理学的应用之提倡"，又可以代表倡导工业心理学的另一支派的组织。"心理学社"是一个心理学家的会社，因为投资的关系，他们即为该社的社员。"心理学社"可以说是心理学家与社会交换知识的机关。在成立的时候，这个团体既不作个人的试验，或作工业上的管理，也不是为某一商号作单独的研究。愿意有心理研究的工业商号可由社中职员介绍几处现存的实验室及确有精深研究的心理学家去接洽办理。心理学家由该社介绍工作所得的一部分报酬，复转还于社中以付上部的费用。“心理学社”本是一个不能生产的机关，所以希望在这方面有所收入，以供给研究应用心理学的根本问题之用。

“心理学社”有总机关在纽约，亚启里（Achilles）主办其事，林克等副之。各处心理学家个人可以被任为全国各部分社的职员。“心理学社 ”的总办事处主要工作只在给予个人的查验，以资职业上的指导，并在提倡心理学在指导和工业中的应用。最近这个中心机关的活动已推展到测验材料的售卖与商品行销的研究了。

调节各方面研究最活动的机关，恐怕要算一九二二年在宾汉指导之下，并经“国立研究院”“工程学会”及“美国劳工会”的共同努力而后成功的“人事研究联合会”了。这是对于工业和学校中人事问题有科学研究兴趣的行政人员，人事管理员及心理学家等有意组织的机关。他们也做了很多研究工作，其中最有名的是对于有闯祸倾向的车夫的研究。可是，这个联合会的最大贡献是提倡此行间的知识之交换，并经《人事杂志》之努力，使工业心理的研究及人事间的适应得以普遍化。

大战后不久（一九一九），在菲来德菲亚（Philadelphia）组织了一个斯哥特公司（Scott Co.）这是专门研究工业中人事问题的私人机关。但他在一九二二年即停止进行。其他还有两三处想组织学会，以冀对于工业心理研究有所倡导，然以基础不固，都未成功。

五、欧洲工业心理学之兴起

1. 英国

在英国，对于人类的效率及工业的福利最早作有系统研究的，要算一九一五年所成立的“枪弹工人卫生委员会”（Health of Munition Workers Committee），该会之目的是要研究在工厂中用什么方法增加出品，并减少工作者的时间浪费和疲劳。这个机关在一九一八年经“科学的工业研究部” （Department of Scientific Industiral Research）及“医药研究委员会”（Medical Rescarch Committee）二机关的改组，更名为“工业疲劳研究局”（Industrial Fatigue Research Board）后来又更名为“工业健康研究局”。该局的职责在“担任提倡工作中时间的重要及其佣雇条件的可靠知识（包含工作方法，人体的机能并如何保持工人的健康及工业的效率等）；并须向委员会贡献极良的方法，以期尽量应用研究结果到工业上去。”

于一九二一年“研究局”的津贴即告取消；但是虽然国家经济困窘而反对取消此津贴者群起，于是“研究局”的津贴又照旧支付，而且有一小部分职员直接受“医药研究委员会”的监督。至于“工业疲劳研究局”的职责是在于普通的调查，例如：各种工人换班方法的比较，工作时间休息之效果，气压的影响，个人效率差异之分析，时间的研究，闯祸原因之研究等等。从实验中留心的控制，及对于既得资料之精细解释方面看来，这些研究确能提高工作的质和量。“研究局”的进行方针是研究各种工业共同的问题，而非专为某一公司而设。

替私人公司研究问题的，也有私立的研究组织，一九二一年剑桥大学心理实验室的著名导师迈优士（Myers）所主持的“国立工业研究所”（N. I. I. P.）便是。这个研究所的工作是由公司或私人维持的，所以由研究所得收入的一部亦归于公司。这个研究所的目的不仅应工业界私人的需要，并在提倡训练全国的工业研究者鼓励对于这方面作基本的研究。这研究所时时获得“卡尼基国家联合托辣斯”（Carnegie United Kingdom Trust）的津贴，与其他团体的补助金。

在该研究所领导下所研究的工作（与“工业健康研究局”所研究的相似），性质各不相同，从制衣业的工人选择到英国煤矿区内的灯火之改良等问题都有。关于该所的研究及其他工业心理的发展，在一九二二年刊行的《国立工业心理研究所杂志》中言之颇详。

在这“研究局”与“研究所”之间最有趣味的事，是二个机关时常互相交换研究员并联合研究各种问题。

“国立工业心理研究所”不仅受全英国工业界的赞助，而且受全国各大学心理，生物，及教育系的主脑人物同样的赞许。“工业健康研究局”和“工业心理研究所”常常把许多问题委诸大学心理实验室去办，因为在工厂里不能作这方面的精细研究，或者因为有许多初步实验必须在较为合乎标准实验室条件之下才能着手。

这些中心机关的工作有时也受大学独立研究者的辅助。此外更有一些商业公司设立他们自己的心理研究部。不过，普遍的说来，英国的工业心理学之发展，确与上述二种机关的活动相依为命。

2. 德国

德国工业心理学的发生是同由私人工厂和私人团体合力促成的。自从一九一六年摩德（Moede）和坡考斯基（Piorkowski）开始替军队研究选择汽车夫之后不久，德国便有十四个机关研究这个问题，——其中有些是非为军用而研究的。一九一七年撒克逊（Saxon）铁路公司在拙斯墩（Dresden）地方创立一个实验室，专门研究火车司机者及其他佣工之选择问题。同年在赫兰（Heilandt）的倾导之下，德国的“普通电气公司”（AEG：General Electric Company）用测验方法考试机器厂学徒。在一九一八年初“柏林电车公司”开始研究司机生的选择，而且它的实验室要算是最完备最有组织的一个。

欧战后，心理学在商业上的应用之新兴趣发生，结果成立了许多研究机关及私人公司的心理实验室。一九二二年六月德国就有二十二个大公司有心理实验室。到一九二六年德国有一百个以上的公司运用心理方法来选择佣工。这里面包括：Krupp，Essen aud Kiel；Carl Zeiss，Jens； Allgemeine Elektrizitatsgesellschaft，Berlin；Auerüchtgessellschaft；Osram－Werke，Siemens Company；Lowe Company；Greater

Berlin Trainways 等。政府并津贴拙斯墩，福兰克福（Frankford），漫海（Mannheim），科勒（Cologne）与柏林等处的铁路公司创办心理实验室。此外在政府其他的机关，如邮局电报局等，均有心理研究部的组织。

提倡工业心理应用的机关在德国各大城都可找到。“皇家劳作生理研究所”（Institute fur Arbeitsphysiologie，Kaiser Wilhelm. Gesellschaft）于一九一六年成立于柏林，其目的在实验物理的和心理生理的因子如何影响人类在工业方面的行为。在亚池勒（Alzler）的领导之下，它变成了世界上研究各种劳作所需能量的头等机关。一九一八年摩德（Moede）创立了“夏落亭堡高等工业心理技术研究所”（Psychotechnical Institute of the Charlottenburg Technische Hochchule），与工业团体合作研究佣工选择的方法。同年，柏林的“应用心理学研究所”与一九一六年创立的“工业心理研究所”合并，在利浦曼（Lpmann）指导之下继续提倡工业心理各方面的研究。

一九一九年，纪遂（Giese）在哈勒（Halle）地方创办“实用心理研究所”。真真的私人商业机业要算坡考斯基所创办的“阿卡研究所”（Orga Institute），目的在分散并管理工业测验。在 Munich，Dresden，Mannheim，Hamburg，Hanovor 等处还有其他的机关。有的依附于大学或职业学校，有的由单个公司维持。一切的研究所都与工业机关合作，甚至有的有私人心理实验室的公司，还到研究所中去办事。此外还有大学中的实验室正在应用科学知识到工商业方面去。

德国也有一些关系工业心理的杂志。《应用心理学杂志》（Zeitschiftfur Angewandte Psychologie）继续不断的发表这方面的文字。于一九一八年，利浦曼和斯特（Stern）二人更办了一副刊名叫 *Schriftern Zur Psychologied der Berufseignung und der Wirtschaftslebens*。一九一九年摩德所发行《应用心理学》（*Praktische Psychologie*）一书到一九二三年改为“工业心理技术”（Industrielle Psychotechnik），一九二六年随后发行的有若蒲（Rupp）的《心理技术杂志》。

从很小处着手而发展成很广大的规模；把心理学应用到选择，训练，时间研究，动作研究，单调的分析，疲劳之研究，空气流通之响应等方面——包括一切于工人之生产及愉快有关的研究。经济的企图固颇占重要（尤其是在 Moede 和 Piorkowski 的研究中），但是在 Lipmann，Stern，及 Rupp 等的响应之下，关于工人福利的责任也并未被忽视。

3. 俄国

俄国在工业心理上的发展可谓突飞猛进。此种发展的观点，伯哥特脱（Bechterew）在第一次“全俄罗斯会议”（Pan Russian Congress）席上对于工作组织的讲演中已经表示出来。他说“在社会主义的国家中，合理和科学化的劳工组织必基于一根本原理，就是在完全保护工作者的康健，并保证其人格之完全发展之下而有最大量的生产。”

一九二〇年，由格斯特夫（Goxtev）的倡导在莫斯科成立一“中央劳工研究所”

(Central Institute of Labor)。到一九二七年有六十个中心机关从俄已有一千处分所。

这个中央劳工研究所最初的工作是与原定名义相符的。它的方针原是研究一个问题的多方面或某种职业的全部内容的，而今它则只分析各种职业间的二个工作元素——锤与锉的运用。运用这二项器具的种种手续，即由这研究所所包含的各实验室分头研究。其中有一种研究专门实验这些器具所引起的生理及心理的变化。科学的训练系统于是告成，最后更作团体活动中社会因子的影响的研究。最近又应用特殊分析法到砌砖和纺织业上去了。

设立在莫斯科的中央研究所近已注重于特陋制度（Tayor System）的技术方面，并且更想在工厂行政方面力避美国所犯与工人不利的毛病，而增加其生产效率。

在著名的劳作的科学研究机关中，有在卡科（Charkow）的"劳工研究所"，在和卡散（Kassn）的"工作的科学组织研究所"。倡导这些组织的名人有斯皮轮（Spielrein），赫勒斯亭（Hellerstein）及夸浮儿（Kraval）等。这些研究所及莫斯科中央研究所所研究的问题起初是工作的方法，工作的条件，及疲劳一类的问题。这些问题之主要目的与选择的问题略有不同，此层可于一九二一年第一次讨论劳作组织的全俄会议席上，及一九二四年的会议结果中看出。同时，对于选择的问题亦曾顾到。一九二二年八月初莫斯科创立了一个工业心理实验室，担任研究工作分析及佣工选择。莫斯科大学的神经研究所的应用部，与其他都会地方也研究相似的问题。关于这方面发展的情形可从拙门（Tramm）于一九二一年游俄报告中看出。他说：在德国的电车公司里，没有一个心理技术实验室有莫斯科的"运输技术心理研究所"（Transport Technopsy）Chological Iostitute 那么大那么完备。在这研究所中有二十个心理技术师，十五个医生，八十个政府行政人员；直接管辖这个研究所的董事会由下列三类人组成：（1）商会的执行委员，（2）铁路的代表，（3）"中央铁路人员职业病研究实验室"（Central Laboratory for Reseach into Occupational Diseases of Railway man）的代表。有十二条铁路的实验室受此研究所的管辖。在此所用的技术与德美所用的者相似。

普通说来，俄国的工业心理研究可说受了德国和美国的影响，尤其是在初期研究的时候。不过，最近一些研究者已开始发明理论和方法，而比较的更适于解决他们自身的问题了。对于此项工作兴趣之浓，可于最近苏维埃技术心理学家所组织的联合会，和一九二八年所发行的杂志《劳工技术心理学与心理生理学》中看出。

六、其他国家工业心理之兴起

对于其他国家工业心理学之发展只能作一简短的叙述。实际上，无论欧亚的哪一国家，恐怕都会从心理学的观点，对于人类工作的研究发生过兴趣。"工人问题之研究在现今世界各国是最时髦的"。在瑞士日内瓦的"卢棱研究所"服务的克拉拍拉德（Claparede）和波费提（Bovet），皆为工业心理学的倡导者。在他们领袖指挥之下，于一九二〇年日内瓦即首先成立一个国际应用心理学会，以研究职业指导及选择的问题。

一九二六年这个研究所就发行第一本法文《工业应用心理学》书。一九二二年苏特（Suter）发起在楚锐齐（Zurich）成立一个心理技术研究所以研究工商业机关之选择训练及工作条件之分析等问题。

切壳·斯洛瓦卡（Czgcho－Slovakia）在一九二〇年为劳作方法的合理化而设的“马撒克（Masaryk）劳工学院”特设一部，专门研究心理的问题。私人的公司和地方政府亦有设立心理实验室的。

从年代及组织的观点上看，荷兰、比利时、波兰、意大利、西班牙、奥斯利亚等国内工业心理的发展，都是追随于德国之后的。提倡工业心理之职责，大部是由应用心理的研究机关（心理技术研究所）担任。此中有的完全由政府维持，有的则赖地方团体，其中还有由工业家，工会及其他机关维持的。除开研究所外，还有由各公司单独维持的心理实验室，不过这个在德国以外并不多。其次还有大学实验室大部分研究工业上控制人类行为的基本问题。

工业心理之发展也不仅限于西方，日本应用心理的机关，有半属私人和全属政府的二种。前者为“工业效率研究所”，于一九二一年成立。心理实验室在政府电务局中占一重要部分。有一个依附于东京帝国大学的应用心理学实验室，其研究的问题是关于海陆军的选择及其他实用心理学的问题。

七、国际会议

讨论工业心理学之兴起不能不提到一九二〇年克拉拍德与波费在日内瓦所召集的国际会议。在这第一次国际会议之后，于一九二一年随即又召集了“第二次职业指导及工作科学化的应用心理学国际会议”于巴塞朗（Barcelona）。正如该会之名称所示，会中所讨论的多为工业的问题。到一九二二年在米兰（Milan）开第三次会时，即讨论工作分析，在避免闯祸中生理和心理情况之关系，及特娄主义（Taylorism）等问题。在这些初次会议之后，这个组织遂改名为“心理技术国际会议”，自从一九二四年以后即在欧洲各大城开会，最近（一九三一年的秋天）开会于莫斯科。该会会员之增加，与这三年一会的心理国际会议席上所报告关于工业心理的论文之丰富，这些事实均足以证明一般人对于应用心理学的兴趣之提高。

八、工业心理学之范围

心理学之应用于工业，是想研究下列四种关系：

（一）工作者与工作的关系。

（二）工作者与其直接监督者的关系。

（三）工作者与管理的关系。

（四）工作者与其同伴的关系。

工业心理学的目的即在求对于这些“关系”更为了解，更易控制达到这些目的的特殊步骤如次：

（一）职业的必须条件之研究。

（二）测验法及其他精细技术在合理的安置工人上之发展及运用。

（三）运用人力的最良方法之公式。

（四）关于个人能力之完全发展和尽量运用的训练步骤之系统化。

（五）最适于工作的条件之鉴定。

（六）工业组织特性之分析，以决定最适宜于经济的，社会的，和人类的目标的工业组织。

（七）试验并控制在工人与管理方面足以影响工业情境的和谐关系之主动力。

由前面所叙述的看来，各国对于工业心理的探讨约略相同。然而探讨的方式都随国而异，此处可略言之。

美国的应用心理学大部份是研究工作之条件，佣工之选择及商品倾销等问题。不过偶尔也顾及训练，工作疲劳之测量，工人刺激物之研究，工作最良方法及条件之决定等。全部看来后类的应用，可谓属于工程的研究范围，关于这一点工程师和心理学家还间曾反目争功呢。

从另一方面看，其他各国的心理学家却是广泛的研究所有影响人们在工业上效力的因子。各国专门杂志中载满了讨论心理学在研究动力设备，工业疲劳之测量等问题中的任务和成就。同时，就在同属欧洲的国家中，对于工业心理的应用步骤，其注意之点，亦各不相同。英国在组织“工业疲劳研究局”和“国立工业心理研究所”的时候，他们研究的问题集中于运用人力的方法，最良工作条件之决定，以及管理与工人间的关系等问题。最近关于这方面的研究之外，又增加一批佣工选择之研究。但德国工业心理学上所重视之点与美国一样为选择测验，而且它很快就变为应用测验法的领袖国。不过，它的兴趣已趋于普遍化，而且已有许多关于其他问题的报告。由各国间的知识之更易交换，与各国研究者间的关系更加亲密的倾向看来，也许将来各国在工业心理的各方面活动中可以发展成一致的兴趣和成功。

（此文译自 Morris S. Viteles，*Industrial Psychology*，W. W. Norton Co.，Inc，New York，1932，pp，652 Chapter V：The Rise and Scope of Industrial Psychology，pp，40—56）

工业心理学的经济社会心理三种基础[①]

（一）为什么需要工业心理学?

在最近二三十年中，对工业问题方面的科学研究，已经显示出在工业组织中人的因素的真正重要性了。在工业的企业中，人的反应——不论是人与人之间，人与机器或人与物质——在错综复杂的工业组织中显然是不容忽视。任何一类工业，不问它机械化到什么一种地步，几乎无时无刻脱得不了人们的智力，人们的管理。不问机器复杂奥妙到怎样地步，终得要有人去设计，有人去制造，有人去驶动，有人去当心；机器的设计，开动的方法也必须以人为前提，参照人类动作的快慢，各部协动的性质，个人的学习能力等等。抑有进者，工业的进展并不全依靠于开驶机器工人的技巧，并且还得看人们对于开驶机器的态度是否合意。所以工业组织中包括了很多人的因素在里面，如工业中领袖的判断力，才干，使用人力，使管理阶级与劳工阶级通力合作等等，都是很重要的。我们不论从哪一点看，一种企业的稳定与发展，除了经济与专门技术而外，必须加入一种心理的基础在里面，除了机械及它种因素外，必须要顾到人类行为的重要性。所以我们在工业中能影响人类行为的环境，人类行为的本质，使各人均能适应，工业效率由此增加。

从增加工业效率，消除工业中浪费的观点来研究人类行为的一门科学即所谓“工业心理学”。工业心理所探究的原理原则，研究应用的方法，其目的不外为探寻个人在工业情境中如何能得到最高的“效率”，与最高的“适应”。但此次需特别注意的即是我们处处要顾到个人的福利，否则不但不能得到增加工业效率的功效，反因此伤失工业效率。

（二）工业心理学的经济基础

工业心理学的发展是由于三种力量所造成的：（1）经济方面，（2）社会方面，与（3）心理方面；譬如德国在战后的窘迫，而经济的观点决定工业心理发展的趋向，英国对于劳工阶级的问题特感兴趣，而影响研究的目标；而美国似由于心理学家方面的影响而造成工业心理的发展。现请先述工业心理学的经济基础。

前面已提过：工业心理学的最大目标是使工业中效率的增进。任何工业必须有产物，而任何工业都企望成本减少而产物增加，可无疑问，从减轻成本增加产量而言，心理学在工业中之应用至为广泛；我们要减轻成本增加产量，不外改善机械利用人力，但是尽管有人在发明机件，修改机件，都很少人从工人本身求改进。在现代工业中几

① 本文根据手稿录入，原稿未署名，从笔迹判断为周先庚的译作，节译自 Morris. Viteles，Industrial Psychology，W. W. Norton Co.，Inc，New York，1932。——编者注

乎把工人也当做一架工具看。其实这架工具却应该搁在任何工具的前头，它具有智慧，它有思考，它可以自己工作着，但大家都忽略了这架工具，不加以改良，未免造成了工业中很大的损失。

在工业中，对于使用人力工作方法，先有亟切认识的当首推美国工程师 Frederick W，Taylor。在十九世纪末 Taylor 即首先倡导，遍于全球，他的学说后人称之为 Taylor 主义，或称之为科学管理。[①]

Taylor 从工业的实际应用中得到不少心得，其对于工业效率最大之贡献有四：[②]

（1）发展成个人工作某一类之科学以代替固有传统的方法。

（2）对于某一种特殊工作选用最优工人担任之，並加以系统之训练，以替代固有工人自行选择工作，而自由训练。

（3）管理阶级与进行彼等工作之工人间养成一种彻底合作的精神。

（4）管理阶级与工人间分工均匀，每工作部分担任其工人可以负全责的工作。

Taylor 原则首次实际应用的，也就是他闻名的典型实验，是训练工人搬运铁块；[③]此项工作是在一钢铁厂（Bethlehem steel company）中试验的。在试验时，有搬铁工人一组，将五熔煅铁炉所倒出之铁搬运至另一处。被试验之工人共有七十五人，工作均称有劲，在一亦搬运铁块工人出身之优良工头下从事工作；这一组所做的工作较诸他处可以说又快又贱。工人搬铁均用手，蹲了下来，捡起一块九十二磅重的铁块，跑过几尺或几码地步，然后掷在地上或堆成一叠。Taylor 相信这种笨重的工作就是训练一头聪明点的猩猩也可以比任何工人效率来得大些；但他以为搬运铁块工作虽然粗苯，但未始不可拿它来阐明训练工人在较好工作方法下得到些改良。

在 Taylor 应用彼原则之初，该组工人在搬运铁块至铁轨上车辆，约平均每人每天可搬重十二吨半。经 Taylor 对于搬运方法细心观察，研究其自然而然的休息次数等等，他得到一结论：头等搬运工人每天可以搬到四十七至四十八吨之重量。Taylor 去问过好多管理者，都说在通常管理制度之下每人每天不过搬到十八至二十五吨上下。

Taylor 于是选一工人，依照他新方法搬运，旁边站好一人监督工作，凡捡起铁块，走路，坐下，休息均受该人支配，在下午五点半居然把四十七吨半铁块都已装在铁轨车辆上了，而他还可以再工作下去。后来每个工人都跟着照搬运铁块四十七吨半的快慢工作着。这样一来，这组工人可以比以前多拿到百分之六十的工钱。

Taylor 以为选拔特种适合人才也是科学管理职责之一。如解除不适合于某种职务的工人也是一种恩惠：俾可使找得一适宜于他们的职务而加以训练，他们不但因此而

---

① 关于科学管理之观点，范围等请参阅 Scientific Management in American Society，New York，1929，pp. 479. Taylor Society 发行。

② G. D. Babcock，The Taylor System in Franklin Management（Application and Reseclts），New York，1917，p. 17.

③ F. W. Taylor，The Principles of Scientific Management，New York，1911，p. 42，

获得固定的职务，并且还可以享到较高的待遇，这就是 Taylor 两个基本假设的意义。

在 Bethlehem 钢铁公司中 Taylor 复试验选择用铲工人①，告以用铲子铲各类物件时的适当方法，且以提高工资来鼓励工人增进工作效率。在 Taylor 新设计的工作方法之下，进行至第三年，所得结果与旧有的工作方法所得者迥异，可于下面表一中察出之：

表一、(仿 F. W. Taylor)

在科学管理下效率之增进（Bethlehem 钢铁公司）

工人减少之数量	由 400 或 600 而至 140
每工人每天工作平均吨数之增加	由 16 吨而至 59 吨
每工人每天收入之增加	由＄1.15 而至 ＄1.88
搬运 2240 磅之平均费用之减少	由＄0.072 而至＄0.033

在这一年中，因施行新工作方法而较以前旧方法节省费用之总数达＄36417.69，在此后六个月中，全场工作都用此法则，所省费用每年可达＄75000 至 ＄80000 之数。

Taylor 所提出的原则在砌墙的一种工作也是一个闻名的例子。砌墙这种工作方法与材料数百年来并无何种显著之进步。直至 Taylor 的信徒 Frank B. Gilbreth 始对于砌墙之技巧有所研究。② Gilbreth 在幼年时代即研究砌砖墙的方法，其后对于科学管理深感兴趣，乃从事于砌砖墙方法之研究。他对于泥水匠的一举一动，均加以详细之分析，且逐步取消不必需要的动作，对于每一种细微动作均悉心试验，对于泥水匠的效率与疲劳有何影响，动作如何能变成最迅捷。

他规定泥水匠在砌墙时站立的步位与墙，水泥桶，砖堆，均有关系；如此不再需要泥水匠取砖时每次往返二三步之浪费。他更进而研究水泥桶与砖堆最适宜之高度，然后设计一架台，上设一桌，所有应用材料均堆置桌上，使砖，水泥，人，墙均有一最合适位置。墙渐砌高时架台亦渐升高，由另一工人当心之。这样一来砌砖的时候泥水匠不用再伛偻着身子到脚旁边去取砖，取水泥，再直起身子来那些精力的浪费了。这种简单的方法可以省去不知多少的浪费；要是每一泥水匠体重 150 磅，每次伛下二尺，再拿了一块五磅重的砖头，伸起身子来搁在墙上，每天这样千来次，其动作之不经济就可以想见了。

另外一研究的结果也颇重要。等砖头运到工作地点时，由一小工细心排整，搁在泥水匠最方便的一边，使他以最快的时间，最方便的地点取起砖来。这样可以省去泥水匠每砌一砖时必须拿出砖来一边一边的审量，看那边最好砌在墙面；这些反复审量，决定砖面的时间都可以省掉。并且，砖都排在靠近水泥桶的适当地方，这样也可以省

① F. W. Taylor, The Principles of Scientific Management, New York, 1911, p. 71,

② F. B. Gilbreth, Bricklying System, New York, 1909,

不少时间。再有水泥都需预先有人调和好，省却泥水匠的一番手脚。

在 Gilbreth 这样每种细微动作研究之下，原来砌一块砖需要十八种动作而改少成五种，且可最低至两种动作。在他这种科学研究的应用中，显示出绝大的收获；在有一例子中，Gilbreth 用他新方法训练好的泥水匠砌墙，每人每小时可砌三百五十块，而用老方法的泥水匠每人每小时只能砌一百二十块。自然，新方法砌得快的工人还能得到更高的工资酬劳。

Taylor 他最感到兴趣的研究虽然在于改良工作方法，可是他以为适当的工具与工作的环境对于工作也是非常重要的。Taylor 所提欲使增加产量的满意条件中有许多已成为科学管理中的一部分，譬如：

（1）对于工作器具及工作方法应施以时间考察。

（2）每类工作之工具及工人动作均需标准化。

（3）设立一设计室或设计部等等。

Taylor 与他的信徒的研究对于工业心理的发展具有很大的影响，概括地说来可有下列两方面：

第一方面是引导工业心理学家研究的趋向，或即是规定工业心理学的范围。

第二方面是深深地建下了工业心理学经济的目标。

所以英国国立工业心理研究所发表工业心理学所研究的范围及任务如下：

（一）对于适当测验的应用加以研讨，俾可以（1）科学化的选择工人，（2）对于儿童选择终身职业可予以可靠确切的指示。

（二）研究如何使用人力最好的方法，关于（1）取消不必须的动作，（2）分配最有利于工作的休息时间，（3）避免对于工作发生单调及兴趣降低等等。

（三）使工作环境趋于合理化，如（1）关于采光，通气等使工人得到最高点的健康，舒服，（2）关于给付工资的方法，工人代表等等在劳资之间培养成最好的关系。

（四）依照心理学上学习，习惯的培养，训练工头等等原则来训练工人。

（五）研究影响产物销售的各种因素，如广告，设计等等。

如果我们将这五项与本节前部 Taylor 所提出科学管理的意见相比较，那么我们可以说工业心理学是建筑在 Taylor 素感兴趣的各种问题的基础上；不过，我们得补充说明的就是虽然工业心理学建立于 Taylor 所定的基础上，不过其内容结构与 Taylor 所粗略规定的原则以及科学管理的领域有所不同。我们所具有的基本概念——如何让设法增进人类效率，虽然相同，可是心理学家比较着重于效率，对于 Taylor 以及科学管理所注重的人类福利似较少注意，因为心理学家在设法增进工业效率中并不伤失工人的福利的。其实所谓工业效率。应当取得最高限度的健康，舒适。

工业心理学不仅从分析工人行为中得到相当的利益，这种利不是工人或资方单方面的，不仅是改进个别工人的工作效率而已，而是促进整个工业的进展，具有经济方面的重要性，此可以德国在欧战后的情势来阐明之。彼时德国对于心理学在实业方面之应用极度兴奋，成立了许多研究机关，且私人工厂方面也均设置心理实验室。推其原因也颇饶趣味；因彼时工业领袖以为由于应用心理学的研究可以使德国微弱的工人可得最充分的利用，一件产品的成本祇能从最经济使用人力的方法中求得低减。虽然促进德国工业心理学发展的因素不仅如此而已，不过，经济的目标也是促进工业心理研究与应用的一种力量，不容忽视。

概况说起来，心理学在工业中的应用其主要目标是增加效率与减低产物成本。

（三）工业心理学的社会基础

在工业时代我们可以说有一种主要的力量，就是有增加产量，分配产物的迫切需要。好像一头野兽尝见了血腥，就开了胃口似的，在工业革命之初期，机器所完成的工作使我们更急于想法去作进一步大量生产；我们制造更大更好的机器，需要更多的工人，这种工业的进展造成了工人的机械化；把工人也当作一件商品价值一般，取得他们的最多的用处，像使用机器一般地使他们做得喘不过气息来。

所以有人说[①]：“在十九世纪欧美工业发展至为迅速，至于在生产中保护人的需求却很少人认识……，在资本的一方面所谓经济，只顾及机器与天然财物；人类生命的消费，疲劳的累积，以及健康的损毁却没有受过人家这样的注意。”

但在近年来这种观点却有一很大的转变，对于工业中个人福利与社会的关系有很深的认识。如意外事件发生时的赔偿费用，年老工人的养老金，健康保险，以及其他等等。

（四）工业心理学的心理基础

心理学实验的根据

工业心理学在它发展过程中最重要的趋向的转变是从逻辑而变为实验的根据。心理学最初开端是一个“推理的”（rational）系统，它研究的问题是应用推理（reasoning）而得到内心生活的知识。那时心理学被认为是逻辑的而不是实验的，对于物质科学所训练出来，只讲求实际的事实，生产的记录，实验室的计算单的工程师，与躺在摇椅中的哲学家绝无关系之可言。

心理学趋向从哲理转变到实验的，是最近数十年间的事。转变的历史这里不事详述，但我们可以说这种转变应归功于冯德（Wilhelm Wundt）之努力，将人类行为之研究从哲学家及神秘主义者手中劫夺出来，培成一门可以观察的，测量的实验科学。人类行为都可以从生物的，生理的及物理的研讨中求解答。虽然在 Wundt 前已有将心理学转变成实验科学之趋向，但 Wundt 可谓集其大成。[②]

冯德对于实验心理学深感兴趣，于一八七九年在德莱比锡（Leipzig）成立世界第

---

① G. S. Wathins, Labor Problems, New York, 1921, p. 324,

② G. Murphy, An Historical Introduction to Modern Psychology, New York, 1929, p. 160, also p. 173,

一心理实验室[1]，应用科学方法搜集事实，寻求其间关系，用客观的表示；并于一八八一年刊行实验研究的第一种刊物（Philosophical Studieu）。冯德推动心理学系统的实验研究，而且德、英、法、美各国学生就学于莱比锡者均深受教诲，成为各国发展心理科学的先导，这种研究的方法与观点对于工业心理及其他各领域发生甚大影响。

心理学应用于工业必先有研究人类行为的实验方法作为基础。

在错综复杂的各种工业中，人类的反应——人与人之间，人与机器以及人与物质之间的反应占一非常重要的地位。各式各样的工业程序中，无论他机械化到怎样一个地步，始终脱不了与人类的才智，管理有密切的关系。一种工业组织的成败，处处包括着人的因素在里面——如领袖的组织能力，工作人员的技巧，管理阶级与劳工意见的冲突等等。所以，一种企业的成功与稳定，须依赖于心理学的基础者并不比经济的，技术的基础来得少。

爱迪生（Edison）因鉴于在工业组织的成功中人的因素的重要，他就下了一个推测，以为“在将来人事工程（human engineering）之受人注意与十九世纪的对于物质形式之工程之受人注意可以相等。”心理学在工业中之应用亦即此意，表示与工业福利的关系。

心理学在别的范围得到应用已历有年数，并不能算作一门新兴科学。四十多年前应用心理测验来测量大学生的智力。最近三十五年来应用心理测验来测量儿童，决定其教育之可能性及低能等等问题，此种心理诊断已通行于全美国。实际上心理学在工业中的应用也有二十年左右，不能算为如何新。哈佛大学心理实验室闵斯脱勃博士（Dr. Müensterberg）研究之目标在于为工业中选择工人而编造测验，以及就心理学家对于人类行为之知识而在各方面改进对于商业方面之实用。不过在最近数年间因战后增加工业效率之需要而获得一种推动力，对于各种事业有广泛的应用。

心理学在工业中应用具有两个目标：

第一个目标是增进工人对于工作之适应，工人在工作中可以得到极高度的满足。

第二个目标是增进工业的效率，减少产物的成本，减少意外事件的消耗，以及减少工厂预算中其他各大项开支。

---

① W. B. Pillsbury, The History of Psychology, New York, 1929, p. 130.

工业中工人对于工作之适应[①]

个人不能适应于工作之影响也不能过于重视。如过度的疲乏，过度的受激刺，因不能适合于工作但又不得不继续工作而以致于感情完全失去平衡。这些影响不仅发生于工厂中——在他做工的时候，在他与同事或监工的接触的时侯——而且可以发生于家庭间，夫妻间争执冲突，父子间生出误会，个人对于工作不能适应而发生种种影响，在个人生活的任何方面都可表示出来的。

不称职的工人不但遭到社会方面适应的困难，而且从收入减少中感受苦痛，从增加可能的意外事件及其他同样困难中使他发生“不幸”，使自己无法排解。

复杂错综的情形尤扩大，不能适应尤激烈，可以形成整个人格发生病态的分散。在最近 Smith 与 Culpin 在某种工业的研究中[②]即可知工业中不能适应与轻度精神病态的失常（Psychopathic disorder）具有非常确定的关系。时常可以听到人家说：“我要是还再干这活，我真要发疯了。”事实上因对于工作不能适应而真的会发生疯狂的。法国大心理学家 Janet，德人 Wetterkampf，多年前均谓在疯人院有许多病人都为了职业的不适合的缘故。

工业中因不能适应所蒙损失不仅是工人自身而已，整个工业都蒙其害。单就交通一类工业而言，因裁去易于肇事之工人而可以免去意外事件的消耗可达百万元之数。例如据法国巴黎之电车公司之报告，因应用心理技术来选择不易肇祸之司机员，每年可省 1300000 法郎[③]。

在制造中损毁（spoiled work）所耗，以及增加了制品时间等等在特种工业中的额外项目，也就是社会的损失，都是由于工业中工人之不能适应。

工人的选择

在改善工人幸福及增进工业效率的目标之下，心理学的方法至多至广。其中最先需要者即用科学的方法来选择工人。

每一类工作总有下列两方面：

（1）需要完成之工作

① 根据手稿录入。——编者注

② Smith，M.，and Culpin，M. A Study of Telegraphist’s Cramp，Industrial Fatigue Research Board，Report 43，40pp.，London，1927.

③ Lahy，J. M.，“La Selection Psycholophysiologique des travaileurs，conducteurs de tramways et d’autobus，” 277pp.，Paris，Dunod，1927.

（2）需要完成之工作之工人

除非这两方面非常吻合，否则既不能得到生产的效率，且不能得到更重要的，完成工作工人的愉快与满意。

在雇佣工人的时候，使工人选择适应即可增进工人之愉快，保持工作之效率；特别在工作性质很繁杂的工业中，须使工人获得一适当的工作，省得以后从这一种活调到别一种，从这一工场调到别一工场。即从管理的观点来看，用科学的选择法来分派工人工作，对于增进生产的效率，减少意外事件之发生以及其他的消耗等等都是它所赐予的好处。

个别差异

在工业情境中雇工时所应用选择工人之科学方法中，即包含有个别差异的一因素在内。人类虽生来即自由平等，可是在个人的能力上，性格上讲来，完全无法保持平等。人类本性最显著的一事即差异，个人与个人之间彼此不能相同。

在心理特性一方面，个别差异的本质及其限度在心理实验室中均有缜密之研究。这种个别差异的性质与限度最好以心理特性中“记忆阔度”（memory span）来阐明。

测量记忆阔度即以个体在一瞬间能记忆某种单位的数量。例如在标准情况下试验者读出一串数字——5、1、6、9、2，任何人能在试验者读出后即依照该项正确次序背出，就说明他的记忆阔度是五位数字。要是他能够背出八个数字，那么他的记忆阔度是八位数字。照这样的方法去试验几千几万人，我们可以看出有些人不能超过两位数字的记忆阔度，而有些人却能够有十三位数字的记忆阔度。

记忆阔度的个别差异要是不与日常生活中某一种工作相比较则全无意义。譬如在成人中最低的记忆阔度是两位数字，通常即为低能（feeble－mind－ness）；很明显的，这种低能的人在别的事物中同时心中只能记住两件事物，在复杂错综的情况中自然无法适应。

受第五级教育者至少需要有三位数字的记忆阔度。又，在测数千个大学生中没有一个记忆阔度低过于五位数字；而且只能有五位数字的大学生普通都是些学业成绩低劣的人，大学生平均记忆阔度为八位数字。

记忆阔度不但在学业成绩中甚为重要，即在工业情境中亦复如是。例如驾驶电车汽车的司机人，如驾驶安全则心中必须接受许多纷扰的刺激。有许多职业中刺激繁杂，分散注意，知觉阔度的长短即甚重要。

还有一种特性可以用来说明个别差异的性质，限度，意义，及测量之方法者即为“反应时间”。反应时间系指呈现刺激至发生反应中间所费的时间；在心理实验室中以千分之一秒为单位测量之。在 Moss 与 Allen[①] 测验汽车夫的一实验中，自听觉刺激至运用刹车反应之间，其反应时间之限度自 0.31 秒起至 1.02 秒止，平均反应时间为 0.54 秒。如汽车每小时驶行二十五哩之速率计算，即每秒钟驶行三十五呎，那么以一人 0.31 秒之反应时间与另一人 1.02 秒之反应时间；由此个别差异意义之重要性便不难知之。事实上反应时间较长者可以在驶行汽车危急之情境中发生极危险之意外，而反应时间较短者，如闻声至刹车仅需 0.3 秒者即可不发生危险的意外了。

许多研究者，Förster[②] 亦在内，均已为在驾驶安全与其他工业情境中反应时间是最重要不过的一个条件；虽然彼此证实未能一致，但实在是值得考虑的一个问题。

在工业中肇祸原因的分析中，亦可表示个别差异的重要性。每一种分析都显示：肇祸，或发生意外并不是由于机会的分布，因为在有些人当会发生，而在另外一些人则不常发生，似乎另有合理的原因。因为心理及身体不健全的那些人无法控制环境，引起肇祸事件之发生；而心理及身体合于该项工作需要的人就不易发生意外[③]。在许多人所做驾驶工作研究中都显示有肇祸倾向性（accident proneness）之存在[④]。有些司机者须负大部肇祸事件之责任，而在同样情况之下有些人很少发生肇祸的事情。

在选择工人时个别差异之测量法

应用科学方法来选择工人以改善职业适应与工业效率之基本问题在于：选择在该种业务中成功所必具的各种特性或行为的型式非常优异的那些工人，要测量业务成功必备的优良特性的人，其方法有多种，最常用的即心理测验。

心理测验的步骤这里无法多述，因为测验必须根据于该项业务所具资格的分析而定点测验，然后可以达到职业能力的科学的客观的测量。我们应注意的即是一个测验在应用于选择工人以冀有助于工人的适应及提高工作效率之前必先细心编制，尽量分析决定其可靠性而后可。

心理学家虽然应用测验，但并非完全依赖于测验所得的客观结果，还得考虑其他的因素。例如心理学家为教育的目标，为校正的目标，或是为教导的目标而测验儿童，但仅靠着客观的心理测验的记录是无法诊断及处理的。除此以外还得考察分析他的作

---

① Viteles, M. S., The Human Factor in Substation Operation, The Personnel Journal, Vol. 8, pp. 81—113, 1929. Moss, F. A., and H. H. Allen, The Personal Equation in Automobile Driving, Journal of the Society of Automotive Engineere, Vol. 16, pp. 415—420, 1925.

② Förster, W. A., Test for Drivers, The Personnel Journal, Vol. 7, pp. 161—171, 1928.

③ The Accident Prone Employee, A Study of Electric Railway Operation undertaken by the Cleveland Company, With the co—operation of Policyholders' Service Bureau, Metropolitan Life Insurance Company, 26pp., New York, 1930.

④ 请参阅原文 152 页之图及 153 页之说明。此间因节省篇幅，琐碎之例不拟多述。

业，心理年龄，智商，以及时间记录等等不能直接指示儿童特种能力的智慧程度。如 Maxfild[①] 所说的，这一种心理分析量的方面必须与质的方面互相注意才行。

应用科学方法选择工人已经得到明显确切的结果。下面图一表示 Milwaukee Electric Railway and Light Co.[②] 应用科学方法选择工人之结果。

在图一中最明显表示的就是因意外肇祸（即图中黑的部分）而革退的工人数量之减少，一九二四年为百分之一四．一，至一九二五年减为百分之 O. 六。这些选择驾驶者之测验仍继续应用，结果甚为满意，司机者均能驾驶安全。

在图二中表示某电气公司（Substation Section of the Philadelphia Electric Company）[③] 在应用心理测验于新工人，并依照在职工人的能力而重派职务前后某工作错误数量之比较。图二上层三曲线代表一九二六，一九二七，一九二八，三年错误次数。在一九二八年 Viteles 编制及厘定心理测验，即开始应用，重新分派在职工人之职务即依照此项心理测验之结果为根据。其他如工作环境，训练方法等等均未改动。而在一九二九及一九三〇年该工作错误之次数即趋减少，可显示施行心理测验后所收之成效。

训练

在工业中如何选择适当工人之外，还有如何去训练这一项职务的工人。因为我们知道工人最后手技精巧不仅依据于选择，而且还得需要适当的训练才成。一个很好的工人也许因得不到适当的训练而形成一个极不称职的工人。要得到最有效的工作力量，我们必得认识训练之重要性。以前训练学徒的工作完全是工头或较小职员的附带职务，但最新训练学徒的工作却应由适宜于训练工作的一些人去负其专责了。

心理学在实验室及工厂内所得的研究结果，以为技巧之获得必须经简单而固定的程序循序前进。如将个人在学习期各段之成就画成一曲线，即可得到该活动逐渐进步的表示。这种练习曲线的形式不论在任何活动中均少变动。概括言之，这种练习曲线的特性为：

（1）因练习而工作进步，此可于曲线向右首高升中表出之。

（2）在开始学习期间进境较快，至学习后期，进境较缓。

（3）经过相当练习后进至一平坦期（platean level）。.

在平坦期中，其工作产量较为固定，但实验再继续进行时可再得一奋刺，然后再趋固定，成另一较高之平坦期。换言之，技巧熟练之程度可因训练的方法，工资制度及记录工人技巧进步状况等等而改变。

在训练期间，如果适当地利用这些练习曲线所启示的结果，能够获得不少帮助。第

① Maxfield, F. N., The use and Abuse of Standard Intelligence Tests in Individual Examinations, Proceedings Forty-eighth Annual Sesson for the Study of the Feeble-minded, 1924.

② Dewhurst, J. A., Personnel Selected and Trained in Milwaukee on Scientific Vasis, Electric Railway Journal, Vol. 67, pp. 624—629, 1926.

③ Viteles, M. S., The Human Factor in Substation Operation, U. G. I. Circle, August, 1930.

一点是练习曲线代表真正的进步记录。在平坦时间适当的指导对于增进效率很有帮助。改变工作方法，施行金钱的与非金钱的奖励，可以直接从练习曲线的改变中看得出来。

再有，一个工人在训练后期进步状况可以从他训练前期的练习曲线特征中推断出来。普通讲来，一个开始从事于某种职务时练习曲线低降的工人，在训练后期绝不能像一个开始时练习曲线很高的工人那样达到一般境地。不过例外很多，我们不能持为定论，推断一切，因为有许多条件均能影响这种推论。但是许多人的研究都显示出：从工人产物质量具备的练习曲线中来推测他们未来的成就具有甚高之价值。在训练学徒之长时期中自然更不难预测将来的。事实上，Poppelrenter[①]，Sollier 与 Drabs[②] 诸人之研究结果均表示分析练习曲线有助于工人对于工作的适应以及增进厂方的效率。

单调

在近代工业专门化中，重复工作对于工人的福利及工作效率上所产生之影响实至重要。在旋转不已的机轮皮带旁边，在办公室内的打字机旁，账簿旁，计算机旁，重复的工作一遍一遍进行不已，与工业革命前工作的特性完全相反。譬如旧式的木匠锯木，拼凑各部，油漆，出卖，有时停了工作跟买客讲价钱，有时跟同伴闲谈一会。但是在现代的用具制造厂中情形适得其反，锯木的，擦砂纸的，拼凑各部的，个人永远做那一套工作，一年到头这样做，有时他可以不知道这宗完成的产品究竟是什么一个样子？是为什么用的？在他工作场所和旋着的机器一点也不放松他，连停着跟同伴们谈话的机会都没有。他只是像一架机器似的机械地做着重复不变的工作。这种“单调”对于他心理上，脾气上形成个什么样情形呢？那实在是很重要的。

近代工业中单调一点确遭到了不少的诽议。Marot[③] 谓重复工作所发生的单调可以因此而摧残创造能力，形成工人适应方面之扰动。Mayo[④] 以为单调可以使工人悲观消极的妄想，终于形成工人完全不能适应。

单调表现出来的徵象如伸欠，缺乏兴趣，渐渐不能继续从事于此项职务，效率消失等等。在工业中及实验中研究单调所得到的证实尚还不多。但是从工作曲线的低降中我们可以猜测一些。普通工业中整天工作曲线的形式是起先因为“暖手”而稍低，继之渐高，至曲线之中段为最，其后又趋低降，这差不多可以说是工作曲线的特性[⑤]。但在工业及实验室的实验研究中显示单调在工作中的情形，即在一阵工作中段工作曲

① Poppelreuter, W., Die Aroeitskurve in der Diagnostik von Arbeitstypen, Psychotechnische Zeitschrift, Vol. 3, pp. 35—51, 1928.

② Sollier, P., and J. Drabs, La Prevision de la perfectaoilitedes apititudes motrices, Revue de la Societe du Travail, Vol. 1. pp. 26—40; 523—532, 1929.

③ Marot, Helen, " Creative Impulse in Industry," pp. XXII, 146, New York, E. P. Dutton and Company, 1919.

④ Mayo, E., Basis of Industrial Psychology, Bulletin of the Taylor Society, Vol. 9, pp. 249—259, 1924.

⑤ Burtt, H. E.," Psychology and Industrial Efficiency," pp. XⅧ, 395, New York, D. Appleton Company, 1929.

线非但不高增而且低降①。

除了在工作中段工作曲线之低降外尚可从每一段工作产量显著之不规则情形中窥见之②。工人每觉厌烦时，工作曲线即高下不定。

对于单调的感觉未必尽人皆同。许多研究显示对于单调感觉感受性甚低的往往是智力较低③。

不变工作与变异工作对于单调之影响——工作之固定不变似为产生单调之主要原因，但工作时常变更对于工作效率之伤失殊甚。对于单调之研究现虽尚未获得一致的结论，但整天做同一重复的工作会引起疲劳，烦闷与单调几为公认之事实。Wyatt 与 Fraset④ 曾研究工作不变及工作常变之影响，分析包肥皂、摺手帕、装自行车链条、制烟、装车架等等工作，譬如折叠手帕之工作中式样加以变换，在制烟之工作中本来整天卷烟的变换成有时亦切烟装烟等。此项研究之结果显示整天做同一样重复不已的手艺，较诸工作有相当改变且随工人之意的，在工作效率方面讲产量较少，且产率颇不规则，时增时减。这个结论自然不能普遍应用，因尚需看工作的程序如何以及工人的心理如何而决定。至于时常变换工作对于工作效率及工作产量方面是绝对有害的，最好是经过一点半或两点钟之固定不变之重复工作后加以适度之变更，最为经济。

所以，从研究单调中我们可以知道在工业中枯燥乏味的重复工作中能在不妨碍工作产量之条件下变换工人之活动方式实在是非常重要的。变易活动的方式所具有的最大意义倒不是仅为了增加产量，而是增加工人心理上的满足，这是单调研究的主要贡献。

再有，实验研究告诉我们，从实际的利益上着想，工业中给资方式最好将计时制改为计件制（time－price System），似可减少些工人的厌闷。因为多量的收入，竞争的情况等都可以引起工作的兴趣，有一个目标存在着足以抵制厌闷的发生，可以补偿单调的感觉。

其他如在相当工作时间后插入一些短期休息时间，随便谈话，舒活舒活筋骨，如行之适当，也可以避免工作中的单调烦闷。

---

① Wyatt, W., J. A. Fraser, and F. G. L. Stock, Effects of Monotony in Work, Industrial Fatigue Research Board, Report 56, 47pp. London, 1929.

② 同上。

③ Viteles, M. S., Selecting Cashiers and Predicting Length of Service, The Journal of Personnel Research, Vol. 2, pp. 467－473, 1924.

Kornhauser, A. W., Some Business Applications of a Mental Alertness Test, The Hournal of Personnel Research, Vol, 1, pp. 103－121, 1922.

Burnett, I., An Experimental Investigation of Repetitive Work, Journal of The National Institute of Industrial Psychology, Vol. 2, pp. 18－23, 1924.

Wyatt, S., J. A. Fraser, and F. G. L. Stock, Effects of Monotony in Work, Industrial Fatigue Research Board, Reprts 56, 47, pp., London, 1929.

④ Wyatt, S. and J. A. Fraser, The Comparative Effects of Variety and Uniformity in Work: A Preliminary Inquiry, Industrial Fatigue Research Borad, Report 52, 36pp., London, 1928.

二、军事心理学

军官心理测验之商榷①

本报三十二年十二月份载有雨庵先生《军官心理测验之研究》一文，拜读之下，深佩卓见。请先述该文大意，然后再说我的感想，并提出几个待商的问题，尚请雨庵先生及读者不吝指教。

雨庵先生感觉：

“我国军官学校及部队对军官之要求，仅依其学术品行能力等等，作一般之品定，而对心理之要求，缺乏科学上之测验方法，致许多军官心理上之缺憾特多，影响于治军作战者实甚大。”

“英美德法各国之选拔军官，必先要求心理上之健全条件，次乃要求其学术科；各军管区皆设有军官心理测验所，每当选拔干部，皆先就其测验，以为取舍之标准焉。”

雨庵先生指出中国军官心理测验之必要后，于是立即提出心理测验之内容，包括七种内在的气质：一、精神，二、智慧，三、才能，四、气魄，五、性格，六、同情心，七、生命力；与五种外来的应响：一、学识素养，二、社会关系，三、感觉，四、意志，五、人生观。至于军官心理测验之方法，雨庵先生主张：一、动作部分之测验，为跳高，越险，爬墙，骑马，游水等等；二、面目部分之测验，为举重，受热，耐寒，受冰，触电等等；三、言词部分之测验，问答，演讲，造句，作文等等；四、技艺部分之测验为：器械，听说，视号，歌唱，诗词，画片等等；五、智慧之测验为：弈棋，迷阵，迷语，改良，问答等等。最后雨庵先生述及指导官应注意之事项，共有八端。

统观全篇，雨庵先生对于军官心理测验之研究，可算详尽周到，切合实际。兹先说出我的感想。

第一，雨庵先生参考欧美军官心理测验之内容方法，而为中国军官心理测验规划大纲，如此周密详尽，实可奉为举行军官心理测验者之南针。此种学识经验熔于一炉之产物，非能手不办。

第二，雨庵先生所举七种内在的气质，与五种外来的影响，由现代欧美通行的心理测验技术看来，有很多尚无现成的标准方法可以用来测验他们。然而照我们中国习惯而论，似乎什么东西都可以测验。我们不研究心理测验则已，苟真欲研究心理测验，

① 此文刊载于昆明《扫荡报》1944年3月13日和20日的“军事周刊”，署名“伏生”。文中的雨庵是邱清泉(1902—1949)，原名青钱，字雨庵，永嘉蒲州。1922年就读上海大学社会学系。1924年考入黄埔军校第二期工兵科。1934年7月，被派赴德国留学，先入工兵专门学校，后入柏林陆军大学。抗战期间曾率部击毙倭寇中村正雄少将。淮海战役期间，于1949年1月10日在突围中身亡，兵团被全歼。著有《战教一集》、《战教二集》、《军队生活教育》、《建军丛论》等。——编者注

我们必须利用中国材料，测验中国人所需要的品质。例如，雨庵先生所谓的气魄（勇气、责任心度量）；性格（忠厚温良、刚毅深沉）；以及同情心；生命力等等，实在是我们中国人日常生活中所必需的心理条件。我们必须努力来创造这些积极的品质测验。

第三，据我所知，雨庵先生在中国为实际行动家而要求心理测验之第一人。我们提倡心理技术之应用十余年，未遇到如此热心于心理测验的实际领袖。心理测验输入中国二十余年，在实际工作上或事业上直接自动要求利用他的，只有中华平民教育促进会晏阳初先生主持下的定县平民教育运动。那时平民学校大量设置，识字教育成绩之考察，完全利用新法测验考试举行，节省人力财力，不计其数。在十七年正月，该会到河北顺德向何柱国军队约千人，举行过一次士兵智慧测验。这大概是中国第一次向军队举行心理测验的实例（见周先庚、诸葛龙合著：陆军士兵与平校学生智慧测验的统计报告，见中国测验学会出版《测验》杂志，二十四年七月，二卷一期，28—78页）。此次雨庵先生如果能将他的规划大纲付诸实施，则诚可开心理学在中国应用之新纪元。

第四，雨庵先生倾向于质的、整体的、自发的心理测验，有异于传统的量的、片断的、限定反应的心理测验；尤着重于测验对象之本质的分析，而非盲目于测验对象之表象的测量（参看曹日昌著：心理测验的几个原则的问题，国立中山大学出版《教育研究》，第一〇八期，三十二年十二月），这是很难得的精神。前者是德国的传统精神，亦即是我们中国人的习惯；后者完全代表英美心理测验早年的态度。英美式的心理测验，在中国功效之所以不大，或者即是因为他不合乎中国的习惯，雨庵先生能看到这一点，是有见地的。本来，常识的看法即是如此，心理测验若要适用，我们非采取常识的观点不可！

第五，德国军事心理学专家辛莫奈说："设若一个非心理学家日常要知道一个人，他盯着他的眼睛，听他说话和他所用的语言，看他的笔迹，猜度他的思想和想法，并且正当他行动的时候观察他，有脑筋的心理学专家也应当如此。"雨庵先生要心理测验指导官亲自入伍，去观察官兵跳高越险、爬墙、骑马、游水；要他们去使官兵举重、受热、耐寒、受冰、触电；要他们去使官兵问答、演讲、造句、作文；要他们去助官兵运用器械熟悉听号、视号；歌唱、作诗词、看画片；要他们去和官兵作弈棋、迷阵、迷语、改良、问答等等。这完全是德国军官心理测验的精神，决非英美式"秀才不出门能知天下事"纸上谈兵的心理测验家所能办到的。雨庵先生有志训练出这一班心理测验指导官来，实为中国军官心理测验之佳音（参看敦福堂著：心理学在战争上的重要性，云南日报，三十二年一月十四日社论，又陈立著：德国的军事心理学，中华书局出版《新中华》第三期，三十二年）。

第六，雨庵先生对于测验指导官所应注意的事项，除关于被测验者所应注意的理应提及外，特别指出测验者需要综合考察，严防偏私，反复考核，并且需要学验丰富。最后雨庵先生说："以此科学的世界，一切必出于合理的科学。……故本篇所述在启发吾人之自知知人，自勉勉人，亦所以破除无知之徒迷信星命相理之幻术耳。”科学的心理学在中国能得实际领袖如此热烈的信赖，据我所知，这尚是第一次。

感想说了六点，现在提出四个问题，请雨庵先生和读者指教：

（一）举行军官心理测验之目标问题。我们设若拿中美德俄四国军事心理问题稍加比较，就可以得到一个显而易见的结论，就是：中国军事心理问题，与俄国的或者有点相像。美国常备兵极少到百万。这种繁重手续，非简捷迅速的选择方法不可，所以在上次大战才有大量团体测验法之编制，这次大战也产生了“普通分类测验”。德国自上次大战后，事实上全国皆兵，所以平时极注意军官之科学的选择与训练，因而演化出一套个别行为系统观察法，而为军官教育之起点，其目的是在积极的培养。中国常备兵额世界第一，当兵平时即是职业，有饭大家吃，谁也不能淘汰谁；到了作战，强迫兵役，谁也想逃，军官无论有天大本领，终不能管住千万人的心。所以中国军官心理问题，与俄国的或者有点相似，即是在于调整人事，妥为安插。老实说，即是比较的认真为人找事，还不是为事找人的问题。此话说来甚长，不是一言两语可以说得明白的。我主要的意思是说，在中国举行军官心理测验，目的决不能“以为取舍之标准”，只能作为军官们自己反省之参考，而使他们自动的不必担任性不相近的工作。当兵既是义务职业，军官又是由全国一个完整系统训练出来的；取此舍彼，调来遣去，还是在“军界”打圈，于整个心理建军并无裨益。设若我们以测验为培养训练之南针，寓教育于测验，那么，中国军官心理测验始不致发生流弊。

（二）实施测验之控制问题。心理测验之发起，原为小学生分班而设。后来广为应用的还是在学校里。因为所谓测验，即科学新法考试而已；大小学生是以考试为职务的，所以不在乎。等到后来勉强应用到社会中工商军界，一般成人极不愿受测验；而且每每易于流为变相的会考制度。我们知道，设若被测验者以应考态度来受测验，其心理作用是不健全的——一切恐惧，作弊，敷衍，无谓的竞争等等不良响应都发生了！虽说军队比较的有信仰服从，然而防之于未然是必要的。所以实施测验之机构组织必须强化，权力必须集中，方可收效。不然，人事危险性是很大的。

（三）实施测验之技术问题。假如我们承认军官心理测验之目标是在积极的培养领袖人才，也就是领袖教育与训练：那么除了测验而外，似乎还应当顾到其他的问题，例如，高级领袖意旨能贯彻到什么程度什么阶层；中级干部各种社会心理问题，例如，各干部间相互摩擦排挤之事实如何，各人对各事之态度意见如何，士兵之集团意志倾向如何，困苦愿望如何，等等。这许多联系的问题，决非教室内形式的心理测验所能解决的。所以我主张除了测验法而外，问答法，访问法，调查法，评判法，试验法，实验法，日常生活观察法等等，一律均须应用；除了主要的统计法而外，还要注意到自然科学，生物科学，以及社会科学的方法。无论什么心理问题都是多方面的，只要目标是改善领袖的领导能力，什么方法都可以用来解决他们。

（四）军事心理研究之范围问题。科学建军，心理建军是建国大道之一。我们知道欧美军事心理学之范围甚广（参看敦福堂、陈立二文）。从目前中国军队组织的实况看来，我们所可能做的事，除去军官心理测验而外，还有好多很重要很容易实施的心理问题。我们应当虚心下气、实事求是，先从调查访问实际情况入手，然后择其阻力小的，容易解决的具体问题，从事研究，渐谋解决。

以上不过是几个比较重要的先决问题，为我国心理建军，创造中国本位的军事心理学的人所必当注意的。当此抗战建国期间，百事都得迎头赶上去，我国军事如能应用现代科学的实验心理学之知识与技术，认真建设，前途是未可限量的。

（三十三年一月三十一日）

知识青年从军运动之心理基础[1]

知识青年从军运动，发动已相当久了，各地报名者虽甚踊跃，但全国登记究有多少，至今并无确实统计总数发表。各学校机关发动组织登记事宜，有先有后，热烈沉闷，亦有分别。至于青年本身，知识文化界当局积极参加，积极提倡者固多，而存观望心理者亦不少。反观美国英国知识青年从军情形大不相同。此中原因复杂，然以缺乏健全心理基础为最重要。所谓健全心理基础，具体言之，可分下列各点讨论。

第一，从军者不论是知识青年或是非知识青年，发动者首当研究，在中国现状之下，当以何种动机刺激之，始可收真正圆满之效果。当然爱国、报仇、雪耻等正义感乃是一切从军者之最后目的。不过这些抽象名词，不易在人们脑中直接发生实效。为什么加入远征军，飞印度，似乎比最近知识青年从军踊跃得多？“参加远征青年中，或许有些是未经出过洋，只是存着好奇的心理，想借这一机会去看看异国风光的；也许有些又认为到印度是拿卢比，可以吃西餐，生活是舒服的，也许有些又看作这是作官的机会。”固然，从正义立场说，“这种心理应当纠正……这都是观念的错误”，但是就心理立场来说，换言之，就是假设我们忠实论到人性的话，则好奇心，舒适感，以及名利欲，都是人的最强烈的动机。欧美人士能够面对这种心理现实，承认他们是爱国、报仇、雪耻的先决条件，所以大家乐于从军，因为从军不单这些实际问题获得解决，而且每人的正义感也满足了。笔者有一次参观某招待所，中国管理员看见我深叹美军生活的舒适，似带纠正的说：“中国人太苦了，不能打仗，他们太舒服了，也不能打仗。”这是说他们不能打中国的仗，打他们自己的仗，自然是行的。我们不能一味劝勉知识青年爱国从军，而事实上反压制他们的好奇心、舒适感、名利欲，我们应当尽量利用这些强烈的动机，来激发他们爱国从军，造成报仇雪耻的大业。

第二，知识青年运动的方式，尚欠斟酌。吾人一切宣传之传统方式，都能自上至下，用最高当局号召，用长篇大论之文章，用名流学者签署之通电等。这些方法根本不是直接的方式，合理的直接宣传，应能把握群众心理，用暗示的方法，将此次从军后之一切具体事实，如待遇，生活，服务，晋级，学业优待，统属系统，番号名目等等，一一披露，并多多先引青年参观军营生活，现代机械化装备等。党政军界人物之子弟从军消息多多披露。固可作榜样，引起效仿，但是从另一观点看，这些消息也可以产生刚刚相反的效果。笔者主张宣传，当多致力于已得功绩之劳誉军人。将他们从军的经过，经验，事绩等等多多表扬，实地派出将来担任领导的军官，到各地亲自劝

[1] 本文刊载于《云南日报》1944年12月24日。——编者注

募，有如冯玉祥之劝募献金。务使知识青年明了，入伍后真正有使他们佩服的军官，来领导他们。此外，各战区之指挥将领，应当开放自由发表新闻，招待记者的禁令，一如远征军然。抗战后国内各战区之指挥作战将领，向不发表姓名，致使胜败功过，无人知晓。笔者以为，吾国战事每每不利，其中原因虽多，胜败功过，不能得到社会适当的赏识和裁制，实在是一个大原因。军人天职是立功的，而今因统制方式，有意使其立功而得不到荣誉，或是只能得到死后哀荣，无怪乎部分在战军人能不打必则不打。志愿军人亦望之生叹了。知识青年目睹此种实情，即有大志，亦无形中消失去了。

第三，知识青年从军是以知识从军为条件的。这就是说，若要军队现代化，固然需要知识青年，但是更需要知识。现代的军事何等复杂，其应用各种科学的技术专门高深。在人事组织方面，更有最进步的心理技术，心理实验，心理测验等，扶助物质机械方面之进步，以求最大的效率。反观此次知识青年从军运动，根本不甚紧张，办理亦欠迅速。如照最进步的募征集合办法，非采用应用心理之测验实验技术不可。照目前的征集标准，如有无精神病一项，即为极专门的问题，非有心理学，甚至精神病学的帮助，不足以资鉴别。举例言之，凡是情绪过于激昂的应征青年，将来不一定即是良好的军人。又如，入伍后技能分配问题，亦相当复杂。自请职务，不一定适宜。如何在最经济的条件之下，将成千上万的知识青年，用最敏捷迅速的方法，比较公允的考核出来，以为将来分工派职之借镜，这是各种智慧、技能，以及品格性格测验所能效劳的。此次美国征调青年入伍，其例行心理测验，人事分类工作，以及军中心理服务，人员调用之多，为各国冠。根据一九四三年四月份报告，所有美国心理学会会员约三千四百余人中，有百分之二十五，即八百五十人，直接间接为海陆空军服务。这些心理专家，下自口试填表，上至测量视觉、听觉、平衡觉等，无不用最进步，最捷敏迅速，最客观精确仪器，个别的或团体的施以甄别考验。知识万能，知识即权力。在现代战争中，确是如此。我们有人，有装备，有武器技术，还不够；在人事组织方面，我们非得迎头赶上人家采用心理技术不可。

总结上述各点，笔者谨建议：（1）多注意眼前的基本动机，以满足青年眼前的欲望；然后使其自动效忠于国家民族，永无后悔烦言。（2）请在役军人直接宣传号召，解放军人姓名战绩禁闭制度，务使军人能有功过随时宣扬机会。（3）逐日报告全国从军登记统计总数。（4）统一登记调查技术，务使每一青年各方面的个人经历，学历，经验，技能专长，兴趣愿望等的调查与登记，应有尽有，以为入伍后的准确参考。（5）征调心理专门工作人员，施行个别或团体智慧测验，感官、技能，以及品格测验，以为将来分工派职之根据。（6）实施心理卫生检查，以防情绪或心理欠稳健份子混入知识军队中，而为将来训管之累。（7）拟订并实施军官心理测验的标准及材料，以为进一步科学选拔军官的凭借。我们苟不能大刀阔斧的改革，则渐进改革亦属效用轻微。以上具体建议，希能有助于负责办理从军的当局。

知识从军与心理建军[①]

按周先庚先生系我国心理学家专家，专攻实验心理学，现为美国心理学会唯一中国会员。著作丰富，多散布美国各专门心理学刊物中。历任国立清华大学心理学系主任，中国心理学会理事，中国心理学报编辑。现任国立西南联合大学哲学心理学系组心理学主任。抗战前后，周先生对中国工业心理问题，曾亲赴工厂实际考察研究，见地特别敏锐；前年夏（三十二年四月至八月）在中央电工器材厂开设“工业心理学讲习班”五月，对于该厂之工作效率、人事制度、劳工福利等，多所规划建议，该厂获益非浅。三十二年冬应第五军之邀，曾亲赴军中考察军事心理问题，并为筹划创办“军官心理测验所”。年前成都航空委员会邀请周先生前往，主持空勤飞行人员心理分析研究工作，以故未往；但其规划建议，实开中国航空心理研究之端。最近周先生对知识青年从军运动之心理基础，有所指析；对军事教育特主张加授军事心理学。本篇系综合立论，检讨现代军事心理学与建立新军之关系。——原编者

吾国军事教育，未免忽略现代心理学之科学性，对于实验心理学在军事方面之应用，似乎亦不注意。军事心理学知识，在欧美相当丰富，吾国军事学家，军事教育者，除一二人曾经留学者外，对之毫无认识。笔者乘此知识建军之际，特草此文，对于抗战反攻，对于此次主持知识青年之军事教育，或有一助焉。

笔者谨建议：所有陆军大学，中央军官学校及其他各分校以及此次知识青年新军，与各主要示范部队，教导团，远征军等，一律加添军事心理学专门课程，聘请心理学者，创立心理实验室，筹办心理测验所，增设心理学系，以便适应美国盟军最进步，最开明，最合理之人事组织与军事心理技术，而开吾国特殊军事心理研究之先河。

现代心理学是科学的，这是天经地义，这是一般知识分子所一致承认的。二十年来，我辈留学欧美专攻心理学的同仁，都曾为现代科学心理学尽过一番力量，为现代心理学知识添过一点贡献。我辈到欧美为做学位，而研究科学的心理学；为我们的欧美业师；而热心实验测验，填写心理问答，供给心理评判；或为人家做论文，去做人家的受试者，去做人家性格评判的对象；我们惊异人家，如何赏识现代科学心理学知识之应用，如何利用各种心理技术，来解决所有教育、工业、商业、军事、政治各方面之专门问题；我们介绍人家的工作，我们翻译人家的结果，但是我们更要鼓起勇气，运用西洋科学心理学之内容，方法与态度，来实地解决我们特殊民族心理问题。使我

① 本文刊载于《扫荡报》1945年1月3日。——编者注

们的社会了解现代心理学之科学性，我辈留学同仁，当负其责。

原自一八六〇年德人费企纳[①]出版其《心理物理学大纲》，冯特于一八七九年创立心理实验室以来，心理学不单成为科学的，并且是生理的，实验的。再自艾宾浩斯一八八五年刊布其关于记忆的实验研究之后，心理学不单对于简单心理历程，如感觉知觉，注意反应等，加以实验研究。即对于高级心理历程，如学习、记忆、联想、思想等，亦无不加以实验研究。后来科学实验法接二连三的应用到智慧品格，情感情绪等方面，无不收效宏著。最后，社会心理问题，如竞争赏罚，暗示模仿，同情态度等；应用心理问题，如疲劳效率，个别差异，人事组织，才智兴趣，技能动作，判断真伪，心理卫生，心理治疗等，甚至动机灵魂，以及一切超感官感觉的心灵现象，亦皆争先恐后的运用科学实验法来细心研究，并且得到惊人的结果。欧美学校学生，社会职业，家庭问题，新闻宣传，政治军事等实际问题，无不利用最新科学心理学知识，以求解决。现代科学心理学对于现代生活之影响应是最大的。

在军事方面，心理学之科学实验的研究，对于上次大战，以及此次全面战争，贡献之大，早为智者所公认。现代军事心理学知识，根据波人 Gasio Owsko 一九三八年出版的《军事心理学文献索引》而论，真是浩大纷繁。该索引经过二十五年的搜集，共有六三八二篇论文，如照文字分配，有如下表：

德文	一八三八篇	占百分之	二八．四
法文	一五八六篇		二四．九
俄文	九一三篇		一四．四
英文	七八〇篇		一二．三
波文	六六五篇		一〇．五
意文	三〇八篇		四．九
其他	二九二篇		四．六

如照年代分配，有如下表：

十七、八世纪	十八篇	百分之	〇．三
一八〇一 —— 一八七二年	七十八篇		一．二
一八七三 —— 一九〇六年	五七〇篇		八．九
一九〇七 —— 一九一四年	七六三篇		十二．〇
一九一五 —— 一九三三年	四九五五篇		七七．六

其内容包括下列七类：（一）军事心理学本论：士兵战时及平时之心理，陆军心理，作战心理，战争心理，指挥理论思想；

（二）战争之哲学及社会学；

① 今译费希纳。——编者注

（三）普通（非军事）心理问题：惧怕、胆量、疲劳、荣誉、群众心理，教育心理；

（四）心理技术与军事性质之劳作心理学；

（五）军事医学，心理疾病，战争精神病，航空医学；

（六）士气精神；

（七）战争书籍：回忆录、函件、作战与战争心理小说。

其索引所包括的节目有三百五十条，例如：联想实验，烦闷，伪装，儿童与战争，气候，装饰，逃避，毒气，日本士兵，军马，想象，心灵研究，反应时间，性生活，潜水艇，性格学，职业选择等。

美国国立研究院人类学与心理学组所组织的心理学紧急委员会，一九四三年十一月三日，在华盛顿开会，首先即提议搜集关于军事心理学文献。这个选择后的文献，特在一九四一年六月份，《心理汇报》[①] 发表，内分十三篇摘要，介绍最新军事心理学之各方面知识：其内容分为军队汽车交通驾驶人员，航空，军队人员分职，麻醉药品对于心理与动作效率之响应，疲劳，德国军事心理学，士气精神，动机与学习，知觉，宣传技术与舆论，战争之心理原因及响应，战争精神病等十三类。后来居上，军事心理学在美国，现在可算兴盛极了！

欧美除平时对军事教育，授有军事心理学知识而外，在战时特别大量训练军事心理工作人员，加入军队服务，大学中也有特别开设军事心理专门课程。目前我国军官学校及军队中，颇有身知现代军事心理学之重要者，然无正式行政系统，以便开设心理学课程，并聘请心理学者讲授，实习，研究实际军事心理问题。笔者根据多年来实地考察结果，以为吾人除分头介绍西洋军事心理学知识而外，尤当各尽所能，尽量鼓吹，吾国军事教育，首当着重军事心理学，吾国军队，特别是知识青年新军，应当聘用心理学者，实际研究吾国军事心理问题。具体言之，约有下列数端，应请军事教育当局，军队首长，以及有兴趣之心理学者注意。

目前军校中偶然有几次心理学演讲，都是非正式的，无甚大效用的。军事教程中，必须正式添设心理学课程，并附带心理实验，测验，问答，评判等实地练习，然后军官们才能实际得益，心理学者才能实际研究并解决问题。事实告诉我们，单凭主管者或首长热心提倡，心理学及心理学者是无用武之地的；因为一般中下级干部及学生或士兵，不明了双方用意，碍难合作，并且添出许多人事行政纠纷，双方不利。苟军事教育当局，明令军校及军队，得添设军事心理学课程，聘任心理学者担任心理专门工作，则上下一致，事业自然容易开展。这是吾国军事教育和军队训练的行政系统与组织问题：有了行政系统与组织，然后才可谈，如何积极介绍西洋军事心理学，并开始研究吾国军事心理之实际问题。

---

① 即《心理公报》（*Psychological Bulletin*）。——编者注

其次，吾国军事教育与军队训练，都是实际教育与实际训练问题，军事心理学与心理学者，不免是理论或研究者。这两方面如何可以互相调协，互相迁就，适得其中？实际家所需要者是实际问题之解决，至少也是新风气之养成，学者研究者之兴趣，乃为学理及技术之应用。吾人不谈应用则已，苟真正讲求实地应用，则吾人之学理技术，必须以实际问题为转移。换言之，吾人不必先携带任何理论与技术，到军队或军校中去，吾人当谨保有一冷静之头脑，科学之态度，去军中实地视察，调查，访问，和研究而已。果能如此，与实际行动家打成一片，就地解决问题，或提供意见，参谋策略，笔者以为在当前中国，最为合时务的提倡学术之道。上次大战，美国军队测验工作，在军队本身所产生之裨益，远不如对心理学者本身所产生之裨益。这次美国心理学者在军队中服务，较上次切实际多了，所以贡献也较上次大战为大。吾人当如何明了吾国军事教育及军队训练之实际心理问题，始可真正推广应用到西洋军事心理技术，乃是吾人目前急待首先考虑的。

最近教部修订大学科目表，规定“普通心理学”为文、理、法、师四院共同必修科之一，与自然科学各学科，如物理学，化学，生物学等可以任选一门。这是划时代的创举。心理学在大学里，今后将渐趋重要。文法科学生可以选心理学，代替物理学、化学、生物学等，为自然科学必修科。事实上心理学将来对文法科学生必有大用。笔者觉得陆军大学，中央军校，及军队中，全有添授军事心理学之必要。简单者添聘教师一人，担任此课，并筹设心理实验室，心理测验所；较完善者，可成立心理学系或心理部。专门担任全校或全军之心理工作，非如此，军事心理学在中国决不能开展，决不会脱离纸上谈兵之阶段。

中国建军运动，可分为几个时期：清末建军，是国难建军，是为西洋各国想鲸吞中国，而起来建军的，其结果，演成军阀制度，扰乱了国家二十年；后来黄浦建军，是为革命，推翻专制而建的，可以名为革命建军，其结果，奠立了抗战建国之大业；而今知识青年从军运动，又正在发动，这是知识建军，这是中国建军渐趋现代化、科学化之表示。但是，笔者以为，知识建军，必须要彻底，必须利用一切科学知识来建，才能收实效。现代化的军队，不是仅有机械装备，即可以打仗的，机械化的装备，必须有科学化的人才可以运用。而人的因素，在现代各业各行中，其重要性特别显著。关于人的问题，现代科学心理学既有惊人的发现与了解，军事教育，军事训练，以及作战宣传等，欧美大国早已把他们心理化了，所以我们常听到“心理战”等口号。我国若要知识建军，非彻底心理建军不可。在目前中国情状之下，若要心理建军，首当改善军事教育行政机构，务使军校及军队，能有机会添设心理学课程，聘用心理学家。设立心理学系，创办心理实验室，心理测验所，以便实地研究中国特殊军事心理问题。军事心理学是有地方色彩的，西洋军事心理学知识，不尽适合吾国军事组织与人事之需要。笔者坚决主张并建议：知识建军当局，切勿忘记现代科学的实验心理学，在现代军事方面之重要性，特别是军事心理学，必须打入知识军队中。然后知识从军，心理建军，方有真正现代化之意义。

参阅：

(1) 雨庵：军官心理测验之研究，(昆明)《扫荡报》，三十二年十一月十九、二十、二十一日。

(2) 伏生：军官心理测验之商榷，(昆明)《扫荡报》，“军事周刊”，第 2 期、第 3 期，三十二年三月十三日及二十日。

(3) 孙际良：军官心理测验之实施，国立西南联合大学哲学心理系，毕业论文。

(4) 周先庚：知识从军运动之心理基础，《云南日报》，“星期论文”，三十三年十二月二十四日。

(5) 周先庚：军事教育与军事心理学，《军事与政治》(月刊)，(印刷中)。

军事心理学与军事教育[①]

本文主旨在指明吾国军事教育，太忽略现代军事心理学知识。笔者谨建议：所有陆军大学，中央军官学校及各分校，以及主要示范军队，必须立刻聘请心理学者，创立心理实验室，筹设心理测验所，开办心理学系，添设军事心理学专门课程，以便介绍西洋最新军事心理学知识，并研究吾国特殊军事心理问题。

吾人欲知现代军事心理学之范围及其内容，最好翻阅美国近年来所出版之“心理汇报”（*Psychological Bulletin*）。一九四一年六月份，卷三十八、第六期、为“军事心理学专号”，内分十五篇介绍现代军事心理学文献，精确详尽已极。编者在第一篇“绪论”内指出，这期专号是美国一九四〇年十一月三日，在华盛顿开会，动员全国心理学知识的结果。一九四二年四月份起，该杂志每期加添“心理学与战事”专栏，报导美国心理学者在军事方面之服务消息。一切情形，读者或可在本刊本期得知一二，兹不赘述。

目前吾国军官学校及军队中，颇有身知现代军事心理学之重要者，然无行政系统，正式容纳心理学课程，并聘请心理学者讲授，实习，并研究实际军事心理问题，笔者根据年来实地考察结果，以为吾人除分头介绍西洋军事心理学知识而外，尤当各尽所能，尽量鼓吹，吾国军事教育应当着重军事心理学，吾国军队应当聘用心理学者，实际研究吾国军事心理问题。具体言之，约有下列数端，应请军事教育当局，军队首长，以及有兴趣之心理学者注意。

目前吾国军校中偶然有几次心理学演讲，都是非正式的，无甚大效用的。军事教程中必须正式添设心理学课程，并附带实验，测验，问答，评判等实地练习，然后军官们才能实际得益，心理学者才能实际研究并解决问题。事实告诉我们，单凭主管者或首长热心提倡，心理学及心理学者是无用武之地的。因为一般中下级干部及学生，不明了双方用意，碍难合作，并且添出许多人事行政纠纷。苟军事教育当局明令，军校及军队得添设军事心理学课程，聘任心理学者担任心理专门工作，则上下一致，事业自然容易开展。这是吾国军事教育和军队训练的行政系统与组织问题；行政系统与组织问题解决，然后才可谈。如何介绍西洋军事心理学，并研究吾国军事心理之实际问题。

其次，吾国军事教育与军队训练是实际教育与实际训练；军事心理学与心理学者不免是理论或研究者。这两方面如何可以互相调协，互相迁就，适得其中？实际家所需要者是实际问题之解决，学者之兴趣，乃为学理及技术之应用。吾人不谈应用则已，苟真

① 本文刊载于《军事与政治》1945 年第 5、6 期合刊。——编者注

正讲求应用，则吾人之学理技术，必须以实际问题为转移。换言之，吾人不必先携带任何理论与技术，到军校或军队中去，吾人当仅保有一冷静之头脑，科学之态度，去军中实地观察，调查，访问，和研究而已。果能如此，而与实际行动家打成一片为之就地解决问题，或提供意见，参策略，笔者以为在当前中国，最为合时务的提倡学术之道。

最近教部修订大学科目表，规定“普通心理学”为文、理、法、师四院共同必修科之一，与自然科学各学科，如物理学、化学、生物学等，可以任选一门。这是划时代的创举。心理学在大学里，今后将渐趋重要。文法科学生可以选心理学，代替物理学、化学、生物学等为自然科学必修科，事实上，心理学将来对文法科学生必有大用，笔者觉得中央军校，陆军大学，及军队中，全有添授军事心理学之必要。简单者添聘教师一人担任此课，并筹设实验室，测验所；较完善者，可成立心理学系或心理部，专门担任全校或全军之心理工作。非如此军事心理学在中国决不能开展，决不会脱离纸上谈兵之阶段。

心理学同仁应能集团发动此项双方联络之工作。吾人若各就所长分别担任各项行政及推进职务，则实地工作人员，不难速成训练出来，而为国家尽吾人学术上应尽之责任。同时吾人亦望军事当局能接受吾人之建议，火速发动心理学界之人力，智力，与精力，来参加此次知识青年从军运动，以求心理建军之完成。

参阅：

1. 雨庵：军官心理测验之研究，（昆明）《扫荡报》，三十二年十一月，十九日，二十日，二十一日。
2. 伏生：军官心理测验之商榷，（昆明）《扫荡报》，《军事周刊》，第 2 期，第 3 期。三十三年三月十三日，二十日。
3. 孙际良：军官心理测验之实施，国立西南联合大学哲学心理学系毕业论文，三十三年六月。

心理学在军事上的应用[①]

心理学是一门新兴的科学，它虽然和物理学化学比起来，显得很幼稚，但是他所给与军事的帮助，却是很大的。我们只要看看心理学家在战争中的任务与贡献，便可知道心理学在军事上的应用是很广的。第一次欧战的时候，美国曾大量举行军队团体智力测验，成效显著，这次世界大战，德国也仿效美国的办法，大量征调心理学者随军服务。现在姑把美国和德国比较一下，看看他们的心理学家，在这次大战中所负的任务，以及未调用以前所受的训练如何。

我们要讲的，可以分为二点如下：

一、在这次大战中，美国德国的军事心理学家共有多少人？心理学家在未入军队以前，应受何种训练？

二、军事心理学家的工作对象是什么？他们对于部队中的军官训练和选拔有何贡献？

根据一九四一年的统计数字，美国全国心理学家（美国心理学会会员）共约有三千二百人，其中有四百六十五人为军队聘用，随军队服务。其中三百二十四人为专任，四十一人为兼任。在陆军中服务的有二百人，其中五十人担任军事顾问，司官兵人事调查；另有三十五人为军事心理学家，司士兵的生活，心理卫生，及智慧测验事务。其他一百二十五人在军队里作心理学职员。心理学家在空军服务的有五十人，其中二十五人司空军人员的选拔及入伍后的职务分配事宜，另外二十五人在军中受训，以备特殊需要。海军里面的心理学家有五十人。多在医院里和军舰上从事诊断，看护，人事管理与通信工作。

以上为一九四二年美国心理学家在军事各部门的分配情形。一九四二年以后，人数陆续增加。他们所负的任务，相当于我们军队中政治人员的工作，在陆空军里担任各种考勤，训导，官之分析与调查，特殊才能的考验，以及人员分配等工作；在海军里担任口试，编造测验题目，海面航行之救护以及与士兵身心有关的各种工作。

心理学家在未入军队以前，需经过一种特殊训练，并规定标准，合于此种标准后，才能取得服务的资格，关于资格的规定有三种：

一、在第一次欧战中有服务经验者。

二、曾经受过特殊训练者，

① 本文刊载于《北平时报》1947年8月31日“专论”，原作未署名，但周先庚在自己撰写的著作目录中曾收录此文。——编者注

三、已自学校毕业，取得学位者。

关于受训的步骤，兹略述如下：

一、在各州县地方征调站报名，然后到招收中心站，经过测验口试及格后，给以“人事顾问”头衔。

二、如服务成绩优良，则调入军官学校，受三个月训练及格后，给以军官头衔，为少尉阶级。如程度不够，则仍留任“人事顾问”，担任军中工作分派者。

三、得到少尉后，便可升入华盛顿军需学校受训，训毕给以“军事人事顾问”头衔，分发到陆军团部或特别训练班工作。在军需学校训练的内容为：口试方法，测验方法，评判方法，诊断方法，低能智力测验法，成人智力测验法，统计法，军人变态心理，以及与医生，精神病学家如何保持联系与合作，并如何作军事工作分析等。训练的方法有：表演，讨论，参观，与诊断。所以由此可知美国对于军事心理学家的任用与分配是非常认真的。

以上为美国的情形，现在再拿德国作一比较。德国在一九三六年即有军事心理学家一百一十四人，另有军官十七人也作心理的工作。他们全集中在柏林附近的十五个工作站里，准备于作战时任用，一九三七年希特勒感到军事心理学家的缺乏，便选拔二十六岁以下新得心理学博士者，训练三年，而后随军服务，选拔的方式十分严格，须经口试与笔试。直到一九三九年以前，随军服务的，至少有二百位军事心理学家。一九四零年希特勒仍感觉军事心理学家不大够用，于是在一九四一年四月一日颁布命令，增设六学期得“心理学文凭”的速成训练班，毕业考试科目有：诊断心理，应用心理，教育心理，文化心理，民族心理，医学，生物学，哲学与世界观。这批速成得到文凭的军事心理学家，每军团派有八人，外加医生一人，军官二人，掌管军事中一切人事心理问题。

德国选拔之军官，特别认真，由一个六人委员会负责考验，委员除军官二人，医生一人照例参加外，再加三位军事心理学家。考选原则，完全以常识为根据，可以分为五方面。

一、智慧——解决理智问题的能力。

二、动作——看被试者的动作是否机敏。

三、情绪——看情绪是否稳定。

四、履历——对履历之调查极为详细准确。

五、会谈——每人必须经过一长时事之接谈口试。

以上我们看到美国德国心理学家在军队中服务的准备与工作，又知道德国军官选拔的方法与步骤。现在我们再谈谈，何以美国德国军队这样的需要心理学家。以性质上讲，心理学是研究人类意识经验表现于行为的学术，譬如一个人的知觉感觉，智慧欲望上的特长与变异的情形，均需要有普通心理学的知识才可明了。有的人是色盲，反应太慢，或精神病易于紧张，这种人是不适宜于入空军的，再如调查军官是否有领导能力和服务精神，对士兵的了解能力如何，在非常时期能否随机应变，适应环境，应付人事这更需要社会心理学的知识。此外，如发生暴动，犯罪，变态等行为，也需要犯罪和变态心理学家协助，加以诊断治疗。总之，心理学在军事上的应用，是很广泛的，由两次大战中可以看出心理学在军事上的重要性。军事心理学在目前的中国军队里还很鲜见。相信我们的军队在将来完全发展到和青年军一样的知识青年队伍时，我国的军事心理学也必定如其他各国一样，对于军事上会有很大的帮助与贡献的。

三、青年心理

大学生的心理与心理学①

你若是曾经做了一个统计，把历年总理纪念周中所有的演讲员，他们所演讲的题目，和出席听讲的人数，通通计下来，你便可以看出，某种人好讲某类的题目，某种题目最易人引起人的兴趣。你根据这个材料，于是就下一个结论说：凡是听讲的人数愈多，不是所讲的题目愈有趣味，就是讲演人的名气愈大。但是你为小心谨慎起见，特别申明一句说：这是假设每次秘书处所出的条告，只有一张，一样的写法，挂在同样的地方。今天出席的人数无几，可见我不是名人，可见我所讲的题目，没有兴趣。我想大家以为有兴趣的问题，必是恋爱的心理，男女同学的心理，女子心理，男子心理，等等。但是这些题目，在今天纪念周中，不好来讲。现在姑且把大学生和普通一般人，对于心理学的感想，随便说一说。

心理学讲的是些什么东西？心理学者一天到晚究竟忙些什么宝贝？我现在用一个最简便的方法，来给大家解答这两个问题。我们也用不着下什么心理学的定义，我们现在就到生物馆下层，实地参观那所谓的心理实验室；同时我们一路留神，看看心理学者与普通人所注意的事情，有何不同之处。

我们大家出了大殿堂，并不会觉得有什么可以注意的东西。但是一个心理学者或者要问：为什么我们出进大礼堂许多许多次数，始终不知道门前的阶台有几层？你说这是显而易见的事实，因为我们从来就没有注意过，所以不能知道，这算什么心理呢？我们往左往北走，桥的这边有个钟，心理学者或者又要问：钟面上的字是亚拉伯字呢？还是罗马字呢？我想答上来的人，恐怕也不会多。他或者又要问：那个钟上四点钟的四字，若是罗马字，是怎样写的？是四直呢？还是一直一个 V 字？还有你有秒针的表上面，有没有六点钟的六字？大家一定说有，其实并没有。这都是一样的道理。

我们顺南河沿小山脚下一直往西走，过了医院前的小桥，远远的看见了生物馆。你们要从东门进去，但是锁起来了，你们问：为什么这个门不开呢？我说，这是心理作用，心理学实验怕吵，胡同里不能多走人。我们生怕将来楼上成队的学生，图近走这个门，习惯成自然，要关也关不成了，所以老早就把它关上了。于是大家便再走，从东南便门进去，一进门大家看见条告板上有一张平面图，画着生物馆第一层的地图，上头写的是心理实验室，你们正在奇怪，心理到底怎样的实验法，为什么要这许多房子。我们进胡同往东走，南边第一个房子，是第一讲室，第二个房子是第二讲室。过

① 本文为周先庚先生在总理纪念周上之演讲，敦福堂君记录。——原注；本文刊载于《清华周刊》1931 年第 35 卷 7 期。——编者注

去是储藏室。再往东一个房子，是动物室，里头养的全是些白老鼠。你们要问：心理学系要这些白老鼠作什么？我说：动物心理学家最爱白老鼠。他有时把老鼠的脑子解剖开，看它的行为有什么变化，强迫它走迷路，看它怎样的蠢法。白老鼠在最近这一二十年来，差不多是动物心理学的主要实验品。

现在已把胡同里东头南边的房子看完了，我们再看北边的。由东头起，第一个就是动物实验室，其次一连五个，都写的是实验室三字。你必定奇怪：要这一间一间的小实验室干吗呢？我说：研究心理学和研究物理化学不同，物理化学所研究的是物质东西，不怕吵，大家可以在一块儿做。心理学所研究的是人，是动物；我实验你，你实验我，不能让第三者吵闹打扰的。所以用这些小房子，分开一对一对的实验。东北面西头最后一间房子，写的是讨论室，专为师生讨论，生物解剖用的。我们经过男盥室，锅炉室与校工室。校工室里有一间暗室，是为洗像片用的。

我们现在进西边胡同。西北面一片房子，都是些教授办公室与研究室。第一间是儿童心理学，连带一间研究室；其次是实验心理学，也连带一间研究室；其次是心理学系办公室；再其次是动物心理学，连带两间研究室。我们现在转向西头南面看。第一间是工作室。你问：心理学要工作室干吗？我说：心理学既有实验，就得要预备修理仪器，制造器具，就是老鼠笼破了，也要修补修补。工作室的东边便是图书室。自然大家对于这间房子，不能轻易放过，必定要看看心理学图书室到底藏些什么宝贝。

我于是带你们进去参观。从右手第一个书架子起，我们看见许多新到的杂志；其次一个书架子，专门放的是关于动物心理学的书，如 Brains of Rats and Men，The Mentality of Apes，How Animals Talk，Social Life in The Animal World，等；有关于儿童心理学的，如 Psychology of Adolescence，An Experimental Study of Children，Psychology of Early Childhood，等；有关于应用心理学的，如 Measure Your Mind，Psychology for Lawyers，Psychology of Industry，等；有关于变态心理学的，如 Nervousness，Feeble—mindedness，Psychology of Suggestion，等。现在你们翻翻心理学教科书看看，只看到些不关痛痒的题目，所有你们渴望的题目，如同恋爱，性欲，男女心理等等都没有。他的内容和大家所想的完全不对，你们未免大失其望。

图书室的隔壁是一间隔音室，人在里头听不到外头一点声音。你奇怪这是干什么用的。我说：若是我要试你们能听多么低的声音，那就非得在这种房子里实验不可。再往东便是仪器室。这里头的顽意儿可多了。你们看这边门后头有一个人头，但是他的眼，嘴，鼻，唇，是可以随便换的，喜怒哀乐的面孔，随便可以表现出来。这里是一架机器，能记下你喜怒哀乐时身体所发生的电流的强弱。这又是一个机器，与照相的镜头是一个道理，那窗门只开片刻功夫，背后藏着有字，看你能认清多少。这里一个是切圆块色纸的。各色圆块色纸，若是夹杂在一块，转动起来的时候，他们就变成一块混合色，失去他们原来的颜色。这一橱都是些实验或解剖动物用的仪器。这一橱尽是些电器杂件，还有两个电话机呢。这一橱都是些登记工作曲线的家伙。这一橱都是些记时候的钟表。这一橱都是些实验耳听舌头舔鼻子闻的东西。还有这中间四个玻璃柜，你们看尽是些七巧图一般的东西：方块的合在方孔里，圆块的合在圆孔里，尖块的合在尖孔里；有高有矮，有长有短，有弯的，有曲的，有直的，有斜的，各色不一。这些都是用来实验儿童的。其中有难有易，小孩子要把每样混乱了的木块，放在原来的窟笼里。玲巧的孩子不会弄错，蠢笨的就会乱摆。你要发疑质问我：这也能实验出小孩子的聪明不聪明吗？我说，你不要害怕，我并不实验你。

现在我们出仪器室，往东走去，是一个大讲厅，过道里又有一间暗室。你或者要气不忿，奇怪我们要两个暗室干吗。我说，其实我们并不要两间暗室，不过因为这间房子，原是不通外头的，所以自然而然的也成了一间暗室了。你更不要奇怪这大讲厅的用处，他是与生物学系管着用的。

我们现在可以算是对于心理学的内容，和心理学者所做的工作，有一个大概的观念了。设若我问大家，你们普通所以为的心理，是否如此呢？老实说吧，普通大学生所以为的心理，与实际上所学和所教的心理学是不同的。普通所以为的“心理”，多半是指着人们的心理，想法，感情，动机等等而说的。例如“恋爱心理”，“结婚心理”，“自杀心理”，“可卑的心理”，“高尚的心理”，“你真不懂女人的心理”，“这是什么心理?”等等，都是常识的应用。

但是现在的普通心理学，还没有发达到这种地步，对于这些问题并不甚注意。心理学者常说，心理学早就丢了它的灵魂，在一千八百七十九年又没了它的脑筋，最后在一千九百十二年又失去了它的知觉，现在所剩的只是一些不关痛痒的行为。现在欧美各国心理学家所讲的心理学的内容，与他们所用的方法和普通人所渴望的心理学的内容与方法，简直是风马牛不相及。若是让此种现象永久支持下去，一般人对于心理学，自然是没有兴趣，自然是漠不关心的。

心理学对于各方面都有关系，对于各学科全有帮助。譬如研究法律做审判官的人，要想知道罪人所说的话是否可靠，是真是谎，心理学可以贡献他许多方法，去测验证人或罪犯，大半是可以考查出来。研究社会科学的人，应当知道社会心理学。心理学对于教育方面的帮助更大，所以有教育心理学，教人如何学习记忆等等；对于工业商业方面也很有用，例如工人的选择，若用心理学的测验，便可以使工人的选择有良好的成效。现在心理学的用途，渐渐的推广起来了。但是社会上的一般人，仍旧轻视心理学，看不起心理学者。这里头的原因虽然很多，但是心理学者自己也不能不负一番责任。为什么心理学者，对于普通人所希望的心理问题，不加以研究，贡献给大家?我觉得以后心理学教学的方法应当改良，心理学的内容应当变换。心理学对于普通人日常所关心的各种问题，并不是没有贡献。心理学教科书的内容，应当依据普通人的兴趣为标准，多讲些学生切身的问题，指导学生看适合个性需要的心理学书。心理学一日不能如此办，就一日不能得到众人的信仰，一日不能与其他各科学相提并论，终归是乐得一个有名无实。

心理学应当是最有趣味的科学，其所以不能得众望的缘故，是因为他发达最迟。要知道人类首先应用科学的精神，都是研究平常经验以外的事情，如天文，地理，物理，化学，等等。其次才注意到生物，最后才注意到人，和人的心理。人的兴趣总是先由外界渐渐移到本身，再由本身渐渐移到本身的心理。这就是心理学进步最慢的第一原因。第二就是因为心理学者，研究心理学，总是受自己的心理的限制，不能像研究别的科学，可以完全不管主观的事实。心理学家所主张的学说和主义，全脱不了心理学家自己的人格和性情的影响。第三是因为心理学者，往往尊奉一个有名的学者，分成无数的派别，各有各的主见，不能互相调和，不能共谋发展。这种现象在心理学中，要比在别的任何科学中，利害的多，实在无可救药。

由此看来，普通人日常所用的"心理"二字，与心理学所讲的心理大有分别。在中文看起来，心理与心理学是显然不同的，在英文虽然是一个字，意思却还有这两层。学校中所教的心理学，不是普通人所要的，都是些不关痛痒的行为，都是些噜哩噜嗦的动作，都是些莫名其妙的把戏；反而把普通人最觉得有趣的许多心理现象，叫作变态心理，使人一听到变态这两个字，就觉得害怕，退避三舍，真是不近情理已极。

心理学既然是一种科学，就应当用科学的方法，研究日常普通人所谓的心理现象，心理问题，使普通人对心理学发生真正兴趣。现在清华心理学系，既然得了一层楼的地盘，其中的设备，在中国可算是手屈一指。那么我们应当怎样利用这个良好的设备呢？我觉得第一要紧，是把第一个学程（普通心理学）的内容和教法改进，按照我们日常经验中心理现象的多寡，分配教材，叫初学的人，感觉心理学实在与切身的问题有关系，那么学心理学的学生一定会多。学的人多，自然心理学系的发展就快，研究就有精神。

或者有人怕学心理学将来没有出路，其实这种观念是错误的。学心理学将来不一定非在心理学界作事不可，你若是喜欢政治活动的，你学的时候，可以尽量的注意社会心理，政治心理，革命心理这些方面；你若是预备办银行，与实业，经营商业的，你可以专门研究广告心理，买卖心理，用人心理这些方面；你若是富于感情，性喜文学的，你可以特别留意感情，情绪，人格，天才，想像等心理的问题；你若是有耐性，肯做实验室琐事的，你可以玩弄仪器，发明新的实验，一天到晚过实验室工作室的生活。心理学的科目是很多的，你可以随便专习哪一门；只要你学得好，将来出来也可以随意入那一界，不像其他科学那样的死板。心理学还是很幼稚的科学。幼稚的科学必定要大家努力去发展他。我希望大家本着好奇的心理，不妨尝试尝试，学点心理学，看看他到底有没有研究的价值，有没有真正合乎日常经验的新知识。

学生“烦恼”与“心理卫生”[①]

一、绪言

教育应当德育智育并重——中国目前的教育在大学里是教而不育，在中学里是育而无训。大学行政只“办学”而不“兴学”；大学教授只“讲学”而不“督学”。中学的训育，更是虚有其名。学生自己自然不会想到：现代教育除供给正确知识外，还要对于他们的行为道德品性人格负相当的责任。现代教育的目的，一方面固然是在灌输现代知识——一切文艺科学与技术；另一方面，对于一个人处世作事所最需要的健全的性格与人格，万万不能忽略。

最近办教育的人们，似乎已经在那里开始感觉德育智育并重的重要。例如某大学主要职员在本学期开学典礼时，向同学报告他的感想道：“今夏我曾替许多位毕业同学，办过介绍信，去寻找职业，我的去信总是说：这位同学的功课成绩，如何优良，好多超等，好多优等。但是回信来，老是追问，这个人如何；性情品行如何；能否合作；能否合群；能否操守廉洁；能否吃苦耐劳；有没有真实替社会服务，替国家努力的志愿。我们得到这类信，感觉到很痛苦，觉得不易答复，因为我们对于介绍出去的同学，除看他成绩单的分数以外，其余我大概都不知道。我不知道平时我们大学里哪一部分；哪种组织，或几位人员；是在训练青年人的性情品行；人生的理想；服务社会的志愿；吃苦耐劳的精神；廉洁的操守。我翻翻本校大学一览，查查教职员录，我得不到一个答案!”

现代的学校有责任设立一个组织或委员会，专负学生德育方面的指导；现代的学生有权利要求这么一个组织或委员会。我们不必引证什么教育原理，或介绍多少欧美大学在这方面精密的设施与进行的实况，来证明中国现代教育的落伍。我们现在暂且先报告关于学生情感生活的一个调查结果，以促大家注意，然后再积极提出一个轻而易举的补救办法，以供注意这个问题的人们考虑。

一个情感生活适应不良的实例——近来据报章所载，学生疯狂自杀环境适应不良的例子很多。社会上不知道这是中国现代教育破产的耻辱，还情有可原；学校当局居然仍是漠不关心，真是使人无可思议！“毕业即失业”固然是教育破产的明证！入学而自杀岂不是教育破产的耻辱！闭门造车，专使青年毕业而失业；造就人才，专使青年入学即自杀！这是教育的罪恶！这是教育的罪恶！

受着中高等教育的同胞们！你们是有权利要求一个“整个的现代教育”的！你们

① 本文刊载于《中山文化教育馆季刊》1934年第1卷2期。——编者注

没有义务要闷郁在心，因而成疾，久而成病，病而发疯的！你们没有理由因心疾而病疯，还要受十八世纪以前的野蛮非人道的待遇的！作者二年前曾经亲眼看到一个大学生发疯，因为妨碍公益，而饱受野蛮非人道的待遇。是的，一个神经病的人总是很难得到一般人同情的。但是我们应当同情他们，应当向社会向教育当局，为他们说几句话，替他们要求一个彻底补救的办法！

在二年前的一个清早，作者路过女生宿舍，看见许多学生工友们向宿舍前门乱跑；原来是一个披头散发，露衣赤膊的学生要闯进女生宿舍，正在大门前拳打脚踢，高声大嚷，要里面的人开门。先是他在宿舍后窗看见室内一位女生，正是他所爱慕的人，所以他立刻跑到前门要进去找她。这时候情势已经很急，校警的棍棒已早被他抢夺在手，用着在敲大门了。拥集的观众已很多，但是无人敢上前同他纠缠，也无人说一句话。我问他要干吗，他滑稽的回答要找他的意中人（Ideal Men），我说那是女生宿舍，怎么找起他的 Ideal Men 来了，他似乎不注意，仍然想用武力进去。自然他那时的力气是特殊大的，维持学校治安和园内秩序的校警，这时候觉得应当取最后的手段，尽他们的责任。当时病者（疯子是病者呀!）的哥哥也在场，校医也赶到，大家只是看看而已。于是把手车推来，拿起麻绳，三五粗汉，就把他捉倒，背手捆起，双足也捆起，抬上手车，如同牛马一般，倒挂着头被拉到大门口警卫处去了。当负责的人们，发命令捆绑他的时候，他似乎起始明白事情的严重了。

“你们真要用这种野蛮手段对待我吗？毫无同情心的人啊！你們真要把我当作牛马吗?”他大哭了！他要自杀，他不想活了，他叫校警不如拿手枪打死他。他一路奋斗着，一路喊叫着要释放他，要还他身体的自由。也许这时候他的疯狂，已经被耻辱战胜，真正的在那里悔悟了，也未可知。但是维持事后治安的人们如何能放他呢？他就在这种狼狈情形之下，置放在警卫处的院子当中，任人参观整整的一天功夫。观众中有大人，有小孩，有教授，有学生，有学过变态心理学的学生；有校医，有女同学，有病者的亲哥哥，大家都是束手无策。那时他还是不忘他那理想中的意中人，譬如见到旁边有一位小女孩，他就告诉大家说：他的意中人就像那位小女孩。他这时候想是已经恼羞成怒了，似乎是在抱怨他所受的非人道的待遇，而不是真正神经错乱：因为一来他还是不断的向校警要手枪自杀，或不如用手枪把他打死为妙；我答应把他放开，但他硬不要我放，说只要他那位意中人能稍微有点同情心，来替他放开就够了；二来我问他许多过去的情况和个人的心境，他都是很清楚的回答。从他的哥哥处探得他个人的历史如下：

江苏省人，北平某私立大学学生，二十二岁，有五弟兄，病者行四，二兄已娶，父甚守旧。家有田一顷多，困而不穷，但读书之费用甚艰难，故二兄教育皆不好。父病没，丧事全由病者一手办理，此时因中学刚毕业，故所受之刺激特深。父死后，在家住一年，与哥嫂同居，先与哥嫂冲突，后与母亲亦发生意见，皆为经济问题之故。旋得百元，遂移城一人另住。曾考大学，一度未取，后入北平某私立大学，一年后，投考清华，中央，均失败，仍留该校。住公寓，环境极劣，因本性暴烈，曾搬寓三四次，又曾为小事与人打官司。当其考该私立大学时，同考有某女，入学后仍同班上课。感学校不解放，常闹风潮赶教员。向该某女求爱，女亦甚看重，双方已有意；但无正式交际方式，因投书与女，但女不复，哥劝正当交际方法与步骤，不能了解。在这次疯病发生前约三周，因受强烈刺激，一时感情冲动，曾经晕倒一次，放声大哭。来哥处住一周与哥畅谈，心绪极清楚。返校后仍求见某女，但工友不为传达，遂肆声呼唤女名。来哥所肄业之校时，复见一女，甚思慕，苦无机会交谈，于是常徘徊女生宿舍前，希可晤面，唯终腼视不敢卒然行事。后得悉此女已有男友甚相得，因生忌心。在此事发生之前夜，见此女与其男友同散步，疑其讥彼不着袜子，因更恨之入骨。当夜即在此女宿舍窗前徘徊通宵，翌晨女起时，彼双目注视不稍瞬，女遂惊骇而哭。于是彼即赶到前门，欲武力冲入女生宿舍。

据病者哥哥报告，病者性极刚强好胜，体亦健康有力；但有疑心病，每每杯中之茶，亦疑有人放毒，而不敢饮，对于一切人均怀疑不信任，谓皆不怀好意，欲中害他。平时为学生会服务甚力，但又疑为共产党所利用，因认一切朋友均为共产党，于是一概不信任，遂无一个朋友。九一八事发生时彼甚兴奋，平时有吸烟赌博恶习，但近已为兄所劝而戒绝。嗜好运动，但因经济关系，不能参加。又好音乐，但近来亦乏兴趣。常患头痛病，每卧床不能起。幼时向无神经错乱之病，家人亦无患此病者。

疏忽德育群育的结果。——从这一个实例看来，我们可以说，中国目前的教育对于一般学生的德育和群育实在是太疏忽了。在家庭和小学里，我们的儿童没有适当的性教育；到中学时代，正逢青春发育时期，我们的教育设施，对于两性的接触，更无相当的指导，对于男女同学亦无相当的准备；无怪乎学生不能适应每阶段卒变的环境，不单损坏一己前途，而且酿成许多风潮。一切风潮或者都是办学人自己的错。所有的风潮，差不多都是少数情感生活适应不良的人闹出来的。这些情感生活适应不良的同学，办学的人早就应当随时随地去发现他们，辅导他们，纠正他们。教而不育，育而无训的教育，在二十世纪是根本不能发生多大效用的。

二十世纪的事业，一切都应当以心理事实为基础。在欧美不单在学校中有专司调查与改良学生情感生活的组织与专员，即在大商店，大公司，或大工厂里也都有这类组织与专门负责的人。欧美人士早已彻底觉悟，一切团体的不和谐，一切学潮，工潮，或社会革命运动的产生，都是心理的问题，都是少数情感生活不健全的人所鼓动起来的。我们尽管用理智来管束，来统制，来预防，那是不中用的。人们的理智是为情感所主使的。无论是个人的纠纷也好，团体的冲突也好，阶级的争斗也好，国际的战争也好，理智只是表面的好的理由，感情才是隐藏的真的动机。我们若想要有一个健全的个人，团体，阶级或国家，我们先得有一个健全的情感生活。二十世纪教育的目标，自然有理由特别注重文艺科学与技术方面知识的获得，但是同时如果完全疏忽学生性格人格方面的陶养，那是不行的。我们不能还把教育看作狭义的，只在灌输知识，而不教学生如何利用知识，聪敏的利用知识，适宜的利用知识，并且成功的利用知识；

我们不能还把处世之道，待人接物之方，以及到社会，入团体，进机关办事的一切个人美德与特性，如努力的勇气，服从的良性，合作的精神等，一概委诸学生自己去心领意会，推敲捉摸。知识经验是要打成一片的。教育不仅在传布知识而已，最大的目标，还是在作学问求知识的时候，使学生知道如何适应环境，如何控制意识行为；不仅在学识理智方面要一天一天的增加，在情感生活方面，也要一天一天的健全，一天一天的成熟。然后方可以避免与社会隔离太远的毛病。

二、学生烦恼调查之经过与方法

学生情感生活调查——现在试看我们中国目前的教育成绩如何？对于学生的德育群育究竟疏忽到什么一种程度呢？作者在民国二十一年间曾经用美国一位著名心理学家的科学方法，调查了北方几个学校中学生的情感生活状况，发现中国大学生比较美国学生在情感生活方面不健全的多了。这个调查的结果很可以代表中国现代教育不景气象的一部分事实。现在我把这个调查的经过与结果略为报告如下：

在二十一年二月至十一月之间，我们分发一种“心理问答”一共约有九百五十余份，有的是个人分头填答的，有的是团体举行测验的。代表的学校或团体有六七处，所在的地点是北平，济南，太原，三个大城。所收回来的卷册一共有八五五本，差不多占发出去的百分之九十左右。

一般人对于一切利用“问答法”（Questionnaire Method）所收集的材料是没有信任心的。作者自己早就认识“问答法”功能的限制，常常痛恨滥用此法的人，随意编造几个问题，用邮政分发给人填答；既不根本考虑所要调查的事实，是否宜于应用“问答法”，又不费神参考专书，看看如何编制“问答卷”，方才合乎道理，适乎心理，近乎情理。这些滥用“问答法”的人以为人人会问，人人会答，研究材料的获得哪还有比这更简便的呢？殊不知自从绝顶天才优生学创始者，兼现代科学实验心理学大家高尔登（Galton）首次偶然用了“问答法”以后，许多学者早已认清他的功能是有限制的，早已立了许多规则与戒约，来警戒不专而能的人不要去滥用他。教育学者，社会学者，和心理学者除非万不得已，决不轻易滥用“问答法”的。在这里作者不能详细讨论“问答法”的一般原理与原则，只能就情感生活调查一事，来讨论“问答法”至少在这个问题上是唯一的比较敏捷，比较科学，比较客观，比较可靠的方法。

情感生活调查的历史——科学的情感生活调查（实即“烦恼调查”，美国学者作“神经病调查”，但普通人只称“人格调查”）的历史很长。一九一七年当美国对德宣战，加入欧战的时候，军部心理委员会中人才统制分委员会委员心理学专家屋德屋斯（Woodworth）因为要调查募兵中有精神病倾向的人，于是参考神经病学书，收集了百余条神经变态病征或特点，编成可以回答是否的问话，让极众多的兵士在极短的时间以内，可以一一回答是否。后来屋氏这一百多条的“私人记录单”（Personal Data Sheet）经过了许多心理学者改编应用到小学儿童，中学青年，以及大学学生。直到一九三零年，芝加哥大学著名统计测验心理学家叟斯登（Thurstone）才把以前所有各家收集的神经变态病征或特点（我们可以“烦恼”二字代表）一齐溶化于一炉，成为一个二二三条长的“心理问答”（在英文普通称为“人格调查单”Personality Inventory）实在称为“神经病调查单”Neurotic Inventory①，用来测验了芝加哥一年级新生六九四人。从屋氏到叟氏，这种大规模团体调查烦恼的唯一目标，是在利用最简捷的方法，大致不差的考查一个团体中，每人在情感生活方面，到底有多少烦恼，有多少病征或特点带着神经变态的倾向，好让学校中主持学生心理卫生的人，施行适当的个别指导。

这种关于情感方面的问答，自然特别受道德意识响应，不能十分代表填答者真正的人格。但是积极的说，心理学者要调查烦恼，实在找不出比这个更适用，更简便，更科学，更可靠的方法，同时还能适合团体测验，用最短的时间同时测验最大多数人的反应。心理学者用“问答法”收集科学研究材料，是万不得已的办法；用了之后，还得想尽法子避免一切弊端：如同问题的合理化，答案的简单机械化，填答者心理反感的防避，整理材料方便效率的顾虑等等，无一件不思之又思，议之又议，然后才放心用这个方法的。但是一般人只知道他好像是常识的产物，所以每每不单不重视他，反而不信任由他而得的一切材料，这也是难怪的。总而言之，我们这次调查所用的方法，所用的情感生活调查单，是解决这个问题最近最有权威的一种方法。（叟氏是美国心理学家前任会长，他那二二三条的“人格调查单”自从一九三〇年发表以后，凡是调查情感生活的学者都采用他。北平协和医院神经学系兰门（Lyman）先生在作者之后，亦曾命白端徐思明二君译成中文个别测验该院神经病者。）

汉译“烦恼调查单”——我们把叟氏“人格调查单”完全照样译成汉文，虽有不合中国社会情形的问题，暂且也是不顾；为的是姑且照美国社会标准来测验中国同等程度的学生，在情感生活方面，比较美国学生适应到如此程度。另一方面，我们就要知道，事实上到底哪些条是代表不同社会环境的影响，将来编定一个纯粹为中国人用的调查单时，究竟哪些条应当修改。这个汉译调查单的标题我们有意只含糊名为“心理问答”（第一种），因为要避免忠实标题所引起的反感。我们不愿用“人格调查单”这种标题，因为“人格”二字仍然含有伦理道德的意义，根本是不合适的。除去在命名上特别顾到填答者可能的心理反感而外，我们翻译那问答首页中的说明，更外特别注意使填答者了解这个调查是为各个人谋利益的，要各个人更外知道自己的性情，使得别人更外明了他们，给他们必需的适宜指导。全问答有十三页，第一页印的是说明书，第二页到第十三页印的是那二二三条问题。第一页上端有两个空白，一个可写姓名，一个可书暗号或学号，填答的人如果不愿填真姓名可以作一暗号，以资标识。这一层是特别注明白的。叟氏并未将问题逐条记起数目来，我们把问题从一到二二三，都逐条记起数目来，为的是将来容

① J. Soc. Psychal，1930，l. p. 3－30. 以下文中有时称“情感生活调查”，有时称“烦恼调查”。在讨论结果时，有时称“烦恼事项次数”，有时称“烦恼程度”，均指个人或团体之不健全答案条数而言。

易对照。每个问题的三个答案“是否?”都印在每条的前头。

为整理材料计算答案方便起见，我们拿十二个约四分之三寸宽八寸长的硬纸条子，按照问卷每页问题正确答案的位置，凿了许多圆孔。在计算答案的时候，就把这张有答案孔洞的纸条，放在每页的问题答案“是否?”上，由孔洞中于是一一计算那些不健全的答案共有几条。看卷的人只要计算孔洞中所遇到已填的答案一总有多少，所以非常简便。那二二三条问题，每条如何回答才算不健全，叟氏已经用主观和客观方法老早决定了，我们完全以他的决定为标准，因为非如此不足以比较中美学生神经病倾向程度的高低。

（烦恼调查单首页样本）

姓名________ 学号________ 号数

（你若不愿露姓名，或以仅填学号，若连学号亦不愿填，那么，就请记着右上角的暗号。）

心理问答

（第一种）

心理学系教授们很想尽其所能，帮助你 ，替你解决各种个人心理问题。他们想知道你的性格，智力，与学业的概况。这个心理问答的目的，就是要调查你情感与性格方面的状态。从你答案，可以看出你的情感生活健全或是不健全，或者还可以发现连你自己都不完全了解的胆怯，害羞，烦恼等现象。设若你的答案，表示你在情感方面，没有圆满的适应，你可以有个机会找人指导，在这方面谋健全的发展。设若你的答案，表示你的情感生活，已经很健全，这个事实别人也是乐意知道的。

这个问答不是一种考试，更不是一种测验，因为这些问题没有什么对和错的答案。你在学校里的地位与学识的高下丝毫不能受这些问答的影响。

对于各种问题，你所写的答案，完全守秘密。只有研究这个问答的几个人知道你的答案，他们把你的答案归纳分析起来，于必要时呈报学校当局，设法指导。心理学家调查出来，就是最聪敏的学生，也有在情感与性格方面发生困难的；这些困难设若知道了，就不难指导补救。所以你若想知道你自己，不防老老实实的回答这些问题。

在每个问题之前有：“是”，“否”，“?”三个答案。

每一个问题，在这三个答案里，任选一个在上头画一个圈。凡能回答“是”或“否”的，尽力回答“是”或“否”，设若你不能回答“是”或“否”，那么就在“?”上画一个圈。

（周先庚附识：这个“心理问答”自美国《社会心理学杂志》1930，卷1，页4—12）

1是否？　你小的时候喜欢一个人玩么？

2 是否？　你平常抑制你的脾气么？

3 是否？　你上台害怕晕场么？

4 是否？　你和你母亲的关系总是很好的么？

5 是否？　你常有便秘的毛病么？

6 是否？　你觉得人生是一个重担么？

7 是否？　你有口吃的习惯么？

8 是否？　你和你的兄弟姊妹都很好么？

9 是否？你有时耳闻心跳，不能安眠么？

10 是否？　一个聚会之中，你肯负责介绍人么？

11 是否？你以为大多数人，都是自私自利，不怀好心么？

12 是否？　你觉得很难对付竭力拉拢买卖的人么？

13 是否？　你与人谈话，不容易开口么？

14 是否？　危急的时候，你容易神经错乱么？

15 是否？　你容易笑么？

16 是否？你受人侮辱，常常烦恼不忘么？

17 是否？　你说话小心，不愿伤人感情么？

18 是否？　你有时在社交中是领袖么？

19 是否？　你白昼作梦，梦些不可实现的事实么？

20 是否？　到了新地方，你常常失掉方向么？

21 是否？　就是跟别人在一起，你还是常常感觉寂寞么？

（心理回答共 223 条，此系前 21 条样本）

调查的学生——从北平，济南，太原三大城七组受测验的人中，我们一共收到了八五五本问答卷。每组的地点，学校与人数从第一表可以看个大概。

第一表　叟氏心理问答填答人数之地点与学校

甲组　北平国立清华大学　各级男女（一年级居多数）二四六人

乙组　北平国立北京大学　各级男女（一年级居多数）一一六人

丙组　北平私立辅仁大学　各级男生　四九人

丁组　北平师范大学附中　高中一年级男女　八〇人

北平合计　四九一人

戊组　济南教育行政人员训练班　成人　八五人

已组　太原省立师范　男生　八六人

庚组　北平清华大学杂类　男女　一九三人

七组合计 男七八五人，女七〇人，男女计八五五人

“心理问答”译成之后，作者请朋友与应用心理学班学生大家帮忙分发并收集问

卷，在清华大半是学生各人自动，或敦请领去自己填答，答完然后送还作者。帮助分发并收集这些问卷的学生，有朱显庄，陈邈，敦福堂，陈汉标四君。一九三二年九月间入学一年级新生，曾经被召集团体填答，别的学生有分作许多小组，分头团体填答的。这样所得到的材料一共有二四六份属甲组。这一组可以完全代表清华一千多学生。北平国立北京大学樊际昌先生普通心理学班上，由张香桐岳增瑜二君代为举行团体测验，共有一一六人属乙组。这一组只可以代表那年的北大一年级生。辅仁大学心理学系师立模（Schramm）先生代请他的心理学班上学生填答了四十九份属丙组。清华心理学系助教米景沅君在师范大学附中测验了高中一年组男女学生八〇人属丁组。这五组都是北平的，一共是四九一人。

济南山东省教育行政人员训练班朱世荷先生自动代请该班人员填答八五份属戊组。朱先生是北京大学，教育学系毕业，当时想必是担任该训练班德育指导的责任。他既然自动感觉事实需要，而未要求寄赐“心理问答”施行这个调查，想必是会忠实代办的。后来他得了作者的报告之后，曾经第二次又来函索赐问答卷子（可惜那时已用完了，改编的还未印出）可见得他对于这事是非常热心进行的。山西太原的八六本属巳组，是由一位心理学朋友罗文庆先生代为收集的。关于这巳组材料的来处，我们不敢十二分担保十分可靠。

在那八五五份材料之中，只有七〇份，是女子填答的。这七十人中，有三三人是二十一年夏季在清华开夏令会的女青年会会员，由陈邈君分发填答的。这三三位女子，因为不是学生所以归到最后（庚组）一九三人中去了。这个杂组大半是清华教职员杂人。

我们对于填答问题的各组学生，必需慎重申明：他们份子并不纯粹。甲组有一半是一年级男女新生，用团体测验的，其余一半是高年级学生，分头个人零星填答的。乙组大半是一年级男女学生，多数是团体测验的，个人填答的居极少数。丙组是一组男女团体测验的结果，丁组是一班高中男女学生。戊组大概平均年龄要大些，巳组大概平均年龄要小些，这二组都是团体测验的。庚组上头已说过，一半是女青年会会员，是个人分头填答的。

几点应注意的事——在未讨论这个情感生活调查的具体结果以前，我们要读者务必注意几件事；特别是后来我们比较中国与美国的结果的时候，读者要记着以下这几点：

（一）这八五五份材料，虽然是由好几个人单独收集的，但是这些负责帮忙的人，都是有相当测验专门学识和训练的。他们科学的忠实，作者与读者都要暂时信任。不过在填答者方面，态度与处境的不同很足以影响答案，所以在下面读到各组结果比较的时候，我们要特别留意。但是这一层或者根本不足以为虑，因为填答者在不同的态度与处境之下所填的答案，可以说正是情感生活调查一部分的对象。

（二）这次调查材料，严格的说，只能代表北平，济南，太原三市，至多可以代表华北而已。华南，华中学生的神经病倾向程度，或者根本与华北不同也未可知。

（三）这样情感生活调查的答案，自然受填答时情形的影响。个人私自填答与在团体中共同填答，结果一定不同。个人自动要问卷去填答的人，一定是自己情感生活已经不健全。想要有清楚的认识，而同时又有倾向特别谨慎小心的填答；所以凡是个人填答的成绩，平均起来，恐怕与团体的成绩没有什么分别。

（四）我们完全一字不改把叟氏“人格调查单”译出，为的就是要比较用同样标准来测验，究竟中美学生的情感生活适应程度如何，烦恼有多少。以下我们看到中美学生很惊人的差异时，要特别记着，我们是暂时用美国社会标准，来评断两民族的情感生活的。我们其次的目标，就是要看看中美学生在哪些方面不可以同等看待。我们最后的意思是根据这次初步调查结果，来编定一个全为中国学生用的情感生活调查单。这件工作现在已经进行到相当地步了。

第二表　各校调查烦恼分数人数结果

烦恼事项数目	调查各级人数分配							统计人数
	清华	北大	辅仁	附中	济南	太原	杂类	
0—9	2							2
10	5	1	1	2				9
20	12	4		2	3		6	27
30	17	2		8	2		15	44
40	29	10	4	10	8	4	21	86
50	36	8	2	6	11	5	25	93
60	29	12	7	8	11	5	15	87
70	32	15	6	10	15	11	27	116
80	22	11	5	15	10	8	20	91
90	20	14	4	7	8	8	29	90
100	16	12	5	3	7	11	18	72
110	10	9	5	4	5	12	5	50
120	10	7	3	1	3	13	6	43
130	2	9	3	2	1	6	3	26
140	3	2	3			1	1	10
150	1			2	1	2	1	7
160								
170							1	1
180—189			1					1
人数	246	116	49	80	85	86	193	855
均数	70	86	92	73	77	98	73	78

三、学生烦恼调查之结果

烦恼次数分配——各组烦恼事项次数人数分配见第二表与第一图甲乙。前四组是北平四校的次数分配，见第一图甲；其次的三组是济南，太原，与北平杂类的次数分配，见第一图乙。因为各组的人数不等，所以那些分配曲线都不甚整齐，而有时现出多峰式。丙组四九人的烦恼事项次数大小，相差甚大，但是巳组八六人的次数最少的只有四零条最大的到一五零条。甲乙二组的分配曲线较近乎常态分配，这或者是因为人数多，代表性大些的缘故。但是其余五组都是烦恼事项次数少的人多，烦恼事项次数多的人少。这些烦恼事项次数多的各组学生，或者就是根本情感生活不健全，而自动的来填答，想得一点帮助的。

若以平均烦恼事项次数而论，从烦恼程度最高到最低的各组，次序是巳、丙、乙、戊、庚、丁、甲。烦恼程度最高的巳丙二组，平均烦恼事项次数超过九零条以上，其次乙组超过八零条，戊庚二组平均约七五条，烦恼事项次数最少的丁甲二组，只有七零条左右。巳甲比丙组也显然有别，但是丙组恐怕与乙戊巳三组没有多大不同。乙组或者比甲组烦恼程度高。最后戊庚丁甲组，恐怕也没有什么不同。所有这些各组平均烦恼事项次数的比较，都是根据统计结果判断的，所有的统计数目字，因为太繁，此处都不能列表了。

各组学生烦恼比较——从第一表中我们知道巳组是太原八六个师范生的结果。为什么这一组的学生烦恼程度最高呢？我们没有确实的理由来解释，也不可以解释，因为根本不是我们亲自调查的。或者那些青年填答时的态度与环境与别组不同。但是作者想不出什么理由可以使他们特别有意多答几条烦恼，因为我们知道一般人都是不愿承认自己有烦恼的。唯一的理由或者是因为这一组学生比较的年幼，或者正当青春的时候，烦恼根本就特别多。也未可知。再不然，或者因为太原处于内地，社会情形就根本使得学生烦恼多。

丙组烦恼程度也高，或者是因为人数少，经过第二者调查不可靠的缘故。但是我们仍然想不通，为什么测验控制不严会使学生多答烦恼。我们知道这组学生来自一个很好的私立教会学校，一切环境设备都较普通国立学校如乙组好得多。设若那四九人能够代表这个学校一部分状况，我们实在无法解释这种多烦恼的现象。乙组烦恼程度高，我们或者可以这样解释：这个国立大学的物质环境根本不佳，而学生又根本有历史背影，好活动，喜欢参加团体运动，喜欢热烈的参加一切国难活动。

戊组大概都是大学毕业的成人，正在受若特殊训练预备作教育行政人员。他们对于职业前途自然有烦恼的必要，但是并不如丙乙二组学生的烦恼多。庚组是学校教职员杂人，已能安居乐业，自然烦恼少。我们知道有人证明烦恼与年俱增，直到青春最多，往后愈成熟愈老就愈少了。[①] 这或者也有相当的道理。

丁组是高中学生，只有约七三条烦恼，仅比甲组稍多几条。甲组我们知道大半是用团体测验的一年级学生，只有一小半是自动个人填答的。这甲组与乙组一一六人的

① J. Soc. Psychol., 1930. 1. p. 482—7.

结果，完全是可以比较的。自动填答的人大概是烦恼较多的人，但是甲组仍然比乙组少一五条烦恼，而这个差异又是很可靠的，这个事实我们不可不特别注意。乙组烦恼多的缘故上头已经说过。甲组所以烦恼特别少的缘故，可以有以下几种解释。

（一）甲组是清华学生，学生程度或者比别的学校好些，在情感生活方面或者根本就比别的学校健全些。因为考试竞争很大，好的中学生或者都入了清华。但是叟氏的调查似乎告诉我们说，学业好的学生，烦恼反而多。[①] 清华所有的新生既没有情感生活调查结果，与后来学业成绩比较作相反的证明，我们似乎应当推论，清华烦恼程度照理必甚高，至少要比乙组高。现在事实与理论既然不一致，关于这一点，我们实在不能下什么结论。

（二）清华的物质环境或者是学生烦恼程度低的缘故。清华学生是住校的，一切建筑都有现代设备，物质方面的舒服，在全国是很少有别的学校可以比得上的。图书馆，体育馆，特别对于学生纪律生活大有裨益。所以凡是在中学烦恼过度的学生，一入清华总应当减少一点。反而言之，像乙组的学生，学校中物质环境根本不如清华，而因为在城内的缘故，社会环境自然也是使人烦恼的因子。

现在总结一句：我们用叟氏“烦恼调查单”在北平三个大学与一个高中调查了四一九人的情感生活状况。在济南与太原又调查了二组各约八五人。这七组人每组平均起来有七零条到九八条烦恼。这种校际烦恼程度显然不同的现象，除去或者因为方法不可靠而外，我们曾用了几种可能的理由去解释他。至于各组个人结果的分析，因限于篇幅，不能多作报告，现在只把甲组中所发现的几个实例报告一下：

情感生活适应不良的实例——清华学生烦恼事项已经是最少的了，但是作者把调查结果公开报告之后，有几位同学曾来与作者讨论个人困难情形。这些同学自己十分感觉情感生活不健全，在学校一切适应不良，大有维持不下的趋势，所以最后才来找作者个人谈话，想得一点有益的指导。作者虽然悔恨没有专门知识对于他们有所指导，可是一点常识的意见，已足启发一二个人的心了。可见学生情感适应不良的问题的确是需要指导的，能得专家指导固好，如不能，即是长者常识的经验之谈，对于他们也是大大有益的。我们每每发现一个烦恼堕落的青年，只要一两句中肯开导的话，立刻就能转变他的人生观，妥善的适应环境，恢复读书向学的勇气。如此环境佳美的清华，事实上平均烦恼事项又如此少的清华学生居然也有这些情感适应不良的例子，其他各学校可想而知。防病要在未发，烦恼事项日集月累，自然趋于神经变态。教育家的责任在于预先调查神经变态倾向，务必要妥为防止。西洋所谓“心理卫生运动”目的就在于此。现在作者把亲自遇到的几个实例写在下面，这些例子各学校恐怕比比皆是，可惜无人把他们当作问题罢了。

（1）土木工程系一年级学生某甲，功课几全不及格。乏专注力，患神经衰弱症。

① J. Soc. Psychol.，1930. 1. p. 21—3.

每次考试，无论预备如何好，一临场即脑中空虚，立刻忘记一切。因对考试生畏心，常恐考试不及格。对于自己之智力根本怀疑，向作者索阅关于智慧测验书籍，并求诊断。疑心病甚大，脸上眼边筋肉常常抽跳。据本人解释，彼之神经衰弱完全因为母亲在儿时待遇不佳。不知如何管理儿童。经过数次谈话之结果，对于心理学遂发生兴趣，第二年转入心理学系，作心理实验甚努力。惜天资太差，别系课程仍不及格，遂退学。其"烦恼调查单"中填答事项有七九条属情感生活适应不良之第四类。但今年又第二次考入土木工程系矣。该生恐系身体不佳。

(2) 心理学系一年级生某乙，"烦恼调查单"中填答事项九七条，照美国标准属最后第五类，"应请神经病学家诊治"者。曾与作者谈话数次，亦现初期神经衰弱病征。对心理实验似无兴趣，后转入物理系。唯性喜音乐，后加入学校音乐队，竟为领袖，遂恢复常态。该生有性近特长之处，唯待机会始能发展耳。

(3) 西洋文学系四年级学生某丙，"烦恼调查单"中填答事项一四二条，照美国标准，早应进神经病疗养院矣。自动前来谈话，开诚公布陈述一切。据云有一心理冲突，不能解决。十九岁结婚，妻大三岁，结婚已六年，生二男一女。本人现年二十五岁，妻二十八。婚姻全系父母之命，媒妁之言，妻亦全系旧式。有一兄弃旧式妻，十年之间曾三娶。父享年八十，有数妾。生母系第四妾，现年四十。父之第三妾生一兄一姐，第二妾生二姐。本人尚有一胞妹。有此家庭背景。而生应否休妻另娶之心理冲突，自然情有可原。作者仅作常识谈话，大致如下：此种冲突，非常自然，但能否另娶而更快乐，乃事实问题，社会环境既有种种阻碍，不能使人顺利休妻另娶，则徒忧亦无益。但若事实既有另娶之可能，然后再为深深考虑亦不迟。该生对于此番谈话，认为有相当道理，颇有恍然大悟之慨，该生问题纯属心理的。较为严重，有成疾之可能，但少许常识谈话已足改变其观点，可见学生指导之重要。

(4) 物理系四年级生某丁。一日忽致书作者，谓爱慕一女，情不自禁，不知如何进行，请指教。彼认为此心理冲突不便抑制，因恐将来爆发不救；替代弥补则认为过于理论，不足以解决问题。作者复书约其谈话，遂实告之：凡一心理冲动，知之而抑制，无后患；不知而闷郁在心，则生危险。冲动而有自知之明，替代弥补，乃唯一良方。乃告在如何具体转移注意力，如何深深反省先自振作，然后再谈求爱。又告之心中有事，得知己者痛快乐淋漓，吐而出之，有时亦足解脱。前后谈话多次，函信来往多封，终归无效。彼随即另求教授介绍该女，未果，于是毛遂自荐通信，赴女生宿舍等，不一而足。事情演进至此，作者早已未便多管，但忽见校刊中常登关于该生之消息，而彼亦大作其文章，遂疑其醉翁之意不在酒，而在风头。果然在最后一次谈话间，作者道破彼之心理时，彼完全承认：轰动全校之事实本身，彼即感觉非常适意。该生天资极高 ，学业成绩最佳。无奈未能充分获得师长之赏识赞扬，与积极发展，以得相当心理的适意而有此结果耶？关于此点作者不能确实断定。

中美学生烦恼之比较——作者举了以上这四个实例目的不过是证明学生情感问题

起初差不多都是很简单的，后来因为学校中没有正式负责指导他们的人，而自己又不能随便找人解闷，所以每每由轻而转重，由重而成问题。号称全国读书环境最佳，而此次调查结果又最好的清华，尚且有这么多情感生活适应不良的例子，其他学校可想而知。读者看到此处或者还不觉得这个事情的严重，现在把我们调查的结果与美国的比较一下，读者就知道中国学生实在烦恼多极了。

第三表　美国学生罪犯与神经病者之烦恼比较

年度	报告者	学校	学生状况	人数	烦恼事项均数	均方差
1930	Thurstone	Chicago Univ	一年级男女生	694	40.28	22.73
1930	Allport	Dartmouth	二三年级男生	200	41.23	21.65
1932	Harvey	Texas Univ	二三年级男生	146	3.36	25.46
1932	Stagner	Adolphus & Wisconsin	各级男女生	177	51.54	24.33
美国各家所报告各大学学生总平均				1217	44.03	23.54
1931	Garrison	North Carolina penual institution	白种女罪人	138	65.67	
1932	Smith	Ⅲ State Hospital	Manie—Depressive Demantia Praecox	56	58.30	29.05
				26	70.57	35.60
美国各家所报告罪犯及神经病者总平均				220	64.85	32.33

第三表中是美国各组人的平均烦恼事项次数。叟氏最初调查芝加哥大学一年级男女生六九四人，平均得四〇条。[①] 奥氏调查了一个大学二年级（有少数三年级）男生二〇〇人，平均得四一条。[②] 哈氏调查另一个大学二三年级男生一四六人，平均得四三条。[③] 斯氏报告一组九二个十七到十九岁的男女生；平均得五四条，另一组八五个男女生，平均得四九条。[④] 这两组合计平均得五二条。斯氏报告好几个团体平均数[⑤]表中所用的平均数是由两个大学中一七七个二三四年级学生得来的。这四大组美国学生一共一二一七人的总平均烦恼事项是四四条。卫罗白（Willoughby）曾经调查了一五二对夫妻和一四

① J. Soc. Psychol，1930，1，p. 17.
② J. Soc. Psychol，1930，1，p. 526.
③ J. Soc. Psychol，1932，3，p. 241.
④ J. Soc. Psychol，1932，3，p. 483.
⑤ J. Soc. Psychol，1932，3，p. 479. 480. 486.

四个大学一年级女生，但是可惜未报告平均烦恼事项条数。[①]

斯蜜斯（Smith）报告医院里五六位“青春烦郁狂”（Demantia Praecox）的平均数是五八条，二六位 Manie—Depressive 的平均数是七一条，[②] 另有二人只用“烦恼调查单”中的一八二条，测验了一三八位女罪犯，平均烦恼事项是六六条。[③] 这三组二二〇个变态者的烦恼事项平均数是六五条。

第四表把第三表中各组的人数分配列出，同时列图表示常态与变态组的分配情形及中美学生全体的人数分配情形。中国八五五人的平均烦恼程度不但比美国一二一七常态人的平均程度高，而且比美国一三八位女罪犯和八二位神经病者还高得多（见第五表）。我们知道美国常态组所有的烦恼事项次数最高到一四〇条，分配曲线是向左凸的；变态组的分配曲线的上端与常态组一致，但是曲线全体看不出向哪边凸起，可以说是常态分配曲线。但是中国的全体学生烦恼事项次数最高到一九〇条，而且分配曲线完全是常态的，与美国变态组的曲线相似。至于中国学生得六十到七十条与八十到九十条烦恼的人为什么忽然少数起来，我们不知道如何解释。

第四表　美国各校之烦恼分数人数分配

烦恼事项数目	常态者人数分配				神经病者人数分配		
	Chicago	Dartmouth	Texas	总计			总计
0—9	36	8	8	52			
10	87	20	19	126	2	5	7
20	140	44	22	206	3	4	7
30	130	29	27	186	1	4	5
40	96	34	22	152	1	8	9
50	86	27	11	124	3	12	15
60	42	17	15	74	2	3	5
70	34	9	10	53	4	4	8
80	17	6	5	28		6	6
90	16	4	2	22		3	3
100	7	1	2	10	5	5	10
110		1	1	2	3	1	4
120	2		2	4	2		2
130—139	1			1		1	1
总人数	694	200	146	1040	26	56	82

① J. Soc. Psychol，1932，3，p. 405.

② J. Soc. Psychol，1933，4，p. 116—7.

③ J. Soc. Psychol，1932，3，p. 473.

第五表　中美学生烦恼程度之比较

中美结果比较	人数	平均数	差异	均方差	M	D	D/D
中国学生 美国学生	855 1217	78.45 44.03	34.42	30.59 23.54	1.04 .67	1.24	27.53
中国学生 美国神经病者	855 220	78.45 64.85	13.60	30.59 32.33	1.04 2.18	2.41	5.64
美国神经病者 美国学生	220 1217	64.85 44.03	24.82	32.33 23.54	2.18 .67	2.23	10.88

中国学生的烦恼事项次数分配曲线完全是一个常态曲线，与美国变态组的相似，这个奇怪的事实，我们可以这样解释：在中国社会上并无神经病学家，更无神经病疗养院，来把已经得神经病的人从学校里隔绝出去。一个人得了神经病或有神经病倾向，社会并无保护他的人与设备，唯一退避之处，即是回家，但是得病的人非万不得已是决不回家的。反而言之，在欧美神经病学很发达，疗养院也很多，凡是得了神经病或有神经病倾向的人，立刻就有医生治疗，有疗养院收容，他们不必留在学校里头。因为这个缘故，所以美国调查的结果，发现烦恼事项少的人极多，烦恼事项多的人极少。而中国调查的结果，切切适合团体常态分配现象的定律。至于中美学生烦恼程度的数量差异，中国正常学生比美国正常学生多三四条，不成问题是可靠的；中国正常学生比美国变态的人多一四条，亦甚可靠；美国变态的人的结果比正常人的结果多二五条。亦不成问题是可靠的。

烦恼程度之等级——叟氏把烦恼程度分为五级：得十四条以下的是甲类“情感生活适应最良”；得十五到四四条的是乙类“情感生活适应得宜”；得四五到六四条的是丙类，“情感生活常态”；得六五到八四条的是丁类，“情感生活适应不良”；得八五到一三九条的是戊类，“情感生活适应最不良，应请神经病学家诊治”。第六表与第七表把中美调查结果按照这个分类把人的百分数列出，可以互相比较。

叟氏调查的六九四人中有六九人（九．九％）“适应最良”，三七二人（五三．六％）“适应得宜”，一六〇人（二三．〇％）“适应最不良，应请神经病学家诊治”。但是美国那三组变态的结果，只有二．八％“适应最良”，而有一九．二％“应请神经病学家诊治”，有二人已经过了叟氏最高的结果，只能当作“己类”已经有神经病看待。反而言之，中国的结果就显然的差多了。照叟氏的标准，中国全体的结果，还没有百分之一的人是“情感生活适应最良”的，但是“应请神经病学家诊治”的有百分之三七．五。并且竟有百分之二．二有一四〇到一八九条烦恼。设若“戊类”人在美国“应请神经病学家诊治”，“己类”自然早就应当到神经病疗养院去了。这个确是事实，因为哈拿氏最近报告了两个“己类”的人，一个得一四〇到一四四条，另一个得一八〇条。（见第六表）我们所调查的七组人中，每组都有“己类”的人，最少有百分之一．二，最多有百分之八．二，但是这些人仍然还在学校中似乎安全而实最烦恼的生存着。“戊类”“适应最不良，应请神经病学家诊治”的人数，比起美国这一类真正神经病的人还多。

第六表 美国学生罪犯与神经病者之烦恼程度分类人数百分数

分类	烦恼事项数目	大学学生			神经病者			
		Chicago	Dartmouth	总计	Manic Depressive	Demantia Praecox	神经病者	总计
甲	0—14	9.9	8.0	9.5		3.6	3.0	2.8
乙	15—44	53.6	53.4	53.6	26.9	25.0	37.0	33.7
丙	45—64	23.0	23.6	23.2	11.6	33.9	25.5	25.9
丁	65—84	809	11.0	9.4	23.1	14.3	18.0	17.7
戊	85—139	406	4.0	4.3	38.4	23.2	15.5	19.2
己	140—189						1.0	.7
总人数		694	200	894	26	56	200	282

第七表 中国学生烦恼分类人数百分数分

分类	烦恼事项数目	中国学生人数百分数							
		清华	北大	辅仁	附中	济南	太原	杂类	总计
甲	0—14	2.0	.8		1.2				.8
乙	15—44	18.3	6.9	6.1	16.2	11.8	3.5	17.1	13.5
丙	45—64	26.0	18.1	16.3	23.8	27.0	9.3	23.2	22.0
丁	65—84	24.0	25.0	24.5	23.8	24.7	19.7	24.9	24.0
戊	85—139	28.1	47.5	44.9	32.5	35.3	64.0	33.2	37.5
己	140—189	1.6	1.6	8.2	2.5	1.2	3.5	1.6	2.2
总人数		246	116	49	80	85	86	193	855

我们无法调查中国医院里精神病者的烦恼程度，是否倾向丁类、戊类。设若是的，那么叟氏“烦恼调查单”应用到中国人，也是适宜的。最近协和医院神经学系兰门先生曾请白端、徐思明二君测验了数百真正神经病者，结果烦恼程度没有我们的那么高。不过他们调查的方法是念问题给病人回答，与我们叫人自己，填答情形不同，这是一层；二来他们调查的病者都是洋车夫之类中下等阶级的人，而我们所调查的都是知识阶级的学生。我们知道烦恼程度与知识程度是略有正相关的。所以协和的结果与我们的结果不能直接比较，而这个“烦恼调查单”究竟适应于真正的病者与否，还得等待将来详细调查。

四、学生心理卫生之重要

心理卫生运动——现在总结几句话。作者二年前曾经目睹一个情感生活适应不良的学生，因为神经错乱，有碍公益，饱受知识阶级惨无人道的待遇，心中十分感觉中国一般人关于疯狂的观念，还是十八世纪皮纳（Pinel）以前的观念。“疯狂”或“神经病”一般人听到都害怕，都觉得是耻辱。社会上也决不注意他们，以为他们前生不知受了什么灾孽，现在给魔鬼报应了。自从法人皮纳首倡以人道待遇神经病者以后，西洋各国对于情感生活适应不良而流为疯狂的人们，无不把他们当作与其他一切有身体方面病痛的人一样看待。因而在十九世纪神经病学大为发达，神经病学家亦成为社会改革的中坚份子，神经病学院亦如普通医院一样受社会国家的重视。反过来我们看看中国，神经病学，神经病学家，与神经病院，走遍全国找不到几人几处，患神经病的人只有受社会嘲骂，卑视，虐待——惨无人道的虐待。他唯一的归宿是那中古世纪形如监狱的“疯人院”，进去只有坐以待毙，疯而愈狂。社会上的疯狂者我们可以说无暇管了，无力管了，无理由管了；难道学校里的神经病者，我们也能坐视竟若无事吗？

作者一二年来感觉学校中情感生活适应不良流为神经病而自杀的青年，实在太多了，实在太无现代教育的脸了。西洋所谓的“心理卫生运动”，已有二十五年的历史，他的影响传布到了全世界，而中国人尚不知道有那么一回事。西洋各国学校中除课程有“心理卫生”一选科外，还有职员或神经病学家专负学生心理卫生指导的责任；规模大的学校中有独立部处，规模小的，有特设委员会，最低限度亦有简单的学生辅导制度。十余年前国立各学校尚有所谓“医务处”的，“五四”以后，好像学生的德育群育无形取消，根本无须指导，人格教育有意忽略，根本无须注意。结果在学生个人方面，情感适应不良，因而烦恼成疾，以致神经错乱而疯狂；在学校方面，生活环境不满意，因而总罢课，大请愿，以致赶教员而闹风潮。学生情感生活适应不良的结果，消极方面，酿成神经病，积极方面，可以生学潮——这是必然之理。处在这种空前国难的社会环境之下，学校中积极心理卫生工作应当如何重要！一国的兴衰，不能全靠正常人，还得要正常人永久能正常；万一失常变态，社会应当及早治疗隔绝，不能还放任他们，留散在社会里，妨碍各种事业的发展。

西洋所谓“心理卫生运动”起始不过是一种消极的社会改造运动，目的是要以人道待遇疯狂者，要把他们当作病者治疗。后来心理卫生的意义扩大，活动的范围亦推广，所以积极的把预防也当作他们使命之一了。因此这个运动渐渐的由社会而打入学校去；因为真正的心理卫生自然全靠教育，自然得先从学校入手 。西洋各国，特别是美国，关于学生情感生活，自欧战后，无不用种种方法详细调查，以便指导。作者二年前在北平，济南，太原三处，用美国叟斯登“烦恼调查单”调查了七组学生，与八五五人，结果中国学生烦恼程度比美国同等年级学生烦恼程度高得多了。这个中国学生烦恼程度高的事实，自然有许多显而易见的社会理由可以证明他或者不是绝对的；但是与美国学生比较中国学生烦恼程度是相对的高，这是毫无疑义的。这个烦恼调查有好几个实例，确实证明“问答法”所得到的结果，至少有时是与事实相符的；这些实例告诉我们，调查出来烦恼高的人，事实上情感生活适应实在真正不良。

一个复苏神经病者的反抗——但是情感生活适应不良，烦恼众多，疯狂累见，自杀叠起。只有学生自己感之最深，痛之最切，办教育的人是很难觉得这个问题是重大的。“你发疯。活该!”似乎可以代表一般人的态度。“心理卫生运动”发源来美国，完全是耶鲁大学一位学生在得过神经病复苏之后，努力提倡出来的，至今已有二十五年历史。虽然现在各国（中国例外）都有全国心理卫生组织，但第一次国际心理卫生大会在一九一九年已经开始筹备，而直到一九三〇年才正式开成。

第一次国际心理卫生大会是一九三零年五月五日至十日在美京华盛顿开的，胡佛总统是名誉会长。到会的有三千五百人，代表五十三国（中国不在内）。美国差不多各州都有代表，会员约在四千以上。有一百个国立与州立的心理卫生学会，都参加这个大会；美国有七个其他有关的学会，也都在这时候同时举行年会。大小聚会一共有五十一次，大半都是同时开的。会序中所讨论的问题包括心理卫生的各方面，上自最显著的神经病，下到各种社会，教育，医药，法律的问题，情感适应不良的研究与治疗都讨论到。这个会序可以代表心理卫生运动的全部历史。现代神经病学的趋势即在注意病源的发展与预防，所提出来的论文有四十六大类，其他同类社会的还不算。报告的的人有三四百，用的语言有英文，法文，德文，意大利文，西班牙文，日文，俄文七种（中文照例除外）①

五月五日晚大会会长演说词中有这一段话：

“你们大家已经认识毕尔斯先生（Beers），听见过他演说了。我现在愿意补充一句：毕尔斯先生一个人的独见与认识，是心理卫生运动今日大成功的唯一原因。在过去这一百年中，凡是患过神经病的人终不能忘记疯人院里的酷虐的待遇，管理人很硬的心肠和社会的缺乏同情。但是这种情境足底打动了一个病者的心理，不单不使他痛恨已往，反而使他奋勇提倡，创立了这个布满全世界的心理卫生运动。他是曾经饱尝过这些虐待，冷眼与无同情心的，但是他并不像别人似的痛恨社会，斥责社会；不知道是什么一种力量反而使他起来作创造的事业。他的经验使他非找到人们为什么如此待遇病者的根本原因不可，使他努力去纠正这些原因；他并不觉得这过去的经验是一种个人的耻辱与虐待，而是人类的无知与愚蠢，他要叫后来的人能避免这些非人道的待遇。这个万百人中找不到一个的天才——能看到这一百年来无人看到的机会的天才，这个人就是今天在座的毕尔斯先生。大家应当彻底认识他这伟大的事业，应当知道他过去这二十年中，把他毕生的时间精力与他的一切都放在心理卫生运动上；不但如此，他还把他的赤心贡献出来，写出他病时的自传——那本有名的 A Mind that Found Itself

① Mental Hygiene，1930. 14，p. 759－760.

因为他肯这样赤裸裸的把他的经验写出来，所以我今天晚上才能这样的提及他。这个伟大的运动所受的恩赐永久是报答不尽的。谁能预测我们的子孙将受他多大的恩赐？谁能估量将来的人将受他多大的德福与提倡人道待遇的益处呢”①

“心理卫生运动”的历史是很有趣的，毕尔斯当时是耶鲁大学的学生。在一九〇〇年到一九〇三年，这三年中他得了神经病，住了许多疯人院。后来他被一位神经病学家治疗复原，于是他把他的病时三年经验，在一九〇八年写成他那千古不朽的自传。后来他得到了大哲学心理学家詹姆斯（William James）与大神经病学家迈优（Adolf Meyer）的赞助，于是开始继续他那二十五年不断的世界运动，到现在可以算得声满宇内!② 神经将有错乱的同胞们！你们的神经变态是没有人同情的。你们所受非人道的待遇是要你们自已奋斗去反抗的。专靠社会来觉悟，来解放是不成的！

学校中心理卫生指导具体办法——关于“心理卫生”的定义，美国全国心理卫生委员会所采用的是如此：

“心理卫生”一名词除去表面最明显的意义而外，还代表许多广义的事实。神经病与精神卫生本身意义就是很广的；但是初期诊断，看护，治疗，与病者的管理也是心理卫生的一部份。一切心理的社会问题，如果可以利用神经病学知识来解决，这些活动都是心理卫生的工作。“心理卫生”一名词应作这样广义的用法。③

一个整个的心理卫生运动，自然应当向社会学校双方并进。现在世界各国在一九三零年大会里已组织了一个永久的国际委员会来沟通各国的运动了。我们中国若想叫一般人赞助这种社会改革事业，那自然是不可能。但是我国学生常时神经病倾向既然如此的高而严重，而他的影响又如此的重大，我想至少学校当局也该考虑，定一个补救的办法。这种补救的办法并不是要我们独创什么制度，好在人家早有成规可以仿行。（一）最低限度学校中应有学生德育群育指导制度。这种办法教职员人人可以担任，随时随地可以注意特殊学生的问题；即无专门知识，常识的谈话指导亦聊胜于无，但须确实规定一种指导制度，务使至少有一专人负责。（二）学校课程方面应有关于心理卫生的课程，作为三四年级的选修科，至少须常有公开演讲，使学生能有这方面的应用知识。（三）更进一步，如有可能，当设学生职业指导部或人事部，专司学生指导责任；能有神经病学家或应用实验心理学家担任调查指导更好，不然望高德重而有经验的长者亦是当尽义务的。（四）最理想的办法是设立一个“心理卫生部”（正式名称自然需避免心理卫生字样），由一位神经病学家主持，此外可有一诊断心理学家，或顾问心理学家，与一职业指导员帮忙；这是在目前的中国办不到的。（五）所以最后的办法还是设一个委员会，由教务长，秘书长，校医，德高望重的教授，教育心理学教授等

① Mental Hygiene，1930. 14，p. 556—557.

② Mental Hygiene，1930. 14，p. 399—428.

③ Mental Hygiene，1930. 14，p. 418.

人组织。无论采用那种组织，具体办法不外：增加心理卫生课程为选科；添设公开演讲题目或为心理卫生本身，或为与他有关系的问题，如“心理分析”，内分泌生理与人格的关系，现代名人传记等；介绍关于心理卫生方面的书籍读物；多使学生与教职员有更密切的接触；学生每人都要有极详细的个案纪录保存着，以备查考。[①]

作者由学生情感生活状况的具体调查结果，感觉到西洋所谓的“心理卫生”，在目前中国学校中非常需要，所以才写这篇文字。现代的教育万万不能忽略人格教育。“毕业即失业”是中国教育破产的明证！入学而自杀是中国教育破产的耻辱！闭门造车，专使青年毕业而失业！造就人才，专使青年入学即自杀：这是教育的罪恶！这是教育的罪恶！

（此文调查部分之整理统计工作，米景沅先生帮忙最多，特此致谢。）

一九三四年九月二十七日于清华

① Mental Hygiene，1931. 15，p. 65—71，539.

职业指导的重要①

现在一般人似乎只知道大学毕业生需要职业介绍，而不知道大学生更需要职业指导。这个原因是很简单的，自从政府因为毕业同学请愿，设了一个“学术工作咨询处”之后，大学生失业的问题，于是特别为社会人士所注意。社会舆论大半是表同情的，政府要人似乎也是很帮忙的。我下面所说的话，并不是袒护学生，而正是要更进一步，一方面具体指示青年应有科学的反省，另一方面，我们作师长的也应当给青年一些心理的“职业指导”。学生不能反省，或者是因为我们为师长的根本不肯对于学生的“职业指导”担负相当的责任。

从教育心理的眼光看来，“职业指导”比“职业介绍”更重要万倍。能“适业”然后才可以减少“失业”的机会。到大学四年毕业而不“适业”，入社会自然有“失业”的危险。若想叫一般学生一入学即可“适业”，那非有心理的职业指导不可。一个高中毕业的学生，对于大学中的科目毫无认识，自然不能决定进何科系为最适宜。一般人总以为一个学生的志愿与兴趣，即足以使他选定他终身适宜的职业。这是大错而特错的。稍有现代教育与心理常识的人都知道职业指导的重要。在美国与“科学管理”与“心理卫生”二种运动同时发生的，还有一种所谓的“职业指导运动”。一部“职业心理学”就是一门关于职业指导，职业选择，与职业分配的实验应用心理学。在欧美下自中小学即有职业指导工作的进行，上至大学特有职业指导部处的设立。我国一般办教育的人似乎缺乏欧美普通领袖的广识远见。能注意到现代教育之科学的与心理的基础，所以学校行政只“办学”而不“兴学”，学校教员只“教学”而不“督学”。学生自己等到大学毕业然后发现所学非所用，所习非所好，那已经迟了。大学应当有职业指导机关与专员，一年级新生应当受系统的，科学的，心理的“职业指导”，这是很明显的，因为一个青年若想圆满的选择一个适当的职业，照现代应用心理学鼻祖孟斯特伯（Müensterberg）说，至少有三种不可免的困难：

第一，青年很少知道他们自己，和他们自己的才能。等到他们发现了他们的真正长处和短处，那已经迟了。他们普通都是为潮流所趋使，在一种特殊的职业上费了许多心血去准备，结果等到想改行已经不及改了。我们整个的教育制度根本就给个人很少机会去发现自己的个性。在学校中选课的兴趣每每受许多偶然的因子所支配，教员的人格或教授法，环境与家庭习惯等都可以发生影响。嗜好究竟是表面的。这种兴趣与嗜好是不能决定对于一个职业在心理方面是否适宜的。举一个简单的例：一个青年

① 本文刊载于《独立评论》1934年第130期。——编者注

或者有志要作一个航行家，但是其实他完全不适宜干这个职业，因为他在心理方面有不能辨别红绿色的缺憾。他自己或者决不会发现他自己是色盲，但是当他报名去当航行家的时候，身体检查或者就发现他在色觉方面有这种缺憾。一个青年的注意或记忆，判断或情感，思想或想象，暗示或情绪也可以有缺憾，就如同百分之四的男子是色盲这个事实一样的不容易发现。这些缺憾都可以在特殊工作上发生危险。但是除了航海人员现在已有这种心理检查而外，其余的职业大半都是没有心理的检查来鉴别有心理缺憾的人。

色盲不单别人不易发现，自己也不知道，这是因为我们的色觉不是绝对靠色的本身，色的明度也大有关系。例如红绿色既有分别，明度亦随之不同，所以色盲的人可以借明度去辨别红绿。至于在实际方面的应用，航海当水手，火车驾驶人等自然不能色盲，但普通非关生命的职业并无色盲不能插入之理。例如有人实地调查过布店里专门卖布的店员，其中就有许多是色盲的，但是他们并不感觉有妨碍。所以色盲的人在日常生活中并不发生什么困难，设若自己已经知道是色盲，那更毫无问题。因为有种种方法可以补救（作者在清华主持色盲检查多年，本夏清华招考有色盲者不准入某院系的事情，本人并未与闻其事。大学入学若需以色盲有无为选科标准，通行的简易检查法是万万不够的，因为色盲有种种程度的不同，检查法亦有数十种，严格取缔一个人，非个别的在心理实验室用仪器检验不可）。

青年男女一方面果然很少知道自己的心理缺憾，另一方面自己的特长也是同样的不知道的。设若他们有艺术，音乐或教学的天才，或者自己知道，但是他们决不知道他们的注意，他们的记忆，他们的意志，他们的观察，或他们的知觉在某一方面特别发达，但是这些特殊的心理原质，有时就是某种职业成功的要素。极端变态的缺憾与反常的特长，有时候我们是容易看得出的。但是普通中庸人的个别差异很大，这种差异在本人就很难知道了。有时我们要惊异奇怪，为什么有许多最明显的个别差异各人自己不知道。一个视觉记忆特别强的人，和一个听觉记忆特别强的人，一同住在一块，可以永远不会发现他们意识的内容是根本不同的。当选择职业的时候，儿童自己与他们父母或教员决不会把这些心理现象加以分析的。他们只知道一个孩子完全不会歌唱不能作音乐家，一个孩子完全不会画画不能作美术家，就如同一个孩子手腕筋肉很弱，根本不能作铁匠一样。但是讲到更精细的鉴别，各方面常识的判断，就大不可靠，因为心理方面的条件完全被疏忽了。

关于这一层作者知道一个很有趣的实例可以证明。还记得在士丹福大学研究的时候，听说有一位教授有一次发现有一位学生在某班上考试的卷子整篇的完全与教科书一字不差，这位教授很怀疑，但是那位学生发誓并未抄书，的确系由记忆中答出。那位教授很虚心，于是请了心理学系教授去检查，果然发现那位学生是一个 Eidetiker。原来“过目不忘”是有心理的根据的。有一位当代德国心理学家发现人群中有极少数的儿童与青年视觉非常聪锐，毫无问题，竟直是“过目不忘”，无论什么东西只要看过一遍，刺激物虽去，所得的印象，仍如实物尚在目前。当他回忆的时候，原刺激物就可以随心所欲，重行实现于目前，可以一一呈述其中的详细内容。这个现象叫做 Eidetik Image，具有这种特性的人叫做 Eidetiker，发现这个现象的人是 Jaensch。

第二，还有一个很重要的理由可以使得青年缺乏圆满适应，就是一个人往往根据一种职业的表面条件去选择那个职业。一种职业究竟需要那种性格方面的准备？最满意的适应究竟有什么主要的条件？这种职业心理的分析是非常重要的。青年对于一种职业的知识大半是极浮浅的，每每因某人在那个职业里大有成功，所以就专靠时尚而选择那个职业，至于那个职业的真正工作，价值，困难或阻碍，就很少人知道了。所以他们本来的性格，习惯，与训练都不能适合那个职业的主要条件。

第三，一个人对于自己的性格与心理状态既然不能确切的认识，对于社会中各种职业又缺乏明显的知识，那么他选择职业只有盲目瞎碰，仅凭机遇受种种不关紧要的因子所支配。职业与婚姻是人生二件最重要的决断。选择一个妻子或丈夫，虽然常常也为许多不关紧要的动机所主使，不过千变万化的恋爱婚姻问题究竟还有一个本能的宰制，生物的功用。但是在职业选择方面就缺少这种强有力的生物的本能作主使了。为模仿大多数为图发财，或者受不负责任的指导，或者竟为懒惰，而选择一种职业，那是根本没有理由的。空中楼阁常常会烟消云散；盲目瞎碰，随意偶然选择职业，结果不会比闭着眼抽签去选择好的。受过高等教育的大学生决定当律师，作医生或经营商业，常常都是偶然随意决定的，只受过中等教育的青年那更不用说了。

总而言之，一个青年的职业选择必须严重合理化，科学心理化。为达到这个目的，学校中的职业指导是非常重要的。在过去事实上没有这种需要，因为政治未上轨道，一切职务本来就未“专业化”。一个人职业选择得当不得当，根本不关紧要。但是目前大家的视线都集中在“考试”的时候，“职业指导”不应为教育当局所忽视。从个人发展方面看，职业指导固然重要，但从国家人才“专业化”方面看，职业指导更重要。教育的目标最大的是“才适其业”，而“才适其业”的办法，只有科学的心理的职业指导。

二十三年十一月十八日于清华

兴趣与职业[①]

近十年来，职业指导运动在欧美盛行极了。我国上海中华职业教育社早已提倡，近来且能积极进行，所以全国职业教育会议有中小学即应施行职业指导的议决案。这个议决案如果能切实办到，将来于中国教育前途一定有很大响应的。作者前在本刊一三〇号曾作一文，那时因篇幅关系仅论“职业指导的重要”，未提到具体的方法，所以有许多远方学生来函询问并征求指导。现在姑且先谈一谈兴趣与职业的关系，希望能与青年一点自行反省的暗示。

我们知道大战后欧美各国在各种工业人员的招雇方面，均尽量利用科学方法编造标准测验，以代传统考试与口试方法。标准测验的编造步骤，是先分析各种职务所应具的具体成功条件，然后根据这些必备的条件，采集种种客观试验方法，来区别各种职务的成功者与失败者，凡是能的确区别某种职务的成功者与失败者的试验方法，就成为那个职务的标准测验。所谓标准测验自然是相对的，就是说，凡是经过实地试验而保留的客观新法测验考试，在某组随机取样的代表人中，已经证明是比较的可靠，比较的可以的确区别那种职务的成功者与失败者。这里我们要注意，职业心理学家之所以要为每种职务编造标准测验，是因为传统考试口试方法早已经过实验证明，是比较的不可靠。第一，我们不知道某种职务的成功者究竟应当具备哪些条件；第二，即使我们知道一些条件，那些条件每每与那职务的成功失败毫无关系；第三，就是我们知道了一些真正有关的条件，我们没有客观的数量标准，指示我们那些条件在某种职务中的重要程度。所有标准测验都是为避免这三种弊端而编造的。所以为职务招雇人员而用标准测验（即专家所谓‘客观新法考验’）是比较的可靠。

有了标准测验，为事找人是比较的容易，但是为人找事，为青年选择职业，那就比较的难得多了。实验应用心理学家再三证实给我们；判定一个人的性之所近，一切取巧的步骤，如看相算命，脑壳凸凹，手纹笔迹，高矮肥瘦，头发黄黑（美国有一女子著书说：黄发女子性积极，好动，勇为，要强……黑发女子刚是相反，引起好几位应用心理学家，用实验方法证明她完全胡说），都是迷信的，野蛮的，偷懒的办法，稍受过教育的人，很少相信这种捷径的秘诀。但是一般人为子弟择业，为青年选科，他们所用的方法又如何呢？为父母的以为自己的子弟，哪还有比他们更知道清楚的？为师长的以为自己的学生，哪还有比他们更适宜指导的？其实要知道一个人的才能性格，就是自己的子弟，或自己的学生，也是很难的。自然我所谓的知道，是精确科学的知

① 本文刊载于《独立评论》1935年第137期。——编者注

道，不是一知半解，模模糊糊，大概差不多的知道。要比较圆满的达到这个目的，我们非利用比较精确可靠的标准心理测验不可。

例如一人普通智慧的高低，我们若不用心理学家所编造的标准测验来测量，显而易见的方法只有几种。第一，凭借身体上各部分的特点，如脑壳大小凸凹，身体高矮肥瘦，手纹五官之整齐端正等；但这些不劳而获的方法显然是迷信的。第二，根据一人的言语行为与举止动静以判定他的智慧。这是很自然的方法，但是我们怎样进行呢？一夕之谈，三面之交可以看出一人的智慧吗？或者可以，但是不会准确，不会人人一致，一般人不了解智慧测验的关键，就在于此。常人单凭印象随便观察，以判断一人的智慧，心理测验学家不相信他自己的个人印象，不愿随便观察而下判断，所以才有标准测验的编造。心理测验学家与常人一样的不知道什么是智慧，但是他把常人所想到的可能方法，一一试来试去，找不到一个捷径的秘诀。他发现父母并不能确实评判子弟的智慧，因为他们主观情感作用太大，永远不会吐出客观的事实。他又证明终日相伴的师长也不足以评判学生的智慧，因为他们爱好厌恶成分太深，也是永远不会露出客观的事实。唯一的合理办法是选择几十种我们以为是代表聪敏人的言行动作，去实地调查我们所以为真正聪敏的人是否都能表现。自然那几十种事情经过事实的调查，找许多人试验，有些自然要发现不足以代表聪敏人的。那么那些事情就不能用，最后所保留的于是就重行编定成标准测验，根据他，然后才可以拿去测验任何人的智慧。

普通智慧心理测验学家是这样调查的，其他无论什么特殊才能，如机械能力，音乐，数学等，也无不照样办理。近十年来心理测验的技术进步颇速，所以一人心理状态的全体都可以像智慧一样的测量。我们可以测量一人的烦恼程度（参见《中山文化教育馆季刊》一卷二期拙著“学生烦恼与心理卫生”），一人兴趣的浓厚，一人欺骗行为的有无，一人性好动抑好静，一人性刚强抑驯服，一人的坚持耐性如何，一人的态度变迁如何等。自然心理测验学家决不敢说这些测验都是绝对准确的，因为天下就无绝对准确的东西，尤其是心理现象的测量。不过我们可以说，心理测验，所得到的结果与不劳而获，未经特意试验过的技术所得出的结果相比，比较的是可靠罢了。

现在我只能介绍一种自用测验法，以为青年择业时作心理反省的暗示。为人择业之所以难，是因为一种事业的成功，除了能力而外，还有兴味的问题。我们必须先假设青年对于自己的能力都已有自知之明，能度德量力的去立志，然后我才可谈一谈兴趣与事业成就的关系。

照实验应用心理学家的研究结果，兴趣与能力不一定有关系。但是青年择业自然要择那能力够得上而有兴趣的。选定一种职业可以胜任而无兴趣固然不好，有兴趣而不能胜任确实更糟。青年择业的最大困难是对于所要择的职业实地情形不知道，其次是不知道自己的长短。将来如果中小学中真能施行心理的科学职业指导，这二层困难都可以减少。但是目前青年只能一面设法细心分析各种职业的必备条件，一面实行科学的心理反省。

心理学家告诉我们，为职业指导起见，人们可以分为三类。一类是理论的，喜欢思索，研究学问，弄抽象的学理等，这些都是学者，科学家，文学家，艺术家。一类是机械的，喜欢机械，死板，固定；性好实用，爱弄死的事物，这些是户内办公的人员，书记，机器管理员，工厂管理员等。一类是社交的，喜欢与人为伍性好交际，旅行，管理人，这些是买办，银行家，政治家等。我们很少明白知道我们究竟是属于那一类。但是有许多职业兴趣测验可以帮助青年自己作系统科学的心理反省。

下面是美国士丹福大学斯创（Strong）所编造的职业兴趣测验的一部。有兴趣的请先看说明，然后照样快快的填答。在没有答完以前，千万不要看后面的解释，因为你的反应与印象要愈快愈好，然后才可以代表你真正的心理状态，指出真正的需要（以下兴趣测验部分节译 S. M. Shellow，How to develop your Personality，Harpers，1932 第十八章）。读者特别注意：以下测验部分并不完全，仅为青年自修反省之用，不能把他随意删改以测验他人。如有学校行政人员或教员需要此项测验者，作者可代为编译寄上。

请你将下面每种职业仔细顺序看一遍。请你暂且不必顾虑报酬，社会地位，上进的机会等。你只须反省一下，你是否喜欢做那种职业的事？凡是你喜欢的职业，都把他们圈起来；凡是你不喜欢的都把他们打一“×”；凡是你不喜欢也不讨厌的，都把他们画一直。

要快快的做，愈快愈好。所要的是你初次的印象。每一种职业都要圈答。有些你或者以为无关紧要，不足轻重，其实他们对于你的态度的表白非常重要：

演剧员，广告员，建筑工程师，军官，美术家，天文学家，体育教员，拍卖者；小说家，专门著作家，汽车贩卖者，汽车驾驶竞赛者，汽车修理者，航空飞行家，银行储蓄出纳员；建筑包工者，商货购买者，木匠，滑稽画家；银行会计，公共会计师，化学家，土木工程师；公共行政机关雇员，牧师，大学教授，领事；牙医，工程图画员，编辑员，电机工程师；聘雇经理，探险家，工厂经理，工厂工人；农，大商店巡回监督员，栽培或售卖花卉者，国际新闻通讯员；省主席，饭店经理，内室美术家，翻译员，发明家，银楼掌柜，裁判官，劳工裁判者；实验室技师，风景园艺家，刑事律师，法人（公司）律师；图书馆主任，人寿保险征售员，火车头工程师，机器工厂技师；杂志著述家；实业制造家，轮船工程师，机械工程师；矿务监督，音乐家，音乐教师，办公室书记；公司经理，音乐队长，医药师，照像印刷家；医生，游戏场管理，诗人，政治家；印刷家，私人书记，火车查票员，畜牧者；地产经售者，普通新闻记者，体育新闻记者，零售贩卖者；售卖经理，教员，科学研究者，雕刻家；商会书记，间谍，航行家，工厂工头，社会服务员，古玩贩买者，统计家，股票经售者，解剖医生，工具制造家，旅行贩卖者，打字员；理办丧葬事务者，修理钟表者，批发贩卖者，青年会干事。

要知道上面这个职业名单的意义你应当照下述各步骤做去。拿一枝笔一张纸，请你把你所喜欢的每一个职业想一想写下一二条理由。是否因为他是户外工作？有责任？科学家？冒险的？兴奋的？给你机会与人接触？给你机会尽量表现自己？你若不知如何描写你自己的心境，请参考下面一个心理学家的兴趣分类：

有条不紊，按步就班的工作，管理——指挥人，行政——方案设计，机关管理，创作发明，表现自己的机会——需要听众，著述表现自己，组织事务，手腕能力（善于用手），美感倾向，对人服务（适用困难），机械能力（修理），教书，冒险，建设，指挥命令人，仔细爱精确，科学的逻辑的思想，兴奋的，由于售卖可以响应人，户外工作，竞事工作，解剖技巧，对付人，计算，受人指挥的工作，独立的工作，有地位的工作，多用严格思想的工作，语言文字的兴趣。

现在你再看看你所不喜欢的，问问你自己：为什么那个职业不打动你？为什么你不喜欢他？——他太卑贱了，没有什么责任，责任太重，太拘束等。

现在请你留意，是否你有一致的倾向？例如：是否所有你所喜欢的职业，都有一个共同的特性？你或者发现凡是你所喜欢的职业，都是可以与社会接触的，你或者发现你不喜欢孤独的工作，没有指挥别人机会的工作。当你选择或改变职业时候，请你注意这些共同的特性。

心理学家告诉我们：有能力无兴趣不能有成就，有兴趣无能力更不能有成就。能力小的人大半是兴趣宽泛杂乱而不专一，对于自己的估价每每太高，结果一事无成；反之能力高的人每每对于自己的估价太低，兴趣很少而专一，所以容易有成就。兴趣保持得愈久愈专一，成就的机会愈大，反之，成就愈小了。

照现在的中国社会制度看来，择业似乎只有社会的标准而无心理的标准。在欧美职务专业化，职业合理化，能力是最关重要的，若是所学非所长，自然在社会上站不住脚。现在中国社会上各种职务根本离专业化时期还远，职业合理化时期也不知还要多少年。在这种过渡时期，严格的职业指导与选择似乎很困难，但是青年若知道一点自知反省的技术，于将来个人成就以及国家人才培养方面都是有益的。

二十四年一月五日于清华

RELATIVE NEUROTIC TENDENCY OF CHINESE AND AMERICAN STUDENTS①

Tsing Hua University

SIEGEN K. CHOU AND CHING—YUAN MI

MENTAL TESTING IN CHINA

Pure psychological testing is a rare thing in China, because scholars, and common people as well, fundamentally doubt the validity and usefulness of all kinds of the so—called tests: intelligence, personality, or otherwise. Educational administrators seldom encourage such undertakings. The few psychologists who are in the position to do so rarely have the initiative to ask for cooperation on a group test or to send out a questionnaire for fear that they may be severely criticized for intellectual notoriety. Those who have any superficial knowledge at all of mental testing are already twenty years out of date. They still think that intelligence tests, and hence all forms of psychological tests, have fallen into disrepute. They are intellectually prejudiced and biased. They simply refuse to open their eyes to the fact that, in the last twenty years, not only intelligence, but particularly personality and aptitude, tests have already proved their validity and usefulness from education to business, from the classroom to the library, the museum, and the courtroom. The early stage of general discredit on all forms of mental testing has not yet passed in China. It is true that the visit of Professor William A. McCall of Columbia to China in 1923 gave to the movement of tests and measurements a center of impulse and guidance (2) . But, like everything else in China, that interest had only "five minutes'enthusiasm," as the saying goes, in spite of the fact that a society was organized recently, devoted to psychological and educational testing. Although both the title of the organization, "The Chinese Testing Society," and the technical Journal of Testing are perhaps the only ones of their kind in the world, not much advancement has been achieved by their inauguration. This report on personality testing is, so far as the authors are aware, one of the pioneer works in China.

Since the Manchurian crisis, the whole nation is literally neurotic. This is especially evi-

① Received in the Editorial Office on November 23, 1934, but delayed in publication.

dent in schools and colleges, because ever since May 4th, 1919, students have been the persons directly affected by national aspirations. ①. Numerous cases of abnormality, maladjustment, and insanity were encountered in the schools and colleges, and suicide seemed to be committed oftener. We actually met a case of suspected dementia praecox: a male college student, who was crazy about a girl student, tried to enter the girls'dormitory by force. We witnessed the inhuman treatment of this boy by the university authorities when they ordered the police to get hold of him and bind him with ropes, to be carried away in an ordinary wagon to the college police station. The senior author questioned this insane boy in the presence of a multitude of students, among whom was the college physician who could do nothing but pronounce that the boy had no physical trouble, but only mental. There is no asylum for this boy; no hospital will admit him. His home is his asylum, and his treatment is rope and ridicule. China has not yet passed the demonological, witchcraft, and political stages in her conceptions of insanity. Of course, humanitarianism is much more needed in other things than in insanity in China, and so a Pinel or an Esquirol is still waiting to come.

People generally attributed the cause of this recent, obviously higher frequency of neurotic tendencies among students to the unprecedented national crisis. In order to verify this suspicion and to find out, in part, the relative degree of neurotic tendency of Chinese and American students, we translated and applied Thurstone's (9) Neurotic Inventory with the view of revising and adapting it for Chinese college use. From February to November in 1932, some 950 copies of the translated Inventory, known in Chinese literally as the "Psychological Questionnaire," were either distributed individually or administered to groups in several institutions and localities. Altogether, 855 copies were returned for treatment, which is about 90 per cent of the total number distributed.

CHINESE TRANSLATION OF THE THURSTONE NEUROTIC INVENTORY

We translated Thurstone's Neurotic Inventory, known as the Personality Schedule, exactly as it stands, because we wished to compare directly the relative neurotic tendency of Chinese and American college students arbitrarily on American standards, and to know on what specific, neurotic behavior items the two races differ so that we might revise the Inventory on empirical grounds for Chinese use. The Inventory is rendered in Chinese and is known as the "Psychological Questionnaire," because the expression "Personality Schedule," if translated into Chinese, still has an unfavorable,

① The National Students'Movement in 1919 was started on May 4 on account of the fact that the Paris Conference had decided to hand over Shantung to Japan. This movement was henceforth famously known as the *May Fourth Movement*

moralistic connotation.

The whole questionnaire is a 13－page pamphlet printed with largesize characters. On the first page appear the instructions, which have been somewhat modified and expanded so as to emphasize the obviously stated purpose of the questionnaire. On the top of the page, two blank spaces are provided so that people who do not like to sign their own true names may write some pseudonym or some number instead. This is explicitly stated under the blank spaces. We numbered the items consecutively from 1 to 223, which appear on the 13 pages with a total number of from 17 to 21 items per page, except the last which contains only the last 8 items.

To facilitate scoring, as many holes as there are items on each page were cut by an ordinary paper puncher on 12 narrow strips of stiff paper, about 8 in. Long and 3/4 in. Wide, to serve as scoring keys for each of the 12 pages of questions. Each scoring key is cut in such a way that, when it is placed on its particular page over the three columns of "Yes," "No," and "?" answers, only the neurotic answers are revealed through the little windows. The scorer simply checks those neurotic questions that have been actually marked down by the subject. We use the same neurotic answers as determined by Thurstone so that results may be exactly comparable for the two races.

SUBJECTS ANSWERING THE THURSTONE NEUROTIC INVENTORY

Exactly 855 copies of the Chinese version of the Neurotic Inventory were secured from various sources representing three important cities in North China. The location and number of subjects answering the Inventory are shown in Table 1, in which the different groups are labelled *A*, *B*, *C*, *D*, *E*, *F*, and *G*.

TABLE 1 LOCATION AND NUMBER OF SUBJECTS ANSWERING THE CHINESE THURSTONE NEUROTIC INVENTORY

Group	Place	Institution	Subjects	Testing	No.
A	Peiping	National Tsing Hua University	All classes		
			Freshman Men and women	Group and individual	246
B	Peiping	National Peking University	All classes Freshmen Men and women	Group and individual	116
C	Peiping	Catholic Fuh-Jen University	All classes	Group	49

Group	Place	Institution	Subjects	Testing	No.
D	Peiping	Junior High School National Normal University	Freshman Boys and girls	Group	80
E	Chinan, Shantung	Provincial Training Institution for Educational Administrators	Adult men	Group	85
F	Tai—Yuan, Shansi	Provincial Normal School	Boys	Group	86
G	Peiping	Miscellaneous	Men and women	Individual	193

When the Inventory was translated and published, personal friends and all students of the Psychology Department, especially those in the class of Applied Psychology in which the Inventory was first discussed, cooperated in the free distribution and collection of the questionnaire. ① One large group test was given to volunteers of the 1932 Freshman class, as well as several small group tests to various classes in the University. Data gathered in this manner amounted to 246 returns (Group *A*), which may be taken as representative of Tsing Hua University, where the total number of students was then about 1000. One group test was administered to the General Psychology class of National Peking University through the kindness of Professor Chi — Chang Fang. Messrs. Siang—Tung Chang and Tseng— Yu Yue were responsible for the conduct of this group test. The 116 returns from this institution may be taken as a random sampling of at least its freshmen students, where the total number is several thousands (Group *B*) . Professor D. G. Schramm, formerly of the Catholic Fuh—Jen University, was kind enough to secure 49 returns from his Psychology and Education classes (Group *C*) . One of the authors, Ching—Yuan Mi, administered the questionnaire and got 80 copies from his Alma Mater, the experimental Junior High School of National Normal University (Group *D*) . These groups all belong to the city of Peiping, which yielded, altogether, 491 subjects.

Mr. Shih—Lang Chu of the Shantung Provincial Training Institute for Educational Administrators, Chinan, Shantung, voluntarily secured 85 returns for us (Group *E*) . Mr. Chu, a graduate of the Education Department of National Peking University, was responsible for the personality and character education of the Training Institute. His sincerity in cooperation may be proven by the fact that he, having been informed of the

① We wish to express our appreciation to the following, who assisted us in connection with this work: Messrs. Hsien—Chuan Chu, Moh Chen, Fu—Tang Dunn, and Han—Piao Chen.

results of the test, later wrote us for the second time requesting more copies of the questionnaire, but the first printing had by that time become exhausted. Tai—Yuan, Shansi, was represented by 86 subjects (Group *F*), whose returns were secured through the kindness of Mr. Wen—Ching Lo, a psychologist from the United States.

Only 70 returns were obtained from female subjects, of which about 33 were collected by Mr. Moh Chen from the Y. W. C. A. 1932 Summer Camp members, who happened to hold their meeting in Tsing Hua. This group of 33 was included in the miscellaneous group of 193 subjects, composed mainly of staff members of Tsing Hua University (Group *G*).

It must be pointed out that the different groups were, in general, not homogeneous because of practical reasons mentioned at the be ginning of this report. About one-half of Group *A* were freshmen and were given the group test, the remaining half being upper—class students who came individually for the test. Both sexes were represented. Group *B* were mostly freshmen answering the questionnaire in a regular class period. Some individual returns were also included. Both sexes were represented. Group C consisted of men by group test, while Group *D* were all Junior High School boys and girls tested in a regular class period. Presumably only adult men were represented in Group *E* by group test and only adolescent boys in Group F, also by group test. About half of the miscellaneous Group *G* were Y. W. C. A. women, as noted above, who individually answered the questionnaire.

Several pertinent facts should be borne in mind in reading the following full account, especially when we come to note the striking differences in neurotic tendency between Chinese and American subjects.

1. Although the data were collected by several persons from various sources, these collaborators were all competent, responsible persons. Conscientiousness on the part of the subjects may be accepted on faith. However, differences in attitudes and situations ought to caution us in making intergroup comparisons.

2. The questionnaire returns came from three leading cities in North China. Peiping, of Hopei Province, was formerly the na tional capital; Chinan is the capital of Shantung Province; and Tai—Yuan, the capital of Shansi Province. Thus, we may take our results as representative of college students of North China. There may be some striking differences in neurotic tendency between students of Central and South China and the results we report here.

3. The individually answered returns are not strictly comparable with the returns by group test, because there is reason to believe that people voluntarily asking for such an adjustment questionnaire to be answered at leisure must necessarily be already suscepti-

ble of emotional maladjustment, on the one hand, and highly deliberative and sophisticated when answering, on the other. These two tendencies may be assumed to cancel each other and hence may yield more or less comparable measures with the results from controlled group tests.

4. Thurstone's Inventory Was translated exactly as it stands so that we might have direct, comparable results between Chinese and Americans. In noticing the striking differences in neurotic tendency among Chinese and Americans, the reader must bear in mind that we are temporarily judging neuroticism of Chinese college students by American standards of social and behavioral maladjustments. It is our original purpose to revise and adapt this Inventory later for Chinese use entirely by Chinese standards.

FREQUENCY DISTRIBUTIONS OF NEUROTIC SCORES

In Table 2 we have all the frequency distributions of total neurotic scores in the Thurstone Inventory for various Chinese groups of subjects. The first four distributions are the total neurotic scores for the four Groups $A-D$ of the city of Peiping. The next two distributions are the scores for the Shantung Group E and Shansi Group F, respectively. The last distribution shows the scores of miscellaneous Group G, also Peiping subjects. The graphic representa tions of these distributions are drawn, for convenience, separately for the Peiping and other groups in Figure 1*a* and Figure 1*b*, because they are too crowded to appear in the same graph.

TABLE 2　FREQUENCY DISTRIBUTIONS OF NEUROTIC SCORES FOR CHINESE SUBJECTS

Neurotic scores	Groups*							
	A	*B*	*C*	*D*	*E*	*F*	*G*	Total
0	2							2
10	5	1	1	2				9
20	12	4		2	3		6	27
30	17	2		8	2		15	44
40	29	10	4	10	8	4	21	86
50	36	8	2	6	11	5	25	93
60	29	12	7	8	11	5	15	87
70	32	15	6	10	15	11	27	116
80	22	11	5	15	10	8	20	91
90	20	14	4	7	8	8	29	90

Neurotic scores	Groups*							
	A	*B*	*C*	*D*	*E*	*F*	*G*	Total
100	16	12	5	3	7	11	18	72
110	10	9	5	4	5	12	5	50
120	10	7	3	1	3	13	6	43
130	2	9	3	2	1	6	3	26
140	3	2	3			1	1	10
150	1			2	1	2	1	7
160								
170							1	1
180			1					1
Total	246	116	49	80	85	86	193	855

* *A*=National Tsing Hua University, Peiping.

B=National Peking University, Peiping.

C=Catholic Fuh—Jen University, Peiping.

D=Junior High School, National Normal University, Peiping.

E=Provincial Training Institute for Educational Administrators, Chinan, Shantung.

F=Provincial Normal School, TM—Yuan, Shansi.

G=Miscellaneous, Peiping.

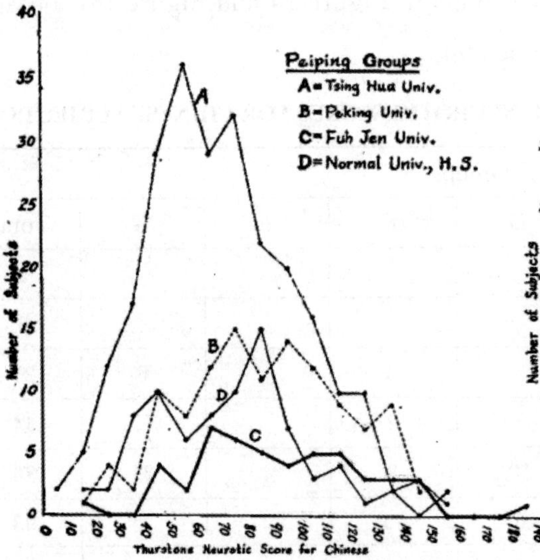

FIGURE 1*a*

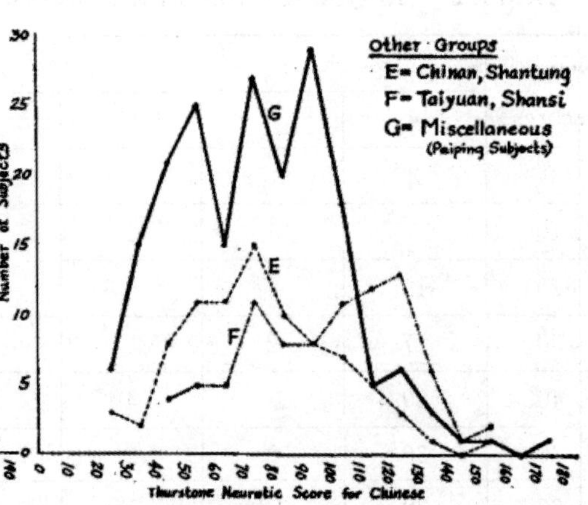

FIGURE 1*b*

Since the number of subjects in the different groups are very unequal, the curves are very irregular and mostly multimodal. Group *C* (49 subjects) has the widest range of variability, while Group F (86 subjects) has scores ranging only from 40 to 150. The curves for Groups *A* and *B* are more or less normal in shape, because they contain more subjects randomly sampled than most of the other curves. On the other hand, Groups *C*, *D*, *E*, *F*, and *G* have more subjects with low neurotic scores and very few with high neurotic scores. These highly neurotic subjects in the various groups were perhaps actually neurotics who answered the questionnaire voluntarily in the hope that they might receive some benefit.

CHINESE GROUP DIFFERENCES IN NEUROTIC SCORES

Table 3 gives the averages, variability, and reliability of neurotic scores of the various Chinese groups according to size of score. The order of neuroticism of the various groups is *F*, *C*, *B*, *E*, *G*, *D*, and *A*. The two most neurotic groups, *F* and *C*, have a mean neurotic score of over 90; the next group, *B*, over 80; while Groups *E* and *G* score, on the average, about 75. The least neurotic groups, *D* and *A*, have a mean score of about 70. The reliability of the averages are somewhat inversely proportional to the number of subjects in the group.

Table 4 gives the differences and standard error of differences in mean neurotic scores as listed in Table 3. The intergroup differences in mean scores are represented in the upper right half of the table, while the standard error of these differences is represented in the lower left half of the table. Table 5 shows the corresponding coefficients of reliability or critical ratios of the intergroup differences.

The difference between the most neurotic group, *F* (98. 49), and the least neurotic group, *A* (70. 16), is 28. 33, which is 8. 09 times its standard error. Group *F* is significantly more neurotic than all groups except *C*. Group *C* (92. 35) is perhaps not significantly different from Groups *B*, *E*, or *F*. Group *B* (85. 51) is perhaps more neurotic than Group *A*. The last four groups *E*, *G*, *D*, and *A* are perhaps not significantly different from one another. All these comparisons are based on the respective coefficients of reliability repre sented in Table 5. The corresponding chances in 100 are also included.

TABLE 3 AVERAGES, VARIABILITY, AND RELIABILITY OF NEUROTIC SCORES OF VARIOUS CHINESE GROUPS

Groups	N	Mean	σ	σ_M	P. E. $_M$
F	86	98.49	27.19	2.93	1.97
C	49	92.35	33.18	4.74	3.18
B	116	85.51	30.65	2.80	1.89
E	85	76.88	26.37	2.86	1.92
G	193	75.36	28.27	2.04	1.37
D	80	72.88	30.15	3.39	2.27
A	246	70.16	29.76	1.89	1.27
Total and Av.	855	78.45	30.59	2.95	1.98

TABLE 4 DIFFERENCES AND STANDARD ERROR OF DIFFERENCES IN MEAN NEUROTIC SCORES AMONG VARIOUS CHINESE GROUPS

Groups	F	C	B	E	G	D	A
F		6.14	12.98	21.61	23.13	25.61	28.33
C	5.57		6.84	15.47	16.99	19.47	22.19
B	4.05	5.50		8.63	10.15	12.63	15.35
E	4.08	5.53	4.00		1.52	4.00	6.72
G	3.56	5.16	3.46	3.51		2.48	5.20
D	4.47	5.83	4.39	4.43	4.46		2.72
A	3.50	5.10	3.37	3.42	2.78	3.87	

Upper right half of the table=Diff. $_M$.

Lower left half of the table=σ_{diff}..

TABLE 5 COEFFICIENTS OF RELIABILITY (CRITICAL RATIOS) OF THE DIFFERENCES BETWEEN MEAN NEUROTIC SCORES AMONG VARIOUS CHINESE GROUPS

Groups	F	C	B	E	G	D	A
F		1.10	3.18	5.29	6.49	5.73	8.09
C	86.43		1.24	2.79	3.29	3.34	4.35
B	99.92	89.25		2.16	2.93	2.87	4.55
E	99.99	99.74	98.46		.35	.90	1.96
G	99.99	99.93	99.83	63.68		.55	1.87
D	99.99	99.95	99.79	81.59	70.88		.70
A	99.99	99.99	99.99	97.50	96.93	75.80	

Upper right half of the table=C. R.

Lower left half of the table=chances in 100.

Referring to Table 1, we recall that Group *F* consisted of 86 normal school students of the city of Tai—Yuan, the capital of Shansi Province. Why this particular group is exceptionally neurotic cannot be explained offhand. Since the data were obtained indirectly through a third person, we are not in a position to account for this high neuroticism. Perhaps the situation and attitude under which these subjects answered the questionnaire were different from those of other groups. But the present writers cannot think of any possible factor that would dispose those subjects purposely to check more neurotic answers than they were willing to do. Furthermore, it may be assumed that people are generally more inclined to appear less neurotic in representing themselves in this kind of personality inventory. The only plausible guess seems to be that this group was just in the age of adolescence and hence suffered from most of the maladjustments and self—consciousness characteristic of this age. Another reason for the high neuroticism of this particular group is perhaps that Shansi is one of the comparatively backward provinces in North China, both economically and culturally.

The high neuroticism of Group *C* may also be partially explained by the small number of cases and the unreliability of the data, which were also obtained through a third person. If the mean neurotic score of this group is a correct representation of fact, it is particu larly difficult to explain its high tendency toward neuroticism, because the subjects of this group, coming from a missionary university, are socially supposed to live in a better environment than those students of national universities, for example, Group *B*. The latter represents the typical Chinese National Government University student group, who are very susceptible to national aspirations or patriotism. The Manchurian crisis of September 19, 1931, was then (1932) still fresh in the minds of everybody. Students of this group were especially conscious of their leadership in student move ments. It is reasonable to suppose, therefore, that a group with such agitation may actually have shown higher neurotic tendency than others.

Group *E* consisted of adult subjects, presumably all college graduates, who were preparing themselves for educational administrative work. They had reason to worry about the future, but not so much so as either Groups *C* or *B* about student problems. The miscellaneous group, *G*, is relatively less neurotic than all groups so far considered. This is perhaps due to the fact that more adult non college students were included in the group, and it is reasonable to suppose that neuroticism increases with age up to adolescence or college level and then decreases as people become older and more matured (8) .

The subjects of Group *D* were junior high school freshman students of a well—

known experimental school of the National Normal University of Peiping. They are perhaps too young to have worries, and so the mean neurotic score is only 72.88, second lowest only to Group *A*, who score only 70.16, the least neurotic among the seven groups. The latter, as we may recall, contained mostly freshmen by group testing and about an equal number of volunteer subjects by private filling—in of the questionnaire. This group is most comparable with Group *B* whose 116 subjects were in the majority freshman students. Since there were some volunteers in Group *A*, and volunteers may have a tendency to score high neuroti cally, it is especially significant to note its difference of mean score with Group *B*, which is 15.35 points, a difference of 4.55 times its own standard error of difference.

The possible explanation of the high neuroticism of Group *B* has been given above. The especially low neurotic scores of Group *A* must be explained by one of the following reasons:

1. Tsing Hua University is noted for her high standard of entrance examination. Students from this University may be fundamentally more stable both intellectually and emotionally. They represent the better half of all high school graduates, because better and more severe systems of entrance examinations had been used in this University. But, according to Thurstone (9), neuroticism is negatively correlated with scholarship. No personality—test score was used as a criterion of selection of freshman students in this University. We are, therefore, not justified to suppose that the especially low neuroticism of this group is in any way explained by the fact that they are scholastically better than those of Group B. However, the present authors are not so sure of this.

2. The environment of Tsing Hua University may be the reason for the low neurotic tendency of her students. Unlike most national government universities, Tsing Hua is situated outside of the city of Peiping. She has her own secluded campus. All students live in dormitories, and the material comfort of the students is second to none in the whole country. All modern conveniences are furnished, such as gymnasium, library, etc. Students who had just entered the University should have reduced their number of worries and malad justments even if they were actually already somewhat neurotic in their high school days. On the other hand, most city students, e. g., Group B, which is typical of all national government universities, live in private boarding houses or dormitories with much less modern conveniences. Their life is never so regular and wholesome as the suburban students who live on a secluded, independent campus. All sorts of bad social influences may exert their effect upon the emotional maladjustment of the city student.

A FEW ILLUSTRATIVE CASES

By way of summary, we may recall that three regular university groups, one high school group, and one miscellaneous group of about 500 subjects in the city of Peiping, besides two extra groups of about 85 each from two other important cities in North China, gave a mean total neurotic score ranging from 70 to 98 points. This wide difference of neurotic tendency among the various groups was attributed, in part, to several obvious cultural and environmental factors.

It may be pointed out that several extreme cases of ill—adaptation or maladjustment in the University were brought out in Group *A*, on whom the translated Inventory was first applied. After a group report to those who had filled the Inventory had been given and most of the people had already known the size and significance of their own neurotic score, several individuals came to the authors for diagnosis and complained of all sorts of mental trouble. A few cases may be mentioned just as an illustration of this serious problem in China.

1. One freshman from the Department of Civil Engineering was evidently failing in every course he took. He complained of lack of concentration and was so nervous that whenever examinations came he forgot everything he had remembered so well beforehand. He was constantly afraid of failure in examinations. Hc fundamentally doubted his own intelligence and asked for diagnosis. Delusions were many and some involuntary tics or twitchings of the facial muscles, especially around the eyes, were most noticeable. According to his own narration, the sole cause of his nervousness was his mother's ill treatment of him during childhood. This student finally dropped engineering and transferred to the Psychology Department during his sophomore year. But when he became very much interested in psychological experiments, the University finally instructed him to leave on account of poor scholarship. His neurotic score is 79, which is *D* according to Thurstone's letter grading.

2. Another freshman of the Psychology Department, who got a total neurotic score of 97, which is *E*, was also showing signs of maladjustment. He later transferred to the Physics Department. He was very fond of music and seemed to be somewhat talented along this line, as is revealed by the fact that he distinguished himself in the University brass band.

3. Still another senior student of the Department of Western Languages and Literature came for advice because he scored 142, which is far beyond Thurstone's letter grading in the Neurotic Inventory. He was suffering from an internal conflict. He had

been married, when he was only 19 years of age, to a girl three years older than he, out of which two sons and one daughter were born. The marriage was entirely an old—fashioned one, i. e. , decided by parents, and his wife, of course, is the old—fashioned type. He has a brother who, dissatisfied with an old—fashioned wife, had married three others within 10 years. His father lived to be 80 years of age and had several wives, too, of whom his mother, now 40 years old, was the fourth. The third wife of his father gave one elder brother and one elder sister; the second, two elder sisters; while his own mother gave himself and a younger sister. He was 25 years of age, while his wife was 28. Reared in such a family, naturally his conflict consists of whether or not he should desert his oldfashioned wife and marry again.

The senior author gave an amateur analysis of this case somewhat along the following lines of reasoning, which the patient (shall I say so?) accepted as valid. He was told that the conflict was entirely reasonable. But it was a practical problem whether he could secure a sweetheart to marry again as he wished. Since there are so many social objections to a marriage with a really modern girl, he should be contented not to think and worry about the matter. If by chance he should meet a modern girl who really loved him in spite of all social discretion and objection, then he would be in a position to consider the matter and make a decision. This student was evidently convinced by this simple talk.

The authors give these three cases simply as examples of perhaps countless similar cases in the Chinese colleges and universities. The above account also shows how sympathetic talks, even from an ama teur clinical psychologist, could help college students suffering from neuroticism.

COMPARISON WITH AMERICAN GROUPS

In order to know the extent of neuroticism of Chinese university students, it is best to compare the average scores of the various groups with those of American subjects reported in the *Journal of Social Psychology* by several authors (Table 6). Thurstone's (9) original distribution of 694 Chicago freshman men and women is calculated by us to yield a mean of 40. 28±59. Allport's (1) distribution of 200 Dartmouth male sophomores (few juniors) was in percentages, which we turned back to frequencies and calculated the mean to be 41. 23±. 10. Harvey's (5) distribution of 146 Texas male sophomores and juniors yields a mean score, also according to our calculation, of 42. 36±. 14. Stagner (8) reported two mean scores, one being 54. 08 with a sigma of 25. 25 for 92 boys and girls of ages 17—19, and the other being 49. 00 with a sigma of

23. 41 for 85 men and women of ages 21—30. The average of these two mean scores is, according to our calculations, 51. 54±. 12 (the P. E. $_M$ is also derived from the average of the two separate sigmas) . Stagner reported several overlapping group averages. The group he used has the largest number of subjects and represents the combined result of 177 sophomores, juniors, and seniors of both Gustavus Adolphus College and the University of Wisconsin. The average score of these four American normal groups of 1217 subjects is 44. 03, and the average of the sigmas is 23. 54. It is rather unfortunate that Willoughby (11) neither gave us the average scores of his 152 pairs of husbands and wives and 144 Pittsburgh freshman women nor furnished us the raw data for calculating them.

TABLE 6 TOTAL NEUROTIC SCORES FOR AMERICAN GROUPS

Year	Author	Place	Status	Sex	*N*	*M*	σ
1930	Thurstone	Chicago	Freshmen	Both	694	40. 28	22. 73
1930	Allport	Dartmouth	Sophomores Juniors (few)	Men	200	41. 23	21. 65
1932	Harvey	Texas	Sophomores Juniors	Men	146	43. 36	25. 46
1932	Stagner	Adolphus and Wisconsin	All classes	Both	177	51. 54	24. 33
Average for normal Americans					1217	44. 03	23. 54
1931	Garrison*	North Carolina Penal Institution	White prisoners	Women	138	65. 67	
1933	Smith	Illinois State Hospital	Manic—depressives		56	58. 30	29. 05
			Dementia praecox		26	70. 57	35. 60
Average for normal Americans					220	64. 85	32. 33

* Garrison applied only 182 of Thurstone's original 223 items in testing the white women prisoners.

Smith (7) reported a mean score of 58. 30 (σ=29. 05) for 56 dementia praecox, and 70. 57 (σ=35. 60) for 26 manic—depressive cases in the Illinois State Hospital. "There was a variation in total score from 10 to 135 in the group diagnosed dementia praecox and a variation from 15 to 125 in the group diagnosed manic depressive." Ladu and Garrison (3), applying only 182 items of the Thurstone Inventory to 138 of the inmates of three penal institutions for white women in North Carolina, reported a mean score of 65. 67. The average of these three means of 220 abnormal cases in America is 64. 85.

The above results are given in tabular form in Table 6, while Table 7 gives the available frequency distributions of some groups.

TABLE 7 FREQUENCY DISTRIBUTIONS OF TOTAL NEUROTIC SCORES FOR AMERICAN GROUPS

	Normal				Abnormal		
Neurotic scores	Chicago	Dart—mouth	Texas	Total	M. D.	D. P.	Total
0—9	36	8	8	52			
10	87	20	19	126	2	5	7
20	140	44	22	206	3	4	7
30	130	29	27	186	1	4	5
40	96	34	22	152	I	8	9
50	86	27	11	124	3	12	15
60	42	17	15	74	2	3	5
70	34	9	10	53	4	4	8
80	17	6	5	28		6	6
90	16	4	2	22		3	3
100	7	I	2	10	5	5	10
110		1	1	2	3	1	4
120	2		2	4	2		2
130—9	1			1		1	1
Total	694	200	146	1040	26	56	82

Figure 2*a* shows the frequency polygons of the Chicago, Dartmouth, and Texas groups, and Figure 2*b* shows those of the abnormal cases. The frequency polygons of neurotic scores for Chinese, normal Americans, and abnormal Americans are shown in Figure 3.

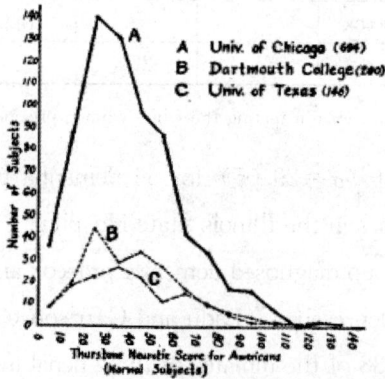

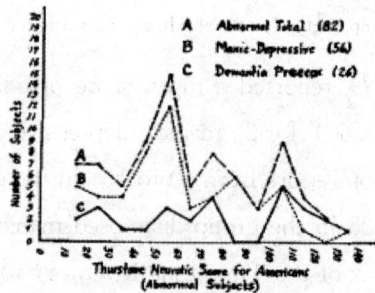

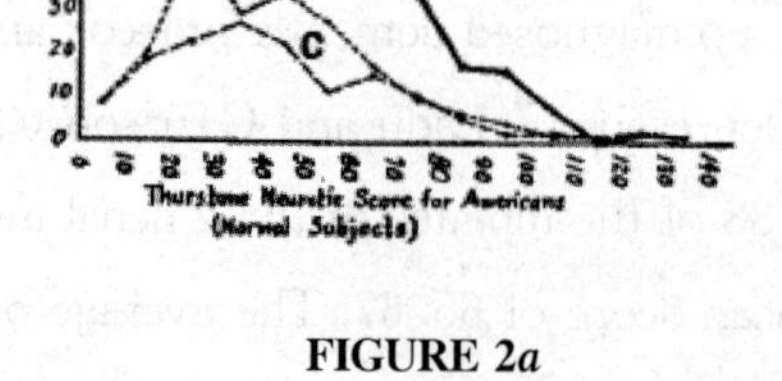

FIGURE 2*a*

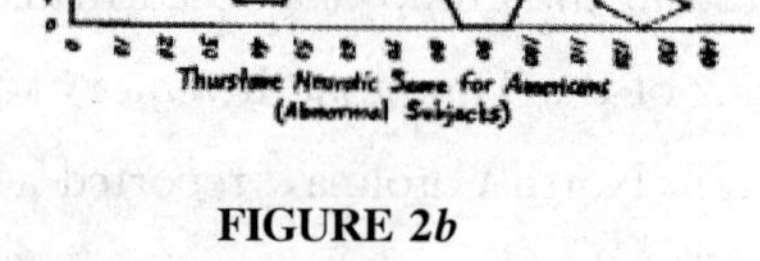

FIGURE 2*b*

It is curious to note the extraordinary fact that the average neurotic score of 855

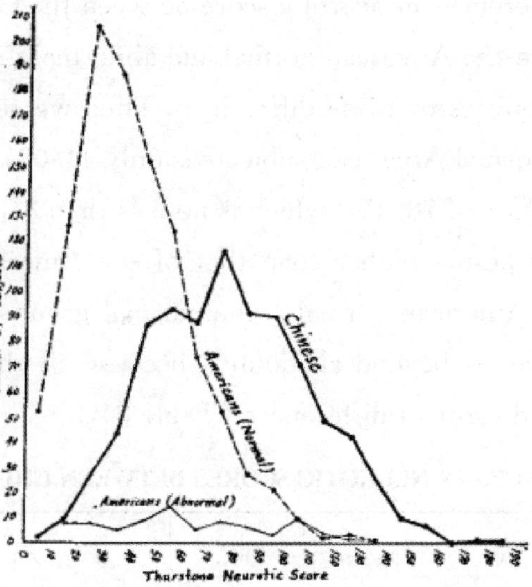

FIGURE 3 COMPARISON OF CHINESE AND AMERICAN GROUPS

Chinese subjects is not only much higher than the American normal group of 1217 subjects but even higher than the American abnormal groups consisting of 138 women prisoners and 82 dementia praecox and manic—depressive cases. Thus, we see that all American normal groups have a total range of scores from 0—140, the distribution of which is skewed toward the lower part of the scale. The abnormal groups have the same upper range but do not show any striking skewness. On the other hand, the total range of scores for the Chinese group is from 0—190 and the distribution is almost a perfect normal curve, showing striking similarity to the American abnormal group. We cannot explain why there are decided drops in frequency in the two intervals immediately below and above the modal class in the Chinese curve.

This curious fact that the distribution of neuroticism for Chinese students is a normal curve resembling that for the American abnormal group may be explained by the fact that in China there is no psychiatric service to segregate the extremely neurotic ones out of public institutions. People who suffer from mental sickness cannot be cured and society has no provision for caring for such people. The only place for the insane is with his family and, of course, students who are unstable but have not yet reached the stage of family care remain in school. On the other hand, psy chiatric service is abundant in Western countries and so the extremely neurotic ones are taken care of by the government. Hence the curve of neuroticism is skewed toward the lower part of the scale, i. e. , there are many people scoring Iow in the Thurstone Neurotic Inventory and only a few scoring very high.

The numerical differences in neurotic score between the Chinese and American normal groups and between the American normal and abnormal groups are given in Table 8 together with the reliabilities of these differences. Thus we see that, while the pooled average score of 1217 normal American subjects is only 44.03, 855 normal Chinese subjects yield an average score of 78.45, which is no less than 34.42 points higher than the former and even 13.60 points higher than that of the American abnormal group. The difference between the American normal and abnormal groups is only 24.82. The reliability of these differences is beyond all doubt, because all these differences are above five times their standard error of differences (Table 8).

TABLE 8 DIFFERENCES IN NEUROTIC SCORES BETWEEN CHINESE AND AMERICANS

Comparisons	N	Mean	Diff.	σ	σ_M	$\sigma_{diff.}$	$\frac{Diff.}{\sigma_{diff.}}$
Chinese normals	855	78.45		30.59	1.04		
			34.42			1.24	27.53
American normals	1217	44.03		23.54	.67		
Chinese normals	855	78.45		30.59	1.04		
			13.60			2.41	5.64
American abnormals	220	64.85		32.33	2.18		
American abnormals	220	64.85		32.33	2.18		
			24.82			2.28	10.88
American normals	1217	44.03		23.54	.67		

QUALITATIVE RACIAL DIFFERENCES IN NEUROTIC TENDENCY

Thurstone used five—letter ratings for the neurotic scores of his original group of 694 Chicago freshmen, namely, those receiving neurotic scores between 0—14 are given a letter rating of *A* and described as "unusually well adjusted," those scoring 15—44 are "well adjusted," those scoring 45—64 are "average," those scoring 65—84 are "emotionally maladjusted," and those scoring 85—139 are desig nated as the E class who "should have psychiatric advice." Table 9 shows the frequency distributions and percentages of neurotic scores for American subjects classified according to Thurstone's letter ratings. Only the Chicago and Dartmouth groups are included in this table, because the other Texas group has scores classified in groups of 10 points each, which cannot be reduced to Thurstone's five—group letter ratings. One group of clinical cases recently reported by Hanna is also included.

From Table 9, we can clearly see that, in the original group of 694 freshman students, there are 69, or 9.9 per cent, cases who are "unusually well adjusted"; 372, or 53.6 per cent, "well ad justed"; 160, or 23.0 per cent, "average"; 62, or 8.9 per cent, "emotionally maladjusted"; and only 31, or 4.6 per cent, who "should have psychiatric advice." The 200 cases of the Dartmouth group do not alter the total proportions of the 894 normal college students of America; the percentages of each class of subjects are practically identical with the basic Chicago group.

TABLE 9 FREQUENCY DISTRIBUTIONS AND PERCENTAGES OF NEUROTIC SCORES FOR AMERICAN SUBJECTS CLASSIFIED ACCORDING TO THURSTONE'S LETTER RATINGS

Ratings and score		College students			Insane and clinical			
		Chicago	Dart-mouth	Total	M. D.	D. P.	Clinical	Total
A	0—14	69	16	85		2	6	8
		9.9	8.0	9.5		3.6	3.0	2.8
B	15—44	372	107	479	7	14	74	95
		53.6	53.4	53.6	26.9	25.0	37.0	33.7
C	45—64	160	47	207	3	19	51	73
		23.0	23.6	23.2	11.6	33.9	25.5	25.9
D	65—84	62	22	84	6	8	36	50
		8.9	11.0	9.4	23.1	14.3	18.0	17.7
E	85—139	31	8	39	10	13	31	54
		4.6	4.0	4.3	38.4	23.2	15.5	19.2
F	140—189						2	2
							1.0	.7
Total		694	200	894	26	56	200	282

On the other hand, in the three abnormal clinical groups, there are only 2.8 per cent of cases of "unusually well adjusted," but 19.2 per cent of cases who "should have psychiatric advice," and 2, or .7 per cent, cases who score way beyond the normal range of scores which is marked Group *F* (140—189). It is perhaps very unusual when we compare the Chinese distributions with the above American groups. Table 10 shows the Chinese distributions of group scores according to the five—group letter ratings.

TABLE 10 FREQUENCY DISTRIBUTIONS AND PERCENTAGES OF NEUROTIC SCORES FOR CHINESE SUBJECTS CLASSIFIED ACCORDING TO THURSTONE'S LETTER RATINGS

Ratings and score		Normal groups*							
		A	B	C	D	E	F	G	Total
A	0—14	5	1		1				7
		2.0	.8		1.2				8
B	15—44	45	8	3	13	10	3	33	115
		18.3	6.9	6.1	16.2	11.8	3.5	17.1	13.5
C	45—64	64	21	8	19	23	8	45	188
		26.0	18.1	16.3	23.8	27.0	9.3	23.2	22.0
D	65—84	59	29	12	19	21	17	48	205
		24.0	25.0	24.5	23.8	24.7	19.7	24.9	24.0
E	85—139	69	55	22	26	30	55	64	321
		28.1	47.5	44.9	32.5	35.3	64.0	33.2	37.5
F	140—189	4	2	4	2	1	3	3	19
		1.6	1.6	8.2	2.5	1.2	3.5	1.6	2.2
Total		246	116	49	80	85	86	193	855

* *A*=National Tsing Hua University, Peiping.

B=National Peking University, Peiping.

C=Catholic Fuh—Jen University, Peiping.

D=Junior High School, National Normal University, Peiping.

E=Provincial Training Institute for Educational Administrators, Chinan, Shantung.

F=Provincial Normal School, Tai—Yuan, Shansi.

G=Miscellaneous, Peiping.

Less than 1 per cent of the total Chinese groups are "unusually well adjusted" according to Thurstone's standards, while 37.5 per cent "should have psychiatric advice," and 2.2 per cent score from 140 to 189 points in the Neurotic Inventory. If the "*E*" class of people need psychiatric advice in America, this "*F*" class should long have been in the asylum, and actually two "*F*" cases were reported by Hanna, one scoring 140—144 and the other 180 points, in his clinic. All Chinese groups have this "*F*" class of people, the frequency ranging from 1.2 to 8.2 per cent, and yet all these people still remain in the colleges and universities. The percentage of "*E*" class of abnormal people in the institutions, who "should have psychlatric advice," is even higher than the corresponding percentage of American clinical cases actually in hospitals.

It is interesting to know whether actual clinical cases in Chinese hospitals show still higher percentages toward the "*D*" and "*E*" classes than the seven normal groups. Since there is no psycho pathic hospital in China, the authors cannot find any comparable data to prove the hypothesis that, if actual Chinese clinical cases reveal a correspondingly higher percentage of cases for each of the unstable classes than the normal groups, Thurstone's Neurotic Inventory will be equally valid for Chinese subjects. Dr. R. S. Lyman of the Peiping Union Medical College has kindly shown me the records of some 250 clinical cases, to whom another Chinese translation of Thurstone's Inventory was administered by Messrs. T. Pal and S. M. Sung. The distributions of scores are as follows: *A*, 4. 8 per cent; *B*, 46. 1 per cent; *C*, 21. 1 per cent; *D*, 16. 0 per cent; *E*, 11. 6 per cent; and F, . 4 per cent. In this group of Chinese clinical cases, there are 4. 8 per cent "unusually well adjusted," the highest of any Chinese group, and only 11. 6 per cent who "should have psychiatric advice," the lowest of all the normal groups. The aver—age score of this abnormal group is 50. 46±1. 1, much below the average score of normal subjects.

In noting the above results between the normal and the abnormal Chinese groups, we must take notice of the important fact that the Chinese translation of Thurstone's Inventory used by Messrs. Pai and Sung was a little differently worded from the translation we used and, furthermore, they read the questions one by one to the patients and recorded the answers themselves. Another important difference between our group and the medical group of Chinese cases is that these patients came mostly from the lower strata of society, consisting mostly of coolies and similar people. Most of the patients were suffering from organic disorder of some sort in the nervous system and had no mental complaint at all. Since the intelligence of this abnormal group must be very much below that of those seven groups of college students, and since there are so many differences in the composition of this abnormal group, it is natural that the average neurotic score is much below that of normal college groups. Hence the above hypothesis that a higher average for a genuine neurotic group of patients than the normal groups in China proves the validity of the Inventory, because the P. U. M. C. patients are really not comparable with our groups of normal subjects.

PERCENTAGE DIFFERENCE OF NEUROTIC ANSWERS BETWEEN CHINESE AND AMERICANS

Now let us see what are the items that are more prevalent among American subjects and what are the items that are more prevalent among Chinese subjects. For this comparison, we list the items according to percentage difference of neurotic answers between Chinese and Americans as shown in Table 11. For the Chinese group, only 211 cases from the Tsing Hua Group *A* were used for the computation of incidence or percentage of neurotic answers. Thurstone did not give the total incidence from among the entire group of subjects and so we calculated the incidence only from the 100 cases of the most and least neurotic groups; but Harvey gave the total incidence of 146 subjects. The average of Thurstone's and Harvey's incidence was taken as representative of American subjects.

We condensed each of the questions into a phrase in such a manner that each of them may be considered positively as one neurotic symptom. In the original questions, we have to interpret them sometimes in the positive and sometimes in the negative sense because there is the so—called "neurotic answer." We are of the opinion that it is useless and annoying to report every item of the Inventory in its original interrogatory form, because the reader has to twist his interpretation every time when the question is in the negative in order to be considered neurotic. In our manner of reporting the various items, each one of them is simply taken as a "neurotic symptom" pure and simple. The discriminative power of each item in terms of percentage difference of neurotic answers between 50 most and 50 least neurotic groups of the 211 Tsing Hua subjects is also included in the table.

Several things may be noticed from the data in Table 11.

TABLE 11 CLASSIFICATION OF ITEMS ACCORDING TO PERCENTAGE DIFFERENCE OF NEUROTIC ANSWERS BETWEEN CHINESE AND AMERICANS

Per cent difference	Item No.	Neurotic symptoms	Discriminative power per cent difference
(Minus) 25—20	192	Do not plan work ahead	18
20—15	196	Reluctant to help accident	10
	195	Self—conscious of appearance	48
	52	Feelings alternate	50
	73	Frequent day—dreams	54
	89	Like to be alone	20
	175	Dislike writing about self	30
	55	Worried about religion	6
15—10	188	Mother dominant	12
	3	Stage—fright	62

续 表

Per cent difference	Item No.	Neurotic symptoms	Discriminative power per cent difference
	184	Lack self—confidence	58
10—5	10	Dislike introducing people	42
	96	Dislike responsibilities	20
	98	Feeling hurt by criticism	40
	205	Regarded as critical	32
(Minus) 10—5	85	Interests change quickly	60
	206	Mood swings	74
	19	Day—dream about the improbable	36
	65	Once seen a vision	4
	149	Don't know self well	10
	110	Eyes often pain	22
	31	Incessant ideas cause sleeplessness	74
5—40	86	Strong desire to escape home	48
	68	Afraid sexually inferior	28
	171	Shy with boys	18
	222	Indifferent to opposite sex	14
	140	Dislike to be with people	32
	145	Self—conscious in recitation	70
	181	Self—consclous before superior	70
	161	Hesitate volunteer recitation	64
	21	Lonesome even with people	50
	58	Afraid of going insane	36
	158	Upset easily	50
	202	Cannot make up mind	62
	220	Not confident about abilities	36
	151	Once feeling not old self	54
	93	Heart trouble	30
	216	Faint easily	2
	176	Habit of twitching face and neck	16
	179	Not well rested in the morning	40
	183	Rather work indoors	36
(Plus) 0—5	4	Unpleasant maternal relationships	16
	8	Unhappy sibling relationships	18
	107	Scapegoat in family	18
	102	Abnormal in family	0

续 表

Per cent difference	Item No.	Neurotic symptoms	Discriminative power per cent difference
	134	Suicide in family	14
	1	Play alone as a child	10
	157	Regarded as different when young	22
	128	Cynical about opposite sex	42
	17	Careful about peoples'feelings	28
	43	Distrust in people	50
	67	Someone trying to do self harm	14
(Plus) 0—5	173	Dislike being seen at 10—cent store	26
	148	Things go wrong, not own fault	48
	28	Feelings easily hurt	66
	194	Frightened by lightning	40
	124	Depressed by low marks	54
	185	Being followed	28
	79	Discouraged easily	88
	132	Once blind, half—blind, deaf, or dumb	10
	66	Pains on part of body	58
	5	Constipation	26
	60	Once had St. Vitus's dance	10
	40	Considered selfish	42
	72	Tend to nonconformity in beliefs	38
	50	Talk in sleep	22
	63	Frightened at midnight	32
	223	Walking in sleep	14
	59	Like indoor sports	16
	190	Dislike to solve puzzles	30
5—10	81	Unpleasant relationships with father	26
	221	Love—hate conflict for family members	66
	95	Limit friendship to own sex	30
	169	Not enjoying social gathering	46
	180	Not leading to enliven dull party	42
	116	Employers not treating self right	18
	15	Do not laugh easily	14
	90	Easily moved to tears	26
	168	Low spirits	80
	177	Often experience loneliness	70
	193	Not in uniform spirits	74

续 表

Per cent difference	Item No.	Neurotic symptoms	Discriminative power per cent difference
	207	Let self go when angry	56
	106	Afraid of drugs	38
	114	Great fear of fire	20
	199	Unsteady crossing street	42
	219	Fear crushing in crowd	32
	57	Troubled with shyness	72
	111	Talk to self	36
	113	Absent—minded	52
	162	Not feeling well and strong	46
	7	Habit of stuttering	10
(Plus) 5—10	155	Headache on one side	42
	191	Queer feeling in part of body	54
	198	Once had anemia	16
	204	Have physical defects	32
	34	Indigestion	36
	210	No good appetite	20
	71	Strong desire to suicide	32
	164	Feeling deserve better	62
	32	Leaving tasks unfinished	58
	167	Careless about personal property	32
10—15	22	Love father more	4
	217	Family false treatment	34
	215	Considered a bad child	10
	137	Conflict between sex and morality	28
	70	Stand rather than take front seat	60
	187	Difficult to speak in public	60
	182	Tire of people quickly	60
	83	Someone to get even with	50
	120	Contradicting people	52
	143	People making fun of self	56
	201	Inferiority feeling	78
	2	Not controling temper	24
	54	Tire of amusements quickly	42
	80	Say things on spur of moment	56
	139	Feel grouchy	76
	152	Feel miserable	68

续 表

Per cent difference	Item No.	Neurotic symptoms	Discriminative power per cent difference
	101	Strong impulse to set fire	16
	214	Slow in decisions	62
	42	Cannot sit still	26
	48	Feel fatigued when wake up	48
	163	Tire of work quickly	72
	78	Spells of dizziness	52
	82	Many bad headaches	44
	189	Shooting pains in head	34
	208	Things swim before eyes	48
	203	Suffocating	38
	49	Cannot stand disgusting smell	30
	53	Afraid of contracting disease	24
	35	Feeling things unreal	52
(Plus) 10—15	103	Day—dreams unpleasant	44
	123	Regarded as queer	52
	129	Thoughts of death	46
	174	Not adjusted	84
	186	Unlucky	78
	166	Not sleep well	84
15—20	159	Love for mother	32
	165	Drug habit in family	18
	18	Not leader in social affairs	36
	30	Keep behind in social occasions	56
	13	Conversation difficult with stranger	62
	61	Others find fault more than deserve	52
	138	Avoid meeting somebody on street	64
	178	Disturbed badly by criticism	68
	16	Worry over humiliating experiences	34
	44	Lose temper quickly	56
	127	Touchy	76
	84	Uneasy on bridge	46
	23	Nervous	78
	38	Not cool in dangerous situation	56
	154	Bothered by blushing	68
	20	Turned around in new place	44
	75	Impulse to take other's things	16

续 表

Per cent difference	Item No.	Neurotic symptoms	Discriminative power per cent difference
	88	Cannot stand pain quietly	44
	108	Mind wanders	74
	153	Particular useless thought	82
	170	Cannot find way about easily	32
	133	Physically inferior	44
	213	Fluttering of heart	60
	144	Vomiting	34
	156	Food "crank"	36
	211	Lost memory	50
	109	Sensation of falling before sleep	32
	197	Need to repeat	24
20—25	69	Parents partial to siblings	30
	74	Unhappy childhood	34
	172	Shy with girls	64
	99	Difficult to make fciends	70
	97	Feeling hypnotized	42
(Plus) 20—25	46	Get rattled easily	50
	136	Excitement	36
	24	Afraid of falling	64
	76	Afraid jumping off high place	68
	92	Dread sight of snake	36
	14	Lose head in dangerous situation	68
	41	Upset at loss in competition	62
	200	Way lost in new place	48
	135	Trouble with health	50
	9	Heart sounds causing sleeplessness	74
	56	Had leg or arm paralyzed	36
	87	Had convulsions	38
	11	Thought people self—seeking	54
	160	Troubled by nightmares	46
	121	Prefer intellectual amusements	46
(Minus) 25—30	218	Wetting bed	20
	126	Feeling no chance in social conversation	64
	150	Not seeking to meet important person	16
	12	Difficult to get rid of salesman	66

续 表

Per cent difference	Item No.	Neurotic symptoms	Discriminative power per cent difference
	115	Do not make friends easily	50
	209	Not interested in people met	44
	131	Friend turned into enemy	46
	94	Bothered by people watching work	62
	100	Thought people watching on street	62
	119	Bothered by mind—reading	76
	39	Remorse	66
	26	Frightened by many things	68
	51	Uneasy in tunnel or subway	54
	117	Feel tired most of the time	76
	37	Awful pressure in head	72
	104	Worry over chores	54
30—35	45	Mother's nature uncheerful	52
	105	Unhappy adolescence	30
	29	Easily shocked by sexual topics	68
	47	Worry over possible misfortunes	58
	142	Not in good spirits	72
	64	Uneasy in small，closed room	30
	27	Nervous breakdown	56
(Minus)			
35—40	212	Unhappy home environment	40
	122	Parents unhappily married	24
	147	Mother dissatisfied with lot	36
	125	Ignorant of sex	22
	25	Not interested in meeting people	28
	112	Cannot stand kidding	50
	118	Difficult finding way in dark	52
	33	Find books more interesting	38
40—45	77	Parents'favorite child	6
	130	Difficult to pass urine in presence of others	26
	91	Allow people to crowd ahead in line	24
	36	Dislike many people intensely	54
	146	Not careful about making loans	4
	141	Cannot stand blood	50
50—55	6	Life a great burden	32
65—70	62	Necessary to watch health	4

NOTE：Willoughby，in his latest report on neuroticism in marriage，also reduced the original questions into phrases or expressions. However，he did not change the expressions into the neurotic form. We took this step before the appearance of his report and hence the items are somewhat differently condensed from his lists.

1. There are some 40 items in which the percentage difference of neurotic answers between Chinese and Americans are minus, i. e. , there are relatively more Americans having these symptoms than Chinese. For example, there are 20—25 per cent more Americans who "do not plan work ahead," 15—20 per cent who are "reluctant to help accident," "self—conscious of appearance," and who have "feelings alternate," frequent day—dreams, etc.

2. On the other hand, if we turn to the last of the list of items in Table 11, we notice the fact that there are 65—70 per cent more Chinese who find it "necessary to watch health," 40—45 per cent who are "not careful about making loans" and who "allow people to crowd ahead in line," and 20—25 per cent who are in a state of " excitement. " These four items are not discriminative for Chinese subjects because the percentage difference between the most and the least neurotic is negative. The validity of these items is perhaps doubtful. Some are due to social customs, e. g. , there is no such custom as the "line—up system" in China; others are due perhaps to misunderstandings of the translated question.

3. Judging from the figures of discriminative power, the following items have only 0—10 per cent difference between the most and least neurotic groups:

22	Love father more
55	Worried about religion
65	Once seen a vision
77	Parents' favorite child
102	Abnormal in family
216	Faint easily

4. The most discriminative items have 75—95 per cent difference:

75—85	*Per Cent Difference*
23	Nervous
117	Feel tired most of the time
119	Bothered by mind reading
127	Touchy
139	Feel grouchy
153	Particular useless thought
168	Low spirits
174	Not adjusted
186	Unlucky

202	Inferiority feeling
85—95	*Per Cent Difference*
79	Discouraged easily

SUMMARY AND CONCLUSIONS

A Chinese translation of the Thurstone Neurotic Inventory was administered to 850 Chinese students. Striking group differences were obtained. The average neurotic score varied from 70 to 98 points for seven groups of subjects. These wide differences in emotional unstability or neurotic tendency were explained by environmental factors and perhaps by age differences in the various groups. Several problem cases came to the senior author, and the personal interview revealed the fact that all these persons were actually suffering from some mental trouble and at the same time got high scores in the translated inventory.

Comparison with American groups brings out striking difference of neurotic tendency between the two racial groups. Since there are only a few items in the Inventory that have a social difference between the two races, this wide difference in the neurotic score must necessarily mean that the average Chinse college student is not better adjusted to life and situations than the average American student. It was suggested that the fact that psychiatric and mental hygiene service is lacking in China may account in the main for this large racial difference in actual neurotic score in the Thurstone Inventory.

REFERENCES

1. ALLPORT, G. W. The neurotic personality and traits of self — expression. *J. Soc. Psychol.*, 1930, 1, 524—527.
2. CHou, S. K. The present status of psychology in China. *Amer. J. Psychol.*, 1927, 38, 487—488.
3. GARRISON, K. C. A study of the emotional characteristics of women prisoners. *J. Soc. Psychol.*, 1932, 3, 472—477.
4. HANNA, J. V. Clinical procedure as a method of validating a measure of psychoneurotic tendency. *J. Abn. & Soc. Psychol.*, 1934, 28, 435—445.
5. HARVEY, O. L. Concerning the Thurstone personality schedules. *J. Soc. Psychol.*, 1932, 3, 240—251.
6. SIMPSON, M. A psychoneurotic inventory of penitentiary inmates. *J. Soc. Psychol.*, 1934, 5, 56—64.
7. SMITH, H. N. A study of the neurotic tendencies shown in dementia praecox and

manic—depressive insanity. *J. Soc. Psychol.*，1933，4，116—128.

8. STAGNER，R. Differential factors in the testing of personality. *J. Soc. Psychol.*，1932，3，477—487.

9. THURSTONE，L. L.，& THURSTONE，T. G. A neurotic inventory. *J. Soc. Psychol.*，1930，1，3—30.

10. WILLOUGHBY，R. R. Some properties of the Thurstone personality schedule and a suggested revision. *J. Soc. Psychol.*，1932，3，401—424.

11. ______. Neuroticism in marriage. *J. Soc. Psychol.*，1934，5，3—36.

Tsing Hua University

Peiping，China

本文原载 1937 年 *The Journal of Social Psychology*，8 (2)

昆华师范三十七、八班毕业感言[1]

昆华师范三十七、八班毕业同学代表李道义君，前来说明，该班拟编印同学录，嘱缴相片一张，纪念短文一篇，以刊印留念。我以为此事特别荣幸，特志数语如次：

我教心理学十余年。都是大学生，人数最多的班次，也不过二十余人，原因是清华系教育系，选习心理学的根本很少。去秋承杨玉生校长厚意，得与三十七、八班三十四人，共同研讨心理学一年，使我感觉非常兴奋。并且回想到四十一年前，现代心理学之传入中国，原即是师范生的功绩。师范生对于心理学发生兴趣，理由是很多的。别的不说，兹仅就毕业一事，略为说明诸君仍应继续研究心理学之理由。

我回忆当年我们在北京清华学校从“中等科”读到“高等科”，八年毕业，每级照例要出一本华丽美观的级刊。其中最引起我回忆到，而发生感想的，就是每人的志愿和自述。假如我手边还能有我们当年的级刊（一九二四甲子级），我一定可以发现许多奇怪的，有趣的事实。我记得我当初在级刊上是说明，要做一个万能的通才——游行百科全书——要学图学[2]，但是自小志在做大发明家如爱迪生。后来改学心理学，外表看来，似乎不大相同，其实我还是注重实验心理学和工业心理学。因为这两支都需要玩弄机器和仪器。其他许多同班同学，回忆起来。有的是如愿以偿了，有的适得其反；有的当时就是出类拔萃，现在仍是露人头角；有的当时庸庸碌碌，但是现在正有作为；有的当时是运动家，身体很好的，但是现在已先衰亡了。成功的失败的，有些在当时看来，早就命定似的，有的现在看来，始恍然大悟。这一套道理若认真研究起来，就是教育心理学中的一个大问题，可惜我们师范“教育心理学”教科书中没有讲到这个问题的，我现在也懊悔未能在班上多讲一点西洋人在这方面研究的结果，此处也不是借题发挥的地方。不过有几点，谨书之于后，以供毕业诸君参考。

第一，个人特殊兴趣，若发生很早，往往为最后成就之途径。凡是自以为兴趣不专的，只是暂时现象。久而久之，终会归宿到幼年青年时代之比较高的兴趣。所以我希望毕业同学好生反省一下，究竟最喜欢什么？如果自己决定不了，可请心理测验教员，代为分析测验，或请全班同学来一个系统估计评判（由心测教员指导）以作决定；因为同班同学，互相认识，比任何人都清楚准确，将来估计你的成就的人，还是你的同班同学，最公允最明晰。

第二，同班同学应在竞争中求合作，合作中求竞争。在校合作时尚能竞争，就业

---

① 本文根据手稿录入，刊于昆明昆华师范学校范三十七、八班毕业同学录。——编者注

② 此处的“图学”即是“图书馆学”，周先庚 1924 年清华学校毕业后到南京东南大学文法科借读一年学“图书馆学”。——编者注

后往往因竞争而忘合作。大社会不如学校中之小社会，个人之外，还有团体，团体之外还有较大的团体。个人对个人，在某些方面应当竞争，但是当团体对团体时，个人在某些方面则应当合作。社会上同年同学相亲相爱，协力合作者固有之，但是互相竞争，互相损害者亦往往为同年同学。同学时之同房同桌同队同组，勿以为一离校门，即无关系，其实到后来，关心照顾者，还是这些同窗至好。

第三，青年时代之毅力，品格，往往较智慧才能为决定中年后成功之比较重要的因素。这是毕业诸君目前切当注意的。学业成绩，课外作业好的人，将来不一定成功；反之，学业成绩，课外作业不好的人，将来仍有成功之希望。因为究竟学校生活与社会生活不同，现在是“毕”学校的“业”，但是同时也就是正在“始”社会的“业”。这大社会中的业务纷繁，不仅是智慧才能所能应付得下来的，所谓人情世故，大半靠品格毅力去创获。在这方面授过业的老师们还是可以作导师的。真正的导师有待同学出了校门才可以有用武之地。所以我希望毕业同学出了校门仍须与老师们保持联络，一举一动，一言一行，一迁一移，仍应商诸老师而后行，则无往而不利了。

以上关于特殊兴趣，竞争合作，毅力品格三点，总括言之，不外“自知之明”一语而已。诸君“自知”而“已明”，或系心理学之赐；为“自知”而仍“未明”，则非继续研究心理学不可。

三十三年六月二日草于昆明雪鸿楼

心理服务[①]

“心理服务”是一个新鲜名词，需要详细解释。他与心理卫生，心理治疗，心理诊断，心理顾问等比较熟悉的名词稍有不同。

心理卫生是一种消极的，预防式的注意与心理态度的矫正，以免流为心理变态，心理疾病，甚至精神病或神经病。心理服务目的之一，自然可以说是心理卫生，但是他是以心理健康为积极目的不单仅讲求心理卫生而已，而且要设法使人们如何才可以心理健康起来。譬如说，一人容易发脾气，发脾气是因为心中有事，有念头，有冲突，有欲望未能达到，所以一点细事不如意，就会对人对事对物，大发雷霆，闹得天翻地覆，于己于人都不利。这种心理作用是明白了，但是如何控制脾气呢？心理卫生就无能为力了。心理服务就是要站在实验心理学的立场，即或是心理测验的立场，来发明发现新方法，新技术，以增加个人控制脾气之才能。从社会观点看心理服务是社会服务之一，他是半慈善半救济性质之一种社会福利事业，是现代文明国家所必有的一种设施。从学术观点看，他是心理技术之具体应用。

心理服务与心理诊断，心理治疗亦有区别。诊断治疗都是限定于心理疾病方面，是非常专门的技术，不是人人能做到的。心理服务可能利用心理诊断和心理治疗的技术，来矫正心理失常、情绪破裂，烦恼心思等，但是真正到了神经病的阶段，则不是心理服务的责任了。凡是富于同情心的，乐于集德施恩的，都可与人以长者之命学者之言，来挽救人家于万一。社会上需要这种帮助的人，不知凡几。小则失眠，大则自杀，往往是心境不佳，想不开情理，如有人常在旁边劝告开导，事情也就解决了。一个现代文明国家，必须有人专门以此类事为终身职业而服务的人，然后才不致专赖看相算命的“大哲学家”去解决个人问题。

心理服务与心理顾问最相近，虽然后者也是同样的新鲜。我们有法律顾问，有顾问工程师，有政治顾问等等，心理顾问也是一个现代国家所必有的。宣传是要请心理顾问的，心理战更不用说了；广告推销如要现代化，非请心理顾问不可。在社会上挂牌子，专门为个人私生活解决问题的人，自然可以与其他的顾问，同样的被视为一种心理服务者。这种服务者如名之为心理顾问，他必须对现代科学的实验心理学之全体，具有卓越的知识。作者以为，心理学在中国如欲真正适用，必须由私人先办心理服务事业入手。其他工商业心理，教育心理，军事心理等方面之应用，都是不切实际，得不到真正效果的。作者此种判断，是根据多年提倡心理学之应用而来的。我们的民族

---

① 本文刊载于《云南日报》1944年6月18日，又刊于云南省教育会主编《云南教育》第7期。——编者注

性，就是个人主义的，这是现实。所以一切事最好是一个先由一二人去冒险的做，待稍有头绪与成效后，集团注意与合作，才可以产生。

在这方面我们知道，美国心理学老前辈卡泰尔，在上次大战时，因政见关系，被迫辞去哥伦比亚大学教授职务后，专门致力于心理服务，二十余年如一日。他在纽约组织了一个庞大的“心理公司”，雇佣许多专门学者来替社会服务。其他私人老教师退休后，而作心理服务工作的，不知凡几。但是国内尚无人作此种服务。

为求明了具体起见，兹将数年前作者收到的一份美国心理服务社的传单，节译介绍于后，以资有兴趣于此道之同好参考（详细章程办法，另文发表。）

设若你是住美国西部大城三藩市（又名旧金山）的话，你遇到心理问题，可以立刻到邮局街二一〇号“心理中心社”去请求指导。那里有一位主任心理顾问，一位助理心理顾问兼书记，二位助理心理顾问。他们明白广告出来的心理服务范围如下：

（1）普通谈话服务：家庭关系，性与婚姻问题，惧怕，烦闷，忧虑，醉酒与其他私人问题。

（2）职业指导服务：职业与教育测验，职业与教育指导。

（3）父母与子女间问题：婴儿，儿童与青年行为问题，失学失教儿童问题。

（4）诊断与补救教学：阅读，拼音，写字，算术等困难。

（5）教育组：演讲讲习班，书评，流通图书室。

（6）心理新闻服务：心理消息，传单等。

以上各类服务事项，在目前我国社会中的需要，去年昆明市上，许多小型报纸出现读者信箱，风行一时。最近《扫荡报》“社会服务”副刊中，各种求解答的信件甚为繁杂。此外社会处想亦有此类待求解答的问题发生。不过这些附属服务机构，究竟不是职业的，专业的。设若学心理学的人出来专门做这种事业，是否可以行得通？由此必要否？有什么困难？这都是尚待讨论解决的。

作者觉得困难是有的，不过不实行试办，总无机会解除那些困难。最近作者拟实行推动此事，以作一种试验，详情另见。

三三·六·十一　昆明民强巷五号雪鸿楼

心理服务社缘起①

数年前作者收到美国西岸大城三藩市（又名旧金山），邮局街二一〇号，所谓“心理中心社”寄来传单多份，兹介绍如下：

第一种是中国信封大小的三折面传单。在第一面上头，写的是“心理中心社”，“二一〇号，邮局街，三藩市”等字样，下头写的是下列纲目：

普通谈话服务：家庭关系，性与婚姻问题，惧怕，烦恼，忧愁，饮酒问题，其他个人困难问题。

职业指导服务：职业与教育测验及指导。

父母子女问题：婴儿，儿童与青年行为问题，愚蠢迟钝儿童问题。

诊断与补救教学：阅读拼字，写字，算术困难。

教育组：演讲，讲习班，书评，流通图书室。

将第一面翻折过来，从第二面起，到第六面止，传单本文兹录之如下：

什么是心理学：心理学是一个科学，他研究一个人在生活中各种情况下所作的活动。他是一种系统的研究，用科学方法来研究人们如何并且为何，那样思想，那样行动，和那样感觉。

诊断心理学：反之，诊断心理学是一种艺术或技艺，利用心理学的原理和步骤，来解决个人问题，困难，或难题。诊断心理学的目的，是帮助每个人，尽量在他的人格和环境的变迁中，得到最大的快乐与效率。

诊断心理学家要研究一个人的特殊能力，缺陷，与限制，和他的欲望，他的态度，他的习惯，和他的情绪倾向，这是一方面；另一方面，还要研究他的个人与物质环境中之一切有关的心理因素。根据这些事实，然后想出方法，来铲除或隔离他的个人困难。

成人谈话服务：本社心理学家准备举行私人谈话，讨论婚姻与性的问题，家庭冲突，人格阻碍裂痕以及其他日常困难与难题，这些问题普通都是忧虑，发脾气，神经过敏，或烦闷的根源。

心理方法通常所能解决的毛病，有下列数种，例如，忧愁，害羞，失去自信心，自卑心，丢不开的念头，无谓的动作，利害的恐惧，说话的毛病，喝酒过度，失眠，神经失常与错乱。

照一般情形看，个人私生活可以产生人格适应的问题，和娱乐社交的需要与适应的问题。性与婚姻可以产生男女的问题，结婚准备的问题，和夫妻适应的问题；职业

① 本文刊载于《中央日报》1944年6月24日。——编者注

生活方面，可以产生教育与人事问题。

性与婚姻谈话：预备结婚的男女，需要对性心理和有关的生活，有彻底的了解，婚姻有问题的夫妇也需要，离婚而准备再结婚的也需要；性生活与恋爱不满足的未婚成人更需要，有子女须施性教育的父母更不用说了。

职业指导服务：心理学家近年来编造了许多测验，来测验职业能力，学业能力，兴趣，和人格。心理学家现在常能利用这些测验，再加上诊断会谈，来给许多有价值的指导，使人挑选适当的职业或学科。想入大学的青年，已入大学而仍不满意的学生，以及社会上有职务不满意的成人，或尚未决定走哪一条路的人，都可以利用这种职业指导服务的机会。

父母子女间问题：这种服务是为解决婴儿，儿童，与青年的一切行为问题的。

婴儿和未入学儿童，常有不好的饮食习惯，睡眠习惯，大小便习惯，并且有时动作与语言的发展，也可以发生问题。

较大的儿童所常遇到的行为问题，有下列各类，如，吃指头，咬指甲，说谎，偷窃，不听话，害羞，斗嘴，惧怕，发脾气，湿床，自大，嫉妒，孤独不善交际。

愚蠢迟钝儿童的问题亦是很特殊的。

青年问题：青年产生另一类行为问题，多半是由性的成熟而来；由于职业选择与准备，以及由于承当成人的自由与责任而来。

自觉，不及格，职业的不固定，反抗，这些都是需要正确心理方法来解决的。

诊断与补救教学：儿童入了学以后，常有些学业上的问题，如阅读，拼字，算术，或者有口吃等毛病。这些毛病与困难普遍需要特殊技术，来准确的诊断，更需要矫正补救的特殊方案。

测验：本社藏有各种技能，兴趣，态度，人格特性等测验，备以研究婚姻适合性，职业适应，学业失败，以及其他的个人问题。

教育组：教育组举行演讲，开设讲习班，举办座谈会等，讨论应用心理与人格适应之各种问题。书报介绍会则按期举行，凡对心理学之最新的应用有兴趣的，都可以参加。

流通图书室：教育组图书室藏有普通心理学与专题心理学书籍，可以出借。还有诊断心理学，社会心理学，工业心理学，与法律心理学等各专门书籍；还有儿童，青年，与教育心理学书籍。性与婚姻等类书籍亦不少。

“心理中心社”是一个非营利的组织，目的在介绍科学心理学之事实与原理，特别注意其在个人与社会生活中之实际应用。

菲茂瑞，职员——主任，心理学家。

墨加斯——副心理学家兼书记。

斯波麟——副心理学家（硕士，美国心理学会会员）。

卡透——副心理学家（硕士，美国心理学会员）。

以上是传单第一种内容，第二种是婚姻指导说明，其余的几种传单，都是书报介绍目录。

在一九三八至一九四〇两学年中，作者曾把这些传单内容在联大应用心理学班上，与同学讨论，当时就计划在昆明实行，并且照中国情形，已经改拟了实施方案。但是终因课忙，始终未能实行。现在本社已与云南省立昆华师范学校学术研究委员会心理组，国立西南联合大学文学院，哲学心理系心理组，以及国立清华大学理学院，心理学系，又研究院，理科研究所，心理学部——各学术机关正式合作，开始实行服务社。社会人士，如有心理询问当尽诚解答，互相研究，以奠现代国家一种新事业之基础。函询或面洽，请用以上任何一地址均可。

不过，在中国社会中，是否有这类组织的必要？兴办起来，有何困难？如果兴办，组织方案如何？服务人员需要什么资格，态度，与训练？最需要这种服务的，是些什么样的人？哪一类最多？如欲解答这些问题，读者请应“心理服务社之商榷”征文为幸。

昆明青云路民强巷五号心理服务社，三三、六、十二

参看：“心理服务”，云南省教育会编，《云南日报》，《云南教育》（第七期）

寄语升学与就业青年①

青年朋友们！毕业带来了升学与就业两大问题。请你们考虑一下，久久有无亲朋戚长和你们可以长谈，帮助你们决定入这一系，还是哪一科系？或是就这个事，择那个业？设若你们有这些问题在心头，而苦于无人询问，或感于世道凄凉，亦无人过问，那么，请你们费几分钟的功夫，读一读这一封公开的信！

（甲）先讲升学。这是一个相对的问题。职业心理有两方面，一方面是职业所需要的心理因素，一方面是择业所应有的性格条件。青年选科，每人以职业的社会经济条件为依据，而忘记分析那种职业所需要的普遍心理因素，以及择业所应有的一般性格条件，所以往往中途改科，事半中辍。凡是在游移的青年同学们！请你们仔细考虑中下列五点：

第一，个人特殊兴趣，若发生得很早，如机械的、音乐的、美术的、文艺的、数理的等，往往为最后成就之途径，切不可漠视，而暂行迁就功利主义，选入你性不近的学科。凡是自以为兴趣不专的，只是暂时现象，久而久之，终会归宿到幼年时代之比较高的兴趣。青年同学们！你们好生反省一下，究竟最喜欢什么？如果自己决定不了，不妨请心理测验教员，代为分析测验，或请全班同学来一个系统的评判估计（必须由心理测验教员指导，始可正确），以作决定；因为同班同学互相认识，比任何人都清楚准确，将来估计你们成就的人，还是你们同班同学最公允、最明晰。

第二，青年时代的毅力品格，往往较智慧才能，为决定中年后成功之比较重要的因素。这是青年朋友们目前切当注意的。学业成绩与课外作业好的人，将来不一定成功，反之学业成绩与课外作业不好的人，将来仍有成功的希望。因为学校生活与社会生活究竟不同。这大社会中的人事纠纷，不仅是理智的智慧才能所能应付得下来的；所谓人情世故，待人接物，大半靠人格中品格毅力去创获，在这方面，你们应当每个人慎重地，自动地，找一个兴趣相投，热心帮助的老师，做长期导师，以便生活上各种问题，可以随时肯请指示。

第三，青年们应择一健在之今人做模范，切勿以已亡之古人为标准。今人是活的，是现实的，可以立刻对证的。古人是死的，是理想的，是经过时代思想粉饰过的，凡是历史上的圣贤豪杰，都是当时群众背景中之出类拔萃者。出类拔萃者不必学常人，亦不能给常人学。读圣贤书只能丰富我们的经验，而不能作我们的标准。不然，那只有使我们更望尘莫及，发生自卑之感，而终日烦恼，有碍正常发展。凡是需要学习模仿的，都是中材，我们就是中材，所以需要指导，决不能希望过高，万一达不到，岂不是自找苦吃？

---

① 本文刊载于《中央日报》1944年9月21、28日，10月19日。——编者注

第四，对于交友，不可苟求，亦不必苛求。苛求对不起人，强求对不起自己。各人有各人的个性，与我个性相似者，故可以相交，但与我个性相反者，又何尝不可以相补。坚持必须与我相似者，而后始可以与之为友，此乃自我中心太甚之表现，其原因乃为个性之社会化作用，未能获得正常发展所致。天下亦有完全孤独而无朋友之人，假如性情本即如此，那亦不必强求多交朋友。但是你可以与学问为友，与古人为友，与图书仪器、图书馆、实验室为友。大学问家、大发明家、大著作家，是可以不要什么朋友的，所以你想想看，设若你生性不善交友，那你就干脆不交朋友，亦无妨。

第五，关于性的问题，恋爱问题，婚姻问题，放荡者不足道，拘谨者普遍都是失之过严，不知一般现状，因而反省太甚，烦恼太深。所谓饮食男女，一类事也，我们饿了，自然烧饭吃，渴了自然煮水喝，那么性，爱，婚的问题，我们应当直截了当求解决。鱼肉我所欲也，在未食之前，看人家吃，未免垂涎，其实到我一日三餐皆鱼肉，也不过如此而已。性，爱，婚亦复如此。这些问题是可以开诚布公，和亲戚朋友以及师长导师，直接谈判解决的。苟不然，只识私自压制在心，或任凭自己盲目的适应，那是害多益少的，万一实在解决不了了，自己承认现实，而把这种宝贵的“精”力，崇高化，用在其他有益的事业上去，那是轻而易举的事。我们多读文人学士的诗词小说，徒乱心思，我们只须稍研究一下生理心理的条件，对于性，爱，婚的需求及其满足，即可以很切实际的解决了。

（乙）以上是就升学而言，其次再论就业。近年来青年就业的普遍问题，就是流动性太大。自然社会经济因子，非常复杂，不能一概而论，但是以下五种心理态度的矫正与养成，或者可以为青年一助。

第一，同班同学应在竞争中，求合作，合作中求竞争。在校合作时，尚能竞争，就业后往往因竞争而忘合作。大社会不如学校中之小社会，个人之外，还有团体，团体之外，还有较大的团体。个人对个人，在某些方面应当竞争，但是当团体对团体时，个人在某些方面，则应当合作。社会上同年同学相亲相爱，协力合作者固有之，但是互相竞争，互相损害者，亦往往为同年同学。同学时同房同桌，同队同组，勿以为一离校门，即无关系，其实到后来，关心照顾者，还是这些同窗至好。在校时一切平等，就业后免不了有个你高我低，你尊我卑，这是需要宽大度量，自我确切的评价的。人一遇到事，总是弄到所谓“人事”问题，大半都是根源于此。所以竞争与合作如何才可以谋得调和，乃是青年就业后第一个重要的职责。

第二，个人进展要靠自己努力与计划。进展不能专等上司提拔。要知提拔是假设我们已有被提拔的理由，且已被上司知道。我们到一机关，先要把那一机关之组织、目标、人事一切，像在校读书时，一样地研究一番，然后自己计划着自己的进展途径，努力作去。自己的地位、声誉巩固以后，为要得到上司的注意，你应该自动做些没有命令你做的事情，负些额外的责任。假使你能够确切保障团体的利益，你不妨冒险破坏成例，认真执行上司的计划或命令。你如要有进展，你当时刻在研究上一级的职务，并且预备去填补接充。你应当认定一种你认为有发展余地的职业或机构，尽量运用智谋，为个人发展做准备工作，其他一切都可以牺牲。自然我们要有尊严，并且要保护我们的尊严，但是我们的旨趣，我们的思路，统统要与人相投，得人悦服，那是更重要的。

第三，就业后，要忠于职守。此所谓忠，具体的说，是忠于人，忠于机关，忠于事。古人说，忠于君，此所谓君，在今日可以释为一切的上司或领袖。青年每不甘心在人手下做事，不问科股多小，总要以“长”名，然后方知足，这是短见的看法。聪明的态度，是死心塌地地从学徒小职员做起，只要上司不是太糟，既为其部下，即得效忠于他。等到你将升为上司的时候，你才会了解部下忠的必要。忠于机关也是必要的，因为从同一机关直线式上升进展，比较稳当迅速，横着跳机关，上升进展是靠不住的。用人的人不是傻子，凡是会跳进的，他们也知道都会跳出，所以他们决不以该机关老职员同等看待，结果早迟自己还是得跳出去，岂不失策。忠于事与忠于上司机关，都有连带关系，凡是机关主管人员，都希望有专人做专事，始终如一。从个人观点说，我们改行，比跳机关换上司，还要吃亏。职业愈专业化，堡垒愈坚，改行改业几乎不可能。就是侥幸改成，能力充足，一切人事关系，都须从头来，其不经济可想而知。

第四，专才或通才职务，视个性而定。专才可以较早成熟，通才则非待四十以后，不能有所作为。所谓大器晚成，本有片面的真理。专才可以由学校或教育训练而得，通才则非靠作事后亲自经历体验不可。专才多为专家，通才多为行政领袖。每人需自问，究是何种料子，承认现实，认清现实，面对现实。通才管人，专才管于人。管人每不出面，管于人者反常露头角，次乃人事之补偿作用，一般青年当认清此点，自可免就业后许多说不出的烦恼。

第五，抱负要理想化，人生要现实观。青年入社会就业，自然要希望最好的结局，但是随时随地也要准备着，接受最坏的处境。打击失望是人生必经之路，如果我们不早早准备着接受它们，容忍度过，我们会归咎于社会，而不反求诸已，自责自己之少见多怪。你若从军从政，跑社会，走江湖，你得忍受那一套现实，透过那一套现实，然后去以理想同化那一套现实。

青年朋友们！你们有的在赶考，有的在谋事。请你们认真反省一下：升学要兴趣专一，培养毅力品格，选择一健在之今人为模范。交友不能苛求亦不必强求，性爱结婚，如有问题，立谋解决或转移精力，就业要在竞争中求合作，合作中求竞争。进展靠自己计划与努力，忠于职守忠于人，忠于机关，忠于事，乞若专而能通，上程，专而后通，中道，通而又专，天才，通而不专，虽为行政领袖，亦何足道！总之，入社会，抱负要理想化，人生要现实观。

以上所及，一言蔽之，“自知之明”而已。诸君“自知”而“已明”，乃真正大心理学家，苟“自知”而仍“未明”，则非研究心理学不可。

心理服务社，三三、七、二十三

青年问题顾问处工作报告①

本文系联大心理学系周先庚教授所作，经顾问处张副主任绍桂修正。所得稿费，全部拨充该处办公之需。至文责仍由周教授负责。——原编者

云南省教育会主办，联大师范学院倪中方教授（现任省立昆华师范学校校长）主编之“云南教育”周刊在三十三年六月十八日第七期中，刊载本人所作“心理服务”一文。其中指出心理顾问为心理服务之一种，希望社会人士能注意及之。随后在该刊第八期中，又发表笔者“心理服务社之缘起”一文，详细介绍美国旧金山一私人心理服务社之组织，范围及方法。该文提及振兴各学校，各学术团体合作，立即实施心理顾问之服务工作。该项工作在文林堂“心理座谈会”中，历年屡有谈及，人人觉得需要，但是限于财力人力，始终不易成立正式机构，实地进行。

正在此时，文林堂牧师张绍桂先生，有意试办此项社会服务工作，于是商诸笔者及倪中方教授，并获倪教授之热心赞助当时对工作推进及内部组织，已稍有谈及；适范准先生，对于此项工作，极感兴趣，愿意出力协助一切。大家于是决定即在文林堂成立一机构组织，立刻举办此项社会服务工作。经过数次考虑，诸发起人觉得，此项工作，应以青年学生为主要对象，故应多约学界人士参加领导；于是先后约定联大体育主任马约翰先生，训导长查良钊先生，教育系主任陈云屏先生，理化系主任许浈阳先生，教育系教授胡毅先生，陈友松先生，及社会系主任潘光旦先生，共同交换意见，讨论筹备一切。兹将历次筹备会议纪录，以及正式成立“青年问题顾问处”以后之工作概况，报告于后，以为开展此项事业者之参考。

（甲）会议纪录：自三十四年一月十八日起，至八月一日止，本处共开筹备会，月会，顾问等会议共五次，兹略述之如左：

（一）第一次筹备会议：时间三十四年一月十八日（星期四）晚七时半，地点在文林堂，出席者有马约翰、周先庚、倪中方、胡毅、许浈阳、张绍桂、范准。在这次筹备会议中，第一，大家同意定名为“青年问题顾问处”，第二，大家公推马约翰先生为本处主任，范准先生为文书。第三，本处决定顾问范围，暂分心理（周先庚），求学（胡毅），职业（倪中方），信仰与人生观（许浈阳 查良钊），交友（张绍桂），健康（马约翰）。顾问方式订为先行登记，然后分类派至各顾问处接谈，接谈后保有简单记录，以便在月会时共同讨论。登记时间订为每星期一，三，五下午。个案记录样式由倪中

---

① 本文刊载于《中央日报》1946年1月5日，“教育与生活”第83期。——编者注

方教授拟订。

（二）第二次筹备会议：时间三十四年二月九日（星期五）晚七时半，地点在文林堂。出席者有查良剑，许浈阳，胡毅，倪中方，张绍桂，范准，周先庚。此次公推张绍桂牧师为本处副主任，并增设家庭（潘光旦），留学（陈友松），娱乐（许浈阳）三部门。张牧师报告已捐到经费及家具，办公室即可布置就绪。登记记录表格用报纸油印，每位顾问分派千号，即第一位顾问从一〇〇一号起第二位从二〇〇一号起等等。登记请求顾问者按号码，到各顾问处接谈。顾问会议订每月末一星期二晚七时举行。决定从三月五日开始登记，顾问接谈。各位顾问接谈时间并经选订，除特殊情形，可以预先约定到各顾问家中接谈外，一律请顾问先生按时到文林堂办公室接谈。

（三）第三次成立大会：三十四年三月四日立（星期日）在文林堂开成外大会，除所有顾问均到，尚有来宾云南省立昆华师范校长杨玉生先生及辅导主任马维忠先生。文书范准先生因考取官费留美，去逾办理证照事宜，未能参加。登记工作改由联大心理学系助教倪佩兰，研究生宋宝光，张世富，范祖珠四人分担，时间订为每星期一，三，五，晚七时至八时。在此次成立大会中，来宾杨校长及马主任代表省立学校及省教育会方面，表示愿意竭力赞助一切。

（四）第四次顾问会议：五月二十四日（星期四）晚在文林堂开顾问会议，到陈友松，倪中方，马约翰，查良剑，胡毅，张绍桂诸先生。顾问处自三月五日起开始登记，由各顾问接谈后，先甚踊跃，至五月初，登记者即逐渐减少。此次会议决定请陈友松先生发稿，刊登报章，以资宣传，再用马约翰主任名义，发函致各中等学校，通知此项服务工作，以求联络。但后因暑期已届，未办。

（五）第五次聚餐会：八月一日（星期三）曾举行各顾问聚餐一次，交换意见。除周先庚，查良剑二先生因事未到外，其余均到。公决暑期因各位先生工作关系，顾问接谈暂停登记。

（乙）登记请求顾问者之统计分析：自三十四年三月五日起至五月十日止，共有五十七人登记请求顾问。兹将每周每类登记人数列表于后；因为每人可登记请求两类以上之顾问问题，所以共有九十六次顾问登记。

周数	第一周	第二周	第三周	第四周	第五周	第六周	第七周	第八周	第九周	第十周	总计
心理	一	三	二					二	一		九
婚姻	二	一			一			一	一		六
娱乐	一										一
健康	五	六							一	一	十三
信仰	一	一			一		四				七
求学	六	八	一	二	一	一	三	二	一		二五
职业	四	三	一		二				一		十
留学	四	三	二		二			一			十二
交友	七	一	一					一	二		十二
家庭		一									一
总计	三一	二七	七	二	六	一	七	七	七	一	九六

青年问题顾问处工作检讨①

本文系联大心理学系周先庚教授所作，经顾问处张副主任绍桂修正。所得稿费，全部拨充该处办公之需。至文责仍由周教授负之。——原编者

前在本刊第八十三期中，已将青年问题顾问处之筹备经过，登记请求顾问之问题类别及人数分配，简单报告清楚。兹再根据各位教授之指导记录，略为检讨施行顾问以来之得失。

顾问处自三十四年三月五日至六月十三日，共十周中，曾登记九十六次。其中请求顾问之人数，实为五十七人，因有十九人重复登记四十七次，请求顾问，二至五种问题。凡有请求顾问，而未经登记者，均未记入。

除陈云屏先生顾问之婚姻问题，查良剑先生之信仰问题，潘光旦先生之家庭问题外，其余均多少保有简单记录。笔者兹代各位顾问先生，混合报告各个请求顾问之青年问题。其详细个案事实，概不与利用，更不应发表，以尊此项事业之职业道德。至每类问题之分别报告，以后再请各位负责顾问先生，亲自撰述。本报告乃根据下列各位顾问之记录，综合草成者，笔者特此感谢：周先庚（心理），许浈阳（娱乐），马约翰（健康），胡毅（求学），倪中方（职业），张绍桂（交友），陈友松（留学）。

统观各位顾问先生之记录，所得印象，约有下列数端：

青年所请求顾问之问题，约可分为二类，一为一次即可打发走之问题，一为必须继续请求顾问问题。

（一）多数记录仅问一次。这一次顾问接谈话题，是否使求顾问者满意而不继续来问？尚是疑问？若是满意而无须再登记，再来问，那自是此项顾问业务之成功。但亦不尽然。因为（1）有些记录，好像表示，所问之问题，实无到专设处讲，请求顾问之必要。例如，某一问题，顾问先生建议来问者：回去自己做一个自我分析，或找几本书看看应可解决，还是不必专访顾问处的。或者求顾问者即存此心理而不继续来问，亦未可知。（2）再不然，来问者觉得所答非所问，所谓“顾问先生”亦不过是老生常谈，并无什么秘诀奇方，立刻生效的手段。此种心理笔者无法直接证明其实有，但确可认为登记者仅来问一次即停止之可能的理由。（3）此外，顾问处之登记手续与接谈机会，非在同一时由同一人办理，似是来问者不继续光临第二次之主因。我们设身处地一想，设若某一医院，规定挂号与看病不在一天，那我们该多烦感怨恨该院。凡有

① 本文刊载于《中央日报》1946年1月26日，“教育与生活”第86期。——编者注

问题者，不愿或不能请教熟人，而到顾问处来请教生人，都有畏缩不前之感。登记一次，已是鼓起好大的勇气来的，若命他过几天约时再来，他自然又得鼓起一番勇气而感觉畏缩。(4)而况且我们的约会习惯，每每受时间观念影响，很少能双方准时准地到的。无论哪一方面到，而找不到对方，那种最理想的顾问与受顾问间之调协关系，即不能产生。根据以上所提各点，我们似乎可以下一结论：仅来接谈一次者，如若是满意而去，大概是不必请求顾问的问题；如若因所答非所问或不及所问，手续太形式化而畏缩不前，或者约会不能如期，以致光顾者不继续来谈吐问题，那么顾问处应当认为这是顾问之心理技术问题，应当由专人去负责解决。

（二）顾问处之目的在解决非到该处不能解决之私生活问题。凡是私生活问题，不是一次接谈即可解决的。顾问先生不单需要耐性，并且需要吸引力，至少需要努力增加吸引力，使得来问者乐于继续请求顾问，直至问题解决为止。此种吸引力之大小，努力程度之多寡，乃是经验以及兴趣之标识。在十位顾问之中，每人接纳同一来问者次数在一次以上者，有二三人。此二三人本身或较有吸引力，努力多些，经验丰些，兴趣浓些，但并不能反证。其他七八位顾问先生即反是；因为顾问处之环境、接见机会之难易、登记约会之手续，对于每位顾问先生，不是均等的。不过担任顾问的人，愈专业化，愈职业化，自然愈能合乎请求顾问者之心理，询得到较完满的结果。还有一点，各位顾问所分之问题，性质各不相同，有些类问题只要一次指示，即可满足：如“求学”，“留学”，“职业”；但有此类问题，非重复接谈不可，如“心理”，“婚姻”，“信仰”，“交友”，顾问处不必需求请求顾问者人数之多，应当检举真的有可帮助解决之问题，集中精力，由少数顾问重复接谈，一面听取问题，一面研讨分析，以求圆满动人，眼见生效之解决方案。

总而言之，顾问范围似可不必规定。先由一二位肯花时间，而有专业兴趣者，带一位助理，随到随登记，立刻听取问题，然后当机立断，如何处理。处理步骤，第一，决定问题是否可以帮助解决，第二，如系不可解决，或量力不能解决者，婉言辞却之；第三，如系可以解决，或量力能够解决者，则应当面与请求顾问者约法三章，各自遵守；然后按部就班，为之谋解决之道。其程序，或再转托其他专家接谈，或继续先行检查测验，然后作个案历史之采访，最后取得来问者之诚意合作，忍耐的开始个人改造工作。

青年心理之发展[①]

五月十六日，清华大学心理学系周主任，应辅仁大学心理学会之聘，在辅大理化教室作学术演讲。下午三时，到两校师生三百余人，经辅大心理学系葛尔慈主任教授作简单介绍后，周博士开始演讲，历一小时又四十分钟。兹记大意如次：

这个题目是青年的切身问题，但今天所谈意义不限于青年期的发展阶段，而青年以前的儿童期，及此后的中年老年的发展和转变，也都谈到，所以也可说是谈整个人生心理的发展及其情况。若以青年期为中心来讲前有儿童时期，后有中年老年的阶段，自婴儿至青年，再进而至于中年老年，其转变之过程是否有原则可言呢？我们对人生的看法是从生到死。在生物学的观点，生是有生命，死是终点，此期间中是人生。其发展是有变化的发展，虽然连续的而确有其自然之阶段。以年龄论，则有学龄儿童期，中学青年期，大学成年期。但分法不是绝对的，若称四十岁以后为老年，则西语有谓四十岁是人生的开始，岂不相违。我们只是说儿童青年中年的发展以四十为终点，在此以前是千变万化的，在此以后已无大异。现在我们就谈整个的人生心理的发展及其转变。

（一）四阶段

人生心理的发展可分为四个阶段，即儿童期，青年期，中年期，中年以后至老年期。每阶段都有一个目标，各不相混，共有十八种心理作用，顺序发展，有如下表：

		心	情	性	心	情	性
4	中年以后	好名心 好奇心	事业感 知识欲	创造 求知	好利心 消闲心	所有感 畅乐感	获得 休息
3	中年期	父母心 性爱心	慈爱感 色欲感	保护 配偶	恻隐心 合群心	正义感 人情感	援助 社会
2	青年期	畏怯心 竞争心	惧怕感 愤怒感	逃避 争斗	自卑心 自尊心	恶劣感 优越感	屈服 好胜
1	儿童期	喜悦心 安逸心 嗜好心	愉快感 兴奋感 饥渴感	笑 游戏 饮食	哀怜心 盹倦心 厌恶心	悲痛感 倦感 呕吐感	哭 睡眠 抗拒

① 本文系周先庚博士演讲——原注。本文刊载于天津《民国日报》1948 年 5 月 31 日。——编者注

（1）儿童期（自我生存——安全）

身体日在发育之中，是生长最速的时期，其唯一顾虑，即如何能长成，如何克服环境，如何取得营养。他的中心意志是自我生存，在此期间内，以安全为第一目标。至于达此目标所用之方法，在心理范围言，则不外六种姿态：（有如上表）最初有饥渴之感，因而有饮食行为，渐成嗜好，凡与饮食有关者，均加注意而取得。渐渐普遍化，终身历之，饮食行为到后来知道辨美恶，或取或拒。饮食而后，则求安逸，或游或倦，顺利则喜悦，不如意则哭泣。其变化不出乎此六种心理作用，情感和所为。在一个正常的儿童，是必有的发展，必俱的现象，是缺一不可的，否则便是不正常而为问题儿童。以后虽随年龄之增加而渐减，但并非消失，只是淡薄而已。

（2）青年期（生存竞争——新经验）

此期相当于中小学时代，是一个竞争时期，其目标为获得新经验。对于儿童期的六种心理作用已经俱有，而一切教育皆走入新的境域，进步于转变的速度很大。于是有竞争心而与人争斗，因自尊而好胜，或过困难而畏怯逃避，自卑屈服。（有如上表）此期虽仍有儿童期之六种心理作用，但以此四种为重，四者具备则为正常，四者互相调合，或自尊或自卑，（自卑则自检），用己所长，避己之短，则进步速，否则用短而失败。

（3）中年期（立家传种——反应）

前此二期为只知有己，不知有人，到了这一期乃是忘己。以自己付给他人，而他人亦以其已交换。个人不是独立的，乃是和他人，社会，合作的团体，所以自己只是在他人心目中的状态而已。因为生理的腺体作用，遂有性爱心，父母心，思配偶而慈幼，推广之，则为合群心，恻隐心，以成社会，援助他人。小而对妻子家庭，大而对社会国家，都是抵制自己以与他人合作的行为。所以这一期的目标是别人对于自己的反应。

（4）中年以后至老年期（自我立业——荣誉）

此期又恢复了自我感觉，因为生命是有尽的，便想到必须创立一些事业，而获得荣誉。但是这个自我感觉，与青年期不同，不是竞争的，而是一种立己立人，与人合作，共存共享的。由于好奇心知识欲，而有求知的行为。由于好名心事业感，而有创造的行为。倘因能力不足，或困难不能达到，即变为消闲心的休息行为，好利心的获得行为。中年以后，直到晚年，不总外乎这些变化。

（二）三特点

（1）必然的——每阶段中的心理作用，为必然的出现，均具备心，情，性三方面的活动。主观的得与表现则快乐，否则悲痛。（心是心意，情是情绪，性是性行也就是行为活动）

（2）正反的——十八种心理作用，有消极的，有积极的，有简单的，有复杂的，有个人的，有社会的，的抽象的，有物质的，有高级的，有低级的，彼此都是相对的，倘若有人仅俱备一方面，则必非正常人，正常人是十八种都俱备的。

（3）平衡的——（参看上表）这十八种心理作用，不但正反须结合，上下也须调合，左右也须调合，所以是平衡的。正常人是平衡的发展，而各阶段中调整其主从强弱。

（三）五原则

（1）正常人格发展——依正常之顺序，逐渐发展，每阶段中，各有强弱。本阶段者强，属于过去阶段者减弱，而对于未来加以准备培养。

（2）反常的发展

（A）太快——设儿童时期因种种环境上的困难，不得正常发展，则向前跳进，其心理状态几若成人。例如，问题儿童即有此类。

（B）停顿——年龄发展已至某期某阶段而无其必然之心理行为。例如成年人之心理一若儿童者，即是停顿。

（C）社会经济地位与人格发展配合——个人之社会经济地位必须与发展并进，否则人格不得正常发展，因为许多要求均无法获致。所以身心发展与社会经济地位有并进的关系。

（D）缩减作用——如果社会经济地位不能与身心发展并进，则不减低社会经济的要求，即减低心理欲望的要求，这个时候就发生缩减作用。

（E）表现作用——社会经济要求与心理欲望并存，如果想争取二者，所用的方法是不正常的，则道德因而减低；倘若有合理的观念，则必用正当方法，社会上好坏人的分别也就在这。所以这些心理状态对于人格有表现的作用。

中华民国三十六年五月三十一日　天津《民国日报》星期六，第七版

职业指导的价值[①]

一般研究教育和社会人士，对于职业指导的价值，已有相当的承认，但是这种承认大部分根据普通观察和见解。指导的价值，能用实例和统计证明的，还属少见。本文系根据英国实验科学的指导。证实指导的价值，对于指导事业，可加一大助力。兹承清华大学教授周先庚博士及程时学君译为华文，颇足资我国研究与实施指导者之参考。——原编者

一、引论

现今世界各文明国家都承认职业指导的重要。我国虽亦有人注意及此并且提倡实行，然而毕竟还是少数；大部分人因为不知它的重要，所以不能有所提倡。英国当代著名心理学家迈优士[②]（Charles S. Myers）一九三二年在英国科学促进会年会宣读一篇论文，名为《职业指导价值之最近证据》，登载在他所主办的国立工业心理研究杂志六卷四三八页至四五〇页。现在把这篇论文的大意编译成篇，介绍给国人，希望它可以打破国人对于职业指导的疑团，并作为一般努力于职业指导者的小小参考。

职业指导所以重要的道理，浅显易明实在用不着多说。一个从事于不适当职业的青年，不仅危害自身，而且殃及社会。因为当其对于本身职业不满时，他往往会做出违反社会的事体来。但是要实施职业指导确是一椿很艰难的事体；要得圆满的结果就须有各方面人才的合作；职业指导的专家固不可少，就是心理学家，医师，以及其他专门家的帮助也非常重要。我们知道，青年们选择职业仅靠兴趣的有无，是不能作为适合与否的标准的。我们还知道，一般的普通智慧和特殊才能的心理测验，仍不适宜为唯一的职业指导的根据。比方一个智慧颇高的人要想做一个律师，可是由他过去的社会环境和业已形成的性格看来，显然不大相宜。再如一个在精巧的手艺上曾获得优良成绩的人，本可以做一钟表匠，但是一考查他的病史却证明他不适宜于室内的静止工作。

由此看来，职业指导已变成了一种技艺。而这种技艺如要施行有效必须经过多方面的考虑；譬如，受训练时的用费，位置的有无？以及升迁的机会等都不可忽略。除了上面这几点，还要看职业指导的才能如何；因为在施行职业指导之际，指导者不但要运用他们的知识和科学上的原理方法，还有赖于他们的聪明，直觉，和机警。

---

① 周先庚、程时学译，本文刊载于《教育与职业》1934年第154期。

② 今多译为梅耶斯。——编者注

二、探讨的方法

职业指导的历史很短，而且从事于这方面的人也不很多，所以目前的指导法无疑的不能令人满意。在这种不满足的空气中，有些国家已不断的努力于创立或证实新的方法。一分努力，自有一分的收获，近来有些新的方法。在测验雇工们的智力，才能，以及性情方面所得的成绩确已超过旧有的方法，就现在的情形而论，英国的成绩特别好。英国国立心理研究所举行了七种职业指导的研究，目的是在比较新旧两种职业指导法的优劣。

要比较新旧两种方法的孰为优良，最好是把被指导的儿童分做两组来研究。一组是“控制组”，该组的儿童仅受普通流行的职业指导；另一组称为实验组“实验组”，该组的儿童则受较新的，较有系统的，较为科学的指导法。在各组接受指导后，有的依从指导去寻谋位置，有的则不依从。但是，无论是否依从指导，在他们受指导后的某段时期内的职业变化，总是由研究者不断的追寻考察，这一段时间称为“追察期”。

“追察”的方法不一，“追察”的标准也很多。比方在追察期中，位置久暂的比较，对于工作满意与否的比较，以及对于薪资和雇主的态度的比较等，都须加以注意。“追察期”的久暂不一定，大概是两年到四年。

三、指导的困难

普通智慧和特殊才能测验的运用于职业指导，只能算是一个有力的帮助，不可把它的价值估量过高。在施行这种测验之外，倘无他种指导的辅助是不能完善的。假如职业指导的成功只是凭靠测验的施用，照理，在测验中所得的分数应与雇主对于雇工们工作效能的意见相符，然而事实并不如此。照通常的情形，测验者对于被测验者施行职业指导时，只能依据测验的结果约略的予以指导的忠告，而且实行指导时，通常都不仅指定一种，而是指定两三种相类的职业。

空洞的理论也许不易使人明了职业指导的价值；现在就请举出一些确凿可靠的实验结果来。在以下几种实验中，除测验普通智慧和特殊才能外，他如性情，体质等也曾经过考验；而且被测验者的家庭状况，及其父兄师长所知关于儿童的一切情形都藉作指导的参考。再者，以下所报告的追察研究，六个是关于小学儿童的（约十四岁）一个是关于中学青年的（约十六至十八岁）。

Ⅰ第一次的伦敦实验

一九二三至一九二五年之间，第一种职业指导的研究由博特（Burt）教授指导在英国国立工业心理研究所举行，这次职业指导实验的对象是一百个伦敦初小学生（男女各半）。施行指导后的两年中，研究者不断的“追察”着这些儿童们的一切情况。在这一百个未曾工作者外，其余八十二个人的情形可分做两组来研究：一组是依了指导而获得位置的，一组是未依从而获得的；前者可称为“依从的位置”，后者为“非依从的位置”。“追察”两年后所得结果如下：

表一

	依从的位置	非依从的位置
曾任两年或两年以上的位置者	四三	六一
曾任四或五个位置者	一	四
每周所得的平均工资	十六先令九便士	十五先令八便士
工作满意者	四八	一九
工作不满者	一	一四

依从指导的儿童果然获得了满意的位置；而不依从者亦果得不称心的位置。假如这种现象是预料的成功，那么这第一次伦敦实验中所得成功预料的百分率为七十六。

Ⅱ 第二次的伦敦实验

从一九二五到一九二九的四年中，又由国立工业心理研究所职业指导部的主任夷尔（Eorle）作了一次更进一步的实验，这个实验所用的对象是一千二百位初小学生；指导后的（追察期）为三年（一九二六至一九二九）。全体儿童分为两组，每组六百人：一组为“控制组”，该组不经研究者的实验和忠告，而仅受校中普通的职业指导的。另一组为“实验组”，是曾经施以新的职业指导法的。在这一千二百人的“追察期”中，有百分之十七的情形不大明了。这个实验中，不但在方法上有所改良，而且所得的统计资料也特别可靠。现在把“追察”的结果列举出来：

表二

（以下所举的六种职业，都是在追察期中始终保持着未曾变更的；数字为百分率）

	实验组		控制组	
位置的性质	依从指导	不依从指导	依从指导	不依从指导
1. 书记	七五	三五	四四	四三
2. 次等书记	四二	三六	四三	三六
3. 商业	三三	一九	一九	一五
4. 精细手工业	二八	一八	二七	二〇
5. 半精细手工业	三九	三二	二九	二五
6. 粗手工业	三〇	二四	〇	一六

由上面这个表看来，值得我们注意的不只是第一排的数字较第三排为大，更该留心的是第一列与第二列的差别显然较第三与第四列者为大。依此我们可归纳出两点来：第一，曾经接受研究所的职业指导而能于追察期中保持着某一种位置者，较只受普通

指导者为多；第二，在“控制组”中的儿童们能于追察期中始终保持着某一位置者，有的依从指导的，有的不曾依从。但是，这依从与不依从的差别极微，然而在“实验组”中，此种差别则很大。

除上面的结果外，我们再看雇主们对于儿童们所任位置的意见如何。

雇主对于儿童所任位置的意见，大概可分为三类：第一类是对其位置极为满意的，第二类是仅觉满意的，第三类是不满意于其位置的。再把这些儿童所得的工作分为 ABCDE 五个等第。从 A 到 E 是表示儿童们对其位置满意程度降低倾向。比方下面 E 行是代表儿童对其位置感不着愉快而且不易成功。下面的结果，就是本这种分类得来的。

表三

工作成绩等第百分率（对其位置极为满意者的报告）

	实验组		控制组	
	男	女	男	女
A	一七	三五	九	二七
B	七	一三	一九	七
C	八	八	七	十
D	五	七	一二	一三
E	〇	〇	〇	〇

表四

工作成绩等第百分率（对其位置不满意者的报告）

	实验组		控制组	
	男	女	男	女
A	五	二	三	四
B	七	五	一一	八
C	一六	一二	一一	九
D	一九	一八	二五	〇
E	三三	三三	五〇	一〇〇

实验组较控制组优良的地方：可从满意程度的增减与是否依从指导的关系上看出来。例如从第三表第一列百分率（一七，七，八，五，〇）和第三列（九，十九，七一二，〇）整齐的差别上即可查看出来了。

Ⅲ 剑桥与裴福（Fife）的实验

与前一实验同时还有两个更为进步的实验，一个是由阮梦生（Ramsay）举行于剑桥；一个由克尔谷（Kilgour）举行于裴福。这两个实验的报告虽是初步的，却前途颇有可观。其结果如次；

表五 剑桥实验

儿童数目——二百人，追察期——十八个月，指导组儿童的百分率

	追察期中保持一位置者	因不满意而离去第一位置者
依从指导的	六七	一七
未依指导的	三二	五〇

表六 裴福实验

经过追察期的儿童数——八十五人，追察期——两年至四年

（此实验无控制组）

	依从指导而得位置者	未依从者
工作满意者	三五	二二
工作不满者	三	二五

在这小组儿童的实验结果中，我们知道指导的成功是百分之七十。

Ⅳ 朴敏恒（Birmingham）的实验

第二次伦敦实验结束的时候，朴敏恒教育委员会举行了一个职业指导实验，其中所用的方法与以前各实验所用者相同，不过本实验的结果较能令人满意，因为以前实验中所发见的缺点已经免去，并且本实验所选择的儿童是比较的资质高些而不大贫穷的。此外还有一点，就是在这个研究中有一位主持人对于当地雇佣情况十分熟悉。

所选的三百二十八个初小学生（男一六五人，女一六三人）也分为“实验组”和“控制组”。前者全经过考察而且接受过指导。两组的追察期皆为二年。结果如次；

表七 能保持第一位置而经过“追察期”的儿童百分率

		依从指导而得位置者	不依从者
实验组	男	二一	一
	女	三五	四
控制组	男	七	一五
	女	二〇	一五

从此表我们可以看出，在“实验组”中，不依从指导而得的位置的不稳性远较依从组为大；反之，在“控制组”中，这不稳性的比较适与前者相反。同时还可看出女子不如男子那般喜欢迁换位置。

表八 位置变换次数（限在追察期中）的百分率

位置的次数	实验组		控制组	
	依从类	未依从类	依从类	未依从类
曾任一个位置者	四三	九	二七	三〇
曾任两个位置者	二三	四一	二九	二八
曾任三或四个位置者	二六	二九	二六	三五
曾任五个以上的位置者	八	二一	一八	七

从此表中，至少可以看出下面的两点来：（1）由左至右的第二，三，四，三行中，在“实验组”，“依从”与“不依从”间的百分率差别极大；（2）在“实验组”中，不依从指导而就多种位置的比较的多；但在“控制组”中，百分率则较小。在“控制组”内，“依从”与“不依从”的百分率相差很小；由此可见普通的职业指导是无甚价值。

表九 担任第一个位置的时间（表内系百分率）

在职时间	实验组		控制组	
	依从类	未依从类	依从类	未依从类
六个月以下	三五	七四	五三	四五
七个月到十八个月	二〇	一四	一七	二二
十八个月以上	四五	一二	三〇	三三

此处在“实验组”中，“依从类”与“不依从类”间的差别非常显明；但在“控制组”中，此种差别则很小。

把朴敏恒实验的全部来考察一番，即可证实曾施以特殊方法指导的“实验组”所得位置之适当程度比较仅用普通指导而得者为佳。从这些资料中，我们更知道，在“控制组”中根据指导而得适当位置的人远不如“实验组”之多。而且“实验组”中的人拒受指导者比较“控制组”中听从指导者适应反而为尤劣，由第十表中可以看出。

表十　雇主与儿童的报告（表内系百分率）

		实验组		控制组	
		二十九个依从者	二十七个不依从者	十四个依从者	二十五个不依从者
儿童对其第一位置的报告	不适合	一〇	八一	二一	四四
	适合	九〇	一九	七九	五六
	很适合	三八	四	二九	二〇
		五十四个依从者	十六个不依从者	二十个依从者	三十一个不依从者
儿童对其最后位置的报告	不适合	〇	三一	〇	六
	适合	一〇〇	六九	一〇〇	九四
	很适合	四三	一九	三五	一九
		二十七个依从者	七个不依从者	十三个依从者	二十二个不依从者
雇主对其第一位置的报告	不适合	四	五八	八	一八
	适合	九六	四二	九二	八二
	很适合	四四	一四	一五	一四
		五十三个依从者	十七个不依从者	二十八个依从者	三十九个不依从者
雇主对其最后位置的报告	不适合	二	二九	一一	〇
	适合	九八	七一	八九	一〇〇
	很适合	四二	二四	一四	一八

V 中学生的职业追察

前面所举的实验都是以初小学生为对象；现在让我们看看中学生离校后的职业情况如何。有三十位曾经是接受工业心理研究所职业指导的青年，在他们就业后的第三年征询他们对于自身职业满意与否，遂得下面的结果：

表十一

	依从指导而得位置者	不依从者
工作满意者	二〇	三
工作不满意者	〇	七

（在这一小组里，预料成功的百分率是九十。）

此外于一九三一年又得到一组较多的儿童来实验；共一一八人，中有百分之二十是女的。

表十二

	依从指导而得位置者	不依从者
工作满意者	七六	一七
工作不满意者	八	一七

在这一组青年男女里，成功的预料是百分之七九。这个百分率不为不高，因为这些青年都是有问题很难于指导的。以上这个结果由雇主的意见亦可证实。

四、结论

青年们选择职业，时常为其有限的知识和偏向的兴趣所决定。由英国国立工业心理研究所得的实验结果看来，有百分之五十的青年对其职业表示不适合；不是因为才能不相当，便是性情不相近。在选择职业时，兴趣固然要紧，然而它不是唯一的决定因素。在选择之先，各方面都得考虑周到，一点也不可忽略，要这样才无后悔之虞。选择职业断不可“随意所之”的瞎闯，倘能依凭测验的结果，经过一番冷静的考虑后才去进，如此自可获得最为满意的职业和位置。

在今日的中国，职业指导可谓尚在启蒙时期；所以当前的急务是努力的证实它的价值和需要。外人的实验资料不一定适合于国情，但在方法和原理上总有不少可供借鉴之处。读者明此，则本文之介绍不为虚掷矣。

四、心理学教学

心理学系课程标准之商榷[①]

吾国心理学系之根本问题，在普通心理学无机会与其他各学科，使大学生有同时选修之权利。照部颁标准不尽合理，例如生理学竟与生物学平列，在文法学院共同必修科目中，为选修科目之一。查生理学为一高级课程，须先修普通生物学，动物学比较解剖，然后方可选修。今列之于一年级共同必修科目中，为选修科目之一。势必须特别组织，由专人另外为一年级开班。但事实上生物学系已有普通生物学，供给一年级共同选择必修，内已包括生理部分，似不必再添生理学为共同必修科目，而应代以注重生物生理基础之心理学。其理由如下：

（一）生物学系同时供给两门一年级共同必修科目，即普通生物学与普通生理学，事实上办不到。一则普通生理学教员，乃一精深专家，决不愿开一门大班普通生理学，为一年级学生选修。二则即有愿担任者，□系而为两种一年级必修科目准备实验及教学设备，极端困难。一般而论，学生皆会选普通生物学，决不会选普通生理学。然该系仍必须准备大班分组之一切人事与设备，岂非多事。

（二）现代科学的实验心理学，即是由实验生理学脱胎而来，又名生理心理学。苟以此为内容之心理学概论，能代替生理学，为大学一年级文，理、法、商、师，各学院之自然科学共同必修科目之一，作者以为毫无问题，且可一劳永逸，整个解决心理学在大学课程中之地位，以及在学术界之尊严。凡有实验室之心理学系，供给一年级共同必修科目中之一种（即名之为心理学概论，以别于为本系开设之普通心理学），以人事设备而论，均易解决。其在积极方面之意义，则必定超过其所代替之生理学。一门通俗简易化生理心理学性质的心理学概论，可以告诉一年级学生：知觉感觉之感官生理基础；食色性欲等情感情绪之内分泌生理基础；学习记忆等神经肌肉之机构作用，品格性格之躯体形态；联想思想，意像想像之大脑部位；遗传环境之响应才能智慧；物质因子之响应工作效率睡眠作梦等。一年级学生，苟能得到以上各项科学知识，所谓基本通才教育，必可圆满获得。

（三）学术机会均等，在心理学之需要最为迫切。一年级共同必修科目中，既无心理学，大学生势必到二年级才可选到普通心理学。其结果等于将心理学系课程，挤在三年修习。况到二年级，各生选系早在一年级决定；心理学在一年级始终无缘与各生见面，故升二年级，而选入心理学系者，绝无仅有。教部规定一年级共同必修科目缺心理学，所以心理学系学生最少；因为心理学系学生最少，所以不让心理学入一年级

---

① 本文刊载于《中央日报》1944 年 7 月 11 日。——编者注

共同必修科目中，为选修科目之一。一个现代的国家，如要学术开明，我们得让各门学术平均发展。心理学所望于行政当局者，就是从一年级起，就得有机会与学生见面，以便决定二年级是否入心理学系。

（四）部颁心理学系必修科目表中，普通心理学“得在第一学年开设，与中国通史对调，每周讲二小时，实验一次”。仅注此条文者，苦心可嘉。但事实上等于虚设，因“对调”云者，乃暂时可先习普通心理学，到二年级再习中国通史之谓，并非普通心理学可以代替中国通史之谓。一年级事实上不分系，即有此条，亦毫无补益于心理学系。况在历史系科目表中，并无相仿佛之声明，心理学系如何能命令一年级学生不先习中国通史，而先习普通心理学？——按此备注之意义，即等于将“普通心理学”与“中国通史”同列为二项科目择一项之局面。苟如真为原拟订者之意旨，作者以为，不妨直爽将“普通心理学”，与中国通史并列在文法学院二项共同必修科目中，任选一种。

（五）去年教部颁令，高中三年级下学期，得增心理学为选修科目之一。作者以为与其在高中加心理学，使目前教材师资均成问题，不如爽快开放普通心理学，或另设心理学概论与一年级学生选修。

（六）以上乃指心理学可以与中国通史同例为文史类选修科目之一（一年级文法学院共同必修科目），或与数学，物理，化学，生物，地质同列为数学自然科学类之共同必修科目，任选一种。其实心理学还可与政治，社会，经济，并列为社会科学类选修科目之一。苟如此，则其内容当注重社会文化方面之基础。凡留意现代心理学之发展者，均知心理学与社会科学之关系，远较其与自然科学之关系为深。心理学之基础，虽在自然科学，但其意义与应用，则在社会科学。在理工学院，心理学如与文史并列，或与社会科学互选，则当注意社会文化方面之基础。

（七）总而言之，心理学在文，理，法，商，工等学院，必须列为共同必修科目之一，然后学生到二年级才得有入心理学系之可能。与其在高中加心理学，不如在大学列为必修科目中之选修科目。在师范学院，“教育心理学”列为“教育基本科目”完全必修。但教育心理学严格言之，必须先修“普通心理学”，并带实验，始为合理。所以普通心理学，应列为师范学院普通基本科目，完全必修。事实上，各校均如此。教部所订以“教育心理学”代替，反而无人实行，因后者乃一高级课程，不先修“普通心理学”，就不通也。

作者以为，心理学系课程标准，其他方面，均系小节，唯独普通心理学与文史，自然科学，或社会科学并列为共同必修科目之一，最为重要。值此教育部高等教育司长吴俊升先生到昆，邀请各系同仁商讨大学课程之际，谨呈管见理由如上，以资参考。

心务社。三三，七，七

论心理学为大学共同必修科目之一[①]

最近教部颁布“修订大学科目表”，直截了当的把“普通心理学”列为文，理，法，师四院，自然科学组共同必修科之一，同时“地学通论”亦被加入。从此以后，凡入大学，学生，在一年级即可在自然科学组，“科学概论，普通数学，普通物理学，普通化学，普通生物学，普通心理学，普通地质学，地学通论”八门中选习一种（理学院二种），以为大学共同必修科。这件事对于心理学在中国最近将来之发展，必大有响应，兹略论之，以为同仁及教育当局之参考。

七月间高等教育司司长吴俊升先生，对昆明各大学同仁，商讨大学课程标准时，笔者曾作“心理学系课程标准之商榷”一文。（见本报三十三年七月十一日专载）。“吾国心理学系之根本问题，在普通心理学无机会与其他各学科，使大学生有同时选修之权利”。这是笔者直接了当的呼吁。笔者曾具体建议：“心理学可以与中国通史同列为文史类选修科目之一（一年级文法学院共同必修科目）；或与数学，物理，化学，生物，地质同列为数学自然科学类之共同必修科目，任选一种，其实心理学还可与政治，社会，经济，并列为社会科学类选修科目之一”笔者最后又郑重提出：“心理学系课程标准，其他方面，均系小节，唯独普通心理学与文史，自然科学，或社会科学并列为共同必修科目之一，最为重要。”俟后在文理附院课程标准修订讨论席上，笔者遂正式提出是项建议。今教育部竟正式修订，将理学院之普通心理学与地学通论，一律并列为自然科学级选修科目，实为划时代之创举。

第一，吾国心理学之科学地位，以后可以在一般人心目中，得到其应有之认识。现代实验心理学介绍到中国时，传统仅与教育为邻。抗战后，改制师范学院，将心理学系一律规定在理学院，即有着秉自然科学基础之意。但事实上心理学毫无给一年级学生选习之机会，所以这几年心理学系无形逐渐淘汰。今教部明令“普通心理学”列入文，理，法，师四院共同必修科目中，心理学系独立训练心理学专门人才而外，且得机会供应各院一年级共同必修科目，工作自然加重，心理学家自然群集理学院之心理学系，以发展自然科学基础之实验心理学。目前仅余之中央及清华二心理学系，责任特大。但在最近将来，各大学理学院，势必须一一增设心理学系，始可应付此次革兴之局面。在第一次教部审订大学课程标准时，笔者曾提议心理学系可以视各校之人才及需要，隶属于任何学院，此或有含糊之嫌，但在欧美，确是如此，今政府既制一制度，使其仅属理学院，关其科学地位，自然日趋加强。心理学同仁当如何努力，将

---

① 本文刊载于《中央日报》1944年12月21日，“教育与生活”第32期。——编者注

现代科学的普通心理学介绍与大学一年级生，还是今后唯一严重的问题。

第二，吾国心理学者以后可以各就所长，尽量推动心理学在中国之发展。照目前趋势看来，吾国心理学者多改就他业或趋于行政。粹纯科学心理学之研究，反而无人继续；最近几年情形，最为恶劣。当此国家重实科之时，心理学之最新知识，几乎无人问津；青年无论如何诱导，亦不情愿学习此科，甚至根底相当巩固者反而被迫中途改进，不能效忠于斯学。笔者年来深恐，再过十年，连仅存之二大学独立学系将无人承继执教了。此次教部有鉴于此，毅然决然铲除心理学在吾国不发达之根本原因，而与以大学科目中之适当地位，笔者预料在最近将来，各大学之学系行政，课程，人事，以及学生，必定会调整改善。"五四"以后心理学之黄金时代，必定会重临的。

第三，心理学列入大学共同必修科后，所发生之联带问题甚多，兹约略提出数点，以供学校行政当局之参考。

（一）"普通心理学"之内容组织问题。"普通心理学"授课内容及讲授方式极为重要。此课既为入门科目，其内容必须为综合的，不可偏重某学派之心理学。除演讲外，必须加添实验与测验练习。此层乃心理学所优于其他科学实验者。心理实验或心理测验，"心理问答"或"心理评判"，可以同样给大学生以科学训练，并可以团体为之。普通了解以为，唯独实验，才可算科学，未可厚非。心理学内容不仅感官感觉，行为动作可以实验表示法，复杂心理历程，如记忆联想，思想想像等，易变心理作用如情感情绪，品格性格等，整个人格，如人心，人情，人性，动机，欲望，与灵魂等，更无不可用实验表证，即或有实验法不能应用之问题，有控制的观察法，记录法，测量法，如心理问答与心理评判，也可以补救，"普通心理学"之精神，应在衡量发挥表扬现代心理学之科学性，务使其发展为先进科学，同样为大学生所重现。担任此课之讲师，必须为曾经受过充分科学实验训练之人；对于实验测验必须有浓厚兴趣与纯熟技巧，始为合格。

（二）"普通心理学"演讲附带实验问题。假使以上内容组织及教师问题解决，则次一问题即为实验室，实验设备，及助理问题。一般教"普通心理学"者，不单毫无科学实验经验，而只翻述书本实验结果，其实亦无实验室之兴趣与技巧。一个常在实验室为生活的人，必须有爱护实验室内一切之精神与兴致。指导实验的人还须有不怕厌烦琐碎，能够吹毛求疵，及精益求精，认真准确的脾气。换言之，他不但须有科学的头脑，他还须要科学的手足，凡事均能够亲自动手。小自实验室之整齐清洁，秩序条理，大至修理仪器，布置实验，完全要真正有训练有耐性的人始可担任。这些条件，在助理员或助教方面格外需要。今后大学一年级共同必修科增加"普通心理学"，我们应如何把心理实验弄得像个样子，使其能与诸先进科学实验比拟，而使学生对之有信心，这是当前的大问题，这个问题包括增加预算，扩充实验室，添购仪器材料，增聘教员，助教，助理，练习生等，此处不能一一讨论。

（三）师范学校本有教育心理课程，高中现亦添心理学一课。目前中等学校心理学师资问题，最为严重，教此门者往往为教育系仅学一二门心理课程之人，不单毫无科学训练，即连书中所指各实验材料结果如何得来，亦无所知。今后理学院心理学系可以大量训练此批师资了。师范学院教育系学生，欲教心理学者，必须选修心理学系实验课程二门以上，始可胜任，不然其教学之有损于心理学之科学性必甚大。

心理学在欧美各大学本为共同必修科目之一，不过多在三四年级选习之。今吾国一律规订理学院心理学系之“普通心理学”为自然科学组必修科目之一，自一年级即选修之，以后大学教育必大受响应。笔者常感觉，一个受了大学教育的学生，而无普通心理学常识，真是生活贫乏得可怜，自己之才能，知识，情感，情绪，学习，记忆，欲望，动机，性格品格等，只知其然，而不知其所以然：一己之专长缺陷，无从知晓，兴趣志愿，无从决定，成败得失，无从分析，其结果，对于社会经济，历史文化，政治军事，毫无人心。人情，人性之了解，以为之补助，所以往往不能接受现代国家之种种设施改革。今后大学通才教育有赖于心理学者正名。教部此次直接了当之措施，诚不愧为划时代之创举。

普通心理学应列为大学共同必修科[①]

现代心理学，五花八门，各类繁杂。但是稍有常识的学者士大夫，应当了解：生物的生理心理学，动物的比较心理学，数理的心理物理学，实验室里的实验心理学，医院里的医药和变态心理学等等，自然是自然科学。我们说这些部门都是自然科学，因为他们都是运用科学方法来研究心身关系之自然现象的。现代心理学之所以能够成为一门独立的学科，就是由于这几方面的科学事实。所以前年心理学界同仁，一致主张，将教育部颁布“大学科目表”中，“普通心理学”与“中国通史”并列一二年级对调之地位，改为：与数学，物理，化学，生物，地质，地理等，并列为自然科学，由一年级学生共同选修一种或二种（参看拙著：“心理学系课程标准之商榷”一文，载本报三十三年七月十一日第三版）。但是去年六月间，教育部命令各大学讨论简化大学科目时，西南联大某学院竟把该院共同必修科自然科学组中，七门减去“普通心理学”与“地理通论”两门，并附注说：照内容与性质说，此两门均不能称为自然科学。大学科目标准是一个问题，一门学科是不是自然科学是另一个问题。作者乘此教育部再度催令讨论简化大学科目时，略申一二，以为有关院系之参考。

本来照理讲，教育部规定心理学系属理学院。其性质自然是偏重自然科学性的现代心理学之发展。其决定必是经过心理学专家共同讨论的；其列“普通心理学”为大学科目自然科学之一，亦必定是指着堪称为自然科学的上述那些门类的现代心理学而言。文法社会科学人士，一方面看不惯白老鼠跑迷宫黄铜仪器式的心理学，另一方面又不承认这些是自然科学，真是令人百思而不得其解。

稍微留心现代心理学之发展的人，都会知道；现代科学的心理学是德国生理物理学家韦波[②]。费企纳，韩姆浩斯，翁德诸人努力的结果，在起初，注意点只在感官生理方面的探讨，所以心理问题也只限于知觉感觉方面的知的问题，如听觉，视觉，味觉，嗅觉等。到后来学习记忆，思想联想等高级心理历程，也能用实验方法研究，并探究其生理基础了。到最近，本能，动机，欲望，冲动，冲突，困扰（Frustration）等动的心理历程，没有一个不是由于科学的实验而增加我们的了解的。这些心理现象自然都是情与意的问题。此外如反应时间，工作疲劳，动作效率等，也都是承继天文学家，生理学家，和工程学家等的研究而来的。目前数理的和逻辑的方法，应用到智慧测量，学习实验，和品格性格测验，更是一鸣惊人，一日千里。例如最近雅鲁大学霍尔[③]（C,

① 本文刊载于《教育通讯》1946年复刊1卷12期。——编者注
② 今译韦伯。——编者注
③ 今译赫尔。——编者注

L. Hull）教授的数理演辑法，应用到学习的全部理论（包括巴夫咯夫的交替反射）——（见其近著：《行为原理》，一九四三年出版）前几年普林斯顿大学的卫阜和博瑞（Wever and Bray），用无线电收音方法，在猫的听神经上，可以收听声音的波动，于是解决了听觉器官蜗牛体中之听觉生理基础，对于听觉理论，是一大贡献。此三人先后均得到美国实验心理学家协会第一和第二两次所颁发的华仑金质奖章（Warren medal）。——按此奖章为纪念普林斯登大学华仑教授而设，每隔一二年，发给当年最有贡献之自然科学的心理学研究论著）。

现代心理学之科学性，更可从一二科学的心理新发现证明。在十九世纪末年，法人 Fere，与俄人 Tarchomff 先后发现“皮肤电反射”之事实。现在我们知道这是汗腺的一种电流电压作用；因为出汗的生理与情绪有关，所以“皮肤电反射”传统被用为情绪的数量标识。他是可以利用物理实验室里的电表来测量的。人体中之肌肉与神经，都有所谓“动作电流”，大脑上有所谓大脑电流或“脑波”（Berger Rhythun）这些电的生理心理现象是目前最发达的研究题目。其应用可以拿来诊断精神病，说话真伪，和想像内容等。最近所谓的“实验神经病”（Experimental Neurosis）。由于巴夫咯夫的发现，更引起美人大量研究，利用各种家畜动物在实验室中，用人工方法，自由制造神经病，而研究其病源，病症，与治疗。在身体疾病方面，许多性近心理学的医生，都知道心理因子的重要。两次大战给士兵产生了许多所谓“战争神经病”（War Neurosis or Shell Shock）。现在我们可以翻阅一本专门记载心理响应生理的疾病的专门杂志，叫做“心理生理医学”杂志（Psychosomatic medicine）。在这里，我们可以恍然大悟我们的心脏病（所谓机能的），胃病，头晕，眼花，呕吐，极端惧怕，羊癫等无穷的心理疾病。现代内分泌学与心理学之关系是密切极了。其他如实验胚胎学，遗传学，对于心理发展，本性本能，品格性格之解释，凡是关心心理学之最新发展的人，都是惊叹不置的。天才与罪犯，差之毫毛，失之千里，心理学家若是性近自然科学，态度同情自然科学的话，决不会再信仰“天”的。他即是为情感问题，而信仰宗教鬼神，他还是采取自然科学的观点，以为这些还不是信仰者之心理的反常变化吗？什么性爱，什么“灵感”，在于他，亦不过是内分泌在肚子里作怪而已！

一门注重上列这些内容的“普通心理学”，为什么不能代替弄弄杠杆滑车的物理，在显微镜中看看“呵米巴”的生物，在玻璃管中闻“阿莫尼亚”臭味的化学，摸摸石头，走走山川大河的地质地理呢？文人学士们，请你们不要夺取你们后生子弟的权利了。什么权利呢？自知之明的权利。现代科学的心理学即是告诉他们能有自知之明的！

心理学系研究生在大学中应有之准备[①]

美国心理学会一九四六年新出版“美国心理学家”（The American Psychologist）杂志一种，月出一册。四月份第一卷第四期中，刊载 Stuart M. Stroke 论文一篇，题目如本题译文。其大意兹略译如下。其中所讨论的各点，大半多可以实用于今日中国心理学界。——译者

什么学科，对于要入研究院研究心理学的学生，最有用处呢？有些什么学科，非必修不可呢？什么学科是最重要的？这是指导学生入心理学系继续研究的教师们，所要解答的问题，对于各位心理学系主任，更是一个重要的问题。各位心理学系主任，最宜对于各种必需的准备，发表意见。所以本文原作者，在美国发出九封信，给九位大学心理学系主任，征求意见，这九位心理学系都有研究所，训练研究生。信中声明，学生的天资假设不成问题，所要调查的，只是学生所应有的准备与训练。这九个大学，五个是私立的，四个是公立的。

信中并未附寄问答表格，因为原文作者意思，是要收信者尽量自由发表意见。回信的分析，大致把各学科是否必修，选修，或其他，或未提的次数记下。别种意见也注意到，从这些事实中，原作者归纳出各种因子。原作者说，不是作为必修学分的标准，只能看作那九位心理学系主任的意见而已。这个调查原来未预备发表，各学系主任也不知道会发表。所以这里的意见，不能由他们负责。但是他们的意见大致很一致，对于心理学界很有用处，必需把他报告出来。原作者意见，以为必修科数量的统计研究，是没有什么用处的，因为大半没有什么共同的必修科，“主要的原因是大学本科学科太杂，指定必修科是不可能的”——有一位如此说。以下所述的，只能当作愿望看，将来或有实现的可能，原文作者自己自然也参杂些意见在内。

心理学科的准备——九个学校，有三个学校只收心理学系的学生为研究生，有两个学校，需要以心理学为副科。另一位主任说：“自然，我们希望收心理学系的学生，但是这并不是一个固定的条件。”大半对于学生所念的心理学，并不希望多，对于学生的“长单子的学程表”，大家都不发生兴趣。只收心理学系毕业生的一位心理学系主任说：“本校及外校来的心理学系研究生，主要的缺点，是学科训练不够广博。具体的说，他们对于数学，自然科学，及社会科学的训练都太差。我们希望，招收对于这些基本学科训练好的学生，不希望招收只受到心理学这一门学科训练的研究生。”大概一

① 本译文刊载于《教育通讯》1947 年复刊 3 卷 11 期。——编者注

个非专学心理学的学生，设若别的学科好，那九个心理学系研究所都愿意收容的。有一位主任说：他虽只招收本科毕业学生，但是外科毕业生如来，“他可以延长注册时间，以资补救。”大家并无轻视心理学科目的意思，不过是主张别的普通科目不能牺牲而已。

必修的普通科目——这包括数学与自然科学。七个学系建议：要至少一年大学数学，其中有二个学系必修数学。有一个学系未提必修大学数学，但是说最好要学统计学。科学更为重要，但无人指出哪一门科学最重要。普通都认为：“至少一年化学，生物学或物理学，三门必修两门。”另一位说：“最好的学生是……大学自然科学与数学好的学生……大学生物科学好的学生……他们已经知道科学是什么，他们已经知道如何思想。”有一个大学是不必修数学的，但是“正在向文学院交涉请求准许把大学四年级数学的先修科，代替语文的先修科。”各大学心理学系研究所，都需要学生在数学与自然科学方面，多打基础，这是不成问题的。

社会科学——这九位主任对于社会科学，都一致感觉是次要的。有三个学系把社会科学与自然科学，同样当作必修或选修科目。但是有一位深深感觉：学“空谈”学科的学生，如“英文，社会学，政治学，与其他全靠阅读，谈话与讨论，而需要很少敏锐思想和很少实验室工作的学科”，如要学心理学，是不会学好的。“有时这类学生，也可以成为科学家，但是绝无仅有。大半这类学生只能接受描写的心理学，对于科学的心理学，总是避而远之的。”其余的主任未提到社会科学，因为他们对于数学和自然科学倾向大些。看趋势，大家似乎承认心理学是自然科学，比承认他是社会科学多些。

语文——对于外国语，大家都无表示。或者是因为普通外国语已订为必修科，但是没有人回答外国语要“必修”或“选修”的，只有一个学校的一览中，把外国语与普通必修科并列。前头提到的那一个学系，想把大学数学代替外国语的，感觉这个提议甚为复杂。“我们正在注意此事，并且在请求研究院指派一委员会，研究心理学系研究生必修外国语的规则。”这并不是轻视外国语的重要，因为研究院已有一般的规定了。换言之，第二外国语对于心理学可能不重要，但是在研究院共同必修科目中，他是比在心理学系研究所中重要些。

心理学中重要的科目——只有四人讨论这个问题。他们偏重于实验与统计方面，对于系统心理学及各家系统，特别注意。有一位主任，主张偏重这两方面，但是立刻加以解释：“事实上，我们更希望，学生在系外，读完几门基本科学。……”大概所有回答的系主任都默认，普通心理学是每个研究生所必需读的，但是很少提到此点。

大学中的准备适当与否，最后还得从研究生的成绩来看。以下三段话是一个学系的观察，值得注意。兹照录如下。

“还有第二个标准可用：一个学生需要什么，才可以成绩好？无疑义是统计学；但同事们大半说是实验方法。我们在系中分许多组别（动物，诊断，儿童，人格）。我个人（某系主任自称，）感觉，学生在各组中，只要有普通心理学与统计学，即可以做很好的工作。

“第三个标准，是与别的学生竞争，他应当需要什么。还是统计学最重要。不能用统计学来辩论的，那个学生的成绩一定不好。为与别的学生竞争起见，一个研究生还得知道至少一家心理学说（Gestart－Lewin，Hull. Tolman，Freud）。自然对于别家学说也要多少知道一点。对于各家‘系统’的了解，也是一个研究生所应当有的。

“我们的理论与实际，似乎是不一致的。各方面所需要的，唯一的必修科就是高级统计学。其次照我（某主任自称下同）的意思，（1）对于某一‘专题’的精通；（2）‘系统’；（3）‘实验’。目前我们所有的二十名研究生，证实我以上的见解。凡是成绩好的，都满足以上所说的条件，凡是不好的，刚刚相反。我很不安把‘实验’放在最后，但是那好像是正确的。”

不欢迎的学生——除了不够能力的学生而外，大家有一个倾向，就是不鼓励个人生活适应不良，而来找帮忙的学生。只有二封信提到：有淘汰这类学生的必要，并且都很坚定的说：“常常奇怪，有很多人来学心理学，唯一的理由，是因为他们个人适应太困难。”这个感触，大概未表示意见的人也能同意。各学系不便实行淘汰，大概是因为无客观标准。关于这一层，有一位批评说：“……我以为心理学家对于研究生的选择，并未作到最完善的地步。……这是心理学界的一个耻辱。”

推测（原作者）——以上的材料，引起许多关于心理学发展很有趣的问题。大家强调注重数学与科学，究竟是何意思？这两门科目，是选择学生的工具吗？这些科目，对于心理学方法有许多共同点，可以转移吗？上面所提到的：“他们（数学和自然科学学生）已经知道科学是什么，他们已经知道如何思想”……这一句话，似乎证实这两个问题应当答正面。提起这个转移问题，我们当问，这种转移，是否普遍达到心理学的各分野（例如儿童研究，人格，诊断，与社会，连同实验室研究在内），那么，大家既然一致承认数学与科学重要，大家自然也承认这种转移是普遍的了。反对此论的人可以说，这个调查的结果，不过是表示回答调查信的系主任，都是实验家，自然偏重这两方面。目前的趋势，似乎表示，大家对于客观与数量的方法，发生浓厚兴趣。假若这个倾向过久了，那么，目前还不能用这两种方法研究的问题，将受什么响应？他们将要被弃置吗？被限制吗？或者被研究得更进步？自然我们可以希望在这些分野中，可以得到注重自然科学与数学的实惠。

五、心理学普及

天才是要发现的①

美国对于天才发展的研究

美国哥伦比亚大学师范院何林华夫人，在其一九二六年出版“天才儿童”一书原序中说：“以前用科学方法去研究不幸的儿童的人道主义，现在才知道许多表面上似乎是教育与经济的问题，而实在乃是生物遗传与变异的问题，这种结果在过去的十年中，曾用各种方法实现过的，其中的一种就是捐助基金作天才儿童的研究。这书中许多材料是从私人基金捐助研究而来的。一九一八年美国普通教育司津贴韦百尔（Whipple）博士，在乌巴那（Urbama）地方作一年的研究。同时纽约城市之公共教育联合会，亦指定某心理学家，专门研究孟哈唐（Manhattan）六四号公立学校中之天才儿童。约五年之后，纽约市公益基金会（Commonwealth Fund）的津贴，只是推孟（Terman）在加利福尼亚研究所用之半数，其他一半系由斯丹福大学所捐助的。一九二二年卡纳基（Carnegie）团体捐得款项，作为哥伦比亚大学师范院做纽约城中天才儿童教育的实验。这种计划系在孟哈唐一六五号公立学校中为徐阿波得（Theobald）先生所主持的联合研究委员会所实行的。我们从这些拨作研究天才儿童的经费中，方才获得关于天才儿童的知识。”（见朱镇荪译本）。

何林华夫人提到推孟在加利福尼亚的研究，这个研究报告“天才之发展的研究”有三大巨册（分在一九二五，一九二六，及一九三零出版。）纽约市公益基金会在一九二一年春捐助推孟二万零三百元美金。在一九二二年，第一年工作之末，该会又捐助一万四千元美金，斯丹福大学遂津贴八千元美金实数，又捐助价值六千元美金的人力。以上三项捐款共计是四万二千三百元美金，连同斯丹福大学所供给的人力估计，总共要超过五万元美金以上。到一九二七年，公益基金会又捐助一万零八千元美金，以作继续研究，同时斯丹福大学和旧金山一位罗森柏先生（Mr. Max Rosenberg）补助其不足数。

一个国家的智慧人才是最可宝贵的。天才之起源，天才发展之自然律，天才受环境响应之好坏，这些都是人类福利所关的最要重的科学问题。从柏拉图和亚力士多德到现在，许多哲学和科学家都承认这个真理。这方面的研究，所以迟迟到现在才开始，是有许多因子的。其主要的如：（一）普通信仰的响应。这种信仰可以说是迷信，以为

① 本文刊载于《中央日报》1946年4月28日。——编者注

伟人是不可思议的，他是另一种人类，受超人，超自然力的响应，自然律是不可以解释的。（二）另一同样近乎迷信的信仰，又以为神童天才是病态的，（三）近几百年西欧及美国之民主风气畅盛，不知不觉的鼓励人们不必注意个人本性的差异。（四）生物科学，如遗传学，心理学，与教育等之迟迟发达。

推孟在加利福尼亚大量调查天才儿童，以作科学的发展的研究，始于一九二一——二二年，继续考查于一九二七—二八年。这个研究的主要目的，是要比较优越儿童与常态儿童，究竟有些什么区别。在一九二一——二二年，一共收集了一四〇〇儿童详细材料。这些儿童每一个都是从学校里百分之一学生中挑选出来的。有六四三名，所得的材料最完全；其次有三〇九名，材料较少些，一共将近一〇〇〇儿童的材料，都经过分析研究。许多事实需要与六〇〇至八〇〇名普通儿童的材料互相比较。目的是要尽量收集客观事实，虽然，完全取消受个别差异响应的方法是不必的。总之，这种调查方法与步骤，人人可以重复去做，而求反复证明的。

在一九二一——二二年第一次调查中，以每个儿童所得到的材料，有下列各种：①二项智力测验，②一项二小时的教育测验，③一项五十分钟的普通科学，历史，文学，与艺术的常识测验，④一项五十分钟的游戏，球类，娱乐常识兴趣测验，⑤一项四页的兴趣调查，⑥一项两月读书记录，⑦一项十六页家庭报告调查表，由父母填报，包括二十五项性格的评判，⑧一项八页学校报告调查表，由教师填报，亦包括二十五项性格评判，及⑨家庭状况估量表，到一九二七——二八年第二次调查时，除智力，教育二测验外，又加许多非智力测验。其他的材料有：家庭报告，兴趣调查，常识调查，性格评判，学校调查，已婚调查，家庭访问，教师访问，儿童接谈。

从一九二一，二二年所得的材料，推孟归纳得一结论：智力高的儿童，大半都是各方面都好。这些儿童，照体格测量的结果，体质较好；照体格检查的结果，健康较好，健康的历史亦较好。在学业方面，自然亦较好，但是还不能尽量发展；这是学校的问题，不是儿童本身的问题。他们对于学科的兴趣，是在抽象方面；他们的兴趣大半在阅读，在收藏，消遣，比较喜欢作成人的游戏等。在性格品格方面，无论从标准评判，或从团体活动方面看。这些优越儿童都是比普通儿童平均要高得多。七年后，在一九二七——二八年，第二次再调查中，这些儿童，大致说来，结果仍然未变。

前些时候，美国某处发现一胎五儿。于是某医学院与医院，即捐大款，为此五儿造一儿童园，专为此五儿养育，并供给各门科学家，精确的研究并记录他们的生活，以及身心的发展。吾国教育尚未普及，自然目前还顾不到天才儿童之调查与研究。但是最近联大清华名教授，华罗庚先生游苏，国人似乎颇注意其幼年天才被发现之重要。在此大时代中，中国儿童与青年，似乎都受此极平凡的教育，真有大大埋没天才之慨：至少，我们的教育行政，未在那做有意发现天才的工夫，天才的表现，与民主的潮流不合吗？我甚有感！

天才究竟是否样样都好[1]

“天才”究竟是否样样都好？这个问题我认为还值得研究。照常识看来，照个案研究推论，“天才”必是“特才”，“怪才”，偏于一方面之才。例如，音乐天才，算学天才，美术天才，文艺天才等。这些特殊才能之“天才”，在成熟之后，似乎是片面的，专门的；换言之，他们在这些特殊才能之外，不必有其他的才能表现。

但是，人事的才能，如政治家，军事家，实业家，教育家之类，多半是普遍的好，而不是偏于那一方面特殊的好。这类人，看成熟后的事绩，比一般人贡献大而广，与前一类特殊才能的“天才”，似乎是另一问题；因为所谓“天才”顾名思义，应当是专精特出的意思，绝不是伟大广博的意思。人事普遍好的人，应当叫做“伟人”“名人”，不应当叫做“天才”。

现代天才心理的研究，似乎忽略了这个基本概念的不同。第一，天才与名人或伟人向后追溯的研究，即是历史传记的考查（美国推孟的研究）前的研究以证明各类人才的各方面，虽比一般人为优，但是各类人才的每一方面，决不是同等的好。例如，真正所谓音乐，算术，美术，文艺等特殊天才，其在智慧道德，品格性格方面，每每不能平衡发展。而在名人或伟人，他的智慧道德，品格性格，可以很能平衡发展，而且远在一般人之上，这是不成问题的。

第二，天才与名人或伟人向前测验的研究，即是在学校中大量调查优越儿童的研究，证明这些儿童经过七年后（推孟的研究），各方面的好还是继续的好，然而这是指学校儿童正在学校环境中的结果而言。可能的，入社会以后，环境渐渐不一致，所谓特殊才能的“天才”，慢慢感受环境压迫而吃亏，普通人事好的名人伟人，反而慢慢抬头起来，更形伟大而有名。

根据以上二点，我们以为，现代美国推孟氏对于优越儿童，在学校中身心发展的研究，（报告三巨册，见卷一，卷三）其结果以为“天才在各方面样样都好”的说法，是要慎重考虑的。天才是一类人，应当绝对的当一类人去研究，不必与普通人比较；因为愈比较，愈发现不出什么大道理，那还有什么价值呢？

① 本文刊载于《民意日报》1946年5月7日。——编者注

催眠术之历史与性质[①]

“催眠术”究竟是怎么一回事？这是一个学心理学的人常常要被人家问到的问题。现在我乘这个机会，大略的将催眠术的历史、催眠术的主要现象，以及一般人对于催眠所发生的误解，向大家叙述介绍一下。大家如乐于收听，以后有机会，再向大家详细报告。

我们先讲催眠术的历史。类似乎催眠状态的现象，自古即有了，特别是在我们东方民族中，这些现象大半是与宗教仪式和迷信、玩把戏魔术有关系的。这方面的历史虽然很有兴趣，很打动我们的好奇心，但是它在科学史中并没有什么地位。不过，我们应当知道，催眠术是从迷信、玩把戏魔术中脱胎而来，就好像化学是从炼金术脱胎而来，天文学是从星相学脱胎而来一样的。

大约在美国革命的时候，欧洲奥大利国维也纳城有一位医生，名字叫做麦斯麦，他向当时的科学界发表了一个学说，也可以说是个医术。这个学说和医术，他叫做“动物磁性学说”。麦斯麦以为：人的身体，一头一尾，就好像吸铁石的阴阳正负两极一般，是有磁性吸力的。人体头尾的磁性吸力，若是分配得不均匀，就会生病。麦斯麦的兴趣自然是在医病。当时的人，对于他这种医术，不免产生怀疑，所以，他在德国失败了。后来在1778年，他转到巴黎，开一个诊疗所，治疗各种疾病。于是乎大大的成功。

他的诊疗室是一间高大的房子，窗子都有窗帘罩着，所以，全室是黑暗的。在这个黑暗的房子中间，放着一个橡树造的大澡盆，高有一尺多；环视这大澡盆的四周大约可以坐得下三十个病人。这个大澡盆里，装满了水，水里头放了些铁屑、碎玻璃，还有些对称放着的飞子。在这个盆上盖着一个木盖子，盖子上有许多孔，穿进这些孔，有许多弯曲的铁棍子。病人，就拿着这些铁棍子，来医治他们病痛的地方。站在这澡盆旁的时候，每个人都僻静无声，同时可以听到悲哀幽雅的音乐。正在这种心情紧张的时候，麦斯麦穿着雪白的丝绒袍子，就进来了。他走过这些病人，盯眼看着他们，用手扶过他们的身体，然后用一根长的铁棍碰碰他们。各人都是害着许多奇奇怪怪的病，这样子跑来医治两三次，他们就竟然承认被医治好了。

麦斯麦以为，动物磁性吸力与矿物磁性吸力是不同的，它是一种模模糊糊的气体或液体。这种吸力的分布和作用，是可以由人自由控制的。麦斯麦的门徒，不单相信这种奇怪的液体可以用镜子反射，并且可以看得见。受过训练的被催眠者，据说曾经

---

① 1946年5月17日昆明广播台广播稿，根据手稿录入。——编者注

看到液体从催眠者的眼珠和手中流射出来；不过他们对于这个液体的颜色，究竟是白的、红的、黄的或者是蓝的，大家不能一致。但是他们都承认这个液体，可以装在瓶子里，带到远的地方，还能发生效力。

在1784年，麦斯麦与他的门徒，争取公开演讲他所谓的秘密的特权，法国政府于是指派了一个审查委员会去审查。当时美国的富兰克林就是其中委员之一。这些硬心肠的委员们做了许多甄别实验，结果，他们认为动物磁性吸力，并不是一种物质力量，而是一种想象作用。

麦斯麦并没有催眠过他的病人，不过他们在那个大澡盆旁边，好像自动的表现出疯狂似的抽疯之类的动作。现在，我们所普遍知道的催眠状态，是麦斯麦的一个门徒，名叫马逵思·德·浦赛古（Marguis de Pysegur）在1784年发现的。有一天浦赛古向一个青年牧童，名叫卫克托（Victor），施行麦斯麦磁性吸力治疗法，这位青年牧童并不抽疯，反而静静睡着了，好久不能醒过来，就好像一个睡眠梦游的人，爬起来走路做事一样。等到他从睡眠梦游中醒过来的时候，他完全不能回忆他睡游时侯所做的事情。这种催眠状态加上醒过来的遗忘状态，在当时自然被人看作是人工制造的睡游状态；于是大家都对它发生兴趣，因为在这种状态之下，病人可以表现出许多神秘的能力。

大约在这个时候，法国里昂地方有一位医生，名叫白特旦（Peteten），他描写了催眠后四肢硬直性就是肌肉不能动的现象。其余的主要的催眠现象，于是接二连三的被发现了。到1825年的时候，所有的现象，如同催眠后的积极的幻觉现象，就是说，无物而见；消极的幻觉就是说，有物而不见，催眠后失去知觉，催眠后失去痛觉以及催眠后的暗示作用等等，差不多都被发现了。

1825年后的一百年中，比较前五十年，很少有新的催眠现象发现。在这个时期中，许多关于催眠术的错误观念，渐渐地改正消灭了。一方面，催眠术渐渐脱离了迷信与魔术而成为“催眠学”；另一方面，我们看到第二个时期，对于催眠的解释，有两种对抗的学说，一个是动物磁性吸力的学说，一个是暗示心理的学说。

催眠现象的主观或心理性质，可以说是一个英国人，名叫詹姆士·柏瑞达（James Braid），所发现的；并且亲自实行施用过的。其次，一批法国人也有功劳。在1841年，柏瑞达看到一位法国磁性吸力家表演医治疾病后，起初不相信，再看第二次，并且自己试验许多人以后，他于是完全相信了。许多实验使他明了，这些催眠现象，并不是因为催眠者身上发出什么液体流射到被催眠者的身上去，而是被催眠者的心理作用。

柏瑞达的催眠方法现在还是很通用的。在起初他叫病人在头上额戴着一颗木塞子，盯眼望着这颗木塞子不动。后来他叫病人钉眼望着一个明亮的东西，例如一个刀盒子，放在眼睛的前上方，一直望到眼球肌肉疲倦了为止。这个方法，普遍还附带用口头暗示。不过在那个时期，他还不知道这种暗示作用在催眠中的重要性。现在我们知道催眠不外是一种高度的暗示作用而已。柏瑞达是第一个人用“催眠术”这个名词的，原意是一种“催眠学”，后来才演变成许多“催眠术”和“催眠现象”之类的名词。柏瑞达利用催眠状态，是为大量的施行手术医治病人的。

以上是催眠术的历史和现象。最后我们再说一说：一般人对于催眠术的误解或者对于催眠术的许多错误的观念。

第一，一般人以为：并不是每一个人都可以催眠人家；催眠的人一定要有电力或者是超自然的力量，或者是动物磁性的吸力；他好像与常人不同。这是不尽然的。而照理论，无论什么人都可以催眠人家。催眠术不过是布置情况，使被催眠者自然流露他们的能力倾向而已。除去自信心，尊严，和对于方法步骤的知识而外，催眠术并不需要什么特别的资格和条件。

第二，一般人又以为：催眠是变态的，神秘的，超自然的。这是不对的。催眠完全是一个正常现象，每个人多少都可以表现些催眠状态，毫不奇怪。

第三，一般人又以为：催眠是危险的；是可怕的，是应当禁止的。这也是不对的。在无经验的非心理学家手中，催眠可能很危险；但是在一个技术高明的人手中，纯粹为科学兴趣和治疗目的而催眠，它是很有大益处的。在过去所有的书籍记录中，从来没有过什么坏响应。

第四，一般人又以为：只有意志薄弱的人可以被催眠；催眠是摧残人们的意志力的。这也是不对的。催眠与意志力毫无直接关系。其实意志坚强的人，反而容易被催眠。长期受催眠亦无坏响应。有人被催眠上千次，对于他们的意志力，并无响应。

第五，又有人以为：只有笨人才可以被催眠。刚刚相反，被催眠的人能力与智力与能否被催眠成正比例，就是说，愈聪敏的人愈容易被催眠。

第六，又有人以为：并不是人人都可以被催眠。照理讲，无论什么常态的人都可以被催眠。有的容易催些，有的难催些罢了。只有患精神病的人不能受催眠，但是有少数的精神病者，还是可以被催眠的。

第七，很多人以为：被催眠之后，可能做出不道德和犯罪的行为。这也是错误的。一个人被催眠后，绝不会做他不愿做的事，也不会做他醒时不愿做的事。例如：脱去裤子，私看人家家信，偷人家也是不可能的。其实，实验证明在催眠状态中比较在醒时，更容易怀疑或者不接受不道德或犯罪的暗示。

第八，有人以为：在催眠状态中，可以做些前此不能做的事，例如奏钢琴，说外国话等等。这也不尽然。除非在神精病倾向被压制之后，受催眠的人绝不能做他醒时所不能做的事。例如，一个人奏钢琴奏得很好，不过有些害怕晕场，在被催眠后或者可以奏得更好些；因为他的惧怕，平时阻碍他好好表现他的能力，在此时，他的惧怕可以被催眠控制住而不害怕的。

最后，第九，有人以为被催眠后，四肢可以变成不能动，人格要分裂，永远会保持在一种睡眠状态之中。这更是不必过虑。被催眠后，四肢不一定要痉硬不能动，人格更不会分裂，即或暂时睡眠，发痉一时，催眠者一发号令，被催眠者立刻即可以清醒过来，即使不发号令，过些时候，也可以自己清醒过来的。

参考文献

鲍林.《实验心理学史》

A. H. Maslow & Mittlemann. B. Principles of Abnormal Psychology，1941，308—316

C. L. Hull. Hypnosis and Suggestibility：An Experimental Study，1933，ch. 1.

三十五年五月十七日下午七时至七十二十分在昆明广播电台广播词

被催眠，会不会做出不道德的行为？[1]

催眠术的历史，和催眠术的性质，我们上一次已经大致的介绍了。今天，我们再进一步，来说明：在催眠状态之中，会不会做出不道德的行为，会不会做出犯罪的行为？一般人很容易想到：一个人，既然可以被别人催眠，随便做出催眠者所要他做的事情，那么，他是不是可以做出伤风败俗，杀人放火的事情呢？照我们现在所知道的事实来看，一个被催眠的人，决不会做出这些事情来的。现在让我们举几个实验例子，来证明这一点。

（一）第一个例子，是关于杀人的。在美国纽约某医院里，有一位有名的精神病医生，他要证明给一班医科学生看：在催眠状态之中，被催眠的人，是不会犯罪的。这位医生，有意拿一把手枪交给一个被催眠者的人，叫被催眠的人对这位医生放枪，哪知道那个被催眠者的人，反而把手枪丢开，或者忽然醒过来，好生奇怪，大吃一惊。大家想想，设若这位医生不明白被催眠的人决不肯放枪这个道理，他敢大胆给被催眠的人一把手枪，而叫被催眠的人向这位医生放手枪吗？自然，设若那个被催眠的人，根本就是一个坏蛋，一心想用枪杀人，那么那个医生，自然要被他杀死了。

（二）第二个例子是关于道德的。上面所提到的那位医生，有一次催眠了一位女子。他命令那个女子，在台上当众脱去裤子。那个女子站起来，揉揉眼睛，于是醒过来了，大发脾气。但是她并不记得刚才医生对她所说的话，更不知道，她自己为什么在那大发脾气。所以，一个人在催眠状态之中，还是爱面子的。

（三）第三个例子，也是关于道德的。有一位俄国精神病医生，名叫鲁利亚，他报告了一个实验，很有趣味。他说：他有一次催眠了一位女学生，医科大学生，学习产科的，二十三岁。她被医生催眠了后，医生叫她替一个女人打胎。医生婉转的和她说："你现在坐在一间房子里，忽然来了一位女子，要求你替她打胎，并且要求你保守秘密。她答应给你三十五块钱。你踌躇不决，因为这是不道德的，但是后来你答应了。"那个女学生接着说："我决不干这种事。"医生说："但是我劝你应当干。"女学生说："我告诉你，我决不干这种事。"医生说："那个女人在恳求你呢！她没有别的办法，你还是同意吧！"女学生还是说："不干！"医生于是说："你已经同意了，那个女人已经走了。"女学生于是很快的感觉到了那个医生的暗示：她的脸色变了，她发抖了，她坐在靠床上很不安定，动来动去，她要哭了。过一会儿，女学生被医生叫醒了，问她觉

① 1946年7月5日昆明广播台广播稿，根据手稿录入。——编者注

得怎么样，她说她觉得非常不舒服，好像有什么不快乐的事情发生似的。但是她完全不知道是什么事情。这个例子告诉我们，凡是有伤风化的事，不单不能叫被催眠的人做，就是告诉他有这种思想念头也是不舒服的。

（四）第四个例子是关于偷窃的。上面说的那位俄国医生，鲁利亚常常告诉被催眠的人说："你现在非常缺少钱用。你到一个朋友家里去借，你的朋友不在家。你决定在他房里等候，忽然发现，在他桌上，有一大包钱。你打开一看，是许多五块钱的钞票。你决定偷走，于是拿了钱包，放到衣服口袋里去。你很小心的跑出去，看看有没有人瞧见你。你偷了人家的钱，你现在很害怕：人家会到你家里来搜索，而发现你是一个贼。"鲁利亚说了这番催眠的话之后，用许多方法证明：凡是接受这些暗示的被催眠者，都是在感觉一种心理冲突，并且行为很张皇失措；但是那些不接受这些暗示的被催眠者，行为就不同了，他们也有一点烦扰，但是这个烦扰，并不足以响应他们的整个人格；他们不过在表面上好像只觉得有些不快活而已。对于他们自己的内心，似乎没有什么伤痕似的。

（五）第五例子，是关于偷看私信的。有一位医生，要催眠一个学生，暗中先和这个学生的同房认识，告诉这位同房，要催眠他的同学，请他帮忙。经过三个月的试验，这位医生先用间接方法，然后渐渐用直接方法，暗示这位同学，去偷看他同房的私信。同房的私信，是随便放在抽屉里的，但是总是预先布置好，与其他的东西，和暗号保持一定的位置和关系；所以无论谁去移动，就可以立刻知道的。每次试验都归失败。于是乎，当他同房不在屋的时候，那位医生特意去看他，把他催眠了以后，想法使他看他同房的信。他总是强烈的拒绝。当医生最后再三直接暗示他，拆开信封之后，他打开信纸，但是拿着信纸的反面看，说上头并没有写着信。医生叫他翻转过来，他照办了，但是又倒着看。医生叫他倒过头来，但是发现他，完全不能认识字了，因为他早已预先把眼镜取下了，当时医生并未注意。找来找去，他把眼镜找到了，但是他又说，信上的字太难认了，他读不下去。医生于是帮助认，但是他忽然又变成完全瞎子一般，而看不见东西了。

在这个实验的整个过程中，医生很难得到这位同学的友情。他好像总是躲避医生，而不信任医生。后来医生把实验的真情告诉他，他承认他极端不喜欢那位医生。但是为学术研究的兴趣起见，他很相信：这个实验一定有它的科学价值，并且他愿意忍耐着不喜欢那医生，希望可以对于科学研究，有所贡献。

以上这五个例子，证明一个人设若根本不是一个非常态的人，那么，在被催眠之中，决不会听催眠者的话，向人放手枪，当众脱下裤子，替人打胎，或是偷拿人家的金钱，偷看人家的私信的。完了！

昆明广播电台广播（三十五年七月五日下午七时半至七时四十五）

人生四阶段[①]

人生过程，照心理的分析，可以分为四个阶段，即使自我生存，生存竞争，立家传种，自我立业。在自我生存这个阶段，儿童时期的心理作用最盛，有嗜好心，厌恶心，安逸心，盹倦心，喜悦心，哀怜心，这即是相当于饮食，呕吐，睡眠，休息，笑哭等六种行为。在生存竞争这个阶段，青年期的心理作用最盛，有竞争心，惧怕心，自尊心，自卑心，这是相当于争斗，逃避，好胜，服从的四种行为。在立家传种这个阶段，壮年期的心理作用最盛，有性爱心，同情心，慈爱心，合群心：这是相当于配偶，求援，父母，社交的四种行为。在自我立业这个阶段，中年时期的心理作用最盛，有好奇心，娱乐心，好名心，好利心：这是相当于求知，游戏，创造保有的四种心理行为。

以上这十八种心理作用在吾人之正常发展中，其次序大概是如上述。换言之，在每一阶段中，那阶段的几种心理作用，比较强烈，其余的则为次要。例如，在儿童时期，一切为发育，为自我生存，凡与饮食有关的事物，人物，都可以激起儿童的嗜好心。即是道德礼仪的观念，亦必须与饮食相联贯，才可以在儿童心理中，产生效果。反之，凡是阻碍饮食畅觉而发生呕吐的事物，人物，以及一切道德礼仪的观念，都可以因代替作用，而发生厌恶心。所以儿童的嗜好饮食欲，厌恶呕吐感的心理作用，最容易传染：传染得当，则儿童身心发展正常，传染不得当，则儿童身心发展变态。其他如安逸，盹倦，喜悦，哀怜的心理，亦都是儿童生活的主体。能够利用这些心理作用的一切事物，人物，和抽象的概念，都很容易与睡眠，休息，笑，哭各种行为发生密切关系，而永久的保留在儿童心目中。我们不是说在儿童时期，竞争心，惧怕心，自尊心，自卑心没有，我们不过是说，在这时期，激动此四种心理作用的争斗，逃避，好胜，服从的行为，不及在青年时期显著而且强烈。（下期续完）

反而言之，一人到青年时期，笑哭应当减少，就是说，喜悦心，哀怜心，应当受相当压制，不能仍如儿童时期那么容易流露；不然的话，那一定是不正常的发展。假使一个人到壮年中年时期，还是易于笑哭，而起喜悦哀怜之心，那么，那个人一定是含养不够，过于天真，必是与处世有妨碍的，儿童时期是生物的求自我生存时期，所以各种心理作用，也随着生理作用的饮食，呕吐，睡眠，休息，笑哭而发达。青年时期是社会化的初步，是生存竞争的阶段。在这时期，争斗，逃避，好胜，服从的行为，最为显著，于是青年的竞争心，惧怕心，自尊心，自卑心，也最强烈。假使一个儿童

① 本文刊载于北平《平明日报》1946年11月22日和28日“心理与生活”周刊。——编者注

与人争斗过早，好胜特强，或是服从成性，一切畏怯逃避，那么，那个儿童一定变成早熟或顽童。从生物生理，社会环境的眼光看，他还未到十分充足的年龄。争斗自尊，容易养成自大，也就是说，竞争性，好胜心在妨碍着他的正常发展。

吾人到壮年时期，理当成家，养儿育女的，但是如果恋爱失败，得不到意中人，一日一日的消沉下去，那么，吾人一定在性爱，慈爱，同情，合群方面，得不到经验体验的场合，自我中心的流毒，深深印人，不得脱离。于是在社会上不善与人相处，到处碰钉子，闹人事问题。为吾人没有采取他人观点的练习机会，根本无体贴入微的经验，自然谈不上体验人家的苦衷困难。我们是大方了而不圆通，太一本正经，而不灵活。久而久之，变为与社会作对，反怪社会待我太薄，命运太坏，其实一切皆由于自取。假使更进一步，要立刻达到自我立业的阶段，图求功名利禄，在学术上要有贡献，在生活上要求舒适，那自然只有失望。反之，吾人如到中年时期，正在有为阶段，而为家室儿女所累；那么，这些求知，游戏，创造，保有的行为，也是无法实施；吾人只有压制吾人之好奇心，娱乐心，好名心，好利心而已。

一个人之人格发展，依照上列四时期各种行为心理之正常程序，正常演进，在平时一个社会经济地位圆满的人，那是不成问题的。但是一到战时，或个人衰败的时候，社会经济地位失调，不能维持现状，则有三种可能适应的方式。第一，降低个人生活及欲望的标准，尽量缩减金钱物质的享受；第二，降低个人伦理道德观念，多少追求时代潮流，而去奋斗求进展；第三，心理变态，神经失常，那就是说，退缩到吾人自己的幻想中，去求变态的发展。

谈独立思考①

从一个故事谈起

德国有名的数学家高斯（Gauss，1777－1855），他六岁在小学读书时，有一次数学老师在班上要全班算一道数学题，看谁算的快。那道数学题是：

1＋2＋3＋4＋5＋6＋7＋8＋9＋10＝？

没有一会儿，当别的孩子们还在忙着计算时，高斯就举起他的小手来，正确地说出答案是“55”。老师惊奇地问他是怎么样得出这个答案的，答的这样快，这样正确。高斯回答道：“要是我用1＋2＋3＋4……这样一个一个数目地加下去，计算起来就很慢，并且可能算错，我看到1＋10＝11，2＋9＝11，3＋8＝11，这样一共有5个11，就是“55”。高斯是根据这样的规律计算出来的：

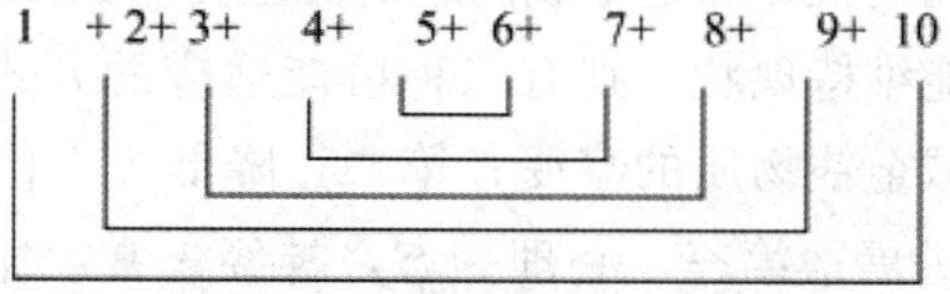

他为什么能这么迅速而又正确地解答这道数学题呢？就是由于他能从整体找到各部分之间的关系，从而找到这个问题的核心处，摸索出它的规律来，然后找到了答案。

这是通过独立思考解答问题的一个典型例子。由于高斯能独立思考，能摆脱一般的看法，不用1＋2＋3＋4……这种笨拙的方法，能创造性地看到数词之间的关系，1＋10＝11，2＋9＝11……从而找到了这道数学题的关键处，才能用最敏捷最正确的方法解决了这道题。高斯后来成功地成为一位著名的数学家。

任何人，要是他能独立地进行思考，能创造性地进行思考，他就能在知识的领域中，得出辉煌的成绩来。

什么叫做独立思考

那么，什么叫做独立思考呢？

独立思考就是在虚心学习、逐渐掌握已有的知识的基础上，能汲取正确的，批判不正确的，独立地解决问题的思维过程。

独立思考首先要求我们能虚心学习、掌握知识。知识是在劳动中逐渐累积起来的，

① 作者周先庚、郑芳，本文刊载于《中国青年》1957年第7期。——编者注

不经过劳动，没有掌握知识，就想凭空进行独立思考而期有所创造，那是做不到的。例如，一年前据报载，有一位青年，他对于数学，物理的基础很差，对于一些基本原理还没有很好地掌握，就想发明一种永恒转动的机器（即永动机）。他思考了一年多，想出了许多办法，但都失败了，原来他的“发明”是违反了物理学一个已经证实是正确的能量守恒的基本原理。结果他的独立思考成了空想，一无成就。

独立思考不是“凭空乱想”，也不是“标新立异”。例如，你的历史知识还很少，你听到老师讲到司马迁，你就把用石破缸救出孩子的司马光硬说就是司马迁，那就是凭空乱想了。又例如，报载李政道、杨振宁发现并证明宇称不是守恒的；于是你也想标新立异来证明一下能量定律也不是守恒的；可是你既没有很好地学习这个定律，对于这个专门知识还是门外汉，那你一定要失败的。独立思考一定要建立在已有知识的基础上。李政道、杨振宁对原子核物理学上的发现不是凭空的，是由于他们对原子核和基本粒子进行过研究。爱因斯坦的相对论也不是凭空创造出来的，他是研究了所有学者对于光速度的论文后，经过推理、实验，最后才肯定了自己的看法。所以，你获得的知识愈丰富，供给你独立思考的材料也就愈多，你得出的结论也就愈正确。

学习也应该是一个独立思考的过程。在学习和掌握知识过程中，还要善于接受对的，正确的，批判错的，不正确的。对于知识要能做出正确的评价，能从多方面来看问题，这样我们才能避免教条主义的学习，才能丰富我们的知识。在学习过程中，我们所进行着的不应该单是量的累积，而且还要有质的选择。只有量的累积，而不进行质的选择，我们就不能在知识领域中前进。通过选择批判，我们才能得到正确的领悟，真正理解和掌握我们所学得的知识。

能独立进行思考还意味着这个思维过程是独立的，不背诵、不抄袭别人的思想，能自己创造性地进行思考，能自已寻找解决问题的新途径，新方法。这就是说能冲破传统的方法，不墨守成规，在事实的具体情况下，善于改变并拟定新的办法。但这并不意味着说，一切基本原则都是不需遵循，一切都要重起炉灶，从新做起。不是的，已经被证实了的基本原则，当然应当遵循，而论点、方法，步骤则可以创造新的。

独立思考应当从问题开始

独立思考既然是解决问题的一个思维过程，当然独立思考也应当从问题开始。有问题以后才能根据问题深入钻研下去，这就要求我们能在学习和研究中发现问题，提出问题。可惜在这方面一般做父母的做教师的和做学生的都注意得很不够。我们可以看到，当一个三四的岁小孩，开始认识他的环境，开始提出一系列问题时，做父母的往往不耐烦回答孩子的问题，而不知道发现问题、提出问题正是儿童思维发展的开始。在学校里教师也很少注意培养学生发现问题、提出问题的能力。在学校里，很多学生经常不能发现问题，死背书本的却往往得到好分数，被认为是好学生，那其实是错误的。不能发现问题的人，就不会具有独立思考的能力，同样，不习惯于独立思考的人，也就不能发现问题。例如，物体坠地，对于一般人来说，似乎是很自然的一件事，但是牛顿却从物体坠地这现象中提出了问题，钻研下去，终于发现了万有引力定律。水壶里的水在火上烧沸时，水蒸气冲开了壶盖，那是最自然不过的现象，但这却引起了瓦特的深思，这现象与他所思考着的问题建立了联系，从而帮助他发明了蒸汽机。狗流口涎这普通现象被巴甫洛夫用做研究条件反射的方法。这一切都由于他们能发现问题，从而引起了独立思考，再进行钻研，得到发现、发明和创造。

独立思考需要有明确的目的

看出问题，并提出问题来以后，应该要清楚地了解你的问题，使你的问题具体化，以进一步了解你的问题的核心在哪里，为什么要去解决它。这就是说，要使自己的思考具有一定的、明确的目的性。独立思考是根据一定的目的进行的，而不是盲目地进行思考。猛炸药的发明者诺贝尔，在制造炸药的过程中，发现用黑火药引起的爆炸不够猛烈，同时又不安全，这是一个问题；他从而进行研究，目的希望能得到一种又猛烈又安全的炸药。他为着这个目的，沿着这个方向，进行思考，进行研究，经过几百次的实验，终于发明了矽藻土安全炸药。

独立思考必须要有目的，这是独立思考中很重要的一个环节。怎么培养这种能抓住问题核心的能力，首先要求教师平时在讲课时每堂课都要有明确的目的，讲解要有重点，并能使重点突出。而学生要善于在教师的讲解中，抓住这一堂教师所讲解的关键性问题所在处。要是教师能这样教，学生也能这样学，日子久了，当然就能培养学生善于抓住每一个问题核心所在的能力，这对于培养独立思考的能力起很大作用。

独立思考需要进一步了解问题各事物之间的关系

抓住问题的核心以后，要进一步了解问题各事物之间的关系，从而总结出一般规律来。这就要求我们不但能牢固地掌握知识，还要使知识成为自己的，使所学得的知识有联系。要做到这样，教师的作用是很重要的。教师在讲课时要能善于归纳，善于讲清问题各方面的联系。让我在这里举一个例子：有一位教师在讲泌乳机制时，讲到泌乳与内分泌腺有关，但与哪个内分泌腺有关，其机制如何却没有交代清楚，这就是说没有把事物与事物之间的联系交代清楚，这样的教学是不能使学生把问题了解的透彻，也不能培养学生的独立思考的能力。

相反，另有一位教师在讲解结核病治疗时，不但把各种治疗办法的机制都讲了，还能举一两个适当的病例来说明，把书上的条目系统地归纳，使学生明白了题目的主要精髓，就是能抓住重点，使同学在运用时可以思考。这就是一堂成功的课，不但能在讲解时抓住重点，同时能建立起事物与事物之间的联系。这就使学生对问题了解得深刻，也培养了学生独立思考的能力，无怪学生都欢迎这位教师的讲课。

独立思考的具体过程

那么独立思考的具体过程是怎么样的呢?

独立思考的思维过程像一连串的连锁联系在一起，一个紧接着一个，前面的一环是后面各环的根基，彼此联系着，指向一个固定的目的——解决我们的问题。

为了解决问题，你首先需要进行收集有关这问题的一切资料，掌握前人关于这一问题的一切知识。在资料一个又一个的收集过程中，你同时在进行着思考。你先进行联想，你联想到过去的经验有没有和你现在所要解决的问题有类似的地方。有时也有偶然的事件引起你的联想，使你对于问题有更清晰的了解。例如，伽利略在研究物体运动这问题的过程中，有一天他在比萨教堂中看到教堂里的一盏吊灯在摆动着，这使他联想到摆动运动的对称性。这联想帮助他对于物体运动有更进一步的了解。

在进行联想时，当然同时你也进行着比较的工作，你把这问题和别的问题相比较，把另一资料的结果和你正在思考的问题相比较，有哪些相同处，有哪些不同处。通过比较你找到了问题的特征，使你逐渐接近问题的核心处。你找到了问题的关键性所在处，于是你开始寻找解决问题的途径。在这里你可以运用推理，你可以作出一些假设。但是推理和假设所作出的不是问题的最后答案，而只是指出解决问题的途径。

例如，目前火星上有没有生命这一个问题还是一个谜，我们无从知道，但是我们要解决这个问题。苏联科学家季豪夫同志就是这样用推理来进行思考的：他“根据对于去年观察火星时所获得的材料的研究，说明火星上有水气，火星周围大概是主要由氮气、二氧化氮和微量的氧气所组成的大气。在这个行星上还发现有良好的气温，一年几乎有六个月保持在摄氏 10°到 25°的温度，经常有雨雪下降”。根据这些材料，他进行推论，认为“火星上具有植物生物发展的起码的必要条件”。根据这个推论所得出的结果，他再拿来与地球上的植物进行类比。他说：“火星植物的呼吸过程依靠由光合作用而产生的氧气来进行，这正同地球上沼泽植物和水生植物的呼吸一样”[①]，他通过观察、类比、推论，得出对问题更进一步的看法，这就是：不但火星上有植物存在，并且这种植物可能是和地球上的沼泽和水生植物相类似的。由比较得出植物的特征，这就使问题更接近于解答。

得出初步结论后，你需要通过实验来证明。到你需要用实验来证明时，你在独立

---

① 以上引文均见《人民日报》，1957 年，3 月 8 日，第六版。

思考过程中已走了相当长的一段路了。在这以前，你多半是在抽象地想象，一切是在你脑中进行着，现在要通过实践来证明了。独立思考过程最后一定要通过实践。在实践过程中，我们的创造性思想得到了培养、证实或否定；在实践过程中，我们更扩大了我们的知识。这个步骤真像列宁所告诉我们的："从生动的直观到抽象的思维，并从抽象的思维到实践。"①

在实验过程中，我们还要根据实验所得到的结果，经常进行分析和综合。在实验过程中，失败是常事，经常为了证明一个概念，需要经过几百次的实验，居里夫人就是经过不知多少次的实验，终于在几吨矿石中提炼出来一毫克左右的镭。有的经过几百次的实验，否定了你的推论或假设。但实验中的失败并不等于全盘推翻你的工作，你是在失败中前进，在失败中吸取经验，更扩大了你的知识。由于我们每次都把失败的经验来进行分析和综合，找出失败的原因，在这分析和综合的思维过程中，也扩大了你的知识，更接近于问题的解决。

当你的结论最后被实验所肯定了的时候，你的独立思考过程已达到最后阶段；现在需要一段整理工作，来加以全面总结你的成果，最后形成你的概念，在这里思维过程要从整体出发，要具体化，更要有系统性，并能善于概括概念。

独立思考还依靠着别的心理因素

使独立思考能胜利地最后达到成功，不仅依赖着我们的知识和思维过程，还依靠着别的心理因素：像记忆、注意、想象、感情和意志力。没有以上这些心理因素的帮助，在思维进行过程中，仍会遇到困难。

首先，思维不能不依靠记忆，没有丰富的记忆不可能进行思考。记忆和思考是紧密地联系在一起的。不可设想，要是你对于你所进行思考的问题随时在遗忘，那你就根本谈不到思考。通常影响到我们记忆能力的是我们的注意力不够集中，我们的注意力不稳定就会很快地失去推论的线索。集中注意力会帮助我们的思想敏捷。

想象在思维过程中起着很重要的作用。不管科学家或艺术家都通过想象来完成他们的创造性劳动的。是想象在帮助我们进行思维。想象的能力愈丰富，我们思维的创造力也就愈强。

在思考过程中，还要求我们感情平静。激动的感情，无论是喜悦或忧伤，都妨害我们的思维进行。我们经常有这种经验，就是在感情冲动下完成的工作多半有问题。为了很好地进行思考，我们需要我们的心情是平静的。这就是为什么苏联著名作家肖洛霍夫在创作前喜欢静静地一人坐在树下小河旁垂钓。在垂钓时能锻炼我们的注意力，同时又能使我们的心情平静。

---

① 列宁：《哲学笔记》，人民出版社，1956 年，155 页。

而最重要的心理因素是意志力。没有坚强的意志力不可能完成独立思考。在独立思考过程中经常会遇到困难，碰到障碍，若没有坚强的意志力坚持工作下去，独立思考就会遇到阻碍。

独立思考是一个复杂的脑力劳动过程。独立思考会使我们走上创造性劳动的道路上去。为了创造性地进行工作，为了人类的文化、科学得到进一步的发展，我们需要培养独立思考能力。

谈兴趣①

1902年居里夫妇发现了镭。

是什么引起居里夫妇研究镭的?

当居里夫人结束了他的学业后，她读到法国物理学家亨利·柏克莱的报告：铀的化合物能自动放射出一种性质不明的射线。“居里夫妇觉得柏克莱的研究极为有趣。铀化合物为什么会有一种放射力量呢？这力量从哪里来的？这种放射的性质是怎样的?”她决定“突进这未经开发的领域，在这里要放她全副的的力量。”②

引起居里夫妇进行研究工作的是她对于铀化合物能自动放射这个现象发生了兴趣。是兴趣吸引她进行这研究工作。所以使她产生这种兴趣的是对于科学的崇高理想，她决定“突进这未经开发的领域，在这里要放她全副的力量。”

兴趣能帮助崇高理想的实现，使工作在进行中更愉快、更有成效。

兴趣是从需要产生

使我们发生兴趣的基础是需要；由于我们有需要，才使我们产生兴趣。居里夫妇有着对科学的崇高理想，他们需要进一步“突进这未经开发的领域”，他们需要进一步揭开自然界的秘密，由于他们有这种需要，才使他们对于铀化合物的放射现象发生兴趣。

又例如，你参加农业劳动，你需要使你从事的农业产品达到丰收，你钻研下去；由于需要，你进一步学习，进一步研究，逐渐在学习中、工作中，你对于你所从事的工作发生了兴趣，你热爱你的工作，你愿意终身从事于你的工作。又例如，一个大学生刚参加某一专业学习时，可能他对于这项专业并没有强烈的兴趣，但当他知道他所学习的专业对于祖国的建设起多么大的作用，对祖国建设和人民的需要时，他便会进一步好好的学习这专业，这种认识上的需要能够逐渐形成为自身的需要；由于这种需要，便逐渐培养了他对于这专业的兴趣。

兴趣是可以培养的

并不是每一个人天生出来就具有对于某件事物的兴趣，兴趣是在学习中、在工作

① 本文刊载于《中国青年》1957年第12期。——编者注

② 秦似：《居里夫人》，1950年版，第49—49页。

中逐渐培养起来的。

很多学者对于他们所从事的专业都有着浓厚的兴趣，这种对于工作的浓厚兴趣就是在学习中、在工作中逐渐培养起来的。开始可能只是一些偶然的因素引起了他们的兴趣。像居里夫人对于铀化合物的放射现象，这种偶然引来他们研究的兴趣，使他们从事于研究，引起了他们对于这工作的集中注意力，培养了他们对于这工作的深厚感情，使他们在研究中取得了初步成绩，这初步取得的成绩加强了他们对于工作的兴趣，使他们对于工作产生了自信心。这样一步又一步的坚定了他们对于工作的兴趣，最后终于使这逐渐培养起来的兴趣，成为他们终身奋斗的目标。

我们需要在学习中、在工作中培养我们对于学习和工作的浓厚、坚定的兴趣。若我们对于我们所从事的工作不感到兴趣的话，很难设想我们在这工作中能有所成就。

兴趣为什么能帮助工作达到成功？

为什么兴趣能帮助工作得到成功？兴趣和工作为什么会有这样密切的关系？

首先，因为当你对于某件事发生了兴趣以后，你的注意力就集中到那件事上去。高度集中的注意力使你深深地钻入到你所研究的事物上去了。由兴趣所引起的高度集中注意力帮助工作完成。

心理学家波兰脱和倍克尔根据替波尔的叙述曾经记录过一个著名化学家的高度集中注意力的心理状态：

“我记得有一天早晨洗了澡，刮了脸，又去洗澡，当我用手去取干毛巾时我才意识到这是我第二次洗澡了。我的脑子集中在一个问题上已有半小时了。”[①] 当脑子集中在一个问题上时可以使自己洗了两次澡而不自觉，使他对于周围事件不再注意。所以普希金描写他自己高度集中注意力时说，“我忘记了世界”。这种“忘记了世界”的高度集中注意力帮助工作达到成功。

兴趣能引起对于事物的仔细观察。仔细观察就是我们进行独立思考的基础，因为仔细观察使我们从“客观外界得到感觉经验”；[②] 理性认识就是有赖于感性认识的。

让我们来看仔细观察是怎样得到伟大的结果。

距今约1420年以前，魏贾思勰写了一本“齐民要术”，那是我国现存的最早、最完整的一部农书。在这本书里，作者介绍了特殊种瓜法。在“种瓜篇”这一章中他写道：

“……然后培坑，大如斗口。纳瓜子四枚，大豆三个于堆旁向阳中。瓜生数叶，掐去豆（瓜性弱，苗不能独生，故须大豆为之起土。瓜生不去豆，则豆反扇瓜，不得滋茂。但豆断汁出，更为良润，勿拔之，拔之则土虚燥也。”[③]

① 吴伟士：《实验心理学》，1938年英文本，第820页。
② 毛泽东：《实践论》，人民出版社，第13页。
③ 万国鼎：论“齐民要术”——我国现存最早的完整农书，《历史研究》，1956年，1，第95页。

在1420年以前就有这样合乎科学、绝妙的种瓜方法，这不能不使我们敬佩。这种特殊种瓜法的得到是由于敏锐的观察力所获得的成绩。放瓜子同时放上豆子，让豆子为瓜子起土，帮助瓜子出苗，等瓜生叶数枚后，掐去豆，让豆又成为瓜的养料，“豆断汁出，更为良润”。看到这里不能不使我们想到仔细的观察在这里收得多么大的效果。

种瓜，很多人都种过，为什么别人没有能创造出来好的种瓜方法，而“齐民要术”里能总结出那么多的种植方法（还有别的种植方法），原因之一是他曾经仔细观察过植物的生长，而所以使他能在观察中得到成就，能总结出经验来，就是由于他对种植，特别是对于种瓜有兴趣。

坚定的兴趣所以能使工作有所成就的另一原因，是它使我们对于我们所从事的工作发生热爱。兴趣和情感是联系在一起的。有兴趣就有情趣，有了情感才能热爱。要是你对于某件工作发生兴趣，你一定也会对某件工作发生感情。当你对于工作发生情感后，当你热爱你的工作后，你的工作才会获得成功。因为感情能增加我们工作的力量，感情联系着我们全部肌肉的活动。人在感情影响之下，增加了对工作的兴奋性，兴奋性增加使我们内部器官都加速地进行，因此力量和积极性就大大地增加，这有利于工作的进行。由兴趣所引起的高度集中的注意力，敏锐的观察力，和对工作的感情，使你深深地钻入你所研究的事物上去。当你长期从事于你所感到兴趣的工作时，你的大脑皮层就经常受到这方面的刺激，这种刺激于是形成条件反射性的习惯反应。在大脑皮层中与这活动有联系的神经细胞就经常在建立联系，联系的机会越多，神经细胞工作的机会也愈多。我们身体里任何组织都受“用进退衰”的原则支配。就是经常用身体里某些组织，那些组织就发展得愈快。相反，你经常不用某些组织，那些组织就逐渐衰退。铁匠的手臂所以特别粗，手臂肌肉特别发达就是一个例子。我们大脑的神经细胞也是如此，你经常用某些神经细胞，这些神经细胞就得到进一步的发展，这些细胞的工作也就愈完善。这就是为什么缘故坚定持久的兴趣能促进我们在工作中得到成功的原因。

所以兴趣和工作能力是紧密联系着的。对于某件工作有兴趣就能够培养出在这方面的才能来。例如，你对于音乐有兴趣，你能够逐渐培养出你在音乐方面的某些才能。你若对于绘画有兴趣，同样你也能够逐渐获得绘画方面的某些才能。兴趣和工作是有着紧密的联系的。

兴趣的广度

在我们青年时代兴趣多半是很广阔的，我们被世界上各种各样新奇的、有趣的问题吸引着。我们爱诗，我们也喜欢音乐，我们欣赏一副美丽的图画，同时我们也热情地想在显微镜下有所发现。生活的道路是多么广阔，似乎任何道路都在向我们招手。这种广阔的兴趣就是使我们获得丰富知识的主要基础。

我们对于某项工作有兴趣，就像我们在某一知识领域中开了一扇窗户。我们的兴趣愈广，我们在知识领域中开的窗户也就愈多。我们通过兴趣，通过这些开设着的窗户，窥视着知识领域。因此兴趣愈多，我们掌握的知识也就愈丰富，而知识与知识之间的关系又多半有联系。每一门知识本身都不是孤立的，像物理与数学有密切的关系，物理与化学又有着密切的关系，化学与生物又有密切的关系；诗与音乐有关系，音乐与舞蹈有关系，而戏剧又与音乐舞蹈都有关系。所以当你掌握了某一种知识，你也就丰富了另一种知识。你在知识领域中也就能有所成就。

我们历史上所记载下来的的天才多半都有广阔的兴趣。像我国天才数学家、天文学家、物理学家祖冲之（生于 429 年，宋武帝元嘉六年，死于 500 年，南齐永元二年），他对于数学有浓厚的兴趣，他是世界上第一个发明了圆周率的计算方法的人。但同时他对天文学也有兴趣，他创造了新历，这在当时天文学方面是划时代的创举。他对于物理学也有兴趣，他创造了指南车，水碓磨，千里船。同时他对经学和先秦诸子也有研究，他注释过“易经”，“老子”，“论语”和“孝经”等书；他还精通乐律，熟知农业种植知识。他有这些广阔的兴趣，所以他才有渊博的知识。

俄国著名学着罗蒙诺索夫也有渊博的兴趣。他是伟大的化学家和物理学家，他用分子和原子的理论，奠定了理化学的基础，他用实验证明物质不灭定律。他是天文学家，第一个提出金星上也有大气的存在；他是地质学家，他在“论地层”一书中明白地说出了自然是不断变化的观念；但他又爱好写诗，还整理过俄国的诗汇的语法，对文学和语言方面都有研究。俄国最伟大的诗人普希金说：“罗蒙诺索夫本人是俄国第一所大学”。

今天我们青年所熟知的郭沫若也是如此，他既是文学家又是历史学家，又是考古学家。他们的兴趣愈广泛，知识也就愈丰富，在学问上的成就也就愈大。

兴趣要有中心

祖冲之和罗蒙诺索夫虽然有广泛的兴趣，但是他们的兴趣有一个中心。在祖冲之，那是他对数学的研究，新历等的创造和发明也是建立在数学的基础上。在罗蒙诺索夫，那是他对自然科学的研究。他的兴趣的核心是自然科学。别的知识围绕着这核心，使他的中心兴趣得到进一步的发展。例如，他写诗，他的诗的内容也打破了一切成规，他的诗的主题很多是科学方面的，他以“玻璃”为题写的诗很著名。俄国伟大的文学理论家柏林斯基曾称他为“俄国文学上的彼得大帝”。他整理俄国词汇和语法，也是用科学的方法来整理的。

广阔的兴趣使我们获得渊博的知识，中心的兴趣使我们对某一事物能深深地钻研下去，吸引我们付出巨大的劳动，收到突出的成果和独特的创造。

若是只有广阔的兴趣，便会“样样都懂得，项项都不专”。在祖国建设事业中需要的是专门人才，而不是只具有一般知识的青年。就自己来说，只有广阔的兴趣，没有中心的兴趣，你将到老都一无所长，谈不到创造，谈不到发明。所以既需要广阔的兴趣作为我们获得丰富知识的基础，又需要我们进一步在广阔的兴趣中有一个中心兴趣，使我们能深入到某一项知识领域中去，钻进去，获得专门知识。

兴趣要坚定

兴趣要广阔，兴趣要有一个中心，更重要的是兴趣要坚定。兴趣不坚定，时刻转移，不可能有所成就。今天对某一问题发生兴趣，过几天又被另一问题所吸引住了，今天搞这，明天搞那，时刻改变，这短暂的劳动等于白费。而所以使你时刻转移兴趣的，是没有坚强的意志力。在工作中一定有困难，一定会碰到障碍，怎样在困难面前不屈服，不低头，坚持下去，保持兴趣的坚定不移，是需要意志能力的帮助。

兴趣的坚定与否，还决定于一个人的世界观，决定于他的认识，他的信念，和他远大的理想。

在青年时期，一个人的兴趣总是广阔的，这便于我们追求和掌握丰富的知识。在这丰富的知识基础上，我们还要选择一个中心兴趣。一个人明白了他工作的目的，明白了他所进行的工作与祖国社会主义建设的关系；他对于他的工作就具有远大的理想，具有坚定的信念。这时他的兴趣已转变成为远大的理想，他为理想而工作；坚定的兴趣在引导他前进，再前进，走向创造性劳动的道路上去，登上知识的最高峰。

既然兴趣能转变成为理想，所以在选择你的中心兴趣作为终身奋斗目标时就要慎重考虑；考虑到你的兴趣对于祖国社会主义建设的关系，考虑到对于人们福利的关系，考虑到在目前的条件下进行有什么困难？行得通行不通？要是你的兴趣对于祖国的建设没有帮助，或者甚至于有害，而你仍强调你的兴趣，那就犯了大错了。

若是你的兴趣在目前工作进行中有困难，或者这条路目前走不通，而另有一些工作对于祖国的建设事业有极重要的关系，需要青年们去从事于这种工作，你就不应当再强调你的兴趣，而应当为祖国的建设拿出你的力量来，因为兴趣是可以培养的，而兴趣培养的基础就是需要。假若工作需要，你从事于这工作，由于你认识到这工作对于祖国建设事业的重要性，你就会在工作中培养起来对于这工作的兴趣，最后这工作会成为你努力的理想的。

注：着重点是作者加的。

谈天才[①]

内容提要

本书根据真人真事和科学知识，说明天才并不是天生的，而是创造性劳动的累积与发展，是从热爱自己的工作中培养出来的。在培养天才的过程中，需要具有：坚定的兴趣、丰富的想象力、丰富的感情和坚强的意志。天才发展的生理基础是大脑皮层中的神经细胞经常进行分析和综合，因此每个人都有可能发展成为天才。天才的劳动可分为四个时期：准备时期、孕育时期、灵感时期和整理时期。最后书中说明旧社会埋没了天才，而只有新社会是培养天才的温床。

一、天才不是天生的

谈起“天才”，有些人认为是“天生之才”。“天才”真是天生的吗？不，绝不可能。试问：诗人生出来就能写诗吗？画家生出来就能画画吗？科学家生出来就能发明吗？不，这是绝不可能的。天才不是天生的，而是人为的；天才是受生活的影响，是受教育的结果；天才是在教育过程中得到培养，后来在生活的波涛中逐渐形成的。

一个刚生出来的人，就具有某种可能发展的条件。他具有高度发展的神经细胞、感觉器官和运动器官。这些条件后来在社会所决定的教育、教学中，逐渐得到培养；进入社会后，又受生活的影响，以至形成某种人。

一个婴儿，如果他的听觉器官特别灵敏，他就有可能成为音乐家。至于他能否成为音乐家，决定于他所受的教育、他后来的生活实践。这就是说，如果他能得到培养，他能受到音乐方面的训练，他就有可能成为音乐家。如果他得不到应有的培养和训练，他就不可能成为音乐家。

古今中外很多天才之所以成为天才，就是由于他所受到的教育。例如，世界闻名的德国诗人歌德（1749—1832）从小就受过良好的、有计划的家庭教育。他父亲多方面的教育他。为了使他能欣赏美，他父亲常带他去参观城市里的建筑物，一边参观这些著名的建筑物，一边还对他讲述城市的历史。这就培养了他对于历史的爱好，他父亲还经常讲述自己游历的故事，这引起他对于这广大世界、对于地理的兴趣。他母亲喜欢讲一些传奇故事给他听，那富有想象的美丽的故事常常吸引着他，丰富了他的想象力。在他四岁半的时候，他祖母送给他一座木偶戏院，他非常喜欢这座木偶戏院，

---

① 周先庚、郑芳著，中国青年出版社，1957 年北京第一版，印数 101，500。——编者注

在他六岁半的时候，他就自己排戏，在他的小型戏台上演出，在十岁时他就开始自己写剧本。

歌德从小就学各种外语。所以他在进大学前就已能熟练掌握拉丁文、希腊文、法文、英文和意大利文。他所受过的教育是广泛的，他不但学习过历史、地理、自然科学、数学、作文、修辞学，他还学过美术、音乐、舞蹈、骑马和击剑。他钢琴弹得很好，也会吹一口好笛子。这种从小有计划，多方面的教育，使他知识丰富，使他获得全面发展的机会。歌德之所以成为最著名的诗人，和他所受的有计划的家庭教育是分不开的。

我国天才数学家、天文学家、物理学家祖冲之（生 429 年，宋武帝元嘉六年，死于 500 年，南齐永元二年）是世界上发明圆周率计算方法的第一人。他的儿子祖恒之也是一位卓越的数学家和天文学家。他发明了球体积的计算法。祖冲之的孙子祖皓，也精通历算。这也说明家庭教育对于一个人有多么大的影响。

我国杰出戏剧家梅兰芳先生，他生于一个祖辈唱戏的家庭里，祖父梅巧玲是京戏四喜班的创办人，伯父梅雨田的胡琴伴奏是当时最有名的，富有音乐天才。他父亲梅竹芬演老生、小生、青衣、花旦样样都精。连他姑父秦稚芬，他的堂哥、堂弟、表哥、表弟都是戏剧方面出众的人才。梅兰芳先生的戏剧天才和他所受到的家庭教育有很大关系。

让我们再来看我国宋朝时代王安石所告诉我们的一件事。他说当时江西金豁县有一个人叫做方仲永。方仲永五岁就能写诗，同县人都称赞他，并以宾客之礼对待他的父亲，有的人还送他父亲一些钱财。他父亲经常带他去会客，没有让他进一步去学习。到方仲永十二岁时，王安石见到他，要他写诗，他写出来的诗并不怎么好。再过七年，王安石又有事经过金豁县，来看方仲永时，他的同县人告诉他说，方仲永已和普通人一样了。王安石很有感触，写了“伤仲永”一文。在文章中，他说方仲永幼时聪明“受之于天也”[①]，那就是说有这方面的禀赋；而后来所以和普通人一样则“受于人者不至也”，就是没有受到好的教养，没有得到进一步的培养。

以上这些例子都说明教育能培养一个人的才能。相反就是你天赋多么好，要是没有进一步加以培养，那就会和“普通人”没有两样。

二、天才是劳动的累积

天才之所以成为天才，更重要的是靠劳动。“天才是劳动的累积”（华罗庚同志语）。天才并不是什么神迹，只是辛辛苦苦、老老实实的劳动。天才的著作不是神造出来的，不过是坚持不懈的努力逐渐累积起来的。不要以为天才能“信手拈来，便成妙谛”，不要以为天才是“一觉醒来，就能誉满天下”。在天才劳动过程中没有近路，更

① 见《王临川全集》。

不能投机取巧，只能是踏踏实实的劳动。

聪明并不等于天才。有很多聪明的人并没有成为天才，因为他们没有经过创造性的劳动，他们没有用他们的劳动为世界、为社会、为国家作出贡献来。例如，中国古时有所谓“一目十行”的人，可是他们并不为人们所尊敬。我们看见有很多能迅速计算数字的人，但他们并不是天才数学家；因为他们没有创造性的劳动。天才一定要有创造性的劳动。创造性的劳动也是最艰巨的劳动。居里夫人（1867—1934）和她丈夫在一间潮湿破烂的小屋里，含辛茹苦地工作了十几年，终于发现了镭，奠定了现代原子能物理学的基础。他们在七吨沥青矿渣中只提出一克左右的镭，这是多么艰巨的劳动！

我国六朝时代的南齐有一个受人尊敬的学者，名字叫江泌。江泌之所以能成为学者，就由于他的苦读勤学。他家中穷，没有钱买灯油，他每天借月光读书。不管是炎热的夏天或寒冷的冬夜，他从不放过每一个月光明亮的晚上。月光移到后面时，他爬到茅屋上去读。由于疲倦，他曾经从茅屋上跌下来过，但他爬起来，重新再读。就是这种艰苦的学习，使他获得丰富的知识，成为当时有名的学者。

伟大的天才马克思为了要著“资本论”，他参考过一千五百多本书，并且每本书都作了提要。这位伟大的劳动人民的导师，为了劳动人民的解放，曾经付出了多么大的劳动！

爱迪生是发明最多的科学家，在谈到他自己的成就时，他尚且说，他的成就百分之九十九是努力，只百分之一是灵感。高尔基在谈到他自己的工作时，他说首先而且最重要的是由于他“善于工作”和“对劳动的热爱”。

让我们来听听天才们对于天才是怎样看的。

我国著名数学家华罗庚同志在谈到天才时说：“根据我自己的体会，所谓天才就是靠坚持不断的努力。有些同志也许觉得我在数学方面有什么天才，其实从我身上是找不到这种天才的痕迹的。我读小学时，因为成绩不好就没有拿到毕业证书，只能拿到一张修业证明。在初中一年级时，我的数学也是经过补考才及格的。但是说来奇怪，从初中二年级以后，就发生了一个根本转变，这就是因为我认识到既然我的资质差些，就应该多用点时间来学习，别人只学一个小时，我就学两个小时，这样数学成绩就不断提高。一直到现在我也贯彻这个原则，别人看一篇东西要三小时，我就花三个半小时，经过长时期的劳动累积，就多少可以看出成绩来……是的，聪明在于学习，天才由于累积。”①

梅兰芳先生的成功，也是由于五十多年来不断的辛勤劳动，才能有今天的成绩。在讲到他自己时，他说：“我是笨拙的学艺者，没有充分的天才，全凭苦学……我不知

① 见《中国青年》，1956年第7期。

道取巧，我也不会抄近路。”①

俄国天才音乐家柴可夫斯基告诉我们：“必须经常工作，就是真正好的艺术家也不能坐在那里，袖手不动，借口他没有心情……灵感是一位女客，她不喜欢拜访懒惰的人……全部秘诀在于我每天准确地工作；我给自己订出规划，无论如何，每天早晨必须做些什么，而且保持对于工作的良好精神状态。”

由此我们可以知道天才就是劳动的累积，就是辛辛苦苦、踏踏实实的劳动。

天才的劳动还不仅只是劳动的累积，而且是在劳动累积过程中的发展，从量变到质变，由一般的劳动进入到创造性的劳动，最后成为高度智力劳动的结晶。在劳动过程中，由于经验的累积、知识的开扩，能力得到进一步的培养，在原有的基础上一步步地加工，一步步前进，由于创造性的劳动的成就最后达到登峰造极的地步，才成为万世敬仰的天才。

炸药发明者诺贝尔，就是从小由一般的劳动逐渐进入创造性的劳动，在创造性劳动中逐步深入，最后发明了最有力的猛炸药，由于这种猛炸药的发明，根本改变了筑路工程、采矿工程以至于战争的面貌。

诺贝尔从小在他父亲的机械工厂里打杂帮助，后来和他父亲共同研究炸药，当时爆炸的方法是用黑火药做导管来使它发生安全爆炸，炸力不大。诺贝尔想改为硝化甘油来引起爆炸，但用什么做导火物呢？他先想用黑火药，他在申请书上就这样写道：“假使能将火药的热力，用一种足以引起爆炸的速率，传达到硝化甘油，由于既成气体的冲击压力，硝化甘油放出更大的热量，助成爆炸的实现。”不过在实际上，还有困难，这种混合剂过几小时，硝化甘油全被火药的孔隙所吸收，燃烧就会迟缓，效力也就不大。

经过几百次的失败和实验，终于在工作中他摸索出来一种新的方法，即用雷汞做导火剂。这一次的实验成功了，虽然诺贝尔自己差一点被炸死，他在浓烟中钻了出来，浑身血迹淋漓，他的实验室被炸得飞上了天，地上出现了大坑，但他跳着说：“成功了！成功了！”是的，诺贝尔用雷汞做硝化甘油、火药棉等的导火剂，使炸药的效力有了很大进步。但是问题还没有完全解决，他在创造性劳动上前进了一步，但还没有达到顶点，他所制造的炸药不安全，容易引起爆炸，轮船、火车等交通机关拒绝运输他的炸药，虽然矿山、筑路工程在等着他的炸药。最后连任何人都不愿意做他的邻居，他弄得没有地方可住，更糟的是没有地方可做实验，于是他搬到一个没有人烟的荒岛上去做实验，他进一步发明用木酒精加到硝化甘油里去得到安全溶液，他再进一步发明用固体来吸收，如木炭、木屑、水泥、砖灰等，但是这些东西吸收力不大，会自燃。最后他发明用砂藻土，份量轻，吸收力大，又安全，而力又猛烈。这样就得到了安全

① 梅兰芳：《舞台生活四十年》，第一辑，第3页。

炸药的藻土硝化甘油。诺贝尔的创造性劳动得到了最后的成就，使他成为不朽的科学发明家，使他成为天才。

任何天才科学家都走过象诺贝尔似的曲折的道路，他们都是在劳动的过程中前进更前进，在原有的基础上逐步提高，终于得出了辉煌的成绩来。

居里夫人在发现镭之前，她在研究实验过程中，先发现有一种现象，就是实验物放射出的能量很强，超过了她和她丈夫的假定和一切理论根据。于是他们继续进行研究，发现了钋，他们再研究，再做实验，终于发现了镭。镭的发现是在多少年辛苦劳动的基础上，在创造性劳动的基础上，前进再前进，得到了天才的成就。所以我们说天才不是别的，只是劳动，只是劳动的累积，在劳动累积过程中，吸取经验，能力得到进一步的培养，才得到了天才不朽的成就。①

三、天才的培养

天才的劳动，不是普通一般的劳动，天才的劳动是创造性的劳动。天才是高度智力劳动的结晶。在这高度智力劳动的过程中，在天才培养的过程中，需要有坚定的兴趣、丰富的想象力、丰富的感情和坚强的意志。

1. 需要有坚定的兴趣

引起创造性劳动的是对某件事物发生兴趣，发生坚定的兴趣。兴趣是一种鼓动力量，兴趣能推动我们前进，是兴趣在逐步引导我们走向创造性劳动的道路上去。

可是我们怎样能对某件事物发生兴趣呢？兴趣是怎样产生的呢？

使我们发生兴趣的基础是需要。由于我们有这种需要，才使我们产生兴趣。例如，爱因斯坦（相对论的发现者，现代天才物理学家），因为他需要知道光的速度，从而使他对于光的速度发生兴趣并进行研究。终于发现了相对论。伽利略由于需要知道物体下降时所发生的情况，使他对物体下降这物理现象发生兴趣，从而发现了惯性定律。要是你对于一件事没有感到需要，你就不会对这件事发生兴趣。

因此，兴趣是可以培养的。我们每个人都不可能生出来就具有对某件事物的兴趣，我们的兴趣是通过学习、通过工作，逐渐培养起来的。在学习中、在工作中，我们逐渐明确我们学习的对象，或我们工作的对象的重要性，由此引起我们要进一步研究的决心，从而产生了兴趣。例如，我们在一开始学习某一种事业时，在先可能由于不知道这事业的重要性，因此对于事业的学习不感到兴趣，但当我们了解到我们所学的事业对于祖国的建设能起多么大的作用时，我们就会热爱我们的事业，从而对于我们所学的事业产生了极大的兴趣，最后成为我们终身奋斗的目标。

例如，举世闻名的德国音乐家贝多芬（1770－1827），他小的时候对于音乐并不感到兴趣，他对于音乐的兴趣是逐渐由他父亲有目的的培养起来的。他父亲聘请了当时

① 参见黄宗甄银，《中外科学家小传》，海燕书局 1950 年版，138 页，183 页。

最有名的音乐家教他钢琴和小提琴，他父亲对他提出了最严格的要求，于是他逐渐地对音乐发生了极大的兴趣，成为当时最著名的音乐家。

为什么兴趣、坚定的兴趣对于我们的工作能引起这样重大的作用呢？因为兴趣能使我们的注意力集中到某件事、某一个问题上去。高度集中的注意力在我们大脑皮层中引起极大的兴奋性。我们抵制住了其他一切活动，把我们的注意力集中到仅与我们的工作有关的问题上去。这使我们能最完善地完成我们的工作。

在我们青年时期兴趣多半是很广阔的，我们被世界上各种各样的新奇的、有趣的问题吸引着。我们爱诗，我们也喜欢音乐，我们欣赏一幅美丽的图画，同时，我们也热情地想在显微镜下有所发现。生活的道路是多么广阔、似乎任何道路都在向我们招手。天才们在青年时代也多半如此。翻开任何一本天才传记，我们都可以找到这种兴趣广阔的例子。象前面说过的诗人歌德，就是一个兴趣广阔的学者之一。他不但在诗的领域中有卓越贡献，而且在自然科学的领域中也有所贡献。他对感觉生理学有兴趣，特别对于颜色学说有浓厚兴趣。这种兴趣引起他出版了一本两卷厚的书，名叫“颜色学说”。他对生物学也有研究，并对生物学有很大贡献，那是关于形变和相类似部分的学说，这两种学说后来对于进化学说有很大意义。

可是歌德不仅有广阔的兴趣，而且有中心的兴趣，他注意力所高度集中的是诗的创作。

广阔的兴趣使我们知识渊博，而有中心兴趣则使我们能发挥出我们创造性劳动来。

兴趣要广阔，而且要有一个中心；更重要的是兴趣要坚定，没有坚定兴趣的人不可能有任何成就。

在青年时期应当培养坚定的兴趣。兴趣能否坚定，决定于他的世界观、他的认识、他的信念和他远大的理想。一个人在青年时期，若正确认识了自己生活的目的，有了远大的理想和坚定的信念，并且意识到自己工作的重要性，这时他的兴趣就转变为理想而工作。这时他的兴趣也就是坚定的，外界任何影响都不能使他有所改变、有所转移；坚定的兴趣在引导他前进，再前进，走向创造性劳动的道路，登上知识的最高峰，终于使自己成为天才。

2. 需要有丰富的想象力

在创造性劳动过程中，除了需要有坚定的兴趣外，还需要有想象力。大胆的想象力是任何创造性劳动所必需的，没有事先的想象，决不可能有事后的创造。

《西游记》里的孙悟空是文学家吴承恩所描写的一个人物。作者在这个人物身上表现了极大的想象力。孙悟空是那么生动，那么善良，那么可爱，它将永远活在人们的心里。

“明月几时有？把酒问青天。不知天上宫阙，今夕是何年？
我欲乘风归去，又恐琼楼玉宇，高处不胜寒。……”

——摘自“水调歌头”

这是我国古代天才诗人苏东坡写的。在这段词里充满了诗人的想象。

天才诗人白居易在描写唐明皇和杨贵妃的恋爱故事的末一段，更充分发挥了他丰富的想象能力。他想象着明皇在“悠悠生死别经年，魂魄不骨来人梦”之后，遣使“临邛道士鸿都客，……排云驭气奔如电，升天入地求之徧”去寻找贵妃，终于在虚无缥缈的仙山上，找到了贵妃。贵妃通过道士，重申她思念明皇之情，“昭阳殿里恩爱绝，蓬莱宫中日月长”，这样生离死别之恨，是绵绵无尽期的。通过诗人丰富的想象能力，使故事更生动更感人，正象唐诗评注中所说的，使读者“百读不厌”。

不但文学家需要有丰富的想象能力，科学家同样也需要想象，没有想象，不可能有发明。科学家在没有发明之前，脑子里先就有了大胆的假设，那就是科学家的想象。列宁说过“甚至于数学也需要想象，甚至于微积分的发现，如果没有想象也是不可能的。”①

先进工人王崇伦在开始发明万能工具胎时，“他天天观察着两种机床的移动，琢磨着它们的制造原理，插床的刀是一上一下地动作，刨床的刀是横着走，突然插床的圆盘在他脑子里翻了个转，他想照插床构造的原理，做个横走刀的圆盘，安在刨床上。越琢磨，自个越觉着有门路。”②

在王崇伦发明万能工具胎时，在他脑子里先有了想象，想象着这么一个横走刀的圆盘。在他脑子里先有了一个构造图形。但是王崇伦的想象是先有具体事道作根据，在具体事实上构思出来的，他想象出来的横走刀圆盘是在插床和刨床这两种机床的构造原理上想象出来的。

所以想象并不是凭空想出来的，而是以事实为基础。想象的过程是人在脑中把过去所形成的联系重新加以配合，使它复活，在这基础上创造出新的东西来。例如，孙悟空的形象，并不是真有孙悟空那么一个人，而是作者根据劳动人民某些高贵品质加以综合的。又如我们所熟知的敬爱的保尔，也是作者根据他自己的经历，创造出来的一位英雄人物。作者自己的经历就是他想象的基础，在这事实的基础上，加以加工，重新加以联系，重新加以配合，使它复活。

因此丰富想象的基础是丰富的经验，丰富的知识和敏锐的观察力。要是一个人他自己没有丰富的作战经验，没有深入的观察过战士们的生活，就不可能写出保尔这个形象来。

我国有名的诗人王维，他的诗是“诗中有画”，他的画又是“画中有诗”。所以能达到这个境界，重要原因之一是王维富有丰富的想象能力。

---

① 《列宁选集》，27 卷，266 页

② 《大公报》，1954 年 4 月 19 日。

兴趣对于创造性劳动是一种鼓动力，而想象是使我们在创造性劳动过程中又向前进一步。

3. 需要有丰富的感情

俄国伟大的音乐家柴可夫斯基在写完他的杰作《黑桃皇后》的最后一段时，在日记里写道："当葛尔曼咽气的时候，我便深深地哭泣了。"

作者在写完他自己的作品后而竟至感动到"深深哭泣"的地步，这是何等丰富的感情啊！就由于柴可夫斯基具有这样丰富的感情，他的作品才能深深地感动读者。

感情，丰富的感情，把自己融化到自己的工作里去，这种感情才是创造的灵魂，使天才创造性的劳动能深入，能成功，能永垂不朽！

为什么？首先由于感情能增加我们的力量。因为感情联系着我们全部肌肉的活动，人在情感的影响下，内部器官，如循环、消化、呼吸等器官，内分泌外分泌腺体的活动，都或大或小地在程度上有所改变。人在情感的影响之下增加了兴奋性。兴奋性的增加使我们内部器官都加速地进行，因此力量就大大地增加。这有利于工作的进行。

情感是我们一切活动的最重要的动力之一。我们只有在有情感的基础上才能更好地完成我们的事业。情感是我们活动的主要动机之一，没有情感不可能设想能继续工作下去，情感愈深，力量愈大。我们永久和我们所负担的工作联系在一起。所以使我们能联系在一起的是由于我们对于事业有感情，我们热爱我们的工作。在工作中我们经常体会到劳动过程中的一切喜悦和一切苦难。我们为了我们的理想而奋斗着，我们当然就会热爱我们所要争取的东西。因此对于自己所从事的工作若没有感情的话，就不可能在工作中有所创造。没有丰富感情的人就不可能成为一个创造者。同样，一个没有感情的人也就决不能有所创造。

高尔基就是这样告诉我们的，他说他的成就是由于他"热爱工作"。

普希金在他的作品中都流露出自己的感情。在"叶夫根尼·奥涅金"那部伟大的不朽的长诗中，他说到诗中女主角塔吉雅娜时，他总是说"可爱的塔吉雅娜"，他深深地爱着他所创造出来的那么完美的一个女性。而在另一首他所写的长诗"波尔塔瓦"中，他提到诗中女主角玛利亚时，他又说"可怜的玛利亚"，他为玛利亚的命运而悲伤。

白居易在写完琵琶女悲惨身世之后，他同情到"泣下"的地步，他的名诗"琵琶行"的最后两句是："座中泣下谁最多，江州司马青衫湿。"（当时白居易担任江州司马职）。

苏联伟大的生理学家巴甫洛夫是一个热爱自己工作的人。巴甫洛夫在逝世前给青年们的一封信中告诫青年们对于科学要有感情。

他说："要记住，科学需要你整个生命，就是你再有两个生命贡献出来，还嫌不够，科学要求人的努力与至高的热情。"

"要热情于你的工作，热情于你的钻研。"

丰富的感情是天才所必须的。没有丰富的感情，没有对于工作深挚的爱，是不可能完成任何事业的。

4. 需要有坚强的意志

天才的培养除了需要有坚定的兴趣，大胆的想象力和丰富的感情之外，更重要的是要有坚强的意志。天才的劳动是艰巨的劳动，没有坚强的意志，没有克服一切困难的勇气和决心，就不可能有创造。

我们可以想到一位科学家由开始某项研究工作到最后完成，他需要付出多么大的劳动。而在这种劳动过程中，失败又失败，艰难更艰难，他所面临过的障碍，他所遭遇到的困难该多么多，但是他终于胜利地完成了他的劳动。是什么使他克服重重困难获得成功？是意志，是坚强的意志力。马克思告诫我们说："在科学上面是没有平坦的大路可走的，只有在那崎岖小路的攀登上不畏劳苦的人，有希望到达光辉的顶点。"

苏联天才诗人马雅可夫斯基，在描述诗人巨大劳动和坚强意志时，写道：

"作诗——如采取放射元素：采取一克，需要一年的劳动。为了一个字，就必须消费几千吨的文字矿石。"

任何人在意志过程中需要克服内部和外部的双重障碍。人们在劳动过程中，可能碰到一些不相干的愿望和相反的要求，阻扰我们顺利地去进行工作。例如，依照意志的要求应当继续工作，但内心的愿望却想去散步。呀，天气多么好啊；呀，应当去看看新修的公路，那里的石桥、流水多么好看……诸如此类的一些想法，有时候象蛇似的爬进我们的意识中来，干预我们的工作，阻扰我们去完成我们的任务。作为内部障碍的还有疲倦，好逸的愿望，恐惧，忸怩和懒惰等。要是我们能抑制住这些来自内部的冲动，要是我们能克服这些内部的障碍，在意志方面我们就打胜了第一仗。

可是除了需要抑制内部障碍以外，我们还需要克服外部障碍。没有一项工作没有困难，任何工作都有它艰苦的地方，在劳动过程中失败是常事，如何克服这些困难，如何解决这些问题，如何变失败为成功，这就要靠我们意志的力量了。

天才罗蒙洛索夫离开家乡到莫斯科去求学时，只靠他老师赠送给他的三个卢布。到莫斯科后他每天只有三分钱过活，但是不管生活是多么艰苦，他坚持学习。他当时写信给他的朋友说："这样我生活了五年而科学工作没有间断。"这是多么坚强的意志啊！

俄国天才化学家，元素周期表的发明者门德列也夫在青年时期，患了最末期的肺病，喉咙里经常出血，大家都认为他用功过度，医生判定他不久要和死神握手了。他被关在病房里，不准起床，连翻身都被禁止。但他并没有被人们和医生所吓倒，更没有感到绝望，他仍偷偷地看书和写作，只要一听见门外医生的脚步声，他立刻从桌子边逃回床上去，假装睡觉，医生有时也发觉他的行动，但对他没有办法。由于他热爱生活，热爱科学，热爱创造性劳动，终于战胜了死神，恢复了健康，并且一直活了七十七岁。他创造了元素周期表，对化学这门科学作出了天才的贡献。

坚强的意志是天才所必需的。如果意志薄弱，害怕劳动过程中的困难，那么，一般劳动就很难产生良好结果，当然就谈不上进行创造性劳动，因而也就谈不上培养和发展自己的天才了。

四、天才的发展

天才不是天生的，天才是受家庭、环境教育培养出来的，是劳动的累积。天才的劳动还不是普通的劳动，而是创造性的劳动。在创造性劳动过程中，天才得到培养。在创造性劳动过程中，天才的培养需要具有坚定的兴趣，丰富的想象力，丰富的感情和坚强的意志。天才是在劳动过程中逐渐发展着的，在劳动中累积知识，发展才能，最后达到成熟的地步。所以天才就是才能的高度发展。

具有能够胜利地完成工作的能力就是才能。每一个人都具有某种能力。例如，音乐家具有高度的听觉能力，画家具有色彩、形象的判断能力。而保证画家能完成一幅好的画的能力的综合就是他的才能。这种才能的高度发展就是天才。

列宁是天才的榜样。他有伟大的革命思想，他有卓越的组织能力，他发展了革命的理论，他又运用他的组织能力来联系群众，组织群众，为伟大的革命理想而服务。他的各方面能力的综合，他的才能的高度发展，使他成为我们天才的榜样。

能力并不是天生的，一个初生婴儿只具奋一些遗传素质。每一个婴儿出生后都具备有神经系统，感觉器官和运动器官等，但是每一个婴儿的遗传素质都不相同。某婴儿的听觉强些，另一婴儿的视觉强些，这就使才能的发展发生一定的差异，不可能都完全一致。但是遗传的素质并不能决定一个人才能的发展，只提供发展的可能条件，而起决定性作用的是后来的教育与社会实践。

婴儿出生后首先受到家庭教育的影响。他首先接触到家庭中的一切，他模仿父母的动作等，家庭的条件给予他发展的可能性。要是一个婴儿出生在一个学音乐的家庭里，他从出生后经常听到各种悦耳的音乐，他的听觉就得到了培养。要是做父母的特意培养他的音乐才能，他就具有了优先发展的条件。

1955 年在全国群众业余音乐舞蹈观摩演出大会上，一个六岁的小孩孙玉玺拉胡琴，拉得那么好，被认为是天才。他的才能的发展是由于家庭的培养。他父亲特别喜欢拉胡琴，他经常听到父亲拉胡琴，家中又有胡琴这种乐器可以给他拉，再加上后来他父亲又认真地教他拉胡琴，所以就培养了他在这方面的才能。很多天才所以成为天才，家庭教育起着一定作用。

经过家庭教育这个阶段，接着就是学校教育。一个人在小学里受到一些基本训练，到中学里知识就逐渐展开，到大学里完成了基本的训练，并开始分工，开始有坚定的兴趣和中心的目的。但这还是一个预备阶段，到进入社会后才逐渐成为定型。所以社会对于一个人才能的发展是起着决定性的最后的作用。什么样的社会就能产生出什么样的人才来。在十八、十九世纪的时候，世界各国大批涌现出优秀的文学家，艺术家，为什么？那是由于当时的社会背景，当时的社会鼓励在这方面的发展。到十九世纪末叶，由于产业革命，由于当时的需要又产生了很多伟大的科学家。所以天才是时代的产物。

人的才能的发展的生理基础是什么呢？

一个人长期从事于某一项工作，他的大脑皮层经常受到这方面的刺激。这种刺激形成条件反射。在大脑皮层中与这活动有联系的神经细胞就经常在建立着联系。联系的机会越多，神经细胞工作的机会也愈多，神经细胞的工作也愈完善。我们身体里任何组织都受“用进退衰”的原则支配。这就是经常用身体里某些组织，那些组织就发展得愈快。相反，你经常不用某些组织，那些组织就会逐渐衰退。铁匠的手臂特别粗，手臂的肌肉特别发达，就是一个例子。我们大脑的神经细胞也是如此，你经常用某些神经细胞，这些细胞就得到进一步的发展，这些细胞的工作也就愈完善，这些细胞对外来刺激的分析和综合也就愈准确、愈周密，因此建立的联系也就愈快，反应也就愈迅速。我们常说“聪明”的人就是在大脑皮层中能最迅速、最准确地建立联系的人。

因此，一个画家之所以成为画家，就由于在长期从事于画画的劳动中，对于色彩、对于线条发生作用的神经系统的一些细胞经常在工作，经常在建立联系，经常在进行分析和综合。结果他在这方面的反应当然就快、就准确、就完善。例如，齐白石老先生，他拿起蘸着墨的笔，在纸上点几点，就能很快地、生动地、十分美妙地画出翩翩如生的空中飞着的小鸟，或是在水中游着的小虾，或是在地上啄米的小鸡。这对于不会画画的人看来，简直象是神迹。事实上他在这方面神经细胞的工作已经有七十年之久，已建立起最完善的联系，他的一笔，长度、角度、曲度、轻重，都能听从他的指挥，准确到不差一丝一毫的程度。这就是受长期工作的锻炼，在大脑皮层中长期有着最完善、最精密、最迅速的联系，使神经细胞的工作精练到了最高度，也就是人的才能的最高表现。

所以一个人的才能是和知识、经验、技巧、熟练联系着的。知识愈丰富，才能愈大；经验愈广，才能的发展愈快；技巧、熟练的程度愈深，愈能帮助他更完善地发展他的才能。这就是为什么几乎所有天才都是全面发展的，都具有各方面丰富的知识的。翻开任何一本天才传记，都可以得到同样的例子。上面提到的我国卓越天才数学家祖冲之，他是数学家，又是天文学家，又是物理学家。他除了发明圆周率的计算方法以外，他还创造新历。这在当时天文学方面是划时代的创举。他在物理学方面创造了指南车、水碓磨、千里船和畸器。同时他还对经学和先秦诸子有过研究，他曾注释过“易经”，“老子”，“论语”，“孝经”等书。他还精通乐律，他推广农业种植。他具有多方面的才能。

被称为美国“国父”的富兰克林也是具有多方面才能的天才。他是著名的放起风筝来“使闪电和上帝分了家”的人、避雷针的发明者，他还发明了近视远视两用的镜片，富兰克林式的壁炉，巧妙的复印机等；同时他又是一个卓越的新闻记者和作家，优秀的印刷工作者。他又是一个社会活动家，他是美国邮电事业的奠基人，纸币制度的推行者，他还参加了宪法制定工作，是独立宣言起草人之一。富兰克林的才能是多方面的，不论科学、文学、法律、政治……等知识领域里，他都作出了或大或小的贡献。

象这样的例子举不胜举。一句话，天才的发展不可能局限于一种才能，天才的发展是多方面的。

有些人的才能发现得很早。例如我国东汉的曹子建七岁能写诗，唐朝的王勃十岁能做赋。又如俄国的天才画家列宾，在三岁至四岁时，就开始表现出绘画的才能，到六岁时已完全显露出来了，于是一般人以为是天赋的，是神授的。其实，这只是由于他在出生时具有神经系统的某些优点，又得到家庭的刺激，很早就得到培养和锻炼的机会，因此他的发展早于一般人。

不要以为某些人生理有缺陷，天才就不可能有发展的机会。“天生我才必有用”，我国诗人李白早就指出这一点来。我们的缺陷若不是很严重的话，那么，依旧能培养，能达到完善，而终于锻炼成为天才。

希腊有名的天才演说家德蒙西尼斯（纪元前384—纪元前322），他本是有口吃病的，他的发音很不清楚，他的声音也弱。但是他决心要克服这些天生的障碍，并且要成为一个演说家。他把小石子含在口中练习说话来纠正他的口吃病。为了使他的声音宏亮，他每天一边爬山一边朗诵名人的诗句。他有意识地在海边练习演说，使他自己习惯于噪杂的声音。他好几个月住在山洞里，静静地、专心地练习写文章，使他的文章有他自己独特的风格。这样几年艰苦的练习，终于使他成为有名的演说家。他的著名的演讲稿子遗留下来的有六十篇，现在都保存在英国皇家博物馆里。

就是一个人的缺陷大到完全失去某一方面的能力时，象一个人的听觉器官完全坏了（或由于先天，或由于后天），他已成为聋子，或象一个人的视力完全损毁成为盲人，但他们仍有发展其他方面才能的机会。象我国著名的音乐家师旷就是盲人，贝多芬是举世著名的音乐家，但他是聋子。

为什么人们某个器官受到损害仍有发展的可能？这是因为大脑皮层具有一种“补偿作用”的能力。所谓“补偿作用”就是一个人某一种器官受到损害后，另一器官的能力补偿这一器官的能力，另一器官能得到加倍的发展并代替那受损害的器官的一部分作用。例如，盲人，他的视觉受到损害，他的听觉就特别发达。听觉代替了视觉的作用，视觉器官的能力补偿到听觉器官上去。因此，盲人的听觉特别灵敏。盲人能依靠别人的脚步声来断定一间屋子是空的还是放着家俱的。他们甚至于能根据树叶的响声而辨别出树木的种类来。他们由于生活的需要，能把听觉发展到代替视觉的一部分作用。盲人之所以可能成为音乐家就是由于这种补偿作用。

我们再重复这句话，人们的生理缺陷决不能停止人们前进。在世界上没有我们不能发展的道路，只要我们努力，我们热爱劳动，任何道路都能被我们打开。

五、创造性劳动的形成过程

天才的劳动是创造性的劳动，没有创造性的劳动就不是天才。天才的创造性劳动过程大致可分成四个阶段。

（一）准备时期。即研究、思索和搜集资料的时期。

（二）孕育时期。即将收集的资料加以消化研究，孕育和酝酿新概念的时期。

（三）灵感时期。即思想达到了成熟时期，也就是准备时期和孕育时期的结束。

（四）整理时期。把研究的成果加以整理，是最后的结束时期。

现在把这四个时期分述如下。

1. 准备时期

天才的物理学家爱因斯坦用七年时期准备写他的“相对论”。A·A·伊凡诺夫，俄国天才画家用二十八年时间画了二百张预备性的初稿。马克思为了写作“资本论”，参考了一千五百多本书，并且每本书都作了笔记。托尔斯泰在写“战争与和平”时，他自己说，在他家里“形成了整个一个图书馆”。法捷耶夫在写“青年近卫军”时，他收集了资料有几百斤重。天才们为了他们的创造，经过长久的准备，广泛的收集资料，这是他们获得重大成果的原因之一。

没有详细周密的准备，就不可能有卓越的成就。事情的成功与否，在于你是怎样做准备工作的。将来工作的成就，就看你的第一步跨得如何。巴甫洛夫在去世前，在给青年们的一封信中告诫青年们说：“要累积资料：要研究、比较和累积事实。”他接着说：“不论鸟的翅膀是多么完善，如果没有空气支持，鸟再也不能飞腾。事实是科学家的空气，没有事实你再也不能翱翔，没有事实，你的‘理论’是空洞的。”他也告诉青年们应当怎样对待事实，对待资料。他说：“要研究、实验、观察。要力求不只停留于事实的表面，不要成为事实的保管者，要深入窥探事实起源的奥秘，坚持追寻支配事实的规律。”我国著名科学家华罗庚也号召青年们“必须占有充分资料”，因为“搞科学工作既然要广泛吸取前人的经验，那就必须占有充分的资料。”①

为什么科学家必须掌握充分资料？因为我们的研究必须在前人的研究基础上前进，去钻研前人所没有钻研过的，从而得出自己创造性的结论。这就是需要我们全部掌握住前人在这问题上的全部结果，必须要了解你所研究的问题，以前曾有多少人钻研过，他们所得出的结论如何，收集了并研究了全部资料后，然后在他们研究过的基础上前进。

爱因斯坦在研究相对论的问题时，他阅读并研究了所有物理学家对这问题所做过的实验和他们的结论。他研究过马克斯威、迈克尔逊、罗仑兹等人的实验，把他们的

① 《光明日报》，1956 年 9 月 11 日。

实验用数学公式表达出来，然后再深入去钻研到问题的本质上去。

所以掌握资料，做好准备，对于科学家来说是非常重要的。

文学家在动笔写一部著作前，都经过长期的准备工作，收集资料。

普希金在写名著《上尉的女儿》时，曾经付出巨大的劳动来做好一切准备工作。他首先研究了当时的档案材料，阅读了那时代各种人物的回忆，象诗人德米特利耶夫、寓言家克雷索夫等人的回忆。然后他亲自出去访问。他访问了上尉女儿事件所发生的地点喀山。在喀山他住了四个月。他还访问了西姆比尔斯克、奥连堡、乌拉尔斯克、柏克得村，并且和当时的人进行谈话。他在1833年9月8日写信给他妻子时说："我在这里曾和一些老年人，我的主角（指上尉的女儿——作者注）的同时代人，仔细地谈了一下，我游览了城廓一带，参观了作战的地点，访问过的很多事情都记录下来了。"

普希金接着在另一封信中，又告诉他妻子说："在普加乔夫（书中主角之一——作者注）停留过六个月之久的柏克得村，我有过一次幸运的机会——找到一个七十五岁的哥萨克女人，她记得那个时代就象我和你记得1830年这样清楚，我没有错过她。"

普希金还搜集了所有有关普加乔夫及其战友的材料，并且仔细地研究阅读。

伟大的诗人普希金就是这样仔细地准备和搜集他的资料的。

2. 孕育时期

孕育时期是长时期的。在你收集了资料以后，经过一段准备时期以后，新的概念在你脑中逐渐形成。新的概念需要在你脑中有一段相当长的孕育时期。在科学家那是假设、推论、研究实验的时期。在文学家那是结构的形成，人物形象的确定。

不要以为准备时期和孕育时期可以分得非常清楚。不，那是错误的。经常是一边在准备，一边在形成新的概念，新的资料来了，新的概念又形成，是互相交错着的。

让我们首先来看科学家的孕育时期。收集了资料，需要很好地进行研究，在研究过程中，需要思考。我们的思想是一系列概念所组成的，也可以说是一种刺激和反应的链锁，在思考过程中要寻找事物之间的关系，从事物的表面去追求到事物的核心，从一大堆资料中，提炼出精华来，这个过程也就是华罗庚同志所强调的"由厚到薄"的过程，是一个资料消化的过程。要抓住主流，抓住重要处，淘汰掉不重要的，这样就能逐渐接近主题。这也是一个分析的过程。在经过分析过程的基础上再前进，从而得出了一些初步的看法，现在需要实验来证实。这就引到了实验阶段。在这里失败是常事。经常一个科学家在经过几百次失败后才能获得最后的成就。可是失败并不等于全部推翻实验，或全部否定看法。每一次失败都带来一些成就，在失败的基础上继续前进。例如，居里夫人在最后发现镭的元素之前，她实验过无数次，也失败过无数次，但每一次的失败都给她带来一些成就，在失败的经验上她前进着，她先发现了钋，那是初次成功，再实验下去发现了镭，获得了最后的成功。这是科学家孕育着新的概念的时期。

文学家同样也有一段孕育时期。文学家先得到了一个启发，有了一个概念，一个大约的轮廓，这思想在他们脑子里孕育了很久，到最后才写成作品。心理学家柏屈克曾经研究过五十五个有名的诗人，后来又研究了五十个有名的画家，虽然有一小部分人是在新概念得到的一瞬间立刻就写或画，但百分之七十二的诗人和百分之七十六的画家是经过一段孕育时期的。例如，其中一位诗人这样描写他的孕育时期，他说："我得到一个印象很久想写成诗。有一次我看见一个尼姑和几只火烈鸟在一个小池旁边。我得到这概念，有一年工夫我想把它写成诗，我知道这将是一首律诗或一首抒情诗。我看见月亮从云中钻出来，这使我联想到一只白色的鹰。我有了这概念，经过好几个星期，最后我终于写了一首诗。一个概念在我脑子里很久，有时候一个星期或二个星期，我并不常想到它，但是这概念仍在我脑中。"

现在让我们来看爱因斯坦是怎样经过这段孕育时期最后发现相对论的。

以下是"创造性思想"的作者韦特汉姆所叙述的爱因斯坦发现相对论的经过。从他的叙述里，我们可以看到爱因斯坦怎样从一个概念，推论、研究、实验到最后作出结论的。

爱因斯坦在学校读书的时候，就开始注意到光的速度问题。当时他对数学和物理很感兴趣，这时候，他对相对论这个问题进行研究。他花了整整七年工夫进行研究的准备工作。他实际写相对论只花了五个星期的时间，并且那时他还得整日在专利局里工作。

爱因斯坦认为"光"是一个非常基本的东西。他首先对于光的速度发生兴趣。他研究了当时学者们对于光速这个问题的报告。他阅读了物理学家马克斯威的报告，在马克斯威关于电磁场中的公式中，光的速度是不变的。他花了很多时间研究并改良马克斯威的公式，而不假设光速固定不变。

著名的物理学家迈克尔逊的实验，他所采用测量光速度的方法，在爱因斯坦的思想发展中占有重要地位。爱因斯坦已读过了很多物理学家的报告，但对迈克尔逊的实验最感兴趣，因为这加强了他的信念。

荷兰物理学家罗仑兹把迈克尔逊的实验用公式表达了出来，这似乎澄清了一些问题，但并没有深入到问题的核心中去。

这时的爱因斯坦在准备收集资料之后，在前人的实验基础上前进，他已形成了一些初步概念，现在需要深入到问题的核心上去。爱因斯坦自己问自己：在一个运动系统中，如何测量光速？在这种情况之下，如何测量时间？在这样一个系统之下，同时性的意义是什么？假如在不同地方，同时性又是什么意义？

爱因斯坦随着这些问题一步步地深入下去，一个概念接着一个概念地形成，由假设到推论，到用实验来证明。

先由测量光速这概念引到测量时间的问题，从而又引起同时性的问题来，这是概念一步步地在形成的过程中。概念形成后，他用假设和推论，再用实验来证明，终于证实了他的假设和推论，完成他的最后结论——相对论。

例如，关于同时性的问题。假设二件事在一处发生，同时性的意义非常明显。但假设二件事不在一处发生，同时性的意义就成问题了。

爱因斯坦在他自己的报告中，报告过这个概念的孕育时期到最后的实验证明。他说："两个地方都闪着电，你能断言说两个霹雳是同时发生的吗？要决定是否同时发生就需要计算，并需要证明这两个闪电是同时发生的。你可以用以下的方法来证明，你把两面镜子垂直地放在一起（V），正放在两个闪电所发生的正中央地带。你站在镜子的前面，观察光线是否同时达到镜子。"①

在这里包括一个概念的被证实所采用的方式。爱因斯坦经常问自己：我对这个问题的证实可能找到实验的根据吗？这些实验能决定新理论的正确吗？

爱因斯坦的这些假设、推论、研究分析，所有这些步骤，实际上都是美丽的统一的图案的一部分。这些步骤都是在同一思想的线条上发展着的。它们的产生和它们的功能在整个过程中都有意义，都能针对着情境、结构的需要而组织起来。

爱因斯坦就是这样在孕育着新的概念，逐渐达到成熟的地步。大胆的结论一个接一个。结果组成了新的物理学的内容。

从以上我们可以看到，一个概念怎样由发生到成熟的整个孕育时期。

3. 灵感时期

提起灵感，一般人多少对它有些神秘的看法，以为灵感是神的授予，只要灵感一到，什么创造都通了。于是真有青年坐等灵感到来。这是多么错误的看法和做法！事实上灵感是创造性思想的准备时期和孕育时期的结束。一定先有过准备时期和孕育时期，才可能有灵感，没有经过准备时期和孕育时期就不可能有灵感。

有人认为牛顿发现万有引力定律是因为一个苹果偶然掉到牛顿的头上，才使牛顿突然灵机一动想出了万有引力定律，这是非常荒唐的。试问苹果落地曾经打过多少人的头，为什么别人没有想出万有引力定律来？苹果也许曾经打痛过别人的头，为什么万有引力定律偏偏只是在苹果打到牛顿的头上来才被想出来？原因并不在于苹果，而在于牛顿早就抓住了开普勒的天体运行规律和伽利略的物体落地定律。他早已抓住了这两个重要资料，早已经过研究，思考，也就是经过一段孕育时期。一个新的概念在那里逐渐形成起来，形成到快要到成熟时期，一遇到这自然现象，苹果落地的事实，使他顿然在脑中建立起来了联系，于是才创造了万有引力定律。

同样的关于瓦特发明蒸气机，也有人以为瓦特是偶然看见水壶在水沸腾时，水蒸气冲开了水壶的盖，于是灵机一动就发明了蒸气机。这是同样错误的结论。水壶在水

① 韦特汉姆：《创造性思想》（1945年版），第108－181页，根据林宗基未发表的译文节录。

沸腾时，水蒸气冲开壶盖，那是很普通的一个现象，差不多任何人都看到过这现象，为什么别人没有因此发明，而只有瓦特一人发明了蒸气机呢？关键问题同样的还在于瓦特早就有了关于机械的一些概念，他曾研究过，钻研过这个问题，于是一遇到这个有联系的问题时，在脑中的联系就完成了，使他因而发明了蒸气机。

以上的例子说明一个问题，就是灵感并不是什么神秘的东西，而只是一个自然的结果。瓜熟蒂落，到瓜熟了的时候，当然蒂也会落，到你思想成熟的阶段时，当偶然的一些联系，自然界或社会生活中的一些偶然因素，突然使你的思想最后得到完全联系，于是你就得出了最后的结论。所以灵感只是一种成熟时期，思想最后成熟时期。

进一步分析可以说是一种在大脑皮层中建立联系的最后完善。在你准备和孕育时期，你大脑皮层中经常在建立联系。神经细胞经常在忙碌地工作着，愈工作，愈健全，愈完善。但是还没有能最后把它全部联系建立起来。在那时候偶然有一个刺激，对于牛顿是苹果落地，对于瓦特是水蒸气冲开了水壶盖，这些偶然现象顿然和你一直在思考着的问题建立了最后完善的联系，于是问题就最后得到了解决。

灵感也是注意力的高度集中。你一直在注意着你的问题，逐渐注意力愈来愈集中到这问题上来，最后注意力达到最高度的集中，这就是灵感的阶段。

灵感也可以说是兴奋过程达到了顶点。普希金说："我忘记了世界。"柴可夫斯基说："忘掉一切。"兴奋过程达到最高点，抑制住了一切其他思想、情感，使他们的注意力完全集中在工作上，这时才会产生"忘了世界"，"忘了一切"的精神状态。

在灵感时期中，注意力高度集中，而心情却保持着平静的状态。这使思想敏锐。因此灵感绝不可能产生在思想疲劳、精神萎靡的时候，灵感经常发生在精神状态最良好的时候。

苏联作家Ю. 维别尔在他所著的"精密的钥匙"中，曾经描写过一位天才发明家的灵感时期。

这是发生在苏联第一个五年计划时期的事。青年钳工德米特里·谢勉诺夫，正在用心钻研一个重要的发明：他要发明一种机床来制造最精密的块规的量度工具，也就是说他要使块规的制造过程机械化。谢勉诺夫知道机床上有平滑的动作，才能使工作具有准确性，但用什么样的传动机才能使机床有十分平滑的动作呢？问题的关键就在这里。

"有一天……"

"谢勉诺夫到一所大楼里去看一位老朋友。他得乘电梯到大楼的最高层去。他站在电梯室里面，几乎感觉不出自己是在平静中缓缓上升。开动得真快，真平滑。可是刚一感到平滑，就有一种他所熟悉的由于快乐和兴奋所引起的激动突然掌握住了他。电梯开动得真平滑！这是力加平滑……"

“他眼前所看到的已经不是电梯室中的玻璃和指示到几层去的电钮，而只是一幅清清楚楚的运动图案了。”

当谢勉诺夫的发明到最后阶段，偶然乘坐电梯，电梯的平滑把他脑中所要解决的问题联系在一起了。他得到了解决这个问题的钥匙，于是“一幅清清楚楚的运动图案”出现在他眼前。他得到了解决“平滑”的方法。于是他的情感达到最高度，达到了象普希金所描述的“忘掉了世界”的程度。

“他忘记了为什么到这所楼房来，乘电梯上哪儿去。他用手去按电钮，一会儿按一下这个，一会儿按一下那个，于是他自己就在各层楼中间升降了好多次，把电梯的值班人员惊得目瞪口呆。”①

这就是灵感。

4. 整理时期

整理时期是创造性劳动的最后阶段。

这时期多半是比较短的。爱因斯坦用七年工夫准备他的资料，可是他只用五个星期写成了研究报告。也有一些科学家觉得他自己的研究成绩还没达到最后的整理阶段，他们要继续钻研下去。例如，巴甫洛夫虽然研究条件反射有三十多年之久，但他始终没有完整地把所有材料整理出来。他最后所写成的“大脑两半球机能讲义”一书还是由于他的学生说，要是巴甫洛夫自己不写，他（指学生）就预备写一本书。巴甫洛夫怕学生写的不够完善，才亲自动手编写。

材料的整理工作，是在创造性劳动过程中随时进行的。材料随时来，随时就加以整理，分门别类，在其中拣出需要的，去掉不需要的。整理材料要注意全面，同时要使重点突出；要注意部分与整体之间的关系，同时也要注意到部分与部分之间的关系。要注意到系统性，合乎逻辑的规律，材料一部分又一部分地发展着，最后达到结论。

天才文学家非常注意整理时期。托尔斯泰在写“复活”这本小说时，考虑到马斯洛娃这个形象对于全书的影响，对于这个女性的形象一次又一次的加以仔细地修改。对于全书的文字方面，考虑又考虑，修改再修改，所以当我们翻开托尔斯泰的亲笔文稿时，就会大吃一惊，会为这位伟大的文学家细致的整理工作所惊服。

现在让我们来看天才在创造性劳动这四个时期中的体会。

德国的物理学家、生理学家及心理学家赫尔姆霍茨（H. von Helmholtz），在他七十岁生日时（1891），曾谈到过他创造性思想的过程，他说：“……它们（指创造性思想）悄悄地钻进我的脑子里，在一开始我并没有感到它们的重要性，有时候在以后甚至于很难回想起来在什么情况之下产生；我只可以说这些思想就在这里。但是有时候它们突然降临，

① 《知识就是力量》（中文版），1956 年第 5 期，第 50 页。

我并没有努力去争取，象一种灵感似的。依照我的经验来说，它们从不产生在脑子疲倦的时候，或在书桌前。在这之前，这是十分需要我要把我的问题彻底研究过，要研究到这么一种程度，我完全明了它的所有的复杂性。在我的脑子里要熟练到那么一种程度，不需要写我也能全部了解。要使问题达到这么一种程度，不可能不经过长时期的准备劳动。于是，当准备阶段的疲劳逐渐消去，身体又恢复健全，精神重又活泼和平静，快乐的思想就产生了，正象歌德常说过的那样，当我醒来的时候，快乐的思想就在这里。有时候产生在晴朗的天气时在树木滋生的小山岗上散步的时候。”①

从黑尔姆霍兹的自述中，我们可以看到他十分强调准备时期的重要性。他强调在创造性思维产生之前，“十分需要把问题彻底研究过”，“要使问题达到十分熟练的地步”，必需“经过长时期的准备时期”。对于灵感的产生，根据他自己的经验是产生在精神状态十分良好的时期中，产生在“醒来”的时候，产生在“晴朗的天气时在树木滋生的小山岗上散步的时候”。

甫兰脱和倍克尔（Platt，Baker）曾经研究过这个问题，他们根据替泼尔的叙述曾经记录过一个化学家所谈到的他的创造性思想过程：“在这里包含着两个因素：第一，十分彻底地研究你所收集的资料，你的脑子里充满了你目前要研究的问题，然后一段休息时间，在你面前没有任何资料、手稿等……我记得有一天早晨我洗了澡。刮了脸，又去洗澡，当我用手去取干毛巾时我才意识到这是第二次洗澡了。我的思想会集中在一个问题上有半小时了。……我举这个例子，因为这很清楚什么样的情况在进行着，我的脑子十分清醒，但充满了我要研究的问题，我的思想又是极端地集中着。脑子是在进行着对问题的思考。……要是脑子平静，并充满了你要研究的问题，而又极端的注意力集中，我想任何人都能解决他所要研究的问题。”②

在这段叙述里我们看到首先是准备时期，“彻底地研究你所收集的资料”，然后是一段孕育时期，最后他描写了他的灵感时期，在这里值得我们注意的是“忘了一切”的那种精神状态，他洗了二次澡而都不知道。其次是心情的极端平静和注意力的极端集中。最后他满怀信心说：“要是脑子平静，并充满了你要研究的问题，而又极端的注意力集中，我想任何人都能解决他所要研究的问题。”

六、旧社会埋没了天才

在旧社会那么漫长的岁月中，记载下来的关于天才的事迹简直是寥若晨星。在旧社会里，多少有才能的人，特别是劳动人民中有才能的人，没有能得到应有的发展，他们的才能被埋没了。

在帝俄时代，有着特殊音乐才能的杨格，他的才能就没有能得到发展，在童年时

① 吴伟士：《实验心理学》，1938 年（英文本），第 818 页。
② 吴伟士：《实验心理学》，1938 年（英文本），第 820 页。

候，就惨死在地主手中。杨格的父亲早死，他母亲为了维持他的生活，在地主家中做工。有一天他母亲叫他到树林里去捡蘑菇，但是他回家时篮子却是空的，到家后他激动地告诉他妈妈说："我在树林里听到了奇妙的声音。"风吹动各种树叶所发出的声音竟迷住了杨格这孩子，使他忘记了采蘑菇。他喜欢静静地听，听各种各样的奇妙的声音。他的同村人都称他是"音乐家"。

有一次，他看见人家在拉小提琴，他也希望能拉小提琴。他用马尾做了一个小提琴，经常地拉。有一天他看见地主家的提琴挂在墙上，屋子里却没有一个人。他高兴极了，悄悄地蹑足进去，拿下小提琴就拉了起来。他是那么专心地拉着，几乎忘记了一切。天已经黑了，他也不知道，他只是拉着，拉着……。突然有谁从背后把他一把抓住，把他当作小偷，拉进法庭。他受尽了毒刑拷打。当他母亲含着眼泪把他带回家去时，他只剩下奄奄一息。第二天早晨他就死去了。他房子里的墙上还挂着用马尾做的小提琴。有着音乐才能的杨格就这样惨死在地主手中。是旧社会扼死了他的音乐才能！是万恶的旧社会制度埋没了这幼小的天才嫩芽！

在旧社会里，劳动人民没有得到发展才能的机会，而妇女更是没有得到发展才能的机会，就是统治阶级的妇女也在所难免。

例如，俄国女数学家柯瓦列夫斯卡娅，从童年时代就显露出她有数学天才，但她父亲却要把她培养成为一个善于交际的女孩子。他父亲认为，女人不应当从事科学研究，因此不许她继续求学。为了突破家庭的束缚，她逃到彼得堡，想进大学学习。在这里她同样受到了压迫，在沙皇统治下，教育部里的沙皇官僚们不准她去听课，认为女孩子进大学听讲那是滑稽的事。这位勇敢的女孩子，为了科学研究终于不得不离开祖国流亡到国外去求学。在德国她同样的也不能进大学，但由于她出色的数学才能感动了当时德国大学里的数学教授们，特为她私人授课。由于刻苦钻研，她在 1873 年完成了三部关于高级数学的著作。由于这些著作，虽然她是女人，也不得不被公认为学者，并荣获了博士学位。那时她只有二十三岁。

她希望能回祖国任教，但顽固的沙皇政府依旧拒绝了她的请求。这位卓越的女数学家，为了生活不得不答应了瑞典斯德哥尔摩大学的邀请，在那里讲学。在讲学时期中，她曾参加过国际高等数学竞赛，她写的关于"固体在重力影响下围绕定点的运动"论文荣获高等奖金，使她成为国际有名的学者。她回不到祖国去，但她怀念着祖国，她把她写的论文寄回去，沙皇政府竟禁止这些论文印刷出版，但这些论文依旧秘密地流传在当时青年们的手中。

有着这样卓越才能的年青的数学家，就因为她是女子，受尽了痛苦，终身流亡在国外，在她正是壮年时期，四十一岁时，就与世长辞了。

少数天才在旧社会中好容易冲破了重重困难，但他们仍然要受到旧社会的摧残，不能把他们的才能为广大人民服务。我国著名医生华陀就是这样被残酷的封建统治者所杀死的。

提起华陀，我国劳动人民是不陌生的。由于他热心为病人治病，甚至在路上遇见病人，他都要为人医治，至今江苏一带还有关于他的寺庙、纪念碑等。有一次曹操病了，派人找他来治病，他一扎针，曹操头就不痛了。自私自利的统治者想留他在身旁为侍医，但是他不愿意只为统治者服务，他愿意为广大人民服务，就推说妻子有病要回去。这触怒了曹操。曹操派人跟他同去乡间，发觉华陀说谎，就把他抓起来，很快就把他杀害了。天才的医学家，人民敬爱的医生，就这样牺牲了。

七、社会主义社会是培养天才的温床

“要是白松的种子掉在英国的石头缝里，它只会长成一棵很矮的小树，但是要是它被种在南方肥沃的土地里，它就能长成一棵大树。”——诗人但丁（1265－1321）曾经这样说过。

这段话告诉我们：一颗种子要是种在瘦瘠的土地里，就不可能得到很好的生长；要是种在肥沃的土地里，就能得到充分的发展。种子如此，人也是如此。要是一个天才生长在旧社会里，他的才能就有被埋没的可能；要是他生长在新社会里、社会主义社会里，他的才能就有机会充分发展。苏联有名的植物学家 Е. И. 古里瓦夫人，她在旧社会生活了四十多年，受尽了一切苦难，但在新社会中，才得到了培养。在她五十多岁时，成为有名的植物学家。

第一个发明喷气式飞机的俄国科学家齐奥尔科夫斯基，早在 1887 年就完成了驾驶轻气球的计划，比齐柏林和游托尔·德尤蒙还早十年。他创造的全金属飞机的计划，比莱特兄弟早好几年。但他却被当时的沙皇政府称为“疯子”，称为“毫无根据的空想家”。当时的僧侣和官僚们还展开了反对齐奥尔科夫斯基的运动。齐奥尔科夫斯基不但得不到任何帮助和支持，反受尽了迫害。

伟大的十月革命后，科学事业得到了应有尊重，1918 年齐奥尔科夫斯基发表了最著名的科学论文“利用喷气机来测探宇宙”。当时苏联政府给他继续进行科学研究的一切必要条件。1932 年，在齐奥尔科夫斯基七十岁生日时，苏联政府特赠以最高勋章——劳动红旗勋章。这一切深深地感动了齐奥尔科夫斯基。他曾写过一封信给苏联政府表示他的感谢，信上这样说：“……我想以自己的一生，在推动人类进步的事业上竭尽自己微薄之力。革命前，我的理想不能实现，只有十月革命，才接受了我这个自学起来的工作。只有苏联政府和党才能给我实际的帮助。我感到了人民群众的爱护，也正是这个给了我已经病了的人去继续努力工作的力量。”

在新社会中，政府和党非常尊敬人的劳动，对于创造性的劳动给予多方面的支持和帮助。新社会所以支持和帮助人才的发展，是由于新社会的制度——社会主义制度所决定的。

在社会主义社会中，一切人都是平等的，每个人同样具有受教育的机会。这就是说每个人都具有发展他的才能的机会。而在旧社会中只有统治阶级的子弟才能受到教育，劳动人民的子弟整日为生活所煎熬，没机会受教育。所以翻开过去的天才传记来，绝大多数都是生长在地主、贵族的家庭里。这种不平等的现象在新社会里已经根本铲除了。

在新社会里、在社会主义社会里，还铲除了男女之间的不平等现象。男女都同样得到受教育的机会，得到发展培养的机会。十月革命后，只短短的几十年，苏联就有近二百个妇女，因为她们对于科学的特殊贡献而荣获政府奖金。这就是新旧社会的一个鲜明的对比！

在新社会中，党和政府非常重视人才的成长和发展。

新中国成立以后，许多事实表明人才得到了充分的发展。苏州的一个卖花姑娘，由于她喊卖花的声音好，政府就送她进音乐学校去学习，后来出席了1955年全国第一届音乐大会。上海的一个码头搬运工人，成为国家运动选手，并光荣地参加了全国青年积极分子大会。为地主做苦工的高玉宝，在旧社会里受尽了苦难，在新社会里却得到了受教育的机会，并被培养成为作家，他的小说“高玉宝”鼓励并感动了千万劳动人民。这样的例子多得不胜枚举。在新社会，由于党的伟大、英明，非常关怀人才的发展，因而新的人才还在蓬勃地生长。

新社会努力要“变作坊为实验室”，进一步缩短体力劳动与智力劳动间的距离。要缩短和消灭智力劳动与体力劳动间的距离，这就要求我们进一步发展智力，发明更多的机器来代替人的劳动。

苏联工程师梅里亚发明了轮转压榨机，一年能出产三千万块砖，而当时最高产额的美国式“勃依德”只能达到九百万块。苏联工程师柴式庚发明了植树机，一部机器可以代替八千个人的劳动，在十小时内可以植林四到四点五公顷。

在新社会中，机器已不再是奴役工人的工具，土地已不再是奴役农民的场所，工人和农民掌握了机器，驾驭它为人民谋幸福。

在新社会里，工厂是工人的学校，农庄是农民学习的场所，而学者们也由书斋走进田野，走进工厂；每人都在实际劳动中得到了锻炼，因而培养、发展了自己的才能。

根据前面所举的一些事例和分析，我们可以说只有社会主义社会才是培养天才的温床。

苏联今天的情况就足以说明这一点。在漫长的沙皇统治时代中，天才少得可怜，只有几个，而那几个还是在沙皇统治时代的恶劣环境中，在沙皇旧制度的牙缝里侥幸地逃出来的。但革命后才三十多年工夫，苏联已成为天才济济的国家。在许多科学领域内都已获得了全世界公认的地位。苏联的科学家们在亘古以来没有人迹的南极，建立了科学研究站。苏联的英雄驾驶着鄂毕号冲过了冰山，战胜了暴风雪，把科学家们带到冰天雪地的南极大陆上去，这是奇迹。苏联的高速度喷气式飞机TY104，飞行高度达到一万至一万一千公尺，航速每小时达到八百三十公里，以三个半小时从莫斯科飞到了英国伦敦，震动了全世界人民，创造了航空新纪录，这是苏联天才飞机设计家们在社会主义劳动英雄 A. H. 图波列夫院士的领导下所制成的。苏联建立起来了世界上第一个为和平服务的原子堆。柴式庚植树机的发明，使苏联在很短时期内建立起来了防风林，改变了自然的面貌，战胜了自然的灾难。

苏联的作家们用笔歌颂和平，歌颂建设社会主义、共产主义的苏联人民，“远离莫斯科的地方”已经译成几国文字，为青年所热爱，“钢铁是怎样炼成的”感动了千百万青年读者，爱伦堡，萧洛霍夫，波列沃伊等天才作家的作品，在世界各国人民手里传递着。

苏联的建筑家，在列宁山上建立了世界上最高，最大，最完善的一所大学。壮丽的农业展览馆震动了世界建筑家。

苏联的运动员创造了许多项世界纪录，在去年第十六届奥林匹克运动会上，获奖项目超过任何国家。

苏联正在大踏步地前进，共产主义的曙光照耀着苏联人民，各方面的天才正在崛起，无限美好的前途正在向苏联的人民和青年们招手！

苏联的今天就是我们的明天。我们紧跟着苏联的足迹前进。为了社会主义建设，为了我们美好的明天，我们将拿出我们的全部力量来。我们的才能一定会在党的关怀下，在自己的工作和学习中，得到培养和发展。我们祖国一定会出现更多更多的天才，因为我们生活在社会主义社会里！

谈记忆[①]

有些青年在学习中常常为自己学了记不住而苦恼。他们羡慕那些记忆力强的人，渴望自己也能有良好的记忆力。他们问："我学了记不住，是否由于天生记忆力不好?""记忆力不好，有没有办法改进呢?"

记忆力是怎样形成的

要懂得怎样培养记忆力，先要了解，记忆就是人们过去所认知、所经历过的事物在头脑里的反映和再现；这种反映和再现的能力就是记忆力，这种记忆力是怎样形成的呢？和"条件反射"一样，是"暂时神经联系"原理形成的。根据巴甫洛夫学说原理，"暂时神经联系"是由两种刺激同时地、反复地进行所引起的。例如用食物和铃声，同时刺激一只狗时，在狗的大脑半球皮质中，就会发生两个"兴奋中心"，在这两个"兴奋中心"之间就建立了"一种暂时神经联系"。如果食物和铃声这两种刺激同时地、反复地进行多次，这两个"兴奋中心"之间建立起的"暂时神经联系"就会巩固起来。以后狗只要听到铃声就会引起食欲，分泌出唾液来。这就是"条件反射"。形成"条件反射"的这种"暂时神经联系"，也就是形成人的"联想"即记忆的原理。联想的规律，正是人的记忆活动的基础。我们之所以能够记住许多事情，总是从事物的一定联系中去记住它们的，比如，我们教儿童去认识和记住一个碗，总是拿出一个碗来，再同时指给儿童说，"这是碗。"碗的形状和碗的读音对儿童反复地同时地进行多次刺激，在儿童大脑中这两种刺激所建立的"兴奋中心"便形成了"暂时神经联系"。这种联系巩固起来后，儿童只要听到"碗"字的读音，便联想起碗的形状来。又如，我们要记住杜甫的著名诗句："朱门酒肉臭，路有冻死骨"，并不是将这句诗肢解割裂开来，只是孤立地去记"朱""酒""冻死"等单个的字和词，而是要竭力去识记这些字和词的顺序，它们之间的联系。怎样才能记牢这些字和词的排列顺序，而不致弄颠倒呢?显然，先要懂这些字和词之间的关系，即是它们的意义以及它们组成句子之后的含义。所以说，某些概念、事物反映在我们头脑中而形成的那种联想，永远是我们记忆活动的基础，记忆就是由这种联想形成的。

由此可见，形成记忆有两个重要条件：一是要在我们头脑中确定事物的联系；一是这种联系在我们头脑中要有多次的反复。前一个条件的形成，主要靠理解；后一个

① 本文刊载于《中国青年》1962年第7期。——编者注

条件的形成主要靠复习。理解是记忆的基本条件，复习是巩固记忆的基本方法。

理解与复习相结合

这也就是说，培养记忆力的办法，一方面是要充分理解记忆的事物的含义，另方面也要下功夫，勤于复习，强记重要的东西，而前者又是最基本的最重要的条件。一般事物，即我们所要记忆的对象，都是有一定的含义的，各个事物之间又都有内在的联系，只有理解了事物的含义和内在关系，才能在大脑中建立联系，引起联想，才记得住，而且记住了之后保持的时间也较久。我们在学习时都会有这样的体验，如果还没有懂得文章的内容就试图去记住它，往往费了很大的牛劲还是记不住，就是勉强记住了，仍然容易遗忘。这就是因为我们没有弄通文章的内容间的联系，对文章内容没有理解，它们是互相割裂的东西，所以不能形成联想。再以记历史年代为例，也可说明这个问题。记历史事件发生的年代，常常需要机械的记忆，但也可借助于理解。比如：要记得太平天国革命发生的年代，如果懂得了太平天国革命与鸦片战争有很大的关系，那就可以帮助我们推知太平天国革命是发生在鸦片战争后不久（一八六〇年），而不致把太平天国革命时间误记为其他很远的年代。所以说，若要记得，先要懂得，懂得愈深愈透，就愈容易记住，愈记得牢固。我们学习新的知识时一定要针对所要记忆的材料，首先下一番剖析的功夫，弄懂它的意义，并注意研究新的知识和原有的在头脑中已巩固的知识之间的联系。这样进行消化，就更容易记住新的知识。而我们的知识积累愈多，基础愈厚，愈能理解新知识，则新知识愈能为我们所掌握。

当然，光靠理解、意义的记忆，也是不够的，还需要有机械的记忆。这一方面是由于有些东西，如地名，人名，门牌号码，字母，等等，往往不容易与其他事物找到逻辑的关系，要依靠我们反复识记，才能记住它；而另一方面则是由于经过理解记住了的东西，也不能保证它永远不会忘记。俗话说："拳不离手，戏不离口""三天不念口生"，也就是说，要牢固地、精确地记住任何一种材料，不仅要靠理解，还需要有多次的经常的反复。记住的东西有时要遗忘，这是因为在大脑皮质中，除了"兴奋过程"以外，还有一种与其性质相反的"抑制过程"。如果学习过程中所建立的联想不被强化，这个兴奋过程便会逐渐淡漠，便会逐渐地被抑制起来以致消失掉。因此，我们必须靠复习来强化这种联系，靠反复的刺激不断地去巩固大脑中已经形成的"暂时神经联系"。所以说，复习是巩固记忆、防止遗忘的基本办法。同时复习更可以使我们加深对于知识的理解。我国有几句古话："读书千遍其义自见"、"温故知新"、"熟能生巧"，是有道理的。

在复习中首先要注意及时复习。因为，在人们大脑中所形成的"暂时神经联系"，在刚刚建立起来的一段时期内最不巩固，遗忘得最快，我们如果不及时去加强和巩固这种联系，这种联系就会被其他刺激打乱而消失掉。俄罗斯著名的心理学家与教育家乌申斯基把记忆比作“建筑物”，他说：我们应该去巩固“建筑物”，而不要等“建筑物”已经崩溃或倒坍了再去修补或重建它。的确，我们要预防遗忘，只用简略的复习就可以了，若是等到把它忘得“一干二净”了再去复习，那就要从头开始，去重新建立“暂时神经联系”，就要费很大的功夫了。除了及时进行复习之外，每隔一段时间再作一次复习，这对长久地记住所学的东西也很有帮助。这种不断复习的过程，就是不断巩固“暂时神经联系”的过程。在这方面马克思就是一个很好的例子。马克思有这么一种习惯，隔一些时候就要重读一次他的笔记和书中做上了记号的地方，来巩固他的非常强而且精确的记忆。所以记忆力好的人总是善于及时复习，又勤于复习的。

几点帮助记忆的辅助方法

我们说。理解和复习是记忆的基本方法，除此之外，还可以运用以下几个帮助记忆的辅助方法。

首先是确定记忆的目标，正确选择记忆的对象。我们在每天的生活中，所经历的事情是很多的，我们是不是要把所有的事情都记在脑子里呢？不，这是不必要，也是不可能的。比如我们都有这样的情况，以往经历过的事情，有些印象很深，每一忆及，历历如在目前，而另外一些事情，虽然也经历过，但当时没有注意，就根本没有在脑子里留下痕迹，当别人提起时，我们也只能勉强依稀模糊地回忆起它，这就说明，我们的记忆总是有选择的，而对我们每个人来说，确定记忆的目标，选择主要的，值得记得东西，则是重要的。有了一个明确的记忆目标，才能自觉地、主动地、充分集中自己的注意力，从而才能真正记住要记的东西。如果一个人记忆的目标不明，注意力分散，那么他读一篇文章，虽然读过若干次，但在记忆中就会什么也没有留下来。事实证明，充分注意地阅读两次，比起不注意地重读十次要有益得多。我们也都会有这样的体验；当我们为了解决一定的问题而去看某一篇文章时，就比一般随便看看要记得深刻得多，因为这时文章的内容和我们要解决的问题的目的联系起来了，我们急于知道它，就自觉地要求理解它，记住它。苏联杰出的革命家和组织家斯维尔德洛夫能够准确地记住成千的党的工作人员的姓名、面孔以及与他们的个性和活动有关的一切。雅洛斯拉夫斯基在回忆这点时说：“他的头脑好象是一个人事登记分配料。”斯维尔德洛夫之所以有这样惊人的记忆才能，就是因为他所记忆的东西已经和他的目的任务结成不可分割的整体了。这样看来，一个人杂念少，在学习时专心致志，是十分必需的。只有集中注意力，所要记忆事物对于大脑皮质才能刺激得深，记忆得清楚；如果注意力分散，大脑无准备，要记忆的事物在大脑中留下的印象就浅，记忆也就模糊。俗话说：心不在焉，食而无味，视而不见，听而不闻，就是这个道理。

其次，我们应该注意所记忆的材料的系统性和条理性。即是说，我们要注意把我们平时一点一滴地记下来的材料，知识，及时地在自己的头脑中加以整理、分类和组织，确定这些材料、知识之间的区别和联系，使它们条理化、系统化起来。经过这样的组织过程，我们就可以记得有条不紊，记得牢固了。要知道，记忆痕迹在我们脑子里，是网状似的存在着的，这个网编织的越有条理越科学越严密，就能记得越牢，将来需要某一方面的材料时，记住一个头，这一系统的材料就会像一串线似地，有条不紊地在我们头脑中再现出来。俄罗斯杰出军事家苏沃洛夫有一段名言："记忆乃是智慧底仓库，但是在这个仓库里是有许多间隔的。因此就必须很迅速地把一切的东西放在所应放的地方去。"反之，如果我们所记的只是一大堆杂乱无章的东西，那么纵然东西很多，也很难在必需的时候从自己的记忆宝库中把当时所需要的材料和知识提取出来的。

第三，要尽可能使我们身体的多种感觉器官参加记忆活动，或者说，要做到心到，口到，眼到，耳到，手到。人体这许多感觉器官都具有神经的反射能力，也就是具有某种记忆的能力的。外界事物刺激了某一个感觉器官，这一感觉器官的神经就会留下痕迹，形成一个反射弧；刺激的感觉器官愈多，形成的反射弧就愈大，留下的痕迹就愈多愈深，记忆得也就牢固。因此，我们可以运用多种感觉器官来帮助记忆。这样记下来的东西，一般都记得牢固、完整，而且日后也容易将它回忆起来。我们不是看到过这样的事情吗？一个舞蹈家，当他讲述一个舞蹈时，就常常用舞蹈的动作来帮助自己回忆这个舞蹈。而音乐家则常常用歌唱来回忆自己所要述说的乐曲。同样的，我们在学习时，比如记外语生词，如果注意用眼睛去看这些词，又高声把它们读出来，听听我们自己或别人是怎样读的，并在练习本上加以练习，那么，如果以后读错了，听觉就会辨别出来，如果写错了，视觉就会看出它原来并不是这个样子，甚至当我们忘了其中的某个字母时，手的读写习惯动作也往往可以帮助我们将它回忆起来。对此，乌申斯基曾经打过一个很好的比喻："蜘蛛之所以能够非常正确地沿着极纤细的蛛网奔跑，乃是因为它不是用一个爪，而是用很多的爪来抓住蛛网：一个爪坠失了，另一个还抓着。"

第四，要牢固地记住某种东西，形成良好的记忆力，还需要注意实践，即在实际运用中来复习。"眼过千遍，不如手过一遍"，这是一种实践；把要记忆的材料、原理，拿到实践中去运用，是更重要的实践。比如我们要记住有关棉花的播种、田间管理、收获等一套操作规程，虽然可以经过理解、复习等去强记，但总不如自己从头到尾亲身参加一次种棉、收棉的农事活动记得更为牢固。这也是因为在实践活动中最能广泛地运用多种感觉器官参加记忆活动，因而我们在大脑中形成的印象特别深。同时，经过实践，也可以使我们对所要记住的东西获得更加深刻全面的理解，因而也就更能记得牢固。

天赋与勤奋

综上所述，我们可以看到，记忆力并不是什么神秘的东西，而是一种艰苦的脑力劳动的过程。要记忆力好，就要求我们下苦功夫。

有些青年认为别人记忆力就是好，自己记忆力就是差，天生定了，无法改变，因而影响到学习的信心。这是不必要的。固然，由于受到先天神经系统特性和遗传素质的影响，人的记忆力是有差异的，但是这些差异对于记忆力的影响都不是主要的。因为人的记忆力是在学习和生活实践过程中锻炼和发展起来的，外界事物刺激了神经系统，在大脑皮质中留下了痕迹，才产生了记忆。记忆力只有在记忆的实践过程中才能得到培养和发展。因此，记忆力较差的青年。大可不必为此而苦恼，更不要企求于什么药物的治疗。最有效的办法，就是通过自己记忆活动去培养。当然，在培养中要注意运用合乎科学有效的办法，但更重要的还是要多多地记，努力地记。人的大脑是愈用愈灵，愈用愈发达，愈想愈聪明。记忆力也是愈记愈强，愈记愈牢；越是记得多，也就越是容易理解，容易记忆。因此，只要刻苦用功，多多锻炼，那么，即使天赋较差、记忆力较差的人，也是可以培养起良好的记忆力的。

有些人认为自己年龄大一些，记忆力衰退了，不如年纪轻的人记性好了。这种说法对不对呢？我们说，年轻时期，因为脑子里装的东西还不很多，又已经具备了一定的理解能力，因此记忆力比较强，对新事物不仅接受得快，而且在脑子里所留下的痕迹比在年纪大的时候留下的痕迹更深刻更长久。所以说，青年时期是学习的最好时期，青年同志应该抓住这大好时机，多读点书，多积累些知识。至于年纪大的人，由于大脑皮质痕迹已多，新事物的刺激比较不容易留下痕迹，机械记忆力不免会减弱。但是另一方面，成年人的知识和经验较之青年人更为丰富，理解力更强，这也是形成良好记忆力的一个有利条件。因此，成年人只要很好地利用这种有利条件，努力去掌握正确的记忆方法，是完全可以弥补机械记忆的能力有所减弱的缺陷的。

一个人的健康状况对他的记忆力有一定的影响。特别是患有精神系统疾病的人，如果病情严重，会导致神经系统兴奋与抑制过程的失调，减弱记忆的能力。因此青年同志在发奋学习的同时，还要注意劳逸结合，注意身体的健康。但是一般的神经衰弱，只要合理地安排工作和学习，使日常生活规律化，注意适当的休息，并参加一些适宜的体育锻炼和体力劳动，是完全可以治好的。因此，患有精神衰弱症的青年，也不必为此苦恼、悲观，丧失培养记忆力的信心。

谈毅力[①]

606和914。

这两个数词，同时又是两种最强的杀菌剂的名字。是德国科学家爱尔利希（Ehr-Lich）在1907年发明的。这两种杀菌剂现在已广泛地被应用，并为人民所喜爱了。

为什么爱尔利希要把这种杀菌剂的名字叫做606和914呢？原因是他在研究发明606时，研究到606次时才研究成功，为了纪念自己这种艰巨的劳动才取名为606。而914是他后来更进一步研究所获得的结果。

是什么力量推动着爱尔利希使他继续自己的研究达到606和914次之多呢？是毅力，是顽强的意志能力，使他不怕任何困难，克服一切障碍，坚持工作下去，终于完成了这伟大的工作。没有这种顽强的坚持能力，也就是没有毅力，是不可能完成任何工作的。

什么是毅力？

毅力是意志品质中的一种，是意志能力最顽强表现的一种方式，有毅力的人不怕困难，不怕失败，不屈不挠，英勇前进，不达到目的，誓不罢休。苏联的英雄作家奥斯特洛夫斯基当他“肉体上的一切丧失殆尽；所剩下的就是一股不灭的青春之火，和一份对自己的党、自己的阶级还能有一点用处的热望……”[②] 时候；他双目已经失明，时刻忍受着关节剧痛，“身体已经动弹不得，手也没有了力气，他的手只有到肘节的那一截能够活动。”但是他“顽强地继续写他的书。”有时候在早晨时候，他的妻子“发现他嘴唇上咬得尽是鲜血，这鲜血不是不爱才痛苦绝望，这是对病魔的一种顽强的反抗。”为什么奥斯特洛夫斯基表现出这种最坚强的意志能力？用他自己的话来说，冲破了生命用来束缚我的铁箍。我要在自己阶级的斗争和劳动中，从大后方转到最前线来。一个布尔什维克，纵令已陷于这样一种看似绝望的境地，如果有人认为他已经无用于党，那是不对的。……我一定要，我迫切要取得进入生命的入场券……。

一个双目失明，已经残废了的人，要睡在床上无法动弹，在这种身体状况下，他顽强地工作下去，“一更又一更，一年又一年的写他的书。”是什么力量在推动着他坚持工作的？是毅力，而在这毅力的后面，是他伟大的革命人生观，他生活的伟大的目的，他认识到作为一个布尔什维克，为了党，为了人民，一定要“取得进入生命的入

① 本文是未发表手稿，写作时间不详。——编者注

② 见《奥斯特洛夫斯基传》，文格洛夫·埃甫洛司合著，孙肇壑译，青年出版社，1953年，第166、168页。

场券。”一定得继续活下去，为了党和人民贡献出自己一切力量来。这种正确的革命人生观，使他不屈不挠，百折不回，坚持为达到革命的目的而努力。所以毅力的产生是依靠我们对事物的态度，毅力有一定的目的，伟大的毅力是为了伟大的目的才产生的。

在目前，在现在国际国内的新形势下，对我们的青年来说，什么是我们新的任务呢？什么是我们工作的目的？我们将怎样用我们坚定的毅力来完成我们的工作？

党已经向我们发出了号召：十五年内在钢铁和重工业产品方面赶上并且超过英国。在农业方面要相应地使我国成为世界上单位面积高产量的国家。我们祖国有着广阔无际的土地，有着丰富的地下资源，有着适宜的气候，更宝贵的是有着亿万生气蓬勃，热爱祖国，有着高度觉悟的青年。我们是完全有可能完成祖国所交给我们的任务，我们有信心：十五年内赶上英国。

要在十五年内完成党所号召的，所交给我们的这伟大任务。首先，我们必须要求自己成为又红又专的青年干部或学生，不但要红，并且要专。红是政治，政治是一切的统帅，是灵魂，没有政治，我们将会迷失方向；没有灵魂，怎能完成工作？同时我们又要要求自己掌握技术，技术是武器，是工具。有政治，再加上技术，红了又专了，我们才具满足完成党所交给我们这任务的必要条件。

怎么才能专？光有干劲，没有钻劲，不能达到专。要有干劲，还要有钻劲。干劲加钻劲就是毅力。用毅力来使我们掌握先进的科学技术，才能达到专。

毅力的表现——干劲加钻劲

当工作在进行时，在我们努力过程中，是毅力在推动着工作前进，在完成工作中毅力起很重大的作用。没有这种顽强的、坚持的、不怕任何困难的干劲再加上钻劲，是不可能完成党所交给我们的任何工作的。

在进行工作时光靠一股劲的干劲，不能解决问题，只有勇气，只有力气，不用脑筋，不靠计谋是不能达到我们所要求达到的目的，我们还需要有钻劲，我们要千方百计的想办法来完成我们的任务。干劲加钻劲才是毅力的真正表现。

铁道游击队，这支出没在敌人后方，千方百计的来破坏敌人的交通，攻击敌人的一支铁的队伍，为了革命目的，这些英勇的战士不但有干劲还有钻劲。老洪，这个热爱自己的阶级，痛恨敌人的年轻小伙子，当革命的火焰在他眼前燃烧着的时候，他能奋不顾身跳上飞驶着的机车去劫夺敌人的枪弹，他有干劲，但更重要的是他有钻劲，他开动脑筋，在未动手之前，他自己一人先琢磨着手抓住什么地方，脚踏在哪里，怎样拧铁丝？他“摇摸着铁闷子车的每块铁板，每个角棱，甚至每个螺丝钉都考虑来，考虑去，虽然他熟悉车身的每一个地方，正像骑兵熟悉他的马，渔夫熟悉他的船和水性一样。”① 最后他想出来了“从客车后边那脚踏板上去，再过渡到铁闷子车上去”。于是“他高兴地笑起来了，拿起老虎钳子就走出门去。”

老洪飞车跳上了机车去劫夺敌人的枪弹是既有干劲又有钻劲。

王崇伦在他发明万能工具胎时，同样具有干劲和钻劲。他不顾自己的健康，利用一切可能利用的时间来钻研他要制造的万能工具胎，“他天天观察着两种机床的移动，琢磨着他们的拼造原理，插床的刀是一上一下的动作，刨床的刀是横着走。突然插床的圆盘在他脑子里翻了个转，他想照插床的构造原理，做个横走刀的圆盘，安在刨床上，越琢磨，自个越觉着有门路。”②

王崇伦创造万能工具胎不仅有干劲，还有钻劲。他是经过慎密思考的，他先观察、琢磨，想像着他所要创造的工具胎，在脑子里先有了一个轮廓才进行创造。

所以当我们确定了我们初作的目的后，我们要考虑用什么方法来达到我们所期望的目的？我们应当怎样开始？怎样接着做下去？每一动作可能带来的后果是什么？我们将遇到哪些困难？每一行动我们都要经过慎密思考。分析我们每一动作的结果，我们也要预见可能产生的障碍，我们要综合我们所获得的知识和经验。例如，我们在农村里兴修水利，我们只一股劲的挖沟，一股劲的干而不先开动脑筋调查地形，研究水流情况，土壤的构造，最后才确定怎样挖法，挖的过程中随时研究，总结经验供别的工作同志考察，同时改进工作，这样干劲加钻劲才是真正的毅力的表现。

在毅力的表现中不仅要开动脑筋来千方百计以求达到我们努力的目的，还要有顽强的坚持性，坚持工作下去，不怕困难。不怕失败，遇到困难和失败的时候，才真是考验我们毅力的时候。所以毅力是通过一次又一次的失败，遇到一层又一层的困难，把毅力锻炼得更坚强，百炼成钢，不炼不能成钢。

因此为了表现出我们坚强的毅力来完成祖国所交给我们的任务，我们还要时刻虚心学习，在虚心学习的基础上，逐步通过慎密的思维过程，再用我们对革命事业高度负责的精神，用我们的毅力来完成任务。学习也就意味着我们不墨守陈规，与顽固地坚持着错误是有原则性的区别的。

完成毅力行为需要克服内在和外在的障碍

在表现我们的毅力时，我们要经过慎密的思考，把思考付诸于事实的是依靠我们的劳动。毅力行动是在艰苦的劳动中完成的。我们的动作一个接一个像链锁似的联系在一起，动作顺序进行，直接向我们动作的目的。我们把自己的思想付诸事实，通过实践来完成自己的理想，同时每一劳动过程，也考验着我们思考计划的正确性。

① 《铁道游击队》，知侠著，新文艺出版社，1953 年版，第 29 页。

② 《大公报》，1954 年 4 月 19 日。

在劳动过程中，我们进一步锻炼了自己的毅力，加强了我们意志的顽强性。“要学会游泳就得下水”，在实际进入水中后，在遇到困难后，这才真正锻炼了自己的意志毅力。在劳动中锻炼，这是锻炼最好的方法。

但是在实践过程中，我们不可能不遇到困难，困难来自两方面：内在的和外在的。内在的障碍，阻止我们毅力前进的是内在的一些情绪欲望，如疲倦、好逸、懒惰、忸怩、嗜好等。这些欲望和情绪干预我们的工作，阻碍我们完成我们的任务，有时候像一条毒蛇似的爬进我们的意识中来。例如，我们正在工作着，偶一抬头，看到窗外柳梢挂绿，春意正浓，于是不由自主的就产生想出去溜达一会儿的愿望。“呀！天气多么好呀！应当出去走走，看看那边的石桥，潺潺的流水多么好看……”要是有毅力的人就会阻止这种内在的愿望，抬头看一下，接着又低下头来工作，但是没有毅力的人就会真放下工作，出去散步去了。

好逸恶劳是内在的障碍之一，应当用自制力来克服。奥勃洛摩夫就是一个典型的例子。早晨睡得很晚，好容易自己挣扎着起了床，自己料理一下就弄到十点钟，到十点钟了，应该可以做事了，但他想“呀，离开吃午饭反正只有两小时了，也做不成什么。”这样他又浪费的两小时轻轻的滑了过去。这种是典型的不能克服内在的障碍，没有丝毫毅力的人，当然像这种人你就不能期待他能完成什么工作了。

疲倦似乎是一种生理现象，但有毅力的人是能克服疲倦继续工作的。如我国六朝时代南齐的一位有名学者江泌。他苦读勤学，家中穷，没有钱买灯油，他每天借月光读书，不论是火热的夏天或寒冷的冬夜，他从不放过每一个月光明亮的晚上，月光移到后面时，他爬到茅屋上去读。由于疲倦，他曾经从茅屋上跌下来过，但他爬起来继续。毅力战胜了疲倦，战胜了寒冷，战胜了火热，坚强的毅力终于使他成为历史上有名的学者。

在克服内在障碍方面，我们青年人还需要克服自傲和自卑的情绪。这两种情绪影响我们完成工作。盲目的自傲使我们瞧不见自己工作中的缺点，因此也阻碍了我们工作的前进，而自卑使我们对于工作失去信心，就是有成绩也看不见，我们没有鼓舞工作前进的力量，也就不可能有干劲和钻劲了。

除了克服这些内在障碍以外，还需要克服外在障碍。克服内在障碍需要我们自制能力，克服外在障碍需要勇气。没有一项工作没有困难，任何工作都有它艰苦的地方，在劳动过程中失败是常事，怎样克服这些困难，怎样解决这些问题，怎样变失败为成功，这就要靠我们的毅力如何了。

苏联伟大学者罗蒙诺索夫离开家乡到莫斯科去求学时，只靠他老师赠送给他的三个卢布。到莫斯科后他每天只有三分钱过活，但是不管生活是多么艰苦，他坚持学习，他当时写信给他的朋友说：“这样我生活了五年而科学工作没有间断。”这是多么坚强的意志。

一切为了党的事业，吴运铎负伤过三次，第一次失败受伤他继续干下去，第二次失败，“遍地是血，泡雷汞的那个脸盆里红成一片，左手齐手掌炸掉了四个指头，肉和皮肤炸得飞起来，贴在墙上，贴在桌面上，左膝盖的裤子也炸烂了，露出膝盖骨来，左眼睛又热又黏，用手臂一揩，全是血，什么也看不见了。”肉体遭到这样痛苦，他并没有害怕困难，他仍继续工作。第三次他又是伤，“巨大的爆炸波浪把他从地面抛起来，心里像着了火，窒息难忍，只觉得天旋地转，两眼迸着火花，在那一瞬间，自以为已经死了，一阵剧烈的疼痛告诉他，死亡还没有夺去他的生命。”① 这样一次、二次、三次的失败、受伤，几乎夺去了他的生命，而他仍能继续鼓起勇气为了党的事业。这就是毅力的最高的表现。

我们是在失败中前进着

爱尔利希研究发明 606，试验到 606 次才成功，并不意味着其他的 605 次都是失败。每一次失败都有成功的因素在内。我们的成功是建筑在失败的基础上的。没有失败就不可能有成功。失败是成功之母。为什么？因为我们是在失败的经验中进一步学习着，我们分析失败的原因，进行研究找出所以失败的根源在哪里，事实上我们是在某些部分方面已经获得了成功，失败已经教育了我们，在前进道路上我们已经向前跨了一步。

失败也锻炼了我们的毅力。失败一次，我们的毅力也更顽强一些。吴运铎在旧社会吃尽了苦，他好容易找到了自己真正的家，来到了新四军，在新四军里工作时他被调到刺刀制造班工作。他“忙了一天，才造了一把，一检查，还是废品。”他感到非常苦恼，“泪在嘴里团团打转，却咽不下去，好像有刺扎着嗓门似的。”失败带给他很大痛苦，但他并没有在失败前低下头来。他“对自己做了严格的审查：究竟是什么原因叫我落在后面呢？”他可以自己安慰自己说没有经验呀，工具使不惯呀，等等。但是他想到“这不是鼓励自己落后吗？没有上战场，先准备做俘虏，还有比这更可耻吗？”这样检查自己以后，他明白到：“的确，急躁只能坏事。一个坚强的人，碰到困难，是不会这样惊慌失措的。应当钻进去，虚心向别人学习，直到胜利。”② 因此第二天早晨，他就向别的同志们请教，弄明白了自己错在哪里，连夜再改造好工具，他一天不是造一打刺刀，而是造了二十四把。

吴运铎是在失败中前进着，所以能前进是因为他不怕困难，不怕失败。

完成毅力行为还要依靠其他意志品质

在完成毅力行动时只靠意志的顽强性，只靠毅力还不行，我们还需要别的意志品

---

① 《把一切献给党》，吴运铎著，工人出版社，1953 年版，第 162、171 页。

② 《把一切献给党》，吴运铎著，工人出版社，1953 年版，第 61、72 页。

质。

果断这种品质在完成毅力动作时起很重要作用。在很多情况下，在工作中，为了完成我们的目的，我们往往没有多余的时间可以考虑选择我们动作的方法，时间不容许我们踌躇不决，犹疑不定。有时情况要求我们作出迅速决定，用我们果断能力来确定我们应当怎样办？选择和采用什么方法来进行？当机立断是果断的表现方式，那是建筑在经过慎密分析过事物，经过详细研究后方作出的决定，不是盲目的大胆，也不是粗鲁的勇敢，这种果断能力是在经验中，在劳动中锻炼出来的。

我们在完成毅力行动时需要有自制力，能控制和支配自己的行动。自制力逼使我们去完成我们的决定，不论在克服内在障碍或外在障碍时都需要用我们自制的能力。我们需要约束来自内部的一些不良情绪和欲望，同时我们也需要用自制力来克服外在的任何困难。没有自制力参与工作，不可能完成毅力行为。

我们应当怎样培养和锻炼我们的毅力呢？

当祖国在进行着大规模社会主义建设的今天，党和政府作出号召要在十五年内赶上英国，我们每个青年为了完成党和政府所交给我们的任务，我们不但要红还要专。不但要有干劲，还要有钻劲。我们应当是有着坚强毅力的青年。但毅力是怎样培养的呢？我们应该怎样锻炼我们的毅力呢？

首先，最主要的是我们一定要具有共产主义世界观，有了正确的世界观方能使我们的行为动作有正确的目的。我们才不会迷失方向。正确的世界观是一切的根本，没有正确的世界观谈不到意志的培养。

有了正确的世界观，我们才能有丰富的社会感情，正确的道德观念，我们热爱集体，有高度的责任感，我们尊重友谊，热爱同志，我们爱荣誉，恨羞耻，这种高尚的社会感情成为我们工作的一股推动着和鼓舞着我们前进的力量。

在培养毅力过程中还要有严格的纪律。要求我们有规律的生活和工作，这种有规律的工作和生活方式应该进一步成为每一个青年的一种良好的习惯。使青年学会控制自己的行为，并培养了自己的自制能力。因为在过着有规律的生活时青年需要随时随地约束自己，按照一定的规律进行。有规律的进行工作，对工作的完成起着很重大的作用。

青年还应当严格的要求自己。社会也应该严格的要求青年，学校里的教师应该严格的要求学生，做父母的应当严格的要求自己的子女。严格的要求对于进一步锻炼意志起很大作用，要是要求不严格，马马虎虎，是不可能完成艰巨工作的。不可能使青年有进一步改善工作的愿望，这和毅力的要求是背道而驰。

严格的要求自己。首先应当做到在日常生活中有坚持完成每一件应当完成的事情，并努力尽最大的努力来完成得最好。例如，青年学生在上课时就应当努力学好这一堂课，在劳动锻炼时就应当以最大的努力来完成劳动所要求的任务。随时随地都这样严格要求自己。日子久了就很习惯，每做任何事必定会做到最好，也就是培养了自己对工作的高度责任感。

最后，良好的榜样永远是青年学习的最具体的例子。历史上的英雄人物，伟大的科学家，故事、传奇、电影中英雄人物，伟大领袖的伟大事迹，在家庭中做父母的在克服困难中所表现出来的意志能力，在学校中教师对于自己的严格要求，这一切都能影响我们的青年，因为摹仿究竟是最方便，也是最普通的一种学习方式。

锻炼毅力最好的场所是在劳动中锻炼，在实际进行劳动时，我们才真正得到了锻炼。“不下水的人永久学不会游泳，”不实际参加工作中去的人不会具有坚强的意志能力。不可能具有毅力。我们应当在工农业劳动中把自己炼成钢。

为了祖国的伟大建设，为了社会主义，青年应当具有坚强意志，不怕困难，能克服任何障碍，因为我们是新中国的新青年啊！

六、散　论

论礼让与竞争之得失[①]

蓋天下之事，使之得当则得，使之不得当则失。刀之为器，所以防祸也，运之得当，则足以胜敌；运之不得当，则足以丧命。药之为物，所以治病也，施之得当，则足以疗疾；施之不得当，则足以害生。礼让之道为吾国立国之本也，然用之得当，则足以安居乐业；用之不得当，则破坏事体。竞争之为说，泰西之所崇信也，然用之得当，则足以革患除害；用之不得当，则足以灭国亡身。易言之，当礼让，则礼让，当竞争，则竞争。窃观此次欧战，德军之所以败，协约之所以胜者，未尝不因对于此二者，用之不当而失，用之得当，而得者也。彼德人恃强吞弱，横行于世，但知竞争而不能礼让，此万众一心之国际公法，故致失败，而协约则恃理与之争，不甘退让，终降此不理之国。此可知礼让与竞争，皆足以保邦致治在用之适其宜也。不然，德果能礼让协约，遵其所遵，则虽至今不失为世界第一强国。何至一败之涂地乎?！协约苟不恃理则与之争，任其纵横，则德且为六国之秦，一六合而统四海，列强皆岌岌不保，焉得有此胜乎?！孟子曰“仁者无敌”，信夫！是故，礼让竞争各有得失，苟徒袒礼让，则试问吾人求学无竞争心，学问如何进乎？若徒恃竞争，则今日之德人，船非不坚，炮非不利，然而徒为众矢之的，千人所指，无疾而死。虽有强权，亦何所施？吾故曰：礼让竞争各有得失，世人亦惟求其当焉可矣。然所谓强权者，不过藉以保护公理，苟舍公理而言强权，则与暴动无殊。虽强不足恃矣。欧战其前车矣，世之强者，其慎思之。

① 本文刊于1919年第165期《清华周刊》，署名伏生，是一篇“国文成绩”的范文，文末有国文老师汪巩庵的评语：“以当字为一篇主义，颇能扼要，行文亦一往奔放，笔锋锐利无前。”——编者注

五四运动真正目的[①]

请问诸君这一个空前的（我不敢说是绝后的，因为将来或者还有比这个利害的，亦未可知）“五四运动”，他的目的，究竟是什么？诸君必定说，是“挽回青岛，除灭国贼”，我却不以为然，这个“挽回青岛，除灭国贼”，是我们从前，认错他做了目的，其实这个目的不过是眼前的一部分的，不是最后的、完全的。在我们眼前看起来，“挽回青岛，除灭国贼”自然是应当做的事，然而向后看起来，就不能以为这个就是我们的真正目的了。

这样说我们真正的目的，究竟在那里呢？现在我就把他说个明白给诸君听听，至于对不对，还要望诸君指教。

在没有说到这个真正目的以前，我要问问诸位我们中国何以被他人欺侮？我们土地，何以被他人侵略？

什么美国英国人家就不敢侮他，侵略他？这不是因我们弱，他们强；我们贫，他们富的原故么？自己不中用，教人家不欺侮，不侵略那里能呢？所以孟子说的，“人必自侮，而后人侮之；家必自毁，而后人毁之；国必自伐，而后人伐之”，是一些不错的。

我们既知道我国是太弱，是太贫，是不中用，所以才被人欺侮，敌人侵略。那么我们何以不立刻振作想法子教我们中国富起来呢?!

这样看起来，可见得“立刻振作想法子教我们中国就富强起来”才算得是我们“五四运动”的最后的，完全的，真正的目的，假使我们真能达到这个目的，那“青岛的问题”自然立刻解决了立刻挽回了，不但青岛是这样，就是朝鲜台湾等等，要他恢复亦是很容易的。

不然照着我们从前所认识的目的，以为挽回了青岛除灭了国贼，就算了事．我们国民，仍是这样过去，中国前途，仍是这样黑暗，我恐怕现在虽是挽回了青岛，将来保不定有第二次的被人侵夺。现在虽是除灭了国贼，将来保不定有较多的国贼出现，甚至于自己亦成了国贼，亦未可知。

所以我们现在，要急急的“自省”立刻振作起来，想法子教中国就富强起来并且还要小心自己恐怕将来，亦同他们国贼一样。

这是我个人对于“五四运动”的一点意思，似乎算得真正目的。至于如何能立刻振作，想法子教我们中国就到富强的地位那是别一个问题，还要请诸位从长计议才是。

---

① 本文刊载于《清华周刊》1919 年第 178 期，署名伏生。——编者注

新文学同旧文学[①]

现在新文学出来了，大家都喜欢做新文学的文，不喜欢做旧文学的文；都喜欢看新文学的书，不喜欢看旧文学的书；一见了做旧文学的文的人就看不起他；一见了旧文学的书，亦是看不起他，这是现在一般新学的人共同的习惯，连我自己亦是如此，喜欢做新文学的文，喜欢看新文学的书，这固然应当的，然而因为有了新文学，就看不起旧文学；因为有了新文学的书，不看旧文学的书，这不是大错吗？这个大错的原因，就是因为不知道新文学同旧文学的关系，新文学同旧文学的性子；我现在就把他的关系同性子写在下面。

新文学是现在的文学，旧文学是从前的文学；他的关系，有个比方，从前的旧文学，是现在的新文学的父亲；现在的新文学是从前的旧文学的儿子，所以现在的新文学，是从前的旧文学产出来的。有了父亲，方才有儿子，没有旧文学，怎样有新文学呢？

这样看来，旧文学同新文学的关系就是父亲与儿子的关系一般。旧文学虽然是不好，总是新文学的父亲，我们那能看不起他呢？看不起他的人，想必不知道这个关系，所以才有看不起的状态同形势。

我所说的不要看不起他，并不是还要用旧文学做我们现在的文学，不过不必有看不起他的状态同形势，等他自己无形的消灭罢了，以上是讲新文学同旧文学的关系，大家想必都明白了。但是他们的性子，究竟是什么，还要写给大家看看。

旧文学在现在，固然是新文学的父亲，然而在从前他亦做过儿子的。新文学在现在，固然是旧文学的儿子，然而在将来亦要做父亲的。所以现在的新文学，是好的文学，在现在固然是新的，好的；然而在将来未见得就不是旧的，不好的文学了。

这样看来，文学的新旧，文学的好不好，都是因着时代变迁的。时代是进的，他亦是进的。所以时代这两个字，就是文学的性子。这个性子，不但是文学，无论什么事情都有的。看不起旧文学的人，不知道这个性子；他们把现在的眼光来看他，说他是不好的，就看不起他。不知道旧文学他是从前的文学，不是现在的文学、我们看他，只应当用从前的眼光，不应当用现在的眼光。

以上我对于新文学同旧文学的关系同性子，已经说明白了。大家以为我的话是对的，我想从今以后，就用不着看不起他了，但是算不得什么，不过去了我们一点小毛病罢了。还有一个最不好的毛病，就是不喜欢看旧文学的书，一见了就讨厌他，这是

---

① 此文刊载于《清华周刊》，1919年第182期，署名伏生。——编者注

最不好的毛病！而且是最普通的。我希望我们这新学的人，把这个毛病，亦要去了，免得旧文学的人，见笑，那就更好了。

我说去了这个不喜欢看旧文学的书的毛病，想必有人“旧文学既然是从前的文学，不好的文学；那么，我们现在的人，为什么要看他的书呢？况且旧文学的书里，是讲从前时代的事情，不合于现在的时代，我们现在还看他干吗？”

旧文学是从前的，不好的文学；旧文学的书里，是讲从前时代的事情，这是不错的，但是我们不能因他的文学不好，就不看他书；不能因他的书里有几个不合现代的事情，就不看不研究他里面的亘古永世不变的道理。假如旧文学的书里，没有一个是合于现代的事情；没有一个现在能用的道理，那亦是不看旧文学的书的。

还有一层，我们现在不是要改良旧文学吗，我们不去看旧文学的书，那能知道他的坏处，改良他呢？所以我说旧文学的书，还是要看的；旧文学还是要研究的。不过是把他的坏处，研究出来，然后改良他，看他书里的好处，削除他的坏处罢了。

这是我对于新文学同旧文学的一点意思，大家看来以为是不是？

读一九四期“实行集稿制期中之清华周刊”所生之意见[①]

一九四期陈君石孚“实行集稿制期中之清华周刊”，全篇大意可归纳为三要点：（1）集稿员越职，（2）同学无采取集稿制之决心，（3）集稿员连任之废除。我对此三点略有点意见，兹分别述之如下。

（1）“集稿员越职”一层

陈君说“夫评议部之选举某某等十八人为集稿员，固仅以集稿事物相付托也，而乃自此十八人就事以来，竟揽取前此编辑员之实权，周刊稿件泰半出于此十八人之手，似此情形，非越职而何?”我以为此似是而实非。集稿员之职务固是集稿，然不能因为当了集稿员就不是学生的一份子，失了供给稿件的责任。所以集稿员供给周刊的稿件，正是他尽供给稿件的责任，并不是“揽取前此编辑员之实权”更不是越职。

（2）“同学无采取集稿制之决心”一层

陈君说“有采取集稿制之决心者不过等于稿件皆由同学供给而已。”诚然。但错在未把集稿员当为同学。集稿的同学既供给了稿件，如何能说同学无采取集稿制的决心呢？然则集稿员的稿件不是同学的稿件吗？抑集稿员原来就不是同学呢？

（3）“连任制之废除”一层

这层陈君没说什么，然总不外要废除。但我以为废亦不防，不废也无大害。我深信连任是不大适宜，而今又说连任制不废也无大害。这不是自相矛盾吗？不然。我这话是对真正相信连任之不对的人说的。盖一人真正相信这连任是不对的，他自然自己会不连任。所以虽有连任制也是无大害的。不过为对付现在有一班口吹连任废除而自己还要连任的人起见，我还是赞成废除连任制的。

以上就是陈君的说话略加了一点驳语。现在我再就他对于“集稿员越职”所未说到的原因提一下，并将非集稿的同学所以少稿件的原因说一说。然后再提出补救这两层的方法。

（1）“集稿员越职”的原因

“越职”两字由前文看起来是不通的。所以不通，其罪在“集稿员”名称之不当。“集稿员”本就是同学，然因为他有个特殊的“员”字，所以就看作与众同学有异；因而他多供给了稿件，就说是“越职”。名既不正，而又加了不当的罪名，故我在先不便说他的原因。如今要研究他的正确原因故不得不正名定罪而改“集稿员”为“集稿的同学”，“越职”为“多稿”了。

---

① 本文刊载于《清华周刊》1920 年第 196 期。——编者注

“集稿的同学多稿”的原因，照陈君所说固主因于其他同学少稿。然尚有枝叶的原因亦是很要紧的。①多半集稿的同学多意见发表。这是因为他们（甲）会著作的比较的多，（乙）著作的材料——如何评判的消息等等——亦比较的丰富。②各组集稿的同学各相请作稿件的比与其他同学互相委托尽责的又比较的多。因为还有这二个似不在意而实要紧的原因，所以集稿的同学多稿才完全成为事实。

（2）非集稿的同学少稿的原因

非集稿的同学少稿的原因切是集稿的同学多稿的原因的反面。说来就是：①多半非集稿的同学少意见发表。这是因为他们（甲）会著作的比较的少，（乙）著作的材料——如何评判的消息等等——亦比较的不丰富。②各组集稿的同学委托其他同学尽责的比集稿的同学间互相请作稿件的又比较的少。因为有以上这两种原因，所以非集稿的同学才少稿件。

以上集稿的同学多稿和非集稿的同学少稿的原因切是一反一正，并且前者又是后者的根本原因；所以我略说前者正面的补救方法，后者反面的待其自明。

前者正面——集稿的同学多搞——的补救方法甚简：①集稿的同学要时常托其他的同学作稿子，不要只管互相的请；②实行报纸化的周刊丰富，他同学评作的材料。要真能如此，他同学有了材料。就不能推辞；集稿的同学想多稿亦无多材料了。

一九二〇、十、十七、一点三〇——五点三〇

“贱卖劣货！”与焚烧劣货[①]

十月二十三日，我到售品公社物品部买东西，见靠北窗的一个长凳上放了许多乱七八糟的杂货——如风镜，香蜜，手套，牙粉，小剪，小刀等。我当时心中本无想买的定物，故随意翻翻，用意不过是观察有无我合意可买的东西罢了。但出我意料之外，翻到几瓶擦脸的蜜时，见上大书着“大日本中村谨制”。招牌还未看到，这几个字还未看完，我的神情不由得，就大惊小怪起来，于是急急的问售品人道，“怎样售品所竟卖起劣货来了?”售品人答道，“这些杂货都是去年所未烧尽的，所以今年拿来贱卖，并不是售品公社新近买的。”我听下无所作为，亦就置之未管了。

一会儿我四处观察得究竟无我合意可买的东西，故转身，就向食品部去了。一进门对面墙上通告充满的条告板，首先就把我的眼睛的注意引了去，所以我就不得不先去拜访拜访他。“贱卖劣货！……欲购者请驾临……”原来就是这个条告！可惜他挂的时间太短，我第二天去他就没有了！然我可告诉大家一声，“贱卖劣货，余存尚多。欲购者请驾临售品公社物品部一顾。”

请君不要说我是少见多怪，出口恶言。实以中国人五分钟热度，太无血性，诚有令人不能不寒心的地方。现在买劣货的人，我不能评判他，因为他或者根本就未提倡抵制劣货，亦未宣过誓不买劣货。至于售品所乃是去年五月九号在体育馆国耻纪会会场上当众宣过说以后誓不再买卖劣货的。如今竟光明正大的卖起来了！你讲教少微有点思索的人怎样不持以为异呢？从前售品所所宣的言，现在售品公社不承认了吗？贱卖旧劣货，不是卖劣货吗？我真不懂！

原来我对于从前处置已有的劣货的办法就有点怀疑，现在乘此机会就把此中的黑幕打开给大家看看。从前当热度最盛时候，处置已有的劣货的办法，除少数奸商异牌重卖外，其余大半总不外乎焚烧。彼时以为这自然是处置已有劣货的上策了。然而殊不知处置已有的劣货是无真正的上策的。何以呢？我们拿钱换了东西之后，那换东西——为商——的人的目的已经得到了，我们已经花了钱了。所以这已有的劣货，无论如何处置总不是真正的上策——除非异牌重卖，退回原主。然这两个办法——前者是莫良心的奸商所为，后者仍逃不出首卖劣货的范围，因为凡以物易钱统为之买卖——都不是正当的办法，所以处置已有的劣货没有真正的，正当的上策。

既然真正的，正当的上策没有，那我们就不得不退一步在此没有之中找出一个比较的上策来。这比较的上策就是焚烧。但焚烧之为比较的上策，只限在这两个条件之

① 本文刊载于《清华周刊》1920年第197期。——编者注

下：(1) 表示决心为目的，(2) 劣货是烧主原有的。出乎这两个条件之外，焚烧不单不能为比较的上策，反而成为最不正当，最不道德的下策了。我所说的黑幕就是这种无上列两个条件的焚烧。请听我细细分解。

由前判断以观，处置已有的劣货是没有真正的正当的上策的：因为已花去的钱总拿不回来的原故。所以我们焚烧劣货只能当他是表示不再买卖的决心。要是拿真正的眼光去看，那是呆子，自己烧自己钱。从此大家焚烧劣货大半是盲从，不是表示不再买卖的决心。那种焚烧是自己烧自己的钱，毫无用处。这是犯了第一个焚烧的条件所生的黑幕，为恶尚小。讲起第二个来，那就大得多了。

要知道我们是抵制劣货，我们有的，就照比较的上策把他烧去，以表示我们不再买卖的决心，我们没有的正是我们的洁净，本无必要的别种作为。但是从前不然。自己已存的舍不得烧去，而卖给人烧。自己没有的又要多事去买来烧。这一买一卖其中为时虽短，使人不觉得其买卖的不对，然实在总逃不了首买首卖的奸商。纵退一步来说，买烧卖烧的人不是奸商，——买烧的人是因为要勉励将来，表示决心卖烧的人是因为已花去的钱可以借此得回。然则表示不再买卖劣货的决心一定要焚烧劣货吗？又一定要买来烧吗？已花去的钱固然是可以借此得回，然而是不是从那易货的原处得回来的呢？

由上数层观之，可见从前买烧，和卖烧劣货的人并不是爱国，竟真是黑幕的奸罢了。

九年十月二十八日

电影加价的钱究竟做什么用了①

灾民赈济委员会提议了三个捐款的办法：（1）扣伙食费，（2）扣赔偿损失费，（3）电影加价。这三个办法虽然只有第一个是经大家正式通过的，然而因为是赈济灾民——好事，所以大家也就把第二第三默认了。但我想大家从前决不会默认第三个办法，如若下述的口传在那时发现。

学报亏债很多。究竟亏多少，我不知道。我只听说评议部组织了查赈委员会，查赈的结果是：有百余元的诬赈，亏债很多，以致除校中代还外，还不够，——因而要拿电影加价的钱来还。我于这个口传不能定其确否，又不知现在电影加价的钱究竟做了什么用，所以我就假定了这个口传是确的，和电影加价的钱是作了还学报的债用的，而来申说这几句话。

学报是清华师生全体的出版物，他亏债自然是全校师生共同负责。但不能不作声的就把我们的钱拿去抵偿他的债，更不能拿我们赈济灾民的捐款拿去抵他的债。况且那些债还不是完全学报本身的债，尚有他的经理作了弊所生的债在内。这些诬帐的债只有请校中去严查他作弊的人去还。校中虽容了这种作弊的人存在，我们可万不能替他还债。

电影加价的钱究竟作什么用了？应当回答的人请回答！

九年，十月，二十八日。

① 本文刊载于《清华周刊》1920年第197期。——编者注

改良清华电影的发端[①]

电影事业的重要，人人皆知。清华虽办电影有年，然不过拿他当获利的利器罢了，何尝有点提倡他的气味呢？似此情形，如再长此以往，实不单无益于我们学生，并且遗害全校。校中人等对于这个问题现在讨论的很少，而他又不是可以不讨论的，所以我发端的把他提出。我除贡献这点意见而外，还盼望大家一同起来讨论这个问题；并且还要请将来办理电影的机关——无论是学校办，还是学生办——采纳同学间所讨论出来的贡献去竭力改良。此外学生会亦当负点归纳和施行改良办法的责任。这是我写这篇文字的意思。

已往的清华电影不良的地方，我以为只有一点，就是片子的选择。现在要讨论改良的也就是这个。或者有人主张把电影收回学生自办。这我以为到可不必，因为我们学生管关于钱财的事情总是不在行的。你看学报亏那些债，有那些钱无着落，正在着急呢！

已往所择的片子那里不良呢？我以为是太偏重于滑稽的、爱情的两方面而偏轻于智识的一方面了。数年前的我们不讲，就拿这两年的来说："The Brass Bullet"演过之后来"Hooded Terror"，"Hooded Terror"演过之后来"Hands Up"，"Hands Up"演过之后又来了最近所演的"The Hidden Hand"，试问这四个大长片子有什么分别？别只管一味的看这种片子，于我们有什么益处？老实说来：这些片子完全是一个模子两块砖，一点根本分别都没有；多看不单于我们无益，而且还有莫大的害处。

已往的片子只有一二卷的 Pathe News 到还有点价值。然他是附属的，所以很少。这也是不良的地方。

已往的片子不良既略有上述，然其所以不良的原因还是因为选择人方面的毛病。电影虽属是学校里办的，然择片完全是董君大西，至于学堂里何以委托董君，我亦不知道。不过这并无问题，所以无须讨论。但是择片者责任重大，思虑要普遍；我想决非一人所能办得周到的。把如此重大而又须思虑普遍的择片责任仅委托于一人；我想这必是学堂里的错，并是片子不良的原因。

讲到这里，我要申明：我不是反对董君被委托为择片的人。我是以为一人太少，顾料思索不易周到以致片子择的不良。

我们要谋清华电影的改良，必先改良片子；要谋片子的改良必先组织，择片委员会或同等的组织并增加择片的人。至于有了组织，择片人多了之后，如何择片，依何标准——这到又是一个很要紧精细的问题。我待他人来讨论吧。但我有二个要点，就是（1）一样不要偏重，（2）Pathe News 加多。

九年十一月二日晚

① 本文刊载于《清华周刊》1920年第198期。——编者注

事后该说的话[①]

无论什么人的言论，总不会完全句句都对。我们批评人家的言论，必定要先把人家的题目认定，把题内的主意找出；然后就他题目以内的主意的当否加以批评。要是找到人家一点不值得批评的地方就二五成一十的辩驳起来，那不单是挖苦人而且亦不是批评的正当的态度。

我说这几句话是有为而发的。前次我做了一篇“改良清华电影的发端”，他所发生的向应很不好——差不多无人不以为我是一点不懂就来谈电影。我不敢谈电影，亦并未谈电影。批评我的人亦未免太不认定我的题目，太不顾虑我题内的主意了。为解误会起见，所以不得不再来说几句话。

“电影”，“电影问题”，“清华电影”，“清华电影问题”，“改良清华电影”，“改良清华电影的问题”，和“改良清华电影的发端”，——此中范围之广狭性质之不同，我想少有脑筋的人，断断不会把他混为一谈。“清华电影的发端不是“改良清华电影”；更不是“清华电影”，更不是“电影”。他的范围不过是在提出改良清华电影这本地的问题给大家讨论这点地方；他的性质不过是摇铃的性质。要是说如此范围狭小，性质简单的题目里的几句话，也要多看电影多看电影书的人才准说，而多看电影多看电影书的人，又不承认清华电影有改良的必要，那清华电影只好听其自然了。现在既然有了多看电影多看电影书的人承认清华电影有改良的必要，所以清华电影尚不至于到听其自然的一步，并且我亦好像不当说那范围狭小，性质简单的题目里的几句话了。不要紧，只要有人说非多看电影多看电影书的人不能说改良清华电影发端的几句话，我总承认我从前的不对。

以上是申说我从前并未谈电影，亦不敢谈电影。——那是从题目上一看就知道的。再就那个题目的内容来看我又何常谈过电影呢？我就清华电影片子择的不好，要改良该怎么样，这就是谈电影么？我不敢承认这就是谈电影，因为他不过是关于本地的问题的几句话罢了。至于题内或者有出乎题外的话，那到是我的笔头子欠当，冒侵出范围以外的过处。

总之，我从前完全是把自己当个不懂电影的人而做那篇东西的。就反面看，要是我从前自以为是懂电影的人，那我何必自己出了“改良清华电影的发端”这么狭小的题目来约束自己，而不拿什么“电影”，“电影问题”做我的题目呢？以上这是对于凡以为我是谈了“电影”的人所说的几句话；此外我还要加一句就是，我万不敢称认我

① 本文刊载于《清华周刊》1920年第202期。——编者注

是谈了“电影”。

写到此地我又想到或者有人要说我上次的题目究竟不切当因为电影问题上社[①]已经讨论过在先，命题为“……的发端”似乎不对。其实不然，上社讨论“电影问题”，不定就讨论改良清华电影。就是讨论了、然他们总怕把讨论范围扩大来周刊上共同讨论。(我听说上社将来要发表。不过那是发表他们讨论结果，不是来给大家共同讨论。）所以“……的发端”这个题目在周刊上尚无什么不当，何况我用此题目亦所以狭小范围的呢!

本刊二百期上董君的“电影问题”，董君的“电影话”与我很有关系。兹一一略为数言。我上次那篇东西完全没有个人攻击的意思，至于因说片子不好而连到董君，那我说是没有多人商量的原故，并没说董君怎样不好，所以片子不好的。或者连到董君的地方有冒昧的话，这到是我的错处。我诚恳的向董君道歉并请原谅!

董君上次批评各人的说话，界线很不清楚，不过说到我，我自己是知道的。董君见了两篇关系清华电影的文字，就立刻宣言与清华电影脱离关系，我是不敢赞同的。上次的言论虽有句无意的冒昧的话，然他们的目的无非是想谋清华电影的改良。董君无论是承认清华电影有无改良的必要，总当振起精神来和大家讨论，那才是董君提倡电影的真精神。

董君竭力提倡电影，以及办理清华电影的来历经过，我在未看见解释以前，是完全一点不知道的。我想十有七八的同学也同我一样。这是真相未明，所以我上次才有“至于学堂里何以委托董君，我亦不知道”这句话出来。这句话在当时完全是事实。我还以为董君是学堂里被动的委托的，更可以表明当时我是不知道经过来历了。上句话或者就是我冒昧了董君的地方，这是因为我的言论太直的原故，请原谅!

董君办理电复印件无问题，我上次本申明过。董君说“区区小问题，何必大惊小怪呢”，我原来就未承认他虽是个区区小问题，更未大惊小怪。

择片困难情形我并不是不知道。不过我料择短片和择不是差不多一个模子的，长片子总比择长片和一个模子的片子要容易些。长片子和差不多一个性质的片子既有人反对，那择短片和杂片未见得还增加择片的困难。片子不好，可以设法改良，求其较好的。不见得从前的片子——进退两难，非那种片子不可的。要是只有那样长的，是个模样的片子可择，那我一定主张不继续看了。

片子好坏，不能以个人之意思为标准。诚然。这就是我要请多几个人择片子的人的理由；因为多人才能较确的知道大众的心理。

我前头已经说过我并未谈“电影”，亦不敢谈“电影”。我现在说话还不是谈“电影”，不过说点本地的问题。董君为不懂电影者解释两件事。第一说“有人以电影为营业品、从事电影的人、均系中国新剧界一类人物、故所产片无一点价值”，这几句话不

① 原文如此，为一专称。

知董君从那里得来？我虽说了不什么切当的“获利的利器”，然我是说人家当他是如此，我并未说我自己以为他是营业品。什么“从事电影的人、非大学出身即系……他们的智识学问、经验恐不见得在清华学生之下”、我想清华少微看过几次电影的同学没有不知道的。就是个个都不知道，有一两个知道，我亦不相信他是懂电影。“坐井观天”是我的好教训“教人家笑话”的事情我可找不到。

董君第二个解释说“有人以电影中描写男女爱情、过于明显，有伤风化，故本校择片宜抵制‘爱情片’”，这几句话我更不知董君从那里得来？“爱情片”本是普通名词。美国分电影的类，不会那么巧将将用这个普通名词当电影一类的特别名词。“爱情片”三字不是电影分类的一类的名词，更不是从英文里什么字翻出来的特别名词；乃是我看过那种电影，得到了那种电影的概念后，所顺笔写下来的那种概念的普通名词。上次我是说这种片子太偏重了，决没说这骇人的话“宜抵制（爱情片）”更没说什么“……过于明显、有伤风化”，并且亦没有这种意思的句子。

批评人家顶好引起人家的原句至少也要是人家本有的意思；更好把谁也说出。不要凭自己的“以为”，理想来当人家的话说大骂一顿；尤忌不讲是谁，只说好么“有人……有人”。有人，到底有谁？我说这几句话什像没什么关系；然而这是批评人家的人当知道的。

以上是就董君的“电影问题”所说的；兹再就杲君的“电影话”说几句。

上次我那篇东西太欠审慎，我极端的承认。所以欠审慎的原故，是因为那件事情突然发现于我脑中，而我又觉其重要，所以随即就写到纸上，并未有十分的思索。

清华演电影宗旨是娱乐同学，这自然是不错。不过总要认真的办，使同学可以真正娱乐。他仅是敷衍了事，那虽是取价极廉，还逃不了是想获点钱为重，使同学娱乐为轻。提倡电影固是同学的责任，难道学校里就当敷衍了事吗？

上次我说片子偏重于滑稽爱情一方面，而偏轻于智识一方面。智识一方面，滑稽爱情一方面，名词固不什么正当；不过都是字句上的枝节。我上次对于从前电影所抱的主要的观念，就是在“一个模子两块砖”这一句上。我说偏重于滑稽爱情一方面，意思本来就是太无变化。老演那种同性质的片子。我说关于智识方面的片子也要演，意思就是说演点非从前那种性质差不多的片子，时常变化变化。字句上错误我是承认，可是我的真意思是如此。我说的代新闻有点价值，我可没我“每次演八卷百代新闻”。人家没我的话，要找不来强辩。有价值的片子自然多，我并没说止是百代新闻一种。有价値的既多就当演他。我说要演智识方面的片子本很笼统，说他是什么片子都可以。可我没说一定要演从前的什么“花的发育”，“蟹的生活”。我没说爱情片子不好，更没阻止爱情，请杲君不要“不禁长叹”。杲君自以为回回看那些一律不变化的爱情片好，我以为回回看那一律的没有意思，要时常变换。至于“智识一方面”和“爱情片”，名词本不什么切当，也不能严格的科求。

我说组织什么择片委员会，意思正是想使较多的大众对于片子满意。不见得凭一人的意思择片还比凭多人的意思择片满大众的意些？加多择片的人不过可以把大众的心管较普遍的代表出来，以便凭那种心里去择片子。苟恳一人的意思择片，真能合大众的意，那尽可以让人去办。

杲君说“电影事业、何等伟大、断非一知半解、不叨真象的所能信口雌黄、……”我除感谢君的教训外，还请君把前头我所说的几句话看看。

凭主观所说的话，客观的人看来，自然有错。董君、杲君要真正说到我的错处，我自然是承认。无奈二君完全把我的题目看错，当我是“批评电影”，谈“电影事业”并且大半又说些我未说的话，我没有的意思：所以此次不得不耗点时光来解释解释。我希望说话归说话，切勿生意见！至于杲君是谁我现在还不知道。

九年十二月一日下午

《骊骥自传》节译[①]

我的训练

我现在渐渐地长好看了；我的天然衣生的很柔软美丽，并且又是很发光地黑。我的头额上有块白斑，和一个很好看的白星。人人都以为我好看；不过四岁我主人不预备骂我，他说小孩儿不当像大人那么样的劳苦，小马也不当像大马那么样地劳苦除非他们正真已经到了适宜的年龄。

当我四岁的时候，绅士高敦（Suire Gordon）来拜访我。他看看我的眼，摩摩我的嘴，和我腿，他看过摩过之后，我于是在他面前大摇大摆地走了几走。他好像很爱我，并且说："他要是训练好了，真是一个国国老叫的好马"。我主人说，他自己也预备训练我了，因为他不愿意我荒废而胆怯。第二天他就起始训练，真是勤捷。

不见得人人都知道什么叫做训练，所以我略为形容一下。训练就是教一个预带缰辔服鞍子，并且驮负大人或小孩，听他们的指挥；还要安安稳稳地走路除此而外他还要学穿头环，尾鞧和络带；又要学站着不动，当他穿这些东西的时候，末后还要学拉车。他走路快慢要听他赶者的意思。他不能看他所欲看的，不能和别的马说话，不准咬踢，不能随他自己的意思行动，虽然是倦了饿了，也要照他主人底意思做；顶坏的就是一身服装穿上之后，喜乐了跳，疲倦了睡都不可以。所以你晓得这个训练是一件大事咧。

自然我早就带过了笼头和缰绳，并且在草场上和小巷里也被引进着很静地走过，但是现在我又要上了嘴子和缰辔了；我主人还是照平时给我雀麦吃，说几句好话，他于是把了嘴子塞进我嘴里，把缰辔替我带上；这是一个下贱的待遇！嘴里没带过了嘴子的不知道他的苦处；一条冰冷而硬，有人手指那么粗的铁塞到一个嘴里放在上下齿之间，舌头之上，两头伸出在你嘴角旁边露出一点来，并且又被绕在头上，裹着咽喉，环着鼻孔，靠着腮额的皮条束得紧紧的，竟使你在天下找不着法子去逃避这种下贱的待遇；这是太难了！是呀，太难了！至少我要以为是如此；但是我知道我母亲出去的时候，总是带着的，并且凡马大了的时候也都是如此的；所以吃了雀麦，受了我主人底宠爱，听见了我主人底花言巧语，看见了我主人底仁行，始终还是要带我的嘴子和缰辔。

其次鞍子，就来了，不过这还没有前者一半的坏；老戴泥儿（Danicl）捉着我的

---

① 本译文刊载于《清华周刊》1921年第207期，原著名 Black Beauty，原著者 Anna Sewell。——编者注

头，我主人于是就和顺地把鞍子放在我的背上；然后把肚带束紧，不住地打我，和我说话；末后我就得点雀麦吃吃，吃过他就拉着我走走；天天如此做；等到我要雀麦吃，看见鞍子在背上了，那才算了事，厥后一晨我主人于是骑在我的背上，环绕着软草的草地上走了几圈。这是觉得奇怪；但是不瞒说我驮我主人到是很高兴的，后来他天天骑我，所以我也习惯了。

第二件不快活的事情就是上铁鞋；这件事起初也是很难以为情的。我主人同我一阵上铁匠铺，恐怕我有什么惊骇。铁匠把我的脚捉在他手上，一个一个割掉些粗皮子。他并不痛，所以我站着也不动，一直等到割完了四只脚。然后他拿如我脚的一块铁放在上头，并且还钉了些钉子穿过那铁一直到我的蹄子里头，铁鞋于是固定不动了。我脚觉得很硬而重，但是不久我又习惯了。

现在既然到了这步，我主人于是更进而教我穿服装了，要带新的东西还很多。第一星期一个硬而且重的头环和一个缰辔在我的颈部，靠近我的眼边放一块张开来的东西叫做什么眼罩；他真是眼罩，因为我不能看两旁。只能一直向前看；第二是放上一个小鞍子，后面用根侮辱马的硬皮条连着我的尾巴；那就是尾鞧。我讨厌那尾鞧；把我的长尾巴折起穿过那皮条实在与嘴子差不多地可恶。我很想出出气来踢踢，但是自然我不能踢我如此好的主人，不多时什么东西我都习惯了，并且还能像我母亲那么样地苦作。

我的训练之中有一件事是我最得益处的，我不能不提一提。有一次我主人把我送到个邻居农家去帮两个礼拜的忙；这农家有块草地靠近火车道。在这草地上有羊有牛，我于是也混到里头去了。

我决不能忘记那第一次走过去的火车。我正在隔开草地和火车道的杖篱旁边很静地吃东西的时候，我听见远远的有个奇怪的声音，但是我不知道他是从那里来的——一直向前轰轰撞来，并且冒着烟——一个什么乌黑的火车忽然跑过，我一口气还未转过来，他到老远的了。我连惶对草地这边死命地跑，到那我方才敢惊讶恐惧地呼呼气。后来每天都有许多火车走过，有些很慢，他们到了附近的车站就停下，有时在未停以前还要高声可怕地响号。我觉得他很可怕，但是那些牛还是很静地吃东西，虽然这可怕的黑东西轰轰跑过去，他们头到不抬一下。

几天我不能安安静静地吃东西；但是我知道这个可怕的东西决不会跑到草地上来害我，所以我渐渐地也不关心他了。并且不久我也能像其他牛羊一样，不管什么火车经过不经过了。

后来我看见些马受那蒸气机底声音怪象底惊骇暴躁；但是感谢我的好主人，我是一点不怕的了，我在火车站就如同在我自己的厩房里一样。

现在若是有人想把一个小马训练好了，这就是他的方法。

我主人常教我和我母亲各穿服装一块儿做工，因为伊很是稳当，可以教我如何比一个怪马做好些。伊告我说；我要是好好地做事，我就能好好地被人待遇，自然我总尽力做事要使我主人喜欢。伊说：

但是世上人好坏不一定的；有的是很有思索像我的主人的；这些人无论什么马都全愿为他们效劳；有的是很坏很暴虐的；这些人决不配有个马或是狗。此外还有些傻愚，骄傲，无学智，并且不小心的人；这些人他们自己是决不用他们的脑筋的；这些人比凡人害马都要害多些，只是因为他们缺少常识；他们不是有意那么样的，只是因为他们缺少那些德行。我希望你能得个好主人，但是一个马决不知道谁要买他，谁要赶他的，只可靠各个底运气如何罢了；不过我还要说："不管环境如何，你总要尽力做事，保全你的名誉。"

学校里禁止换菜是否全无根据[1]

从前伙食菜肮脏是可以换的，并非“从来没有这个例”。现在学校里禁止换菜固属不对，然并非全无根据。你晓得从前换菜是什么个情形？找不到头发，自己在头上拉一根放在菜里，发现头发的菜不好吃播到好吃的菜里；找不到苍蝇，自己扑一个放在菜里；发现苍蝇的菜不好吃，搬到好吃的菜里。这样好吃无人格的行为，你讲教学堂里怎样不借口来禁止换菜？菜肮脏固然不可不换，我们自己却也不可以不尊重我们自己的人格！

十年一月二日晚

① 本文刊载于《清华周刊》1921年第207期。——编者注

留国不留?[1]

“你看我毕业后留国好不好?”

“看你有计划没有。先定计划，觉得值得留国再留；不要先定留国，后想计划。”

“计划到不容易定呀!”

这是内行话。

“你看我毕业后留国好不好?”

“只要你觉得你自己有特种原因应当留，或者有特别情形不能不留，就可以留。计划是靠不住的。计划是可以临机应变随时规定的。”

“有没有特种原因？有没有特别情形？这倒是很明显的。”

这是外行话。

设若你没有特种原因或特别情形，不要留。设若今年留国还用去年的留国办法，不要留国转学。设若你不能暂且忘却清华的一切，来住着睡木板床用黄泥水的旅馆式宿舍，成天只有读英文课本或中文讲义，听中文演讲或中英合璧——不要留国转学东南。要知端的，请等着看我的留国转学东南的一年。

---

① 本文刊载于《清华周刊》1925 年第 342 期。——编者注

旧历年在民间的意义[①]

旧历年在民间是极有意义的。本文的宗旨要指出：农民一切生活，无论在质与量的方面，都有集中于旧历年的趋势。这种集中趋势，似乎表示中国老百姓因为平时生活过于单调，无兴奋，少激刺，所以到年终不得特别大吃大乐一下，以补平时之不足。这个观察可以从衣、食、住、行、娱乐、与信仰六方面证实。

我们先看，在衣的方面，一般老百姓无论男女老幼在平时是无机会讲究穿的，有新的、好一些的衣服必得藏着到过年来穿；如果没有，必得人人做件把新的"过年"，妇女与儿童尤其是如此。老百姓一年到头总是破衣烂服，辛辛苦苦，到年终稍微穿件把好的新的衣服，实在精神上于他们大有补益。乡下农民平时朴实极了，在衣的方面，到过年即是有较平时华丽的倾向，也是情有可原的，因为一人爱美的本性，总得有一个机会去表现。

其次我们看，在食的方面，老百姓到过年可以说是最幸福了。平时几等于素食，总是为充饥的，那还有肉食呢。但到过年即是最穷的人家，亦得买几斤肉，大吃几餐，或杀个把猪，痛吃他个把月。中国老百姓平时饮食成份是不够卫生的，但是到过年恐怕平时所缺乏的到现在多少总补上一些。平时再节省些，到过年家家总可以有点鸡鱼鸭肉吃吃。这种集中大吃而特吃的风气，若从民族卫生方面看，似乎是一种自然弥补的天然办法。平时既然素食，身体自然弱了，但是设若从来就无过年集中大吃的天然弥补办法以为救济，那中国民族的身体恐怕要更弱了。

其次我们看，在住的方面，老百姓大半也是在过年的时候，作那一年一度的住宅扫刷与修理。一般农家平时很少注意扫刷修理住宅，但是到过年家家必须把住宅扫刷修理一番。民间农家一切行为习惯的集中，似乎是不移的定理。平时只忙于田间的收获，一切的事，能缓则缓，能免则免。等到一年终了的时候，然后一切都来集中办理，以收最后最大的效果。这似乎是旧历年在民间最重大的意思。

再其次我们看，在行的方面，农民似乎也是在过年的时候走动得最远。到腊月家主必得远走街镇去办年货；平时寸步不离家门的妇女孩子们，到过年总有机会走走亲戚朋友，上街上集见见市面；远居在外置业的家主或游学的子女，这时也得回家同享天伦之乐，所以农民在行的方面也是集中在过年的。

讲起娱乐来，那更是无疑的极端集中化了。各街镇的集会比平时更加热闹，各种玩耍的东西比平时更加的多。而最普遍最迷惑人的赌博比平时更要兴烈得百倍：推牌

---

① 本文刊载于《民间半月刊》1935年第1卷19期。——编者注

九，又麻雀，喝酒，划拳，呼三叫四，满面兴奋得发出红光；平时千愁万虑，到这时候什么都不放在心中，多可整个正月，至少初十以内，不论男女老幼都宁全愿牺牲一切，而不肯抛弃他们的新年不过。一个民族的民众平时既无特殊的团体游戏，娱乐，如足球，高尔夫，赛船，赛马等，来发泄他们的情绪，他们自然需要在新年的时候集中自寻娱乐。一个社会一日没有系统的，合理的公共娱乐与游戏，在平时按季举行，以谋团体共乐，那么旧历年中原始时代习俗自然的娱乐必是不能免的。

在信仰方面，中华民族的民众，平时几无宗教之可言，区区拜菩萨，烧烧香，那抵得上西洋民间逐周礼拜的迷信啊！到年终生者得以同乐，死者那能不享受点奉祭的实惠呢？这一点无大妨碍的信仰是与一般民众的精神生活大有益处的。一年之盛，乃是祖先之赐，一年之衰，亦只有诉助于祖先。中华民族的民众是最切实际的，唯有生时的祖先才是最可靠，最值得祈祷的，据我个人的偏见，比起西洋之崇拜上帝，祈祷耶稣，近情理得多了；因为同一家族的生神死鬼，总比无影无形的一个公共上帝或耶稣要亲切得多了。

旧历年既然有集中民众衣、食、住、行、娱乐，信仰各方面的行为习惯的趋势，而这些行为习惯的集中，无论在个人养生上或是团体精神上都有极大的意义，所以我觉得旧历年这个时节在民间一时是绝对没有第二件东西可以代替的。从心理方面着想，凡是没有较好的代替，要根本铲除一个民族的心理习惯，那是绝对不可能的。（等到农村复兴交通发达的时候，民间一切生活方式都跟着改变了，那么，旧历年中民间行为习惯集中的趋势或者可以减少了。）我们记得数年前政府曾经明令废除旧历年，现在结果如何呢？诸如此类明知办不到的事，我们中国人不知干了多少，现在似乎还有人在那里傻干，这都是因为根本不知运用社会心理常识的原故。我要借这个机会提醒社会运动的人们，二十世纪的社会改造和政治革新，完全是要运用心理智慧的，那昔时有效的权威与傻干早已被聪明的统制者与实行家认为不够了。实验社会心理学在西洋已经能为社会改造与政治革新帮助，而我们还是保持着昔时腐旧的思想，想一念即改造天下，一令即风行全国，那是很幼稚的梦想啊！

1935年1月17日清华

学术研究的途径[①]

近来国内学术研究与科学实验的风气，可以算得浓厚极了。自从中央研究院成立以后，政府或私人学术机关与国立或私立各大学，都先后争设研究院。不但自然科学如此，社会科学似乎也特别想积极造成这种研究实验的风气，（例如政府特有“县政建设研究院”与“实验县”的创办与设立）。这种尊崇研究实验的风气，一方面固然很好，另一方面我觉得三个重要的问题，我们不可不注意。

第一个问题是学术研究与科学实验，到底是要集中于独设的研究院呢，还是要集中各大学？关于这个问题，孟真先生在本刊一〇六号已有讨论，我现在略微补充一点个人的意见。

（一）孟真先生主张：“大学要办研究院之前，有一先决条件，即大学本身先要充分的实行讲座制。”这是很妥当的办法，凡是大学中尚未成立研究院的，都当照这样办理。“讲座制”的精神是以学者个人为单位。一人有需要，有兴趣，有能力指导一群学子，造成一个“小窝巢”，应当毫不嫌忌的让他去发展给他一切方便。目前大学中研究院的失败，即在太忽略“研究是个人的”这个事实。研究院的产生应当由少数有心得的教授慢慢演进发展，他必须先有具体研究成绩发表，已得一般社会人士的认识，且能吸引研究学生，然后始可请求设立研究院，或增添“后毕业级”课程。但是过去大学中研究院的设立，每每是为设立而设立，研究不研究不问，有无具体研究成绩发表也不管。大家不能以学者高尚竞献的风度（Intellectual Sportsmanship）相安，而每每争得“研究教授”或“导师”的美名。这是不好的。一般大学教授“兼钟点”忙功课已无暇，尚有何时间去专心于研究工作？何况有许多行政人员，同时，又兼“研究教授”或“导师”，未免把研究看得太容易了。所以大学在未设立研究院之前，应先尽量鼓励少数性近研究而不近行政教学的人，去埋头研究而毫无嫌忌之心。

不过若要这样的养成“讲座制”，在目前中国大学里，非得先提高学者高尚竞献的风度不可。我们知道在欧美大学中，教授的等级很多，大家也能相安，而在中国教授犹如“上将”，人人皆是。一个刚得博士的留学生一回国即与以教授之名。即有正副之分，也是一律正的，或一律副的。教授等级之分，尚有事实上的困难，若想提倡“讲座制”，成立“某某人的研究所”，“某某人的实验室”，那不是更困难了吗？所以我觉得大学设立研究院，固然“应当先使得大学成大学，即彻底的建设大学中的讲座制”，但是“讲座制”的先决条件，则为学者高尚竞献风度的养成。

---

① 本文刊载于《独立评论》1934 年第 126 期。——编者注

（二）孟真先生提到："大学之研究有不及专作研究机关之便当处甚多，凡一事之需要较大量的设备，大规模的组织者，在大学各科并立的状态之下，颇难得一部份过分发展。"这种困难还是心理的。学者若有高尚竞献的风度，畸形发展是可以有的；学术研究若以个人为前提，一部份过分发展，我们应当毫无嫌忌的容纳。学术根本不能讲平等，因为人才不齐，研究能力不等，学者个别差异甚大，平均发展，就等于平均耗费。我们看欧美各大学，有几个是各科皆好呢？甲大学甲科著名，而乙大学乙科著名；根据各大学的师资财力与背景，通盘筹划，总有些科目应当特别发展，有些科目应当酌量减缩。大学本科尚且应当如此，何况研究院呢？所以这一层不足为虑。

（三）大学研究的设立当以"训练大学本身之高级学生为重事，而不当以'招收研究生'为专务"。设若我们承认研究事业是学者个人的问题，而非形式组织的问题，那么大学研究院的成立（正式的或非正式的）自然当以教授为中心，而不能以研究生为转移了。若以研究生的立场说，目前的大学毕业生有继续研究必要和能力的很少，所以大学研究事实上变成了"养老院"。不过这是因为教育部高级学位法还未颁布，社会上也不鼓励大学毕业得高级学位。设若将来高级学位法一旦颁布，社会上对于获得高级学位的研究生能够另眼看待，研究生入研究院研究的专心诚意自然可以担保的。人类求知识总得有相当代价，研究二年三年，不单入社会并无特别优待，连一个空"硕士""博士"的虚名都得不着，怎能怪研究生兼职观望呢？大学本科的基础训练与启发固然重要，"后毕业级"的训练与启发，在将来学位法颁布与社会承认高级学位的资格之后，也是同样的重要，到那时候大学研究院似乎很有必要了。

（四）大学研究院的设立，既以教授为中心，理想上"在教育部允准各大学设立研究院之前，应先组织一个大学教员资格审定委员会，专以著作定大学教员之资格，其尤有学术供献者，方得许为正教授，即执行研究院指导之任务者"。这还是心理的问题，还是中国人缺乏高尚竞献风度的问题。大家已经一律是正教授了，谁配审定谁的资格呢？若专以著作与学术供献为标准，那是很为难的。目前我们如何养成学者高尚竞献的风度，使得大学能甘心受审定而彼此相安——这是极堪注意的问题。

我觉得独设的研究院与大学的"毕业院"（可以不必有研究院的形式）应当分工合作。独设的研究院不应当重复大学的设备与人才，他应当作大学中所不能作的普遍的大规模的研究实验，大学则可以作特殊的小规模的研究实验。独设的研究院还应当与大学合作，交换研究教授，使得双方的利弊都可以互相补益。

第二个题是学术研究与科学实验，在目前的中国，是否应当专门注重实际应用而忽视纯粹理论？一二年来重理工轻文法的风气，似乎是政府确定的积极政策，一般学者因而随之轻理论而重实用。学生每每不顾性之所近，专趋潮流，群择理工，因而失败烦恼。最近唐擘黄先生在八月创刊的"中山文化教育馆季刊"中"论中国学术界最近的风气"，已经指出这种趋势不能纵之太过。但是九月二十二日大公报社评似乎明确的主张："论到研究院所研究的科门，则无宁多取较切应用的题目为合宜。纯粹科学理论，只好还是让西洋先进科学家去探讨。”我觉得这种主张未免太忽视学者的个性，根本违背现代心理学的“个别差异律”了。

学者活动的动机至少有三大类：一种是为求知识，结果产生一切纯粹科学；一种是为供赏鉴，结果创造一切文学艺术：一种是为图实用，结果发生一切专门技术。现代科学的实验心理学确实告诉我们：人类“个别差异”的事实，非常重要。几千年来，人们都忽视人类本身相互间的“个别差异”，只注意一般普遍的原则或现象。即在心理学科学实验化的早年，翁德一般先进实验心理学家，还是主张心理学的职责，仅在发现一般普遍的原则或现象。不过到高尔登，卡泰尔一班人，人类个别差异的原则，遂普遍的为学者所公认了。所以后来才开二十世纪一切应用心理学的门径。我们要知道学术研究与科学实验的途径是什么：全恃学者的性格而定。一个人根本兴趣只在求知识，为科学而科学，社会舆论是无法改换他的个性的；一个人根本努力只在供赏鉴，为艺术而艺术，理智裁制也是无法转变他的倾向的；一个人根本热心只在图实用，为技术而技术，鼓吹提倡也是无法推翻他的成见的。

一位当代心理学家告诉我们说：“所有的人类对于宇宙一切事物，天生自自然然的抱着至少三种不同而且矛盾的态度，就是求知识，供赏鉴，图实用的态度……对于生活中许多事情与宇宙间许多物件，我们常常为不同的目的在不同时候取这三种主要的态度，……所有的人都要求知识，供赏鉴，与图实用。这三种态度没有那一种是比其他二种更重要，因为没有那一种是可以代替其他二种的。常态的生活即在于这三种态度的均匀保持。”人种既然有此三种不同的态度，而我们又不能强人一律（这是违背心理学“个别差异律”的），所以主张凡是学术研究或科学实验都应当一律注重实用或理论的是不对的。

大家既承认因为“现代科学并没有产生今日的欧美，反之，都是欧美的“头脑”才生育出现代科学与技术”，我们格外要同时均匀发展纯粹科学，文学艺术，与专门技术，我们格外要鼓励学者与青年及早养成为研究而研究，为实验而实验的精神。我们的目的不是在于科学原理上的速获，而是在于此种精神的养成。正因为此种精神，决不是一朝一夕可以奏奇效的，所以我们更当鼓励他，不能反而忽视他，把“纯粹科学理论只好还是让西洋先进科学家去探讨。”况且事实上中国二十年来纯粹科学的贡献，在世界上并不是没有地位的，（参看胡适：大公报十月十四日星期论文“悲观浪中的乐观。”）我们这一点萌芽如若不继续鼓励，难道要等至我们的“头脑”自已自然成熟欧美化吗？我们不能指示研究院研究的科门一律属于实际应用的，正如同我们不能示意学校中所教授的科目一律属于纯粹科学理论的一样，因为学者不同态度的活动根本就不能分为学校的与研究院的。学校中的教员学生有个别差异，研究院的导师研究生也有个别差异。我们只可以劝导或指示性近于纯粹理论研究的去作纯粹理论研究；但是性近于实际应用的必得特别努力“多将视线转移到关于中国的应用问题上来。”

第三个问题是究竟什么是“研究，”什么是“实验?”“研究”二字本是很宽泛的，现在“县政建设”也有“研究院，”他的意义更宽泛不堪。“实验”二字在自然科学中，意义极是具体的，但是一县也可以“实验，”那就有些捉摸不定了。

有一位批评家讨论到美国大学中的研究院时，关于“研究”的正反二面的定义，说得很清楚。他说：

“收集材料——虽然准确——不算研究。家政学，社会科学，与教育学，常常累积叙述的材料，不算研究。未分析与不可分析的材料，无论如何精巧的堆集在一块，不能算研究；报告不是研究，调查不是研究；商店女招待，打字员，饭铺女招待，教务长，破产者，诉讼者，学校里，快乐的与不快乐的教育学学生，以及不知道爱父亲多还是爱母亲多的新生——凡是这些人同情的叙述，不管有图无图，有曲线无曲线，有百分数无百分数，都不是研究，除去在美国而外，无论何处都不能承认他们是研究。

“那么，什么是研究呢？他是一个人自己在某一时期用尽他的心思与可能的仪器和原料去冷静的，辛苦的努力求真理：——虽然学术合作是允许的，但是不能由他雇人来做。所研究的问题，一定要关痛痒，而且要有意义；研究的目标应当清廉不偏，无论结果如何影响财产，收入，或是个人嗜好，观察研究的人一定得保持客观的态度。在物质科学与生物科学中，控制是可以在最严厉的条件之下办到的；可能的预测是非常重要的。在社会科学中，控制无预测就不大行了。所以有人根本怀疑社会科学究竟是否科学。我们姑且假设他们是科学。正是因为他们有这种困难，所以我们更当认真慎重的去批评他们。一味的测量，调查或累积材料与事实（有时或者竟不是真事实）每每白费时间精力与金钱。自然有许多问题现在只能用归纳法去研究；一个研究者，不能坚持自己的意见，但是科学的精意即在于研究者要有一点有价值的意见。设若事实与这意见冲突，他就得立刻改变或抛弃那个意见，但是不断的数记测量决不曾产生理论，原理或意见的。”

这一位对于美国大学研究院中硕士博士式的研究（实验也在内）的批评，我个人是很表同情的。因为我亲自感觉：譬如心理学的研究与实验，大半都是些不关紧要，毫无意义的枝叶问题，对于普通人，一般人不能激起信仰，引起重视。把常识现象用专家的熟语来解释一番，明知一个现象是如此如此，偏偏要试来试去，看他到底还是如此；手敲敲，嘴数数，然后来算多少，画图列表，于是就到专门刊物上去报告那所谓的“发明”“发现”了。当代一位德国著名心理学家说道：“以前在德国有一个时期，一般人对于‘心理学’的小题大做，专在小处不关痛痒的地方，吹毛求疵，人都引以为笑柄。”这个时期，我敢说到现在还未终止；一般人还是照样嘲笑心理学家与心理学的研究与实验。不单德国如此，美国格外利害。

不过在目前的中国，一般称研究实验的机关，专家或学生，根本连欧美那种客观的归纳精神尚未养成，我们是不能像上头那样的消极批评，一味藐视客观材料的收集的。具体数量的事实与材料，是一切研究实验的张本。一个真正科学的研究或实验，能有惊天动地的假设或意见固好，但是主要的特征，还是在于根据特意收集的材料，求得归纳的结论。一个研究实验包括五种原素：（一）要有明显确定的问题。这个问题无论是意见还是假设，必须可以问：或有或无，或多或少，或正或误，或当或不当；换句话说，必须要非常具体，非常缩小范围，可以实际解决。空空洞洞，茫无边际，未曾分析过的问题，是不能研究实验的。（二）要有控制因子的方法。具体的问题需要严密的方法去控制不相干的因子，不能随随便便在自然环境之下随意观察就可了事。（三）要有精确数量的材料。研究实验的数量材料是张本，是凭单，没有他不成其为科学的研究或实验，随便试试得到大概的结果，就忽略材料张本的系统陈列以待审查，那是不行的。（四）要有精敏公允的分析。得到系统材料以后，问题的解决能到何地步，控制有何缺点，材料有何不正确之处，统统须明白老实地指出。（五）要有果断确切的结论。根据现有的材料张本，经过分析讨论之后，原拟的问题是否解决了？或有或无，或多或少，或正或误，或当或不当，均须毫无顾忌忠实不苟的报告出来。不能因结果是反面或原来所料想的不合，即忽而不提。

一个研究或实验经过这五个步骤之后，研究实验者还有责任笔之于书，认真的报告出来，使得大家都能考查他的经过，估量他的得失，就好像会计师审查一个会计的账目一样。我觉得要严格的说，无论什么研究或实验，非如此不足以称为研究或实验。述作习作或者是研究，但是重复人家一个原始问题，特别避免调考研究报告，有意或无意容纳读书暗示，来重行证实人家的结果，不能算是第一等的研究或实验。自己暗地七摸八摸，东凑西凑，随意得到一点见解，别人无法查考，无法照样重复证实，不能算得严格的研究或实验。

学术研究的途径是很多的，学者的“个别差异”也是很大的，不单特设的研究院中人员需要学术研究和科学实验，大学教授也有这种需要。两方面应当分工合作，利弊互相补益才是。学术研究与科学实验，除非有特殊教育，根本改造未来青年的个性，态度，与兴趣，我们是不能勉强大家一律都图实用而忽视纯粹科学理论的探讨的。研究与实验的意义与要素，在目前似乎用得太空泛不确定了。我们应当有严厉舆论的裁制，不可使研究不成其为研究，实验不成其为实验。

二十三年十月十九日于清华

论机关学术化①

近年来，机关学术化的风气很盛，原因：一半是政府明令鼓励公务员进修，并得出洋深造，一半是大学教授正薪不够维持生活，不得不对机关（包括刊物及报纸在内）从旁帮忙。在学校里头，老师不知不觉的采取了双轨教学制度一面课室教书，一面讲堂讲学。系统演讲，学术讲座，风行一时：政府也似乎有系统的在后奖励。我们知识份子及文化界人士。似乎不应放弃自己的工作：而盲目的，被动的做其他不相干的事。现在已到慎重检讨反省的时候了！

我们是否可以胜任一轨教学，一轨讲学，甚至于再一道轨去补学呢？我们是否应该灌输什么真正系统知识到公务员，大学生，中学生，甚至于小学生的脑子里去呢？——因为社会并无教务处，注册组，我们乐得不考，乐得不问成绩，乐得不报告分数，——但是我们对得起人吗？对得起自己吗？究竟有什么效果？——没有办法吗？听其自然吗？大学推广教育，欧美是这样无系统的办的吗？没有更好的办法吗？不能执意规划吗？大学与社会没有比较更形式更正式的合作方式吗？我不相信！

很明显的，除掉奇形怪况的兼职而外，大学教授可以充当机关专门顾问，可以开设讲习班，可以到座谈会，可以来公开演讲；可以接受学术讲座，可以参加学术会议。顾问是名义，实际事业方针，并无过问机会；心有余而力不足。结果：书本知识终是书本知识，实际问题，在社会终是不成问题的问题。谈学术应用推广，何其难哉——讲习班，有讲而无习；讲者无事业经验。习者不耐烦，再加程度不齐，亦有困难。座谈会谈谈可以，认真则不行。公开演讲，学术讲座、学术会议，该是“大教授”用武之地了。但是，那又看其他的条件如何？

知识分子，文化人，在平时是最能自食其力，自力更生的，为什么一到乱时，一衰而不能自救，专靠人家救济呢？

我已看到我们的危机了——我们的意志是可以被消沉下去的：我们对于青年的领导是可以被侵夺去的；我们的进展是会变成古板而毫无独立性的；我们的思想是会复古的，态度是会妥协的，人生观是会太正常而万分达观的；二十五年前的兴高采烈、轰轰动动的作为不再出现了；能言能行，立言立行的精神消散了；青年学子不复再尊师道了。我们何所谓而死守书本呢。何所谓而死守岗位呢？——设若我们不能在这个乱时，把握社会，有益于社会？

作者谨慎重提议下列三事，愿与社会人士共同商榷：

① 本文刊载于《扫荡报》1944年3月19日。——编者注

第一，政府既有明令规定机关应尽量学术化，何不正式授权各机关主管人员，选派公务员到大学各院系，及研究院，各研究所部，半公半读，认真研究，以便获取学分，享受学位，然后再送出洋。作者以为非如此，所谓进修，必是空言。人是爱荣誉的，劳而无获，决不能激动人们的向上心。公务员经验丰富，苟能置身学林，与书生为伍，必可将其最可宝贵的经验，系统化，学术化，笔之于文，传达后世，不单使在教书生有资料，可以将一切学术本国化、即在校学生亦可直接得到人事接触，而为入社会办事之准备。这种双方积极合作研究的办法，可以造成一种良好的学术风气。一举而有功，何乐而不为！

第二，学校既不禁止教授兼职兼课，何不利用这个乱时，系统推广高等职业教育。我们除开上面所讨论的各种外，还可以函授，还可以作家庭导师、实行领袖教育，品格教育的导师制。平时我们不能办到的制度，很可以在这乱时举办起来。青年学识之灌输，远不及“处世教育”需要之迫切。偷看“处世教育”“处世秘诀”，“怎样使人敬服你”这类的书，而不能真正地体识其适用处，我们不如明白告诉他们，具体指示他们，这些种种都是对的，都是现实的！我们如果顾虑，不告诉他们，他们一入社会，就要吃眼前亏，我们不是明知故犯，有失师道吗？这是不是真正的道德教育，很成问题；但是“处世教育”这类书既然禁不掉，我们只得采取第二个最好的办法了。

第三，连带的一个问题，不可不提出，就是政府应当多多鼓励外国学生，实行到中国来研究中国文学，哲学，心理学，社会，政治，经济等。作者以为留学制度，早迟是要双方报聘的，不能永世片面主义。处这乱时，中国，一跃而为四强之一，但是如何可以养成独立自主的精神呢：美国空军就有情愿做中国的学生的，（1942 年已有一位在清华心理学系研究院注册为特别研究生、可惜因半公半读，仅半年而辍，目前又有一位印度博士学生加入哲学系研究院研究中国哲学）。我们的博士学位法，应该立即实施，提高标准，务使本国学生和外国留学生，同修以得中国博士学位为荣，还有一点，中国还可以大量赠送外国名流，以致谢意！一举数得，又何乐而不为哉！

照现在的实情来看机关尚未真正学术化，而学术反要被机关化了，这是当前高等教育的危机，我们到今不能无挽救之术。

机关学术化之途径①

作者在本报三月十九日星期论文“论机关学术化”一文中指出：目前机关学术化之实验，太无系统，太无计划，结果，在学术方面，未得实际应用之推广，在机关方面究竟得着与否，很成问题，作者曾积极建议：（一）公教人员得入大学各院系，及研究院各研究所部，半公半读，认真研究，以便获取学分，享受学位，然后再送出洋深造。（二）系统推广高等职业教育，实行品格教育的导师制。（三）鼓励外国学生，实行到中国来研究文学历史，哲学，心理，社会，政治，经济等学科。（四）立即实施博士学位法，务使本国学生和外国留学生，可能以得中国博士学位为荣，中国亦可以酌量赠送外国名流学者之有功于中国学术者，前文言有未尽，兹请再论之。

目前机关学术化之自然演变的方式，有下列几种：系统面讲，学术讲座，讲习班，座谈会，研究会，讨论会，训练班，学术会议等等。这些方式，大半都是时势演进出来的，并无高等教育部署通盘筹划，更无接受这些“进修”方式的各机关之自动的规划。各方式之利弊，很有讨论之价值。

（一）系统演讲之系统，以目前事实看来，不在内容，而在主持者及主办者之响应，所以每每重重叠叠，太以演讲者之利益为归，而忽略听讲者之利益。为前言这个观点起见。作者以为：大学当局与社会机关，应成立一演讲计划委员会。其任务，一方面在调查社会各机关，究竟那些部门需要系统演讲，听讲者人数多寡。强迫抑随意，程度如何，如何考绩；另一方面在通盘筹划大学学术科目，那些应多多介绍，打入社会，那些应稍有检点，不必鼓励空谈，唯一目的是在学术大众化，大众学术化，学术究竟如何才大众化，大众究竟如何才学术化，这是技术问题，有一个委员会讨论一下，总比放任主义所造成的风气强得多。

再具体一点，大学各院系，各研究所部，可以正式规划大学推广学程，按照本科及研究院各学程之设立办法，先规定：学程名称，主讲者，内容大纲说明，每周演讲时数，学分，考绩方法等。公布通知，社会机关随时可以根据其所需要之学科，选派公务员注册听讲，或接受指导，以作论文，苟能如此办理，则教者学者双方均得益尤以中小学教员真可得到进修阶梯，而读硕士博士学位 。近年来，大学生入社会之普遍现象是当公务员者跳机关，当教员者转学校这些大学生 同技工们跳厂开小差，具同一心理，就是每到一处，总觉前途进展无望。我们社会无妥善制度，使得想做一个图上进的好国民，按部就班的爬上去。设若大学能在这乱时，将各种进修推广教育入

① 本文刊载于《扫荡报》1944年4月11日。——编者注

社会、与大学本科双轨並进，或在暑假期特设暑期学校，我想必定可以造成一种良好的学术风气。

（二）学术讲座之讲座，应照机关之需要设立，先说明开讲学科之内容，条件，待遇等，聘请专人为那机关之特殊问题，进行研究，有结果后，始可正式担任。学术讲座之人选，只要对该机关之实际需要及问题，有兴趣和资格认真研究，能与公教人员互相砥砺者，都可担任，主要目的是在诚心诚意的把学术精神与实际利益带到机关去。此种学术讲座可用捐助者之名义开设，亦可用被纪念者，（大学问家）和被祝寿者等之名义开设，社会机关之开明领袖，每有有钱不知如何用之苦，放任不管吧，又怕下头人弄完了，一事无成，太不甘心：认真往好处做吧，左右为难，就是找不到确实可以帮助的人，自然社会上也有 一班人专为机关作职业的学术推广家：但是这一班人多半不是最成功者，我们现在所主张的，就好像欧美人所惯行的制度，将机关剩余的钱，或富有者之遗产，捐助大学或社会团体，专作某科或某先哲学问家之系统精深的研究，而造成一种特别尊崇先哲，或提倡某门新学科之良好学术风气。

（三）讲习班之原意是最好的，据作者个人经验而论，大有多多提倡之必要。三十二年四月，作者应某大国营工厂之聘照总经理计划，每周到厂一次，如职员管理员（人事职工福利等）开设“工业心理讲习班”共二十个礼拜。学员二十二人，由总经理指定，上自人事课课长副课长，下至小工宿舍管理员均有，该班主要目的在：介绍现代欧美极高度工业化中之心理技术：科学管理如何演变为人事管理，人事管理如何演变为工业心理主要方式为小团体讨论会式，之主讲及讨论时在晚七时至九时。在未开讲以前，下午三时至五时，则先由各学员，轮流谈话，然后赴各厂房参观考查，讨论各个人职务上之切身问题及其解决办法。外表看来，这个讲习班并不算大成功，因为到后来人数渐少，作者亦不愿作未成熟的宣传；但是一个推广学术的适用技术是试验成功了。（许多行政新设施新制度证明此点）。从社会机关观点看，往往肯往机关走的实际研究员。（我意是：真有实事求是之研究者），到机关里去，与公务人员圆桌讨论实际问题，其响应远在团体演讲之上，原因：（1）书本知识与实际事实打成一片，实行家得到许多暗示，来解决当前问题，或构立新制度，理论家得到许多宝贵的资料和实例，来证实或推翻固定的学说或方案。（2）书生观点与实行家的观点，得有机会，互相调协，互相了解。多少增进了事业合理化，学术经验化的速度与效用，作者附带必须提及者，一切讲习班如能照上开办法创立，那是机关主持者之远见，因为加入讲习班的学员，与研究员接触密切，其在人事上精神上，所暗示的，自主的行政措施，是不能以人数钟点计算的。

（四）座谈会，研究会，讨论会等，近来风行一时，其原因“中国之命运”一书出版后，政府有计划的发动各种建设运动，其中尤以新生活运动及文化运动，为最普遍，最近又因政府颁布，抗战结束后一年，实施宪政，扩大宣传，普遍研究宪法：又加转移社会风气问题，时在人心，所以这些会也就应时而生了。

二十九年秋作者与几位爱跑工厂的同好，到某纱厂考察女工生活状况，二月遂得结果，厂长随约吾人与管理员开诚座谈，研究，讨论，实可为机关学术化精神之模范。作者以为：这些座谈会，研究会讨论会等，除去其表面的作用而外，很可以利用。为机关学术化之辅助的方法。我说辅助的方法，意思是说，机关真正学术化的途径，在于以上所说的三种办法之认真实施，这些会的方式只有副作用，真正的学术问题，设若要求科学的解决的话，不是集团座谈，研究，讨论可能了事的；他非由专门致力于一个特殊问题多年的人，像得学位作论文那样，去专心致志的探讨，试验，推论，结论不可，学问固然要大众化，民生化，但是学术研究是不能如此的，除非那种研究牵连人事，需要大众表决，服从多数人的常识判断。这些方式的主要作用，还有精神的一方面：某些风气之建立，是要多数人赞助信仰的，赞助信仰可以用集团方式养成之。

（五）训练班，学术会议，与本题关系较少，兹略提及而已。训练班虽有特殊作用，但照理讲，不应离开学校而另设，应就原有大学设备，人事，管理，行政等，合并办理，其收效必更宏。欧美战时，大半变学校为临时训练班，训练团等；这是我们应当效法的。不过，话又说回来，因为大学中学教育与社会脱了节，社会不得不给大学生中学生一个开蒙入门的训练。这也是大学高等教育，中学中等教育当局应当注意的。

至于政府招集学术会议，每与各专门学会年会之职责重复；作者以为如把那些开会所用的公费，分发给各学会作基金办会务，刊物等，其收效必较会而不議，議而不决，决不成行，行而不力，力而不专，专而名空，大得多，好得多，得人心得多。学术机关化是要不得的，而且学术相当有成就的行政人员，必须以本行本职全体利益为归，积极创立机会，让后辈及青年学子去认真的做。近年来学术会议的风气之流弊，即在迫使未成熟的青年学者，也趋向于奔走会议之中，而白白失去其宝贵的光阴与精力，不能专心研究，此事是互为因果的。

总而言之，机关学术化的风气，是昆明战时社会的特色；但是老实说，他是社会救济教育文化界人士的变态发展，而不是机关自主的要求。作者慎重提议：（1）由大学特为社会机关开设适用课程，让公务人员，中小学教员，可以进修，获得学分，享受学位；（2）由社会机关或私人捐募基金，创立专门学科，或纪念性质之学术讲座；（3）由机关学术双方开设讲习班，以一人主讲研究为原则，以便与公务员多有较密切之接触，而打破书生与事业家之间沟痕；（4）座谈会，研究会，讨论会等方式，不能过于重视，因为他们都不过是学术化之最浮浅的形式——有时学者倘能与干部，主管人员，直接座谈，研究，讨论，藉以崇高其思想与人生观，则最为理想；（5）训练班，学术会议，作者以为大可以少来，而委托学校，学会办理。以上各点，社会人士与政府当局，如真能接纳考虑，则立即实施国家博士学位法，鼓励外国学生来华留学，把学校和机关都公开给他们，实为刻不容缓之事。

三十三年三月二十五日脱稿

战时教师应有牧师传教之精神[①]

战时教师与平时教师之职责大不相同，因为平时教师之活动范围仅限于学校环境，战时教师之活动范围则扩张到整个社会。处于学校环境之中教师之职责，自然以教书，传达知识为主，但是教师在战时被迫与整个社会接触以后，他的任务除教书，传达知识而外还有教人，比传播知识更为重要。平时我们常批评学校中无机会给我们施行品格教育，师生间太过隔膜，真正的导师制度行不通等等。但是作者觉得在战时，教师们如欲在这方面努力，大有可以作为之机会。我们有机会作文章，但是作的是八股，还是说真心老实话，则大有分别，我们有机会与政要高绅来往，但是来往的是为学术，还是为个人利禄，亦大有区别。我们遇到了各形各色的人物，乃是平时所绝对遇不到的。我们不了解他们的人生观，不习惯他们的生活方式，我们如何适应呢？这就是真正教师的试金石！以下是作者个人所持的态度，究竟够得上够不上牧师传教的精神，自然还值得考虑。

一个牧师对于他的宗教是有坚决的信仰的。一个教师对于他的所教所学，亦应当有忠实的信仰，始终如一；决不能因为生活问题而胡乱兼差兼职，与其所教所学毫无关系。自然有的所教所学，在战时消沉没落，不合时尚，但是我们仍当对之有信仰，有信心，决不能见异思迁，跳入他行。做学问和教书贵在专一，半途出家是绝无好结果的，这是教师教学与牧师传教在精神方面应当相同之第一点。

一个牧师对于他所信仰的宗教，是常常在想传播给愈多人愈好，一个教师在平时无空闲作传教工作，但是在战时对于他的所教所学，可以作传播推广的机会极多。在战时，一个教师之一言一行，不单代表他的学识经验，还更足以代表他的品格道德。我们当有牧师布道传教的精神勇往直前的去宣传，去推广。于国家立即有用的学术固应如此，国家还未准备着应用的学术更应如此。这是教师应有牧师传教精神之第二点。

宗教思想是救人救世的，作者以为战时教师应当富有救人救世的思想，然后才能安居乐业，不怨天，不尤人。学人如不积极从政论政，则仍应保持学人的本份，那就是救人救世。救人救世不必要如何积极，如何费心思；衹要我们还保有我们的正义感，我们总有疾恶如仇的心理，我们随时可以不与世俗妥协，那么在积极方面，激发人心向背往往亦可打动一二人感应，左右人，或者響应街巷邻居。只要于社会团体有利，与本人有益，就是为规劝，为直言，而得罪于亲朋戚友，师长学生，亦所不顾。我们应以大社会为我们的学校，应以群众为我们的学生。这个大社会中的群众，即使知识比我们高的，

① 本文刊载于《中央日报》1944年8月26日。——编者注

权位比我们尊的，亦可以为我们所感动。只要我们意志坚强，威武不能屈，富贵不能淫，他们心中还是折服的。这是第三点，战时教师应当有救人救世的思想。

牧师传教是由近及远，由己及人，由上下左右，街巷邻居作起的。战时教师如仍坚守本份，站在自己的岗位说话，亦应当如此。我们不要希望一封万言书，一个条陈，一个计划方案，就可以发生实际效力。我们的成就，就在于今天开导了一个因失业而想自杀的青年人，明天分析一个毫无自知之明的妄动者。牧师是忘了小我而求大我之不朽的；一个战时教师，除了教书和传授知识而外，更应当仿效牧师，尽一己之所能，感动一己之亲朋戚友，使其亦能享受心灵安逸之乐。我们能成为知名的学者固佳，不能亦不愧于心。这是第四点，教师应有仿效牧师只管耕耘，不顾收获之精神。

以上是为教师节而作，希望读者谅之。

三三，八，十四

漫谈战时刊物[①]

“文化青年”总编辑戴振东君老早向我征稿，我想说的话太多了。我们常常谈及“文化青年”内容，应如何独出一格，与众不同。现在，就秉此机会，谈一谈战时刊物之通病，并稍陈管见，或可为“文化青年”及其他刊物之参考。

近年来刊物发行，非常之多，报纸，杂志，小型报，政论报，消遣趣味报，日日有新的出现，可是创而不续，续而不久的，也不在少处。统观这些各型各色的刊物，仔细研究他的内容，约有下列各种特征。

第一，发行与编辑属两方，犹如商业合同一般，各有所求，各有所供，于是结伙兴业，发行编辑起来。这与过去新文化运动时代完全不同。在新文化运动时代，发行与编辑多是一体的，新文化运动者，一时兴奋，受一二权威杂志之响应，于是自行编辑，自行发行，甚至有半工半读，自行排印，自行推销的。那时每一个青年，心里要想说什么话，就说什么话，就可以立刻说出来；爱谈什么主张，就谈什么主张，并且可以实行出来，不管你兴趣是学术的，社会的，政治的，艺术的，经济的，或宗教的，你都有出头露面的机会，获得荣誉的权利。而今不然了，青年只是一方，而且常常不出面，他的职责似乎祇是事务，只是拉稿。青年似乎并无主张，更无政见。虽然社会服务，提倡学术是他们表面的目的，但是戏台上的角色，并不是青年自己。

第二，除了发行与编辑两方外，近来的刊物，似乎还可指出个第三方，这第三方是谁呢？就是撰稿者。撰稿，编辑与发行三方似乎各不相干，至少笔者自撰稿以来，向无与编辑或发行二方发生过什么关系。撰稿似乎是知识生产，稿子生产出来了，自然有市场。于是说话者不是为说话而说话，作文者不是为作文而作文。自己说些什么，文章作得如何，并无关系。只要有货，有出品，总推销得出去。其结果，明眼人自然可以看得出来。为什么近年来刊物产生不出三位一体制来呢？这是商业化呢？还是政治化呢？笔者恕不再追究下去了，留着读者推敲吧！

第三，这第三方撰稿者及其产品，可以推销到各个市场去。这也是新文化运动时代所没有的。这样一来，刊物本身之意义全失。刊物变成联络的工具，而不是发表主张的园地。每个刊物中的作者，很多是同一个人，同一篇东西可以投登到两个以上的刊物中去。结果，稿子成为商品，有求必应，有求必供。在这种情状之下，刊物内容自然平凡无奇，各人说各人的话，毫不相干。我们竟直可以坦白的说，我们似乎不宜

① 本文刊载于《文化青年》1945年第1期。——编者注

于影响人家的文章，讨论人家的问题。我们回想新文化运动时代多热闹，文章是激刺辩论，或互相响应答复而写出来的。并且这第三方，并不限定于四五十岁以上的名流学者，十来岁，二三十岁的青年，同样的踊跃登场与名流学者打笔墨官司。所以当时才有“新思潮”，“新青年”这类刊物和学者出现。在现时，凡是撰稿者，都应当注意：刊物究竟还是青年看的多，那么，为什么不即以青年为中心，在他们身上做文章，来激刺鼓励他们发动事业呢？

第四，抗战以来，所有刊物中所谈的，都不是立刻由近及远，由己及人，由小而大，由缓而速，可以实行实践的。回忆新文化运动时代，大家所谈的，多为具体的，小的，立刻可以以身作则，实行出来的问题，如白话文，横直读，男女同学，独身主义，离婚主张，新式婚姻，半工半读等等。那时大家一面在提倡新思想，新文化，可是一面就在实地各自推行各种社会改革。所以每个人都可以自主自动的开辟新天地，发表新圈地。二十余年以来，我们的社会文化以及科学文艺，不能不算有了很大的进步。这些进步归功于谁呢？还不是当时少数有为的青年，在少数实践的学者改革家领导之下，勇敢奋斗出来的吗？为什么目前的青年似乎没有这种劲儿？为什么目前自居为青年领导的人，没有这种魄力呢？此中理由，亦不难不言而解。

第五，现时的刊物似乎还不够学术化。在新文化运动时代，人人情愿研究学术，利用学术，不管问题多小，多琐碎，都是津津有味的引经据典，合流中西，大打其笔墨官司，尝试实行起新制度，建立起新风气，都是效果宏著，一行百效！大家肯研究，肯记录，肯报告其主张，肯披露其结果。而今呢？青年无学术精神，中年老年人又苦于不能发表其学术心得。其结果，杂志报章满载些中八股，洋八股，明知言之无物，但亦姑妄言之，岂不痛心也哉！

笔者指折，近年来刊物之一般特征：（1）编辑发行与撰稿三方，完全脱了节，互不相干，因此（2）大家都是言之无物，毫无学术性，所言者都是空空洞洞，不着边际，不伤人，不害事之老调。青年朋友们！这该是诸君有为的时候了！“文化青年”当负起文化运动的责任。文化运动不外实行新制度，树立新风气。每人当仔细考虑一下，我宜乎做哪一方面的事，发展哪一方面的特长。我就在那一方面实行那一方面的新制度，树立那一方面的新风气。我当把握这难得的机会，好生利用这时代所特与我的优越权利，来具体的贡献我的学识，赤诚的表达我的心怀，然后庶不至劳而无功，勤而不获。

三十四年二月九日

七、著述评介

评波林著《实验心理学史》[①]

心理学是最近几十年才被人注意的新进科学，但他有很悠久的历史，很多的派别，因此一部有系统有条理的心理学史是极需要的。在最近出版的几部心理学史中，我们觉得 E. G. Boring 的 *A History of Experimental Psychology* 一书，很值得介绍。

著者在引论一章中，欲说明自 Aristotle 之前到 Darwin 间，科学方法与观点的演进，科学和哲学本难分别，不过后来因方法的分化，用实验方法的叫做科学，用推理方法的叫做哲学。所以在心理学史上，也有哲学心理学和生理心理学的区别。

生理心理学的发展，初属于物理的，如视感觉及听感觉之类。迨后生理学渐渐发达，生理心理学的目标，才移到神经系统的生理与机能诸方面去。

哲学心理学导源于 Aristotle，Descartes，及 Leibnitz，到 Locke 则为全盛时期。由 Locke 而至 Herbart 之联想心理学以及英之 Bain 和德之 Lotze 而止。

实验心理学的发生，自然以 Wundt 为大功臣。Wundt 综合了生理学家，心理物理学家，天文学家，和哲学心理学家等之既有知识而自成为一有系统的，“新心理学”（又曰“实验心理学”或“Content Psychology”）此时与 Wundt 之“实验心理学”相对者，为 Brentano 及 Stumpf 之“Act Psychology”。

近代实验心理学由“Content Psychology”和“Act Psychology”而组成，约可分为英国心理学，行为心理学，美国心理学和完形心理学四派，前两者属于机械方面而近乎“Content Psychology”之支流，后两者属于动的方面而近乎“Act Psychology”之支流，此外则机能心理学，心理测验，及动物心理学等，均有简略的叙述。

实验心理学鸟瞰，是本书的总括。Boring 在此提及心理学到现在还没有很大的发明与贡献，第一是因为我们到现在还没有伟大的心理学家，第二是因为心理学本身常常有许多争辩。我们想 Boring 的话，大家都承认的。

就大体而言，这是一部使人比较满意的心理学史。例如丰富的材料，流畅的文笔，条理的叙述，及系统的编制，这些都是很明显的好处，看过这书的人都会觉得的。此外则每章之末，附有注解，或补正文所不及，或列举重要参考书为进一步的研究。心理学家和其他欲知心理学之史的发展情形的人是不可不读的。

Boring 著这书的立场与其他著者不同之处，就在他写这书时完全以人及人格为主，而不是以派别或专题（Topic）为主的。他在序言中会明白的说这书之所以搜罗了许多个人传记的材料（Biographical Material）和极端侧重心理学家的人格方面的缘

① 周先庚、陈汉标著，本文刊载于《清华学报》1931 年第 7 卷 2 期。——编者注

故，是以为他觉得实验心理学史和个人的人格极有关系。譬如 J. Müller 与 Wundt 所说的话，不管他是否有实验上的根据，大家总相信他们的话是重要的有价值的。况且人格能影响派别，派别又影响到研究的问题。这样看来人格还不重要吗？心理学家将来总有一日对于心理学史发生极大的兴趣，这是无疑问的。Boring 的眼光极其锐利，或者从这部实验心理学史起，开一条心理学研究的新方向——心理学家的心理，也未可知。

Boring 之所谓实验心理学是指 Wundt 的心理学而言，即所谓普通，人类，常态，成年的心理。他在新心理学那章（470 页）又坚决的说实验心理学是 Wundt 的心理学。动物心理学，儿童心理学，变态心理学，和应用心理学，无论他做了多少实验，都不能称为实验心理学。这种说法是很危险的。本来 Wundt 最早用实验方法到心理学的问题上去研究普通，人类，常态，成年的心理，而称为"新心理学"或"Content Psychology"又叫做『实验心理学』。自然 Wundt 当时之所谓『实验心理学』的是指用实验方法去研究意识等的心理学而言。不过后来实验的方法用的很广，Ebbinghaus 用实验方法到教育心理学上去，Münsterberg 用实验方法到应用心理学上去，Binet 用实验方法到智力测验上去。他们和 Wundt 一样的用实验方法去研究心理学上的问题，所以他们的心理学也和 Wundt 的心理学一样的被一般人称为实验心理学，这是很自然的。乃 Boring 在写一部心理学『史』的时候，一定要说实验心理学就是，而且只是 Wundt 的心理学，这未免太可惜了。Boring 之所以把实验心理学限作 Wundt 的心理学，或者是因为他写书的便利起见，其实 Boring 这样限制是可以的，然而他忘了告诉我们普通人之所谓实验心理学，并不是仅限于 Wundt 的心理学，连动物，儿童，变态，和应用等心理学，都包括在内的。

此书之美中不足处就在材料的选择偶有畸重畸轻之弊。或者可说这是 Boring 的主张和偏见，也未尝不可。例如他在讲 Müller 的"神经的特别能力"时，讲得特别详细，而讲"Psychology of time"时，只提出对于该方面有贡献的人名，而未及其内容。

最后要说的是 Boring 讲美国心理学时，忽略 Seashore；讲行为心理学时忽略 M. Meyer，这似乎都是很可惜的事。（按 Seashore 在一九〇八年曾著 *Elementary Experiments in Psychology* 一书，他对美国实验心理学的发展，多少总有影响，M. Meyer 在一九一一年出版的 *The Fundamental Laws of Human Behavior* 一书，似乎是最早用行为学观点去解释人类行为的著作）。

评 Viteles 著 *Industrial Psychology*[①]

在未介绍这本最近最完备详尽的"工业心理学"之前，我们要先解释几个专门名词。

第一、"实验心理学"的意义有广义的与狭义的二种。广义的实验心理学是自然的，常识的，他是指着方法而言；凡是用实验方法所研究出来的心理学，不管是关于人类或动物，儿童或成人，民族或个人，都叫做"实验心理学"。照这个意思讲，近代所有的心理学大半都是实验心理学，所有的心理学家，差不多都是实验心理学家。至于狭义的"实验心理学"是传统的，历史的，他不仅是指着方法而言，而且受研究对象与态度的限制。传统"实验心理学"只以常态成人的普遍心理现象为研究对象，他是纯粹心理学，翁德派"内省主义"或铁企纳派"唯觉主义"的心理学，又叫做"内容心理学"。[②] 照这个意义讲，当代的心理学者很少是"实验心理学家"。一个性情近于实验主义的人尽管作实验，但是可以不必是一个"实验心理学家"，而是"教育心理学家"，"社会心理学家"，"职业心理学家"，或"工业心理学家"等。这些特殊心理学都是与实验心理学对立平行的。

第二，"应用心理学"的意义也有广义的与狭义的二种。广义的含义也是自然的，常识的，一般人所以为的真正的，直觉的，情感的应用心理学。在心理学全体领域中，他可以代表"心灵研究"[③]"神经病学"[④]，"心理治疗术"[⑤]，"诊断心理学"[⑥] 与"变态心理学"[⑦] 等专门分野；他的方法是个案的，诊断的，而非实验的。在另一方面，他又普遍的指着许多具体奇特现象而言，如催眠术，变戏法，猜心思，拜菩萨，茶余酒后的谈心论性，相家命家的看相算命，街巷铺店的讲价择货，晚间深夜的玩神弄鬼等。[⑧] 这些都是广义的应用心理学。狭义的"应用心理学"是传统的，历史的，并且是实验的。从心理学的发展史看来，"教育心理学"与法律心理学因为应用对象最具体，成熟

---

① 本文刊载于《清华学报》1935 年第 10 卷 3 期。——编者注

② E. G. Boring. A. History of Experimental Psychology，1929，pp. viii. 202. 407. 469.

③ 关于'心灵研究'，有三本好书可看；C. Richet，Thirty Years of Psychological Research. 法文译本，1923. xv+646；J. E. Coover. Exporiments in Psychological Research. 1917；C. Murchison，The Case for and Against Psychological Belief. 1927.

④ Psychiatry 是近乎医学多心理学少的一门专门学问。

⑤ Psychotherapy 是近乎心理学的精神病学。

⑥ Clinical Psychology 也是医学中的一门专科，虽然心理学家也有他所谓的诊断心理学，例如心理分析。

⑦ Abnormal Psychology 是纯粹心理学的分野。

⑧ 在一篇介绍心理学全体分野的短文中，评者特别指出这些是常识心理现象，也值得我们去研究。见周先庚，心理学与心理技术，独立评论，第 116 号（二十三年九月二日），页八。

较早，名称早已固定，所以虽然是应用心理学，而平常传统的习惯都不把他们特别标识为“应用心理学”。普通教科书中所谓的“应用心理学”在事实上只是“实业心理学”包括“职业心理学”，“工业心理学”，与“商业心理学”而言。但是近来这三门专门技术学发展极快，已经单独成为专门分野，所以“应用心理学”这个名词，差不多只有广义的意义，而渐渐失去那专指一个分野的狭义的意义了。

第三，“工业心理学”这个名词也有广义的与狭义的二种。广义的含义是直接代表西文所包括的工业，商业，职业三方面的应用心理学，在中文可以统名为“实业心理学”。① 但是商业心理学在事实上早已独立，职业心理学最近也有独立的趋势，所以评者主张“工业心理学”这个中文名词，不单要除开商业心理学，并且要除开职业心理学，而纯粹当他是一门关于工业效率的狭义的心理技术学。

我所要介绍的这本书，② 即是狭义的实验应用心理学的一种，是包括职业心理学与工业心理学而不包括商业心理学的一门实验应用心理学。

著者 Viteles 是 Pennsylvania 大学出身，一九一八年起即在母校任心理学副教授。他同时在许多实业公司担任心理学顾问。他编造了许多测验其中为选择电车司机与电厂工匠而编的测验法为最著名。他又计划了许多工业人员特殊训练法，写了许多关于工业心理学的论文。

关于此书内容的特色，著者自己指出很清楚：“本书在选材方面，唯一的基本原则是想介绍现代工业心理学的全部事实。目的是要叙述这门新应用心理学的发源，问题，背景，结果与贡献。为介绍德、法、英、意等国的主要贡献起见，欧洲的参考书报都经细读引用，这是其他同行作家所疏忽的。”著者对于一个结果的解释与一种趋势的推测，都是以自己作工业界的心理学顾问与参观欧美各处工业心理学实况所得的个人经验为根据③这一层评者觉得是可以十分信任，因为在美国除了应用心理学老前辈 Bingham 与 Poffenberger 而外，现在专门弄工业心理学的后进学者，恐怕要算他成就最大，学识最博，经验最富了。他这本书是最近出版的教科书，同时也无疑的是一本最完备详尽的参考书。读者只要留神全书页尾细密的小注，与书后详长的人名与内容索引，就知道评者的话是不错的了。

关于此书编者的态度，著者接着说：“因为这本书特别注意在工业上有具体价值的许多心理方法与结果等，所以竭力避免像这类书在统计方法的叙述方面特别费篇幅。这些统计方法在标准的统计学书中早有详尽的讨论，读者如有兴趣，随时以可参考。”④ 我们常感觉到美国实验心理学家似乎过分迷信数量统计与数学的准确了。⑤ 本书著者或

---

① 周先庚，发展工业心理学的途径，《独立评论》，第 135 号（二十四年一月十三日），页一二。

② 本书最近尚有缩小简略本，书名为 The Science of Work，1934.

③ 页 vii

④ 页 vii—viii

⑤ 参看 Angus Macrae. Talents and Temperaments：The Psycholosy of Vocational Guidance，1932. p. 192.

者因为见识广些，或者因为对于欧洲工业心理学状况特别熟悉些，所以才看出他本国学者的弱点而去竭力避免。这是很值得我们钦佩的。

著者把这书敬献给他的二位老师 Witmer[①] 与 Twitmyer，所以我们不难了解他在第一章绪论中特别指出在方法方面，他除了统计法而外，还尽量采用诊断法，特别注意个人个案的研究。[②] 其次他还明显的告诉我们说，这书的偏见是实验的，因为他要竭力避免工业界习以为常的拢统毛病。著者自己告诉我们这本书是为三类人而写的："（1）学应用心理学的大学生与研究生一定高兴看他，因为里面举了许多事实与许多图表，都在是代表在实验室中所得到的心理原理的应用；（2）心理学，社会学，经济学，工业管理学，教员，以及一切涉及个人与劳作关系的专家都可以利用这本书；（3）工业界行政人员设若想对于人类工业行为的心理基础得到一个明晰的而非浮浅的，概要的而非复杂的，分析的而非费解的叙述，这本书于他们很有用。"[③]

工业心理学的目标是增加效率与改善适应。著者说："在工业心理学看来，个人在工业中的最大效率与他最适宜的适应，是一个目标的二方面，是互相为用的。工业心理学家的主要研究对象是劳作的个人，他的根本信仰是：个人若想在工业方面得到最大的效率，他非在那方面有适宜的适应不可。注意个人福利不单是因为个人不良的适应直接响应工业效率，并且因为他可以间接在别的社会关系方面，使工作效率降低，或者使人不满意，因而产生不良的适应，发生不好的结果。"这是工业心理学的目标最简单的看法。[④]

著者自己在绪论中，[⑤] 把全书的纲要说得很清楚。全书共二十七章，分为三部。第一部七章，专讲工业心理学的基础，因为这门应用科学的内容，现况，与发展之速，非从经济的，社会的，与心理的各种原因去找不可。在这些问题的讨论之后，有二章是讨论"个别差异"的。照著者的主张，我们若要了解为什么工业心理学家采用许多特殊心理方法来增加个人福利与效率，我们一定要知道"个别差异"的性质与起源。第二部八章讨论职业的各种必备条件，与测量这些条件所必用的特殊技术的发展与应用，为工业人员之科学的选择与分配的基础。这一部分不单讨论工业心理学家所用的佣雇方法，分析他们的基本原理，并且简署说明他们在工业各阶级职业中所发生的效果。第三部十二章最长，标题是"劳作适应的保持"，开头即谈心理学与增加安全的关系。其次讨论劳工训练的心理问题很详细。我们知道著者对于劳工训练是有贡献的，所以他对于此事特别注意。招雇来的新工人本可胜任，但是因为他没有受过适当的训练，就可以立刻变为不适用而自己也不适意的工人。在工业中，新工人的训练差不多

① 首创"Psycnological Clinic"的第一人。

② 页 6.

③ 页 7.

④ 页 4.

⑤ 页 5.

完全是交给工头或下级管理员办理，现在工业中的新工训练这件事渐渐的趋于专业科学化了。这个运动的经过本书并未详细讨论。但是心理学对于如何训练工人这个实际问题所有的贡献，已有一个简单的叙述。实验室中与工业上关于习惯的养成，零整工作法的响应，报酬的响应等，都讨论得很详细。其余数章讨论其他在工业上响应人类适应的重要因子，如单调，疲劳，工人的情感与趋动。这些都是研究使用人力的最经济方法，例如如何减少单调与疲劳，如何增加兴趣等。有一章专门讨论适应不良如何预防，并避免适应不良；并比较心理方法与神经病学所用的诊断方法的得失长短。最后一章略论管理心理学。[①]

著者特别声明一部谈工业心理学的书，可以包括买卖广告心理学，但是本书中并未提及这种商业心理学，因为照他的意思，买卖与广告的问题完全是另一回事。他们所用的心理方法是很特殊的，而大半又是关于团体反应的。[②] 这本书的目的只是“改善个人适应以增加工业效率”，换句话说，只是狭义的工业心理学。

我们记得实验应用心理学始祖 Münsterberg，在一九一三年所著的“心理学与工业效率”中，把实业心理学问题分为三类。这三类的目标各不相同，第一类是要找“最好的人”，第二类是要作“最好的工”，第三类是要得“最大的效果”。后来他的学生 Burtt，照前二目标著二书：“佣雇心理学原理。[③] 是找“最好的人”的心理学，“心理学与工作效率”是作“最好的工”的心理学。至于第三个问题在孟斯特布以前早有许多专书讨论了。Link 所谓的“佣雇心理学”，别的学者又叫做“职业心理学”[④] Viteles 书中第二章的标题是“使工人适应工作”其实就是找“最好的人”的佣雇或职业心理学。至于第三部“劳作适应的保持”是“使工作适应工人”也就是“作最好的工”的心理学；这种心理学在西文中并无专门名称，Münsterburg 与 Burtt 都只以“心理学与工业效率”名之。评者主张“工业心理学”这个名词可以专指这第三部的内容而言，因为第二部既名为职业或佣雇心理学，而 Münsterberg 所谓得“最大的效果”的心理学亦早已独立成为“商业心理学”了。

以上是评者对于该书内容大概的介绍，以下评者再从中国的立场把各章中的内容略为详述一下，以示提倡。

Taylor 的科学管理法是树立工业心理学经济基础的主因。（第二章）照著者看来，Taylor 与他的们徒的工作，在二方面响应工业心理学最大：[⑤] 第一，他决定了工业心理学家所要研究的问题的性质，换句话说，他限制了工业心理学的范围；第二，他树立了工业心理学的经济的目标。但是工业心理学家对于 Taylor 主义同时也是最开明最严

---

① 以上纲要是节译原书的，见页 5.

② 页 6.

③ H. C. Link 在 1919 年早出一本 Employment Psychology。

④ 譬如 H. L. Hollingworth，Vocational Psychology and Character Analysis，1929.

⑤ 页 17.

厉的批评者，因为 Taylor 太注重工业效率而忽略工人的个人福利（23）。[①] 换言之，他太注重经济的基础，而忽略社会的与心理的基础。评者觉得科学管理法在中国早已有人注意，但是建立在经济的社会的，与心理的基础之上的工业心理学至今还没有受工业界人士的注意。工业心理学家对于“泰娄主义”（Taylorism）的批评，在目前的中国特别有意义。在一个工业发达的国家，物力财力既然经济到最高地步，最后自然注意到人力的经济。所以西洋人在物质经济方面讲求效率，很容易立刻转移到人的心理方面；这是很自然的趋势，因为一国工业竞争由最少的原料得到最多的出品，既然很容易办到，进一步自然是在人的方面讲求，更求其能增加心理的效率。欧洲大战之后，德、英、美三国工业立即需要复兴，所以除去物质经济的条件而外，特别注意足以响应工作的心理因子，以求增加效率。所以工业心理学在欧美发生可以说是时势的需要，自然的结果。我们中国目前既无工业之可言，似乎不能谈工业心理学。从这个观点去看，我们现有的一点萌芽工业既然根本连最低限度的物质经济效率还没有，那么就不能更进一步讲求心理效率。例如一个中国工厂连最低限度不害身体卫生的光线都不足，那还能采用最适宜的光线，使其最合心理卫生呢？又如工人根本连坐的东西都没有，那还能谈什么改良坐位以减少疲劳呢？所以在中国目前若欲提倡工业心理学，第一步骤应先改善最低限度的物质环境，使其适合身体卫生，然后才可以进一步讲求心理卫生，以减少工人的烦恼，刺激，疲劳，单调等不适意的事。物质经济效率讲求到最高程度，然后才可以起始应用工业心理学，以讲求心理效率。

但是从另一方面看，正因为中国现在还没有大规模的工业化，所以更应当立即提倡工业心理学，以便将来澈底的应用。我们不应当让工业本身自动发展，以产生工业心理学，我们应当在此生产建设呼声最高，而一切重要工业还未正式成立的时候，就积极提倡工业心理学，唤醒全国实业家注意。我们要知道在二十世纪与欧美竞争，实行工业化，非从头即采用他们最后最进步的方法与步骤不可。我们现有幼稚工业的效率几等于零，将来大规模的工业效率，我们正要及早准备，想尽法子使他增加。

著者对于各国工业心理的发展史略叙述得最为详尽（第五章）。[②] 从这个叙述中我们可以知道哈佛大学的德国教授 Münsterberg（1863—1916）在大战将起之时，因为美国的环境，由心理学在法律，医学，与教育方面的应用，而注意到工业方面的应用。这个新兴的“心理技术学”他于是带还祖国，所以在大战之后，美国，德国与英国是这门应用心理学最发达的国家。最后俄国也采用德，美，英三国所产生的各种工业心理技术，并且比任何国家都彻底，都合理化，统制化。[③] 其他各国差不多都有工业心理研究机关，日本也有一个“工业效率研究所”。评者以为中国目前不谈建设则已，不谈

① 页 18.

② 本章已由评者与程时学译，载《教育杂志》第 25 卷第 4 号，页 37—45。

③ 见 G. H. S. Razran，Psychology in U. S. S. R.，*J. Philos.*，. 1935，32，19—24.

效率则已，若谈建设与效率，工业心理学实有提倡之必要。从此门应用技术学在各国发展的实情看来，我们不但不觉得在目前的中国提倡此道是不近情理的事，并且实在觉得欧美需要工业心理学时候正与我们现在相仿。在欧战之后，各国工业完全溃崩，要想在最短时期，有效的谋工业复兴，人力心力的经济，非与物力财力的经济同时注意不可。我们正是因为根本无工业之可言，所以才便于从头起根本彻底的采用现代最好最敏捷的步骤去工业化。

著者用二章五十余页的篇幅（第六章第七章）来叙述“个别差异”的性质，分配，与来源。我们很容易怀疑为什么著者费这些篇幅来讨论这个问题，因为我们觉得这个问题是教育心理学中主要三四专门分野之一，似乎不当在一本工业心理学的书占这么多的篇幅。但是我们要知道著者是倾向于用个别诊断法或个案法来研究工业中人的因子的，而个别诊断法的基本原则是近代心理学中的“个别差异律”。这一点评者觉得有向中国读者特别指出的必要。“人是生来平等的”这句话，在政治上或者有意义，但是在心理上是不通的。工业心理学有经济的社会的与心理的基础与背景，而这种基础与背景的共同原则还是“个别差异律”。现代心理学家用种种实验调查方法具体数量的证明：人们的智慧是有差异的，技能是有差异的，品格是有差异的，而且这些差异还特别的大。在工业革命之后，工人是被视为机器之一种，与货物一样的待遇。资产与劳工的对立好像是自然的结果，久而久之，会自然的趋于平衡。社会组织完全不注意个人的福利。这种放任不干涉主义，近来差不多所有的文明国家都抛弃了。在工业中个人的福利于是成为社会的问题。[①] 这个问题的解决，大半有赖于近代实验应用心理学——尤其是工业心理学，这是很自然的。工业发达的结果，于是发生大量的失业问题，尖锐的劳资间冲突，与严重的社会不景气象，而这些结果我们现在知道不单有经济的与社会的原因，恐怕最重要的还是劳资间心理的原因。在西洋各国，工业中心理的因子到最后才注意到，这是思想进化自然的趋势；但是在后兴工业国家，除了经济的，社会的因子而外，心理的因子似乎应当同时注意。所以著者特别指出人们个别差异的事实，来作全部工业心理学的基石，这是值得我们中国人格外注意的一件事，因为这本书不是单为教员学生写的，而是同时为工业界中的人写的，所以心理学中的老生常谈——个别差异律——有特别叙述的必要。

上面已经提过，本书第二部的目标是“使工人适应工作”第三部是“使工作适应工人”。使工人适应工作的意思就是为事找人，“找最好的人”的问题，使“工作适应工人”的意思就是为人找事，使他“作好的工”的问题。在前面我们已经提到，前者已成为“职业心理学”或“佣雇心理学”，后者我们觉得才是工业心理学的本身。[②] 从我们中国目前的观点看来，工业心理学本身比较职业心理学重要得多。我们若要明了

---

① 页 20

② 周先庚，发展工业心理学的途径，《独立评论》，第 135 号，（二十四年一月十三日），页 12。

这个见解，必需先看看职业心理学的问题是什么。

照本书第二部的叙述看，职业心理学的第一个问题是佣工招雇或选择的条件。佣工需要选择这是不成问题的。但是如何可以使招雇方法科学技术化，这是最关紧要的。一人对于一种职业适合与否，要看他个人方面的体格情形，如身体四肢的健全，体重身高；个人情形，如年龄，婚否，子女数，生长地等。决定个人适合某种工作与否的主要条件有四种：(1) 经验，(2) 才能 (3) 性格与 (4) 兴趣。① 经验比较的容易估量，才能比较的就难测量了。在本世纪头二十年心理学家差不多花了全副精神来测量普通才能或智慧。著者固然指出普通智慧在职业选择方面非常重要，每种职业均有一种最低限度的智慧需要，但是他尤其特别警告我们：智慧在职业适应上并不是唯一的条件，它的响应是有限制的。② 关于这一点著者的结论是如此：关于测量人类才能的理论问题，上面讨论的结果使我们更加相信，普通智力测验对于决定职业适合与否的功用是大有限制的；并且告诉我们，佣工招雇问题最适当的解决办法是在特殊能力的详细综合研究。从许多理论与实验结果看来，普通智力测验在工人的科学分配上，功用是非常有限的。他可以用来铲除下愚，或保留上智去作一工厂中较适合的工作。他可以帮助选择经理，行政人员，专门技师与办事员。但是为选择大批细工业工人，许多技术书记人员等，普通智力测验就无济于事了。问题是要产生一套可以客观的测量每种工作所需要的许多特殊能力的综合。③ 所以著者对于情感，品格，兴趣—特别是职业兴趣特别注意，尤其是注意心理学所研究出来的特殊测量技术。

著者其次讨论，工作分析，工作分析的目标有四：(1) 为改良工作方法与步骤而分析；(2) 为维持康健与安全而分析；(3) 为训练工人而分析；(4) 为佣雇问题，如招收，调动，升级，与划一工资制度等而分析。④ 此处著者所讨论的自然是最后一种工作分析。他特别指出心理学的观点在工作分析中的重要。第一，普通的工作分析太忽视人事方面的需要或条件，工业心理学中的工作分析，特别注意人事方面的条件，要把一个工作所需要的心理条件，具体的，特殊的数量的叙述出来。第二，心理学在工作分析方面的贡献是方法的改良，如“评判量表法”，手艺的特殊分析法，行为的详细观察法，以及其他各种心理测验法。⑤ 著者所提到的工作分析的心理技术有个人心理图表法，问卷法，工作心理图表法，工作分析测验法，行为的工作分析法，时间与动作研究，技艺分析等⑥完形派或“格式道”的观点在工作分析上德人颇注意，著者能特别指出，⑦ 也是很难得的。

---

① 页 119

② 页 124

③ 页 133.

④ 页 143.

⑤ 页 145—7.

⑥ 页 147—164.

⑦ 页 164.

第十章讨论会谈，报名书，像片，品格分析法，如骨相，书法等，与佣工招雇的关系。这些都是不甚可靠的办法。唯一比较可靠的办法是心理测验法。著者在第十一与第十二两章中用五十九页的篇幅，研究标准心理测验的编造与施行。从这二章中，读者对于现代心理测验编造的步骤可以得到很明显的认识。一个编成的心理测验常人看去，好像是随意坐在安乐椅上单凭理想编造的，殊不知无论什么一个看着好像很简单的心理测验，都是要经过许多严格的步骤，花了许多时日与精力，才客观的科学的编造出来的。即拿工业心理测验来说，（1）要先决定编造测验的理由与根据，（2）要向工人说明研究的目标（3）要把所要测验的工作详加分析，（4）要决定职业成功的标准，（5）要选择被试验的工人，（6）第六才到选择测验材料与编造测验本身，（7），试验编就的测验可靠与否，然后（8）最后才可以应用他去测验工人。著者在第六个步骤中特别引用机械能力测验的编造为例证。读者或者感觉照这样严密谨慎的方法所编造出来的心理测验，一定比前一章所讨论的流行传统方法，如会谈，报名书，看像片，骨相，书法等，要客观科学得多了。本来心理学家所追求的只是比较的准确些，可靠些的估量人品的方法，因为他们自己早已知道流行的传统方法是比较的不准确，不可靠。设若一知半解或有偏见的人仍然说一切心理测验始终是不准确，不可靠，心理学家是相当的承认的。不过测验批评者每每只凭对于一个测验的外表所发生的主观印象而妄下判断，这种态度是不科学的。

在第十三与十四两章中，著者只用举例的方法讨论几种标准心理测验的编造，与在工人招雇方面的应用结果。这里他叙述他自己所作的研究最详尽。在技巧与半技巧工人方面（第十三章），除了制造业方面的职业测验，与德国钢铁业学徒测验等而外，著者特别叙述他个人在费城电气公司（Philedelp－hia Electric Co.）作人事研究主任时，所作关于电厂管理技工的测验编造与施用的结果。在第十四章中讨论交通业方面的测验时，他使读者觉得他在这方面工业心理技术的贡献实在是很重要的。我们知道应用心理学始祖孟斯特布在一九一二年受美国劳工立法学会的委托，第一人应用科学心理测验方法选择电车司机员，但是他的方法经后人的证明不甚可靠。本书著者Viteles于一九二〇年受 Milwaukee Electric Railway & light Co. 的委托，于是把孟氏测验法研究改良，成为这方面唯一著名的测验法，这个研究指出孟斯特布对于电车驾驶术主要因子的分析完全是不适当的。孟氏仅仅顾及驾驶时注意力的分析。著者的分析证明驾驶的安全不仅需要注意，并且需要对于迅速变换的刺激要能起选择的肌肉反应。① 欧洲大陆上对于这个问题的研究，他叙述得也很详尽。其余对于汽车驾驶员的选择测验法也叙述得很多。这二章所讨论的问题因为是著者的特长，所以也是全书最精彩的部分。下面第十五章讨论普通办事人员，如书记，打字员，速记员，计算员，经理，邮差，警察等职业选择法也能得其大要。

---

① 页 292.

照以上所讨论的内容看来，职业心理学的问题不外乎是决定工人选择的标准，分析工作，认定传统估量人品法的误谬与限制，尽量编造并应用标准心理测验来选择各种工人。从中国目前的情形看来，科学的工人选择法显然不甚需要，因为第一工人数量不多，第二中国照传统社会习惯，人事问题连法治都办不到，那还能以理治呢？不过在交通，航空以及下级职工人员等，似乎可以现在就当试用标准心理测验，作为其他录用法的辅助选择法。无论如何，将来走上工业化之后，这个问题总是会来的。

第三部是工业心理学本身，目的是要“使工作适应工人”，也就是“作最好的工”的心理学。前面已经说过，此处的心理问题是怎样使工厂中一切物质，经济，工具，材料，环境与人事的条件完全适合各个工人的身心发展，务使工业效率渐渐增加。前三章讨论工业中的安全问题，防止肇祸的心理技术，与交通事业中的肇祸问题。在工业发达的国家工业安全的问题一定是很严重的。所以美国在一九〇七年有所谓“安全运动”发生因为当时实业家特别注意钢铁业肇祸的严重。[①] 工业心理学家在这方面的研究结果，证实工人肇祸并不是有同样倾向的，个别差异的关系非常之大，一次肇祸的人有倾向继续肇祸。[②] 所以实际的问题是调查谁特别倾向于肇祸，这也得利用标准心理测验法。肇祸有内在的特殊因子，如年龄经验，身体健康，国籍；有外在的普通因子，如疲劳，工作速度，空气与光线。交通业中，肇祸问题特别严重，因为在公路与城市发达的国家，汽车的数目与速度都足以肇祸。关于这方面的研究，大家的注意点是驾驶员个人的研究，所以个案诊断法特别适宜。若想防止或减少汽车肇祸，足以酿成肇祸倾向的许多个人特殊性格必需详细测验调查出来著者关于男女汽车驾驶员肇祸的比较研究结果，说女子驾驶汽车比男子容易肇祸，是很足以引人注意的。

从中国的观点看，以上这三章所讨论的问题与技术，目前我们立刻就有注意并应用的必要。特别是近年来造公路的狂热酿成许多很严重的汽车肇祸，我们不能一面只顾造路驾车，而忽视驾驶员的科学选择与训练。在铁路方面，肇祸的例子也非常之多。有志于工业心理技术的应用的人们，这是很好很具体的一个实际问题，可以立刻下手研究或调查的。我们要先调查中国交通业方面肇祸的次数与原因，分析那些原因中有多少成份完全是心理的，或个人的，然后即应用心理技术来避防，或训练当事职工。

关于工业技术的学习与训练，应当根据实验学习心理学所研究的结果（第十九与二十章），那是毫无疑义的。若想真正增加工业效率，工业中各件技术的学习与传授，当有专人负责，不能委之于工头任凭他们去随意传授。这一层浅识短见的中国实业家似乎看不到，至于工业疲劳问题（第二十一，二十二章）在中国目前似乎不成问题。一切物质的，经济的最低限度的条件尚且不能满足那还能注意到疲劳的生理变化，肌肉，神经与心理疲劳的响应，疲劳感觉的响应，疲劳的测量；更谈不到减少工业时间，

---

① 页 328.

② 页 339.

增加休息次数，防避目力疲劳流通空气，节省精力，划定适宜的工作速度，与节奏，减少杂音等[①]这些似乎不关紧要的小节，中国人最善于忽略，殊不知大至于罢工，小至于劳资间的小冲突，每每因为这些细微的小事，使得少数人感觉不满意，因而鼓动全体闹风潮大罢工。实业家的眼光要放大些，为工人谋福利，最后的实惠还是双方的，除了疲劳问题而外，单调的机械工作（第二十三，二十四章）有时也是致乱之因，专门以为工人的动机只在工资，（第二十五章）那是完全错误的。工业心理学的研究结果告诉我们，仅有经济的报酬，工人的欲望还是不易满足的，他们时时还在那里寻觅非经济的，心理的，精神的报酬。人们工作的动机是非常复杂的。这种工作动机或态度的科学调查或测验是很重要的。无论现有知识如何缺乏，困难如何多，这些问题是很中心的，不可免的，显然是工业心理学的问题。工业心理学若不仅是管理技术而是一门社会科学，我们很值得进一步在这方面找些可能的问题来研究。当代最主要的人生问题是：现代工业在工人个人的满足与生活的安适方面有何意义。[②] 工业心理学的唯一任务是要谋这个切身问题的科学的圆满的解决。

本书最后二章是关于适应不良的工人（第二十六章）与管理的问题（第二十七章）。我们很少注意工人的情感生活，殊不知他们的情感适应不良，常常是他们职业适应不良的因子。欧美工业心理学家特别调查工人情感适应不良的病征，多寡，与个案。这些诊断研究指示我们工业效率受他们的响应非常之大。救济的办法有心理的与神经的治疗法。至于工业管理问题（第二十七章）有实业领袖人才的注意纪律的遵守，群众心理的养成，冲突的调和，新的开明的领袖人才的需要，这些本书都不过稍微提到而已。最后这工业领袖的问题我觉得在中国非常重要。目前的高等教育完全不是养成领袖人才的实际教育。实业领袖人才更不能从高等教育界产生这是很痛心的事，也是中国高等教育失败的一个表现。

统观全书，对于工业心理学的全体，应有尽有，每个问题的叙述都是从历史的观点去看，细密的小注可以证明著者对于此道造诣之深；具体的，数量的材料可以证明著者是个道地的实验主义者，不肯轻易以主观意见为科学材料，“以认识为知识”。我们还可知道著者是精通英国与欧洲大陆的贡献的，在心理学理论方面采用各家的观点，对于“格式道”派心理学在工业心理学的意义能特别注意，对于方法能兼有实验法，测验法，统计法，个案法，诊断法之长；对于交通业的问题能有独到的，个人贡献，这是本书的好处。如若有人觉得这本书太详尽，有百科全书或参考书之弊，叙述太繁琐，不易使初学了解，是本专家的专著而不是初学的教科书，那么请他去看这本书最近的缩小本“工作的科学”（The Science of Work）吧。

① 页 450—506.

② 页 585.

人之本性（书评）[1]

所谓“人之本性”，在中国思想中，即是“性善”，“性恶”之“性”的问题。但是，中国文字习惯，“性”字又当常“情”字联词，成为“性情”。近年来，作者常在考虑，在欧美现代心理学中，何人，何派，何书，讨论过中国“性情”二字之心理问题。再三考虑结果，作者觉得，客籍美国哈佛大学之英国已故心理学大家，麦独孤氏之心理学，最可称为中国“性情论”之心理学。此篇主旨即在标扬麦独孤心理学系统之核心贡献。

麦独孤“性情论”之心理学，发源于其一九〇八年出版之“社会心理学引论”。此书在五四运动之后，已译成中文，但今已绝版。一九三六年十月，麦氏在此书之二十三版中说：书局告诉他，此书自出版以来，共售去六万二千本。各国译本所售去的，还不算。麦氏自己承认：根据销行数量，这本书是他所写的书中之最好的一本，其内容是他对于心理学的最太贡献。

自这书出版后，所有社会科学均以他的理论为基础，其响应之大，激起了一九一九年左右“反本能运动”，因为“本能”一字是他这本书的中心思想。近年来，我重行翻阅此书，精细读之，觉得所有反本能中外学者，不是始终未读过原书，就是有意抹杀其精到处。麦氏有意不修改第一版原文，而在每次新版书后，陆续增加附录，以便明眼人自己判断。果然，“本能”之名，虽然已失效，但是此书之真谛，至今仍有名论不朽之概，此篇书评以“本性”代“本能”。或可免去误会。

为什么麦氏学生唯一最大的贡献，表面上美国一般心理学家不与拥护呢？我以为这与麦氏之性格，文笔，及国籍有关。麦氏“本性”是个尚理论的哲学心理学家，所以文笔亦是武断性的叙述，不合美国机械实验主义的学者脾味。但是近来我觉得，这位在美国成名的英籍心理学家，大有重行介绍给国人之必要。其本性论为其晚年所提倡的“目的主义”心理学之基础，更不能不先为介绍。这是我写这篇评述的第一个理由。

其次，近年来教学及推广心理学的经验，使得我感觉：麦氏本性论的心理学，实在是最切实际，最合乎常识的心理学。所以我在“工业心理学”演讲中，就把他陆续申引修正。直到一九四三年四月二日第八月十三日，为资源委员会，中央电工器材厂，开设“工业心理学习班”时始正式最后修订完成，作为该班“工业心理讲义”之基本原则。兹先叙述麦氏关于本性论之变迁，至于作者之修正系统概况，其详细讨论，以

---

① 本文刊载于《自由论坛》1938 年第 3 卷 1 期，部分文字根据周先庚在自己保存的原件上所做修订而改。——编者注

后陆续发表。这是我写这篇评述的第二个理由。

麦氏“社会心理学引论”一书，自一九〇八年出版以来，差不多每年再版一次；一九一三年，一九一六年，两年中，每年竟再版二次，其中仅一九二五年，九二七年，两年中未再版：一九三一年及一九三六年，最后出二十二版及二十三版。

因为许多学心理学的人，对于此书内容：尚未窥其全豹，所以此处不妨先介绍一下。此书原有十五章，一九一二年五版以后，此书陆续补充了八章。第一章绪论，讨论心理学为一切社会科学之基础；第二章到第九章为第一编，讨论人类社会生活之重要心理特征（即本能）；第十章至第十五章为第二编，讨论人类本性（即本能）在社会生活中之运用。在第一编中，麦氏以本能为所有人类活动之主动力：主要本能均有主要情绪与之平行：除本能而外，尚有同情，暗示，模仿等普遍的或非特殊的先天倾向：根据以上所讨论的各种本能及倾向，麦氏于是提出情操学说四；讨论其如何发展；自我意识之发展；道德情操之养成：以及意志性格与自我情操之关系。在第二编中，麦氏分别讨论生殖与父母本能，好胜本能，合群本能，宗教类本能，获得与创造本能；以及模仿，游戏，与习惯，一九一二年五版以后，陆续附录八章，补充讨论行动学说，性本能，副情绪，笑本能，本能辨证，性格结构，“浩密克”心理学，以及本能与情绪的修正等。

麦氏自己在一九一九年第十四版的序言中指出；他这本书的精到处，完全在第一编第二至九章。在这里，他对心理学说提出了许多独到的创见，他把“本能”与“本能的”这些概念，从心理与神经方面，叙述得比前人更清楚（第二章）。他主张；所有的情绪是本能的历程的情感部分。这个原则，他老早就提出过；他相信这个原则，对于情绪与行动的生活之了解，极有价值。根据这个原则，麦氏把情绪界说得比别人更严格，更狭义，他并且根据这个原则，来辨别那些比较重要的基本情绪（第三章），麦氏反对当时流行的议论，把模仿当作一种本能：他把暗示这个概念讨论得更精确了，并且指出了暗示性之基本条件。他采取了斯宾塞对于同情的议论，提出了一个唯一可能的学说，来解释情绪之同情的感应。他又提出了关于葛罗斯游戏学说的修正，同时对于竞争的冲突之特质与起源，也加以讨论（第四章）。

麦氏在第五章，提出了“情操”这个很新的概念，这个概念是全书建设与分析部分之基础。麦氏指出：这个概念与别人所提出的不同。在第一版的序言中，麦氏承认这个新概念是从商德得来。但是他说，商氏在其一九一四年所出版的“性格基础”中所详论的，与麦氏所讨论的大不相同。他误会了商氏早年简略讨论的意思，虽然他仍然承认商氏是提出这个新概念的第一人，但是为真理起见，他不能不指明：他所提出的“情操”这个概念，及其与情绪之关系，是与商氏的迥然不同，简直可以说是另外一个概念，麦氏坦白承认：他创造这个概念的胚胎，是施道达“心理学手册”中之“情绪”一章，在写“社会心理学引论”的时候，麦氏尚未熟悉弗洛伊得与扬格以及其他心理分析家的工作。麦氏很得意的发现：这一派学者，从心理病态学方面讨论心理问题，独立的创立了一个与麦氏差不多完全一致的概念。这就是在心理分析中现在最占地位的“情结”这个概念。这个概念虽然是由于神经病者，并且为神经病者而创立，麦氏指出，近人如哈特，在写心理病学时，特别声明“情结”这类东西并不仅是神经病者之心理结构的特征，哈特开始用他来表示当人的心理结构的特征，有如麦氏以“情操”这个名词来表示一样。麦氏提议，为心理学名词之全备起见，还是用“情结”来表示病态或变态的情操，而将“情操”一词当作广义的名词，来代表一切习得的意念，而受情绪意志的响应，这种响应，不论在常态或变态心理中都是重要的。

在第五章中，麦氏根据第二章所讨论的本能与情绪的关系，以及“情操”的概念，分析许多复杂的情绪，这些分析许多都是很新的。麦氏自己觉得，他这种利用比较心理的方法，所得到的这些复杂情绪的分析，远较内省法所得到的为优。

在第六，七，八，九各章中，麦氏应用情操学说，来解释情绪与冲动生活之组织，这种解释比任何其他的解释都比较具体。关于主动的或发展的同情之解释，读者应当特别注意，但是这几章中之主要贡献，还是在于创立了一个意志学说，和一种特别的看法，把性格之发展，当作是所有的情操之调和的组织。

以上是麦氏在一九一九十二月第十四版序言中，所特别指出的全书重要点。我们知道，反本能运动，就是在此年中由敦来浦提出的。国人郭任远先生反对最烈，其次就是行为主义创始者华特生。但是英人始终为麦氏辩护。其实照以上所述。“本能“一词不过是全书中之基础，有如化学书中之单纯元子。其重要点不在这种心理原子之是否存生，而在其是否可以解释一切心理行为现象。所以我们应当接受麦氏自己的估价，承认他对于情操的议论，性格的学说，乃是他此书之中心贡献。我们不能因为在日常生活中，很少遇到纯粹的“本能”而即不承认他的存在。犹如我们在日常生活中，决找不 单纯的化学原子。而即不承认化学原子之存在一样。我觉得我们设若采取化学原子论的观点，来研究麦氏的“本能论”或“性情论”的社会心理学，所有前人所不注意的精到处，我们就可以一目了然，而替麦氏一生最大贡献，来一个公允的评价。这是一方面。

另一方面，后人的着眼，都在遗传与环境，先天与后天，天生与习得，这些无穷的对比论上。但是麦氏在原书中，并未着重这种对比。我始终觉得，麦氏是真能看到社会心理之核心问题的人。在一九〇八年左右，心理学界大家都沉醉在翁德派所谓科学实验的生理心理学，课堂上的心理学与日常心理愈弄愈远，与与人生不发生关系。但是麦氏要为一切社会科学，奠定一个心理基础，所以他在第一章绪论中，明白指出，“心理学对所有社会科学最重要的部分，是人类行动之泉源的问题，维持心理的与躯体的活动，指导行为的虽那些冲动与动机的问题。”（页二）、“心理学家不能采取一种狭义的了解，以为心理学只是意识的科学；必须勇敢的承认，心理学是心理的积极的科学，包括各方面各形式的作用，或是行为的积极科学（见麦氏一九〇五年“生理心理学发凡”中心理学定义）。（页十三），“四面八方，我们听到人们说，静的，描写的，纯粹分析的心理学、一定要消沉，好让动的，机能的，意志的观点来研究人们的心。”（页十四），“社会心理学的基本问题，是社会如何将个人伦理道德化，因为个人在社会中非道德与纯粹自私的倾向：比博爱的倾向，强得多。”（页十六）。

总而言之，麦独孤“社会心理学引论”一书是纯粹心理学家为社会学所写的第一部心理学系统。这个系统，虽然后来麦氏自名之为“目的心理学”，或“目的主义”，又名为“浩密克心理学”，或“浩密主义”，但是其实即是等于中国“性情论”的心理学系统，原书除第二章至第四章，及第十章至第十四章，单独分别讨论他所提出的基本本能本身而外，其全书之精华，还只在第五章至第九章。“在这五章中，我（麦氏自称）用很普通的名词，来描写人之本性。如何决定情绪与动作之方向：人之本性，在社会环境中，如何渐渐愈演变愈复杂，但是他们的基本特性，还是始终不变：人类最高尚的道德意志，是以较低级的动物之心理动力演化而成的，不过人类性格与意志之复杂的表现，究竟发源于什么，那是不容易追溯的。

本书第一编讨论个人在社会生活中所必需的一些心理特值。这一编或者可以说不是社会心理学本身，但是他是所有社会心理学的必要基础。因为过去尚无此种系统，所以特此讨论之。读者应当承认，他是讨论社会心理学的基本问题。因为社会心理学之职责，即在如何解释；人类个别心理上的原始本性与能力，能产生社会中复杂的心理活动，同时这些活动如何在个人方面还能发展与运用。这个职责之主要部分，是要解释；人类如何会产生有组织的社会生活，需要多数人高尚道德性格与行为的表现；但人类究竟是从动物进化来的，他有许多事与动物相像，他的主要的活动泉源，是与高等动物一样的。

在第二编中，我（麦氏自称）简单指出：那些主要的本能与基本的倾向，在人类社会生活中，如何影响人们的心理；我的目的不过是要使读者明了，如要了解一部分或全体社会生活，首先我们非了解个人心理之机构不可。这一点虽然大家在原则上都承认，但是事实上常常被忽略（页十四——十六）。

现代心理学之进化史（书评）[①]

（评 Richard Mueller—Freienfels 著：The Evolution of Modern Psychology，1935，Yale University Press，Pp. 513）

这是一本德国人写的打字原稿，未曾付印，即被美国人翻译出来的现代心理学史的书。一九三八年我自美得到这本书之后，读之爱慕不置；因为他的观点正与我的看法相仿佛，就是说，现代心理学无论如何纷岐，他一定有他的线索可寻，一定有一个轮廓的架子，可以将各种学派，各种实验研究活动，各种应用的兴趣与社会意义，包括在内。我比喻现代心理学之发展，如同一捲电影片从导演与摄制，一至到放映给大众观看一样。（原文“心理学之电影观”系英文，见“美国心理学报”一九三一·五月·卷三十八，页二五四—二七五。译文“陈汉标译，心理学之观点”，见《教育杂志》二十四年·三月·二十五卷三期·页一四七—一五八）这本书的作者是用进化的观点来描述现代心理学之演变，态度极为公允，故特为国人介绍。

这书的原著者名叫 Richard Mueller—Freienfels 翻译者是美国纽约城的一个精神病医生 W. Beran Wolfe（一九三四）出版者是美国耶鲁大学印刷所。一九三五年初版，一九三六年二版。二版书的包皮纸上印着广告评语说：这是一部现代精神病学与心理学之最详尽的书。他讨论现代心理学之每一个学派，严格的批评每一个系统，并给以适当的评价，指出各学派各系统之共同点（设若他们有的话），和他们显而易见的不同之点。这书的著者是当代著名心理学家之一；他是威廉·詹姆士的学生，曾经著过很多的书，这本书或者就是代表他全生研究之综和。他是深刻的，而有时亦是很幽默的。他的彻底，他的博学，他的公允真令人吃惊，而感觉愉快，凡是愿意知道 Fung 与 T Freud 不同的，凡是想知道各国心理学之趋势的，连同心理学家本人，都可以在这本“现代心理学之进化史”里找到一个答案，和一种批评的观点。

译者的序言说：

我很荣幸，能把 R. Mueller—Freienfels 的‘现代心理学之进化史’一书介绍给英语学者。当耶鲁大学印刷所请我担任翻译的时候，我对这个艰巨工作很是怀疑，因为过去翻译德国心理学书的经验告诉我，要把德国心理学家的思想，感觉和情绪，说明给英语学者听，那是吃力不讨好的事。翻译德国心理学书，是极端困难的，因为有许多德国科学名词，每每无适当的翻译，译者只有用长句子来解释，不然就得冒险去创造新名词。在这两种办法之中，

① 本文刊载于北平《平明日报》1946 年 12 月 8 日第 3 版“读书界”周刊第 4 期。——编者注

我普通是采取后一种办法，究竟成功与否，读者可以自己加以判断。

此书之原稿，初看起来，并不足以引起译者的兴趣。‘现代心理学之进化史’之打字原稿，不单包括纯心理学的名词，并且包括许多生理学，医学，哲学，与知识论的名词，还有许多现代精神病学与心理分析的名词与概念，统统需要适当的译名。但是，我愈读原稿，我愈赏识著者广博的见解，愈敬佩他的博学，他广大的同情，他的特别深刻的直觉，当我读完他的原稿时，我觉得非把他翻译出来不可。

毫无学者的偏见，见解公允，为一切客观心理学家所不及；米氏讨论各家思想，权衡他们的贡献，不客气的指出他们的缺点，并且指出一个大心理学派如何演进成为另一个学派。

在实际应用精神病学来治疗病人的时候，和在演讲的时候，我常常被人问到：‘Freud，Jung 和 Adler 的学说，究竟有何区别？’我所读过的书中，没有比这本书更能清楚明晰的解答这个问题的了。米氏对于社会和民族心理学的各支之讨论，在此时（一九三四年）特别重要而有意义，因为每一个对于人性发生兴趣的学者，目前正在注意心理学之较大的社会和国家的意义。这些贡献虽然是很重要，但是米氏对于美国心理学者最大的贡献，还是他那崇高善意的批评。凡是读这本书的人（指美国人），必定会对现今大学里的心理学之黯淡无光彩，永远感觉不满意。

米氏这本书之出世，应当是个兴奋剂，而为大家增加新精神。

‘现代心理学之进化史’是米氏对于他的美国老师威廉·詹姆士的精神最有价值的纪念品。我翻译这本书，早已得尝所失，因为我能将这样丰富而有刺激性的书，贡献给英语读者。此外，假若我能使别的学者对于心理学采取更宽大的看法，或者恢复他们对于心理学的信心，那么这几个月勤苦的翻译，不仅是满足私人的快乐而已。

以上这些介绍的话，完全可以拿来对中国读书界说，因为中国所有的一点现代心理学，大部是美国的传统。这本书对于美国学者有益，对于中国学者更有益。

著者自己的前言说：“这本书努力讨论现代心理学之全部和他的邻近科学。虽是对于实验方法同等看待，我可并不以为这个方法是创立一个科学的心理学之唯一的方法。以下的讨论证明，从最早的时候起，实验的推进与理论的研究，互相响应，正是进步的原因。所有的实验都是先有理论的；所有的科学历史主要的是他们对某种问题的理论看法。所以我把现代心理学史当作心理学理论问题史来写，只有这种写法，才可以使我们对于最基本的研究工作得到直接的了解。专门注意实验室的琐碎的工作，我们很容易忘记了我们的最后目标。

“我的目的不仅是叙述事实，编造一个目录而已。我想把各种趋势间的关系弄清楚，因此可以对于现代心理研究之丰富的材料，做一个系统的叙述，现代心理学史是心理生活的概念的演变进化史。但是他也是研究范围极力扩张的历史。结果，现在我们知道，人生没有一件事不可以从现代心理学中得到新的了解。”

评齐泮林著《教育统计学》[①]

本书著者齐泮林博士，历任国立中山大学师范学院院长及贵阳国立贵阳师范学院院长，现任国立北京大学教育学系教授兼代主任，近承奉赠其近著“教育统计学”一本，详细翻阅后，觉得实在是最新最完备的一本教科书，特此略注数语，以资介绍。

著者“自序”得最明白：“本书系著者多年在大学教育系授教育统计学之讲稿，经多次之修正及改编而后成。因适应学生之兴趣及要求，除特别注重各方法之应用外，并对各种主要公式所根据之原理加以说明。关系公式之原理部份多列于各章之附注，以免本文之过于冗长。本书实为方法，应用及原理三者合而为一。只欲知教育统计法及其应用者，可忽略原理部份；若欲求进一步之深造者，则须注意各公式所根据之原理。”这种三者合一的办法甚为初学所欢迎，细看内容，也的确是做到了。

“自序”又接着说：“本书材料可供教育系学生三学期课程之用：第一学期材料包括第一章至第七章，第二学期材料包括第八章至第十一章，第三学期材料包括第十二章至第十四章。每章后均有习题，并列有答案，以便学生核对自己之工作结果。凡可以帮助计算的各种数表均备载书内，以利计算工作。”

统观目录所列，自第二章次数分配，到第七章相关系数，占一〇三页，这是初级统计学，也就是一般统计学书中的主要内容，限一学期教完，自然是很充实的。自第八章回归线和预测，到第十一章取样与可靠性，占八〇页，也是一学期的材料，因为内容较为繁难，所以篇幅也较少。第三学期仅六六页，讨论“其他相关法”，“分析及多重相关”，与“相关法在测验编制上的应用”，占篇幅最少。“本书的附录”有参考书，中英名词及符号对照表，“各不相同 N 及 T 应有的机误”，与“一——一〇〇〇的平方及平方根”四种，共占十八页。

照适用讲，此书内容，连研究院的学生都可以应用。统计学中的数学根据，其难度每为教者学者所言过其实。一般写统计学书的人，都是只教应用，而不教原理。偶有讲数理者，亦是假设学生或读者为数学低能儿，一步一步都叙述演算出来。像桑戴克早年所编的“心理测量纲要”，竟真是重复单调得可怕，其实用数学符号写成公式或方程式，一行可以代替他几页的数目字和叙述文字。教育和心理统计普通所犯的毛病，评者觉得，不是太繁杂，而是太幼稚可笑。这种幼稚可笑，在齐博士这本“教育统计学”中，是没有的。

治统计学的人必须有吹毛求疵，一丝不苟的精神。并且凡事皆须注意其全豹，然

---

① 本文刊载于《教育通讯》1947 年复刊 4 卷 7 期。——编者注

后分门别类，归类分析，这两种精神，齐先生在这本书中，算是表现出来了。例如皮尔生氏积差法相关系数的公式，据辛蒙士查考，有五十二种之多。齐先生讨论到时，特别在注脚下指出此事，并列出参考出处。这是叫学者举一反三的措施。（见原书页八十三。）据评者所知，国人所著教育统计学中，除去艾伟的高级统计学外，当推齐先生这本书为最佳了。这两本书性质略有不同。艾著近乎专著，主观嗜好很有表现。齐著是为学生而编的一本教科书，所以采取“方法，应用及原理三者合而为一”的编制法，在教在学的方面都很便利。不过此书恐系私人出版，由贵阳大中印刷所承印，其中夹带英文及所有数目字，错误非常之多。希望将来再版时，能够详细校对一遍才好。

《社会心理学》译序[①]

恢复和建立中国社会心理学，首先要解决的一个问题，就是要了解国外的发展情况，以便我们有所借鉴，少走弯路。其中，由于美国社会心理学在西方学术界的领先地位，对它的了解和批判是今天我们工作的一个重要方面。为此，我们翻译了美国普林泰克斯-霍尔（Prentice-Hall）公司一九七八年出版的《社会心理学》（Social Psyehology）一书。

《社会心理学》一书由美国三所著名州立大学的三位社会心理学家共同编著。哥伦比亚大学心理学系教授人 L. 弗里德曼（Jonathan. L. Freedman）任第一主笔。弗里德曼自六十年代中期活跃于美国学术界以来，一直享有较高的威望，他先后发表的几十种著作和论文，涉及到这个领域的许多研究主题，在态度、认知理论、不谐调理论、参与和差异等基本理论问题上都有过大量研究。因为这个原因，他可谓著者中唯一专搞社会心理学基本理论的人。转入七十年代后，他的主要注意力放到了人口拥挤问题上，并取得了很大成就，他的这方面研究不仅在美国学术界，就是在世界同行中也堪称首位。D. O. 西尔斯博士（David O. Sears）是加利福尼亚大学心理学和政治学教授。对于西尔斯来说，与其说他是社会心理学家，倒不如说是善于运用社会心理学方法的政治学家。他的文章和著作，无论在刚刚跻身于学术界的六十年代中晚期，还是在整个七十年代，大多以政治学理论研究为主要内容。二十年来，他主要接触了政治行为、政治社会化、政治人物估价、舆论及大选材料分析等题目。上一学年，他在加利福尼亚大学开五门课，其中四门是政治社会心理学课程。本书第三位作者是斯坦福大学心理学系副主任 J. M. 卡尔史密斯（J. Merrill Carlsmith）教授。他在六十年代崭露头角，并一直从事社会心理学基本理论的研究。在他为数不多的著作中，主要对依从、内疚等题目有较深探讨。近几年来，他主要从事统计方法、材料分析和多变量分析等社会心理学的技术性工作。

《社会心理学》一书是美国七十年代以来大学社会心理学专业应用最广的教材之一。它的英文版最早出版于一九七O年，然后又分别于一九七四、一九七八、一九八一年再版三次。本书是根据第三版译出的。我们之所以选择这样一本教材介绍到我国，首先是因为本书在美国同类著作中享有重要地位。作者们所在大学使用的教材在同专业中有领导作用，美国相当一部分学校多少年来就以此书作为教本。一些享有同样声誉的学校的专家也承认，本书是他们在教学中必备的参考书，甚至使用其中部分材料

---

① 《社会心理学》【美】J. L. 弗里德曼、D. O 西尔斯、J. . M. 卡尔史密斯合著，高地、高佳等合译，周先庚校，黑龙江人民出版社 1984 年 8 月第一版。——编者注

和章节。另外，作者也是学术界活跃的头面人物，他们较之上一代在各个方面都有新的思想和新的认识。所以，本书不仅代表三所大学，也反映了美国整个学术界水平。加之编写时有十几所大学的专家参加，更加强了它的代表性。

其次，本书在写作方法上，具有美国大多数教材的特点，对我们可有管中窥豹的作用。同时，它的结构很严谨、规范，具有较强的学术性；它的内容严肃，克服了不健康和只讲一家之言的美国式通病。这在著书立说成风、商业化无孔不入的美国实在是不可多得的。

再次，本书内容丰富、材料充实、涉猎广泛。为适应初学者的需要，它对这一学科的基本主题、一般研究方法和手段做了概观性介绍；为满足研究者的要求．它列举了数以百计的实验、图表、不同观点和其他一些背景材料。在一个题目下面，作者基本上注意到了观点与材料、理论与实验、历史与现实、结论与发展几个方面的统一。尤其可贵的是，在广泛涉及研究题目的前提下，作者对六十年代以来各类重大实验和观点均有所涉及，使本书显得十分丰满。它的这一特点多少年来一直受到美国及世界各国专家的推崇，这也是我们介绍它的主要原因。最后，本书在十年多的时间里能得以多次再版，也说明它的地位和影响，国外专家和国内同行在谈及此书时，都把这作为一条重要理由，因为这对美国著作不能不说是一种客观尺度。

当然，本书也有其固有的缺点，把它介绍进来也有不切合中国实际的一面。第一，社会心理学在中国消失了三十多年，我们不仅缺乏对该学科面上的知识，也缺少纵向了解，而本书对历史和理论派系也几乎没有介绍。第二，作者在大量介绍实验和观点时，往往给人以观点含糊、堆积材料的感觉，容易给初学者一种琢磨不定、似是而非的印象。第三，本书主要用于心理学系，在心理学和社会学两种方法中属于从心理学角度研究社会心理学的著作，这不仅和我们对该学科的认识有区别，也同我们分析问题、解决问题的角度不一致。

应当指出的是，一九八一年第四版在这些问题上做了一些修改，使本书进一步得到了完善。第四版把第三版第一章分为二章，以一整章的篇幅对流行的理论派系做了介绍，弥补了第三版的不足。在使用材料和介绍观点时，它在每个题目下也专门留出评论和分析各种观点的篇幅，用以帮助读者分析材料，得出结论。为适应社会心理学发展和实际运用的需要，新版还克服了仅从心理学角度研究问题的片面立场，注意加强了社会学的分析，并为此“在全书增加了更多的材料。”另外，第四版与这一版相比还有这样一些变化：首先，它增加了性别作用一章，以此概括社会、发展和个性心理学三个领域的研究，强调男女角色的社会作用和特点。其次，压缩了第三版篇幅过大的态度三章，但保留了态度研究中主要的精华和这一题目应有的重要地位。尽管如此，这些修改也只是技术性的，全书的内容和作用并没有根本变化。甚至在有些方面的修改是我们根本不能接受的，因此，人们认为第三版仍不失为一本好书。由于时间的关系，我们未能翻译最新版本，所以有必要在这里对新版做一个简单的介绍。

最后，我们还应当看到，无论是第三版还是第四版，本书都有着一些由作者的立场决定的根本性错误。为此，我们在不影响全书完整的情况下，删去了第十章第一节第五段后攻击中国的两段。他们在书中还使用了一些美国社会的政治概念，并给它们罩上了一层科学的外衣。更重要的是，由于作者的资产阶级立场，致使全书缺乏一种真正科学的进步思想的指导，没有而且也不可能把辩证唯物主义与历史唯物主义作为研究的方法论。该书存在着西方、特别是美国学术界普遍存在的一个弊端，即以实验主义为其哲学基础，不去总结、概括社会心理规律，甚至否认这种规律的客观存在；只是把人们的观点、理论和实验当作人们整理经验、解释客观、适应环境的手段和工具。因此，作者的观点和方法往往表现出一种实用主义和经验论的倾向。也正因为这样，即缺乏一种科学的方法论作指导，所以在分析问题、使用材料上常常陷入一种无法解脱的矛盾，观点和材料显得混杂零乱，使读者很难掌握其重点。因此，我们认为，读者在了解美国社会心理学的时候，必须首先要有这样的认识：第一，要实事求是，一切从中国的实际出发。我们承认美国该学科在世界的领先地位，但它并不是完美无缺的，更不能照抄照搬。社会心理学是一门社会应用科学，它必须从某一特定社会的实际出发，立足于研究，解决本国的问题。第二，要坚持以马列主义、毛泽东思想为指导，坚持科学的世界观和方法论，特别是坚持用辩证的方法、阶级分析的方法，透过现象抓住本质，批判地理解本书某些问题（例如关于利他主义，关于社会正义和平等，关于人的共同性等的论点）。总之，我们所需要的是马列主义、毛泽东思想指导的、具有中国特色的社会心理学，研究和了解外国的社会心理学，借鉴和吸取其有益的部分，目的也在于更快、更好地发展中国的社会心理学。因此，希望读者对本书采取科学的分析态度，不要照抄照搬他人的结论。

本书的翻译工作开始于一九八Ｏ年下半年。参加翻译工作的有高地（前言，第一、四、五、十、十二章）、高佳（第二、三、六、七、八、九、十五章）、陈科文（第十一、十二章）、杨津广（第十四章）、黄晓京（第十三、十五章）同志。全书校对工作由我负责。另外，主要译者协助校者通校了全书的内容，并承担了名词术语及译名的统一工作。

本书在翻译、校对过程中，曾得到许多国外专家、国内同行的热情支持和帮助。特别是北京心理学会一九八一年七月召开的社会心理学座谈会和首届全国学术座谈会，以及一九八二年四月中国社会心理学会成立大会，都对本书的翻译工作给予了积极的肯定和高度的评价；同时，我们还得到了张伯源、于非等同志的很多具体帮助，在此我们一并表示感谢！由于社会心理学研究中断几十年，加之我们移译西著经验不足，水平有限，错译和疏漏在所难免，诚望广大读者和学术界同仁不吝指教。

周先庚

一九八二年十一月于北京

《军事心理学》序言[①]

解放军出版社出版的这本《军事心理学》，是建国以来我所见到的国内第一本系统介绍军事心理学的著作，作者刘红松同志是人民解放军队伍中一位年轻的心理学工作者。为此，我愿为之作序，并对本书的出版表示祝贺。

《军事心理学》一书的出版，是军事科学界和心理学界学术上的一件大事。它对于心理学分支学科的发展建设，是一种可喜的尝试。在我们民族悠久的历史中，出现过许多著名的军事思想家，他们阐发的军事心理思想，内容十分丰富。古代可以追溯到春秋末期的《孙子兵法》，现代有以毛泽东为代表的老一代无产阶级革命家提出的军事思想。特别是后者，它为我们开展军事心理学的研究提供了重要的理论基础和实践基础，是我们建设有中国特色的军事心理学的指导性思想。可是，建国三十多年来，由于人所共知的原因，我国的军事心理学与心理学一样，并没有得到很好的发展。除有些零星的研究外，整个学科的建设一直处于停顿状态。出版《军事心理学》，将改变这种空白的局面。我相信，它至少能够引起人们对这一学科的注意，吸引更多的人来从事这方面的研究。

其次，本书出自年轻人之手，也许正是由于作者是年轻人，使得全书有一定的新意。新中国成立前，在毛泽东军事心理思想产生、发展的同时，我国心理学界也还有一批心理学家对军事心理学进行过一些研究，为这一学科的建设打下了基础，确立了它在我国学术界的学术地位。但它更多受到外国学术界的影响，理论研究和应用研究都不很完善，而且也多是为当时的政治所利用。作为这种研究的一个参加者，能在这门科学中断研究几十年之后，见到我们自己编写的军事心理学著作，感到十分高兴。与我们过去在这一领域所做的工作相比，本书的新意就在于它能够摆脱旧有的框框，着力于运用毛泽东军事心理思想指导军事心理学的研究，大胆使用了一些新的文献材料。运用国内外材料合情合理，评价历史上的研究基本符合实际。特别是全书的章节安排，也较符合现在军事学上的特点。可以说，作者做出上述努力是花费了一定心血的。

另外，全书在理论性与实用性的结合上也花了一定的功夫，注意突出了和平时期军事心理研究的特点。大量事实告诉我们，心理学在部队平时的教育、训练、管理和未来反侵略战争当中，都有非常重要的作用。随着现代科学技术在军事上日新月异的使用，尖端武器、现代战争要求军人平时一定要有严格的训练，要学习科学，掌握武

① 《军事心理学》刘红松著，解放军出版社1986年第一版。——编者注

器，奠定良好的心理基础。这些特点要求心理学不仅要注重军事心理理论研究，还要尽可能多地指出它实际运用的各个方面，指出运用它的方式方法。我认为，本书的内容基本上符合这种特点和趋势。

最近一个时期，陆续还有一些部队的同志到我这里，探讨学习、研究军事心理学的问题。可是当时，我们还没有一本系统讲授军事心理学的书，我也只是讲讲个人对这一学科的一般看法，讲讲几十年前我所做的一些实验。现在情况不同了，我建议有志学习军事心理学的同志，都读一读这本书。我也认为，它对军事心理学研究工作者也将大有裨益。

在这里，我也想提醒读者，在读这本书的时候，要注意这样的问题。目前我们出版的相当一部分学术著作都不列参考文献，这是一个通病。这本《军事心理学》也没有做这方面的工作，当然这可能是由于这方面文献材料太少的缘故。这就要求读者在读书时，通过人物、年代、数据等线索，留心书中作者使用的材料，以丰富自己对这门学科的知识，也便于继续深入学习或从事进一步的研究。另外，军事心理学是一门心理学与军事科学交叉形成的应用学科。它的这种性质注定它应该着眼于应用研究，至少是理论与实践研究并举。由于我们还没有深入开展起对军事心理学的研究，这方面的实验材料和实际例证还很缺乏，本书虽然注意了应用研究的各个方面，但实验研究还显得有些不足。读者应在有了些军事心理学的基础知识之后，多去做些应用方面的尝试，为军事心理学的发展做出进一步的贡献，推动这门学科的发展。

最后，我要提到，人民大学高佳同志对本书的评价提出了许多很好的建议。

一九八五年五月 于北京

《妇女心理学》代译序①

J·A·谢尔曼和F·L·登马克主编的《妇女心理学》，是美国妇女心理学研究中一本重要代表作。

七十年代初，美国心理学会妇女委员会倡议召开一次妇女心理问题的讨论会。并为此专门成立了由几位著名妇女心理学家组成的特别工作组。除本书几位作者被邀请参加外，两位主编当时都被推为特别工作组副主席。在这个特别工作组的领导下，经过几年认真的准备，一九七五年五月底、六月初，美国妇女心理学界召开了以妇女心理学研究的新方向为中心议题的讨论会。妇女心理学家们讨论到了性别观念、女性发展心理、妇女生理心理、妇女职业心理、妇女成就、权力及地位心理，以及对待妇女的各种态度等领域的问题。会议最后形成了将近二十篇研究报告，研究报告各以讨论会论文形式印发之后，在美国心理学、社会心理学及妇女心理学界引起了极大反响，得到很高评价。学术界舆论认为，这些不同专题的研究报告，基本上是全面系统的，可以认为代表并概括了美国妇女心理学的理论研究和经验研究的成就。鉴于学术界对这些研究报告评价很高，会后，美国心理学会妇女委员会提出，要对这批报告认真修改、充实材料、准备出版。于是，特别工作组组织研究报告的原作者对报告进行了修改，还组织了一批同行专家对这二十来篇报告进行了评价。特别工作组为这次修订和评价工作确定的目标，就是要全面、系统总结过去，特别是六十年代以来妇女心理学突飞猛进发展取得的各种成就，以指导未来的研究，特别是转入八十年代以后的妇女心理学研究。在美国妇女心理学界的共同努力下，修订、评价后的这批研究报告及评价意见，共形成五十多万字。一九七八年底，全部材料被分为妇女发展及生理心理和妇女社会心理两大部分、六编二十一章交纽约的心理学专业出版公司（PDI，Psychological. Dimensions，Inc，New York）正式出版。可以这样说，这本动员了几十位专家，历时近十年之久的大部头《妇女心理学》，代表了美国妇女心理学界的水平，是七十年代末期美国妇女心理学领域最重要的学术成果。

这本《妇女心理学》中译本的翻译出版，对于我国妇女心理学的研究和学科建设，也有着很重要的意义。在高地、高佳等同志合作翻译的《社会心理学》的译序中，我们曾提出，我国读者在了解国外材料时，“必须首先要有这样的认识：第一，要实事求是，一切从中国的实际出发。我们承认美国该学科在世界的领先地位。但它并不是完

① 《妇女心理学》【美】J·A·谢尔曼和F·L·登马克编著，高佳、高地译，中国妇女出版社，1987年1月第一版。——编者注

美无缺的，对它更不能照抄照搬。……第二，要坚持马克思主义的观点，坚持科学的世界观和方法论，特别是坚持用辩证的方法、阶级分析的方法，透过现象抓住本质”。其中，所谓一切从中国的实际出发，对于我们的学术研究来说，至少有两层意思。一层意思是要把已经介绍进来的外国的实验技术、统计材料和理论观点，与我国的实际情况结合起来，对它们实行改造，使之变为我们自己的东西，为我国的社会主义建设和科学事业服务。另一层意思，就是要求我们在选取要介绍的外国村料时，应严格遵循这一思想。我们不仅要防止盲目应用外国的东西，还要防止盲目介绍外国的东西，选取任何材料，都时时不要忘记从我国的实际出发。按照这种要求，我们认为选择这本《妇女心理学》翻译介绍到我国，是很有意义的。这一选题基本上符合我国妇女心理研究的状况、水平和发表要求。

首先，本书不象一般的教科书式的著作，它并不想强加给你一整套教条或结沦，而是告诉你有什么材料、有什么观点、搞过哪些实验、从事过哪些研究；同时它还告诉你怎样使用材料、如何评价各种观点以及现有各种实验及研究的是和非。这很象一册专业百科全书或研究手册，可以用作开展我国妇女心理学研究的参考文献和工具书。可以说，把这类书介绍到我国学术界，非但不会给我们的研究立下无形的条条框框，束缚我们自己学术的发展，影影响我们自己特长的发挥和特点的形成；相反，它肯定会成为我国妇女心理学方面的重要参考书，无论是妇女心理学的初学者，或是年资较深的研究者；也无论是专职妇女工作者，或只是对妇女心理问题感兴趣的外行人，都将从本书了解到对他们有益的理论、观点、实验和统计材料。

其次，既然我们不能简单地引进人家的一般结论，我们就要用更高的标准来选择那些对我们更为有利的材料。标准之一，就是不仅要考虑到目前介绍、普及妇女心理学的需要，还要考虑到发展这门学科的需要。《妇女心理学》概括了近十几年来美国妇女心理学发展、变化的历史和七十年代末期的水平，描述了美国妇女心理学由材料上升为观点、由一项研究引向另一项研究、由单一角度的考察妇女心理到综合考察的过程，这无疑对我们是很有帮助的。也就是说，它不仅反映了世界妇女心理学的先进水平，还反映出了达到这个水平的理论过程和实践过程。这种形式和内容的著作，在知识性上远远超出一般的教科书，在其方法论上也胜许多著述一筹。

建立和发展我国的妇女心理学，首先要解决的一个问题，就是要了解国外的情况，以便我们有所借鉴，少走弯路。其中，由于美国妇女心理学在西方学术界的领先地位，对它的了解和介绍是今天我们工作的一个重要方面。这本《妇女心理学》的翻译版，作为第一批介绍到我国的妇女心理学专著，无疑会有助于对国外情况的了解，促进我国妇女心理学的建设和发展。

当然，本书也有其固有的缺点，把它介绍进来也有不切合我国实际的一面。最明显的，“就是全书的语言习惯、写作风格和叙述问题的方式不很好理解，它给人的第一印象往往是含糊不清、层次混乱。第二，由于学科发展水平的关系，作者使用的材料、介绍的实验以及阐述的观点，使人们初读起来往往感到内容艰深。但我认为，只要读者记住，这是一本译著，并在读书时稍加耐心，文字的艰涩是不会妨碍我们学习和理解其基本内容的。另外，恐怕只有随着我国妇女心理学研究水平的提高，随着我们对书中讨论的问题认识的深化，我们才会对本书部分内容有更好的理解。也只有到那时，书中介绍的理论观点和实验材料，才会对我们有更大的用处。

前面已提到，本书英文版原文长达五十多万字。原书体例共分两大部分，六编，即第一部分妇女发展及生理心理，其中包括第一编总论（第一章）；第二编妇女发展（第二、三、四章）；第三编妇女及其身体（第五、六、七章）。第二部分妇女社会心理，其中包括第一编妇女与工作（第八、九、十、十一章）；第二编成就、地位与权力（第十二、十三、十四、十五、十六章）；第三编对妇女的各种态度（第十七、十八、十九章）。在这十九章当中，每编最后一章，即第四、七、十一、十六、十九共五章内容，又都是对各编内容的总结性评论。因此，全书基本内容共十四章。经译者与出版社方面协商，译者保留了书中最精彩的八章。此外，中译本还删去了原书的前言、出版者说明、主编写的全书介绍和放在全书最后的总结，以及全书的索引；由于篇幅的关系，编者加在各章之前的作者生平简介，翻译时做了删改，编者为各章写的提要及作者开列的参考文献，也删去未译。为了保证全书的完整，译者重新编排了各章顺序。全书翻译工作由中国人民大学社会学研究所高佳和中国社会科学院哲学研究所高地同志合作完成，高佳译第一、二、三、八章；高地译第四、五、六、七章。

在这里，我认为应当提到原书主编对我国妇女心理学发展的支持和帮助。一九八一年秋，当时担任美国心理学会领导职务的F·L·登马克教授随美国心理学家代表团访问我国，向我们赠送了这本书。几年来，我的同事和我一直认为这是一本很值得推荐的学术著作，一直希望把这本书介绍给我国更多的人，让它为我国妇女心理学研究发挥应有的作用。今天，本书有幸得以在中国妇女出版社出版，这对于妇女心理学这门科学来说是一件很值得庆幸的大好事。我愿为之作序，向学术界和读书界推荐《妇女心理学》一书。我相信，本书的翻译出版肯定会促进我国妇女心理学的建设和发展。

北京大学心理学系教授
中国心理学会顾问　　周先庚
中国社会心理学会顾问

一九八六年一月

八、五十年代心理学教学和改革

感　觉①

第一节　关于感觉的一般概念

什么叫做感觉

人能认识环境中的事物或现象，根本因为人具有感觉的能力。

春天，我们在花园散步。梨花正开，我们看见树上一片白色。枝头栖着一群小鸟，我们听到啼声。走到树旁，我们闻到阵阵香气。苹果结实的时候，我们吃苹果，觉得酸甜。无论什么时候，我们站在太阳光下，觉得温暖。秋冬两季，一阵西北风吹来，我们觉得寒冷。拿针的时候，不小心，针刺着手指，我们觉得疼痛。以上说的白色、啼声、香气、酸甜、温暖、寒冷、疼痛等等，就是我们通过眼、耳、鼻、舌、皮肤等感觉器官而获得的各种感觉。这些感觉都是反映外界事物的个别特性的。

感觉不仅反映外界事物的个别特性，而且反映我们身体器官的变化。我们乘飞机或海船，觉得头晕；跑多了路，腿部肌肉觉得酸痛；内部器官工作失调时觉得不舒服，觉得痛。这些感觉就是反映身体各部分的运动或内部器官的非常状态的。

简单地说，感觉就是物质世界作用于我们的感觉器官而发生的一种最简单的心理过程。

感觉是怎样发生的

能够引起感觉的客观物体叫做刺激物；刺激物影响感觉器官的作用叫做刺激。刺激物作用于感觉器官，神经组织中就产生了兴奋。兴奋沿着内导神经传达到大脑皮质，就发生了感觉。所以感觉过程就是刺激物刺激我们的感觉器官，引起神经组织的兴奋，并由内导神经把兴奋传达到大脑皮质感觉区域的过程。这个过程的整个解剖生理的机构，巴甫洛夫称它为分析器。第一分析器都是由三部分构成的：感觉器官、内导神经和大脑皮质的一定区域。如果分析器中的任何一部分损坏了，就不能发生跟它有关的感觉。例如眼球的网膜损坏了，或视觉神经被切断了，或大脑两半球皮质的视觉区域损坏了，我们就不能够辨别颜色和明暗。

① 本文是人民教育出版社 1953 年出版师范学校课本《心理学》第三章，由周先庚先生撰写。——编者注

感觉是知识的泉源

列宁说："除了通过感觉而外，我们不能知道物质的任何形式以及任何的运动形式。"毛主席也说："任何知识的来源，在于人的肉体感官对客观外界的感觉。"（《毛泽东选集》，第1卷，第287页）因此，我们可以说：感觉是一切知识的泉源。

感觉是知觉的基础。没有感觉就不可能有知觉；没有知觉，就不能形成表象并发生联想、记忆、思维等一系列复杂的心理过程。没有这些复杂的心理过程，就不可能认识事物，获得知识。毛主席说："只有感觉的材料十分丰富（不是零碎不全）和合于实际（不是错觉），才能根据这样的材料造出正确的概念和论理来。"（前书第289页）就是这个道理。

在成年人的生活中，很少有单纯的感觉，往往一有感觉，立刻成为知觉。例如我们注视一张桌子，不但看到它的颜色，而且立刻知道它是一张黑色的办公桌子，这就是从感觉过程立刻转变为知觉过程了。婴儿可能有纯粹的感觉；在特殊情形下，成人也可以有近似纯粹的感觉。例如我们在黑暗中伸出手来，碰到冰冷的一样东西，我们最初只有冷的感觉，不知道那究竟是什么东西，就是只感觉着，没有知觉着。

第二节 感觉的种类

感觉可以分为两大类。第一类感觉是反映外界事物或现象的个别特性的。这些感觉的器官位于身体的表面，或接近身体的表面。第二类感觉是反映身体各部分的运动或内部器官的非常状态的。这些感觉的器官位于体内组织里（如肌肉），或内部器官的表面（如在胃壁上，气管壁上）。

第一类感觉　第一类感觉有视觉、听觉、嗅觉、味觉和肤觉。

（一）视觉——波长三九〇到八〇〇毫微米（一毫微米等于百万分之一毫米）的电磁光波是视觉器官的刺激物。这范围以外的光波对人视觉器官不能发生刺激的作用。

我们所看见的一切都是有色的。只有完全透明的东西才是无色的，完全透明的东西是我们看不见的。因此，我们可以说，视觉就是色觉。

色可以分为两类：无彩色与有彩色。白色、黑色与一切灰色都是无彩色。其余的一切色，就是深浅不同的红、黄、绿、蓝等色，都是有彩色。各种色的感觉都是由长度不同的光波引起的。

（二）听觉——听觉器官的刺激物是声波。声波就是由声源向各方传播的空气的纵振动。

声波可分析为振动频率、振幅与波形三项特性。听觉与此相应，也有三方面：音调或音高，这是振动频率的反映；音响或音强，这是振幅的反映；音质或音色，这是波形的反映。

能引起我们听觉的是每秒振动频率在十六次到二万次范围以内的声波。每秒振动频率低于十六次或高于二万次的声波，就不是我们听觉器官所能感觉到的了。

就声音所引起的感觉的性质来说，声音可分为乐音和噪音两种。像歌唱声、乐器声、音叉声就是乐音；各种敲击声、破裂声、嘈杂声就是噪音。

（三）嗅觉——嗅觉器官是分布在鼻腔上部的嗅觉细胞。嗅觉器官的刺激物是和空气一同被吸入鼻腔的、有气味的物质微粒。

（四）味觉——味觉器官是舌上的味蕾。凡是能溶解于水中或唾液中的有味的物质都是味觉器官的刺激物。味觉分甜、酸、咸、苦四种。但是通常所谓味道，并不是单纯的味觉，而是味觉和嗅觉的联合。假如完全消除了嗅觉，茶、咖啡、金鸡纳霜等溶液的味道就完全相同了。

人的味蕾大部分布在舌尖、舌边和舌头表面的后部。上颚、扁桃腺上和喉头的后壁也有味蕾。舌头的各部分对四种味觉有不同的感受性，如甜的感受性在舌尖最强，舌后部最弱；苦的感受性与此相反，舌后部最强，舌尖最弱。

（五）肤觉——我们的皮肤、口粘膜和鼻粘膜能感觉四种不同的感觉，就是触觉、冷觉、温觉和痛觉。这些感觉的器官是皮肤中的内导神经纤维的各种末梢器官。我们的皮肤上有某些点只能感受触觉（触点），有某些点只能感受冷觉（冷点），有某些点只能感受温觉（温点），有某些点只能感受痛觉（痛点）。

简单的实验可以证明这四种点的存在。可以用一根猪鬃来试验触点，用铅笔尖来试验冷点，用一根烧热了的铁丝来试验温点，用一根针来试验痛点。在胳膊上划出约一平方厘米的方块，分成一百小方块，然后依次在每一小方块内用以上四种东西轻轻地触一下，我们就可以觉察某些点只引起触觉，某些点只引起冷觉，某些点只引起温觉，某些点只引起痛觉。

第二类感觉　第二类感觉有运动觉、平衡觉和机体觉。

（一）运动觉——运动觉的器官分布在肌肉内、筋腱内和关节的表面上。这些感觉传递关于肌肉收缩的程度和我们四肢位置的信号。

我们伸手去摸一样东西，肤觉能把我们身体接触到东西的事实和跟它接触的部位（手）反映给大脑皮质。但是要认识那是什么性质的东西，往往要靠运动觉。运动觉使我们摸到那件东西，并且感觉到它的性质是软的还是硬的，是粗糙的还是光滑的。肤觉和运动觉联合起来，我们才能感觉到所接触的对象的特性。

（二）平衡觉——平衡觉的器官藏在耳里，传递关于头部运动与位置的信号。

平衡觉是非常重要的。我们判断自己身体的位置，完全依靠平衡觉。飞行员就是依靠平衡觉来断定自己飞机的位置的。所以要确定一个人是否适合于航空工作，必须检查他的平衡感觉器官的感受性。

（三）机体觉——机体觉的器官多半位于内部器官，如食道、胃、肠、血管、肺等的内壁。我们在饥、渴、饱、作呕及内部器官失调时所有的感觉，都属于机体觉。机体觉传递关于内部器官工作失调或受到损伤的信号。身体十分健康、内部器官工作正常的时候，我们几乎感觉不到任何机体觉。

第三节 感受性和阈限

绝对感受性和感觉的绝对阈限

每一种感觉器官只能对一定的刺激物起反应。如视觉器官只能感受光波，听觉器官只能感受声波。对某一感觉器官能起作用的刺激物，叫做适当的刺激物。但适当的刺激物还必须达到一定的刺激量或具有一定的强度，才能引起感觉。如空气中不断有微尘落在我们的皮肤上，但是我们感觉不到；我们戴的手表一天到晚发出微细的滴搭声，但是我们听不到。灰尘要多到一定的份量，手表要凑近耳朵到一定的距离，我们才能感觉到。这种能感觉到最微弱的刺激的能力，叫做绝对感受性。那引起仅能觉察的感觉的最小刺激量叫做感觉的绝对阈限。刺激量如果低于绝对阈限，就引不起感觉。

感觉的绝对阈限愈小，对刺激的绝对感受性就愈大。如我能在我的手腕上一平方毫米的地方感觉到三克重的东西的微弱压力，你在同样的地方须放上六克重的东西才能感觉到压力，你的触觉的绝对阈限就比我大一倍；也就是说，你的触觉的绝对感受性比我小二分之一。所以绝对感受性是与感觉的绝对阈限成反比例的。

皮肤各部分对触、冷、温、痛四种感觉的绝对感受性各不相同。触觉的绝对感受性最大的部分多半在舌尖上、指尖上；脊背上就很小。对于疼痛，背、颊的皮肤最敏感，指尖与手掌的皮肤最不敏感；也就是与外界接触最多的部分的皮肤最少痛的感觉。对于温觉和冷觉，最敏感的部分是腰部、腹部和胸部的皮肤。

人类感觉器官的绝对感受性是非常大的。苏联物理学家瓦维洛夫曾经用实验证明，如果大气完全透明，我们能看到距离一公里远的一支烛光的千分之一的光源。这样微弱的光是任何物理仪器不能觉察的。人类嗅觉的绝对感受性也非常大，任何化学分析法所不能发现的存在于空气中的物质，人类的嗅觉却能感觉到。例如在一升空气中，只要有一万万分之一毫克的人造麝香，我们就感觉到。

差别感受性和感觉的差别阈限

两个性质相同但是强度不同的刺激物，作用于我们的感觉器官，有时我们能分辨出它们的差别，有时不能分辨。这要看两个刺激物强度有多少差别，这要看强度差别与第一个刺激物的绝对强度的比率如何。例如我们先看一百支烛光的光亮，然后增加一支烛光的光亮，我们感觉光亮比以前增加了。如果先看二百支烛光的光亮，然后加一支烛光的光亮，我们就不觉得比以前亮；必须再增加一支烛光，就是两支烛光，也就是增加到相当于原光亮的百分之一，我们才感觉到前后光亮的差别。由此可见，要引起差别的感觉，那两刺激物之间的强度差别必须与第一个刺激物的绝对强度成一定的比例。这个比例在各类感觉中是不同的。

这种能感觉到刺激与刺激之间最微弱的差异的能力，叫做差别感受性。那引起仅能觉察到的差别的刺激物之间的最小差别，叫做差别阈限。

各种感觉的差别阈限各不相同。例如我们把一百克的重量放在手上，然后加上一克，谁都不能觉察有差别；加上三克到四克，我们就觉察出差别来。这就是说，对于一百克的重量，我们的差别阈限是三克或四克。

视觉的差别阈限大约是百分之一，就是说，一百支烛光的光度，必须再加上一支烛光，才能使人感觉光度的增加。听觉的差别阈限大约是十分之一，就是说，一百人的合唱团，至少要增加十个歌手，才能使人感觉音量的增加。

第四节　感受性的变化

无论绝对感觉性或差别感受性，它的大小量都不是一成不变的，而是随着不同的条件变化的。感受性变化的主要原因有三：第一，刺激物对感觉器官所发生的影响——适应作用；第二，同时的或先前的其他刺激物所引起的感觉的影响——感觉的相互作用；第三，生活的需要对感觉的影响。

适应

感觉器官如果长时间内受着足够强烈的刺激，它对这种刺激物的感觉性就逐渐变小。反之，如果刺激很微弱，感受性就慢慢地增大。这种由于刺激物作用于感觉器官而引起的感受性的变化，叫做适应。

各种感觉中，触觉、温觉、嗅觉和视觉的适应性很强大，听觉和痛觉的适应性很微小。

关于触觉的适应，如冬天我们穿着很多衣服，并不感觉衣服的压力，这由于衣服的重量继续压着我们的皮肤，使触觉的感觉性很快地变小了。实验证明：对于压力的感觉，三秒钟后，就比刚接触时减少到五分之一。

我们对于温觉的适应是非常强烈的。我们下河洗澡，刚下去的一刹那觉得很冷，几分钟后就不觉得怎么冷了。我们又可以用实验来证明：一支手放在热水里，另一支手放在冷水里，过一会见两双手同时放在温水里，那么，早先放在热水里的一双手会觉得冷，早先放在冷水里的另一双手会觉得热。

古语说："入芝兰之室，久而不闻其香；入鲍鱼之肆，久而不闻其臭。"这句话充分说明了嗅觉的适应力。我们经常有这样的经验：刚走进一间空气不流通的屋子，觉得气味很不好，停留一会儿之后，就不再觉得这种气味了。

视觉的适应具有特别重要的意义。谁都有这样的经验：从光亮处走进一间黑暗的屋子，最初一刹那什么都看不见，过了四五分钟，就可以辨别哪是桌子、哪是茶几了。相反地，从黑暗处走进光线强烈的屋子，强烈的光线最初使我们发眩，几乎睁不开眼，过了四五分钟，就习惯于这种强烈的光线了。

对于平衡觉，我们也有很好的适应力，虽然不如视觉和嗅觉。例如不惯乘火车或飞机的人，第一次头晕得很，坐过几次之后，就慢慢地习惯而不再头晕了。

对于听觉和痛觉，我们也不是完全没有适应力；只是很慢、很小，小得几乎觉察不出来。例如剧烈的响声延续几分钟，我们依然觉得它很响；身上某处疼痛，延续若干时间之后，痛并不觉得减轻。

感觉的相互作用

我们对一种刺激物的感受性，常受同时的其他感觉或先前的感觉的影响而提高或降低，这些影响所起的作用，叫做感觉的相互作用。感觉的相互作用的最明显的表现是感觉的对比。感觉的对比可分为两类：

（一）同时的对比——同时的刺激物的强度不同，可以引起相反的作用。例如在黑暗中，这处先有一个微弱的灯光，接着又出现一个微弱的灯光，我们就可以很清楚地看见；如果远处先有一个强烈的光源，又出现一个微弱的灯光，我们就难以看见了。从前曹操有"月明星稀"的诗句，在月光明亮的夜里，我们的确觉得天空的星稀少。其实星并非真地稀了，只因月光太亮，使我们看不到微弱的星光，我们就觉得星稀少了。这些都是感觉相互作用的例子。我们可以把这种关系归纳成一条简单的规律：一种微弱的刺激物增加对同时起作用的其他刺激物的感受性；一种强烈的刺激物减少对同时起作用的其他刺激物的感受性。

（二）先后的对比——例如吃了一块糖再吃苹果，就觉得苹果是酸的，如果先吃苹果，就觉得苹果是甜的。由于对比的关系，加强了邻接的或彼此连续的感觉之间的差异。这在知觉的过程中是有巨大意义的。

生活的需要对感觉的影响

人的感觉器官所具有的感受性是有高度发展的可能的。但是实际上我们很少把各种感觉器官的感受性发展到最高限度。只有从事某种专门事业的人，由于生活的需要，从小就使某种感觉器官受到锻炼，他的那种感觉器官才得到高度的发展。还有某些感觉器官残废了的人，由于生活的需要，往往可以使他的其他器官发展起来，代替那损坏了的器官的作用。所以生活的需要可以促进感觉器官的发展。

我们先来看听觉。由于生活的需要，我们的听觉有了很大的发展。我们在祖国的土地上生长，一天也不能离开祖国的语言，因此，我们能辨别我们语言中的各种声音。但是对外国语言中的声音，我们辨别能力就差得远了。如汉语的四声（平、上、去、入），我们是很容易分辨的，一般外国人就不能分辨；我们开始学俄语的时候，对俄语的软子音和硬子音（Men 和 menb 或 mon 和 monb），总不容易辨别清楚。

由于职业的需要，我们的听觉可以发展到一般人所不能达到的程度。如音乐家能细密地分辨出音阶之间的比例，一般人就不能。据说有一次，一位名提琴家独奏名曲，听众听得出了神，奏罢，大家鼓掌叫绝；只有一位白发的老音乐家走上前，握着那名提琴家的手，对他说："你奏得很好，但是中间有一个音，你奏错了！"为什么只有那位老音乐家能辨出错误来，别人不能呢？那就是由于兴趣和职业的需要，听觉器官得到高度的发展的缘故。

一个有经验的航空员可以依据发动机发出的声音来判断飞机航行的情况和发动机的工作情形。这在一般人是完全不可能的。

由于生活的需要，盲人的听觉有特殊的发展。他们能依据别人的脚步声断定一间屋子的容积，还能知道这个屋子是空的还是放有家具的，他们甚至能根据树叶的响声辨别树木的种类。他们由于生活的需要，能把听觉发展到代替视觉一部分作用的程度。

我们的视觉器官有高度的发展，但是与它的潜在可能性比较起来，还差得很远。视觉和听觉相同，也由于特殊职业的需要，能得到充分的发展。如某些专门研究黑色纺织品的工业技术人员能分辨出四十多种不同黑色的色度，一般人不过能分辨出两三种。

我们的触觉也能由于生活的需要而锻炼得很精细。如一个有经验的面粉工人可以凭触觉正确地判断面粉的品质，甚至可以辨出面粉是用什么地方出产的小麦磨成的。有一个包装卷烟的女工，能一手抓起一把烟，数目刚好是二十枝。由于有高度发展的触觉，她的包装工作的速度比别人高得多。

我们的生活不太依赖嗅觉，所以我们的嗅觉就停滞在不发展的状态。可是我们嗅觉的发展可能性是很大的。例如一个又聋又盲的人，早年就失去听和看的能力，只好凭嗅觉来辨别东西，他就能凭嗅觉来认识人，根据嗅觉他就知道屋子里有什么人。走路时，他也凭嗅觉来决定方向。由于生活的需要，他的嗅觉发展到相当可观的程度了。

由于职业上的训练，人的嗅觉也能特别发展。如有的茶叶工人能凭嗅觉来断定茶叶的品质。

由此可见，只要感觉器官是健全的、正常的，它的感受性是可以大大发展的；只要勤于练习，就能在不太长的时间内收到很大的效果。

第五节 儿童感觉的发展和培养

儿童的感觉的发展

在第一类感觉中，肤觉出现最早。婴儿一生下来，由于室内的温度低于母体内的温度而浑身发抖，这表现出他有对温度的感觉。新生婴儿也有触觉，物件碰着他的唇部，能引起他的吮吸的运动。

味觉和嗅觉在出生时就发展相当高的程度。初生的婴儿能够分辨清水和糖水。吃惯了母乳的婴儿，拿牛乳来喂他，他闻到牛乳的气味会转过头去，拒绝吮吸；在乳头上涂上别的东西，他立刻会把乳头吐出来。但对于与食物无关的嗅觉，在婴儿时期并不发展，就是到四五岁时，还是发展得很慢。

刚出生的婴儿，由于耳里还有羊水，对声音不起反应。一星期后，羊水干了，婴儿开始对声音起反应，也就是开始有听觉。两个月后，婴儿的头开始能追随声音的方向转动。三四个月后，婴儿能分辨乐音和噪音，听见乐音就表现出满意的神情，听见强烈的噪音就啼哭起来。婴儿最初只对语言的声调起反应，母亲的爱抚声能催他入睡，母亲的恼怒声能引起他的啼哭。其后，婴儿才感觉到语言的音韵而开始摹仿。从此，婴儿对语言的听觉才逐渐发展起来。

婴儿的视觉发展得最慢。最初只能感觉光亮看不见物体，他不能注视物体，这由于他还不能管制自己的眼睛的运动。两个月后，婴儿的眼睛才能随着一件物体移动，这表示他已能管制自己的眼睛的运动。对颜色的辨别能力，要五个月以后才有。在各种颜色中，婴儿最喜欢红色。

婴儿开始辨别物体和人脸，大约不会早于第三个月。从这时起，空间知觉和物体的开关、大小、远近的知觉就经历漫长的途径而逐渐发展。

新生婴儿已有机体觉，这可以由饥饿引起婴儿的啼哭来证明。

各种感觉的绝对感受性，在儿童生活的前几年中已达到相当高的程度。差别感受性就不同了。学前期儿童的差别感受性与成人相比，是无可比拟地低下，进了学校之后才显著地逐渐提高。这充分说明我们的感觉器官的发展是可以用教育的方式来促进的。

儿童感觉的培养

上面已经提到，我们的感觉器官还有很大的潜在可能性，没有得到充分的发展；又提到学龄儿童的差别感受性比学前期儿童高得多。从这里我们可以得出结论：人的感觉器官是可以由教育而得到发展的。因此，怎样培养儿童的感觉，使感觉能够得到充分的发展，是教师应当注意的一个问题。

不同的学科可以发展不同的感觉。如艺术能发展儿童的视觉，音乐能发展儿童的听觉，手工雕塑能发展儿童的触觉；文学、诗歌、戏曲能提高儿童对语言的听觉；体育能发展儿童的肌肉运动觉。利用各科教学来发展儿童的感觉，也是教师的重要任务之一。

复习题

一、什么叫做感觉？感觉是怎样发生的？

二、为什么说感觉是知识的泉源？

三、感觉可分几类？列举出来，并加以说明。

四、什么叫做绝对感觉性和绝对阈限？什么叫做差别感受性和差别阈限？

五、感觉性发生变化的主要原因有哪几种？

六、举例说明触觉、温觉、嗅觉和视觉的适应。

七、什么叫做感觉的相互作用？举例说明。

八、生活的需要对感觉有什么样的影响？

九、试述儿童各种感觉的发展。

一〇、我们应当怎样培养儿童的感觉？

彼特鲁舍夫斯基专家讲座心理学学习心得与问题

第一篇　科学心理学的哲学基础

学习心得与体会①

最近又把专家讲义从头仔细精读一遍，以便为教研室做总结。兹为别人阅读并摘录方便起见，特按每章逐节逐条札记。我的感想如下②。至于个人意见，有待发挥成论文之处，亦一一指出，以为将来开理论课之准备。

先谈我的总的印象：

专家对于马列主义经典著作，甚为熟悉，随时随地，旁征博引经典作家们的名言，加以发挥，而来证实辩证唯物主义在心理学问题上的争论所作的裁决。例如，“主观世界”、“意识”、“心理”三概念，他把它们差不多视为一体，这是根据列宁把“辩证法”、“逻辑”与“认识论”视为“同一个对象”基础上的同一个东西的类比看法的（174 页）。虽然，我还不太了解此中的奥妙，但是我已深刻体会到，当马、恩、列、斯，经典作家们在写作时，他们需要用不同的名词，去叙述以“同一对象为基础的同一个东西”——因为立场、观点、方法不同了。我们只要从辩证法的角度，了解了逻辑与认识论，那么，三者即可以统而为一了。专家竟敢大胆地仿效列宁，而来从“主观世界”的角度，暗射说：马列经典作家们所意味着的就是“意识”，就是“心理”。这一个重要的启发，对于我实在是一个极大的帮助。我总是在怀疑，为什么马列经典作家们，马、恩、列、斯、毛，没有一个提到“心理”或“心理学”很多，简直是很少提到。心理学在十九世纪中叶，不是已从生理学中，从哲学中独立出来了吗？这是一定受到欧洲当时政治的响应的③。除了列宁论马列主义的事实而外，马列主义经典作家们，一直到毛泽东，不赞成也不反对现代资产阶级所谓的“实验心理学”。这是好像犯不着提起似的。最初，我以为马列经典作家们是不注意“心理学”的，马列主义就是心理学，辩证唯物论就是心理学，共产党、青年团、少先队的工作，就是思想改造，“应用的”、“实验的”、“社会的”心理学。我们的学院式的“心理学”是没有存在的价值的。现在我从专家试图辩证：马、恩、列、斯、毛所谓的“意识”，与“主观世界”，就是专家所谓的，也即列宁所谓的“科学的心理学”所应当承认的“同一对象基础上

---

① 此文为周先庚先生“心理学学习心得与体会”系列文章的第一篇，写于 1954 年 6 月 20 日。——编者注

② 分期分章节写出，陆续交卷。1954 年 6 月 23 号以前，只能写总的印象。

③ 这是心理学史的问题，有待详细讨论。

的同一个东西”。我从这个辩证法中得到了暗示，学院式的“实验心理学”既似是真正的“科学的心理学”，那么，也犯不着去反对它，因为“实验心理学”在当时（十九世纪后半纪）或者还有一些进步作用。

这有什么证明呢？专家在开宗明义，第一节，讲“心理学的一般任务”时，即将“实验心理学”、“集体心理学”、“教育心理学”列为心理学的三项任务。但是后来不只一次地总是提起“实验心理学从一开始即陷入方法论的绝境”。（例如，第六章第二节论“脑与心理”时，138 至 151 页）。不过最后第四节论到“个人意识倾向”时，专家反而说：“必须在一个人的生活的整个时期内，来仔细地注意他的健康状况，注意他的高级神经活动方面的一切多多少少巨大的改变，注意他的高级神经活动类型、思维类型的形成，注意他的这些或那些‘素质’的发展或压抑，等等。”这主要地是实验心理学的范畴”（259 页）[①]。这个含义与第一节“实验心理学”作为“心理过程”部分的说法不一致，而反与同处的“教育心理学”的含义一致了。

鲍麟“实验心理史”出版时（1929）[②]，我与他通信，反对他把“实验心理学”一名词，局限于“普通、正常、成人、人类心理”方面。后来我在一书评内（清华学报，1932 年 6 月，七卷，37～40 页）指出，“实验心理学”照其发展史实看，早已广义到各特殊分野，如变态、儿童、动物方面去了。照专家的第一节的意思，“实验心理学”是指的传统的狭义的，翁德、铁企纳、鲍麟的“心理过程”的；但照专家第六章第四节论“个人意识倾向”时所指的意义，则正是我一向所主张的广义的意义。

我从专家的演讲中所得到的暗示，使我得到两个结论：（1）马、恩、列、斯、毛之所以不常用“心理”与“心理学”一词，因为在当时学院式的“实验心理学”（狭义的、广义的）都不足以包括实际社会发展史中的“意识”，与“主观世界”的问题。而“实验心理学”在当时反对唯心主义方面，坚持了“客观主义”，“事实主义”，自然也有它的进步性。但是这个进步性只是局限于学院之内，并未丝毫影响到“科学的社会主义”。或者，甚至于“实验心理学”的“实验”精神，还是受到马列主义、辩证唯物主义，以及科学的社会主义的影响，也未可知。假设果然如此，那就是当时费企纳、翁德这班人的两面手法而已，平行论的表现而已：一面把实验的对象极端形而上学化，为实验而实验，为搜集事实而搜集事实，为唯心哲学观点找实验的、客观主义的证据，而实验而客观化，而另一面，即仍然大著其神秘主义（费）与“民族心理”（翁）的大著。“心理”而能“实验”，而能根据事实，当时唯物论自然欢迎这种新精神，但是还是近乎机械的、庸俗的形而上学的。所以辩证唯物论作家们直到毛泽东，无时间，也犯不着去与它斗争。最坏也不过是形式主义，黄铜仪器充满实验室，变化几个钱而已。

① 重点是我加的。

② 鲍麟在序言中说：“假设心理学半以人格为背景，那么，人格又以什么做背景呢？我相信我很慎重，不遽作这种推论；但是这个问题，我从未能挥之使去。”高觉敷译本第四页。鲍麟不敢明确主张唯物论问题！

在当时，翁德这班人能花他资产阶级一大笔钱，来唯物地、实验化“心理过程”，暂时变化机械不机械[1]，庸俗不庸俗，形而上不形而上，也不太要紧。至少他是把主观唯心主义的、柏克来派的心理学打倒了吧！（2）但是在现在，在苏联已建立了辩证唯物主义心理学快二十五年的时候，“科学的心理学”应当代替“实验心理学”了。生理学已经巴夫洛夫化了，心理学的对象一天一天地缩小了，特殊化了。心理的物质运动的主要形式早已由生物的，进到社会的了；生物的，化学的，物理的，机械的次要运动形式，早已不是心理的特殊的运动形式了。心理学不能还原为生理学（143 页、149 页）。所以我们专家大胆地说，心理即是意识，即是主观世界。心理学的对象，我以为专家即是要我们以“意识”，以“主观世界”为限。让动物学，比较生理学，儿童保育学等去独立发展吧。我们退守“意识”，退守“主观世界”吧。（参看讲义 149 页末段引恩格斯语。）

我的第一个总的印象就是如此。

其次，专家对于心理学的定义，说是研究人的（讲义 46 页）。费尔巴哈主张心理学是一种纯粹自然科学（37 页），专家在演讲中声明（讲义中没有）：“我现在并不批评。这个问题大家还可争论。以后总结时，即可下结论。现在可想你所要想的。以为是社会科学的人，也不要高兴。”（笔记，29 页）。在第六章第一节“人的心理的源泉和内容”末尾（136～137 页），专家引马克思一大段话：“……并不是人们的意识决定人们的存在，恰巧相反，正是人们的社会存在决定人们的意识。……”（《联共（布）党史》，简本，145 页）。在演讲时，专家特别指出：“哪一个愿意争论心理学是社会科学还是自然科学，哪一个就应当考虑这一段天才的表述。”（笔记，75 页）。这段所引的马克思的话，可能即是上面所说“以后总结时，即可下结论。”专家希望我们把心理学认为是自然与社会统一的科学，而不是“中间的科学”，更不是“思维的科学”。我这个推测有什么根据呢？

专家在第二十九讲（1954 年 4 月 15 日）末解答另一问题，非课堂里的人，而是别人提出的。人民大学哲学专家有一次惊惶地找他问道：“你是否在心理学班上讲过，科学可以分为自然、社会、思维的科学？我在莫斯科听你演讲，不是这样说的，是不是到中国来，环境使你改变了主张了呢？”专家回答说：“我不论公开在课堂上，或者和人在秘密谈话里，都未曾这样说过。”专家于是辩解说：全部自然有五种运动形态：机械的、物理的、化学的、生物的、社会的。专家于是图解如下：

① 专家在课堂讨论计划中，第二次讨论的主要问题内，称“……实验（机械）心理学与内省心理学”。实验而（机械）这种心理学似又不是。

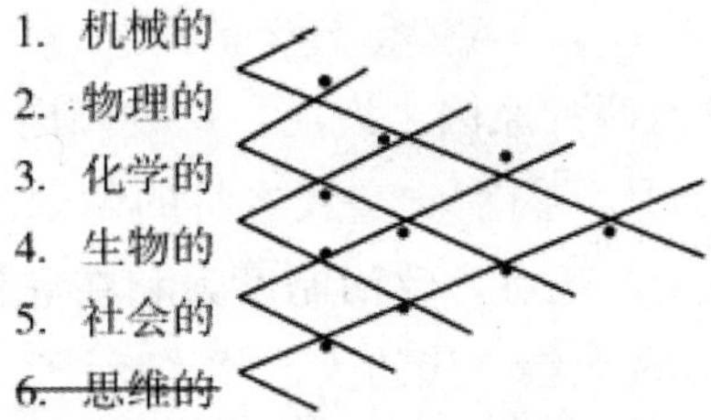

各交叉点有交叉的科学，此处无思维的运动形态，未听到有思维的科学，无此科学。

专家划去此项，说未说有此项。

专家说：思维可以从逻辑、哲学、心理学三方面去研究，还是社会的运动形态。专家接着说：这样说来，有人或者又要以为：那么，这样是否可以说，心理学是一门中间科学呢？在苏联也有人以为思维是第六种运动形态。这一位著者是在尤金大使所编的一本书中说出这个主张的。但是这并不足以降低尤金大使的威信，因为他现在已经不赞成这种主张了。那位著者是误会了恩格斯在《自然辩证法》内所讲的意思（笔记，93 页）——［专家在演讲里有许多题外谈话，真是国际主义无产阶级的斗争能手。我很不幸因时间关系，到后来未能每讲都去听］。

为什么不能说有思维的科学，心理学是研究思维的科学？① 在苏联这场争论，究竟是为什么？是为中国哲学、逻辑、心理学的关系，而不宜于采取这个定义吗？那位苏联著者怎样误会了恩格斯的“自然、社会与思维”这个常见的联词呢？为什么我们不能把这三术语发挥下去，而成为科学的分类，心理学的定义呢？这个谜我始终还未解决。

我的第二个总的印象就是如此。

其次，专家在论“人的心理的源泉和内容”时，特别提出了“客观世界”中三个质量不同的要素：第一，天然存在的自然，第二，为人所改造过的自然，第三，在社会历史过程的基础上，而首先在社会生产的基础上，所产生的各种各样的社会关系。（讲义 100～101 页）。而这主要的要素、社会关系，是由人对自然的关系，和人们彼此在社会生产过程中的关系所构成的。由于社会的生产，就产生了人的意识。社会生产过程的反映，也就是人的思维，人的意识，和人的主观世界的特有的直接的内容”（讲义 113 页）。人对自然的关系即是劳动（114 页），在生产关系之外，还有语言（118 页）。

关于语言，专家提出斯大林的两个原理：“第一，思想是有‘语言外衣’的，思维是与语言的‘自然物质’与‘自然规范’相联系的；第二，语言记载着并巩固着人的思维活动的结果和认识活动的成果”（119 页）。

“人的心理不仅是社会生活的产物，同时也是人脑的产物。”（137 页）“所谓人的心理，无论在任何时候，过去和现在，都是理解为那些构成我们的内部世界，构成我们的意识和我们的精神状态，和体验的总和的东西，以及理解为形成我们的精神特点和

① 脑怎样思维着的科学。

人的个性的一切东西。”（166 页）

“整个人类以及每一个别人的倾向，可以由两种原因来说明，这种倾向具有两种主要的源泉。这些源泉是什么呢？第一个源泉就是人们物质实践本身的倾向。”“第二个源泉就是，在社会中占统治地位的观念，理论，观点，政治制度，和在它们的基础上再进行的青年一代的教学，教养，与教育，以及老年一代的改造。”（188 页）

“为了进行心理分析，可以把人的物质实践的倾向，以及与它相适应的人的心理倾向，分为三个基本的类型。（1）整个社会和全人类的实践的倾向，以及与它相适应的整个社会和全人类的心理倾向。（2）各个集团、阶级、各个国家的人民、民族的实践的倾向，以及与此相适应的各个集团、阶级、各个国家的人民、民族的心理倾向。（3）最后是各个人的实践倾向，以及与它相适应的各个人的心理倾向。”（189 页）

专家所说的“心理倾向”究竟指的是些什么心理？他在以下分别论述的三节中（189～251 页），并未能具体指定出来。我在抗战时期讲心理学，为要切合当时的实际起见，竟错误地采取了唯心主义的麦独孤的十八种“本能”说（昆明《自由论坛》，1944 年 9 月 1 日 3 卷 I 期；北平《平明日报》“生活与心理”，1946 年 11 月 22 日第一期和 28 日第二期；天津《民国日报》“心理与教育”，1947 年 5 月 31 日），但是，1948 年 7 月 23—29 日在英国爱丁堡（苏格兰）第十二次国际心理学会宣读的一篇论文“A system of human motivation”以及 1948—1950 年在师范大学，1951—1952 在辅仁大学讲心理学课时，都已把这十八种“本能”，重行照社会发展史，即照原始共产主义社会，奴隶社会，封建社会，资本主义社会，四阶段重点地分配为四大类。原始共产主义社会有嗜好心、厌恶心、安逸心、盹倦心、喜悦心、哀怜心；奴隶社会有畏却心、自卑心、竞争心、自尊心；封建社会有性爱心、合群心、父母心、恻隐心；资本主义社会有好奇心、消闲心、好名心与好利心（见“心理与教育”，天津《民国日报》，77 期，1947 年 5 月 31 日，“青年心理之发展”一文）。这些“心理作用”是与“社会经济地位与人格发展配合——个人之社会经济地位必须与发展并进，否则人格不得正常发展，因为许多要求均无法获致。所以身心发展与社会发展经济地位有并进的关系。如果社会经济地位不能与身心发展并进，则不减低社会经济的要求，即减低心理欲望的要求，这个时候就发生减缩作用。社会经济要求与心理欲望并存，如果想兼取二者，所用的方法是不正常的，则道德因而减低；倘若有合理的观念，则必用正当方法，社会上好坏人的分别，也就在这。所以这些心理状态对于人格有表现的作用。”（同上，七版）

在这个时期；因为处在国民党腐败统治之下，受尽生活的苦头，所以觉得在旧社会中，人们的“心理作用”还是有其规律可循。那时我对于马列主义、辩证唯物主义是一字未读过的。虽然独立地注意到了“社会经济地位”与身心发展的关系，但是还是平行论的“并进”的关系。我未体会到二者是“反映”的关系。不过，我又把这十八种“本能”、或“本性”、或“心理作用”（我的术语）、或“心理倾向”（专家的术语），分为四阶段：儿童期（即原始社会），青年期（奴隶社会），中年期（封建社会），和壮年期（资本主义社会）。这是企图把社会发展与个体发展统一起来的尝试[①]。（同上，七期）

刘少奇在“人的阶级性”（见 1949 年 8 月印行的《论共产党员的修养》的附录）中，提到封建社会的“本性，本质”是封建割据性、互相兼并性以及奢惰性、残暴性……，等级性等等。又提到资本主义社会的本性是竞争性、垄断性、奢侈性、集中性、机械性等等。又提到农民的散漫性、保守性、狭隘性、落后性、反抗性等等。又提到无产阶级的团结性、互助性、组织性、纪律性、进步性、反抗性、战斗性、坚韧性等。虽然刘少奇在这里所谓的一些“性”，并不会是道地的“心理倾向”，但是这篇文章是唯一的党内文献，它试图从社会发展观点，来试论所反映出来的心理特性。专家强调了“心理倾向”的社会根源，但是始终未提究竟有哪些具体的心理表现。我们十八个本性的系统虽然似乎太嫌机械，但是把历来对于“社会心理”的分析结晶统统利用上了。社会发展各阶段的阶级心理的分析——这一个问题是重要的，值得再下一点工夫。从马、恩、列、斯、毛、刘等作家中，来归纳出一个完整的“心理倾向”的系统。

我的第三个总的印象就是如此。

1954 年 4 月 20 写，23 日脱稿，1955 年 6 月 22 日校改

① 这个问题还须要进一步检查修正。重行根据专家所讨论的阶级意识与心理的源泉的概念，详细论述。

略谈“谢琴诺夫论意志的实质及其发生的机构”[①]

并试拟“语言强化的意志实验”计划
又名“随意控制不随意运动”

彼特鲁舍夫斯基在师大所讲的“心理学”，第二编“心理学的自然科学基础”，第一章“伊・米・谢琴诺夫——唯物主义生理学和心理学的奠基人”，全章中使我最感兴趣的就是第七节第六项：“论意志的实质及其发生的机构”。专家报道谢琴诺夫所做出的关于意志实质的三个最重要的结论如下：

（1）手、脚、头和躯干的运动的一切初级形式，也像在儿童时代所学会的走、跑、言语，观看时的眼动等一切联合运动一样，当它们被学熟了以后，就变为服从于意志的东西。

（2）运动愈是学熟了，它就愈容易受意志的支配，反过来说，也是一样（实践生活不给予某种肌肉以练习的条件，则意志对于这种肌肉是完全无权支配的——这是一种极端的情况）。

（3）但是意志的权力在任何情况下，只在于开始或促动一种动作，只在于停止以及增强与减弱一种运动；至于运动本身的进行，则并无任何意志继续的干涉，因为这种运动不过是从实际重复儿童时代已经做过千百次的动作而已，这时意志对于活动的干涉是谈不到的。——（谢琴诺夫选集，255 页，专家讲义 107～108 页）

我的兴趣是在于第二项结论的“实践生活不给予某种肌肉以练习的条件，则意志对于这种肌肉是完全无权支配的”这一个论断。现在已有实验证明，这个论断似乎要加以修正，因为用“语言强化法”是可以由意识来支配这种肌肉的。

“语言强化的意志实验”已有相当结果。（1）早在 1895 年，白克台雷夫（Bechterev）就已经能够以意志控制瞳仁的放大了（“The Volunitary dilatory the pupil，Wernologitchesky vestnik，vol. III，p1. 1，1895”）。这是他在他的“qeueral Priucipler of Human reflexology ：an entreduction to the objective study of peronality”中的文献 III 条（p. 450）所提到的，可惜不能看到俄文杂志上的原文。（2）美人 Hudjis 报告了“conditioning and voluntary control of the pupillary light reflex，Geuer. Psychol，8，3—51.”这是完全用条件反射的语言强化的方法，试验成功放大瞳仁的。（3）根据翻译出来的 A. R. 伊凡诺夫—斯莫林斯基的“关于大脑皮质第一和第二信号系统的协同活

① 此文为周先庚先生“心理学学习心得与体会”系列文章的第二篇，写于 1955 年 1 月 10 日。——编者注

动的研究”（有两译本：①张春雷译，载哈尔滨医科大学：巴甫洛夫学说之发展，第二集，70～86页，1952年4月1日出版；②吴江霖，刘静和译，载心理通讯，第五期，1954年8月31日出版，8～16页。）这篇总结性报告（1950年9月27日在巴甫洛夫101周年诞辰纪念会上，原发表于高级神经活动杂志，1951年1月，第1卷第1期），我们看到伊凡诺夫一斯莫林斯基似乎重复做了这个实验，他说：“我们曾使被试者形成了对这一些或那一些刺激的条件反应，如瞳孔的扩大，呼吸节奏的变化，心跳的减慢或加快，血压的增高，等等。然后我们以词的符号，代替了条件刺激，例如，以‘铃’这个词代替了铃声，我们就能够确信：对铃声所形成的瞳孔、呼吸或心脏血管的条件反应，在铃声这个条件刺激被它的词的符号所代替的情况下，也能够被引发出来。我们不仅在由实验者说出这一个词的情况中观察到了同样的效果，而且在如下的情况中，我们也得到了同样的效果，主试者令被试者重述同一个词，最初是大声地，其次是小声地重述这一个词，最后是仅仅默想这一个词。由此可见，在实验的条件下，即使运用最基本的方式，我们也能够成功地以词为媒介，来支配若干植物性反应，并且在某种程度上，调节内部器官的活动。”这些结果都见《全苏实验医学研究所通报》，1935年第1期；《生物科学文存》1937年第42卷第1、2期；《全苏生理学家第六届会议论文集》，梯比利斯，1937年；《科学研究论文》（医学一生物科学），苏联医学科学院，1947年；同上，1947年，第七期。伊凡诺夫一斯莫林斯基在这里所提到的是瞳孔扩大，呼吸变化，心跳变化，血压变化四种植物性内脏反应。因为俄文原始资料缺乏，所以我们只得查出现有的其他资料如下：

（1）J. H. Bair，Voluntary Control（moving ear），Psychol，Rev，1901，474～510.

（2）J. H. Bair，The practice curve，Psychol. Rev. monoy. suppl.，1903，720，19.

（3）E. G. Martin，Vasomotor Reflexes，Amer. J. Psychol.，1922，59，400～412.

（4）C. V. Hudgins，Conditioning and voluntary control of the pupillary light reflex，J. Gener. psychol.，1933，8，3，51.

（5）G. H. S. Razran. Salivating and thinking in different languages，J. Psychol.，1936，1，145～151.

（6）R. Mengies，Conditioned Vasomotor Responses in human subjects J，psychol.，1937，4，75～120.

（7）E. Donald Sisson，Accomodation.，J. Gener Psychol.，1938，Jan，18，ist，half，195～198.

从上面的资料看来，不能用意志控制的部分如耳朵（Bair，1901，1903），血管涨缩（Mortin，1922，Maugiao，Ls 1935～1937，1947），瞳仁放大缩小（Hudgins，

1933；Evanov，Smolensky，1935，1937，1947），水晶体的调节作用（Sisson，1938），唾液（Razram，1936），呼吸、心跳、血压（Evanov. Smolensky，1935，1937，1947）等等，差不多或多或少都可以用“语言强化的条件反射的方法”试验成功了。

现在我们学习苏联先进经验，应当有重点地自已来试验试验这些方面的实验。这种尝试的意义非常重大，非常重要，兹特略举出几个来谈一谈。

（1）这些实验可以把巴甫洛夫和谢琴诺夫两人最有价值的思想客观具体化。

（2）这些实验可以把语言与意志的关系证明出来。

（3）这些实验在适用方面更有意义，价值更大。

在肌肉动作方面，可以用语言强化的办法，建立熟练技巧，为工业操作、交通控制驾驶、体育运动等的科学训练程序经常化、具体化，客观地进行有计划的教育、教学、教养；在植物性内脏反应方面，可以说明独立修养、静养、催眠暗示、人工睡眠等过程的秘密，并作为治疗的方法；在超正常现象（Supernormal）方面，可以解释神灵感，一般灵感“体验”等超常态的个人经验。

（理论部分完，全文未完，1955 年 1 月 10 日）
师大专家心理学学习心得报告（1954 年上学期）

皮肤电反射初步实验练习计划①

目前条件

抗战前清华购 Wechsler Psychogalvanograph 一架，曾由研究生陈庸声、雷肇唐二位实验练习过，雷君曾有论文一篇："心理电反射及其史略"（《教育杂志》，1936 年 7 月，26 卷 7 期）。后又购得最完备的 Darrow Behavior Research Photopolygraph 一架，赵婉和在协和应用一年，我在抗战时，常用来作公开表演。前一架即 wechsler，我已于上学期自己亲手修理妥当，并且自己自试了一学期，又将初步应用手续一切拟订妥当，立刻可以找同学互做联想皮肤电反射实验。至于 Darrow 的，因电表尚在修理之中，一俟修理好，也需要同学实验，初步拟订手续。待此二仪器，本学期经过同学与我亲自试做过初步实验后，即可以正式写成课程用实验指导书，此问题之历史理论部分，已阅读总结起来了。

大实验之特殊情况

第二年之大实验，我意应以实验技术方法之重大而有广泛应用价值者为对象。在目前条件下，此二架过去做过而需要继续做的实验，非请同学帮忙做受试，赶快做起来不可。大实验之实验讲稿，不能闭门造车，必须先自己做过，然后才能写出。本学期有同学愿意做这方面的实验，可否作为普心教研室主任领导下的科学小组，来让他们做这个实验。不然，作为心理实验教研室的科学小组，让他们领导做去也可以。总之，此二架仪器，大可以立刻利用起来，请您考虑！

1955 年 3 月 4 日

1955 年 9 月 3 日重抄

① 此文为周先庚先生"心理学学习心得与体会"系列文章的第三篇，写于 1955 年 3 月 4 日。——编者注

院系调整以来“实验心理学”备课经过及其存在之问题①

历年“实验心理学”备课之经过

五二年度本人为调整后的心理专业所拟订的，第一年实验心理学教学计划草案（1952年9月25日），系采取集体单元教学方式，在10月7日全体会议上，有周先庚、桑灿南、吴天敏、陈仲庚、孟昭兰自愿加入，成立小组，积极准备教材，以及实验指导说明。自10月9日到11月10日，前后共开小组会议十二次，全专业大会三次，最后议决做（1）感觉的相互关系，（2）注意，（3）学习记忆，（4）活动时间测定，（5）情绪的表现，五个单元的实验，并且具体拟好了第（1）个单元感觉间的相互关系所要做的9个实验的指导说明书。但是在11月10日专业及系方面通知，因为二、三年级同学增加政治理论课“马列主义基础”要学两年，所以不能单独开始此课。

但是普通心理学（一年级课）还得配搭实验，于是由普通心理学教研室主任唐钺教授指定②心理学方法、注意、技能与习惯等方面实验四次，心理发展、技能等方面的实习示范五次。除心理学的方法，观察法由吴天敏拟订实验说明，由周先庚、孟昭兰协助到幼儿园做过二次实验外，其余各实验、实习、示范，以后均由普通心理学讲演员陈舒永拟订说明，由助教陈仲庚、孟昭兰协助实验。1953～1954年度二年级的第二年普通心理学（感觉部分）则完全由陈舒永主持实验一学期。该年度停招新生，所以无一年级可以开班。

以后1954～1955年度虽招新生，但未开实验课。先是遵照普通心理学教研室主任唐钺的指示，本人在1954年1月22日又重行拟订所谓的第二年的比较专门化或专题的高级一点的实验十二个如下（第一年的普通心理学实验（主要感觉部分）则另由陈舒永担任拟订。）：

1. 条件反射：人类防御反射（惧怕），瞳孔反射，闭眼反射，皮肤电反射（后加血管反射）。
2. 联想实验：第一信号系统与第二信号系统的协同活动。
3. 学习记忆：用“对”—“错”语言加强法循环速记俄文。
4. 韦伯定律：动觉，单手举重，双手举重。
5. 工作效率：用莫索工作测量器做拉重量实验。
6. 熟练动作：打电报，打字，工厂装配工作。

① 此文为周先庚先生“心理学学习心得与体会”系列文章的第四篇，写于1955年4月18日。——编者注
② 经过普通心理学教学小组程迺颐、陈舒永、唐钺的议决。

7. 色觉，色域，色好：旧研究报告。

8. 视觉错觉：几何图形错觉，磁眼错觉，似动现象。

9. 立体知觉：实体镜，三度空间。

10. 声音定位：隔音室定位，野外实习定位。

11. 眼动阅读：说、听、读、写的相互关系。

12. 创造性思维：归纳推理，解决问题。

为工作方面起见，唐钺主任先圈定 4，6，11，2，3 五个为第一期计划；但为照顾需要，以及材料的来源起见，于是把次序改为：

4. 韦伯定律（1954 年 3 月完成初稿）

2. 联想实验（1954 年 5 月完成初稿）

3. 学习记忆（1954 年 4 月抄好俄文循环记忆是所有资料）

6. 熟练动作（1954 年下半年准备仪器装备）。

7. 眼动阅读（旧研究报告）。

约在 1954 年 6 月间，得悉师大专家带来三年制的“实验心理学”提纲。第一年级等于我们过去第一年的普通心理学实验；第二年则和我们过去的应用心理学实习差不多，不过是为的在医院用的，主题似乎是关于类型的，内容是照个案法，谈话法等技术分的。第三年是专题研究，但内容未开列。这一个提纲给了我们一个启发，就是苏联这位“实验心理学”内容的草拟人，鲜明有和我们不同的关于“实验心理学”的性质与内容的概念。虽然我们不明白为什么把个案法，谈话法等技术方法也算作“实验心理学”的一部分，但是苏联“实验心理学”提纲的草拟人是注重理论联系实际，则是不成问题的。正在这个时候，学校又号召展开科学研究，所以我与陈舒永，陈仲庚三人就在 1954～1955 年度的上学期，搞起仪器装配以及人类实验来了。陈舒永先试了几种实验，最后决定搞血管反射。陈仲庚为结合病理心理，搞语言强化实验。我则为准备上述 12 个实验中的装配起见，于是把旧有的反应时间测量的装备，以及皮肤电反射的机器各两套，统统配置齐全，并进行皮肤电反射实验自我观察记录，从外部情境变化，来看主观心理方面的反映，以及皮肤电反射的客观校正。①

1955 年 1 月 10 日在总结师大专家的心理学讲义第二编“心理学的自然科学基础”时，本人提出“语言强化的意志实验”的计划。唐钺主任最近（1955 年 9 月）表示本计划可以作为专题实验研究的题目。

在 1955 年 3 月 4 日，本人曾向唐钺主任提出“皮肤电反射初步实验练习计划”，主要是要有同学一同互相轮流做主试者和被试者。但是同学方面课程负担过重，虽有自愿参与者，而专业及教研室方面终不能批准。而本学期 1955 年上半年又加了资产阶级学术思想批判工作，所以皮肤电反射的实验研究工作（也即是备课工作）不得不暂停。

① 另有经过报告。

在寒假期间，学校举行教学经验讨论会，我听了物理系的“普通物理实验”的总结报告，大受感动。（一）“普通物理实验”不单纯是为证实普通物理演讲而设，他本身也是独立的一课，专门为训练学生做物理实验的技术的。（二）每一个物理实验可以有好几套实验方法，给学生“大循环”或“小循环”轮流着做。这本是我自1931年秋在清华开始教心理实验这门课时起所历年遵照的传统。调整后为避免“为实验而实验”的批评，我先是无所适从，对实验心理学失去信心。这次听到物理实验的先进经验，使得我信心又恢复了。

最近北京医学院脑电波机器已经装备起来，于是重行温习原先早已研究并抄录下来的说明书。在技术方面，本人已到该院帮助两次，来安装机器，以便进一步与该院联系，成立脑电波阅览室和实验室，来合作精神病与心理方面的实验研究工作。1947～1948年度我到美休假，曾与北京医学院附属精神病院伍正谊大夫，同学过脑电波一个时期，所以现在可以很好地到他那儿学习，并帮助他搞搞技术方面的事情。

“实验心理学”目前存在的问题

院系调整初期，连“实验心理学”这个名称都不确定，更谈不上内容教材，在哪年教，附带教还是单独开课了。到目前为止，似乎许多问题都解决了。例如，在1954年10月12日两教研室，先分别、后联席讨论了各课程间的衔接问题时，当时还存在着各课程间的重复问题。甚至于两教研室的课程还有联带，两边跨的问题。现在恐怕这些问题都不成问题了。现在我以为心理专业的课程，特别是实验心理学这一门课程，究竟如何组织，如何从巴甫洛夫的观点，重行改造建立这个理论问题是最基本的问题。而这个基本理论问题的解决，尚有待于巴甫洛夫条件反射实验中的理论体系的建立的问题的解决。目前收到的1954～1955年度莫斯科大学哲学系心理教研室推荐的学年论文题目和毕业论文题目清单，使我增加了不少信心，也证实了唐钺主任一向主张的“从教中学”的意见，“边教边学”的意见。马列主义，辩证唯物主义与历史唯主义只要到了一定的水平，大家所想到的东西和方法，大致是相同的。即使没有自觉地马列主义，辩证唯物主义与历史唯物主义理论修养的人，他也是会有自发的理论水平，来拟订“实验心理学”的内容的。早在1934～1937年间，本人即拟订意识为实验心理学的实验对象①。当时并且从全身躯体变化，肌肉紧张，双手振动（鲁里亚法），眼球运动，联想，意志控制，以及动作电流，皮肤电反射，脑电波等方面，来以过去人的实验研究，去证实意识是外在变化在脑中的反映，当时本人叫做“意识的客观测量”。在1953年6月本人向三年级同学总结我翻译巴甫洛夫两本条件反射著作后的讲稿。“在巴甫洛夫学说的实验基础上，待发展的实验心理学的课题与远景”。其主要提纲如下：

---

① 最近师大专家已把心理学的对象定义为意识的研究了。

Ⅰ. 巴甫洛夫学说的内容

一、理论的基础：

1. 决定论（包括机体环境的统一论，神经论）
2. 分析与综合
3. 结构

}三原则

4. 暂时联系（交替制约）
5. 两种信号系统
6. 动力定型
7. 神经类型

}四学说

二、研究方法：

1. 分析器——唾液
2. 条件反射

三、基本规律：

1. 兴奋、抑制
2. 扩散、集中
3. 类化、分化
4. 正诱导、负诱导
5. 消退、条件抑制
6. 痕迹、时间

四. 应用方面：睡眠、催眠

Ⅱ. 在巴甫洛夫学说的实验基础上的实验心理学的课题

一、根据巴甫洛夫学说的实验基础，已建立的新学派。

1. 贝柯夫的大脑皮质与内脏学说
2. 伊凡诺夫一斯莫林斯基的两种信号系统的协同作用学说
3. 彼德洛娃的实验神经病的贡献

二、根据巴甫洛夫自己的提示，应当继续发展的实验心理学的新课题。

1. 认识过程方面
   （1）探察反射（定向反射）是注意、兴趣、好奇、科学研究的实验基础。
   （2）延迟反射（痕迹反射）是时间的实验基础。
   （3）矛盾现象（反常时相）是感觉强度的实验基础。
   （4）运动觉、器官觉是空间的实验基础。
   （5）类化（泛化）、分化是概念形成的实验基础。
2. 情感过程方面（情感决定论）
   （1）实验中断现象是自由反射的基础。
   （2）保卫反射（守护反射）是社会反射的基础。

3. 意志过程方面

（1）自发性运动（随意运动与动觉），摇食物笼子

（2）抓握反射（目的反射）

4. 变态心理方面

（1）无反射

（2）反常相（矛盾相），均等相，超反常相（拒绝症候，相反观念）。

5. 实验技术方面

（1）消退现象

（2）条件抑制

（3）分化抑制（催眠技术）

Ⅲ. 创造性地完成巴甫洛夫的一切实验心理思想遗产

一、回顾巴甫洛夫思想的历史与发展

1. 介绍三本书

（1）“二十年实验”（1923）

（2）“大脑两半球讲义”（1927）

（3）“巴甫洛夫礼拜三”（1932～1935）

2. 巴甫洛夫思想发展的各时期

（1）心理分泌（1903）

（2）复杂神经活动（1906）

（3）高级神经活动（1910）

（4）睡眠（1915）

（5）实验神经病（1917）

（6）生理学与心理学、主观与客观的融合（1932）

二、为创造性地完成巴甫洛夫的一切思想遗产而斗争

1. 巴甫洛夫思想发展的趋势

（1）从生理到心理，又回到生理

（2）从神经解剖到行为，又到高级神经活动

（3）从物质刺激到人的环境刺激，又到物质分析

（4）从实验室到诊疗所（病院），又到实验室

（5）从实验到观察，又到实验

（6）从理论到实际，又到理论

2. 几个问题

（1）“心理实验”与“生理实验”

（2）“实验心理学”

（3）从狗到人的类比问题

（4）创造性地完成遗产

三、巴甫洛夫实验心理学几个重大实验问题

1. 反常相与超反常相（矛盾现象与超矛盾现象）

2. 运动器官觉与内脏器官觉

3. 保卫、守护反射

4. 随意运动与不随意运动

5. 人工实验催眠法

这个建立在巴甫洛夫亲自提示举荐的，条件反射的基础上的实验心理问题的提纲，在当时大家还不能认识到它的重要性和意义。现在从巴甫洛夫礼拜三中的许多言论，以及苏联这几年来的实验研究，以及莫斯科大学的论文题目中可以看出，如能照上列提纲再行修订，写成讲稿，附带几个重大实验，我想是可以作为“实验心理学”课来开班的。问题是在专业及系方是否以为“心理实验”所需要的巴甫洛夫的狗的实验基础已经建立得很稳固了。我们以为“心理实验教研室”这几年已经把狗的条件反射的所有的基本规律都建立起来了，为“普通心理教研室”已经打好了很好的基础，可以放手改造建立人的“实验心理学”和人的“心理实验”了。我们只有从人类心理实验的实践中，来摸索改造建立人类实验心理学，我们只有“立刻教立刻学”，“一边教一边学”，才可搞出一套实验心理学的教学大纲和讲稿来。我们坐着等候苏联教材，那是等不来的。所以我建议两教研室、专业、系方，同时立刻考虑下列两个措施。

解决办法

（1）立刻肯定“实验心理学”教学小组组成人员，在“普通心理学与心理实验两教研室”主任统一领导下，有计划地、勤劳地，每周举行小组会议，就像1952年10～11月间的小组会议一样，认真计划、设计、装备、布置、写讲稿、准备实验材料与手续、进行试教实验、修订讲稿等等工作。本小组组成人员应当是专职的，而不是兼职的，应当有专任助教、助理、技工等辅助力量的方便，应当公开有少数自愿的同学，站在同学的观点，来参与受试以便提出意见，而助修订讲稿。不然的话，那还是有闭门造车困难的。

（2）立刻公开尽量发挥已有的物质设备的潜在力量，以及尚未开课的人类心理学方面的人员的潜在力量。所有人类方面的课程必须以“实验心理学”的“心理实验”为基础。在计划实验的时候，应当适当地照顾到各专门课程的需要。因为要照顾各专门课中所涉及的实验，所以本课与各专门课间的联系要经常保持着不断。

现在的工作

几年来，心理学本身的本质的问题，使得大家盲无所从。少有冒进预见的人，又不敢坚持己见，所以在备课方面，不免有所迟缓。但是经验证明，“实验心理学”必须从巴甫洛夫的“实验心理学”的理论思想体系着手，先拟订教学大纲，讲授大纲，实验大纲，经过多数有关各课人员的集体讨论或提供意见，包括讲助以及学生的意见，然后才可以开始试做，写讲稿。所以本学期（1）除搞“我的过去的错的心理学观点”的批判而外；（2）必须把上述教学大纲和各重大实验大纲搞起来；（3）此外皮肤电反射的实验报告，以及脑电波的实验手续说明等，也须完成。

1955 年 4 月 18 日星期一脱稿

1955 年 4 月 19 日星期二在两教研室的备课及课程衔接问题会上报告

随意运动与不随意运动[①]

(语言强化的意志实验计划)

谢琴诺夫说:(师大专家“心理学”讲义第二篇 107～108 页)

“运动愈是学熟了,它就愈容易受意志的支配,反过来说,也是一样(实践生活不给予某种肌肉以练习的条件,则意志对于这种肌肉是完全无权支配的——这是一种极端的情况)。”——谢选集 255 页。

本人在“清华学校中等科”(等于高中)时代(1918 年),曾偶然模仿一位同学,努力学会动耳朵。耳朵在实践生活中,并无予其肌肉以练习的机会,所以意志普通不能对它有支配权。但是我有意学习动它,它竟能动了。这使我想到,曾见过大力士表演肌肉发达情况,当众可以使背后、肩部等大块肌肉随意抽动。这必定也是下苦工夫有意练习出来的。

这个问题是有很大意义的。人的不随意肌肉,既然可以由“意志”语言条件下苦工夫,努力学会随意运动,那么,人体其它平滑肌、腺体、内脏器官等,是否也可以随意学习控制呢?如果能的话,那该有多大的好处啊!如果利用不随意肌肉,腺体等器官的无条件运动的基础上,我们来一级、二级、三级地利用条件刺激、引导出那不随意的无条件运动,那么,最后,代替到自己说的语言,默语时,是否就算“意志”建立了呢?所谓意志是否即是语言强化的条件反射呢?Humter 已有此意。捷普洛夫心理学已采取此看法。

查考文献,对于上列问题,已有相当材料如下(系间接从英、中文文献中查出):

(1) Beckterev: The Voluntary Dilation of the pufil, Neunologetchesky Vestnik, vol, III. pt, 1, 1895.

(2) Evanov-Smolensky:“关于大脑皮质第一和第二信号系统的协同活动的研究”,巴甫洛夫高级神经活动杂志,1951,1 月,第 1 卷第 1 期。

(3) 全苏实验医学研究所通报,1935 年第 1 期。

(4) 生物科学文存,1937 年第 42 卷 12 期。

(5) 全苏生理学家第六届会议论文集,梯比利斯,1937 年。

(6) 科学研究论文(医学—生物科学),苏联医学科学院,1947 年,同上,1947 年第 7 期。

---

① 此文为周先庚先生“心理学学习心得与体会”系列文章的第五篇,写于 1955 年 5 月 8 日。——编者注

以上6种苏联参考文献国内尚缺，至于英文文献则有下列7种，早已看到了，如下：

（1）G. H. Bair，Voluntary control，Psychol. Rev，1901，474～510.（此篇即是动耳朵实验。）

（2）G. H. Bair，the proctice curve，Psychol，Rev monog. suppl.，1903，no. 19.

（3）E. G. martin，Vosomotor reflexes，Amer. g. Psychol，1922，59，400～412.

（4）C. V. Hudguis，conditioning and Voluntary control of the pupillary light reflex，g. Gener，Psychol.，1933，8，3～51.

（5）G. H. S. Razran，Salivating and thinking in different languages，g. Psychol.，1936，1，145～151.

（6）R. Menzies，conditioned Vasomotor respones in human sabjects，g. Psychol.，1937，4，75～120.

（7）E. Sonald Sisson，accoumodation，g. Gener，Psychol.，1938，18，195～198.

1955年5月8日

语言强化的皮肤电反射实验①

(皮肤电反射初步实验练习计划)

参考文献

1. S. W. CooK & K. E. Harris, the verbal conditioning of the galvauic skin reflex, g. Exper, Psychol., 1937, 21, 202～210

2. B. F. Riess, Aemantic conditioning m-voloning the galvanic skin reflex, g Exper Psychol., 1940, 26, 238—240.

3. R. H. Heuneman, an atlempt to condition the galvanic skin reoponse to subvocal stimuli, Psychol. Bul., 1941, 38, 571.

1955 年 5 月 8 日

仪器：

（1）Wechsler Psychogalvanograph

（2）Darrow Behavior Research Photopolygraph（with A. R. Suria combined motor method）. 为中央体育学院生理学专家而作

① 此文为周先庚先生“心理学学习心得与体会”系列文章的第六篇，即最后一篇，写于 1955 年 5 月 8 日。——编者注

学年论文题目简单说明[①]

(1956～1957)

一、建立默想语言条件性皮肤电反射

(1) S. W. &H. E. Human, The verchal conditioning of du galranic plan reffex, g. Exper, Psychol., 1937, 21, 202—210.

(2) B. F. Rieco, Aemantic conditioning m—votomg du galvamic Plan reffex, gExper du Psychol., 1940, 26, 238—240.

(3) R. H. Heuneman. an attempt to condition to galbamic plan vo—panre to Aubvocal rtiumli, Psychol. Bul., 1941, 38, 571.

默想语言条件反射的建立，可以用皮肤电反射做指标。先做实验室实验[1]，阅读辨认速示机窗口中的难认生字（夹杂在容易的之间），观看识记难以命名的颜色名称（夹杂在容易的之间）和眼手协调转动滚球滚盘。经过多次训练辨认清楚后，查出每次反应有无皮肤电反射。凡有皮肤电反射的难字，或难命名的颜色，或滚球滚错的歧路入口，都再用语言报出给受试者听，看看是否也引起皮肤电反射。凡是听到的语言刺激能引起皮肤电反射的受试者，最后叫他们默想难认的字，难命名的颜色，和滚球滚错的路口，看看还有没有皮肤电反射。

本选题的目的是要证示默语的条件性反射的建立过程。所有各种感知心理过程，一经表象、意像，想像等转化过程，都好像成为抽象主观的了。这里所谓的抽象主观的过程，其实都原来是根据受试者直接识辨外界刺激，或者作用于外界的操作的要求，而条件反射性地建立起来的。其他为情感、意志过程还可以如此用条件反射的实验程序，来辩证地（即发展地）、唯物地解释，并且具体地在实验室内实验证示出来。

以上三种试验手续和材料，多少是估计到认识、情感和意识过程是统一的这个原理，但是分别而言，每一种都比较多地代表着一种主要的认识过程，或情感过程，或意志过程。

此题比较深，比较难，但是意义重大，此处不能一一发挥。欲选此题的同学，必须当面交谈几次，才可以决定是否能做此实验。

1956年10月1日

① 此文为周先庚先生1956年10月1日至9日期间所写，根据手稿录入。——编者注

二、意志的条件反射性实验研究

谢琴诺夫说："运动愈是学熟了，它就愈容易受意志的支配，反过来说，也是一样（实践生活不给予某种肌肉以练习的条件，则意志对于这种肌肉是完全无权支配的——这是一种极端的情况）"。这意思就是说，实践生活如果给予某种肌肉以练习的条件，则意志对于这种肌肉是完全有权支配的。

例如，耳朵是不能动的（大多数的人），极少数人能动，但是 Bair（1901，P. R.）用类似条件反射的原理，使受试者能动耳朵。我在 1958 年左右，有意学会了动耳朵。心理专业技术员徐国器也能动耳朵。Beckterev（1895）曾有文章报告随意放大瞳孔。Evanov-Smolensky 也提到语言强化随意使瞳孔扩大，呼吸变化，心跳变化，血压变化等（中国心理学会北京分会：心理通讯，第四期，1954 年 8 月 31 日，8～16 页）。具体实验结果有 Nadgins（1933，J. G. P.）关于瞳孔反射的随意条件反射性试验，Razran（1936，G. R.）关于唾液与用不同语言思想的条件反射性实验，Menzies（1937，J. R.）关于血管反射的实验，Sisson（1938. J. G. P.）关于眼球调节作用的实验。

从实验观点来说，意志是可以用随意控制不随意运动来表达其动用机能的。本选题想让同学：（1）利用照相技术记录瞳仁放大的语言强化到默语的阶段，（2）利用皮肤电反射的技术，记录两额肌肉震动，来测量动耳朵的训练进程。这就是重复 Nadgins 与 Bair 的实验，以作意志理论的根据，然后大大发挥条件反射实验方法的普遍适用性，进一步解决语言中枢皮层神经活动对于内脏器官反应的控制与发展，详细进行步骤，理论意义及应用过程，参考书阅读程序等，必须面谈。

1956 年 10 月 9 日

三、惊恐姿势与毛罗反射是两回事吗？

Carney Landis & William A Hunt 以及 Hans Strauss，在《The Starth Pattern》这本书里，总结了他们所谓的"惊恐姿势"与"毛罗反射（Moro Reflex）"的各种实验研究，结论是这两件事究竟是一回事还是两回事，有三种理论[①]，我们怀疑这两件事是两回事，就是说，恐怕它们是一回事。他们所以强调这两件事为两回事的原因，大概是因为用高速度活动电影照相，把姿势分析到最短最短一刹那的原故。为什么这些著者非要坚持用快速抽象的分析记录法呢？恐怕是要把行为方式非追溯到神经定型不可，而忽略了社会因素考察的原故。

本选题的主要目的是，比较精细高速活动电影照相法与人工肉眼观察法，在记述这两种所谓的"姿势"与"反射"上，产生什么不同的结果。这个不同的结果是否可以用社会因素，例如文明生活习惯，穿衣服，装束和睡眠的姿势来解释？还有，胎儿手足本是弯曲的，出生后才慢慢伸直，这是否也是一个关键呢？

---

① 参看 66～68 页（The Starth Pattern），图见本文的附图。

本选题进行研究的方式与程序如下：

（1）过去的资料由教师介绍给同学，主要是上述那本小书。进一步的专刊论文，在那本书上都有了。那本小书，我已做了英文提纲，只要几小时即可以口述给同学笔记下来应用。

（2）实验观察研究拟分为两部分：一部分用快速活动电影照相，一部分用人工肉眼观察。快速照相是重复前人的方法，但另外采取这两件是一回事的观点来照，看看其差别究竟是重要到一种程度，非区别为两个名称不可。人工肉眼观察是逐日由母亲或褓姆，在睡醒后的姿势方面，用精确的简易抽动床褥子的方法，来记录所谓的“惊恐姿势”。为什么这种姿势在所谓的“毛罗反射”之后发生？究竟“毛罗反射”为什么到三四个月的时候，就转化为“惊恐姿势”呢？休息姿势与这两种反射有什么关系没有呢？假设很早我们就强迫婴儿手足伸直，那么，一经惊恐刺激，还有所谓的伸直手能毛罗反射吗？假设在三四个月以后，总是有意把休息姿势保持在胎内姿势（即手足是弯曲的），那么，一经惊恐刺激，婴儿的手足是否会伸直，像所谓的“毛罗反射”一样呢？这些就是要通过实地观察研究，才可以解决的。

（3）实验进行的办法是与海淀区政府卫生处交涉，与新法接生的卫生人员保持合作，约好几个产妇，帮助她接生时一切费用，自己分娩后的医药营养辅助费用，同时向她宣传无痛分娩等知识，附带告她我们要进行这么一个科学研究，请她帮忙。我们也于她分娩后帮助她，向她传达照护婴儿的科学经验与知识。产妇要是海淀成府镇区乡附近的居民，以便我们可以直接到产妇家，搞这个工作。

本选题的理论意义是指出，学院式的形而上学繁琐地区别两种照常识讲似乎是一件事的生物神经主义，太忽略社会生活习惯的影响。但是这个问题完全是拟想的，如果能由实验研究证明，则可以大大发挥成为一篇理论性意义重大的文章。

附图、A. 休息姿势　　　B. 惊恐姿势　　　C. 毛罗反射（Moro reflex）

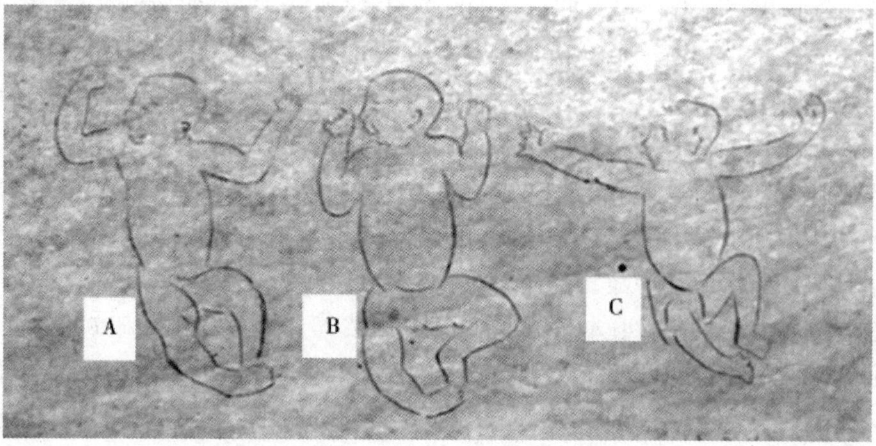

1956 年 10 月 7 日

几点体会与商榷[①]

(一)

几位同志，在党的领导和鼓励下，开始向心理学资产阶级学术思想展开批判，他们连夜赶写一篇批判我“关于‘心理学与人事管理’的错误观”的文章，这是他们要向资产阶级心理学展开批判的良好开端。

这篇是批判我在1944年在昆明《建国导报》上所发表的一篇论文[②]，这篇论文是1942年12月23日我在昆明所发表的一篇讲稿的补充。他们几位同志从当时历史背景，来说明这篇论文在当时可能起的作用，并且用阶级分析，来对这篇论文进行了细致的分析。我认为这些批判基本上无疑是正确的。我自己本来认为这篇论文已是十几年前的旧事，早已陈旧腐朽，并且早已“事过境迁”，不必“旧事重谈”，并且我自己觉得：早已把当年那种反动的论调，抛弃已久，似乎不必枉费笔墨了。但是在“双反”运动中，我把自己的思想进行了清算，在思想根源深处，遇事猜疑动机，表面上似乎是个人的性情，事实上是受资产阶级反动学术思想，弗洛伊德和麦独孤的本能论的影响。因此有必要来批判这种资产阶级学术思想所带给自己的毒素，并正视它也可能影响到别人的危害性。

几位同志的这篇批判，我认为是一针见血的，能抓住重点，从本质上来认识问题的实质，从阶级分析上来看本能问题。当党提出对胡适的资产阶级学术思想进行批判时，我曾经开始整理并翻阅我的旧作，虽然逐字逐句批注，揭露反动思想根源，但我总是觉得茫无头绪，不知从何处着手。而几位青年同志，因为他们能够牢固地掌握无产阶级的理论武器马列主义，运用阶级分析，就能一针见血的抓住重点，进行批判。这一点是值得我向他们学习的。这证明我学习马列主义还远远不够，所以迟迟不能彻底肃清我的资产阶级学术思想，在我的心理学旧作和目前工作中的毒素。大破然后才能大立。不破不立。我现在深深体会到这一点。

另外，我还要补充批判我自己在“心理学与人事管理”这篇论文中，所谈到的“人生四大目标”。这可以说是完全彻头彻尾地宣传资产阶级个人主义。以这种“四大目标”作为人生最后奋斗要达到的目的，也就是为名为利，以这种思想写文章作演讲，可以说是荒谬到了极点。这对青年带来多么大的危害！

---

① 此文写于1959年4月14日，根据未发表手稿录入。——编者注

② 参看本卷“心理学与人事管理”一文。——编者注

这篇文章起了麻痹青年斗志的作用，并为反动统治政府抹粉涂脂，向他们献策。从这篇论文中所揭露出来的错误观点，使我深切地认识到，如要彻底进行思想改造，需要认真地批判自己的资产阶级学术思想。除了我自己进行主观努力以外，青年同志和群众的帮助和监督还是非常必要的。

（二）

几位同志简明扼要地总结我的“心理学与人事管理”一文道：

“周先生错误地认为：‘人事之心理基础，各家理论不一，然以麦独孤氏之本能论为最适合于解释一切人事纠纷，人事问题之所以发生之原因’。遂以麦独孤的目的主义本能论为工业心理的基本原则。周先生的根本立场与弗洛伊德和麦独孤是完全一致的。周先生认为每人都有自我生存、生存竞争、民族传种、自我立业四大目标。即四个种类的十八个本能，如好名心、占有心、竞争心等；他把这些本能作为人事的心理基础，以此说明产生人事纠纷的原因。周先生以为智力测验、品格测验、道德、职业、成绩测验等方法是鉴别人品的科学方法。周先生提出人事研究的十二个基本原则，其要者如意识律、相对律等。周先生还提供了为统治者驾驭劳动人民的‘办法’。”

“周先生断然地说：‘我们必须承认：弗洛伊德之心理分析学，与实际社会问题最有裨益，最能解决一切日常人事心理现象。’”

“周先生对整个心理学持有反动的生物主义观点；这些观点还具体地运用到‘人事心理’方面，提出了‘人事心理’的错误理论基础，研究方法，研究原则，和反动的措施。”

我完全同意几位同志对于我的生物主义唯心论的结论。我开始在“工业心理学”等课程中，讲授麦独孤本能论心理学。约在一九四一年珍珠港战争爆发之后，尤其是在昆明被轰炸之后，学校纷纷疏散下乡，当时反动政府对高等学校进行改组，人人危急，生活不保，病死，拍卖，想各种办法。只要保持生命，万事不顾了。后来反动政府似乎又用拉拢的手法，请我们到处演讲，写文章，不管你写什么，只要不直接宣传，不间接反对，就行了。这样我们才能在微薄薪金之外，得到点继续维持生活的办法。另一方面，学生运动，蓬蓬勃勃在昆明展开，我亲眼看到师院惨案，李闻事件。在这种情况之下，没有斗志的我，处在心理学的岗位上，如何可以帮助革命力量呢？当时我的左右虽然有接近革命的人士，但是我觉得我是不问政治，也不能问政治的人，所以也就未接触到马列主义，更无从获得无产阶级人生观和世界观。我只是无形式地采取了小资产阶级个人主义的立场，从主观唯心主义的本能论的观点。来传播人生目的或动机，必须有预见地按照一定的先后次序，来满足——这种十八项本能的发展阶段论的学说了。其后果，不管我在当时曾经意识到与否，必然是麻痹了青年革命意志，间接帮助了国民党的反动统治。

能否说，我这种独善其身的个人主义名利思想的满足，它之所以能够利用麦氏十八个本能，来循序渐进：较低级的本能、欲求、目的或动机，在未达到之前，不向较高级的贪望预期。——就是根据了庸俗唯物主义的经济观点呢？不能这样说，因为我在新中国成立前向来未读过唯物史观的书。这只可以说是我的自发的“现实主义”的“处世之道”的结果。我这种消极适应的个人主义，对于当时国民党统治政府自然是无害而有利的，但是对于革命阵营来说，则是起了促退作用。

以上是我在昆明抗战时期提倡麦独孤十八个本能学说的思想根源。这种思想根源的揭露，自然反映了我的小资产阶级意识的主导作用。我生长在农村，十岁前在村里念私塾，十一岁到县城念高小。十三岁考入清华学校，毕业后去美国留学。回国后又在清华教书。长期受到的是资本主义教育，资产阶级思想很浓厚。学术思想受到美帝国主义的唯心主义影响很深。所以几位同志说得对：“周先生从本能论的立场出发，忽视阶级根源，就只能跌到唯心主义泥坑里去，必须为剥削阶级服务。”

几位同志还说：“我们并不要求周先生在十多年前就具有马列主义的观点，但是，我们认为周先生今天应该认识这些观点的错误性质和危害性，坚决地放弃它们。然而，周先生并没有这样做。同时，还应该指出，周先生的错误观点是自成一套体系的”。的确，我在新中国成立后 1951 年在前辅仁大学兼课时，还企图按照社会发展史四个时期：原始共产社会、奴隶社会、封建社会、资本主义社会，把个体发展四阶段，勉强套到这四个历史发展时期上去。这是一种拉拉杂杂、牵强附会、糊里糊涂的思想体系。早在 1948 年，在爱丁堡第十二届国际心理学会宣传关于“从近年来动机学说的发展来看麦独孤十八个本能”一文时，我已注意到了美国进步心理学家托尔门的“经济人”、“政治人”、“宗教人”、“心理人”的分法，好像也是按照次序相当于四期社会发展史的。这也是偶尔与我的个体发展四阶段的分法相适应的，但是也是勉强的、机械的，同时也是资产阶级唯心主义的分法。

（三）

以上是我揭露我在抗战时期之所以宣传麦氏十八个本能的思想根源和阶级根源。我感谢几位同志对于我的心理学学术思想的批判所给予我的启发，使我认真地对待这个学术思想批判的问题。但是几位同志在批判中有些论点和指责，我还一时想不通，兹一一提出，与几位商榷一下。不过这些“商榷”之点，并不影响几位同志主要批判论点的正确性。

第一，几位同志在文章中说：“周先生至今还没有完全放弃他以前的错误观点，自称对此还有孤芳自赏之感，但他也欢迎别人帮他批判，并把他的文章主动地交给我们作为批判的资料”。在新中国成立初期和“双反”以前，那时我还未很好的学习马列主义和进行学术思想批判，我是有此感觉的。我现在觉得，正确地说，应当承认我把麦氏十八个本能分四阶段系统化，号召人们要循序渐进，这是反动的极端个人主义的表现。并且我还指出下列“五原则：（1）正常人格发展——依正常之顺序，逐渐发展，每阶段中，各有强弱。本阶段者强，属于过去阶段者减弱，而对于未来，则加以准备培养。(2) 反常的发展：(A) 太快——设儿童时期因种种环境上的困难，不得正常发展，则向前跳进，其心理状态几若成人。例如，问题儿童即有此类。(B) 停顿——年龄发展已至某期某阶段，而无其必然之心理行为。例如，成年人之心理——若儿童者，即是停顿。(3) 社会经济地位必须与发展并进，否则人格不得正常发展，因为许多要求均无法获致。所以身心发展与社会经济地位有并进的关系。(4) 缩减作用——如果社会经济地位不能与身心发展并进，则不减低社会经济的要求，即减低心理欲望的要求，这个时候就发生缩减作用。(5) 表现作用——社会经济要求与心理欲望并存，如果想兼取二者，所用的方法是不正常的，则道德因而减低；倘若有合理的观念，则必须正常方法。社会上好坏人的分别也就在这。所以这些心理状态对于人格有表现的作用。(《民国日报》，"心理与教育"副刊，第 77 期，1947 年 5 月 31 日，第 7 版，"青年心理之发展"。)"五原则"不是赤裸裸地描写资产阶级极端个人主义的运用吗？这种现实主义的描写，不是比麦氏抽象的心理分析，更暴露了资产阶级极端个人主义的丑恶面貌吗？

第二，几位同志说："周先生的这些基本心理学观点也并不是什么独创的东西，除掉某些枝节而外，它完全是弗洛伊德和麦独孤的反动理论的翻版。"作为准确描写资产阶级极端个人主义的心理的全面发展，我不同意我的十八个本能的系统排列顺序，以及其发展变化的"五原则"，"完全是弗洛德和麦独孤的反动理论的翻版"。我们知道，弗洛伊德以性本能为主导，以"享乐原则"和"现实原则"为指南，来心理分析的。而麦独孤则以"目的"、"预见"为主导，仅仅罗列十八种本能，分别叙述描写，完全根据内省主观，来心理分析每种本能的抽象内容的。麦氏完全未看到这十八个本能，在人的生命全部过程中的相对地位，以及其满足的缓急、轻重、先后顺序，更没有从实际生活中，体现出我所提出的"五原则"。麦独孤把资产阶级剥削意识的心理，从机械唯物论的行为派，和从唯心主义的内省构造派心理学中，提到现实生活中来，放入实际社会中去，与以能动的、主动的、有目的的、有预见的分析，归结为十八个本能；而我则把这十八个本能组织化、规律化、伦理化、系统化来整个地解释个人主义人生观的实现或不实现，这是我比麦独孤更巧妙、更细致、更有效地帮助了资产阶级知识份子和青年学生脱离革命，趋于更反动、更与无产阶级利益背道而驰！这不是明确得很吗？

第三，"弗洛伊德心理分析主义，麦独孤的目的主义本能论是帝国主义用来抑制马克思主义的，它们是工人阶级的死敌。"几位同志逐一概括判断无疑是正确的。但是如何抵制马克思主义呢？他们说这两位心理学家的学说是"为资本主义剥削制度提供'心理学的论据'，为剥削工人们的资产阶级辩护，妄谈剥削、战争是人的本能，是天生的，不变的，人所共有的。"自然我们可以照形式逻辑推论出来，人有斗争、忿怒感、竞争心，比赛、优越感、自尊心，所以"战争是人的本能"的演变，但是弗、麦二氏并没有明说“战争是本能，是天生的，不变的”。自然，接受“斗争”本能可以用它来为“战争”辩护，因为我指出：“麦氏所谓本能是一种遗传的，天赋的心理体质倾向。这种倾向使其所有者，知道并且注意某类事物；知道这类事物时，还经验到一种特殊的情绪激动，对他起一种特殊反应；或者，至少经验一种冲动，引起这种反应。本能的反应可以有四种变化：（1）本能的反应不仅可以由原本刺激事物引起，并且可以由这些事物的意念和其他知觉意念引起；（2）本能所引起的身体反应，可以有无穷的改变；（3）复杂意念，既然可以引起本能活动；几种本能，可以同时被激动，溶合成为不同的经验；（4）这些本能的倾向，于是以某种画物或意念为中心，而组成复杂经验。”（《建国导报》，第十四十五期，1944，12，25，第9页。）几位同志在下面一处承认：“人的心理基础，包括所谓‘人事心理’在内，不是周先生所说的本能，而是条件反射。”如果说，“条件反射”是指的“过程”而言，那麦氏这四点就是“战争”根据“斗争、忿怒感、竞争心”这一复杂的心理作用所形成的“条件反射”。巴甫洛夫不是也承认“侵略”、“防御”是反射吗？是本能吗？由“条件反射过程”所形成的“条件反射结果”，它总得根据一种无条件反射本能来强化。我们不能因为有几种“侵略”、“防御”本能是不好的，是可以被“战争”贩子利用来形成“战争”条件反射，就不承认这些本能的存在？为什么几位同志在十八个不可孤立、不可分割的“本能”中，单单抽出一两项可以为“战争”贩子利用的来指责呢？我们只能说，麦氏把这十八种东西个别的割裂开，作为人们生存的奋斗“目的”，使得人人都可以有他自己的个人主义的“目的”，而坚持提倡“目的主义”、“告密主义”，只有在这个意义上，麦独孤才是反动的，反马克思主义的，反工人阶级的利益的；因为这样一来，人人“目的”不同，如何能同时发动革命、不断革命；建设社会主义，过渡到共产主义呢？

第四，几位同志说：“弗洛伊德主义和麦独孤本能论的矛头，是指向历史唯物论——马克思主义的无产阶级革命学说。它们将人类社会全部生物化了，企图将生物的‘规律’运用到人类社会，从而否定社会是客观存在”。“人的行为不能归结为生物本能。人是社会主体，人的全部行为受社会制约，它具有一定的社会意义，在一定的社会条件下进行人的劳动、学习等都是社会发展的产物。”我们觉得弗洛伊德和麦独孤的学说出现的二十世纪初年，正是达尔文进化论、詹姆士实用主义，以及翁德—铁企纳内省结构主义统治着心理学的时代。这种生物主义倾向和脱离社会实际的形而上学，学院式的心理学，在当时正是弗洛伊德和麦独孤所反对纠正的。他们用意是要解释生物本能是如何社会化的，人类社会行为是如何由少数原始的生物性本能，复合综合、演化进化为复杂的情感、情绪“情操”“情结”。换句话，他们要知道一种复杂的对于一事一物的“爱”或“恨”是如何发生发展的，等到成为稳固的经验之后，这种情感或健康的与不健康的情绪，在主观意识之中，反映些什么单纯的、原始的、原素性的本能性的意识状态？麦氏在“社会心理学引论”第五章中，明确指出，没有对象的“爱”或“恨”，不是“爱”或“恨”什么人或物，就是“爱”或“恨”什么集体物或抽象物。“爱”的主要意识组织成分是相当于父母本能的慈爱感，但是也可能包括积极和消极自我意识以及其他如好奇、忿怒和惧怕意识。“恨”主要是厌恶、惧怕、忿怒意识的组合，但也可能包括好奇和消极自我意识（《社会心理学引论》，1936，英文23版，第108页图示）。麦氏说：“如果这个图示代表事实的话，无论多么粗略和不切当，我们可以说‘情操’（引号我加的）的结构基础是一种神经通路系统，根据这个系统，‘情操’物的观念倾向是和许多情绪倾向有机地联系着的。这种观念照通常意义讲，就是储藏在心中的某种东西，因此可以说是‘情操’的主要核心，没有这个核心观念，‘情操’就不可能存在，并且通过这个观念，好几种情绪倾向就联结成为一个有机的系统。”（同上，第108－109页）。从这段引语来看，我们知道麦氏肯定复杂情绪（“情操”）的产生正是“物的观念倾向”——客观世界的“物的观念倾向”，也就是社会存在所引起的。正相反，麦氏不是把本能的情绪“生物化”，而正是把它社会化。这还不是很明显的吗？几位同志说：“人的活动的动力并不仅是生物本能或者物质需要，更重要的精神需要。”这是对的，照我把十八个“本能”按个体发展顺序排列，愈到壮老年，的确是“人的活动的动力”，“更重要的是精神需要”。

第五，几位同志说：“和一切资产阶级心理学者一样，周先生将资本家的行为看作一切人的行为的典范，将资本主义社会具有的特征看作是一成不变的。”接着又说：“弗洛伊德主义，麦独孤本能论是帝国主义的腐朽思想，也代表着帝国主义、资产阶级的利益。周先生的所谓的占有心、竞争心等等本能不是别的，而是资本主义制度的资本家的本能。资本家只有剥削工人才能存在，甲资本家只有打倒（吞掉）乙资本家才能继续存在；取得最大的限度的利润是资本家的目的，这是早已被马克思科学地证明了的。存在决定意识，资本主义制度决定资本家的意识和行为。”接着还说：“但是，在资本主义社会里还有占人口大多数的劳动者，他们受着资产阶级剥削。他们既没有周先生所谓的占有心、竞争心、好名心，也没有自卑心。”最后得到一个结论：“周先生提出的一切人都具有的四大目标（十八个本能）的观点，完全用来为资产阶级辩护毒化工人群众革命意识，这是反动的观点。”麦独孤列举十八个本能，分别处理，并不指出其间的相互关系，更不指出，按个体发展，循序满足的我所谓的“五原则”，自然人们不易发觉占有心、竞争心、好名心等等本能，是可以专门描绘资本家的剥削意识。但是十八个“本能”统统都是资本家的剥削意识，那就未必尽然了。零散的介绍这十八个东西，可以说是麦独孤有意模糊其反动意图，因为这样就看不大清楚资产阶级极端个人主义的严密思想体系。从这个意义上说，我的“四大目标”的组织体系，更有力暴露了资本家的剥削意识和根深蒂固性；在我还未学习到马列主义、辩证唯物主义世界观和人生观的时候，我是不知不觉、不承认我这一系统化的反动性的。如果说，麦独孤把詹姆士的实用主义推进了一步，使得资产阶级个人主义者、资本家，以及一切反动的中间份子，更积极、更有效地把本能社会意识化，来更快、更好、更不露痕迹地剥削劳动人民，驾驭劳动人民，那么，我的十八个东西的严密组织体系，可以很方便地使得资产阶级更有效地利用它们，来加倍地更这样做了！几位同志似乎还未看到这一点！

××××××

几位同志在“批判周先庚先生关于‘心理学和人事管理’的错误观点”一文中，还提到“人事管理”部分的“人事研究的十二基本原则”，“人品鉴别方法”，“行政领袖之心理的分析”，这里我不能一一讨论了。总之，我对于麦独孤十八个本能的主观唯心主义观点的错误的认识，只是极初步的。限于马列主义水平，我现在只能得到这一点点的认识。希在这个初步认识的基础上，继续努力学习马列主义、辩证唯物主义与历史唯物主义，以便更好、更深入地、对我自己过去一切反动的资产阶级学术思想，进行无情的批判。我深切体会到不对自己过去的资产阶级学术思想进行彻底批判，要想在心理学岗位上，继续为社会主义建设事业服务，过渡到共产主义社会，那是不可能的。“不红不能专”，“不红，专了也没有用”——这是千真万确的。

1959 年 4 月 14 日

九、硕士博士论文

LEGIBILITY OF CHINESE CHARACTERS: INFLUENCE OF READING DIRECTION AND CHARACTERPOSITION UPON THE SPEED OF READING CHINESE BY MEANS OF A NEW QUADRANT TACHISTOSCOPE

SIEGEN K. CHOU

LEGIBILITY OF CHINESE CHARACTERS: INFLUENCE OF READING DIRECTION AND CHARACTER POSITION OPON THE SPEED OF READING CHINESE BY MEANS OF A NEW QUADRANT TACHISTOSCOPE

A THESIS

SUBMITTED TO THE DEPARTMENT ON PETOHOLOGY AND THE COMMITTEE ON GRADUATE STUDY OF THELELAND STANFORD JUNIOR UNIVERSITY IN PARTIAL FULFILLMENT OF THE REQUIREMENTS FOR THE DEGREE OF MASTER OF ARTS

BY

ㄓㄡ ㄒㄧㄢ ㄍㄥ

SIEGEN K. CHOU

June. 1928

STANFORD UNIVERSITY, CALIFORNIA

U. S. A.

Approved for the Department

Walter R. Miles

Approved for the Committee on Graduate Study

ACKNOWLEDGMENTS

Constant encouragement and support from Professor Walter R. Miles have been a continuous incentive. Impetus to the work is from my honored friend Dr. EugeneShen, now Secretary, China Institute in America, New York City. The keen criticism of my old friend Mr. Yung—Ying Hsu, former Editor—in—Chief, Kuo Min Yat Pao (The Chinese Nationalist Daily), San Francisco, is much appreciated, who besides serving as subject granted me free access to the printing department of the Daily for type—setting of the reading material. Helpful suggestions for the Quadrant Tachistoscope are from Mr. F. D. Banham, mechanician, Mechanician Shop, Stanford University. The construction of the Tachistoscope was financed by the Thomas Welton Stanford Fund for Psychological Research. Mr. Chien P'ei has taken the pictures of the Tachistoscope. Messrs. F. G. Wang, Y. Y. Hsu, T. O. Kwaan, H. Shih, L. T. K. Tan, C. C. Wu, Y. Y. Cheng, W. P. Hsieh, T. Wu, T. H. Li, and W. C. Lo served as subject in four sittings and Mr. H. C. Tuan in one.

Friday 1 June 1928 Siegen K. Chou

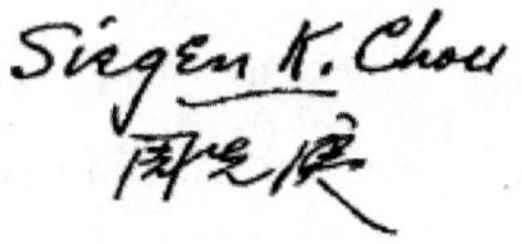

LIST OF PLATES

LIST OF TABLES

CONTENTS

LEGIBILITY OF CHINESE CHARACTERS: INFLUENCE OP READING DIRECTION AND CHARACTER POSITION UPON THE SPEED OF READING CHINESE BY ZEANS OF A NEW QUADRANT TACHISTOSCOPE

CHAPTER Ⅰ READING AND LEGIBILITY

INTRODUCTION. —The psychology of reading has for its chief aim the determination of the nature of and the conditions for reading. The nature of the reading process will clear if the conditions are fully and definitely known. These conditions may be conveniently approached from three different angles. In reading, we have to constantly readjust our eyes in such a manner that we may read efficiently, that is, with the fewest possible number of pauses, with a minimum duration for each pause, and with the least number of regressive fixations. These constant readjustments constitute the peripheral or physiological conditions, which have been very thoroughly attacked by observing eye movements. In reading as in any other perceptual process, we have to pay full attention, to give our highest concentration, and to be in a definite mental—set in order to comprehend most effectively. This attention, this concentration, and this mental—set constitute the central conditions. The third and perhaps the most important group of conditions is the external, typographical, or things related to or inherent in the printed material itself. The best fulfillment of these external, typographical conditions means the attainment of the highest degree of legibility.

LEGIBILITY STUDIES OF THE WESTERN LANGUAGES. —Investigations on the legibility of the English and related languages are very extensive and numerous. Burtt and Basch found thatCheltenham is more legible than Baskerville Roman and

Baskerville in turn is more legible than Bodoni. Pyke showed that Old Style is the most legible type face while Modern Condensed is the least. Employing "specific legibility" as a criterion of type legibility, Old Style Roman type was found from computations by Legros and Grant to be more legible than Modern Face Roman, which was in turn more legible than Sanserif. Blackfriars was very legible and German (Fraktur) extremely illegible. Through an analysis of eye movements, Gilliland found ordinary handwriting and Old English type are less legible than ordinary modern type. In comparing legibility of Roman with German type, Radojevic showed that for upper case letters there was a fair advantage for Roman but for lower case letters there was a small advantage for the German type. This was confirmed by Wick and Kitsch. These were investigations concerning the relative legibility of different type faces.

The relative legibility of'different letters of the alphabet was studied by such persons asEwing; Hartridge and Owen; Banister, Hartridge and Lythgoe; and Tinker. All re—sults tend to show that but few of the letters have equal legibility, that illumination influences legibility and that similar letters are most often confused. Tinker, in particular, found that position as well as size is a factor in the legibility of letters and digits in formulae.

The influence of size of type on legibility was studied by Judd and Gilliland by recording eye movements. Gilliland found from one to two more fixations per line in reading handwriting and Old English type than ordinary modern type. Judd found that the unit of recognition remained about the same when he used 11—point type as when the size of type was doubled or reduced one—half. Blackhurst noted that between 1890 and 1900 there has been an increase in size of type, but since that time few significant changes have been made. Huey made recommendations which conform to current practice. An exception to this is thatDearborn and Huey recommended uniformity of line length, while Blackhurst's survey of printing practices from 1890 to 1900 showed that there was a tendency to leave the margins irregular.

Blackhurst also determined the optimal amount of leading or distance between lines and since 1890 the tendency in printing books for the lower elementary grades has been to steadily increase the amount of leading. Bentley ascertained that the amount of leading depends upon the size of type. Baird and Lyon investigated the problem with the view of improving telephone directory printing.

Pratt determined the best way of printing a suffix after the date where a single writer has more than one title a year in a bibliography.

"In comparing the manner of printing "backbone titles" on thin books and magazines, Gould, Raines, and Ruckmick found that the titles could be read with approximately the same speed when they were printed from top to bottom as when printed in the reverse direction. Individual preferences as well as certain positions of the book with reference to the reader gave a significant margin of choice in favor of the bottom to top direction of printing. "—Tinker.

Huey and Starch tended to suggest that color of itself has little influence on legibility in reading, which fact was confirmed by the investigation carried out by the Industrial Fatigue Research Board.

Recommendation and suggestions for printing mathematical tables were made by the Committee on Type Faces, London, and Milne. Strong's findings in connection with advertisements supported the suggestion that white spaces instead of lines should be used for separating columns of printed matter. Legros approached the problem of legibility from the viewpoint of the physicist. Various legibility factors were discussed, such as similarity between pairs of characters, the serif, the light—reflecting capacity, etc.

FACTORS OF LEGIBILITY. —From these earlier investigations, we can make the following classification of the factors that determine, influence or change the legibility of the Western languages:—

Ⅰ. Extrinsic factors.

1. Color and quality of paper.
2. Color of ink.
3. Relation between color and quality of paper and color of ink.
4. Amount of illumination.
5. Inclination of the reading material.

Ⅱ. Intrinsic factors.

1. Upper or lower case type.
2. Letters in isolation or in group.

a. Letters in isolation.

1) Different letters in the alphabet.
2) Size of the letter.
3) Style or face of the letter.

b. Letters in group.

1) Position of the letter in the letter—group.
2) Space between letters.
3) Length of line.
4) Leading of interlinear distance.

5) Uniformity of margins.

6) Horizontal and vertical arrangement.

7) Digits and special signs in mathematical and chemical formulae.

The extrinsic factors offer no serious complications but they are necessary conditions for reading in general. Practically they can be fulfilled more or less favorably so that extensive investigations with them do not seem to be now justified. All the intrinsic factors have been thoroughly scrutinized from different angles and evaluated by different investigators. We have now sufficient knowledge to guide us in most of the practical phases of the printing field in the Western languages, only great effort should be made to conform to these experimental findings.

CHAPTER Ⅱ
READING AND LEGIBILITY OF CHINESE CHARACT'ERS

HISTORICAL. —The psychology of reading Chinese perhaps has received more attention from different Chinese investigators than any other topic. The first study was probably that by Lew inColumbia University, which was on the psychology of learning Chinese. Kao and Cha found that in silent reading the rate of reading Chinese was about three times that of reading English but vertical Chinese averaged13. 3 words per second as contrasted with 9. 9 in the horizontal. Cossum compared the relative reading efficiency of Chinese students in reading Chinese and English and found that they read Chinese much better, while Tu concluded that American children read English much more efficiently than the Chinese children of the same grade read Chinese. In a later study Tu measured the rate of reading of eight subjects after some preliminary practice on both vertical and horizontal Chinese. His figures were 4. 14 words per second for the vertical and 3. 61 for the horizontal. It was further noted that the vertical was much more susceptible to improvement. After a period of practice, the final rate for the vertical and horizontal respectively was 5. 54 and 5. 01. A mirror observation of the movements of the eye revealed that each pause covered more words in the vertical than in the horizontal and that there were more pauses persecond. Tachistoscopic exposures of both non—sense and sense materials also invariably favored the vertical. In a preliminary study by photographic recording of eye movements, Miles and Shen confirmed Tu's findings concerning the relative number of words per pause and per second in the two arrangements. In a more elaborate study by the same method, it was further substantiated by Shen that the vertical arrangement required less pauses but of longer duration. The regressive fixations were also less. Certain characteristic differences in the movements of the eye in the two cases seemed to be significant. Saccadic movements were less clear—cut in vertical reading tending to the form of a gliding movement. There was always a characteristic sharp loop in the return sweep of the eye to the beginning of a new line of the vertical material. It was known from records taken by Miles that when the eyes fixated alternately two points arranged vertically and 40°apart on the arc of vision, a loop red, representing a too extensive movement on fixating the upper mark was a characteristic feature. It was not known that this same thing occured during reading and with line length much shorter than 40°of arc. It was suggested that "the more complicated mechanism for vertical movement is particularly adaptable for shifts of small angles and of a somewhat gliding nature." Of 51 American students who were given the corresponding vertical and horizontal reading materials used in shen's main experiment to pass judgments as to which is more legible, 38 preferred the vertical, only 7 preferred the horizontal, while 6 refrained from passing any judgment. Chen and Carr found in another study that both in reading and cancellation the greater percentage of subjects tested was in favor of the vertical so far as speed is concerned. Chao made a study on the relative efficiency of writing the two styles of 16 characters by 97 fifth and sixth grade school children by the use of the Western pen point. Tile vertical was invariably better written although slower. The slow speed was explained by the fact that the experiment was conducted with the vertical first.

Hu correlated the rate of reading Chinese characters with the perception span by tachistoscopicexposures of different materials and also correlated the different materials among themselves. The highest correlation was found with easy Chinese sentences while the least was with the Arabic digits. The different kinds of material all correlated highest with their own kind.

PECULIARITIES OF THE CHINESE LANGUAGE. - The above summary of the experimental investigations on the reading of Chinese reveals the fact that undue emphasis has been put on the single factor of arrangement of characters in group. This is unfortunate because it hardly deserves somuch stress. No amount of research would yield anything startling unless we faithfully and patiently analyze the make—up of the characters themselves. This can be most adequately done by, first, a genetic approach to the history of etymology and its evolution, second, an inquiry into the nature of the differences of the language as concept—symbol from that of the Western languages as sound—symbol, and, lastly, an elaborate dissection of the mechanics of construction of the present form for a just evaluation of its influence as word—whole upon the perceptual process in reading. Earlier findings in the Western languages by Cattell and Dodge that the total form of the word—whole is the main thing, by Goldscheider and Müller and Zeitler that there are certain determining and dominating parts in every word that are all important, and by Messmer and Huey that upon analysis the total character of a word depends upon the width, height and geometrical form of the letters and that the first and latter, upper and lower halves of a word are of different importance should point the right direction for making a really pertinent analysis of these corresponding effects and differences of effects in the case of the Chinese language. The legibility of Chinese differs from the legibility of Western languages mainly but radically in the peculiarities of the language itself and in the specific conditions that must be fulfilled.

The characters are of uniform dimensions; they are composed not of alphabets but of individual strokes and may be compounded; they can be placed either vertically or horizontally; punctuations may or may not be used; there is no such thing that corresponds to the capitals of the Western languages. All these are peculiarities to be noted and specific conditions to be taken into consideration. Since it is a pictorial and symbolic language, its legibility can be studied purely from the perceptual viewpoint, that is, aside from the meaning the individual characters may convey. In fact, such purely perceptual study is pertinent because, for example, by subjecting it to foreigners who have no knowledge at all of the meaning of the individual characters, the relative legibility of them in isolation or in group in different sequences and relative positions to one another can be best determined, not unlike using non—sense syllables in memory experiments. Here we have a perfect experimental control that is free from the habit and meaning factors and hence much more conclusive results can be gotten from a single study than from any number of elaborate ones using Chinese subjects. Wylie actually concluded that the Chinese characters are good material for psychological experiment in general. Hull and Kuo both used Chinese characters in their studies on the evolution of concepts and on inductive inference. Sun and ReCartney noted the symbolism and its relation to psycho—analysis in the Chinese written language.

PROBLEMS OF READING AND LEGIBILITY OF CHINESE CHARACTERS. —It is the contention of the writer that the problems of the psychology of reading Chinese can be adequately or hopefully solved by a shift of attention to the legibility aspects of the language itself. The intrinsic factors that determine the legibility of the Western languages also determine that of the Chinese language, only there are more complicated factors that do not influence the former.

(1)FORM OR INDIVIDUAL DIFFERENCES OF THE CHARACTERS. The individual characters differ in the number of strokes, in the arrangement of strokes, in the combination of radicals, in the ratio of horizontal, vertical and slant strokes, in the kinds and heaviness of strokes, in the relative importance of different strokes in different positions, in symmetry and in balance. This factor of form is much more complicated than the corresponding factor of different letters in the alphabet of the Western languages but no one has approached the problem by any method that is comparable to that used in the early extensive legibility studies of the English and German languages. The simplest character has only one stroke, the more complex ones may contain 30 or more. Are they equally legible? If not, which is more so and to what extent? Such questions can also be asked of those characters that have the same number of strokes butof different arrangements, that have the same number of strokes in the same arrangement but are composed of different radicals, or that have the same number of strokes in the same arrangement but are different in the ratio of horizontal, vertical and slant strokes. Is the upper half of the character more important for perception or the lower half? Is the right half more important or the left half? Are there any determining or dominating strokes in a character analogous to the determining or dominating letters in the English or German words? What is the effect of turning the character 90 degrees to the right or left, or up—side—down? All such pressing problems deserve investigation.

(2)SIZE OF THE CHARACTER. The most frequently used type size is No. 4 about 3/16# square. The next smaller size, No. 5, about 1/8# square, is also used for ordinary printing. Just what are the optimal sizes of type for different purposes, such as newspapers, adult books, magazines, and, above all, children's books?

(3)STYLE OF THE CHARACTER. There are no less than ten different styles or faces of type. The one in general use has the characteristic of being heavy in all vertical strokes but light in all horizontal ones and is known as the Sung. Type, invented about the 14th century. Almost all printing is done in this type. Two other even stroke types are adopted recently by the two leading publishing firms in Shanghai respectively, namely, Commercial Press and Chung Hua Book Company. Due to their artistic appeal, they are now used gradually more and more and, in some cases, in place of the first type. All the other forms were introduced for special purposes and only in parts of the main printing, such as headings, captions, advertisements, book and article titles, newspaper topic sentences. There are one bold face type of uniform strokes, two representative fancy styles, one with strokes all wide at the bottom, and four script forms. The script forms are different from the print styles mainly in the nature of strokes which may be most conveniently drawn by a brush. One of them is the old original pictorial form, while the other represents the latest in the evolutional scale of script writing and is known as the "grass" style, which is really an extremely abbreviated version of all the other styles. What is the legibility value of the characters in all these different styles? Is the present usage adequate? Which is the best for different purposes, such as children's books, advertisements, etc. ?

(4) POSITION OF THE CHARACTER IN GROUP. Given two characters, the fact that one follows the other may have an important influence on their relative legibility or total legibility as a whole. Is there any significant difference whether one stands on the right or above the other? Do characters have any interference, or facilitation effect on one another?

(5) SPACE BETWEEN CHARACTERS. How far apart should characters be separated from one another? Does this depend upon other factors, such as whether they are one above the other or side by side?

(6) LENGTH OF LINE. The length of the line seems to be dependent upon whether the line is vertical or horizontal. Of course the visual angle and the distance of the reading material from the eye also condition the optimal length. What are the optimal lengths for different arrangements and for different purposes under normal circumstances?

(7) LEADING OR SPACE BETWEEN LINES. This seems to depend again upon whether the line is vertical or horizontal and upon the size of type. In general how wide should the lines be separated?

(8) APPEARANCE OF ARASIC DIGITS OR FOREIGN WORDS. What is effect of the introduction of foreign words and signs in the body of the context? Is it detrimental?

(9) PUNCTUATION. Formerly there were no punctuation marks in the printed books at all. In fact the ability to punctuate with red ink by dot or a small circle into phrases and sentences was considered by scholars to be an indication of comprehension in reading. It as not until about a decade ago that the Western system of punctuation was bodily introduced into the language. But the printers do not agree as to whether they should put the punctuation marks between words or at the side. Failing to see any serious justification, some put them between words and some at the side according to their practical requirements. This is a problem that needs experimental study.

(10) SPECIAL MARKS. Certain special signs have been developed along with the

introduction of Western punctuation marks. As there is nothing corresponding to the Western upper and lower case type, the difficulty to differentiate proper names and places, books and titles arises. A straight line put on the right or left in case of vertical printing and on the bottom in case of horizontal printing denotes proper name, persons, places or dynasties and a wavy one denotes books or articles. While undoubtedly these special signs help comprehension, do they influence the legibility of the page as a whole? Would the adoption of different styles or faces of type for these different purposes be just as good or even better? This idea is entirely new and is, I think, worth investigating.

(11) INDEX SYSTEM. The Chinese characters are arranged in the dictionaries under some 200 radicals or ideographs and under each radical by the number of strokes, the ones having the fewest strokes are placed first. Some twenty years ago attempts were made to develop some sort of system that will eliminate the usual clumsy way of looking for words. Up to the present many systems have been suggested to this effect, some classified the strokes and grouped them in a definite sequence so that, by counting the different strokes of a character in their proper order, any word can be looked up in a dictionary thus arranged, not much different from looking up any English word according to the sequence of the alphabet; some assigned arbitrary numbers to every character and endeavored to arrange the characters according to their respective numbers; and more recently one system was to classify the strokes into a few classes and assign a number to each, then to give a total number to each character as determined by the strokes on the four corners of the character. The writer developed a system about five years ago, basing it upon the old idea of classifying all strokes in their simplest elements into eight logical geometrical kinds in a simple and easily reasoned out sequence so that by looking at the strokes of a word in their proper order it can be very easily and quickly located in a dictionary or list of words thus arranged. In view of the fact that a practically satisfactory system for indexing is very urgent both for the general public and for libraries, the relative merits of these different systems need to be experimentally ascertained or, if necessary, new systems be evolved from them.

(12) HANDWRITING. Formerly all students used the brush to write but now the tendency is to yield to the universally accepted pen or fountain pen. How to use the pen point to write Chinese characters, still retaining the effect of a brush has not been shown. Is the character such that, in its formation of the different strokes, the finishing—up of the last stroke of one character and the commencing of the first stroke of the next would naturally favor writing in the vertical or in the horizontal direction?

(13)HORIZONTAL OR VERTICAL ARRANGEMENT. This is the last and the most important factor that influences the legibility of Chinese characters but not until other factors have been thoroughly studied can a definite conclusion be reached. Eye—movement observations, tachistoscopic exposures, reading rate calculations, and cancellation tests all tend to point to the same direction that the vertical is better than the horizontal. Since this problem is of interest not only to the Chinese, whose language happens to be a perfect square and hence can be placed either horizontally or vertically, but also to the Western people as well, because signboards, back—bone titles of books, and labels are not infrequently printed with the letters one above the other; an analysis of the possible factors involved and their influences upon the two manners of reading is imperative. There are three lines of approach to such an elaborate undertaking, the physiological, the psychological, and the typographical. This can be best comprehended by formulating the issue into the following specific problems:

1)PHYSIOLOGICAL FACTORS.

1. Does the fact that our eyes stand by nature side by side instead of one above the other have any significant effect upon horizontal and vertical perception in general? If so, to what extent does it also influence reading, which act consists primarily of saccadic movements of the eyes in a definite direction?

2. Is there a significant correlation between the retinal field of clear vision and the visual perception span in the two directions?

3. Is the periphery on the two sides of the fovea equally helpful to visual perception in general and to reading in particular? If not, just what is the relation?

4. What is the relation between lid movements and eye movements, that is, does it matter whether the eyes move up and down or right and left? What effect has this direction upon the wink reflex?

5. Is the muscular mechanism of the eye—balls fundamentally favorable for the execution of vertical or horizontal movement?

6. Just what are the effects of convergence and accommodation upon the two directions of movement for reading?

2) TYPOGRAPHICAL FACTORS. These factors determine the legibility of any language in general and hence effect the two kinds of arrangement. They have been enumerated already. One single problem concerning all these factors is: How far does the total form, configuration, or GESTALT of characters or letter—words in the two arrangements effect the perceptual process in reading? May it not be that the total form, configuration, or GESTALT is better in one arrangement than in the other simply by

virtue of the fact that the individual strokes that form the character, or the individual letters that form the letter—word, and the individual characters or letter—words that form the line, are better suited for one or the other arrangement?

3) PSYCHOLOGICAL FACTORS.

1. Has the common geometrical optical illusion of Oppel that vertical lines appear longer than horizontal ones any relation with the printing of characters or words? If so, just what are the effects of vertical and horizontal arrangement in view of this psychological phenomenon?

2. Is there a consistent preference of one or the other arrangement of symmetrical signs or symbols, indifferent dots or lines, and unsymmetrical, unbalanced, and unproportional characters of words (as undoubtedly there are) among people ignorant of the language?

The full appreciation and evaluation of the effects and role of these different factors upon the ways of arranging the reading material can only be brought to light by an extensive experiment on very young school children extending to a very long period of time, making them practice reading in the two arrangements, using control groups, and finally measuring the practice effects. Any attempt to solve the problem by using adult subjects, Chinese for reading horizontally and foreigners vertically, is frankly measuring the effects of habit and training and these are bound to obliterate all other factors, be there any. Shen's qualitative findings and quantitative differences in pause—frequency, pause—duration, and regressive fixations, can not be safely accounted for by saying that "the more complicated mechanism for vertical movement is particularly adaptable for shifts of small angles and of a gliding nature" unless there is counter—proof that this is also true in foreign subjects who are not accustomed to that manner of reading, because we do not know whether these characteristic differences are the conditions or rather results of training and habit. No explanation is perhaps better than forced explanation.

The above enumeration of the factors that may possibly influence the legibility in general and the efficiency in particular of horizontal and vertical arrangement of the Chinese characters suggest that the latter is an extremely complex problem, to which a conclusive solution would naturally necessitate separate experiments on each of the specific problems involved.

CHAPTER Ⅲ
THE INFLUENCE OF READING DIRECTION AND CHARACTER POSITION UPON THE SPEED OF READING CHINESE

INTRODUCTION. —The role of habit and training upon the reading of Chinese in the traditional vertical arrangement can neither be overestimated as Tu tended to do nor underestimated as Shen seemed to impress. It has to be taken at its face value. There is no doubt that the Chinese language was devised, intended, and better adapted for vertical reading. The mere fact that it can be arranged in rows as well as in columns because the individual characters happen to be a square need not fail us to make the distinction between what is entirely an accidental advantage and hence a matter of expediency if the tendency is to adopt the horizontal arrangement and what is inherent and intrinsic in the etymology, evolution, and mechanics and architecture of the build—up of the characters themselves. The real problem is how far would general sequence of one character following the other in rows alter the total form, configuration, or GESTALT in columns and how much would this alteration, if any, effect the speed of reading? This can be put in the form of three propositions:—

(1)If, keeping position of characters constant, the effect of changing the direction of reading upon the speed of reading Chinese is less than the effect of altering the position of characters while keeping the direction of reading constant; we shall have a conclusive evidence that the total character of the relative positions of characters in a column or a row is more important and significant than the general direction of reading.

(2)If, although the direction of reading within the line is neither that of the Western languages nor that of the Chinese original usage, this direction is nevertheless the habitual direction of progress from line to line and hence is better than one that is neither the direction of reading within the line nor the habitual one of progress from line to line; we shall have every reason to conclude that habit and training are all important for the difference and that all possible differentialfactors will be obliterated.

(3)If the direction of reading, in so far as it effects at all the speed of reading Chinese, effects it only by virtue of the temporal—spacial sequence of the characters in group during the perceptual process of reading; we shall be justified to warn that any attempt to ascertain whether vertical or horizontal reading is more efficient in those who had already been dominated by one particular temporal—spacial sequence is fruitless.

As the Chinese characters are pictorial and non—phonetic and have the characteristic of being uniform, compact, and symmetrical in most cases, perhaps it is true that, by turning them up—side—down, or tilting them to the right or to the left, the perceptual process would not be hindered as much as would most probably be in the caseof the Western alphabetic languages. In other words, the recognition of a character in its four possible positions, namely, upright, up—side—down, tilted to the right and tilted to the left, perhaps will not cause as much distraction as when we read an English word in the corresponding positions but the differences will surely be great enough to make a comparison. It is also obvious that the general direction of reading may be either downward or upward in case of the vertical, and either rightward or leftward in case of the horizontal without exciting much novelty. Thus we have four ways of placing a character and characters placed in each of these four ways to form a column or a row way be read in four directions. This gives us a fine isolation and variation of experimental control to test the above three propositions.

THE PROBLEM STATED. —Letting capital letters denote the directions of reading and small letters the positions of individual characters in group, we shall adopt the following notation: —

1. Directions of reading.
   1) U=Upward.
   2) D=Downward.
   3) R=Rightward.
   4) L=Leftward.
2. Positions of characters.
   1) u=Upright.
   2) d=up—side—Down.
   3) r=tilted to the Right.
   4) l=tilted to the Left.

Specifically the problem is to compare the speed or rate of reading in these 16 possible combinations of directions of reading and positions of characters; Uu, Ud, Ur, Ul, Du, Dd, Dr, Dl, Ru, Rd, Rr, Rl, Lu, Ld, Lr, Ll.

METHODOLOGICAL CONSIDERATIONS. — Earlier studies by Kao and Cha, Chen and Carr, and Tu in comparing the speed or rate of reading in the two arrangements were performed by the usual method of recording the total time in reading a passage and then finding the average rate in terms of words per second by dividing the total number of words by the total time. While this method may be sufficient for all practical purposes, it is most likely to be not adequate for eliciting the effects of a factor that is in all probability very delicate. Moreover, the combined effect of interest, attention' mental—set, practice, etc. , may entirely overrule the factor of arrangement and make the result more or less a matter of chance. On the other hand, the perception span method of extremely brief exposures by the tachistoscops is not only unnatural but too far—fetched. Dodge asearly as 1907 voiced the cry against the indiscriminative use of the tachistoscopic technique. "The tendency to reduce the physical exposure time to a minimum wherever the aim is to present an adequate exposure of the simplest kind is a methodological mistake, based upon a psychophysical misconception. It introduces unusual conditions altogether foreign to the natural fixation pause and leads, or may well lead, to a distorted analysis of the processes of apprenension; making the conclusions, in so far as they are referred to normal perception not merely valueless but false…Visual perception from a threshold exposure may be and indeed must be quite a different matter from normal visual perception…and the results of the former should be applied to the latter only where there is clear justification of the analogy…Anything approximating a threshold exposure, instead of simplifying the consequent psychological process, really complicates it and renders it more uncertain…The only exposure, whose results will apply directly to normal processes, is that which, under the given experimental conditions of illumination, will permit a full and uniformly cleared—up impression. For this exposure we still have a right to the superlative implied in the word 'tachistoscolic', since we refer not to the most rapid excitation but to the most rapid VISION which is really cleared up and adequate." This rapid VISION requires a new tachistoscope.

HISTORY AND CLASSIFICATION OF TACHISTOSCOPES. —The forerunner of the tachistoscope was perhaps Helmholtz' exposure apparatus used by Exner and Baxt who were perhaps the first experimenters that used the technique of tachistoscopic exposures. It was not until the time of Volkmann that the name tachistoscope (Greek, tachistos, very rapid, and skopein, to view) was actually employed. Perhaps the first successful one that later was most extensively used was Wundt's Gravity Tachistoscope, which is based on the principle of a falling plate carrying the pre—exposure, exposure, and post—exposure fields behind a window, the time of exposure being regulated by adjusting the weight of the falling plate. All earlier studies on visual perception were done by means of this type of apparatus, although important modifications were later made by Sanford, Scnumann, Gattell, and Titcnener. Other varieties of the moving screen type were also developed later either by the use of a sectored disc or by the swing of a pendulum or by employing the camera shutter principle with or without spring attachment by such investigators as

Wirth, Whipple, Ferre and Rand, Gurtis and Foster, McDougall, Dearborn and Langfeld, Dockeray, and Mead. Finally after carefully reviewing the defects of all the former kinds, Dodge brought out in 1907 the so—called Mirror Tachistoscope. This was based on the principle of momentary illumination and made use of the fact that a glass plate is transparent when the illuminated object lies behind it, while the same plate functions as a mirror when the illuminated object lies in front. At present this type is almost exclusively used by all investigators with some modifications and will surely supersede all others so far as researches that demand more scientific exactitude are concerned.

All these typesmake use of one of the following principles:—

(1) The exposure field is brought into view through a window either by a falling mechanism or by some other means and the exposure time is regulated by the fall.

(2) The exposure field is stationary but is uncovered by a moving screen either by a sectored disc or by a camera shutter or by the swing of a pendulum, the time of exposure being adjusted by the amount of opening on the moving screen.

(3) The exposure field is momentarily illuminated by a light interrupted by some sort of disc mechanism controlling the duration of illumination.

Thus we see that the thing common to all tachistoscopes is that the object for perception is exposed for a definite period of time which is very short but capable of control. However, in the Dodge Drop—Exposure Apparatus for reading reactions, the device departs from all the others in the fact that once the object is exposed it remains exposed and hence approximates most nearly normal perception in reading. The new tachistoscope is something of a similar nature.

CHAPTE IV
THE QUADRANT TACHISTOSCOPE

REQUIREMENTS OF THE PROBLEM. —The problem of the influence of positions of characters and directions of reading upon the speed of reading Chinese as formulated in the last chapter calls for an apparatus that should fulfill the following requirements:—

(1) The exposure of the reading material should approximate most nearly normal visual perception in reading.

(2) The opening and closing of the shutter in exposing the reading material for reaction should be capable of being controlled at will either by the experimenter or by the subject. The timeeclapsed between the opening of the shutter and the closing of it or the

definite reading reaction is taken as the measure.

(3)The shutter or shutters should open either sidewise or in the upward and downward direction as the experimenter requires and this change should be made quickly and at will so that both horizontal and vertical materials may be exposed without the disadvantage of dissimultaneity.

(4)The time of exposure should be capable of objective recording by means of either connections with a chronoscope in case of short reactions or being recorded by the experimenter by the use of a short—interval stopwatch.

(5)The changing and releasing of the reading cards should be quick and automatic so that a large amount of exposures may be possible during one sitting.

THE QUADRANT TACHISTOSCOPE was devised with the view of fulfilling these requirements. The apparatus belongs to the same class as the Dodge Drop—Exposure outfit and is strictly speaking more a memory apparatus than a tachistoscope. But since the exposure is possible of control for short durations by some simple attachment, it is perhaps legitimate to call it a tachistoscope. The idea of the apparatus was gotten in the Fall of 1926 and plans were laid in the following Spring. The actual building started in the Summer of 1927 in the Machine Shop of Stanford University and was not finished until December of the same year. The writer worked on the construction of it himself with suggestions from the mechanician Mr. F. D. Banham and help from a workman and an engineering student, to all of them he is much indebted.

The development of the apparatus is itself an experiment on the psychology of apparatus designing and the writer has kept elaborate notes day by day. A complete description of how it reached its present workable form would constitute a separate experimental report. For the purpose of the present experiment, the following description is sufficient.

PLATE I FRONT VIEW

E············Base.

T1············Front supporting frame.

X············Funnel—shaped window.

1,2,3,4. Quadrant shuttles.

I············Instruction card.

H············Double hooks for hanging Instruction card I.

K············Reaction key.

V············Wires leading to storage battery ocurrent.

B'·········Ordinary box for storing cards.

C,C·········Cards.

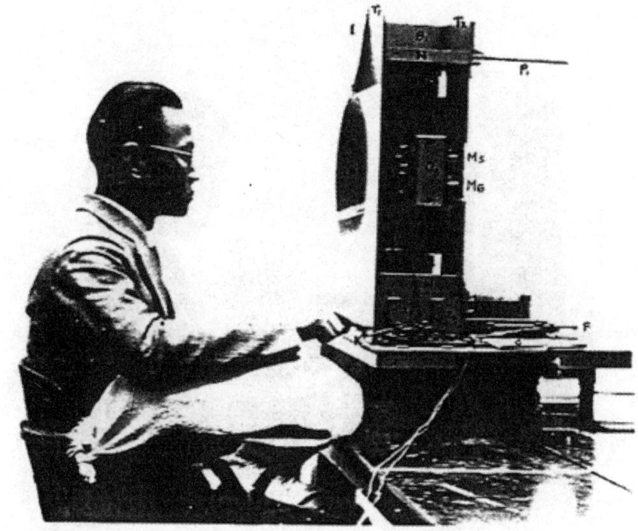

PLATE Ⅱ SIDE FRONT VIEW

E··············Base.

T1,T2·········Front and back supporting frames.

N,H············Boards for connecting T1,T2.

Z1,Z2·········Metal strips for fastening T1,T2 on E.

P1···············Upper platform.

B1,B2·········Upper and lower card—holders.

M5,M6·········Solenoidal magnets.

Q··············Wooden frame for fastening M5,M6.

F··············Rod for controlling the moving out of B1,B2.

Y··············Wooden box for fastening the magnets.

X··············Funnel—shaped window.

K··············Reaction key.

V··············Wires leading to storage battery current.

I··············Instruction card.

C··············Cards.

PLATE Ⅲ SIDE BACK VIEW

E··············Base.

T1,T2·········Front and back supporting frames.

N,N············Boards for connecting T1,T2.

P1,P2·········Upper and lower platforms for B1,B2.

B1,B2·········Upper and lower card—holders.

B3···············Extra card—holder.

U,U············Shutter Unit.

G1,G2·········Guiding strips for the falling cards.

t1,t2·········Places upon which G1,G2 are fastened.

C,C············Cards.

L··············Lever for operating card—releaser.

O··············Pivot of L.

S··············Shaft for moving B1,B2 out to release and catch cards.

F··············Rod for operating S by pushing at the knob.

M5,M6·········Solenoidal magnets.

B··············Binding posts.

Q3··············Wooden frame for fastening M5,M6.

Y··············Wooden box which the magnets are fastened.

X··············Funnel—shaped window.

J,J,J,J······Legas of X for fastening it to T1.

K··············Reaction key.

V··············Wires leading to storage battery current.

D'···········Screw driver. D···········Switch

H··············Double hooks of Instruction card.

R··············Convenient card—catcher to be used in place of the lower card—

holder.

PLATE Ⅳ BACK VIEW

E·················Base.

T1, T2···········Front and back supporting frames.

U, U···············Shuttler unit.

1, 2, 3, 4, ······Quadrant shutters.

G1, G2···········Guiding stripes for the falling card.

t1, t2···········Pieces upon which G1, G2 are fastened.

C, C, C···········Cards.

R·················Card catcher and releaser.

L·················Lever for operating card—releaser.

O·················Pivot of L.

P1, P2···········Upper and lower platforms upon which B1, B2 slide.

B1, B2···········Upper and lower card—holders.

B3·················Extra card—holder.

B'·················Ordinary box for holding cards.

S·················Shaft for moving B1, B2 out to release and catch card.

F··················Rod for operating S by pushing at the knob.

M1,2,3············Solenoidal magnets.

D·····················Switch.

K·····················Reaction key.

V·····················Wiresse leading to storage battery current.

W·····················1/50th second stop—watch.

D'··················Screw driver.

R·····················Convenient card—catcher to be used in place of the lower card—holder.

GENERAL DESCRIPTION. —Four views of the apparatus are shown on Plates Ⅰ, Ⅱ, Ⅲ, and IV. The front and back views are shown in Plates Ⅰ and Ⅳ respectively. Plate Ⅱ shows the front view from the side with subject in position while the back view from the side with the experimenter in position is shown in Plate IV. All parts are consistently labeled in the four pictures and are logically listed on each Plate. The whole apparatus is supported by two vertical supporting frames, T_1, and T_2, connected together on the top cross—wise by a wooden board, N, and on the bottom by a similar board on both sides. The frames rest on the base, E, which is reinforced by two wide thick boards on the front and on the back. The dimensions of the frames and base are all 18# by 24#. Regular 3/8# wooden panel is used for these parts. To the back frame, T_2, is fastened by 8 bolts the shutter unit, UU, immediately in front of which the wooden box, Y, without top or bottom is also securely screwed to the back frame, T_2. On the four sides of the box, Y, are screwed four pairs of specially designed solenoid magnets. The armatures of these four pairs of magnets are connected through a crank level with the corresponding four quadrants of the shutter, 1, 2, 3, and 4 in the shutter unit, UU. The four quadrant shutters, as can be seen on the front and back views, form a cross, the intersection of which serves as the pre—exposure fixation point. Each of the quadrants can be operated separately by its corresponding pair of magnets in two directions, namely, the upper right quadrant, 1, either to theSac right or upward, the upper left quadrant,2, either to left or upward, the lower left quadrant. 3, either to the left or downward, and the lower right quadrant,4,either to the right or downward. Any pair of the four quadrants can be moved jointly by turning the switch, D, in the proper position so that the shutters will open either sidewise, that is, making the window open in the vertical direction, or in the upward and downward direction, that is, making the window open in the horizontal direction as desired.

THE SHUTTER UNIT. —On Plate V is shown a diagram of the inner mechanism of the shutter unit, UU, together with the wiring and switchboard, S, that operate and control the shutters through the action of four pairs of solenoidal magnets, M_1 & M2 , M_3 & M_4, M_5 & M_6, and M_7 & M_8. The entire mechanism is mounted on a piece of aluminum, one foot square and 3/32# thick, on which the soldered brass frame, FFFF, is screwed.

The diagram is a front view and the front aluminum cover above the frame, FFFF, is not shown in the diagram. As can be seen with little imagination, each of the four quadrants (No. 1, for example) is held by a rod, r_1, in the middle of each adjacent side, which extends through a slot on the corresponding side of the frame, F, and is eyed to a steel wire bar, r_4, along which it is free to slide. This steel wire bar, r_4, is attached to the two inner arms of the horizontal end is pulled by the armature of the magnet perhorizontal end is pulled by the armature of the magnet perpendicular to and away from the paper toward us, the vertical end, which is hooked to the metal strip, m, will turn to the right drawing the rod, r_1, with it compressing the coil springs on rods, r_2, and r_3, and hence opening the shutter, 1, also to the right. Since the slots on the metal strip, t, and the frame, F, on all sides are cut to allow free play of the corresponding rods, r_1, on all sides, and since the latter are eyed to the corresponding rods, r_4, and free to slide along them, it is obvious that as the shutter, 1, is pulled by the magnet, M_1, toward the right through the rod, r_1, the other corresponding rod on the adjacent side will not hinder the motion. The corner blocks of aluminum, A, B, C, and D, and the brass rods, g_4, serve to guide the shutters and the outer ends of the brass strips, t, as the shutters are opened.

The switchboard, S, which is labeled in the pictures as D, has eight plugs situated exactly in the same relative positions as the eight magnets, of which the armatures of the two side pairs can be seen clearly in the back view on Plate IV. The switch arms when placed in position as in the diagram form an X. The outer binding posts (2 on each magnet) are connected to the corresponding posts or pulgs, 1, 2, 3, 4, 5, 6, 7, and 8 on the switchboard, Ss, while the inner ones are connected to one another and brought to a common wire that leads to the reaction key, k. The other terminal of the circuit comes from the pivot post, 9, of the X—shaped switch to the auxiliary binding post, 1, on P while the other one, 2, is connected to the first terminal that leads from K. As shown in the diagram, the current comes from the storage battery of ten cells, (which are kept on charging at the rate of about 5 amperes giving a voltage of about 14 volts when the apparatus is drawing current momentarily at the rate of about 15 amperes,) through binding post, 1, on P goes to the pivot post, 9, on switchboard, S, and from there is divided through the four arms of the X—switch and the posts, 3 and 4, 7 and 8,

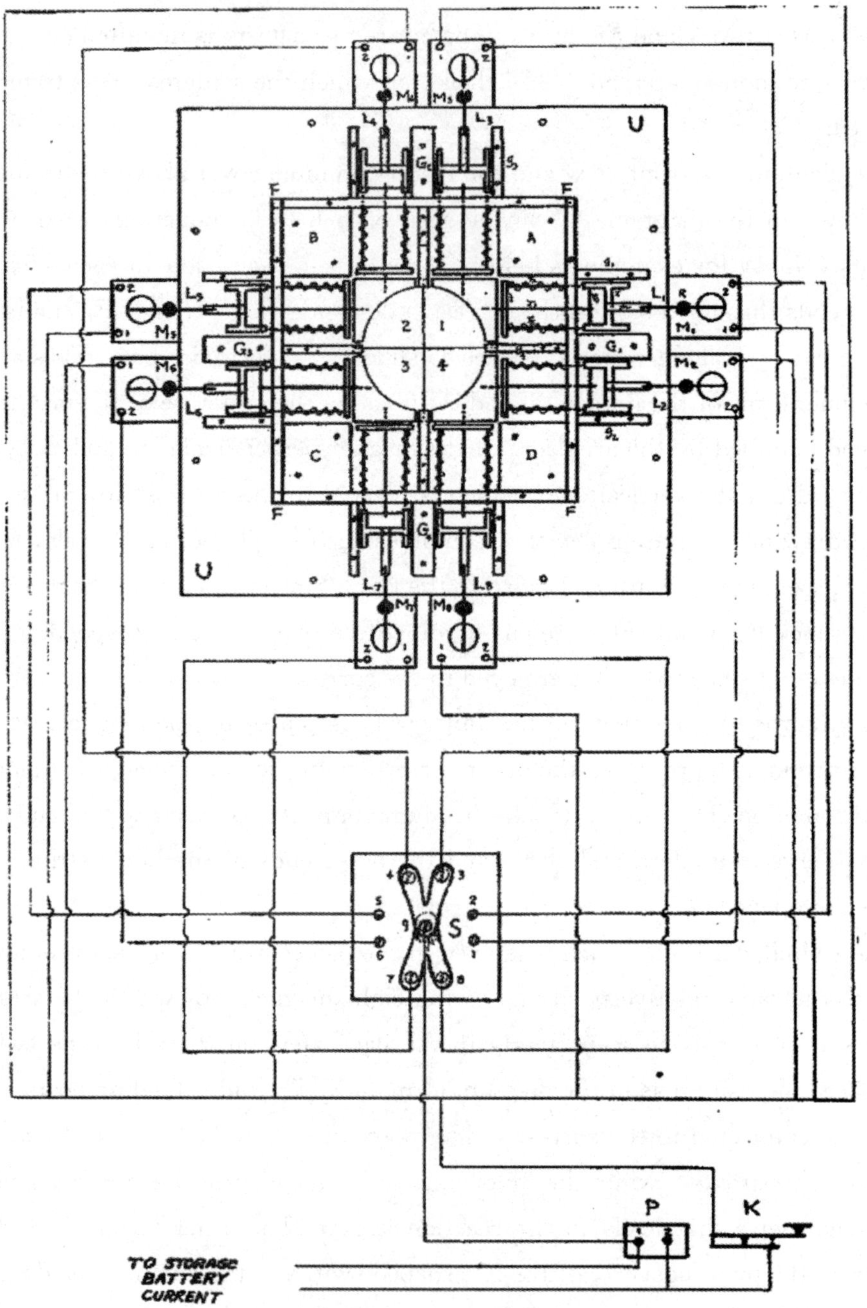

QUADRANT TACHISTOSCOPE
SHUTTER UNIT & WIRING
SCALE ¾" = 1"

to the outer binding posts, 2, on the corresponding magnets, 3 and 4, 7and 8, then the currents emerging from the inner posts 1 on the four magnets after magnetizing them meet and go through the reaction key, K, and binding out, 2, on F back to the battery. As it is, the upper and lower pairs of magnets are magnetized during the passage of the direct current as long as the key, K, is held down and consequently the upper and lower pairs of shutters upon, making the exposure field a horizontal oblong of 3# by 1# because the circular window is 3# in diameter and the shutters open half an inch for each pair. Likewise, if we turn the four arms of the X—switch on the binding posts, 1 and 2, 5and 6, the right and left pairs of magnets will be magnetized during the passage of the current when the key, K, is held down and hence the right and left pairs of shutters will open, making the exposure field also an oblong of 3# by 1# but in the vertical direction.

THE CARD CHANGING AND RELEASING MECHANISM. — Immediately above and below the upper and lower pairs of magnets, two specially designed card—holders, B_1, B_2, rest on the platforms, P_1, P_2, respectively with guiding rails of bakelite on the two sides. The card—holder being partitioned by thin aluminum sheets into 10 partitions to the inch has a capacity of 64 cards, which are all held in the holder by a sheet metal bottom that is free to slide back and forth between two grooves on two metal strips screwed to the bottom of the two sides of the holder. Looking from the back of the whole apparatus (Plate IV), we shall describe thie operation of the card changing and releasing mechanism from the experimenter's position and shall take the visible end of the card—holder as its front end. To the side of the left metal strip on the bottom of each holder, B_1, B_2, is soldered a piece of rack of a pitch of 10 to the inch, which fits to a pinion respectively on the top and bottom of the long shaft, S, of brass. Near the lower pinion and on the same shaft is screwed a ratchet of much bigger diameter. When the holders are in position as they are in Plate IV, the upper one, B_1, is loaded while the lower one, B_2, is not. As the further end of the sliding bottom of the upper holder, B_1, is hooked on the platform, P_1, cards placed in the partitions drop down through a slit on P_1, and between the two guiding strips, G_1, G_2, to the elastic metal stop, R, which is attached to the upper end of the level, L, pivoted at 0. The further end of the horizontal rod, F, has two pieces of flexible brass strips, one of which turns the ratchet on the lower end of the shaft, S, and the other pushes the lower end of the level, L, as we push the horizontal rod, F, at the knob. This latter flexible strip on the rod, F, is just a little bit longer than the other one that turns the ratchet on the shaft, S, so that the lever, L, detaches the stopper, R, from the shutter unit, UU, just a second or so before the other strip turns the ratchet. The picture on Plate IV shows the card, C, just in the process of dropping. Now, suppose it has already dropped on the stopper, R, and has already been read by the subject who is on the other side of the card, at the push on the horizontal rod, F, the lower end of the level, L, is pushed away and hence the upper end detaches the stopper, R, from the shutter unit, UU, and releases the card which immediately drops to one of the partitions on the lower holder, B_2. As soon as the card drops clear out of the way of the stopper, R, the flexible strip that pushed the lower end of the level, L, slips off and the level is counteracted by a coil spring behind it thus bringing the stopper, R, back in contact with the shutter unit, UU, again. Meanwhile the other flexible strip on the horizontal rod, F, works the ratchet attached to the shaft, S, making the whole shaft turn clockwise and thereby causing both card—holders, B_1, B_2, move out one tooth or partition. This outward movement of the upper holder, B_1, drops the next card, which is stopped by the stopper, R, again, since the latter is already held firmly against the shutter unit, UU, by the tension of the coil spring behind the lower end of the level, L; while the same simultaneous outward movement of the lower holder, B_2, furnishes a new vacant partition ready to receive the card as it will drop in the next operation. The convenient card—catcher, r, which is bent out of a piece of copper sheet metal in such a way that the card may fall on it one above the other, may be used instead of the lower card—holder, B_2, into which, needless to say, the cards fall into the same relative partitions as in the upper holder, B_1, from which they drop. As the upper card—holder, B_1, is emptied, the loaded extra one, B_3, takes its place; the lower one, B_2, which has just been loaded by the cards from the upper one, B_1, is taken away with the bottom locked ready for the next use and its place is filled by the latter, B_1. This mechanism for changing and releasing cards is, I think, new and has the advantage of such quick automatic control that an entire experiment involving 128 exposures had been done in as short a time as 25 minutes. The even rate and tempo at which the mechanism works are further advantages.

GENERAL METHOD OF OPERATING THE TACHISTOSCOPE. —The subject and experimenter are seated as shown in Plates Ⅱ, Ⅲ. The experimenter, after seeing that the upper and lower card—holders are properly placed, sets the switch in the horizontal position if vertical exposure is desired and vice versa, and with a 1/50 second stop—watch in hand gives the signal "Ready! Go!" and starts the watch at the instant when the subject opens the shutters by pressing the reaction key and holds it down as long as he reads. When the subject stops reading and releases the key thus closing the shutters, the experimenter stops the watch and records the reading reaction time in 1/50 of a second.

POSSIBILITIES OF THE TACHISTOSCOPE. —The tachistoscope does not fulfill all the requirements of a good tachistoscope in the usual sense of the word as set down by Wundt and Dodge. The shutters open and close with considerable noise and the magnets draw a large amount of current, 15 amperes. However, it is different from all other tachistoscopes thus far devised and from all memory apparatus usually employed in that the duration of exposure can either be voluntarily controlled by the subject or by the experimenter or be kept constant for a certain length of time by some simple attachment. Most of the factors of legibility of Chinese characters, such as, number of strokes, nature of strokes, determining or dominating strokes, partial presentation of a character, size and style, position in group, space between characters, etc. , can be studied by this apparatus. It can be used for other experiments where it involves the perhaps new technique of measuring reading speed under normal conditions in comparatively shorter units or judgment or association reaction time in all sorts of cases by a finer method of recording.

15 鶴有疑籠見竹隔
25 入無虛傳事瀟灑
35 敢致誰令清几隱
45 圖新實向尋念林
16 會圖文酒有中壚
26 來調濤殘兼上樂
36 骨仙輕狂不應名
46 心學及觀寫徑酣
17 守鶴教門閉竹池
27 偏倡任際閑事樂
37 潤書琴永露亭松
47 要林將明日清山
18 客戴尋因偶雪踏
28 入閨來比遷文體
38 醉父漁歸欲上江
48 詩人古時耕邊日

15 晴攀翠竹題詩清
25 來蓮花淡瀉瀟綠
35 館植桂花棋局深
45 真向荷煙新畫香
16 會省驚眼間兩過
26 水色深蹊鳥花開
36 寒歸山觀隨棊局
46 翻入江湖逐釣魚
17 天泉水暖龍吟細
27 鸝鸎春色真舞態
37 好趁江山尋勝境
47 賞斟清杜別閑居
18 高韻最宜題雪嶺
28 淡水聲韻和靜趣
38 自拂煙霞安筆格
48 偶開青檢試砂痕

15 鉞用兼言五鐵剪
25 遙開別義六鈞陶
35 狂非中鷺目似雲
45 鷺白千米非水鶴
16 書古侵詩綠雨經
26 詩新照葉紅秋過
36 馴鼎念賞軟事嘗
46 郊尋杖藜翔帶風
17 卷詩攜水弄山遊
27 盃酒把花尋月看
37 鷗何琴所得根耳
47 詩中靈機鈞境台
18 液鹽溪鹽秋樂樹
28 英玉泛芽香折苕
38 月夜片關一影花
48 風來恐籬中暖松

15 閑微雅令窮經史
25 醉聽清吟勝管絃
35 書調研窮書萬籍
45 花重薰深宜古來
16 閑開新酒嘗數觴
26 醉憶舊詩吟一篇
36 詩樂新緣舊歌樂
46 酒興樂發杯醉須
17 樂可理心應不謬
27 酒能陶性信無疑
37 每夜半風觀水月
47 有時行樂玩風花
18 交情鄰重金相似
28 詩韻清鏘玉不如
38 心未會求獨分事
48 身未少有不安時

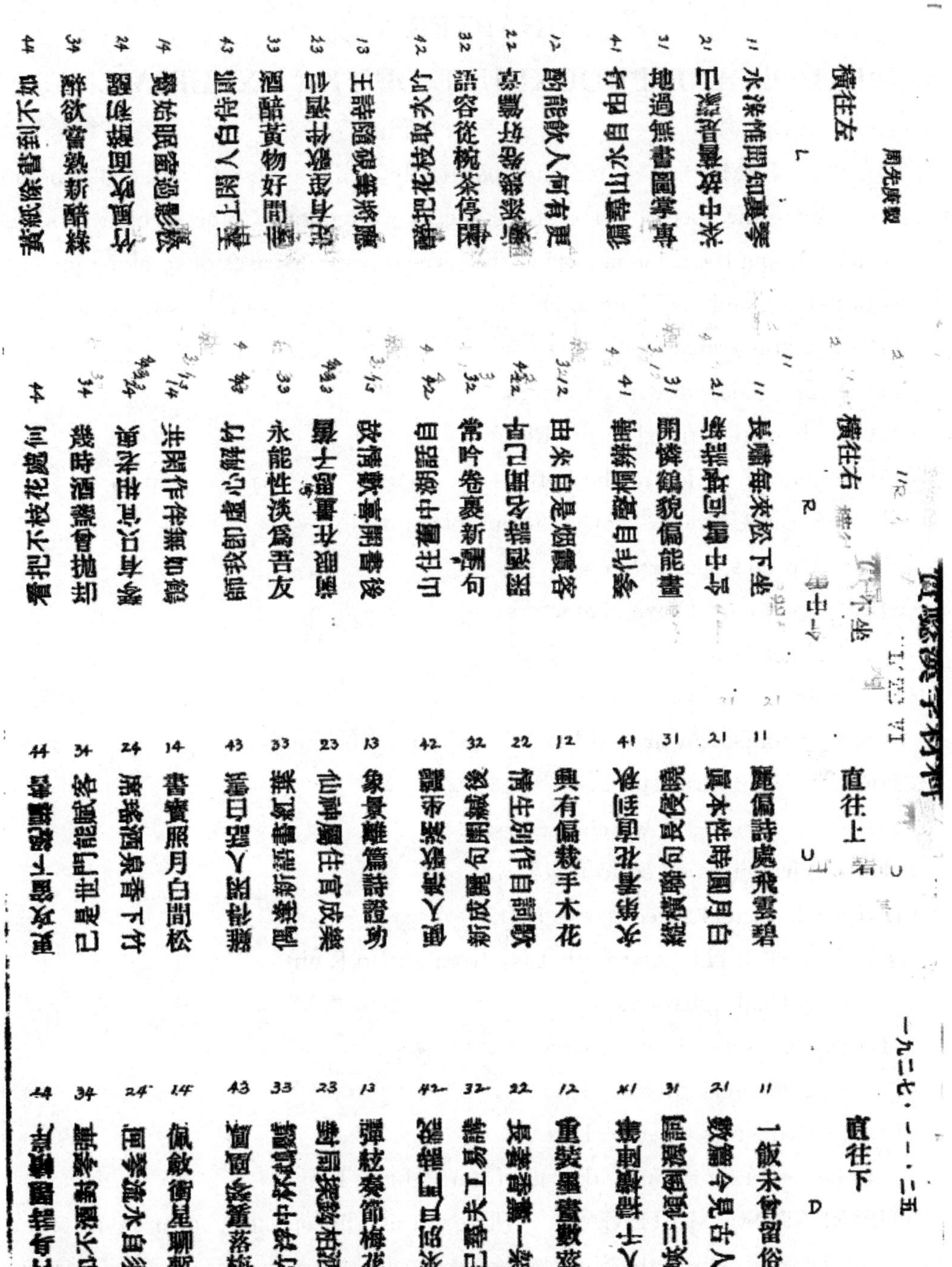

周先庚製

一九二七・一一・二五

横往左 L

11 水洙惟問知裏琴
21 巨點泊聲映中秋
31 地過無書圖幕專
41 竹中目水加雲點
12 酌能飲人何有更
22 綠聽行聲殘雨響
32 語容從椀茶停閑
42 吟吟取花花記聲
13 王詩隨硯筆將應
23 言論非聲起有錯
33 酒醋黃物好間言
43 道學日人閑丁壁
14 覺始眠窗過影叢
24 竹風面緊思驚醒
34 蓬欲蘭薰垢醋綠
44 歎紙餘身到不如

横往右 R

11 長嘯每來松下坐
21 樂點齋司聽中弓
31 開簾鶴貌偏能畫
41 動新臥蓋目兆參
12 由來自是烟霞客
22 古己畫心雜調図
32 常於卷裏新聲句
42 目蹤線中舉尹山
13 故情歡喜開書後
23 聽上調畫在腮藥
33 永能性淡爲吾友
43 以物心事知後時
14 共閑作伴兼如鶴
24 與有花武沼未埋
34 幾時酒熟會拋棄
44 看把不枝花愛何

直往上 U

11 麗偏詩處飛雲雜
21 眞本性時圓月白
31 鉛絜首句驗新辯
41 求經直花書第次
12 興有偏栽手木花
22 情生別作自詞歌
32 忽攤開句調斜棋
42 讀末緊聲入徑
13 象景難篇詩證功
23 仙神屬住官成樂
33 華球筆蟬線牽韶
43 擁口認入器得離
14 書賓服月白間松
24 席豁酒泉香下竹
34 客迴謂門非看已
44 時論落下留攻更

直往下 D

11 1飯未會留俗衣
21 數篇今見古人詩
31 鶴露閑對三秋水
41 載車讀書十人車
12 重裝曝瀛數蕊竹
22 長壽春蕭一架書
32 龍易工夫壽已證
42 說靜工山宜米情
13 彈粒奏節梅花人
23 對閑探鈎柏酒傳
33 籠竹中紋以壽
43 園風歲遷落梅花
14 佩劍衡定飄智拔
24 匣琴流水自須彈
34 重參樓聚火如壽
44 來轉圖時命已因

CHAPTER V
METHOD AND PROCKDURE OF THE EXPERIMENT.

THE PROBLEM. —As stated and specifically formulated in Chapter Ⅲ, the problem is to compare the speed or rate of reading in 4 directions Chinese characters placed in 4 positions. Using the same notation, the sixteen possible cases of combinations of directions of reading and positions of characters may be stated as follows:—

(1)Uu—Upright characters.

(2)Ud—up—side—down characters.

(3)Ur—characters tilted to the Right.

(4)Ul—character tiled to the Left

All to be read Upward, that is, form bottom to top.

(5)Du—Upright characters.

(6)Dd—up—side—Down characters.

(7)Dr—characters tilted to the Right.

(8)Dl—characters tilted to the Left.

All to be read Downward, that is, from top to bottom.

(9)Ru—Upright characters.

(10)Rd—up—side—Down characters.

(11)Rr—characters tilted to the Right.

(12)Rl—characters tilted to the Left.

All to be read Right—ward, that is, from left to Right.

(13)Lu—Upright characters.

(14)Ld—up—side—Down characters.

(15)Lr—characters tilted to Right.

(16)Ll—characters tilted to Left.

All to be read Left—ward, that is, from right to Left.

THE READING MATERIAL. — Plate VI is the specially printed material on gummed paper from which the rows or columns of characters were cut by a trimming board and then pasted in the center of white stiff cards 3″ by 3 and 5/16″, to which size the Quadrant Tachistoscope is designed. Looking at the Plate with the large caption at the top, the left two columns are for the two horizontal manners of reading while the right two columns are for the two vertical manners of reading. These latter two columns should be viewed by turning the back of the book to the right so that the individual lines will be actually vertical. The three lines of characters on the top in which the first line is in bigger type are title, name of the writer, date and indications for directions of reading, the last of which are designated by the corresponding letters, L, R, U, and D as used whose positions also indicate the positions of the four series. The four series are all numbered by the following scheme:—

(1) The first figure denotes the position of all 7 characters in each line and corresponds to the small letters used above:—

1=u=Upright.

2=r=titled to the Right.

3=l=titled to the Left.

4=d=up—side—Down.

(2) The second figure denotes the number of selections of 7 characters in that particular position as indicated by the first figure. There are 8 selections for every 7 characters in each position, making a total of 32 for each series and a grand total of 128 for all the four series.

All cards with 7 characters pasted on them were marked on the back on the upper left hand corner by the corresponding numbers indicating that selection with an arrowhead preceding them to indicate the direction of reading. The experimenter, in placing the cards into the card—holders and in changing and releasing them during experiment, can rely upon these figures and indications without turning the cards around.

The materials are all couplets or poetical parallelisms from eminent posts or writers as collected in the Every—day Encyclopedia published by the Commercial Press, Shanghai. It is a usual custom of the Chinese to write couplets on rolls of paper to be hung on the walls of study rooms, bed—rooms, and the drawing rooms or parlor of the house, or on red paper to be pasted on all doors, which act is renewed every year for the new year. These selections are all adapted for the study room. The first and second, third and fourth lines in each group of four lines representing one selection for all positions of arrangement of the 7 characters in each series are always couplets. Thus, 11 and 21, 31, and 41 are pairs. In the actual presentation of the cards for reading, this order within the group is changed so that a pure chance sequence is obtained.

The general sequence of the four series is shown in the followingtable:

L	R	U	D
31	31	41	11
21	21	31	31
41	11	11	21
11	41	21	41
22	12	22	42
12	22	12	32
42	42	32	22
32	32	42	12
13	43	13	23
33	13	33	33
23	33	23	13
43	23	43	43
34	34	34	34
44	44	44	24
14	14	24	44
24	24	14	14
15	45	35	15
35	15	15	35
45	35	45	25
25	25	25	45
36	46	26	26
16	36	16	36
46	16	46	16
26	26	36	46
27	37	17	47
47	17	47	37
17	27	37	27
37	47	27	17
38	38	18	38
28	18	38	48
18	48	28	18
48	28	48	28

It is obvious that wherever two consecutive first—place figures occur within the same selection denoted by the second—place figures, couplets will be presented in the proper sequence. As indicated by the parenthesis, there are two such accidental coincidences in the L—series, 5 in the R—series, 3 in the U—series, and 2 in the D—series.

The following reasons and cautions were in mind when the writer selected this particular from of sense—material：—

(1)In order to avoid the common prejudice toward psychological experiment in general of the group of Chinese students that are going to serve as subjects for fear that non—sense material would perhaps create a cumulative impression that psychological experiments are just as non—sensical，sense rather than non—sense material was used although perhaps the latter might have been better.

(2)This particular form of couplets or poetical parallelisms has the advantages of uniform length of 7 characters and of assumably equal or unequal familiarity to those Chinese students.

(3)Selections were made only of those that have no rare or unfamiliar words judging from the writer's knowledge or estimation of the vocabularies of those Chinese students，and of those whose meanings can be grasped by the majority of them，judging also from the knowledge of the writer of their training in the Chinese language and literature.

PROCEDURE AND SUBJECTS. —The four series of material of 32 cards each，were presented in chance order to 12 subjects，all Chinese students at Stanford，in four sittings at intervals varying from 5 to 21 days. Plate Ⅶ shows the date of experiment for each of the 12 subjects during 4 sittings. The 12 subjects were consecutively numbered with the initials of their last names following. The experiment lasted from February 10 to April 7，a period of 67 days. The interval occupied by each subject from the first to the fourth sitting was represented by a horizontal line and the position of each sitting by a short slant line intersecting it，at these intersections dotted perpendiculars were dropped to the base—line thus telling the exact date of experiment. Of the 12 subjects，one did not finish，serving only his first sitting on February 25. This is 12T.

PLATE Ⅶ

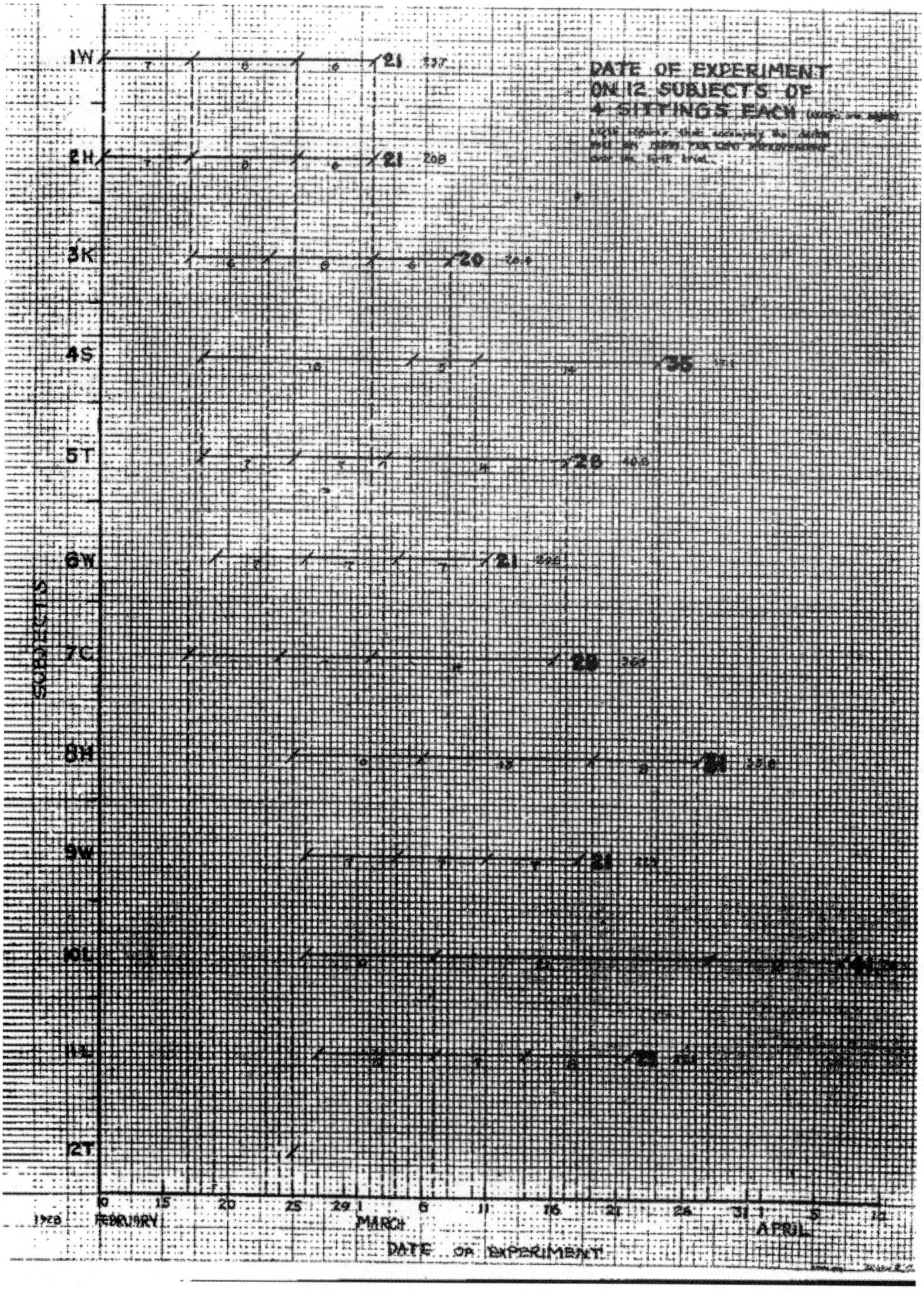
DATE OF EXPERIMENT ON 12 SUBJECTS OF 4 SITTINGS EACH
1W
2H
3K
4S
5T
6W
7C
8H
9W
10L
11L
12T
SUBJECTS
1928
FEBRUARY
MARCH
APRIL
DATE OF EXPERIMENT

The duration of the interval between sittings was marked in small figures under the line while the heavy figures at the extreme right end of each line represented the total number of days between the first and the fourth sitting. Subject 3K completed the experiment in 20 days while 10L did not finish until April 7 covering 41 days. The light figures that accompany the heavy figures are mean percentages of improvement in reading speed of the last three sittings over the initial sitting.

The order of presentation of the 4 series as a whole was changed in every sitting so that every series was given a chance to occupy every position in the order of presentation in order to equalize the practice effect. And in order to equalize the effect on the two horizontal and two vertical series, the subjects were divided into two groups, the first 6 subjects read the vertical series first and the last 6 subjects the horizontal first. The actual order of presentation of the 4 series for the two groups in each of the four sittings is as follows:—

GROUP	SITTINGS			
	1	2	3	4
I	DURL	RLDU	UDLR	LRUD
II	RLDU	DURL	LRUD	UDLR

Appointments with subjects for each sitting were made as nearly in the same hour of the day as possible but, owing to individual variations in their personal free hours at their disposal, some took the experiment in the morning, some in the afternoon, and some late in the night, although the last was very rare. During daytime, ordinary daylight was the natural illumination of the exposed cards. In the night time, an ordinary 75 watt mazda lamp illumination was used. Both the amount of illumination and the reading distance were adjusted according to individual requirements so that normal situation for reading was insured as far as possible.

The four series of cards (total: 128) were arranged beforehand in their proper order in the card—holders, B_1, and B_3, (see Plates III and IV), each containing 64. After seating the subject in the arm chair before the Tachistoscope and arranging the light, in case it is in the evening, according to the wish of the subject, E returns to the back of the Tachistoscope and tells the subject to read the written instructions on the instruction card, I, just above the funnel—shaped window of the apparatus, while he takes a 1/50 second stop—watch in the left hand, with the other hand drops the first card by pushing at the knob of the horizontal rod, F, and waits for the subject to read the instructions, which are as follows:—

"Look attentively at the cross of the window in the hood and at the same time keep your right index finger barely touching the key on your right. At the signal 'Ready, go!', press the key down hard and hold it there. This will immediately open the window exposing 7 Chinese characters. Read aloud in your native tongue whatever is exposed no matter in what arrangement as quickly as you can. If you come to a word that you don't know how to pronounce, make a sound in place of it. Do not bother much about the meaning of what you read. As soon as you have pronounced the last word, quickly release the key. Never release the key while you are reading aloud. There are 4 series of 32 exposures each. In each series, about an equal number of exposures will be UPRIGHT, UP—SIDE—DOWN, tilted to the RIGHT, and tilted to the LEFT. Read as quickly as you can in every case. The first exposure in each series is intended for practice. The time elapsed from the opening of the shutter to the utterance of the last word in every exposure will be marked by a stop—watch in 1/50 of a second. I will tell you which series you are going to read and how to read it at the beginning of every series. Try to use the same attitude and method in reading throughout the whole experiment."

Then the subject is told the particular manner of reading each series depending upon the series and the sitting, that is, either from top to bottom, or from bottom to top, or from left to right, or from right to left, as the case may be.

Attention is called to the following points in the instruction:—

(1) The subject rather than the experimenter is required to open the shutter because by so doing the fullest amount of attention is secured as the subject would not press down the key unless he is ready to read.

(2) The key is pressed down all the time during reading and not to be released until the subject finishes his reading rather than having a single downward pressing for opening and letting the shutter stay open or letting the experimenter close it, because this perhaps new kind of reaction actually keeps the subject on the alert all the time, a slight roaming of attention being sufficient to break the circuit, thus closing the window and hence destroying his field of view. This perhaps constitutes what is known as the distraction method usually employed in studies on attention but more resembles what Woodrow called theDETRACTION method.

(3) Only speed is required or rather necessitated in this experiment, hence the instruction to make a sound in place of any word that the subject does not know how to pronounce, although every caution has been made when the material was selected to exclude those that contain unfamiliar words; and also not to bother much about the mean-

ing of the reading material.

(4) The reading time is taken from the opening of the shutter to the utterance of the last word in each exposure rather than to the closing of the shutter because after some preliminary trials it was found that some tend to let go the key before they actually finished reading while others do not do so until they do finish.

(5) A stop—watch rather than a chronoscope is used in the timing because the reading time varies from slightly less than a second to as long as six seconds. The timing is done by one experimenter throughout the entire experiment.

(6) Special attention is called to keeping the attitude and method in reading the same throughout the whole experiment because changes of either one of them during the course of any one sitting would naturally effect the different series.

A rest of about one minute was allowed after finishing each series, during which the experimenter was engaged in changing the card—holders and setting the switch after the second series and in removing the cards.

After the experiment the cards were put back into the holders for the next subject or sitting.

Each series for every subject was given one tabulating sheet for recording the reading times and the four sittings were recorded on that same sheet. The average times for the whole series and for the different positions were immediately calculated after each sitting. Subjective judgments on the relative ease for reading the 4 series were obtained from each subject at the conclusion of the experiment.

Taken all in all, there are 128 cards exposed to every subject during each sitting and there are 4 sittings to each of the 11 subjects that concluded the experiment, hence 5632(=128×4×11) reading times were thus recorded coving a period of 67 days. Each sitting took on the average about half an hour.

CHAPTER Ⅵ

EXPERINENTAL EVIDENCE OF THE INFLUENCE OF READING DIRECTION AND CHARACTER POSITION UPON THE SPEED OF READING CHINESE.

TREATMENT OF DATA. —11 subjects completed in 4 sittings 4 directions of reading 8 selections for each of the 4 positions of 7 characters, hence 5632 reading times were recorded. The mathematics is as follows:—

Number of selections for each position

of the 7 characters =8

Number of positions of the 7 characters =4

Number of directions of reading each position

of the 7 characters =4

Number of sittings required of each subject

in all directions of reading =4

Number of subjects that completed 4 sittings=11

TOTAL number of readings (PRODUCT)=5632

8 selections read in 4 sittings were taken as the mean for each of the 4 positions of the 7 characters read in each of the 4 directions by each of the 11 subjects, hence 176 mean reading times mere ready for treatment. The mathematics is again as follows:

Number of positions of the 7 characters = 4

Number of directions of reading each

position of the 7 characters =4

Number of subjects =11

TOTAL mean reading times (PRODUCT)= 176

MEASURES OF TREATMENT.—The data are given in tabular form with explanations and interpretations following each table. There are 17 tables. Tables 1, 2, and 4 show the mean reading time, standard deviation and mean percentage improvement, while Tables 3 and 5 show all these measures under successive groups. Paired comparisons of the 4 directions of reading according to these measures are shown in Tables 6, 7, and 8. Percentage advantage or difference between these paired comparisons of the 4 directions of reading according to these measures are shown in Tables 9, 10, and 11. Table 12 shows the rate of reading in terms of words read per second as calculated from the mean reading time. Table 13 shows the consistency of objective ranks of the mean reading time of the 4 positions under any 1 single direction of reading in the 4 successive sittings, while Tables 14 and 15 show the difference between and distributions of the objective ranks and subjective judgments of their relative ease for any 1 single direction of reading. Table 16 shows individual differences in speed, variability, and improvement, while Table 17 summarizes the ranks of speed, variability, and improvement of the 16 combinations of positions of characters and directions of reading and also of their successive groups.

INTERPRETATION OF NOTATIONS.—All notations and signs are explained in the explanations following each table. When notations are used inside the discourse, they are to be read in the following suggestive manner:—

(1)"The u, d, r, and l characters" is to be read "The upright, up—side—down, tilted—to—the—right, and tilted—to—the—left characters".

(2)"Dd, Ll, and Rd take the shortest time" is to be read "Downward reading up—side—down characters, leftward reading tilted—to—the—left characters, and rightward reading up—side—down characters take the shortest time".

(3)"In u—d and r—l groupings" is to be read "in up—right and up—side—down, character groupings".

(4)"L (u—d) takes the shortest time" is to be read "Leftward reading upright and up—side—down characters takes the shortest time".

(5)"R has the highest percentage improvement" is to be read "rightward reading has the highest percentage improvement."

LIST OF TABLES. —The 17 self—explanatory and self—interpretative tables are as follows:—

(1)Mean time in .02 second in reading in 4 directions 7 Chinese characters in 4 positions by 11 subjects in 4 sittings.

(2)Standard deviation of reading time.

(3)Successively grouped mean reading time and standard deviation.

(4)Mean percentage improvement of the last 3 sittings over the first.

(5)Successively grouped mean percentage improvement.

(6)Paired comparisons of mean reading time in 4 directions of reading.

(7)Paired comparisons of standard deviation of reading time.

(8)Paired comparisons of mean percentage improvement.

(9)Percentage advantage in mean reading time between paired comparisons of 4 directions of reading.

(10)Percentage advantage in standard deviation of reading time.

(11)Percentage advantage in mean percentage improvement.

(12)Calculated rate of reading.

(13)Consistency of objective rankings of mean reading time in 4 successive sittings of 11 subjects.

(14)Difference between objective and subjective rankings.

(15)Distribution of objective and subjective rankings.

(16)Individual difference in speed, variability, and improvement.

(17)Summary ranks of speed, variability and improvement.

TABLE 1 MEAN TIME IN .02 SECOND OF 11 SUBJECTS IN READING VERTICALLY AND HORIZONTALLY 7 CHINESE CHARACTERS IN 4 POSITIONS (N=32).

VERTICAL

SUBJECTS	D					U				
	u	d	r	l	MEAN	u	d	r	l	MEAN
1W	172.8	178.1	177.8	172.2	175.2	181.2	174.4	170.6	190.6	179.2
2H	78.1	100.9	91.6	92.5	90.8	95.4	85.3	92.2	104.1	94.3
3K	116.3	126.6	112.5	118.4	118.5	114.4	117.9	109.1	115.3	114.2
4S	123.8	134.7	136.9	127.2	130.7	130.3	135.0	140.7	135.6	135.4
5T	94.7	103.4	98.1	98.1	98.6	110.6	90.9	97.2	100.0	99.7
6W	85.9	91.2	93.7	91.9	90.7	86.3	85.0	88.4	88.8	87.1
7C	89.7	112.8	102.2	94.7	99.9	118.5	95.9	104.4	105.9	106.2
8H	74.1	117.8	105.0	100.0	99.2	92.5	111.3	100.6	101.9	101.6
9W	64.6	74.1	77.8	76.6	73.3	79.1	74.1	73.4	70.6	74.3
10L	76.3	85.0	86.6	85.9	83.5	90.9	87.2	89.4	95.0	90.6
11L	120.6	135.3	135.0	138.4	132.3	134.7	139.1	140.0	143.7	139.4
MEAN	99.7	114.5	110.7	108.7	108.4	112.2	108.8	109.6	113.8	111.1
RANKINGS	2	14	10	6		11	7	9	13	

HORIZONTAL

SUBJECTS	R					L				
	u	d	r	l	MEAN	u	d	r	l	MEAN
1W	166.3	186.9	184.7	192.2	182.5	165.6	170.6	164.7	186.3	171.8
2H	76.9	95.3	90.6	78.4	85.3	80.3	90.0	79.7	113.1	90.8
3K	115.3	117.5	109.2	119.1	115.3	108.4	116.3	113.4	123.1	115.3
4S	117.2	130.3	127.5	124.4	124.9	115.3	123.7	122.2	129.4	122.7
5T	90.0	109.4	101.6	99.1	100.0	82.5	91.2	82.8	96.9	88.4
6W	82.8	89.4	88.8	89.7	87.7	75.9	81.9	81.6	87.8	81.8
7C	92.8	102.2	113.4	103.7	103.0	94.4	93.7	93.1	112.8	98.5
8H	76.3	126.6	105.3	89.4	99.4	74.7	103.4	89.6	98.1	91.5
9W	69.1	82.5	83.1	73.1	77.0	65.3	73.4	68.4	76.9	71.0
10L	83.1	93.4	93.7	88.8	89.8	79.9	86.3	80.6	88.5	83.8
11L	128.4	147.2	144.0	139.4	139.7	127.8	135.9	127.8	149.1	135.2
MEAN	99.9	116.4	112.9	108.9	109.5	97.3	106.0	100.4	114.7	104.6
RANKINGS	3	16	12	8		1	5	4	15	

SKC

TABLE 1.

EXPLANATION. —(1) Capital letters denote directions of reading :—U=Upward; R=Rightward; L=Leftward. (2) Small letters denote positions of characters:—u =Upright; d=up—side—Down; r=tilted to the Right; l=titled to the Left. (3) The 176 figures entered in the u, d, r, and l columns are the means of 32 in 4 sittings of 8 each. (4) The COLUMNS of means are from the left 4 respective columns and hence represent the 4 directions of reading as a whole. (5) The ROWS of means represent the different positions of characters read in different directions. (6) The rows of rankings represented the rank order of the different positions read in different directions from the best to the worst.

INTERPRETATION. —(1) Individual differences from one another in the speed of reading Chinese are greater than differences of the same individual in reading difference positions of characters in different directions. (2) Directions of reading and positions of characters are interdependent factors that influence the speed of reading Chinese. (a) Lu, Du, and Ru take the shortest time, while Dd, Ll, and Rd take the longest.

TABLE 2 STANDARD DEVIATION OF THEREADING TIME IN .02 SECOND OF 11 SUBJECTS IN READING VERTICALLY AND HORIZONTALLY 7 CHINESE CHARACTERS IN 4 POSITIONS (N=32).

VERTICAL

SUBJECTS	D					U				
	u	d	r	l	MEAN	u	d	r	l	MEAN
1W	39.7	41.3	42.3	38.5	40.5	42.9	36.0	36.8	41.2	39.2
2H	21.8	39.5	21.0	31.2	28.4	26.2	12.6	22.1	24.5	21.4
3K	21.8	34.8	16.4	23.7	24.2	24.5	17.1	15.2	20.5	19.3
4S	33.1	36.8	25.9	29.3	31.3	18.9	27.0	22.7	21.5	22.5
5T	39.4	43.5	37.8	40.3	40.3	39.6	22.4	24.3	31.1	29.4
6W	19.9	22.3	22.0	23.6	22.0	21.5	19.1	20.4	18.1	19.8
7C	27.5	31.6	32.8	23.8	28.9	32.4	25.2	21.0	27.6	26.6
8H	20.1	47.5	36.9	39.1	35.9	20.8	25.2	26.3	23.8	24.0
9W	8.3	12.1	12.6	9.4	10.6	12.2	10.1	12.8	12.9	12.0
10L	13.4	15.6	15.0	14.9	14.7	12.9	13.4	12.2	16.4	13.7
11L	24.9	34.2	29.9	32.9	30.5	23.5	29.0	25.6	24.8	25.7
MEAN	24.5	32.7	26.6	27.9	27.9	25.0	21.6	21.8	23.9	23.1
RANKINGS	7	15	10.5	13		8	3	4	6	

HORIZONTAL

SUBJECTS	R					L				
	u	d	r	l	MEAN	u	d	r	l	MEAN
1W	33.4	51.5	39.9	41.2	41.5	35.6	49.3	30.4	36.0	37.8
2H	18.8	39.1	31.6	21.4	27.7	21.2	21.2	15.2	39.1	24.2
3K	27.4	23.3	18.5	26.4	23.9	14.3	22.7	19.5	25.4	20.5
4S	22.3	19.9	28.4	21.5	23.0	11.9	18.2	13.6	19.2	15.7
5T	27.6	37.3	33.9	41.2	35.0	26.4	33.3	24.7	28.3	28.2
6W	12.7	19.0	18.0	18.5	17.1	12.4	13.4	11.9	16.8	13.6
7C	30.2	27.3	35.1	34.0	31.7	25.6	29.2	30.9	33.2	29.7
8H	25.1	55.8	39.6	27.5	37.0	19.7	44.7	30.4	28.3	30.8
9W	15.8	24.7	27.1	18.9	21.6	9.2	11.8	12.4	14.0	11.9
10L	15.5	23.8	22.6	15.3	19.3	12.7	13.4	13.5	15.1	13.7
11L	29.7	42.3	38.0	32.0	35.5	22.7	26.9	22.6	37.0	27.3
MEAN	23.5	33.1	30.2	27.1	28.5	19.2	25.8	20.5	26.6	23.0
RANKINGS	5	16	14	12		1	9	2	10.5	

SKC

TABLE 2.

EXPLANATION. —Same as in Table 1.

INTERPRETATION. —(1)Same as in Table 1. (2)Directions of reading and positions of characters are interdependent factors that influence the variability of the speed of reading Chinese. (a)Lu, Lr, and Ud are the least variable, while Rr, Dd, and Rd are the most variable.

TABLE 3 SUCCESSIVELY GROUPED MEAN TIME AND STANDARD DEVIATION IN .02 SECOND OF 11 SUBJECTS IN READING VERTICALLY AND HORIZONTALLY 7 CHINESE CHARACTERS IN 4 POSITIONS.

GROUPINGS		VERTICAL				HORIZONTAL			
		D		U		R		L	
		u—d	r—l	u—d	r—l	u—d	r—l	u—d	r—l
u—d & r—l	TIME	107.1	109.7	110.5	111.7	108.1	110.9	101.7	107.6
	RANKS	2	5	6	8	4	7	1	3
	S. D.	28.6	27.2	23.3	22.8	28.3	28.7	22.5	23.5
	RANKS	7	5	3	2	6	8	5	4

GROUPINGS		VERTICAL				HORIZONTAL			
		D		U		R		L	
		u—d	r—l	u—d	r—l	u—d	r—l	u—d	r—l
D—U & R—L	TIME	108.4		111.1		109.5		104.6	
	RANKS	2		4		3		1	
	S. D.	27.9		23.1		28.5		23.0	
	RANKS	3		2		4		1	
V—H	TIME	109.8				106.9			
	RANKS	2				1			
	S. D.	25.5				25.8			
	RANKS	1				2			

SKC

TABLE 3.

EXPLANATION. —(1), (2) Same as in Table 1. (3) The hyphenated letters denote groupings. (4) The successively grouped mean times and standard deviations are the means of two of the previous sub—groups. (5) The successive ranking are within the successive groups.

INTERPRETATION. —(1) Directions of reading and positions of characters are interdependent factors that influence the speed and its variability in the reading of Chinese. (a) In u—d and r—l groupings. L (u—d) takes the shortest time and is also the least variable, while U (r—l) takes the longest time but is the next least variable and R (r—l) is the most variable and at the same time takes only a little shorter time. (b) In D—U and R—L groupings. L takes the shortest time and is the least variable, while U takes the longest time but is the next least variable and R is the most variable and takes only a little shorter time. (c) In V—H groupings, H takes shorter time but is more variable and V takes longer time but is less variable.

TABLE 4 MEAN PERCENTAGE IMPROVEMENT OF THE LAST 3 SITTINGS OVER THE FIRST IN READING TIME IN .02 SHCOND BY 11 SUBJECTS IN READING VERTICALLY AND HORIZONTALLY 7 CHINESE CHARACTERS IN 4 POSITIONS (N=3).

VERTICAL

SUBJECTS	D					U				
	u	d	r	l	MEAN	u	d	r	l	MEAN
1W	16.9	26.8	19.7	23.1	21.6	27.0	21.7	23.9	29.7	25.6
2H	25.7	28.9	21.0	8.3	21.0	26.5	14.2	7.1	21.0	17.2
3K	30.8	35.0	20.5	21.6	27.0	17.7	21.7	18.1	17.7	18.8
4S	26.8	35.8	20.4	23.7	26.7	11.7	23.9	6.0	15.0	14.2
5T	45.5	49.2	47.6	43.1	46.4	41.3	34.1	32.5	37.6	36.4
6W	35.3	34.1	36.4	38.3	36.0	32.4	29.3	33.3	31.5	31.6
7C	30.2	35.0	41.1	32.1	34.6	37.7	37.6	26.4	35.6	34.3
8H	29.1	40.4	40.4	38.2	37.0	22.9	22.0	31.1	16.6	23.2
9W	12.6	23.3	15.6	11.3	15.7	18.6	13.9	11.2	12.8	14.1
10L	20.1	18.7	19.3	23.6	20.4	16.7	21.1	18.8	24.1	20.2
11L	18.9	19.6	22.4	21.4	20.6	9.9	14.7	15.0	15.3	13.7
MEAN	26.5	31.5	27.7	25.9	27.9	23.9	23.1	20.3	23.4	22.7
RANKINGS	9	3	5	10		12	15	16	14	

HORIZONTAL

SUBJECTS	R					L				
	u	d	r	l	MEAN	u	d	r	l	MEAN
1W	23.0	28.7	25.6	24.3	25.4	27.1	21.4	19.6	22.0	22.5
2H	13.0	38.2	29.8	21.2	25.6	21.9	16.2	19.8	20.2	19.5
3K	18.1	19.4	17.2	15.5	17.5	17.2	21.0	19.0	15.4	18.1
4S	14.5	16.4	16.2	24.0	17.8	.4	17.4	5.5	15.4	9.7
5T	35.5	40.7	39.5	39.7	38.8	41.4	40.4	40.5	35.3	39.4
6W	22.9	29.1	26.6	28.6	26.8	23.7	25.0	21.3	36.1	24.0
7C	39.1	37.2	39.8	42.6	39.7	35.3	40.7	39.5	40.6	39.0
8H	43.8	44.5	44.6	38.8	42.9	34.1	48.2	40.2	37.7	40.0
9W	35.6	41.5	42.8	37.5	39.4	18.5	16.8	22.4	22.4	20.0
10L	28.9	37.7	35.5	27.5	32.4	21.5	25.5	23.2	25.6	23.9
11L	22.6	39.0	34.2	31.0	31.7	21.1	23.3	16.9	27.6	22.2
MEAN	27.0	33.9	32.0	30.1	30.8	23.8	26.9	24.4	27.1	25.4
RANKINGS	7	1	2	4		13	8	11	6	

SKC

TABLE 4.

EXPLANATION. —Same as in Table 1.

INTERPRETATION. —(1)Same as in Table 1. (2)Directions of reading and positions of characters are interdependent factors that influence the improvement in speed in reading Chinese. (a)Rd, Rr, and Dd have the greatest percentage improvement, while Ul, Ud, and Ur have the least.

TABLE 5 SUCCESSIVELY GROUPED MEAN PERCENTAGE IMPROVEMENT OF THE LAST 3 SITTINGS OVER THE FIRST INREADING TIME IN. 02 SECOND BY 11 SUBJECTS IN READING VERTICALLY AND HORIZONTALLY 7 CHINESE CHARACTERS IN 4 POSITIONS.

GROUPINGS		VERTICAL				HORIZONTAL			
		D		U		R		L	
		u—d	r—l	u—d	r—l	u—d	r—l	u—d	r—l
u—d & r—l	%	29.0	26.8	28.5	21.9	30.5	31.0	25.4	25.8
	RANKS	3	5	4	8	2	1	7	6
D—U & R—L	%	27.9		22.7		30.8		25.4	
	RANKS	2		4		1		3	
V—H	%	25.3				28.1			
	RANKS	2				1			

SKC

TABLE 5.

EXPLANATION. —Same as in Table 3.

INTERPRETATION. —(1)Same as (2)in Table 4. (a) In u—d and r—l groupings. R(r—l)has the highest percentage improvement, while U(r—l)has the lowest. (b) In D—U and R—L groupings, R has the highest percentage improvement, while U has the lowest. (c)In V—H groupings, H has higher percentage improvement, while V has lower.

TABLE 6 PAIRED COMPARISONS OF THE MEAN TIME OF 4 DIRECTIONS OF READING BY 11 SUBJECTS 7 CHINESE CHARACTERS IN 4 POSITIONS.

u & d

SUBJECTS	U						D					
	D:U	D:R	D:L	U:R	U:L	R:L	D:U	D:R	D:L	U:R	U:L	R:L
1W	1	1	1	1	1	1	1	1	1	1	1	1
2H	1	1	1	1	1	1	1	1	1	1	1	1
3K	1	1	1	1	1	1	1	1	1	1	1	1

4S	1	1	1	1	1	1	1	1	1	1	1	1
5T	1	1	1	1	1	1	1	1	1	1	1	1
6W	1	1	1	1	1	1	1	1	1	1	1	1
7C	1	1	1	1	1	1	1	1	1	1	1	1
8H	1	1	1	1	1	1	1	1	1	1	1	1
9W	1	1	1	1	1	1	=	1	1	1	1	1
10L	1	1	1	1	1	1	1	1	1	1	1	1
11L	1	1	1	1	1	1	1	1	1	1	1	1
RATIO	10:1	5:6	6:5	1:10	0:11	2:9	$3\frac{1}{2}$:$7\frac{1}{2}$	6:5	2:9	9:2	2:9	0:11

r & l

SUBJECTS	R						L					
	D:U	D:R	D:L	U:R	U:L	R:L	D:U	D:R	D:L	U:R	U:L	R:L
1W	1	1	1	1	1	1	1	1	1	1	1	1
2H	1	1	1	1	1	1	1	1	1	1	1	1
3K	1	1	1	1	1	1	1	1	1	1	1	1
4S	1	1	1	1	1	1	1	1	1	1	1	1
5T	1	1	1	1	1	1	1	1	1	1	1	1
6W	1	1	1	1	1	1	1	1	1	1	1	1
7C	1	1	1	1	1	1	1	1	1	1	1	1
8H	1	1	1	1	1	1	1	1	1	1	1	1
9W	1	1	1	1	1	1	1	1	1	1	1	1
10L	1	1	1	1	1	1	1	1	1	1	1	1
11L	1	1	1	1	1	1	1	1	1	1	1	1
RATIO	5:6	7:4	1:10	9:2	1:10	1:10	8:3	6:5	8:3	4:7	5:6	7:4
TOTAL	D:U		D:R		D:L		U:R		U:L		R:L	
RATIO	$26\frac{1}{2}$:$17\frac{1}{2}$		24:20		17:27		23:21		8:36		10:34	

SKC

TABLE 6.

EXPLANTION.—(1). (2) Same as in Table 1. (3) The colon between letters and figures denotes the frequency ratio in favor of either member of the pair in comparison. (4) 6 paired comparisons among the 4 directions of reading are possible for each of the 4 positions of characters. (5) The means of 4 sittings of 11 subjects in reading u, d, r, and l characters were compared item by item in 6 paired comparisons of the D, U, R, and L reading. The figure 1 under each letter denotes that the mean is in favor of that direction of reading. The sign = denotes no difference. (6) The RATIO row are the totals of 11 subjects. (7) The TOTAL RATIO row are the totals of the u, d, and l characters, hence their sums 44.

INTERPRETATION. —(1) Individual differences in mean reading time in reading Chinese in 4 directions are less in u and d characters than in r and l characters. (2) In u and d characters, L takes invariably shorter time than R; while in r characters, L takes still less time than either U or D although this is not so in l characters. (3) In reading all positions of characters, L takes much shorter time than U but takes no more time than R, while R takes longer time than either U or D, even to a greater extent than the latter.

TABLE 7 PAIRED COMPARISONS OF THE STANDARD DEVIATION OF THEREADING TIME OF 4 DIRECTIONS OF READING BY 11 SUBJECTS 7 CHINESE CHARACTERS IN 4 POSITIONS.

u & d

SUBJECTS	U						D					
	D:U	D:R	D:L	U:R	U:L	R:L	D:U	D:R	D:L	U:R	U:L	R:L
1W	1	1	1	1	1	1	1	1	1	1	1	1
2H	1	1	1	1	1	1	1	1	1	1	1	1
3K	1	1	1	1	1	1	1	1	1	1	1	1
4S	1	1	1	1	1	1	1	1	1	1	1	1
5T	1	1	1	1	1	1	1	1	1	1	1	1
6W	1	1	1	1	1	1	1	1	1	1	1	1
7C	1	1	1	1	1	1	1	1	1	1	1	1
8H	1	1	1	1	1	1	1	1	1	1	1	1
9W	1	1	1	1	1	1	1	1	1	1	1	1
10L	1	1	1	1	1	1	1	1	1	1	=	1
11L	1	1	1	1	1	1	1	1	1	1	1	1
RATIO	8:3	6:5	1:10	6:5	0:11	2:9	0:11	5:6	1:10	9:2	$7\frac{1}{2}:3\frac{1}{2}$	1:10

r & l

SUBJECTS	R						L					
	D:U	D:R	D:L	U:R	U:L	R:L	D:U	D:R	D:L	U:R	U:L	R:L
1W	1	1	1	1	1	1	1	1	1	=	1	1
2H	1	1	1	1	1	1	1	1	1	1	1	1
3K	1	1	1	1	1	1	1	1	1	1	1	1
4S	1	1	1	1	1	1	1	1	1	=	1	1
5T	1	1	1	1	1	1	1	1	1	1	1	1
6W	1	1	1	1	1	1	1	1	1	1	1	1
7C	1	1	1	1	1	1	1	1	1	1	1	1
8H	1	1	1	1	1	1	1	1	1	1	1	1

SUBJECTS	R						L					
	D:U	D:R	D:L	U:R	U:L	R:L	D:U	D:R	D:L	U:R	U:L	R:L
9W	1	1	1	1	1	1	1	1	1	1	1	1
10L	1	1	1	1	1	1	1	1	1	1	1	1
11L	1	1	1	1	1	1	1	1	1	1	1	1
RATIO	3:8	8:3	1:10	10:1	6:5	0:11	4:7	6:5	6:5	8:3	6:5	3:8
TOTAL	D:U		D:R		D:L		U:R		U:L		R:L	
RATIO	15:29		25:19		9:35		33:11		$19\frac{1}{2}:24\frac{1}{2}$		6:38	

SKC

TABLE7.

EXPLANATION. —Same as in Table 6.

INTERPRETATION. —(1) Individual differences in the variability of speed of reading Chinese in 4 directions are more in 1 characters than in any other position. (2) In u and r characters, L is invariably less variable than either U or R, although to a less degree in d characters. (3) In reading all positions of characters, L is less variable than D but is much less so than R although to a less degree than U, while R is more variable than all the rest, even than U.

TABLE 8 PAIRED COMPARISONS OF THE MEAN PERCENTAGE IMPROVEMENT IN READING TIME OF 4 DIRECTIONS OF READING BY 11 SUBJECTS 7 CHINESE CHARACTERS IN 4 POSITIONS.

u & d

SUBJECTS	U						D					
	D:U	D:R	D:L	U:R	U:L	R:L	D:U	D:R	D:L	U:R	U:L	R:L
1W	1	1	1	1	1	1	1	1	1	1	1	1
2H	1	1	1	1	1	1	1	1	1	1	1	1
3K	1	1	1	1	1	1	1	1	1	1	1	1
4S	1	1	1	1	1	1	1	1	1	1	1	1
5T	1	1	1	1	1	1	1	1	1	1	1	1
6W	1	1	1	1	1	1	1	1	1	1	1	1
7C	1	1	1	1	1	1	1	1	1	1	1	1
8H	1	1	1	1	1	1	1	1	1	1	1	1
9W	1	1	1	1	1	1	1	1	1	1	1	1
10L	1	1	1	1	1	1	1	1	1	1	1	1
11L	1	1	1	1	1	1	1	1	1	1	1	1
RATIO	7:4	6:5	5:6	4:7	6:5	7:4	9:2	4:7	7:4	4:7	4:7	7:4

r & l

SUBJECTS	R						L					
	D:U	D:R	D:L	U:R	U:L	R:L	D:U	D:R	D:L	U:R	U:L	R:L
1W	1	1	1	1	1	1	1	1	1	1	1	1
2H	1	1	1	1	1	1	1	1	1	1	1	1
3K	1	1	1	1	1	1	1	1	1	1	1	1
4S	1	1	1	1	1	1	1	1	1	1	1	1
5T	1	1	1	1	1	1	1	1	1	1	1	1
6W	1	1	1	1	1	1	1	1	1	1	1	1
7C	1	1	1	1	1	1	1	1	1	1	1	1
8H	1	1	1	1	1	1	1	1	1	1	1	1
9W	1	1	1	1	1	1	1	1	1	1	1	1
10L	1	1	1	1	1	1	1	1	1	1	1	1
RATIO	10:1	5:6	9:2	2:9	3:8	9:2	6:5	3:8	6:5	3:8	4:7	10:1
TOTAL	D:U	D:R	D:L	U:R	U:L	R:L						
RATIO	32:12	18:26	27:17	13:31	17:27	33:11						

SKC

TABLE 8.

EXPLANATION. —Same as in Table 6.

INTERPRETATION. —(1)Individual differences in mean percentage IMPROVEMENT in the speed of reading Chinese in 4 directions are great in all 4 positions of characters. (2)In reading r characters, D improves much more than U, while R improves much more than L in reading l characters. (3)In reading all positions of characters, R improves much more than either L, U, or D.

TABLE 9 PERCENTAGE ADVANTAGE IN MEAN TIME BETWEEN PAIRED COMPARISONS OF 4 DIRECTIONS OF READING 7 CHINESE CHARACTERS IN 4 POSITIONS BY 11 SUBJECTS.

COMPARISONS	u	d	r	l	u-d-r-l
D:U	11.20	——	——	4.48	2.43
	——	4.98	.99	——	——
D:R	.20	1.63	1.95	.18	1.00
	——	——	——	——	——
D:L	——	——	——	5.84	——
	2.41	7.42	9.30	——	3.50

续 表

COMPARISONS		u	d	r	l	u—d—r—l
U:R		——	6.55	2.92	——	——
		10.95	——	——	4.31	1.44
U:L		——	——	——	.79	——
		13.30	2.57	8.40	——	5.84
R:L		——	——	——	5.06	——
		2.60	.34	11.08	——	4.48
GRAND TOTAL		3L	3L	3L	3D	3L
		2D	2U	2U	2R	2D
		1R	1D	1D	1U	1R
		0U	0R	0R	0L	0U

SKC

NOTE: In reading upright (u) characters, leftward (L) reading is 2.41%, 13.30%, and 2.60% shorter than downward (D), upward (U), and rightward (R) reading respectively. Downward reading is shorter in 2 comparisons, rightward reading in 1 comparison, and upward reading in no comparison, and so on.

EXPLANATION.—(1) Same as in Table 1. (2) Same as (3) in Table 3. (3) Same as (3) in Table 6. (4) The figures opposite the letters denote percentage ADVANTAGE or difference in mean reading TIME in favor of that direction of reading, hence dashes denote disadvantage. The u—d—r—l column are from the means of the group as a whole not from the left columns. (5) The GRAND TOTAL row, 3L, 2D, 1R, and 0U under u, for example, are to be read:—L is better than all the other 3 direction of reading, D than 2, R than 1, and U than none.

INTERPRETATION.—(1) In reading u, d, and r characters and in reading all positions as a whole, L has an advantage in mean reading TIME over all the other 3 directions of reading, while D is so only in the case of 1 characters. (2) U has an advantage in mean reading time over none both in reading u characters and in reading all positions as a whole.

TABLE 10 PERCENTAGE ADVANTAGE IN STANDARD DEVIATION OF THEREADING TIME BETWEEN PAIRED COMPARISONS OF 4 DIRECTIONS OF READING 7 CHINESE CHARACTERS IN 4 POSITIONS BY 11 SUBJECTS.

COMPARISONS	u	d	r	l	u—d—r—l
D:U	.20	——	——	——	——
	——	34.00	18.05	14.35	17.20
D:R	——	1.21	11.92	——	2.13
	4.49	——	——	2.87	——
D:L	——	——	——	——	——
	21.62	21.10	22.91	4.67	17.56
U:R	——	34.80	27.80	11.80	18.95
	6.01	——	——	——	——
U:L	——	16.27	——	10.15	——
	23.20	——	5.97	——	.44
R:L	——	——	——	——	——
	18.30	22.10	32.10	1.85	19.30
GRAND TOTAL	3L	3U	3L	3U	3L
	2R	2L	2U	2L	2U
	1D	1D	1D	1R	1D
	0U	0R	0R	0D	0R

SKC

NOTE: In reading upright (u)characters, leftward (L)reading is 21.62%, 23.30%, and 18.30% less variable than downward (D), upward (U), and rightward (R)reading respectively. Rightward reading is less variable in 2 comparisons, downward reading in 1 comparison, and upward reading in no comparison, and so on.

TABLE 10.

EXPLANATION.—Same as in Table 9.

INTERPRETATION.——(1)In reading u and r characters and in reading all positions as a whole, L has an advantage in mean variability over all the other 3 directions of reading. (2)In reading d and r characters and in reading all positions as a whole, R has an advantage in mean variability over none.

TABLE 11 PERCENTAGE ADVANTAGE IN MEAN PERCENTAGE IMPROVEMENT IN READING TIME BETWEEN PAIRED COMPARISONS OF 4 DIRECTIONS OF READING 7 CHINESE CHARACTERS IN 4 POSITIONS BY 11 SUBJECTS.

COMPARISONS	u	d	r	l	u—d—r—l
D:U	9.82	26.70	26.70	9.65	18.64
	——	——	——	——	——
D:R	——	——	——	——	——
	1.85	7.08	13.44	13.95	9.42
D:L	10.19	14.60	11.90	——	8.97
	——	——	——	4.44	——
U:R	——	——	——	——	——
	11.48	31.90	36.60	22.25	26.30
U:L	.42	——	——	——	——
	——	14.20	16.80	13.65	10.63
R:L	11.85	20.61	23.72	9.96	17.54
	——	——	——	——	——
GRAND TOTAL	3R	3R	3R	3R	3R
	2D	2D	2D	2L	2D
	1U	1L	1L	1D	1L
	0L	0U	0U	0U	0U

NOTE: In reading upright (u) characters, rightward (R) reading improves 1.85%, 11.48%, and 11.85% more than downward (D), upward (U), and leftward (L) reading respectively. Downward reading improves move in 2 comparisons, upward reading in 1 comparison, and leftward reading in no comparison, and so on.

TABLE 11.

EXPLANATION.—Same as in Table 9.

INTERPRETATION.—(1) R reading has an advantage in mean percentage advantage in IMPROVEMENT in reading time over all the other 3 directions of reading all positions of characters, while U has an advantage over none except L in reading u characters.

TABLE 12 CALCULATED RATE OF READING IN 4 DIRECIONS 7 CHINESE CHARACTERS IN 4 POSITIONS BY 11 SUBJECTS.

VH	DURL	udrl	TIME			RATE		
			udrl	DURL	VH	udrl	DURL	VH
V	D	u	99.7	108.4	109.8	3.51	3.23	3.19
		d	114.5			3.05		
		r	110.7			3.16		
		l	108.7			3.22		
	U	u	112.2	111.1		3.12	3.15	
		d	108.8			3.21		
		r	109.6			3.19		
		l	113.8			3.07		
H	R	u	99.9	109.5	106.9	3.50	3.19	3.27
		d	116.4			2.98		
		r	112.9			3.10		
		l	108.9			3.20		
	L	u	97.3	104.6		3.59	3.34	
		d	106.0			3.30		
		r	100.4			3.48		
		l	114.7			3.05		

SKC

NOTE:

Let R=The rate of reading in terms of characters read per second.

T=The mean time in 1/50 second in reading in different directions the 7 Chinese characters in different positions.

Then.

$R=(7\times 50)/T=350/T$

TABLE 12.

EXPLANATION.—(1), (2) Same as in Table 1. (3) The group of letters standing close together on the headline of the table denote the common category represented by those letters. They are used in place of words in order to save space. (4) The successively grouped rates of reading were calculated from the correspondingly grouped reading times by the formula below the table.

INTERPRETATION.—(1) The rate of reading in terms of words read per second as calculated from the mean reading time holds the same relation in the different positions of characters read in different directions. (2) Lu, Du, and Ru have the highest rate, while Dd, Ll, and Rd have the lowest.

TABLE 13 CONSISTANCY OF OBJECTIVE RANKINGS OF THE MEAN READING TIME IN 4 SUCCESSIVE OF 11 SUBJECTS IN READING IN 4 DIRECTIONS 7 CHINESE CHARACTERS IN 4 POSITIONS.

SUBJECTS	VERTICAL								HORIZONTAL								A
	D				U				R				L				
	u	d	r	L	u	d	r	l	u	d	r	l	u	d	r	L	
1W	31	31	22	22	22	31	22	13	22	31	31	31	22	22	22	13	2
2H	13	31	22	22	31	22	31	22	22	22	31	22	22	13	22	13	3
3K	31	22	22	22	22	31	22	31	22	31	13	22	13	31	22	22	2
4S	31	31	22	31	22	40	22	22	22	22	31	31	22	22	40	22	0
5T	31	31	31	31	22	13	22	31	13	13	13	13	13	13	13	13	9
6W	22	31	31	31	31	22	31	22	13	22	31	22	13	22	31	22	2
7C	22	13	22	31	22	22	40	22	13	22	13	22	31	22	22	13	4
8H	13	22	31	22	13	13	22	22	13	13	13	13	13	22	13	22	9
9W	13	22	31	31	22	13	22	22	13	22	22	13	13	22	13	22	6
10L	13	31	22	22	31	22	22	13	13	31	22	22	22	13	22	13	5
11L	22	31	31	22	22	31	31	22	22	22	31	22	22	13	22	13	2
A	4	1	0	0	1	3	0	2	6	2	4	3	5	4	3	6	44

SKC

Incert SITTINGS.

TABLE 13.

EXPLANATION. —(1), (2) Same as in Table 1. (3) The 176 two—place figures entered in the u, d, r, and l columns are used in the following scheme: —(a) The first figure denotes the number of different ranks obtained by any one positions of characters read in any one direction among the 4 positions themselves as ascertained by the successive means of that position in that direction in 4 successive sittings. For example, 3 means 3 different ranks are obtained out of a possible 4 in 4 sittings. (b) The second figure denotes the number of agreements in ranks out of a possible 3 in 4 sittings (when the ranks are all the same in 4 sittings, there are 3 agreements). For example, 1 means that there is only 1 agreement out of a possible 3 in 4 sittings. (c) Thus, 31 means that, during 4 successive sittings, that particular reading receives 3 different ranks among which there is only 1 agreement or, what amounts to the same things, there are only 2 ranks that are the same. And 13 mean that all 4 sittings give 1 single rank and hence there are 3 agreements, that is, all 4 ranks are the same or perfectly consistant. Likewise, 40 means that 4 different ranks are obtained which, of course, means that there is no agreement. (4) The figures on A columns and rows denote the number of perfect Agreements, that is, 13's, and hence consistency.

INTERPRETATION. —(1) Individual differences are greater than differences among the various positions of characters read in various directions. (a) 5T is the most consistent, while 4S is the least. (b) Ru and Ll are the most consistent, while Dr, Dl, and Ur are the least.

TABLE 14. DIFFERENCE OF 1 OBJECTIVE RANKINGS OF THE MEAN READING TIME IN 4 SUCCESSIVE SITTINGS OF 11 SUBJECTS AND THEIR SUBJECTIVE JUDGMENTS OF THE RELATIVE EASE OF 7 CHINESE CHARACTERS IN 4 POSITIONS FOR READIN 4 DIRECTIONS.

SUBJECTS	VERTICAL								HORIZONTAL								A
	D				U				R				L				
	u	d	r	l	u	d	R	l	u	d	r	l	u	d	r	l	
1W	1	1	2	2	2	2	1	1	0	0	1	1	1	1	1	1	2
2H	0	0	1	1	1	1	1	1	0	0	0	0	1	0	1	0	8
3K	1	1	2	1	2	1	3	0	1	.5	1	.5	1	1	1	1	1
4S	0	1	2	1	1	1	0	2	0	0	0	0	0	.5	.5	0	8
5T	0	1	0	1	0	0	1	1	0	0	0	0	0	.5	.5	0	10
6W	0	2	.5	1.5	0	2	2	0	0	0	1	1	0	2	1	1	6
7C	0	0	1	1	3	2	0	1	0	.5	0	.5	2	2	0	0	7
8H	0	0	1	1	0	0	.5	.5	0	0	0	0	0	0	0	0	12
9W	0	0	.5	.5	2	3	2	1	2	1	3	0	0	1	1	2	4
10L	0	1	1	0	1	3	2	2	3	2	1	0	.5	1	.5	1	3
11L	0	2	0	2	0	2	0	2	0	0	0	0	0	1	0	1	10
A	9	4	2	1	4	2	3	2	8	7	6	7	6	2	3	5	71

1 Change to BETWEEN. SKC

TABLE 14.

EXPLANATION. —(1), (2)Same as in Table 1. (2)The 176 figures entered in the u, d, r, and l columns denote the difference between the objective ranks of the mean reading TIME and the subjective rankings or judgments of the relative EASE of the u, d, r, and l characters for reading in different directions among themselves. The objective ranks were based on the total ranks rather than on the mean times of the 4 successive sittings in order to insure comparability. Thus, 1 means than there is a difference of 1 between the objective ranks and the subjective judgments, 0 means that there is 0 difference or perfect agreement. (3)The figures in A columns and rows denote the number of perfect Agreements or 0's.

INTERPRETATION. —(1)Same as in Table 1. (a)8H's subjective judgments agree the most with his objective results while 3K's agree the least. (b)Du has the most agreement between objective ranks and subjective judgments while Dl has the least.

TABLE 15. DISTRIBUTIONS OF OBJECTIVE RANKINGS OF THE MEANREADING TIME IN 4 SUCCESSIVE SITTINGS OF 11 SUBJECTS AND THEIR SUBJECTIVE JUDGMENTS OF THE RELATIVE EASE OF 7 CHINESE CHARACTERS IN 4 POSITIONS FOR READING. IN 4 DIRECTIONS.

RANKS		VERTICAL								HORIZONTAL							
		D				U				R				L			
		u	d	r	l	u	d	r	l	u	d	r	l	u	D	R	L
OBJECTIVE	1	33	4	3	3	11	24	7	1	36	1	5	2	32	1	11	0
	1. 5	1			1	1	1										
	2	4	9	13	17	13	10	12	8	5	6	6	27	8	10	26	0
	3	3	10	17	14	9	4	15	16	2	14	18	10	4	28	5	7
	4	3	21	11	9	10	5	10	19	1	23	15	5	0	5	2	37
SUBJECTIVE	1	11	0	0	0	6	2	2	1	9	1	1	0	10	0	1	0
	2	0	1	5	5	3	1	4	3	0	1	1	9	1	1	8	1
	3	0	1	6	4	1	4	1	5	1	1	8	1	0	3	2	6
	4	0	9	0	2	1	4	4	2	1	8	1	1	0	7	0	4
RATIO		33	21	17	17	13	24	15	19	36	23	18	27	32	28	26	37
		:	:	:	:	:	:	:	:	:	:	:	:	:	:	:	:
		44	36	24	20	24	16	16	20	36	32	32	36	40	28	32	24

SKC

TABLE 15.

EXPLANATION.—(1), (2) Same as in Table 1. (2) The figures on the OBJECTIVE rows denote the number of times a certain rank occurs to any one position of characters read in any one direction. Thus, 33 means that Du ranks 1st among Du, Dd, Dr, and Dl 33 times out of a possible 44. The underline denotes the greatest frequency for a particular rank. (3) Similarly, the figures on the SUBJECTIVE rows denote also the number of times a particular rank occurs but instead of out of a possible 44, they are all out of a possible 11 since only one subjective judgment was obtained after the 4the sitting from each subject. (4) The RATIO rows represent the ratio between the highest objective and subjective frequencies for a particular rank after the latter has been multiplied by 4. (a) The colon denotes agreement between objective and subjective ranks that are the most frequent. (b) The underline denotes disagreement.

INTERPRETATION.—(1) In D and R reading, objective ranks and subjective judgments of the 4 positions of characters as to their ease for reading in the 4 directions agree perfectly, that is, the one that ranks objectively most frequently as 1 is also judged subjectively most frequently as 1, etc. (2) In U reading, the two most frequent rankings do not agree at all, while in L reading half agree and half do not.

TABLE 16 INDIVIDUAL DIFFERENCES IN SPEED, VARIABILITY, AND IMPROVEMENT OF READING IN 4 DIRECTIONS 7 CHINESE CHARACTERS IN 4 POSITIONS BY 11 SUBJECTS.

SUBJECTS	MEAN TIME	MEAN S. D.	% IMPROVEMENT %			
			1—2	1—3	1—4	MEAN
1W	177.2	39.8	14.1	24.5	32.6	23.7
2H	90.3	25.4	7.0	26.5	28.9	20.8
3K	115.8	22.0	7.6	25.2	28.3	20.4
4S	128.4	23.1	14.0	21.6	15.6	17.1
5T	96.7	33.2	25.9	41.5	53.3	40.2
6W	86.8	18.1	24.8	30.6	33.4	29.6
7C	101.9	29.2	30.8	39.2	40.7	36.9
8H	97.9	31.9	21.0	38.9	47.4	35.8
9W	73.9	14.0	16.4	24.1	26.4	22.3
10L	86.9	15.4	17.6	22.5	32.7	24.3
11L	136.7	29.8	9.7	24.2	32.3	22.1
MEAN	108.4	25.6	17.2	29.0	33.8	26.7

SUBJECTS	SPEED	S. D.	IMPROVEMENT
1W	11	11	6
2H	4	6	9
3K	8	4	10
4S	9	5	11
5T	5	10	1
6W	2	3	4
7C	7	7	2
8H	6	9	3
9W	1	1	7
10L	3	2	5
11L	10	8	8
RANK ORDERS			

SKC

TABLE 16.

EXPLANATION.—(1)1—2, 1—3, and 1—4 denote differences between the 1st sitting and the 2nd, 3rd, and 4th sittings respectively in percentage improvement in all directions of reading all positions of characters. (2)The MEAN's are the means of those three. This should be compared with the total number of days taken by each subject in completing the experiment as shown in Plate Ⅶ on page 53. (3)The lower table translates the different measures into ranks.

INTERPRETATION.—(1)There is a fair correlation among different measures in different individuals. (a)1W is the slowest and also the most variable reader although he occupies 6th palace in improvement. (b)9W is the fastest and also the least variable reader but occupies only 7th, place in improvement. (2)Taking the number of days intervened between sittings and after the completion of the whole experiment into consideration, individual differences in improvement can be partly explained.

TABLE 17. SUMMARY RANKS OF SPEED (WITH SUBJECTIVE RANKINGS), VARIABILITY, AND IMPROVEMENT OF 4 DIRECTIONS OF READING 7 CHINESE CHARACTERS IN 4 POSITIONS BY 11 SUBJECTS.

VH	DURL	udrl	SPEED: ACTUAL				SPEED: RANKINGS: OBJECTIVE		SPEED: RANKINGS: SUBJECTIVE		S. D.				IMPROVEMENT			
V	D	u	2	2	2	2	2	3.5	1	2.5	7	7	3	1	9	3	2	2
		d	14				14		16		15				3			
		r	10	5			11	5.5	7.5	6.5	10.5	5			5	5		
		l	6				8		9.5		13				10			
	U	u	11	6	4		7	1	4	2.5	8	3	2		12	4	4	
		d	7				4		12		3				15			
		r	9	8			9	8	7.5	6.5	4	2			16	8		
		l	13				13		9.5		6				14			
H	R	u	3	4	3	1	1	3.5	3	4	5	6	4	2	7	2	1	1
		d	16				15		14		16				1			
		r	12	7			12	5.5	11	5	14	8			2	1		
		l	8				6		6		12				4			
	L	u	1	1	1		3	2	2	1	1	1	1		13	7	3	
		d	5				10		15		9				8			
		r	4	3			5	7	5	8	2	4			11	6		
		l	15				16		13		10.5				6			

CORRELATION BETEWWN OBJECTIVE AND SUBJECTIVE RANKINGS:

$$\rho = 1 - \frac{\sum 6D^2}{N(N^2-1)} = 1 - \frac{6}{16[(16)^2-1]} = .7823$$

$$r = 2\mathrm{Sin}(30^\circ \times \rho) = .7963$$

TABLE 17.

EXPLANATION. —(1) Same as (3) in Table 12. (2) The successive ranks are based on the successive means, not on the ranks of the previous sub-groups. (3) Objective and subjective rankings can not be grouped further because they are not based on means.

INTERPRETAION. —(1) There is a fair correlation among the various measures of different directions of reading different positions of characters. (a) Lu takes the shortest time and is also ranked 3rd and 2nd place objectively and subjectively, is also the least variable but occupies only 13th place in improvement. (b) Rd takes the longest time and is also ranked 15th and 14th place objectively and subjectively, is also the most variable but improve the most. (c) L(u—d) takes the shortest time and is also ranked 2nd and 1st place objectively and subjectively, is also the least variable but holds only 7th place in improvement. (d) U(r—l) takes the longest time and is also ranked 8th and 6.5th place objectively and subjectively, but is 2nd in variability and 8th in improvement. (e) L takes the shortest time and is also the least variable but is 3rd in improvement. (f) U takes the longest time and is 2nd in variability but last in improvement. (g) H takes shorter time but is more variable and improves more. (h) V takes longer time but is less variable and also improves less. (i) Correlation between objective and subjective rankings is found by the rank method, $\rho=.7823$ which is equivalent to $r=.7963$.

CHAPTER Ⅶ
CHARACTER POSITION AND READING DIRECTION AS INTERDEPENDENT FACTORS THAT INFLUENCE THE SPEED OF READING CHINESE

SPEED. —The mean reading time in .02 second of 11 subjects in 4 sittings for 16 combinations of the various positions of 7 characters read in various directions ranges from 97.3 in the case of Lu up to 116.4 in the case of Rd. (Table 1) Du which is the habitual reading of the Chinese language and which takes 99.7 proves only second to Lu, while Ru which is the natural horizontal way of reading takes 99.9 and is only the 3rd fastest. On the other hand, although Ll takes 114.7 and is next to the last, Dd taking 114.5 is only a little shorter, while Ld and Ud occupy the 5th and 7th place respectively. Lr is 4th but Rr is only 12th and Rl 8th. Dl is 6th and Dr is 10th than which Ur takes even shorter time although Uu is 11th. The rank order is as follows: —Lu, Du, Ru, Lr, Ld, Dl, Ud, Rl, Ur, Rl, Ur, Dr, Uu, Rr, Ul, Dd, Ll, Rd.

If we take together u and d, r and l, then the mean reading time ranges from 101.7 in the case of L(u—d) to 111.7 in the case of U(r—l) (Table 3). D(u—d) takes 107.1 and is 2nd while L (r—l) is 3rd and R(u—d) holds only the 4th place and R(r—l) the 7th. D(r—l) take a little shorter time than U(u—d) although 3 ranks higher than U(r—l). The rank order is as follows: —L(u—d), D(u—d), L(r—l), R(u—d), D(r—l), U(u—d), R(r—l), U(r—l).

If we take all 4 positions together as a whole for each of the 4 directions, L takes 104. 6 and is the shortest, D and R take 108. 4 and 109. 5 and are 2nd and 3rd respectively, while U takes 111. 1 and is the last.

If we take together D and U, which are Vertical reading, R and L, which are Horizontal readings, H takes 106. 9 which is shorter than 109. 8 for V.

These means are not very reliable since individual differences are great. This defect can be checked by paired comparisons, item by item, of the different directions of reading by all subjects. (Table 6).

(1) When D is compared with U, the ratio of the 11 subjects taking a shorter time for each is 10:1 in reading u characters, that is, 10 subjects out of 11 are in favor of D and only 1 in favor of U. The one exception is explained probably by the fact that subject 3K is less proficient in general training and appreciation of the Chinese language and literature. The ratio is still decidedly in favor of D in reading l characters, being 8:3, but it is reversed in reading d and r characters, being $3\frac{1}{2}$: $7\frac{1}{2}$ and 5 : 6 respectively.

(2) When D is compared with R, the chances are about equal in favoring either direction in reading the various positions, 5 : 6 in u characters, 6 : 5 in d characters, 7 : 4 in r characters, and 6 : 5 in l characters.

(3) When D is compared with L, u characters yield a ratio of 6:5 butl characters definitely find more subjects preferring D, the ratio being 8 : 3. However, the relation is just reversed in d and r characters, the favor being all in L, and the ratio are 2 : 9 for d characters and 1 : 10 for r characters.

(4) When U is compared with R, the ratio are the same in d and r characters, all being 9 : 2 in favor of U, although in u characters, and in l characters the ratio are 1 : 10 and 4 : 7 respectively, all favoring R.

(5) When U is compared with L, all ratio are decidedly in favor of L, being 0 : 11 for u characters, 2 : 9 for d characters, 1 : 10 for r characters, and 5 : 6 for l characters.

(6) When R is compared with L, L is favored by less subjects in l characters while the ratio are 2 : 9 for u characters, 0 : 11 for d characters, and 1 : 10 for r characters, all favoring the latter.

Taking all positions together as a whole, the probability of D being faster than U is $26\frac{1}{2}$: $17\frac{1}{2}$, than R 24 : 20, but only 17 : 27 than L or, in other words, the chances are 27 : 17 that the latter is faster than the former instead of vice versa. The probability of U being faster than L may be negligible (8 :36) but than R is even appreciably above chance being 23 :21. L is in all probability faster than R, the ratio being 34 :10. Adding all three comparisons of each of the 4 directions together and combining D with U, and R with L, the probability for H being faster than V is 148 :116 or 37 :29. These results may be tabulated as follows:—

D :U	D :R	D :L	U :R	U :L	R :L
$26\frac{1}{2}:17\frac{1}{2}$	24 :20	7 :27	23 :21	8 :36	10 :34

D	U	R	L
26.5	17.5	20	27
24	23	21	36
17	8	10	34
67.5	48.5	51	97

V	H
116	148

A better idea of the interaction of interdependence of positions of characters and directions of reading in influencing the speed of reading 7 Chinese characters may be had by knowing the percentage advantage in terms of difference in mean reading time between these various comparisons among the 4 directions of reading for the 4 positions of characters and for all positions as a whole (Table 9). In reading u, d, and r characters and in reading all positions as a whole, L has an advantage over all the other 3 directions of reading, while D is so only in the case of l characters. In reading u characters, L takes 2.41%, 13.30%, and 2.60% shorter time than D, U, and R respectively. In reading d characters, the percentages are altered, being 7.42%, 2.57%, and .34% respectively. In reading r characters, the figures are again different, being 9.30%, 8.40%, and 11.08% respectively. In reading all positions as a whole, these figures tend to differ very little, being 3.50% than D, 5.84% than U, and 4.48% than R. In reading l characters, D takes 4.48%, .18%, and 5.84% shorter than U, R, and L respectively. These results may be tabulated as follows:—

	u	d	r	udrl		l
L shorter than D	2.41	7.42	9.30	3.50	D shorter than U	4.48
L shorter than U	13.30	2.57	8.40	5.84	D shorter than R	.18
L shorter than R	2.60	.34	11.08	4.48	D shorter than L	5.84

The rate of reading in terms of characters read per second can be easily calculated from the mean times for the 16 combinations. Letting R=the rate of reading in terms of characters read per second and T=the mean time in 1/50 second in reading in different directions the 7 Chinese characters in different positions, then these measures are related in the following proportion:—1/50T ∶7=1 ∶R. This on solving gives:—

$$R=\frac{7}{T}=\frac{}{T}\text{(Table 12)}$$

Thus, by this formula, it is found that Lu which takes the shortest time 97. 3 yields the highest rate of 3. 59 words read per second while the lowest rate of 2. 98 words per second is found in the case of Rd which takes of course the longest time 116. 4. The mean rate of all the 16 combinations is 3. 23. Du and Ru have a rate of 3. 51 and 3. 50 respectively, which correspond to Tu's figures 4. 17 and 3. 61 in oral reading for speed. The discrepancy is explained by the fact that Tu had subjects read passages while in this experiment subjects read in units of 7 characters and in intermission only.

As to the rank of the objective mean reading time of each of the 4 positions of characters within any one direction of reading during the successive 4 sittings, consistancy ranges from absolutely no perfect agreement among subjects in Dr, Dl, and Ur to 6 perfect agreements in Ru and Ll, (Table 13). Dd and Uu have l perfect agreement, U1 and Rd 2, Ud, Rl, and Lr 3, Du, Rr, and Ld 4, while only Lu has 5 perfect agreements. The rank order according to the number of perfect agreements in 4 successive sittings from the greatest to the least is as follows:—Dr, Dl, Ur, Dd, Uu, Ul, Rd, Ud, Rl, Lr, Du, Rr, Ld, Lu, Ru, Ll.

Perfect agreement between objective rank of the mean reading time and subjective judgment of the relative ease of the different positions of characters within any one direction of reading ranges from 1 in Dl to 9 in Du. Dr, Ud, Ul, and Ld have 2 subjects agree, Ur, and Lr 3, Dd, and Uu 4, Ll 5, Rr and Lu 6, Rd and Rl 7, and only Ru has 8. The order according to the number of agreements of objective rankings and subjective judgments among subjects from the greatest to the least is as follows:—Dl, Dr, Ud, Ul, Ld, Ur, Lr,Dd, Uu, Ll, Rr, Lu, Rd, Rl, Ru, Du. (Table 14)

Considering the various directions of reading as a whole, D and U are less consistent than R and L as evidenced by the fact that, out of a possible 44 perfect agreements of the objective rank of reading time among the various positions within any one direction of reading, D has only 5 and U 6 while R and L have 15 and 18 respectively (Table 13). However, subjective judgments and objective ranks agree equally frequently in the case of D and L, all having 16 perfect agreements out of a possible 44, but U has less than half perfect agreements than R, the former having 11 while the latter 28 (Table 14). In general, subjective judgments tend to agree more with the average ranks of objective results than objective ranks agree with themselves in successive sittings. These results may be shown as follows:—

	D	U	R	L
Agreements between sittings	5	6	15	18
Agreements between objective results and subjective judgments.	16	11	28	16

If we count the most frequent objective rank of each of the 4 positions of characters as ascertained by the mean reading time within any one direction of reading in all sittings of all subjects, we find that for D 33 out of 44 rank u characters 1st or taking the shortest time, 21 rank d characters last, 17 rank r characters 3rd, and 17 rank l characters 2nd. (Table 15) This agrees with the subjective ranks that are the most frequent which are 11, 9, 6 and 5 respectively. For R reading, 36 rank u characters 1st, 23 rank d characters last, 18 rank r characters 3rd, and 27 rank l characters 2nd. This also agrees with the subjective ranks that are the most frequent, which are 9, 8, 8, and 9. For L reading, 32 rank u characters 1st, which have a subjective frequency of 10, and 26 rank r characters 2nd which have a subjective frequency of 8, but when 28 rank d characters 3rd, they were judged by 7 to be the last and when 37 rank l characters last, they were judged by 6 to be 3rd. For U reading, the most frequent ranks of the different positions of characters do not agree at all: u characters rank 2nd 13 times but were judged by 6 as 1st; d characters rank 1st 24 times but were judged by 4 3rd; r characters rank 3rd 15 times but were judged by 4 last; and l characters rank last 19 times but were judged 3rd by 5. These results may be tabulated as follows:—

Du	Dd	Dr	Dl	Uu	Ud	Ur	Ul	Ru	Rd	Rr	Rl	Lu	Ld	Lr	Ll
1	4	3	2	2	1	3	4	1	4	3	2	1	3	2	4
(33)	(21)	(17)	(17)	(13)	(24)	(15)	(19)	(36)	(23)	(18)	(27)	(32)	(28)	(26)	(37)
1	4	3	2	1	3	4	3	1	4	3	2	1	4	2	3
(11)	(9)	(6)	(5)	(6)	(4)	(4)	(5)	(9)	(8)	(8)	(9)	(10)	(7)	(8)	(6)

VARIABILITY. —The mean standard deviation of the reading time of all subjects ranges from19. 2 in the case of Lu to 33. 1 in the case of Rd. (Table 2) The rank order from the least to the most variable is as follows:—Lu, Lr, Ud, Ur, Ru, Ul, Du, Uu, Dr, Ll, Rl, Dl, Rr, Dd, Rd. Lu takes also the shortest time and Rd the longest.

If we take together u and d, r and l, then the mean standard deviation ranges from22. 5 in the case of L(u—d)to 28. 7 in the case of R(r—l), (Table 3.). The rank order is as follows: —L(u—d), U(r—l), U(u—d), L(r—l), D(r—l), R(u—d), D(u—d), R(r—l). L(u—d)takes also the shortest time but R(r—l)ranks 7th in mean time while U(r—l)which takes the longest time is here next to the least variable.

If we take all 4 positions together as a whole for each of the 4 directions, L has a standard deviation of 23. 0 while R has 28. 5. D having 27. 9 is definitely more variable than U, which is practically the same as L, being only . l bigger. L takes also the shortest time but R ranks 3rd in time while U, which takes the longest time, is here only a little more variable than L.

If we take together D and U, which are Vertical readings, R and L, which are Horizontal readings, V is only . 3 less variable than H, which has a standard deviation of 25. 8.

In paired comparisons of the 4 directions of reading all positions of characters, the probability for D being less variable than R is 25:19; for U being less variable than D is 29:15 and than R 33:11; for L being lass variable than D is 35:9, than U 24. 5:19. 5, and than R 38:6; in no probability R is less variable than any of the other 3 directions of reading (Table 7). In spite of the low probability for R being less variable than all the others, by combining it with L, the probability for H being less variable than V is 133. 5:130. 5. These results may be tabulated as follows: —

D:U	D:R	D:L	U:R	U:L	R:L
15:29	25:19	9:35	33:11	$19\frac{1}{2}:24\frac{1}{2}$	6:38

D	U	R	L
49	81. 5	36	97. 5

V	H
130. 5	133. 5

These relations are exactly the same as in mean time except that D and U are reversed.

In reading u and r characters and in reading all positions as a whole, L has an advantage in variability over all the other 3 directions of reading, while U is so in the case of d and l characters (Table 10). In reading u characters, L is 21. 62%, 23. 30%, and 18. 30% less variable than D, U, and R reading respectively; in reading r characters, these percentages are altered, being 22. 91%, 5. 97% and 32. 10% respectively; and in reading all positions as a whole, it is 17. 56% less variable than D, only . 44% less than U, but 19. 30% less than R. In reading d characters, U is 34. 00% less variable than D,

34. 80% less variable than R, and 16. 27% less variable than L; while in reading l characters, these percentages tend to differ very little, being 14. 35%, 11. 80%, and 10. 15% respectively. These results may be tabulated as follows: —

	u	r	udrl		d	l
L less variable than D	21. 62	22. 91	17. 56	U less variable than D	34. 00	14. 35
L less variable than U	23. 20	5. 97	. 44	U less variable than R	34. 80	11. 80
L lees variable than R	18. 30	32. 10	19. 30	U less variable than L	16. 27	10. 15

IMPROVEMENT. —The mean percentage improvement of the last 3 sittings over the first in mean reading time ranges from 33. 9% in the case of Rd to only 20. 3% in the case of Ur (Table 4). Rd takes the longest time and is the most variable but improves the most, whereas Ur being 9th in time and 4th in variability improves the least. The rank order is as follows: —Rd, Rr, Dd, Rl, Dl, Ll, Ru, Ld, Du, Dl, Lr, Uu, Lu, Ul, Ud, Ur.

If we take together u and d, r and l, then the mean percentage improvement ranges from 31. 0% in the case of R(r—l) to 21. 9% in the case of U(r—l)(Table 5). R(r—l) is also the least variable but takes the longest time. U(r—l) is also the most variable and takes also only a little shorter time than U(r—l). The rank order is as follows: —R(r—l), R(u—d), D(u—d), U(u—d), D(r—l), L(r—l), L(u—d), U(r—l).

If we take all 4 positions together as a whole for each of the 4 directions, R improves 30. 8%, D and L improve 27. 9% and 25. 4% respectively, while U improves only 22. 7%. R is 3rd in time and 4th in variability and U is 4th in time and 2nd in variability, whereas L, which takes the shortest time and is also the least variable, improves only a little more than U although not quite as much as D.

If we take together D and U, which are Vertical readings, R and L. which are horizontal readings, H improves 2. 8% more than V, which improves 25. 3%. H takes shorter time but is more variable and improves more. V takes longer time but is less variable and improves less.

INDIVIDUALL DIFFERENCE. —Subject 9W is the fastest reader, taking on the average 73. 9 or less than $1\frac{1}{2}$ seconds to read the 7 Chinese characters in all positions by all methods, while subject 1W is more than twice as slow, requiring no less than

177. 2 or more than $3\frac{1}{2}$ seconds (Table 16). They are also the least and the most variable, the former having a standard deviation of 14. 0 while the latter 39. 8. But 1W improves 1. 4% more than 9W although they both are only about average in improvement. Subject 5T improves 40. 2% in the latter three sittings, more than any one else although his reading time 96. 7 is a little less than the average and his standard deviation 33. 2 is next to 1W. Subject 4S improves only 17. 1% and is the last among the 11 subjects. This is due to the fact that he is below the average in speed and that 35 days intervened between the first and the last sitting. This fact of having longer interval, however, seems to have less effect on improvement in the case of 10L, who taking 41 days to complete the experiment nevertheless improves 24. 3%, only a little less than average. This is because he is comparatively a fast and less variable reader and because he appreciated the reading material the most.

Judging from the objective mean reading times of the different positions of characters read in different directions in successive sittings, 5T is the most consistent, having 9 perfect agreements (Tables 13, 14), In R and L the relative reading times for each of the 4 positions of characters agree perfectly during his successive sittings although in U only d characters agree. This is more significant when it is known that he is one of those three whose subjective judgments of the relative ease of the different positions for different directions of reading agree most frequently with their objective results, the other two subjects being 8H, who had the greatest number of perfect agreements between subjective and objective results, and 11L, who had the same number as 5T, namely, 10. Subject 4S's objective results do not agree at all although his and 2H's subjective judgments had 8 agreements with their objective results. Subject 3K seemed to be the least able to judge whether one position of characters is easier for one direction of reading or another as evidenced by the fact that he had only 1 agreement between his subjective and objective results.

The correlation between objective ranks in mean reading time of the 16 combinations of reading and subjective judgments of the relative ease of the 4 positions for reading in the 4 directions is found by the rank method to be . 7823, which is equivalent to r=. 7963 (Table 17).

CHAPTER Ⅷ
TEMPORAL—SPACIAL SEQUENCE AS AN EXPLANATION OF THE INTERDEPENDENCE OF CHARACTER POSITION AND READING DIRECTION IN INFLUENCING THE SPEED OF READING CHINESE

FINDINGS. —Perhaps the first finding of this experiment on the interdependence or interaction of position of characters and direction of reading is the fact (1)that, by altering jointly the position of characters and the direction of reading, the speed of reading Chinese is little impaired as compared with the presumably detrimental effect that would probably be produced on reading speed if any of the Western languages should be similarly altered. Perhaps the effect will be so great and evident that an actual experimental trial will seem foolish. The contrary effect that has been found in the case of Chinese characters, however, indicates that the experimental procedure adopted in this experiment is not so absurd as it first seemed to be. Thus, when 7 Chinese characters standing upright require 97. 3 X . 02 or 1. 95 seconds to read from right to left, the greatest detrimental effect is produced by turning the characters up—side—down and reading in the other direction as evidenced by the fact that 116. 4 X . 02 or 2. 33 seconds are required. In other words, by altering jointly the position of characters and direction of reading, the greatest detrimental effect on the speed of reading Chinese is only 19. 63% . When upright characters are read in the habitual downward direction, it requires 99. 7 X . 02 or 1. 99 seconds; by altering the position of characters and direction of reading in the same manner, the speed of reading is decreased only 16. 74%, even less than in the former case.

The second finding of this experiment is (2)that position of characters is a more important factor in determining the speed of reading Chinese than the direction of reading. This may be shown by the aid of the following summary of the mean reading times:—

	u	d	r	l	udrl
D	99. 7	114. 5	110. 7	108. 7	108. 4
U	112. 2	108. 8	109. 6	113. 8	111. 1
R	99. 9	116. 4	112. 9	108. 9	109. 5

L	97.3	106.0	100.4	114.7	104.6
DURL	102.3	111.4	108.4	111.5	108.4

The means under the column udrl represent each direction of reading all positions of characters and the means along the DURL row represent each position of characters read in all directions. When upright characters are read in all directions, they take 102.3 X .02 or 2.05 seconds; but when all positions of characters are read in the same downward direction, they take 108.4 X .02 or 2.17 seconds or 3.76% longer. This is further substantiated by the fact that the average time of the other three unusual positions of characters read in all directions is 8.1 or 7.92% longer than 102.3 for the normal upright position read in all directions while the average time of the other three non—habitual directions of reading all positions of characters is exactly the same as 108.4 for downward reading all positions of characters.

This finding seems to support the first proposition set forth in Chapter Ⅲ that keeping position of characters constant the effect of changing the direction of reading upon the speed of reading Chinese is less than the effect of altering the position of characters while keeping the direction of reading constant.

The third finding of this experiment is (3)that, discarding the two cases of reading upwards and turning characters up—side—down because they have no practical significance, it is faster to read all positions of characters, except those tilted to the left, from right to left than from left to right, (subjects 6W and 7C definitely felt it to be so)and that it is better to tilt the characters to the right for upward and leftward reading and to the left for downward and rightward reading although characters tilted to the right is better for all directions of reading in general.

Thus, leftward reading takes 104.6 on the average for reading all positions of characters while rightward reading requires 109.5, the former being 4.48% shorter (probability by paired comparisons=97:51. Characters tilted to the right take 108.4 on the average for all directions of reading while characters tilted to the left require 111.5, the latter being 2.86% longer. (Probability by paired comparisons=26.5:17.5)

This finding seems to support the second proposition set forth in Chapter Ⅲ that although the direction of reading within the line is neither that of the Western languages nor that of the Chinese original usage, this direction is nevertheless the habitual direction of progress from line to line and hence is better than one that is neither the direction of reading within the line nor the habitual one of progress from line to line.

The fourth finding of this experiment is (4) that there is something else beside position of characters and direction of reading that determines perhaps most readily the speed of reading Chinese. In order to appreciate more fully this point, the following checkerboard representing the mean reading times of the 16 combinations of reading is most useful:—

Du		Dd		Dr		Dl	
99.7	2	114.5	14	110.7	10	108.7	6
Uu		Ud		Ur		Ul	
112.2	11	108.8	7	109.6	9	113.8	13
Ru		Rd		Rr		Rl	
99.9	3	116.4	16	112.9	12	108.9	8
Lu		Ld		Lr		Ll	
97.3	1	106.0	5	100.4	4	114.7	15

It is easily seen that downward reading upright characters (du) ranks 2nd. This is only natural because it is the habitual reading. But when the characters are turned up—side—down and are read upward, it (Ud) still ranks 7th even better than rightward reading with the characters only tilted to the right (Rr). Furthermore, with the characters tilted to the right, leftward reading (Lr) ranks even higher namely, 4th, while with the characters tilted to the left, rightward reading (Rl) ranks only 1 rank lower, namely, 8th. On the other hand, upward reading upright characters (Uu) ranks 11th. This is also natural because we seldom read upwards. But when the characters are turned up—side—down and read down—ward, it (Dd) ranks only 14th. Furthermore, with the characters tilted to the left, leftward reading (Ll) ranks even lower, namely, 15th, although rightward reading characters tilted to the right (Rr) ranks 2 ranks higher, namely, 12th.

TEMPORAL—SPACIAL SEQUENCE AS AN EXPLANATION. —These findings all seem to show that there is a common factor introduced by the different combinations of position of characters and direction of reading, that influence the speed of reading Chinese. This third common factor upon analysis is the temporal—special sequence of characters in group. By temporal—special sequence, it is meant the sequence in which one character follows another. The word "follows" implies a meaning that is both special and temporal. When two or more characters stand together on the page either side by side or one above another, they are only "spacially" following one another.

But as soon as and so long as they are the object of perception, that is, as soon as and so long as there is some body perceiving them, they are not only "spacially" following one another but "temporally" as well.

Denoting the top or upper side of a character by u, the bottom or down side by d, the right side by r, and the left side by l, it is evident that downward reading has a temporal—special sequence du upward reading ud, rightward reading rl, and leftward reading lr. This is meant to say that, in downward reading the perceptual process is from the bottom of the character to the top of the character, in upward reading from the top of the character to the bottom of the character, in rightward reading from the right of the character to the left of the character, and in leftward reading from the left of the character to the right of the character. It is perceivable that should any one of these temporal—special sequences be altered by changing the position of the characters, the speed of reading would be impaired or bettered no matter in what direction the reading is carried on. This is what actually happened. The different combinations of direction of reading and position of characters yield different speeds but it is due to these temporal—special sequences that some of the peculiarities noted in the last section were exhibited. The following checkerboard shows the relation between the temporal—special sequence and the different combinations of direction of reading and position of characters.

	du 104.5	ud 113.6	rl 107.6	lr 108.0
D 108.4	Du 2	Dd 14	Dr 10	Dl 6
U 111.1	Uu 11	Ud 7	Ur 9	Ul 13
R 109.5	Ru 3	Rd 16	Rr 12	Rl 8
L 104.6	Lu 1	Ld 5	Lr 4	Ll 15
	102.3 u	111.4 d	108.4 r	111.5 l

Those that are on the same horizontal rows are in the same direction, those that are in the same vertical columns have the same position of characters, and those connected by different colored lines neither are in the same direction of reading nor have the same position of characters but are in the same temporal—special sequence. It was previously noted that Du, Ud, Rl, and Lr all rank comparatively high among the 16 combinations. This is explained by the fact that they are all read in the same habitual temporal—spacial sequence, du, that is, from the bottom of one character to the top of the next character. On the other hand, Dd, Uu, Rr, and Ll all rank pretty low because they are all read in the opposite temporal—special sequence, ud, that is, from the top of one character to the bottom of the next character, which is very unusual. The average time of the three unusual temporal—special sequences, namely, ud, rl, and lr is 5.2 or 4.98% longer than the habitual sequence du.

	Normal	Unusual	% Increase
D	108. 4	108. 4	0. 00
du	104. 5	109. 7	4. 98
u	102. 3	110. 4	7. 92

The above table summarizes the comparative effect of direction of reading, temporal—special sequence of characters, and position of characters upon the speed of reading Chinese. By keeping the direction of reading constant while varying the temporal—special sequence and position of characters, the normal downward reading requires longer time than holding either the normal temporal—special sequence or the normal position of characters constant while varying the two other factors. This shows that direction of reading is a relatively less important factor than either temporal—special sequence or position of characters. Likewise, the temporal—special sequence of characters is less important than the positions of characters, which is the most important factor of all since the normal upright position yields the shortest time in spite of the fact that both the direction of reading and the temporal—special sequence of the characters are heterogenous. This is made more significant by the fact that the average time of the other three unusual directions of reading while being kept constant with variation of the other two factors is exactly the same as the normal direction of reading under the same circumstances but the average times of the other three unusual sequences and positions of characters are increased 4. 98% and 7. 92% respectively.

This finding seems to support the third proposition set forth in Chapter Ⅲ that direction of reading in so far as it effects at all the speed of reading Chinese effects it only by virtue of the temporal—special sequence of characters in group during the perceptual process of reading and that any attempt to ascertain whether vertical or horizontal reading is more efficient in those who had already been dominated by one particular temporal—special sequence is fruitless.

CHAPTER IX
SUMMARY AND CONCLUSIONS

There are three conditions that effect the reading process, namely, the central or mental, the peripheral or physiological, and the external or typographical. The last constitutes the problem of legibility. Legibility studies of the Western languages are comparatively extensive and useful, while in the Chinese language the problem has never been touched upon although a number of studies have been made in the United States on the speed and efficiency of reading Chinese in general.

The psychology of reading Chinese is complicated by the peculiarities of the language itself. Three approaches are necessary, first, a genetic approach to the history of etymology and its evolution, second, an inquiry into the nature of the differences of the language as concept—symbol from that of the Western languages as sound—symbol, and lastly, an elaborate dissection of the mechanics of construction of the present form for a just evaluation of its influence as word—whole upon the perceptual process of reading.

The problems of reading and legibility of Chinese characters are many. Form or individual differences of the characters, size of the characters, and style of the characters are problems concerning the individual characters in isolation. When grouped, their relative position and space between each other, number of characters in a line or length of line, spacing or leading between lines, and the influence of the introduction of Arabic numerals and foreign words are further problems. Punctuation and special marks present a different problem of help in comprehension and efficiency of reading, handwriting another, and index system still another, although the latter two are specific problems by themselves.

Perhaps the most important and significant problem is horizontal or vertical arrangement of the characters. This problem involves the factor of reading direction and is complicated by all typographical and legibility factors besides some psychological and physiological factors. The relation of position of the eyes, retinal field of clear vision, peripheral vision, lid movements, muscular mechanism of the eye, and convergence and accommodation to the two kinds of arrangement and to the possible four directions of reading is complicated and difficult to ascertain. Oppel's optical illusion and individual general preference may also have some influence.

The role of habit and training in the traditional vertical reading of the Chinese language has to be taken at its face value. None of the above enumerated differential factors will show its proper effect so long as the habit factor is not eliminated. This influence of habit can be demonstrated by reading in four direction (upward and downward in the vertical, rightward and leftward in the horizontal) and by the use of four positions of seven Chinese characters, up—right, up—side—down, tilted to the right and tilted to the left. Three questions may be asked:—

(1) Which is the more important and significant factor, reading direction or charac-

ter position?

(2)Does the general direction of progress from line to line in the habitual vertical reading exhibit any appreciable effect on the horizontal directions of reading within the line?

(3)In what sense or by virtue of what does reading direction influence the speed of reading Chinese?

The usual technique of measuring reading speed by recording the total time in reading a passage and then finding the average rate in terms of words read per second is not adequate for the present problem because the combined effect of interest, attention, mental—set, practice, etc., is perhaps greater in conditioning the result than the factors desired to be elicited. The perception span method of extremely brief exposures is not only unnatural but too far—fetched.

The new technique consists of a new Quadrant Tachistoscope. This particular new type has a shutter window in the form of four quadrants, each of which can be opened separately in two directions, namely, the upper right quadrant either to the right or upward, the upper left quadrant either to the left or upward, the lower left quadrant either to the left or downward, and the lower right quadrant either to the right or downward. Any pair of the four quadrants can be moved jointly by simply turning a switch so that the window will open either horizontally or vertically as desired. The quadrants are held together by springs and are electromagnetically operated by eight small solenoidal magnets. A slight press on a key will open any two opposite pairs of the shutters, and these quickly close as soon as the finger is released. Behind the shutters, cards bearing 7 printed Chinese characters arranged either vertically or horizontally drop down automatically one at a time for reading from a specially designed card—holder held above the window. After the reading, the card drops down again by its own weight to a similar card—holder below the window. This changing and releasing of the card is controlled by the experimenter through simply pushing a lever, while the subject himself opens and closes the shutter window by pressing a key. The time for reading the 7 characters on the card is marked by the stopwatch that registers 1/50 of a second. The Tachistoscope although designed primarily for the study of Chinese characters can be used for many other similar researches. The Card Changing and Releasing Mechanism is, I think, new and has such quick automatic control and even rate or tempo in operation that 128 cards can be exposed in as short a time as 25 minutes.

The 11 Chinese subjects completed in 4 sittings 4 directions of reading 8 selections for each of the 4 positions of 7 Chinese characters, yielding 5632 recorded reading times. The 8 selections read in 4 sittings were taken as the mean for each of the 4 positions of the 7 characters read in each of the 4 directions by each of the 11 subjects, thus yielding 176 mean reading times for discussion. Five general conclusions can be drawn from the data thus collected:—

(1) By altering jointly the position of characters and the direction of reading, the speed of reading Chinese is impaired only 19.6% in the greatest. This is when leftward reading of upright characters is changed to rightward reading of characters that are up—side—down. The change from the normal downward reading of upright characters to the latter is even less, being only 16.7%.

(2) Position of characters is a more important factor in determining the speed of reading Chinese than the direction of reading, because the normal downward direction of reading all positions of characters takes 3.8% longer time than all directions of reading the same upright characters. Further—more, the average time of the three unusual positions of characters read in all directions is 7.9% longer than that for the normal upright position road in all directions while the average time of the other three non—habitual directions of reading all positions of characters is exactly the same as that for downward reading all positions of characters.

This finding answers the first question asked in the preceding paragraph.

(3) It is faster to read all positions of characters, except those tilted to the left, from right to left than from left to right and it is better to tilt the characters to the right for upward and leftward reading and to the left for downward and rightward reading although tilting characters to the right is better for all directions of reading as a whole. Leftward reading takes 4.5% shorter time with a probability of 97:51. Characters tilted to the left take 2.7% longer time with a probability of 53:35.

This finding answers the second question asked in the preceding paragraph.

(4) The interaction of reading direction and character position gives rise to a third factor, which may be called temporal—special sequence of the characters in group during the process of reading. This temporal—special sequence is meant that sequence in which the saccadic movement of the eye during the perceptual process of reading traverses from one side of one character across the adjacent side of the next character. This crossing—over of directional attention is perhaps the essential thing in all perceptions of successive objects of a pictorial nature. It is only a truism to say that the uprightness of a Chinese character determines this crossing—over of directional attention. In other words, the normal habitual temporal—special sequence is from the bottom of one character to the top of another, irrespective of either the position of characters or the direc-

tion of reading. Thus, the average time of the three unusual temporal — special sequences, namely, from the top of one character to the bottom of the next, from the right of one character to the left of the next, and from the left of one character to the right of the next, is 4.98% longer than the habitual normal sequence, namely, from the bottom of one character to the top of the next.

This finding answers the third question asked in the preceding paragraph.

(5) So far as speed of reading Chinese is concerned, reading direction is the least important conditioning factor. When it effects the speed at all, it effects only by virtue of the temporal—special sequence created through the interaction between it and character position, which is the most important conditioning factor.

REFERENCES

1. Baird, J. W., The Legibility of a Telephone Directory. J. App. Psychol., 1917. 1. 30—37.

2. Banister, H., Block Capital Letters as Tests of Visual Acuity. Brit. J. Ophthal., 1927, 9, 49—61.

3. Banister, H., Hartridge, H., and Lythgoe, R. J., The Influence of Illumination on Visual Acuity. Proc. 0phthal. Conv., 1926, 551—561.

4. Baxt. N., Ueber d. Zeit welche notig ist, damit ein Gesichtseindruck zum Bewusstsein kommt, etc. Pfluger's Arch. 1871, 4, 325—336.

5. Bentley, M., Leading and Legibility. Psychol. Monog. 1921, 30, No. 136, 48—61.

6. Blackhurst, J. H., The Typography of Elementary School Readers. School and Society, 1921, 14, 407—408.

7. ________________ Size of Type as Related to Readability in the First Four Grades. School and Society. 1922, 16, 697—700.

8. ________________ Leading as Related to Readability in the First Four Grades. School and Society.

9. ________________ Length of Line as Related to readability in the First Four Grades. School and Society. 1925, 18, 328—330.

10. Burt. C., Experimental Tests of General Intelligence. Brit. J. Psychol., 1909—10, 3, 150.

11. Burtt. H. E. and Basch, C., Legibility of Bodoni, Baskerville, Roman andCheltenham Type Faces. J. Appl. /Psychol. 1923, 7, 237—245.

12. Cattell, J. E., Ueber die Tragheir der Netzhaut u. des Sehcentrums. Ph. Sd., 1886, 3, 94—127.

13. ________________ Psychometrische Untersuchungen. Ph. Sd. 1886, 3:305—335; 452—492.

14. ________________ The Inertia of the Eye and Brain. Brain, 1886,8, 295—312.

15. Chao, Y. J., A Comparison of Vertical and Horizontal Writing of the Chinese Characters. (Chinese) New Educ., 1925, 10,No. 5:663—680.

16. Chen, L. K. and Carr, H. A., The Ability of Chinese Students to Read in Vertical and Horizontal Directions. J. Exp. Psychol., 1926, 9, 110—117.

17. Committee on Type Faces, Report of the Committee Appointed to Select the Best Faces of Type and Nodes of Display for Government Printing. H. M. Stationery Office, London, 1922.

18. Cossum, W. W., Relative reading efficiency in English and Chinese. (Unpublished M. A. Thesis, 1920) Univ. of Chicago.

19. Curtis, J. N. and Foster, W. S., Size vs. Intensity as a determinant of Attention. Amer. J. Psychol., 1917, 28, 293—296.

20. Dearborn, W. F., The Psychology of Reading, N. Y., 1906. Also Columbia Univ. Contr. To Phil. and Psychol., 1906, 14, No. 1.

21. Dearborn, W. F. and Langfeld, H. S., Portable Tachisto—\scope and Remory Apparatus. Psychol. Rev. 1916, 23, 383—387.

22. Dockey, F. C., The Span of Vision in Reading and Legibility of Letters. J. Educ. Psychol. 1910, 1, 123—131.

23. Dodge, R., Die Motorischen wortvorstellungen. Halle, 1896, pp. 65.

24. ________________ An Experimental Study of Visual Fixation. Psychol. Monog., 1907, 8, No. 4. 32—37.

25. ________________ An Improved Exposure Apparatus. Psychol. Bull. 1907, 4,10—13.

26. ________________ and Benedict, F. G., Psychological Effects of Alcohol. Carnegie Institute of Washington Publ., 1915, No, 238, 90—108.

27. Erdmann, B. and Dodge, R., Psychologische Untersuchungen aber das Lesen, Halle, 1898.

41. Hu, I, A Study of Perception Span in Reading the Chinese Language. Unpublished. Thesis. Univ. of Chicago. 1926.

42. Hull, C. L., Quantitative Aspects of the Evolution of

Concepts. Psychol. Monog. , 1920, 28:12—85.

43. Industrial Fatigue Research Board, Fifth Annual Report of the Industrial Fatigue Research Board, H. M. Stationery Office, London, 1925.

44. Judd, C. H. , Reading: Its Nature and Development. Suppl. Educ. Monog. , 1918, No. 10.

45. Judd, C. H. and Buswell, G. T. , SilentReading, a Study of the Various Types, Suppl. Educ. Monog. 1922, No. 23.

46. Judd, C. H. , McAllister, C. N. , and Steel, W. M. , Introduction to a Series of Studies of Eye Movements by Means of Kinetoscopic Photographs. Psychol. Rev. Monog. Suppl. , 1905, No. 29, 1—16.

47. Kao, P. S. & Cha, L. C. , An observation of eye—movements in reading Chinese and English, Unpublished Thesis, Univ. of Chicage. 1919.

48. Kirsch, R. , Schscharfenuntersuchungen mit Hilfe des Visometers Von Zeiss (Zugleich ein Beitragzur Frage der Lesbarkeit von Druckschriften). Graefe ' s Arch. f. Ophthal. ,1920,103, 253—279.

49. Kuo, Z, Y. , A behavioristic experiment on inductive inference. J. Exp. Psy. , 1923, 6:247—293.

50. Legros. L. A. , Note on the Legibility of Printed Matter. Committee on Type Faces, H. M. Stationery Office, London, 1922.

51. Legros, L. A. and Grant, J. C. , Typographical Printing Surfaces, London, 1916.

52. Lew, T. F. , The psychology of learning Chinese. The Chinese Social and Political Science Rev. , 1923, 7:120—181.

53. Lyon, O. C. , The Telephone Directory. Bell Tel. Quart. , 1924, 3,175—185.

54. McCartney, J. L. , Psychoanalysis and Chinese characters. China J. , 1927, 6: 145—150. of. Psy. Abs. 1927, 1:(2468)604—5.

55. Mead, L. M. , Form vs. Intensity as a Determinant of Attention. Amer. J. Psychol. , 1915, 26, 150—151.

56. Messmer, O. , Zur Psychologie des Lesens bei Kinder und Erwachsenen. Arch. far die gesamte. Psychologie, 1903, 2, 190—298.

57. Miles, W. R. , When Reading, Your Eyes Move in Jumps. Sc. Amer. , 1926, 135, 354—356.

58. Miles, W. R. and Shen, E. , Photographic Recording of Eye Movements in theReading of Chinese in Vertical and Horizontal Axes: Method and Preliminary Results. J. Exp. Psychol. 1925, 8, 344—362.

59. Milne, J. R. , The Arrangement of Mathematical Tables. Napier Tercentenary Memorial Volume, London, 1915, 293—316.

60. Myers, C. S. A Textbook of Experimental Psychology, 415—417.

61. Cratt, C. C. , A Note on the Legibility of Items in a Bibliography. J. Appl. Psychol. , 1924, 8, 362—364.

62. Pyke, R. L. , Report on the Legibility of Print. H. R. Stationery Office. London, 1926.

63. Radojevic, C. , Die Erkennbarkeit von Antiqua—und Frakturbachstaben im Indirecten Schen. Arch. f. Augenheilk. , 1921, 88,192.

64. Roethlein, B. E. , The Relative Legibility of Different Faces of Printing Types. Amer. J. Psychol. 1912, 23, 1—36.

65. Sanford, E. C. The Relative Legibility of the Small Letters. Amer. J. Psychol, 1888, 1, 402—435.

66. Schumann, F. , Psycholgie des Lesens. Berient aber den II kongren far Exper. Psych. InWurzburg, 1906.

67. Shen, E. , The Observation of Eye Movements During Reading. Chinese J. Psychol. , 1926, 4, No. 1.

68. ________________ An Analysis of Eye Movements in the Read of Chinese. J. Exp. Psychol. , 1927, 10, 158—183.

69. Starch, D. , Educational Psychology, N. Y. , 1919, 261—296.

70. Strong, E. K. , Jr. , Value of White Space in Advertising. J. Appl. Psychol. , 1926, 10, 107—116.

71. Sun, J. T. , Symbolism in the Chinese written language. Psychoanalytic Rev. , 1923, 10, 183—189.

72. Tinker, M. A. , Reading Reactions for Mathematical Formulae. J. Exp. Psychol. , 1926, 9, 444—467.

73. ________________ Legibility and Eye Movement in Reading. Psychol. Bul. , 1927, 24, 621—639.

74. Titchener, E. B. , Experimental Psychology, Vol. 1, part 2, pp. 200—203.

75. Titchener, S. B. , Primer of Psychology, p. 92 f.

76. ________________ A Textbook of Psychology, pp. 287—290.

77. Tu, R. T. C. , A Comparison of rate and comprehension of silent reading between two languages. Unpublished H. A. thesis, Univ. ofIowa, 1923.

78. ________________ Horizontal and Vertical Arrangement of Chinese Characters. (Chinese) Educational Review, 1926, 18, No. 11.

79. ____________ The effect of different arrangements of the Chinese language upon speed and comprehension of silent reading. The Chinese Social and Political Sci. Rev. , 1926, 10, 278—301.

80. Volkmann, A. , Dad Tachistockop, etc. , Sitzungsberg. d. kgl. Sachs. Ces. d. Wiss. ,Leipzig (math. —phys. Cl.), 1859, 90ff.

81. Whipple, G. H. , Manual of Mental and Physical Tests, Part, L,Pr. 262—278.

82. Wick, W. , Die vargleichsnde Bewertung der deutschen und lateinschen Schrift vom Standpunkt der Augenarzte. Klin. Monatabl. f. Augenheilk. , 1921, 66, 758—759.

83. Wirth, F. , Das Spiegeltachistoskop. Ph. Sd. , 1903, 18,687—700.

84. Woodrow, H. , The Measurement of Attention. Psychol. Monol. , 1914, 17, No. 5.

85. Wundt, W. , Zur Kritik tachistoskopischer Versuche. Ph. Sd. 1899, 15,287—317; 1900,61—71.

86. ____________ Volkerpsychologie, Die Sprache, 1900, Vol. 1. ,530 ff.

87. ____________ Grundzuge d. physiol. Psychologie, 1903, Sthed. , 3, 611f.

88. Wylie, H. , Recognition of Chinese Symbols. Am. J. Psy. , 1926, 37, 224—232.

89. Zeitler, J. , Tachistoskospische Versuche uber das Lesen. Ph. Sd. , 1900, 10, 380—463.

THE PSYCHOLOGY OF READING CHINESE CHARACTERS

SIEQEN K. CHOU

THE PSYCHOLOGY OF READING CHINESE CHARACTERS

BY

SIEGEN K. CHOU

A THESIS

SUBMITTED TO THEDEPARTMENT OF PSYCHOLOGY AND THE COMMITTEE ON GRADUATE STUDY OF THE LELAND STANFORD JUNIOR UNIVERSITY IN PARTIAL FULFILLMENT OF THE REQUIREMENTS FOR THE DEGREE OF DOCTOR OF PHILISOPHY

August, 1929
Stanford University, California
U. S. A.

Approved for the Department

Walter R Miles

APPROVED FOR THE COMMITTEE ON GRADUATE STUDY

PREFACE

It has always been my unhappy impression that in psychology most experiments are put forth mainly for the sake of collecting date, which are again unsurprisingly manipulated in turn for their own sake. Experiment in psychology, if they are to have as much dignity and to receive as much respect from the layman as those of its sister science, must be worthy of dignity and respect. Experiments may be devised to prove insight but we must have insight first for our experiments. More insight for experiment, less experiment for insight!

The technique for simultaneous voluntary maintenance of exposure of the contrast sechietosoope is considered a now method of approach not only to the psychology of reasoning in particular but also to reaction experiments in general. The term Bradyscope is suggested for all 'Memory Apparatus' in contrast to Tachistoscope. The concept of legibility has been extended from typography to exposition. A comprehensive orientation for the psychology of Chinese characters has been attempted, with primary emphasis on technique and on the configuration of characters—in—line.

Encouraging guidance in this entire research from Professor Walter R. Miles has been an innovative. Impetus to the work is from my honored friend Dr. Eugene Shen, who also did his dissertation under the direction of Professor Miles. The keen criticism of my old friend Mr. Yung—Ying Hsu, formerly Editor—in—chief, Kuo Min Yat Pao (The Chinese Nationalist Daily), San Francisco, is much appreciated. Besides serving as subject in one of the experiments he granted me free access to the printing department of the Daily for the type—setting of all the materials. Helpful suggestions in designing and building the Quadrant Tachistoscope came from Mr. F. D. Benham, mechanism in charge of the University Machine Shop, Stanford University. I myself spent a large amount of time working on the construction of the instrument. The development of the Tachistoscope and its accessories was financed by the Thomas Welton Stanford Fund for Psychological Research. The two monographs of U. Woodrow and C. L. hull, I owe much. I am also indebted to Professor K. Koffka, Professor E. C. Warren, Dr. M. Helson, and Mr. I. Huang for criticisms concerning part of the manuscript dealing with Gestalt in reading Chinese characters, and to Dr. Miles A. Tinker for a portion of the test date. Professor F. J. Hall of the English Department has kindly read the entire manuscript. Messrs. W. Y. Swen. Y. C. Cheo. C. J. Lo, S. D. Wn, H. C. Liu, C. Y. Chen, J. H. How, C. C. Wu, T. I. Ho, Christopher Liao, Chien P'ei, H. W. Chang, Charles Li, Francis Chang, W. C. Lo, and Wellington Lea served as subjects in the experiment on half—characters. Date for the experiment and test on the upright position of Chinese characters came from 149 American subjects.

6 August 1929 Siegen K. Chou

THE PSYCHOLOGY OF READING CHINESE CHARACTERS

TABLE OF COMTENTS

PAGE

LIST OF TABLES, FICURES, AND PLATES

(T—Table, F—Figure, P—Plate)

PAGE

THE PSYCHOLOGY OF READING CHINESE CHARACTERS

CHAPTER Ⅰ
LEGIBILITY, PERCEPTION, AND READING OFCHINESE CHARACTERS

INTRODUCTION. The psycholosy of Chinese characters may be treated from three aspects. Reading involves perception of individual characters but both reading and perception are conditioned by legibility. I have endeavored in several places① to direct the attention or investigators to the legibility aspect of the problem. In entitling a paper② read in the western Psychologloal Association at Stanford University. August 3 and 4, 1923, under the heading "legibility of Chinese characters" although the sub—titlo was on the influence of reading—direction and character—position upon speed, my sole intention was to put emphasis upon legibility and to point out clearly that first experiments are only preliminary studies to a more comprehensive program. Those who commented on the paper then were not aware of the stress and hence wanted to hear a conoise definition of legibility.

HISTORY OF LEGIBILITY. Although Javal noted as early as 1879 the relation between the printed book and myopia③, he did not consider the relation of typography to the hygiene of the eye④ until 1881 when Cohen wrote on the same subject⑤ almost at the same time and place. Cattell touched the pro—blem incidentally in 1885⑥. Sanford was perhaps the first person to use the word "legibility" in a title when here—ported his extensive research on the relative legibility of the small letters. This appeared in the first

① Siegen K. Chou, Legibility of Chinese characters: The influence of reading—direction and character—position upon the speed of reading Chinese by means of a new Quadrant Tachistoscope, Unpubl. M. A. Diss., June 1928, ch. 1 & 2; also Reading and legibility of Chinese characters, J. Exper. Psychol,. 1929, 12, 156—159

② Siegen K. Chou, The influence of reading direction and character position upon the speed of reading Chinese by means of a new Quadrant Tachistoscope, (an abstract), Psychol. Bull., 1929, 26, 6—7.

③ E. Javal, Les Livres et la Myopie, Rev. Sci., Deuxieme Serie, 1879, 17, 493—498.

④ E. Javal, L'evolution de la Typographie Consideree dans ses Rapports avec l'hygiene de la vue, Rev. Sci., Troisieme Serie, 1881, 1, 802—813

⑤ H. Cohn, L'eoriture, la Typographie et les Progres de la Myopie, Rev. Sci., Trolsieme Serie, 1881, 1, 290—298.

⑥ J. Mck. Cattell, Ueber die Zeit der Erkennung und Bennung von Schriftzeichen, Eildern und Farben, Phil. Strd., 1885, 2, 634—650. of. Psychometrische Untersuchungen, Phil. Stud., 1886, 3, 305—335; 452—493, The inertia of the brain, Brain, 1886, 8, 295—313. also Ueber die Tragheit der Netzhaut und des Sehcentrums, Phil. Stud., 1886, 2, 94—127.

volume of the American Journal of Psychology in 1888[①]. Subsequent re—ports were numerous, notably from Huey(1908), Roethlein (1912), Bentley(1921), Blackhurst(1921—1923), and most re—cently from Tinker(1926—1929), the last work having been done here at Stanford under the direction of Professor Miles. Huey discussed the problem in 1908 under the general heading "Hygienic requirements in the printing of books and papers[②]" and Cray as "Hygienic requirements of printed materials" in his Summary of 1925[③]. More recently Tinker summarized the studies since 1914 under the original term together with eye—movement studies in reading[④].

A BROAD DRFINITION OF LEGIBILITY. While "hygienic requirements" certainly involve legibility in the sense of detrimental effects on the reading eyes, the concept of legibility as originally defined by Sanford seems to refer more widely to the fact that the best result in reading rests solely upon the clearest presentation of the minimum essential content under the best typographical conditions. Sanford says: "The problem is to get the greatest amount of matter with the greatest ease in reading on the least space; or, as it has been phrased, to get the greatest leg—ibility to the square inch. [⑤]" Earlier studies as well as more recent ones of Tinker mainly dealt with such factors as style of type, different letters of the alphabet, length of line, regularity in length of line, distance between the lines(leading), size of type, thickness of the vertical strokes of letters, spacing of words and letters and the space between the vertical strokes of letters, color of type, color and texture of paper, color of pictures, and size of book; digits, mathematical signs and mathematical formulae.

Nobody would perhaps include unhesitatingly such problems as title—phrasing, topical headings, italics or broad—face types in the body of the discourse, numerical outline—form of exposition, schematic diagrams and charts and tables, alphabetical or chronological arrangement of bibliography, logical arrangement of content, under the general concept of legibility. Yet we are sure that ideas, thoughts, and language are legible or illegible just as much as is handwriting or printing. Whereas the tradition—al meaning of the term confines it only to the printed page as already determined by the original manuscript of the author, I am willing to extend its connotation to the manner of exposition of the content itself. Clearest presenta—tion, to be sure, is more a matter of personal ability in rhetoric and self—expression than an intrinsic factor of legibility but

---

① E. C. Sanford, The relative legibility of the small let—ters, Amer. J. Psychol., 1888, 1, 402—435.

② E. B. Huey, The Psychology and pedagogy of reading, 1908, ch. 21.

③ W. S. Cray, Summary of investigations relating to read—ing, 1925, ch. 15

④ E. A. Tinker, Legibility and eye movement in reading, sychol. Bull., 1927, 24, 621—639

⑤ E. C. Canford, op. cit., 402.

nevertheless efficient comprehension in reading depends at least partly upon the best choice and arrangement of the printing medium.

Language is the expression of thought and thought can be legibly or illegibly expressed. Of three ideals set himself in the positive reconstruction in psychology, Spearman says:"The first is that of clear thinking. In this respect we moderns may well study the achievements of much earlier times. And from none perhaps better than the old commonly despised Scholastic authors can the prime lesson be learnt, that before even attempting to argue up on points of fact, there should first of all be obtained definite and unequivocally expressed ideas. ①" Ideas un—equivocally expressed are legible ideas. Indeed, as Wash—burn justly remarked:"Professor Spearman's The Abilities of Man can hardly fail to be reckoned among the few master—pieces of expository writing in psychology. There is not an obscure sentence in it, and by generous use of summaries and recapitulations the essential points are driven home. "②

ILLEGIBILITY OF EXPOSITION. This broad definition of legibility can be best illustrated negatively by the illegibility of exposition ofcurrent psychological art—icles and monographs. Such problems as intelligent title, schematic tables and diagrams, alphabetical or chronologic—al arrangement of bibliography, topical headings, and ital—ios or broad—face types are legitimate problems of the psy—chology of reading. The most important and at the same time the most difficult part of a scientific report is the presentation of data. I know one otherwise excellent and pioneer research monograph on the psychology of Chinese characters published in China, which is filled with such a mass of raw data that I had to cross—examine, to sketch, and to schematize for myself. Of the 133 pages of "Re—sults of Experiments. " which occupy 35% of the total space, 106 pages accommodate 104 widely spaced tables, while "Description of Experiments" requires 14 tables. Of these 133 pages of "Result,"80% consists of nothing but tables, the total 118 of which take up 1221/2 pages or 33% of the entire monograph. Every raw tallying distribution, every correlational tabulation, every individual's distribution, every sample of frequencies of materials used, or what not, was numbered as one table to occupy one page, with an ital—icized heading sometimes as many as eight lines long, fol—lowed by as many lines of legend as there are numbered col—umns, the word'Column'appearing in every line. The num—ber of columns can be, of course, as few as two, spaced two inches apart, or as many as a dozen with x's just as

① C. Spearman, The nature of' Intelligence' and the prin—ciples of cognition, 1923, 33—34

② E. F. Washburn, Energy, engines, and the engineer, a critique of C. Spearman, Amer. J. Fsychol. , 1929, 41, 322. of. C. Spearman, The abilities of man, tholir nature and measure—ment. 1927.

many or with O's filling every column. I think it is the duty of every author to organize the results, instead of only to present raw data as they are.

LEGIBILITY OF CHINESR CHARACTERS. As I have pointed out elsewhere[①], the problems of the psychology of Chinese characters should receive some adequate attention on the legibility aspect of the language itself. Such factors as form or individual differences of the characters, size of the character, style of the character, position of the char—acter in the group, spacing between characters, length of line, leading, appearance of Arabic digits or foreign words, punctuation and special marks, and index system are import—ant taken by themselves; but they have rael significance Only when they are taken from the standpoint of the total page or exposition as a whole. Legibility in the broad sense perhaps is more important for the Chinese language than for English or other languages inasmuch as the publish—ing agencies are careless about the general appearance and make—up of the reading page, article, or journal. Much less do they contemplate the notion of scientifically determining what the best requirements of the elementary text—books of school—children are, and of strictly conforming to those re—quirements. Seldom do authors realize the duty they owe to their readers so that efficient comprehension in reading can be best fulfilled by the clearest presentation.

PERCEFTUAL STUDIES OF CHINESE CHARACTKRS. The ear—liest experimental research on the psychology of Chinese characters was done by Lew between 1916 and 1919[②] at Colum—bia and Yale. "The original plan consisted of the follow—ing three parts; an intensive study of the learning pro—cess; a photographic study of the eye—movements in reading Chinese; and a minimum list of Chinese characters by a word-count of those used in daily life. This threefold treatment was abandoned because of limited time and lack of Chinese clerical help in New York. The Monograph, while complete in itself, is therefore much less thorough and claborate than originally planned[③]. The third part had Been carried out by the author after he returned home and the second suggestion for a photographic study of eye—movements had been undertaken at Stanford by the pioneer word of Miles and Shen. [④] Lew certainly deserves the credit of be—ing the first to map out a far—reaching program on the psychology of Chinese

① Siegen K. Chou, op. cit.

② T. T. Lew, The psychology of learning Chinese, Chinese soc. &Pol. sol. Rev. ,1923,7,No,4,120—181;1924,8, No. 1,1—53;No. 2,1—80;No. 3,144—219;NO. 4,1—105.

③ Ibid. , 1923,7,No. 4,120.

④ W. R. Miles&E. Shen, Photographic recording of eye move—ments in the reading of Chinese in vertical and horizontal axes;method and preliminary results, J. Exper. Psychol. ,1925,8,344—362. also E. Shen, The observation of eye move—ments during reading, Chinese J. Psychol. ,1926,4,No. 1,pp. 12;An analysis of eye movements in the reading of Chinese, J. Exper. Psychol. ,1927,10,158—183.

characters.

In the year 1928, Tsai and Abernethy report an in—vestigation[①] from the Chicago laboratory under the guidance of professors H. A. Carr, F. N. Freeman, and C. H. Hamilton, which is practically a duplicate of Lew's much earlier and more intensive study. One of the authors an—nounces:"This is the first of a series of researches on Chinese characters initiated and planned by L. S. Tsai, who prepared the manuscript. "[②] Tsai certainly has no ex—cuse for his ignorance of Lew's pioneer intensive work when he remarks in the same place:"but hitherto there has apparently been nothing more than speculation concerning the basic problem of the nature or construction of Chinese characters. Moreover, the proper order of introducing the various types of characters into the reading and writing of the schools can be determined only through experimental investigations of the relative difficulty of the sym—bols. " Not only does he seem to be entirely ignorant of Lew's report, but he is definitely unaware of its connection with such studies as Hull's[③] and Kuo's[④] employing Chinese characters as material and, above all, of Wylie's report[⑤] from which he made absolutely no significant departure. To duplicate is not scientific research; research should start where others end. As the field can find only an en—couraging interest in American universities, we Chinese in—vestigators have to be especially careful about the histor—ical background of our problems that have only local significance.

LEW'S STUDY ON LEARNING. Lew's monograph has recent—ly been summarized in Chinese by W. Ai. [⑥] The scope and ex—tensiveness of the research involving "one hundred and fifty subjects who patiently sat through some of the most tiresome experiments (preliminary and final) during the two years in which they were conducted"5 can be seen from the following summary of the nineteen experiments(Table 1) It ee deals with learning, reproduction, recall, and recog—nition. The subjects used are Chinese students, American students, and Chinese and American children.

① L. S. Tsai & E. Abernethy, The psychology of Chinese char—acters,J. Exper. Psychol. ,1928,11,430—442.

② Ibid. ,430.

③ K. L. Hull, Quantitative aspects of the evolution of con—cepts, sychol. Nonog. ,1920,28,No. 123. pp. 86.

④ Z. Y. Kuo, A behavioristic experiment on inductive inter—ference, J. Exper. Psychol. ,1923,6,247—293.

⑤ M. Wylie, Recognition of Chinese symbols, Amer. J. Psy—chol. ,1926,37,224—232.

⑥ W. Ai, Psychological studies of Chinese characters, Chinese Educ. Rev. , 1928, 20, No. 4 & 5. 5. T. T. Lew, op. cit. ,1923,7,NO. 4,124

Table1 SUMMARY OF LEW'S EXPERIMENTS

DESIGNATION		CHARACTERS		SUBJECTS		NATURE OF EXPERIMENT
Series	No.	Old	New	No.	Hace	
A	1	26		10	Chinese	Learning
	2	26		8	〃	〃
	3	26		9	American	〃
	4	26		18	Ch. Child.	〃
	5	26		4	Chinese	Reproduction
B	6	26	4	〃	〃	
	7	26	3	〃	〃	
	8	26	16	〃	Recall	
	9	26	11	〃	〃	
	10	26	4	〃	〃	
C	11		10	4	〃	Learning
D	12		10	3	〃	Recognition
E	13	20		50	Am. Child.	Learning
F	14	20		45	〃	Recognition
G	15	20		45	〃	Reproduction
H	16	100	14	10	Chinese	Exposure
J	17	50	25	7	〃	Recognition
K	18		70	10	〃	〃
L	19	26		4	〃	〃

The main conclusions drawn from these series of ex—periments are that the learning process consists of the for—mation of three bonds: the bond between the form and the sound(F—S bond), the bond between the form and the meaning (F—M bond), and the bond between the meaning and the sound (M—S bond); that on the whole, the F—M bonds are easier to form than the F—S bonds, but the F—S bonds once formed, are a little more ready to act than the F—M bonds; that there is a great diversity of associative aids, a great number of them come from the three elements of the characters; that the arrangement of strokes is one of the important factors during which new characters were also introduced and reac—tion times recorded by means of the Hipp chronoscope. ①

New characters were more readily recognized as new. "Thecues employed were slightly more helpful with the 'new' than with the 'old' for 62.2% of the 'new' were correct, as against 58.1% of the 'old.'"② The reaction time was short—est for old as old, next new as new, then new as old, and longest for old as new.

OTHER PERCEPTUAL STUDIES. The next intensive re—port by W. Ai③ is mainly an elaboration of Lew's extensive study of the learning process in the recognition and re—production of characters of different numbers of strokes by American subjects. He extends further Lew's analysis of the relative strength of the different bonds between form, sound, and meaning and calls attention to the fact that these three elements cannot be rigidly separated. The conditions are batter controlled and subjects are more numerous. Special analysis of the nature of errors in re—production by writing is made.

The sub—title of Tsai's report is "Complexity of characters and difficulty of learning" and the experiment consists of presenting 30 characters with arbitrary English equivalents 3 seconds each to 21 American subjects for recognition, and 3 seconds each to 9 others for reproduction. Recognition took place in 4 seconds and reproduction in 10 both after three presentations and after twenty—four hours. The 30 characters are in three series of 10 each consisting of a varying number of strokes of 3, 6, and 12 respectively. Complexity is the number of strokes. But difficulty in learning was found not related to complexity whereas a logarithmic equation was derived by the method of least squares for the function between reproduction (by writing) and complexity(three, six, and twelve strokes). ④And yet "The present study is the first⑤ experimental approach to the problem of the nature or construction of Chinese characters, which have constituted the written language of a quarter of the world\s total population for four thousand years."⑥

RELATED STUDIES USING CHINESE CILARACTERS. I know two reports of some importance employing Chinese characters as the sole material for experiment; one

① M. Wylie, op. cit., 224—225.
② M. Wylio, op. cit., 229.
③ W. Ai, op. cit.
④ L. S. Teai & E. Abernethy, op. cit.
⑤ Underline mine.
⑥ L. S. Tsal & E. Abernethy, op. cit., 441

isHull's monograph on the evolution of concepts① and the other is Kuo's report on a behavioristic experiment on inductive inference. ②

Hull's material consists of twelve series of twelve characters each. The characters within any one series have one common radical but the common radical is increasingly obscured from the first to the twelfth character. The twelve different radicals serve as concepts, the evolution of which was the prime purpose of the investigation. The characters as shown in the illustration were mostly so much distorted or mutilated that they had lost their original configuration as true Chinese characters. It must be noted that Chinese characters in their proper proportion and balance are seldom copied correctly even by the Chinese student. The characters as copied by Hull were of course all right for his purpose.

Kuo used 88 compound characters, of which 75 belong to 5 common radicals, each radical having 15 characters. just as inHull's experiment, the response consisted of generalizing the common structure of the compound characters——namely, the radical——and of the common meaning or common relationship which this radical represents. The remaining 13 characters are negative instance characters outside the radical groups. The components of the 88 compound characters together with 24 new characters were written on another sheet of card—board for testing the recognition of the radicals and pseudo—radicals, for testing inference, and for testing the detection of negative instances.

There is more to be learned about the recognition and reproduction of these numerous characters in both Hull's and Kuo's reports than in Tsai's experiment devised especially for that purpose.

PROBLEMS IN THEREADING OF CHINESE CHARACTERS. ③ Legibility and perceptual studies are basal to the reading of Chinese characters. Study of reading, chiefly on the problem of vertical downward and horizontal rightward reading, has received perhaps unduly more attention from different Chinese investigators than the frormer problems.

Kao and Che④ found that in silent reading the rate of reading Chinese was about three times that of reading English but vertical Chinese averaged 13. 3 words por second

① C. L. Hull, op. cit.

② Z. Y. Kou, op. cit.

③ Rearranged from Siegen K. Chou, Legibility of Chinese characters, etc. , Unpubl. H. A. Diss. , Stanford, June, 1928, ch. 2.

④ P. S. Kao & L. C. Cha, an observation of eye movements in reading Chinese and English, Unpubl. , Chieago, 1919.

as contrasted with 99 in the horizontal. Cossum[①] compared the relative reading efficiency of Chinese students in reading Chinese and English and found that they read Chinese much better.

Tu[②] concluded that American children road English much more efficiently than the Chinese children of the same grade read Chinese. In a later study Tu measured the rats of reading of eight subjects after some preliminary practice on both vertical and horizontal Chinese. His figures wore &. 14 words per second for the vertical and 3. 61 for the horisontal. It was further noted by him that vertical are arrangement was much more susceptible to improvement than horisontal. After a period of practice, the final rates for the vertical and horizontal were 5. 54 and 6. 01 respectively. A mirror observation of eye movements revealed that pauses covered more words and occurred oftener per second in the vertical than in the horizontal. Techistossopic exposures of both non—sense and sense materials also invariably confirmed the advantage of the vertical.

In a prolininary study by photographic recording or eye movements. Hiles and shon,[③] quite independently, since earlier results Had not been published, confirmed Yu's findings concerning the relative number of words per pause and per second in the two directions of reading. In a more elaborate study by the same technique, it was further substantiated by Shen[④] that the vertical arrangement required fewer but longer pauses. The regressive fixations were also fewer. Certain characteristic differences, however, in the movements of the eye in the two directions of reading seemed to be significantly noted. 2scesdio movements were less clear—out in vertical downward reading and tended to the form or a gliding movement. There was always a characteristic sharp loop in the return sweep of the eye to the beginning of a new line of the vertical material.

It was known from records taken by Miles[⑤] that when the eyes fixated alternately two points arranged vertically and 40 degrees apart on the are of vision, a loop representing a too extensive movement on fixating the upper mark was a characteristic feature. It was not known then that this same thing occurred during reading and with line length much shorter than 40 degrees of are. it was suggested by Shen that "the more complicat-

① W. W. Cossum, Relative reading efficiency in English and Chinese, Unpubl. Diss. , Chicago, 1920.

② H. T. C. Tu, A comparison of rate and comprehension of silent reading between two languages, Unpubl. Diss. , Iowa, 1923. also Horizontal and vertical arrangement of Chinese characters, Chinese Educ. Rev. , 1926, 18, No. 11; The offect of different arrangement of the Chinese language upon speed and comprehension of silent reading, Chinese Soc. & Pol. sci. Rev. , 1926, 10, 278—301.

③ W. H. Hiles & E. Shan. op. cit.

④ N. Shen. op. cit.

⑤ W. R. Mlles & E. Shen, op. cit. , 355. also personal communication.

ed mechanism for vertical movement is particularly adaptable for shifts of small angles and of a somewhat gliding nature. "①

Of 51 American students who were given the corresponding vertical and horizontal reading materials used in his main experiment to pass judgments as to which is more legible, 38 preferred the vertical, only 7 preferred the horizontal, while 6 refrained from passing and judgment.

Chen and Carr② found in another study that both in reading and cancellation the greater percentage of subjects tested was in favor of the vertical so far as speed is concerned. Tsang compared the effect of vertical and horizontal alignment and or punctuation marks upon the rate or reading. ③

Studies touching other phases of reading are very meagre. Hu④ correlated the rate of reading Chinese characters with the perception span by tachistoscopic exposures of different materials and also correlated the different materials among themselves. The highest correlation was found with easy Chinese sentences while the least was with the Arabic digits. The different kinds of material all correlated highest with their kind. He later⑤ was concerned with the study of reading habits of adult Chinese by the Chicago eye—movement recording technique.

As I have pointed out elsewhere⑥, efforts the past have been perhaps vainly directed toward one problem of the comparison of vertical downward and horizontal rightward reading without much relevant and painstaking analysis of the real pertinent factors involved. The full appreciation or the effect or these various factors upon the ways of arranging reading material can be brought to light only by and extensive experiment on very young school children, extending over a long period of time, involving reading practice in the two arrangements, using control groups, and, finally, measuring the practice effects. Any attempt to solve the problem of comparative speed and comprehension of reading in the two directions by using adult subjects—Chinese for reading Chi-

---

① E. Shen, An analysis of eye movements in the reading, of Chinese, J. Exper. Psyehel., 1927,10,181.

② L. K. Chen & H. A. Carr, The ability of Chinese students to read in vertical and horizontal directions, J. Exper. Paychol., 1926,9,110—117.

③ Y. Y. Tsang, An experimental study of the effect of vertical and horizontal alignment and of the use of punctuation marks upon the rate of reading the Chinese language, Unpubl. Ph. D. Diss., Univ. of Washington, 1926. (not accessible).

④ I. Bu, A study of perception span in reading the Chinese language; Unpubl. M. A. Diss., Chicago, 1926.

⑤ I. Hu, An experimental study of the reading habits of adult Chinese, Unpubl. Ph. D. Diss., Chicago, 1928. (not accessible).

⑥ Sisgen K. Chou. op. cit.

nese characters horizontally and foreigners for foreign languages vertically—is frankly measuring the effects of habit and training, and these are bound to obliterate all other possible factors. My studies in this field have since convinced myself that reading—direction, as a practical issue, is not a question amenable to laboratory research since circumstances are such that we have to adopt one or the other practice for a particular purpose; and, as a theoretical one, it is inseparably interrelated with character—position as I shall try to show fully later on.

CHAPTER Ⅱ

A QUADRANT TACHISTOSCOPE WITH SIMULTANEOUS VOLUNTARY MAINTENANCE OF EXPOSURE①

LIMITATIONS OF THE TACHISTOSCOPIC TECHNIQUE. The earliest perceptual studies in reading since Valentius, through Cattell, and up to Erdmann and Dodge, Goldsheider and Muller, Zeitler, and Messmer were done by the tachistoscopic technique. ② These first experiments revealed that only three or four letters can be perceived simultaneously in from 100 to 270 thousandths of a second, that ordinary perception in reading proceeds by words, phrases, and even sentences rather than by letters, and that there are certain determining or dominating parts in every word.

While important conclusions were drawn from the purely atomistic studies, Dodge decried as early as 1907 the indiscriminate use of the tachistoscopic technique. The tendency to reduce the physical exposure time to a minimum (he says) wherever the aim is to present an adequate exposure of the simplest kind is a methodological mistake, based upon a psychophysical misconception. It introduces unusual conditions altogether foreign to the natural fixation pause and leads or may well lead, to a distorted analysis of the processes of apprehension; making the conclusions, in so far as they are referred to normal perception, not merely valueless but false… Visual perception from a threshold exposure may be and indeed must be quite a different matter from normal visual perception. . . and the results of the former should be applied to

① Rearranged from Siegen K. Chou, Legibility of Chinese characters, etc. , Unpubl. M. A. Diss. , Stanford, June, 1928, ch. 3 & 4; Reading and legibility of Chinese characters, etc. , J. Exper. Psychol. , 1929, 161—163; A Quadrant Tachistoscope for studying the legibility of Chinese characters, loc. cit. , 178—186; and Reaction—keys and a new technique for reading—reactions, Amer. J. Psychol. , 1929, 41, 469—473.

② W. S. Gray, Summary of investigations relating to reading, 1925, 2—3.

the latter only where there is clear justification of the analogy… Anything approximating a threshold exposure, instead of simplifying the consequent psychological process, really complicates it and renders it more uncertain. . . The only exposure whose results will apply directly to normal processes is that which, under the given experimental conditions of illumination, will permit a full and uniformly cleared—up impression. For this exposure we still have a right to the superlative implied in the word 'tachistoscopic', since we refer not to the most rapid excitation, but to the most rapid vision which is really cleared—up and adequate. "① The perception—span method of extremely brief exposures by the ordinary tachistoscope is not only unnatural but far—fetched.

A QUADRANT TACHISTOSCOPE. To put the most 'rapid vision' in place of the most 'rapid excitation' means a giving—up of the fundamental concept of rigid, constant, automatic, and involuntary control of the duration of exposure in the ordinary tachistoscope. Instead of keeping the time factor constant and using the number of exposures or the perception—span as a measure for quantitative evaluation of reading factors or any other experimental factor, it is perhaps a significant departure from all reaction experiments in general and from all tachistoscopic perceptual studies in reading in particular to adopt the method of flexible, variable, subjective, simultaneous, and voluntary control or maintenance of the duration of exposure in a tachistoscope. The duration of exposure as reading—reaction time shall be the measure of the relative effects of reading or any other experimental factors. This perhaps significant modification in the construction of tachistoscope, strongly endorsed by Professor W. R. Miles, is actually realized in my Quadrant Tachistoscope.

A related technique is involved in the Dodge Drop—Exposure Apparatus② where the interval between the beginning of the exposure and the beginning of the response through a voice key is taken as a measure. Here the departure from the usual tachistoscopic constant control is only partial since the extension of the exposure is to the point of perception and the time recorded is mainly visual—verbal reaction—time, pure and simple. It is true that the termination of the vocalization can also be taken as the point of measure. But that is not the essential thing sought for in Dodge's technique. Dodge has used his apparatus to expose single words, to which the subject responds through a

① R. Dodge, An experimental study of visual fixation, Psychol. Monog. , 1907, 8, No. 35, 32—37.

② R. Dodge & F. G. Benedict, Psychological effects of alcohol, Carnegie Inst. of Wash. Publ. , 1915, No. 232, 90—108; also M. A. Tinker, Reading reactions for mathematical formulae, J. Exper. Psvchol. , 1926, 9, 450—454.

voice—key. So far his technique would closely resemble in fundamentals what I have used. However, for the purpose of exposing and reading whole sentences in the two axes, the Quadrant Tachistoscope would seem to have the advantage. Whereas in the Dodge Drop—Exposure Apparatus the continuance of exposure after the response may perhaps be a source of error, the Quadrant Tachistoscope permits voluntary exposure, maintenance, and close of the shutters. In this technique of simultaneous voluntary maintenance of exposure, the material is voluntarily exposed and maintained there as long as the subject reads; but it will be to his own disadvantage if he hesitates to release his finger from the key. The response is more complex, involving in the single act a succession of muscular action on the finger, perceptual reading, vocal utterance, and finally muscular relaxation on the finger again. There is the eye—voice span and there is also the voice—finger span. This total pattern of response is the characteristic of the technique and is measured from the beginning to the end. The total reading reaction—time is at the same time sensory, motor, and central, including the complete performance on the reading material as a whole. It is the influence of the introduction of any experimental factor into the reading material as a whole on this complete performance that is sought. In fact, many normal everyday performances such as opening a big dictionary closed on a spring stand to look for a word or unfolding an atlas tightly rolled up to locate a city or town resemble this type of reaction.

The Quadrant Tachistoscope① consists of essentially a shutter window in the form of four quadrants (hence the name), each of which can be opened separately in two directions, namely, the upper right quadrant either to the right or upward, the upper left quadrant either to the left or upward, the lower left quadrant either to the left or downward, and the lower right quadrant either to the right or downward. Any pair of the four quadrants can be moved jointly by simply turning a switch so that the window will open either horizontally or vertically as desired. The quadrants are held together by springs and are electromagnetically operated by eight small solenoidal magnets. A slight pressure upon a finger—key will open any two opposite pairs of the shutters, and these quickly close as soon as the finger is released. Behind the shutters, cards bearing the experimental material, arranged either horizontally or vertically, drop down automatically one at a time for reading, from a specially designed card—holder held above the win-

① For illustrations of the Tachistoscope, see also Tsing Hua Alumni Annual, 1928—29, Tsing Hua Alumni Association, U. S. A., Larch, 1929, p. 40.

dow. This changing and releasing operation[①] of the card is controlled by the experimenter by simply pushing a lever, while the subject himself opens and closes the shutter window by pressing a key. The reading reaction—time is marked by a short—interval stop—watch or, if necessary, by any more refined time—marker or chronoscope in circuit with the shutter and key. The shutters can be kept constant for any duration of exposure by a simple automatic control of the circuit, thus making it possible to revert to the old technique.

TACHISTOSCOPE VERSUS BRADYSCOPE. Just asa the microscope in biology explores— the vast region of the small, the infinitesimal, and the invisible to the naked eye, so for almost seventy years has the tachistoscope[②] in psychology been constantly employed in various studies on perceptions of the short, the liminal, and the differential. Just as there is also the other extremity in space of the big, the far, and the remote, which consists of the celestial bodies revealed to us through the telescope, so there is also the counterpart in time of the long, the slow, and the integral, such as memory and learning, usually studied by means of the so— called 'Memory Apparatus', which we may venture to designate collectively as 'Bradyscope' (Greek, brady, slow; skopein, to view) in contrast to Tachistoscope. I coined the term myself only to find or recall afterwards, through the reminding of Professor Madison Bentley, that the term had been used for a particular type of Memory Apparatus by Esper.[③]

The analogy between the antitheses of telescope—microscope and of bradyscope—tachistoscope is perhaps a more significant than an exact one. Psychology no longer depends upon physiology for instrumentation. It must acquire its own technology and have names for its set—ups. If 'Memory Apparatus', a termadopted entirely without deliberation, is adequate for its purpose, we might just as well be contented with 'Perception Apparatus'for Tachistoscope or 'Time Apparatus'for Chronoscope. It is my suggestion that we substitute the term Bradyscope for all 'Memory Apparatus'. Bradyscopes and tachistoscopes belong to the same general class since they are all apparatus for exposing perceptual material for experimentation under temporal control. The Quadrant Tachisto-

---

① Siegen K. Chou, An automatic card feeder—and—catcher mechanism, J. Gener. Psychol., 1929, 2, July.

② A. Volkmann, Das Tachistoscop, ein Instrument, welches bei Untersuchung des momentanen Sehens den Gebrauch des elektrischen Funkens ersetzt, Berichte Uber die Verhandlungen der koniglich sachischen Gesellschaft der wissenschaften Zu Leipzig, 1859, 90.

③ E. A. Esper, The bradyscope, an apparatus for memory experiments, J. Exper. Psychol., 1926, 9, 56—59.

scope is, in reality, a bradyscope—tachistoscope since it can be used for both purposes.

A MODIFICATION OF THE DUNLAP CHRONOSCOPE. ① In connection with the development of the tachistoscope, I required a timing device for measuring the reading reaction—times in somewhat longer units than are usually provided in the chronoscope. A simple and inexpensive modification of the Dunlap Chronoscope Model II without actually altering any part of the original design at all met the requirement. The modification is so simple that the original can be instantly restored. I shall designate for convenience this modified form as Model IV, with the endorsement of Professor Knight Dunlap.

Plate 1

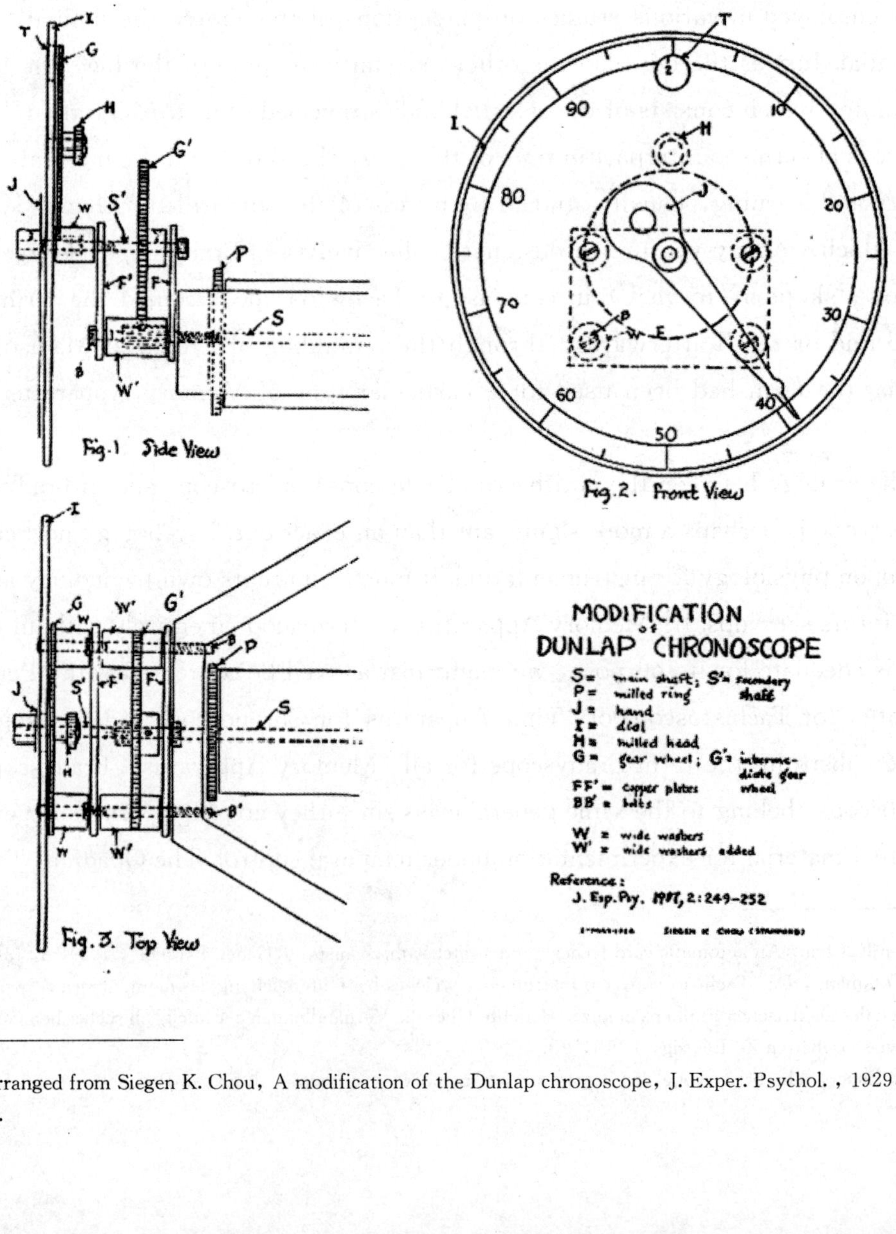

① Rearranged from Siegen K. Chou, A modification of the Dunlap chronoscope, J. Exper. Psychol., 1929, 12, August.

There are three models of Dunlap's synchronous motor chronoscope. They are respectively named Model I, Model II, and Model III. All models are fundamentally "a carefully constructed 10—pole synchronous motor, to which has been added a sensitive clutch mechanism for starting and stopping an independent shaft carrying an indicator, which travels around the face of a graduated dial, 5—5/8 inches in diameter, attached to the front of the frame. On the upper half of the rear of the disk is pivoted a small dial which records complete revolutions of the indicator. This dial is actuated by a spur gear on the indicator shaft and the numerals are read through an aperture in the large dial. "① Model I differs from the later models in the details of the clutch mechanism, but operates in essentially the same way. ② Model II is the one principally in use and the time value of each of the 100 divisions on the large dial depends directly upon the number of revolutions per second of the shaft of the indicator, because this shaft is also the clutch shaft. "Model III is built like Model II with the exception that it is not supplied with means for recording the number of complete revolutions of the indicator around the large dial. In this model the large dial on the front of the instrument has been elevated and the indicator attached to the pivot of the gear wheel which in Model II serves as a dial for recording its revolutions. As the relation of this gear wheel and the spur gear on the clutch shaft is in the ratio of 5 to 1, the 10—pole synchronous motor must make 5 revolutions for each revolution shaft is in the ratio of 5 to 1 , the 10—pole synchronous motor must make 5 revolutions for each revolution of the indicator around the dial . "③ In other words, the time value of each of the 100 divisions is 5 times larger.

In Model IV, as in Model III, the large dial on the front of the instrument has been bodily elevated and the indicator attached to an added secondary shaft S'(Plate 1,p. 28, Flg. 1,2) on which is fastened an added intermediate gear wheel G'. The teeth (120) and pitch (48) of this added gear wheel ware exactly the same as the original revolution—recording gear wheel G. The relation of this gear wheel to the spur wheel on the clutch shaft S is also the same as the original gear wheel to its spur wheel on the secondary shaft, namely, 10 to 1. Hence, the synchronous motor must make 10 revolutions for each of the indicators around the dial and the time value of each of the 100 divisions is 10 times longer than Model II, while Model III increases the time value only 5 times. Another difference is that the original revolution—recording gear wheel G is left

---

① C. H. Stoelting Co. catalogue; psychological apparatus and supplies, time and rhythm, 1953, list 10, p. 15.

② K. Dunlap, The Johns Hopkins chronoscope, J. Exper. Psychol. ,1917,2,249—252.

③ C. H, Stoeling Co. ,op. cit. ,p. 16.

unchanged.

I have calculated out the unit time values per division on the dial of different models for different frequencies of the tuning fork for D. C. And for different cycles of A. C. The following Table 2 will not only give a clear idea of the differences among the three later models but also will serve as a handy reference for investigators. (See p. 31)

Table 2 UNIT TIME VALUES OF DIFFERENT MODELS OF DUNLAP CHRONOSCOPE

Frequency	rev. per arm.	sec. dial	sigma	frequency	rev. per arm.	see. dial	sigma
for D. C. with tuning fork (arm. rev. =1/10 f)					for A. C. (arm. rev. =1/5 f)		
Model Ⅱ (dial rev. = arm. rev.)							
				10	2	2	5
				20	4	4	2.50
15	1.5	1.5	6.67−	30	6	6	1.67−
25	2.5	2.5	4	40	8	8	1.25
50	5	5	2	50	10	10	1
100	10	10	1	60	12	12	.83+
				70	14	14	.71−
				80	16	16	.63−
				90	18	18	.55−
				100	20	20	.50
Model Ⅲ (dial rev. = 5 arm. rev.)							
				10	2	.4	25
				20	4	.8	12.50
151.5	.3	33+	30	6	1.2	8.33+	
252.5	.3	20	40	8	1.6	6.25	
50	5	1	10	50	10	2	5
100	10	2	5	60	12	2.4	4.17−
				70	14	2.8	3.57−
				80	16	3.2	3.13−
				90	18	3.6	2.78−
				100	20	4	2.50

续 表

Frequency	rev. per	sec.	sigma	frequency	rev. per	see.	sigma
	arm.	dial			arm.	dial	
for D. C. with tuning fork (arm. rev. =1/10 f)					for A. C. (arm. rev. =1/5 f)		
Model Ⅳ (dial rev. = 10 arm. rev.)							
				10	2	.2	50
				20	4	.4	25
15	1.5	.15	67—	30	6	.6	16.67—
25	2.5	.25	40	40	8	.8	12.50
50	5	.5	20	50	10	1	10
100	10	1	10	60	12	1.2	8.33+
				70	14	1.4	7.14+
				80	16	1.6	6.25
				90	18	1.8	5.56—
				100	20	2	5

The method for effecting the modification from model II to Model IV is exceedingly simple and convenient. Two pieces of 1/8″ brass plates FF' are milled exactly alike to the size of 2—3/4″ by 1—7/8″. Four holes of the same diameter as that of the bolts BB' are drilled on the four corners of the plate F' forming an oblong of 2—1/4″ by 1—3/8″ with the lower two duplicated on the plate F. Midway between the upper two holes another one is drilled on both plates through which the added secondary shaft S' is going to pass while one is drilled midway between the lower two only on plate F to allow the clutch shaft S to pass. The two plates are separated 1″ apart by two bolts W' and are screwed to the frame just as the dial I is originally fastened to it. Then the detached dial plate is screwed in turn to the upper two holes on plate F'. The secondary shaft S' that passes through the upper center holes on both plates carries the added intermediate gear wheel G' engaging its spur gear on the clutch shaft S and at the same time carries the original spur gear engaging the original revolution—recording gear wheel G.

It is clear that this arrangement does not materially alter any part of Model II and that its original design can be instantly restored by removing all the added parts and refastening the dial plate to the frame. But it must also be noted that additional load will necessarily increase the latency of the dial pointer although the greater unit resulting will perhaps make this increase immaterial.

ON REACTION—KEYS. Since the Quadrant Tachistoscope involves the use of reaction—keys, a word about the nature and merits of different kinds of the instrument may perhaps not be out of place. Titchener listed no fewer than twenty varieties of reaction keys depending upon the mode of the reaction movement. [①]Of voice keys there are Cattell's, Roemer's, Wundt's, and Libby—Baldwin's; of eye keys there are the eyelid key listed in Zimmermann and Dodge's pendulum reaction key; Cattell's lip key, Meumann's biting key, Kraepelin's speech key, and Jastrow's speech key are all adapted for linguistic reactions while Moldenhauer's smell stimulator is akin to a reaction key. By far the most extensive reaction movement and that which has yielded the greatest number of reaction keys is the finger movement. The key ordinarily employed for this mode of reaction is the telegraph key. Wundt had an early modified form; Zimmermann listed a simple form; Jastrow described the press—key; Ranschburg's key, Ewald's rocker, and Scripture's multiple key permitted double or multiple contacts and instantaneous make and break. All these types make use of only one finger. Dessoir introduced in 1892 the thumb—and—finger key: "in its original form, it consisted of two hard rubber rings, fitted with contacts and binding posts, and shaped to slip over O's thumb and finger; the range of movement was limited by two elastic bands fastened to the rings on either side (Arch. f. Physiol., 1892, 309). Scripture's modification is described in Yale stud., i, 1893, 88. Zimmermann lists it at Mk. 30." [②] Besides the original description, Scripture mentioned his modification in two of his later books. [③]

Trace described" A new tapping instrument for laboratory use"[④] that was developed in the Stanford laboratory after "a search was begun for a reaction instrument" and "after about a year's experimentation (1915—1916)." "The instrument is light and smell, the weight being 50 grams and the length 10.5 cm. The 2 steel prongs, curved and lined with rubber at the ends to fit the thumb and finger, are 1.5 cm. wide and 7.2 cm. long. The distance between prongs is 2 cm. and it requires a pressure of 1250 grams to bring one into contact with the other, the thumb and finger being then 4 mm. apart. The instrument can be raised or lowered to meet the needs of the reagents; it can be used in either the horizontal or the vertical position."[⑤] Trace evidently was una-

① E. B. Titchener, Experimental psychology, Quantitative, Instructor's manual, 349—351. cf. K. Dunlap, Apparatus for association timing, Psyohol. Rev., 1913, 20, 250—353; R. Dodge, F. G. Benedict. op. cit.

② E. B. Titchener, op. cit., 349

③ E. W. Scripture, Thinking, feeling, doing, 1895, 43—44; The new psychology, 1898, 121—122.

④ G. M. Trace, A new tapping instrument for laboratory use, Amer. J. Psychol., 1919, 30, 425—426.

⑤ Ibid., 425.

ware of Titchener's comment: "Dessoir remarks (Arch. f. Physiol., 1892, 311) that his thumb—and—finger key 'in jeder Beziehung sehr bequem ist.'"①

She seemed to be ignorant also of Scripture's modification. Noticing that the rate of the thumb—and—finger key is much slower than the tapping board and key so that changes in rate and character of tapping and fatigue may be easily noted, she pointed out that "this introspective phase is a valuable addition to the tapping experiment."②Scripture wrote in 1893 of his modification of Dessoir's thumb—and—finger key: "while using this key in an exercise on the rapidity of tapping movements of the finger we found that we had the means at hand of making new investigations on the time and extent of voluntary movement. All previous work in recording taps had been done with an ordinary telegraph—key by which only the moment of the extremity of the downward movement was recorded. By simply connecting the binding—posts of the cross—piece and the fixed slide to one end of the circuit and the post of the movable slide to the other, a record was made of the downward extreme, the upward extreme and the period of rest at each extreme. Moreover, the adjustment of the fixed slide gave any desired extent for movement."③

Trace did not state that the slowness of her new thumb—and—finger key as compared with the tapping board and the telegraph—key was based on direct experimental comparison. I made a direct comparison at the suggestion of Dr. Franklin Fearing in the summer of 1926 between the two rates of tapping with the ordinary telegraph key and the with Trace thumb-and-finger key. A pendulum time—marker was first calibrated and then used to time the two modes of tapping with the ordinary kymographic technique. The right index finger was used in the ordinary key tapping and the thumb and index fingers were used in the thumb-and-finger key tapping with the key in the vertical position. The writer obtained 40 series of 30 seconds each in 5—second intervals (Wells' series) for each of the two modes of tapping on himself. The following Table 3 shows the result:

① E. B. Titchener, op. cit., 355.

② G. M. Trace, op. cit., 426.

③ E. W. Scripture & J. M. Moore, A new reaction—key and the time of voluntary movement, Yale Stud., 1893, 1, 89—90

Table 3 COMPARISON BETWEEN THE TELEGRAPH KEY AND THE TRACE THUNB—AND—FINGER KEY

5—second intervals		1st	2nd	3rd	4th	5th	6th
Telegraph key	Ⅰ experiment (20 series)	20.3	19.3	18.7	17.2	17.3	16.9
	Ⅱ experiment (20 series)	22.9	23.1	22.3	22.9	21.7	21.5
Thumb—and—finger key	Ⅰ experiment (20 series)	23.5	23.7	22.4	21.3	21.4	19.6
	Ⅱ experiment (20 series)	24.1	23.2	22.0	21.8	21.4	20.2
Average	Telegraph key	21.6	21.2	20.5	19.6	19.5	19.2
	Thumb—and—finger key	23.8	23.5	22.2	21.5	21.4	19.9

Contrary to Trace's casual mention, my direct comparison definitely shows that the rate of tapping is decidedly taster with the thumb—and—finger key than with the ordinary telegraph key as is evident from the means of the two experiments of 20 series each. This is even more so in the first experiment of 20 series, although in the second experiment the rate of tapping in the thumb—and—finger key drops down below that of the telegraph key from the third interval on. This is, however, in accord with Trace's contention that fatigue is more easily noted in the thumb—and—finger key. Although the fatigue effect during the first experiment of 20 series was practically the same with both keys, it drops down decidedly during the second experiment with the telegraph key so that the average fatigue—index in terms of percentage loss of the number of taps in the last interval over the first is much less. The average fatigue—index for the thumb—and—finger key is 16.40% while that for the telegraph key is 11.44%. In other words, the telegraph key single—finger reaction is much more susceptible to improvement than the double thumb—and—finger reaction. The double—finger reaction is much less variable. My introspective analysis also shows that in the one—finger reaction a much more intense kinesthetic sensation was felt and it required much greater effort as the tapping went on. In the case of the two—finger reaction, however, there was almost nothing extraordinary, the fingers coming together and pulling apart as a matter of course. It should be pointed out, however, that, since they have a different load and involve a different pattern in muscular coordination, it is only natural to find these significant differences between the two types of keys.

PREMATURE REACTION IN THE LIFTING OF THE FINGER. The above discussion of the finger keys is intended to bring out a related phenomenon of premature reaction in the lifting of the finger from the telegraph key employed in the Quadrant Tachistoscope. In discussing the reaction movement, Titchener remarked, "Practically all those who have worked with the lip key have noted a tendency to premature reactions; the lips are often opened before the reaction proper is made. "① I noted the same tendency to premature reactions even with the ordinary telegraph key. The subject is required to press the key down to open the quadrant shutters of the tachistoscope either vertically or horizontally for the two corresponding arrangements of reading material and to hold it there as long as he is reading, but to lift his finger as soon as he is through reading, the reading time being marked by a stop—watch. Although most of the subjects adjusted perfectly to this perhaps new type of reading reaction, there were several few who seemed to be troubled by it because not infrequently they lifted or rather slipped their finger off the key and hence closed the window, destroying their view. While perhaps the antagonistic downward pressure which Titchener reported in all muscular reactions may be present when the subject is about to lift his finger to close the window after reading②(although there is no introspective report from any subject), the premature lifting reaction from the key is not quite comparable with the premature reaction in the lip key because here a much more complex perceptual reading re—action is involved.

THE TECHNIQUE OF SIMULTANEOUS VOLUNTARY MAINTENANCE OF EXPOSURE. It may be pointed out that this procedure of requiring the subject to press down the key while he is reading constitutes exactly what Woodrow③ called the detraction method. He distinguishes the detraction method from the ordinary distraction method by the fact that a distracter unavoidably implies the idea of division or tearing asunder of attention while the detractor simply lowers the degree or attention. Reading with the finger pressing down the key all the time so as to keep the window shutters open is certainly lowering the degree of attention; since this pressing down of the finger is an unavoidable state of one of the conditions of attention just as any of Woodrow's unfavorable preparatory intervals is. Simultaneous pressing down the key with the finger results in a prolongation of the reading reaction time, just as the unfavorable preparatory inter-

① E . B. Titchener, op. cit. ,355

② E. B. Titchener, op. cit. , 351. cf. Williams, R. D. , Experimental analysis of forms of reaction movement, Psychol. Monog. ,1914,17,No. 5(whole No . 75),102,128,136,148.

③ H. Woodrow. op, cit. ,9.

vals would because of its effect as detractor of attention.

On the other hand, I believe that pressing the key may be at the same time an intensifier of attention. The reader knows that, so long as he is holding down the key, he is free to read whatever is exposed in the tachistoscope; but as soon as there is the least roaming of attention his finger is liable to slip off from the key thus closing the shutters and destroying his view. This is perhaps the only interpretation that, while the majority of the readers adapted to the situation perfectly without the slightest indication of being distracted by the pressing down of the finger, there were several who seemed to need extra concentration on the finger. One reader lifted his finger from the key as many as 23 times during the whole course of an experiment consisting of 128 reading reactions, another 15, and still another 10. These readers are personally known to the writer as belonging to the 'nervous' type. For the more stable readers, the pressing down of the finger becomes so automatized that they are no more aware of the fact while they are reading than they are of their walking while thinking.

The reader rather than the experimenter is required to open the shutter in this particular technique because by so doing the fullest degree of attention is secured as the reader would no press down the key even after the signal unless he is perfectly ready to read. The key is pressed down all the time during reading and is not to be released until the reader finishes his reading, instead of being pressed down once for opening, the shutter being allowed to stay open, or the experimenter being allowed to close it; because this kind of reaction actually keeps the subject on the alert all the time, a slight roaming of attention being sufficient to break the circuit, thus closing the window and hence destroying his field of view. This simultaneous voltary maintenance of the exposure of the tachistoscope during the reading reaction is, therefore, at least a check upon, if not an intensifier of, the attention of the reader.

Since this method of requiring the subject to hold down the key as long as he is reading in order to open the shutters of the tachistoscope exposing the reading material is a new approach in the technique of recording reading reaction times, perhaps a word or two about its theoretical nature may be offered here.

The early method of recording the speed or rate of reading is to obtain the total time for reading a passage and then to find out the average rate in terms of words read per second by dividing the total number of words by the total time. The efficiency of reading is thus noted in terms of amount done in unit time rather than time required for reading a unit amount of material. The departure of the method adopted here for the investigation in the reading and legibility of Chinese characters by means of the new Quadrant Tachistoscope is just the reversal of the ordinary procedure: by taking sentences of seven characters as unit amount of material to be read and recording the reading time for every unit amount. The theoretical justifications for this procedure may be mentioned.

In the first place, as Woodrow pointed out when he used reaction time as the measure of degree of attention, a small amount in a given time does not allow enough room, so to speak, to let the lower extreme of ability have free play. "Efficiency can not be adequately measured by the amount done in a given time. Paradoxical as it may sound, the time required to do a given amount is a much more adequate and accurate measure than the amount done in a given time. In measurement by amount done, poor efficiency is not given sufficient chance to display itself. If a person is rather poor and so accomplishes only a small amount in a given time, there is , so to speak, lack of room for a great absolute decreases in this amount done, no matter how much worse the individual becomes. There is no limit on the other hand to the increase in time that he may require to accomplish a given amount of work. There is infinite room for the time to become longer. "①

In the second place, following to Woodrow's general Law of detraction,② the effect of such factors as reading—direction and character—position upon the speed of reading Chinese③ cannot be ascertained if efficiency be a measured by word s read per second. For example, the fastest reader 9W read on the average 5. 36 words per second under the most favorable combination of leftward reading upright characters, and 4. 24 under the least favorable combination of rightward reading upside—down characters; the slowest reader 1W read on the average 2. 11 and 1. 87 respectively. If we take the absolute decrease of number of words read per second as the detrimental effect of these combinations of reading—direction and character—position, then the slowest reader 1W would be the less affected, as his decrease is . 24 words while that of the fastest reader 9W is 1. 12 words. As a matter of fact, reader 9W took 1. 306 seconds to read the seven characters under the most favorable combination and 1. 650 seconds under the least, while reader 1W took 3. 312 and 3. 738 respectively. If now we take the increase in reading time as a measure of the influence of these combinations of reading—direction and character—position, the slowest reader would be much more affected; as his increase in

---

① H. Woodrow, The measurement of attention, Psychol. Monog. 1914, No. 5,(whole No. 76),13.

② H. Woodrow, op. cit. ,13,66—99.

③ Siegen K. Chou, Legibility and reading of Chinese characters, etc. , J. Exper. Psychol. ,1939,12,156—177 Siegan K. Chou, Legibility and reading of Chinese characters, etc. ,J. Kxper. psychol. ,1959,12,156—177

time is .426 second while that of the fastest reader is only .344 second. ①

In the third place, the taking of the reading reaction time for unit amount as a measure of the speed of reading has the further advantage of affording especially a large number of reaction measures for statistical treatment in evaluating the different effects of various factors that influence the speed or efficiency of reading Chinese. The effect of such factors as reading—direction, character—position, temporal—spatial sequence, and half—character on the efficiency of reading can not be adequately determined by recording the total time in reading a passage and then artificially breaking the passage into words read per second because statistically this representative measure is not sound since it is in no sense a central measure of any distribution of separate measures (unless by photographing eye movements) but an abstraction in divisible units from a single measure of larger unit. A single time measure of any passage is more influenced by the total content than by any specific factor that is introduced in the manner of reading or in the arrangement of characters, and hence can not be taken as an index of the effect of the factor, much less when it is artificially divided into shorter time units.

CHAPTER Ⅲ
THEORETICAL FACTORS INTHE TEADING OF CHINESE CHARACTERS②

PRACTICAL VARCUS THEORETICAL FACTORS. All typographical and expositional factors in the reading of Chinese characters bear a more or less practical significance in the legibility of printing and of exposition. These intrinsic factors, while basal to the psychology of Chinese characters, can not be fully appreciated until some of the theoretical factors such as reading—direction, character—position, character—exposure, (half—character), and shutter—and—line—exposure, (shutter—position and half—line), are clearly made out in their relative roles in the total reading process. Normal perceptual reading is a unitary function, determined more by the total configuration of the line, sentence, paragraph, and page as a whole than by the individual elements constituting them. Perhaps it would not be far wrong to say that investigators in the field of the psychology of reading have been slow, not to say reluctant, to a-

① Siegen K. Chou, Legibility of Chinese characters, etc., Unpubl. M. A. Diss., Stanford, June, 1928, 65.

② Elaborated partly from a forthcoming paper entitled Gestalt in reading Chinese characters, Psychol. Rev., 1930, 37, Jan. also Siegen K. Chou, can you readupside down? Chinese Students'Monthly, 1929, 34, No, 6. 274—277.

dopt the Gestalt point of view. Efforts have perhaps been too much concentrated on the unnatural, forced, and unnatural analysis of the constituence of the printed page into their ultimate physical elements of alphabets or number of strokes. Taken as they are, their relative legibility in isolation and in larger and larger groups cannot be the same thing, much less of the same significance. Analysis should be directed toward higher and higher organic units rather than the elements. Higher organic units are configurations of the elements. It is the principle or law of the Gestalt of the elements rather than the elements themselves that is important. A good approach to this is by more extensive eye—movement studies through photographic recording the motor configurations of the fixation pauses.

IS READING—DIRECTION A SINGIFICANT FACTOR? Chinese characters are spatially uniform squares and hence can be arranged either vertically or horizontally. The traditional arrangement is vertical. It was only during the last decade that the horizontal arrangement came into use. As to the comparative speed of reading in the two arrangements, most experimental findings briefly summarized in Chapter I seemed to show that vertical reading is faster. Upward and leftward readings have never attracted the attention of any experimental psychologist. Inasmuch as the real significance of the influence of reading—direction upon speed can perhaps be more fully. Demonstrated by a direct comparison among all these four directions than between only the actually used two directions, an experimental approach is or very important theoretical interest. Is reading—direction per sea significant factor? We must be able to answer this question before we are justified in doing any further research on the topic.

HOW MUCH INFLURNCE HAS CHARACTER—POSITION? Another factor that is perhaps of more theoretical than practical interest is the position of characters. The only experimental approach to this problem of the position of words known to me is the study from Bowden. ① Five children learned English words for six weeks first right—side up and then five minutes later upside down. Three of the children read with equal ease whether the card was right—side up or upside down. The two tilting positions, either to the right or to the left, are equally commensurable with, if not more important than the two punitions used by Bowden. This is especially so in the case of Chinese characters which happen to be squares, and in type setting are very easily confused in respect to their true position. The uprightness② of Chinese characters as determined

① J. H. Bowden, Learning to read, Elem. Sch. Teach., 1911, 12, 21—33.

② This term is used purely in the geometrical sense.

by the principles and laws in etymology has certainly some psychological significance in the sequential reading of them in group. This may be illustrated by various unusual orientations of the English Language, which being of the alphabetical form give conspicuous differences.

READING ENGLISH UUPSIDE—DOWN. We have all had the experience of reading upside down (2). At least we have read newspapers upside down because sometimes we are forced to do

---

But while the battle shakes the great arena,
During the spell of corrugated brow,
I take me back to days of fair Fatima
And wonder why the Bygone left for Now. (1)
O, had I kenned the fickleness of ages,
I would have passed with Socrates, I'll vow!

But while the battle shakes the great arena,
During the spell of corrugated brow,
I take me back to days of fair Fatima
And wonder why the Bygone left for Now. (2)
O, had I kenned the fickleness of ages,
I would have passed with Socrates, I'll vow!

So when a group of people are all anxious to read a bit of interesting news from all sides. We notice how same of the most familiar words or letters appear so queer and unfamiliar that they are almost strangers to us. We start from the right—hand bottom of the page and proceed to the left within the line and upward from line to line. But not infrequently we forget ourselves and read in the usual manner in the opposite direction. We think 'see' is 'ees', 'or' is 'ro', 'of' is 'fo', 'is' is 'si', 'on' is 'no', 'no' is 'on', and, perhaps contrary to our intention, 'live' is 'evil', 'god' is 'dog'. We meet words that otherwise present not a whit of doubt as to their meaning but now baffle us so persistently that the more we stare at them the more they lose their meaning. We convince ourselves that they certainly do not look as they used to look and yet once in a while their familiar structures especially those containing symmetrical letters pop out as vividly as ever,

To put it in Gestalt terms, we are reaction to a slightly different phenomenal pattern. Our phenomenal field, so to speak, is appreciably changed. But the once familiar, good, precise, intimate, and closed configurationally structures have appeared in experience. In accordance with the laws of pragnanz, 'closure', and 'intimacy', their reappearance is persistent in spite of the less favorable conditions.

But while the battle shakes the great arena,
During the spell of corrugated brow,
I take me back to days of fair Fatima
And wonder why the Bygone left for Now.
O, had I kenned the fickleness of ages,
I would have passed with Socrates, I'll vow! (3)

BZNBOX READING OF NGIS. We appreciate this experience all the more by reading the above mirror prancing (3) of the same passage. ①Of coursein time we start from the right—hand top of the page and proceed to the left within the line but downward from line to line as usual. Here, we notice, the sequence of the individual letters and words is still the same as in the upright and upside—down position. We read the letters composing a word and the words looking a line always in the same succession in the three different cases although everything is turned upside down in the case of upside—down reading (2) and right—side left in the case of mirror reading (3). This is easily understood if we think of the four sides of a letter or word always with reference to its normal upright position. For instance, in "the" the left side of"h" follows the right side of "t" and② left side of "e" follows the right side of "h". This is also true when we take individual words for comparison. In other words, units of print are always in the same succession. There is no alteration in the relative position of the constituent elements. Just as in looking at the object on the ground glass of a camera or drawing the star in the mirror, we adjust ourselves to the novel situation once for all and the objects yield to familiar interpretation without much further annoyance.

This orientation of the reading material as a whole without altering the relative position of its constituents we shall call an orientationofthefirstorder.

TURNING THE INDIVIDUAL LETTERS UPSIDE DOWN. Now instead of turning the entire word and page as a whole upside down, suppose we print separately the individual letters upside down and read in the normal manner. What do we experience?

But while the battle shakes the great arena,
During the spell of corrugated brow,
I take me back to days of fair Fatima
And wonder why the Bygone left for Now. (4)
O, had I kenned the fickleness of ages,
I would have passed with Socrates, I'll vow!

① This passage in mirror printing is takes from the front—image"Soliloquy of Brain " in a curious little book entitled "The Ultimatephilosophy," 1925, by book boragepublished and distributed by intermountain. Lonieteers, 142; . Lain street, 16vale ……Of . pp. 150—151.

② Here the words "left", "right", "top", and "bottom" refer to the individual letters or words in the order that they are reached in reading. Confusion should be strictly avoided to take them to refer to line or page.

The above passage (4) is exactly the same as before in the mirror (3) and upside—down (2) printing except that the sequence of the individual letters (although not words) is changed by turning them upside down separately, because now, e. g. , in the word “for” the right side of “o” follows the left side of “f” and the right side of “r” follows the left side of “o”. In other words, units of print are no longer in the same usual succession. There is alteration in the relative position of the constituent elements. The different words as a whole do not look like themselves as much as when they are either upside down or in the mirror. The word Gestalt has been changed, losing all its characteristics as such. We not only have to orientate ourselves all the time to the general upside—down—ness of the entire reading material but also are forced to figure out individually and without exception the identity of every word Gestalt as it used to be. In short, it requires much more effort to understand what we are reading.

READING ENGLISH SIDEWISE. We can still turn the individual letters only half way round, i. e. , tilt them 90 degrees either to the left or to the right. Let us see what happens in this case.

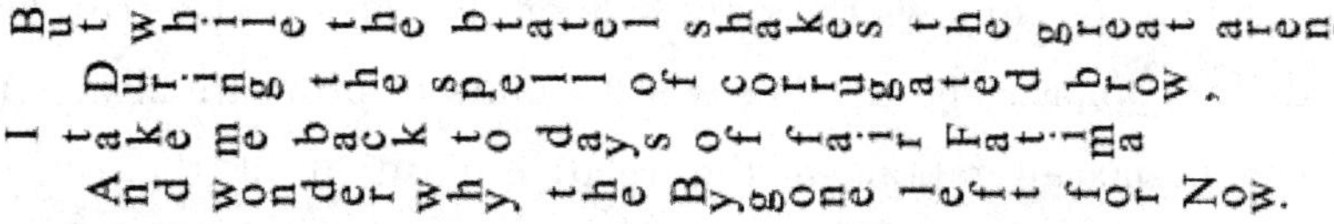
(5)

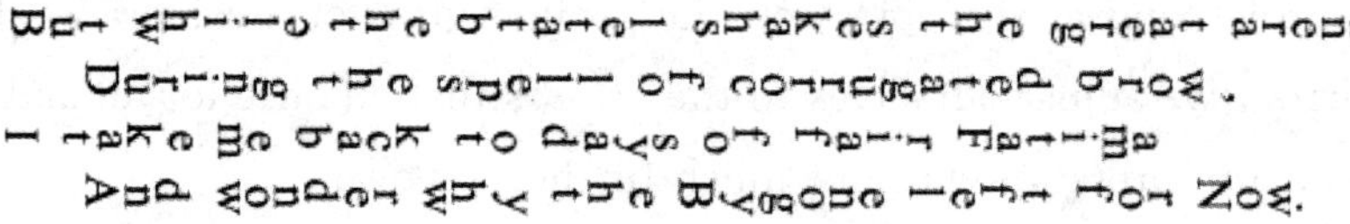
(6)

The first passage (5) is with the individual letters turned 90 degrees to the left and second (6) with them turned 90 degrees to the right. Notice how the form of every word is changed. Words in the second passage do not look like themselves at all but they are much more meaningful in the first passage as we tilt our head a little toward the left in reading them. Here, as we notice, the sequence of the individual letters and also of words is firstfrom the bottom of the first andthen to the top of the next in passage (5) while in (6) it is just the reverse, i. e. , firstfrom the top of the first andthento the bottom of the next. We are more or less accustomed to the bottom—to—top sequence in spite of the fact that the normal sequence is righttoleft, because commercial signboards are not infrequently erected with the letters one above another. That is why we tend to tilt our heads toward the left in reading the first passage (5). The secondary word Gestalt is still kept intact and is best appreciated by tilting our heads in conjunction with it.

This orientation of the reading material by altering the relative position of its constituents we shall call an orientationofthesecondorder.

FIRST AND SECOND ORDERS OF ORIENTATION. Generally it can be said that, so long as sequence of individual letters and words is normal as in the usual printing of all Western languages, i. e. , leftfollowsright,[①] the word Gestalt suffers little distortion from an unusual orientation of the first order, i. e. , by turning the entire page as whole upside down or viewing it in the mirror. Therefore it presents little difficulty for reading no matter in what direction we read. When we turn the book upside down, we read from right to left and proceed upward; when we turn it toward the left, we read upward and proceed toward the right; when we turn it toward the right, we read downward and proceed toward the left. But in every case the individual word as a whole has not been changed, its relative position on the page is still the same. As soon as the sequence of the individual letters and words is changed to right—follows—left from an unusual orientation of the second order by turning the individual letters independently upside down (4) or to bottom—follows—top from a similar orientation by tuning the individual letters independently 90 degrees to the right (6), the word Gestalt is hopelessly distorted and hence presents great difficulty for reading. However, the top—follows—bottom sequence produced also from the second order orientation by turning the individual letters independently 90 degrees to left (5) seems to be an exception, because this sequence as in vertical signboards being semi—normal yields a secondary word Gestalt that is easily appreciated by compensatory head movements.

THE INTERACTION BETWEEN READING—DIRECTION AND CHARACTER—POSITION in the CASE OF CHINES CHARACTERS. The above analysis of the English alphabetical word Gestalt as affected by unusual orientations or different order is not so much an attempt to call attention to what is perhaps already obvious and commonplace as an advance toward the recognition and appreciation of an analogous situation in the case of even a sentence of Chinese characters. Every Chinese character is a symbol made up of different kinds of separate strokes in various arrangements, not unlike a piece of architecture having its own unity and coherence. This unity and coherence give a distinct form to every character and make it different from all others. It would be absurd, of course, to rearrange the different strokes[②] because that would be equivalent to making a new word. But we can put instead the whole square character in different positions as we did above for the English alphabets. We purposely turn the characters upside down and arrange them in four ways, namely, one above another, one below

① Refers to the sides of the letters or words only.

② Lew actually did this in his learning experiments. Op. cit.

another, one at the right of another and one at the left of another. Corresponding to each and every one of these four arrangements, we ask a group of Chinese subjects to read downward, upward, rightward, and leftward respectively. We repeat the same experiment also with characters tilted 90 degrees to the right and characters tilted 90 degrees to the left. After all the results are obtained, we make a comparison with those obtained in reading upright characters in the various directions. What would be the effect on speed or efficiency of reading? Would it be, if any, as great as it seemed to be in altering the positions of the individual letters composing the English word as shown above? Can we account for the effect, if there is any, by postulating an analogoussentence—Gestaltfor Chinese characters as we have shown for the English word?

IS THERS A THIRD FACTOR? If such an analogous sentence—Gestalt is present in a group of Chinese characters as may be shown apriori for the English word, what is the nature of this Gestalt? How does it arise? Does our seemingly absurd procedure of using different positions of characters and forcing subjects to read in different directions finally giveus the clue as to what constitutes the normality of position and what causes the preference for a certain readingdirection so long as the characters are kept upright? What is the relative influence of this possible third factor, if there is one, upon speed of reading in comparison with reading—direction or character—position, and also what is the influence of the letter two upon each other? These are some of the questions that will be answered in the next chapter.

CHAPTER Ⅳ
A THEORY OF THEMPORAL—SPATIAL SEQUENCE①

THE EXPERIMENT ON READING—DIRECTION AND CHARATER—POSITION. There seemed to be little sense in performing the experiment on English as illustrated in Chapter III but I thought it would be worthwhile to do so in the case of Chinese characters. Early in 1928 I carried out this experiment, comparing the relative speed of reading Chinese by the technique of simultaneous voluntary maintenance of exposure with the Quadrant Tachistoscope. This has already been reported. Only such points as are needed in the present discussion will be summarized here.

Poetical couplets or parallelisms of seven characters each were specially printed on gummed paper (See Plate 3.) as reading material. Eight sentences were printed from top

① Elaborated partly from a forthcoming paper entitled Gestalt in reading Chinese characters, Psychol. Rev. , 1930, 37, Jan.

downward for downward reading, eight from bottom upward for upward reading, eight from left rightward for rightward reading, and eight from right leftward for leftward reading, making a total of 32 sentences. In this series of 32 sentences all characters are upright. In another series of the same number and arrangement all characters are upside down. In still another similar series all characters are tilted 90 degrees to the right and in still another all are tilted to the left. Eleven Chinese students at Stanford University read these 128 sentences four times at intervals of no less than five days. Every time the order of reading in the different directions was changed and the sequence of different positions of characters within all direction series was also in random order. All the sentences were pasted on separate cards and exposed one at a time behind the round window of the Quadrant Tachistoscope, which has four shutters pressing against one another in the form of a cross. The right and left pairs of the shutters are able to open at the same time sidewise exposing vertical reading material behind the window and the upper and lower pairs are able to open at the same time upward and downward exposing horizontal reading material. The subject opened the window himself by pressing a finger—key. The reading reaction—time was recorded by a stop—watch in fiftieths of a second.

Individual differences have been both a characteristic and from some practical standpoints a nuisance in psychology. No experimenter would think of doing away with it and feel contented not mentioning them in his conclusions as one of the significant discoveries. But how many times need they be discovered? We want to assume them and keep them equalized. As Hull very aptly says, "The effects of individual differences as to the rate of learning among various subjects, of fatigue, of ennui, of obscure physical or psychic indispositions and spurts, and all sorts of other factors of a similar nature, which often seriously disturb quantitative experiments, must be completely equalized. This was accomplished at a single stroke[①] by having the different direction—position combinations of reading the Chinese characters read in chance order at the same sitting, as was similarly done in Hull's technique. The advantage of this procedure is well known. Each of the sixteen possible combinations of reading—direction and character—position was read by every subject. Thus if a subject is naturally slow, his native slowness appears as much in one combination as in another; and if he is slightly fatigued or fresh, his fatigue or freshness is absolutely constant for both combinations.

A sample of the reading material is shown schematically in the following diagram

① C. L. Hull, op . cit . , 18.

(Fig. 1). For every reading—direction, four sentences corresponding to the four character—positions (represented by the positions of "AB") were used. The order of "AB" represents the direction of reading. This is also shown by the arrows at the four corners. There were altogether eight selections exactly like this for every person to read four times. so that a mean of 32 reading reaction—times was taken as representative of each direction—position combination. The average of all the eleven subjects was the basis for the final conclusions.

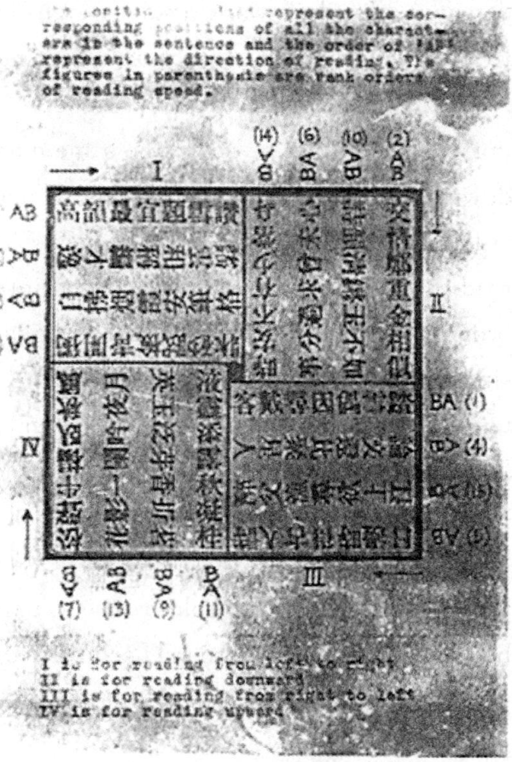

Figure 1. SAMPLE OF READING MATERIAL USED IN THE WHOLE—CHARACTER EXPERIMENT.

RESULTS OF THE EXPERINENT. Leftward reading is about 5% faster than rightward reading, for it took on the average 2.09+_.02 seconds (see Table 4 below) to read characters in all positions leftward while 2.19+_.02 seconds were required for reading them rightward. Out of a possible number of 132 paired comparisons, leftward reading is faster than the rest in 97 comparisons while rightward reading is faster in only about half as often as the former one, that is, in 51. Moreover, leftward reading is about 4% faster (This is not very significant) than even the traditional downward reading, because the latter requires on the average 2.17 4.02 seconds and is faster than the rest in only 68 comparisons. Rightward reading upside—down characters has the slowest speed, about 20% slower than leftward reading upright characters and about 17% slower than downward reading upright characters. Upward reading all positions of characters took on the average 2.22 seconds, being the slowest among the four directions. Upright characters to be read from all directions, taking on the average 2.05 seconds, read the fastest, while upside—down characters to be read from all directions, taking 2.23 seconds, read the slowest. Character tilted to the right to be read from all directions took 3% shorter time than those tilted to the left. Characters tilted to the right favored leftward and upward reading while those tilted to the left favored rightward and downward reading. While leftward reading is invariably the fastest for upright, upside—down, and tilted—to—the—right characters, only those tilted to the left had the fastest speed in downward reading.

I am cognizant of the fact that some of these smaller differences may not be significant. To derive the correct probable error of any difference, the degree of correlation between the two distributions must be taken into account, which will reduce (by thus allowing for it) proportionally the sum of the squares of the probable errors by twice the product of the correlation and the probable errors.

On this point, Shen has significantly stated. "Unless measures in the two distributions are definitely known to be uncorrelated, omission of the last term, though too often practiced, is never justifiable. A high correlation would considerably reduce the variability and increase the significance of the difference. If two groups of sticks are to be matched for length, a small average difference between the groups matters little if the matching is done at random, for correlation is absent and the variability of the difference will be large. But if the matching goes in a regular order, such that the longest in one group matches the longest in the other, etc. , a very slight average difference may then mean that every stick of one group would be longer than the corresponding one of the other, for then there exists a perfect correlation which would greatly reduce the variability and increase the significance of the difference". ①

That there is a high degree of correlation between the different reading—directions can be seen indirectly from the fact that by the method of paired comparisons, item by item, the probability of leftward reading being faster than rightward, for example, is 97:51, almost as high. All conclusions are based upon the absolute difference and also the relative probability by paired comparisons as given in the former published report. ②

HORIZONTAL VERSUS VERTICAL ENGLISH. The problem of the comparison of speed in vertical and horizontal reading was first investigated by Huey. ③ He did not, however, alter the relative positions of individual letters within the single word (although it is possible on the typewriter) but pasted the individual words as a whole one above another so that a column of words would stand with their central letter or space in alignment, the columns being placed as close to one another as the length of the longest

① Eugene Shen, an analysis of eye movements in the reading of Chinese ,J, Exper, Psychol. , 1927,lc, 164—165.

② Siegen K. Chou, Reading and legibility of Chinese characters, I. Influence of reading—direction and character—position upon speed, J. Exper. Psychol. , 1929, 12,166—167.

③ E. B. Huey, Preliminary experiments in the physiology and psychology of reading, Amer. J. Psychol. , 1898, 9, 575—586.

words would allow.

This keeping intact of the characteristic form of the individual words so far as the relative positions of the constituent letters are concerned is sufficient to account for the fact that "with sense matter the vertical reading was only from seven to the per cant slower. "① By using words of uniform length of from two to sixteen letters, "it is interesting to observe that while the shorter words are read more rapidly in horizontal sequence, the longer are read more rapidly in vertical. "② This tends to show that perhaps the longer the word the more characteristic its form will be. Since the longer words of uniform length are one above another in a column and are perhaps more widely separated from one another between columns than within the same row, it is perhaps natural that their more characteristic forms stand out more clearly and hence render a slightly greater efficiency for reading than shorter words arranged one beside another. The significance and importance of this characteristic form of a word may be appreciated by inspecting the following. Figure 2, corresponding to that shown above in Figure 1, for a sentence of Chinese characters.

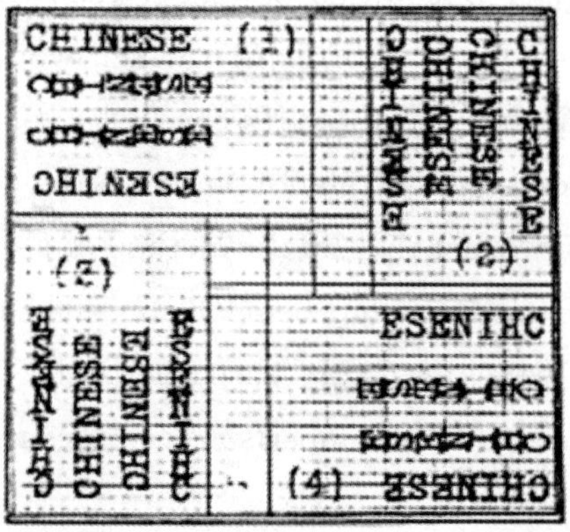

Figure 2 ENGLISH IN VARICUS OR FRTATIONS.

The total quality of the word "CHINESE"(1) as a whole is not lost when it is tilted as a whole 90 degrees to right (2) or left (2) or even turned upside down (4). Although there is a tendency to tilt the head in the same direction the total word is tilted, this directional shifting of attention hinders very little the unusual spatial orientations for the different positions and the totality of the word is instantly grasped. On the other hand, when the individual letters are placed separately in the different positions, the charac-

① E. B. Huey, The psychology and pedagogy of reading, 1908, p. 425.

② E. B. Huey, cp. Cit. , p. 576.

teristic form of the whole word is so hopelessly altered that it is more likely to be interpreted as, e. g. "ESENIHC" than "CHINESE".

CHINESE VERSUS ENGLISH. Whereas the greatest detrimental effect on reading speed in the case of a sentence of seven Chinese characters similarly altered is only 20%, there are reasons to conjecture that the corresponding effect on the English word will be at least several times greater.

In the first place, the unit of perception in a sentence of seven Chinese characters is the individual character itself while an English word of seven letters is required to be perceived as a whole. This perception of the total word is a much more immediate process than the comprehension of the total sentence. The meaning of the sentence comes to light as the individual characters are read but the significance of the single word can not be understood as the individual letters are perceived but depends more upon the total form of the word itself. Since this total form is lost in altering the position of the individual letters independently of the resulting word, it must be first restored either in form of auditory imagery of the sound of the word as gathered from the partial recognition of the individual syllables or by aid of visual rearrangement of the letters in their normal spatial relationship before the total word can be perceived as such. Thus the immediate perception of the total word is much delayed.

In the second place, a sentence of seven Chinese characters may be read singly with different degrees of comprehension of the meaning of the total sentence, or even with no comprehension at all; but an English word of seven letters, if recognized at all, must be recognized fully.

In the third place, although Chinese characters are perhaps better adapted for vertical arrangement so far as arrangement and nature of strokes are concerned, the fact that all of them are squares occasions much less distraction when placed in the horizontal than English letters placed in the vertical, because the letter is higher than it is wide and hence unduly lengthens the word when placed one above another. Strictly speaking, a sentence of seven Chinese characters is hardly comparable to an English word of seven letters. It would be absurd to attach an equal importance to the sentence Gestalt in a line of Chinese characters with that of the word Gestalt in any alphabetical language as effected by unusual orientations of the constituent elements. But the fact that there is an analogous Gestalt within the line seems to be fully established even in the case of a line of English words as in Huey's experiment.

DEFINITION OF TEMPORAL—SPATIAL SEQUENCE. Words or letters follow one another. The word "follows" implies a meaning that is both spatial and temporal. When two or more words or letters stand together on the page either side by side or one below another, they are only spatially following one another. But so long as they are intended to be read either rightward or downward and as soon as there is somebody actually reading them, they are not only spatially following one another but temporally as well.

Referring to the top, bottom, right and left sides of a word or letter always from its upright position, it is evident that any side of one word or letter may be close to any side of the next. Thus the temporal—spatial sequence in the usual rightward reading is right—side—to—left—side, i. e. , the perceptual process is first from the right side of one word or letter and then to the left side of the next. This has been represented by the two letters(AB), (Fig, 1). This sequence is undisturbed when the two letters are subject to an unusual orientation of the first order, i. e. , turned as a whole upside down (ꓭ∀), 90 degrees to the right (⋗ꓭ), or 90 degrees to the left (⋖ꓭ). Similarly the temporal—spatial sequence in the Chinese normal downward reading is bottom—side—to—top—side, i. e. , the perceptual process is first from the bottom side of the first and then to the top side of the next (A
B), (ꓭ
∀), (ꓭ ⋗), and (⋖ ꓭ). However, in leftward and upward readings, the temporal—spatial sequences are just reversed respectively. Thus, in (BA) the sequence is left—side—to—right—side and in (B
A) top—side—to—bottom—side. The same sequence of (BA) is found in (∀ ꓭ), (ꓭ⋗) and (⋖ꓭ), and that of (B
A) in (∀
ꓭ), (⋗ ꓭ), and (ꓭ ⋖), although the general directions for reading are changed.

It is clear then that the temporal—spatial sequence is independent of either the word—position or the reading direction. One sequence can be changed to another only by virtue of an orientation of the second order, i. e. , by altering the position of the constituent letters or words independently of one another. The whole matter will become clear by the help of the following schematic diagram (Table 4).

Table 4 THE RELATION BETWEEN TEMPORAL—SPATIAL SEQUENCE, READING—DIREOTION AND CHARACTER—POSITON

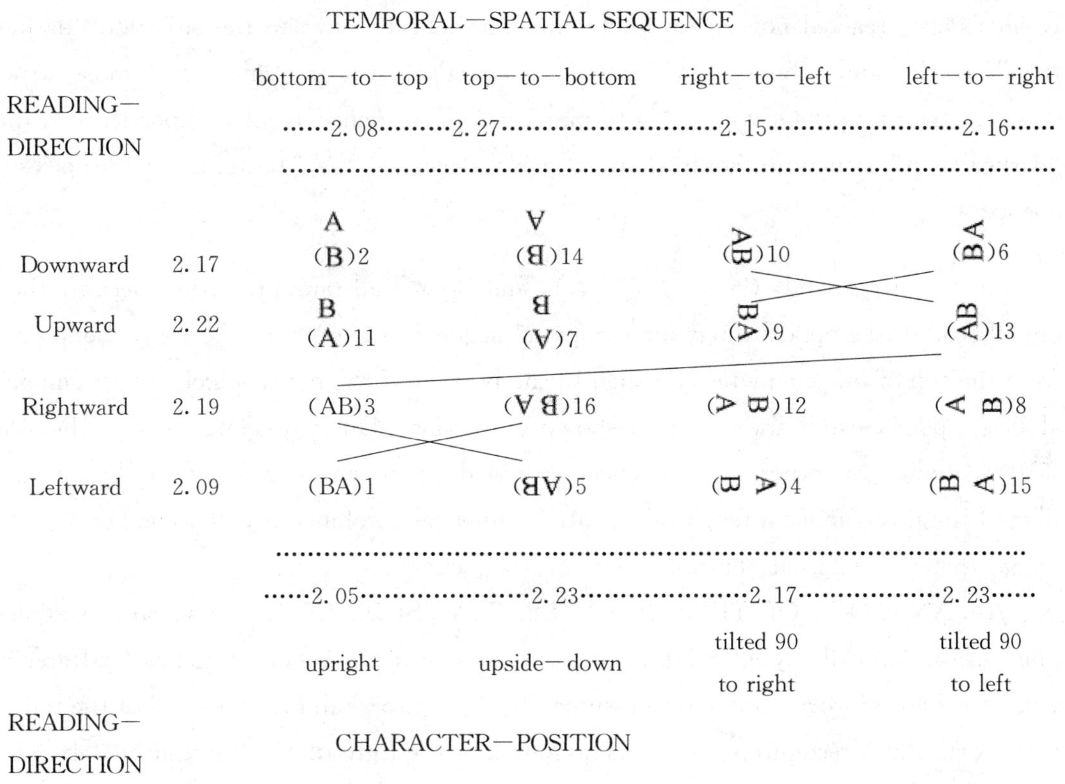
TEMPORAL—SPATIAL SEQUENCE
bottom—to—top
top—to—bottom
right—to—left
left—to—right
READING—DIRECTION
2.08
2.27
2.15
2.16
Downward 2.17
Upward 2.22
Rightward 2.19
Leftward 2.09
2
14
10
6
11
7
9
13
(AB)3
16
12
8
(BA)1
5
4
15
2.05
2.23
2.17
2.23
upright
upside—down
tilted 90 to right
tilted 90 to left
READING—DIRECTION
CHARACTER—POSITION

RELATIVE EFFECTS OF DIFFERENT TEMPORAL—SPATIAL SEQUENCES. This diagram shows the relation between temporal—spatial sequence and the various combinations of reading—direction and character—position. Those reading that are on the same horizontal rows are in the same direction; those in the same vertical columns have the same position of characters, and those connected by lines neither are in the same direction of reading nor have the same position of characters, but are in the same temporal—spatial sequence.

It may be noticed that (A/B), (∀/ᗺ), (ᗺ ᗉ), and (ᗕ ᗷ) all rank comparatively high among the sixteen combinations. This is explained by the fact that they are all road in the same normal temporal—spatial sequence of bottom—to—top, i. e., first from the bottom of one character and then to the top of the next. The general preference in reading efficiency is not for certain absolute reading—direction nor for certain absolute character—spatial sequence as results from the direction—position combination. It is this temporal—spatial sequence that constitutes the Gestalt of a line of Chinese characters. The "bottom—to—top" relationship is inherent, natural and deep—rooted. It may partly nature but it may be chiefly nurture. We have not ascertained the relative strength. Just as Kohler's apes reacted not to the food containers as much but to the situation "darker than", so the adult Chinese readers find their reading efficiency preference most strikingly for the primary Gestalt of "bottom—to—top" sequence. Kohler's apes learned the "darker than" situation; adult Chinese readers learned the "bottom—to—top" sequence.

B ∀

On the other hand, (A),(ꓭ),(> ᗯ), and (ᗰ <) all rank pretty low because they are all read in the opposite temporal—spatial sequence of top—to—bottom, i. e. , first from the top of one character and then to the bottom of the next, which is very unusual. It is a poor Gestalt and is clearly shown by the fact that its reading speed is the slowest. Although the other two sequences do not differ much in rank order, the average time of the three unusual temporal—spatial sequences combined is . 10 second or 4. 98% longer than the habitual "bottom—to—top" sequence.

AN ANALOGY OF TEMPORAL—SPATIAL SEQUENCE. If a squad of soldiers lines up for roll call day in and day out from one end to the other, it makes a difference when they are suddenly ordered to resume the short—to—tall order instead of the tall—to—short. Mr. A recognizes now he is no longer at the right of Mr. B but at his left, and so on. The neighbors of every soldier have been interchanged so that, should the reviewing officer have the habit of finding fault only with the right half of every soldier's uniform in his daily morning inspection starting from the left end of the line, he might be surprised to find now that the whole squad seems to be improperly dressed as he proceeds from the right end of the line this time. He is still paying attention to that side of every soldier as first encountered by his line of regard; but in reality he is reviewing the left side of every one of them.

An analogous situation exists in the temporal—spatial sequence of Chinese characters in which the saccadic movement of the eye during the perceptual process of reading traverses from one side of one character across the adjacent side of the next character. This is not to say that perception takes place during the saccadic movement but that the movement direction gives the particular angle of approach. It is the termination of the movement, i. e. , the pause that counts. Reading efficiency is a function not of the units of print as such but most markedly of the units in temporal—spatial sequence and, what is more, of the past experience of the reader. It is the sum—total or rather Gestalt

—total of the reading units in temporal—spatial sequence, of the phenomenal and reaction patterns, and of configurational dispositions and capacities within the reader, that determines the reading efficiency.

CHAPTER V
CHARACTER—EXPOSURE—HALF—CHARACTER

WESTERN STUDIES. The problem of the relative importance of partial exposure of a word or line was first noticed, as are indeed most of the problems in reading, by Javal. Huey reports, "Professor Javal, from watching the course of an after—image along the lines as he read, and for other reasons, concluded, …that the eye's fixation point moved along between the middle and top of the small letters, thus giving an advantage in perception to the upper half of the line." He does not, however, consider Javal's experiment final on this point and tends to show "that the greater importance of the upper part is due rather to the words being better differentiated there than below, as is shown by Messmer's count of 258 letters projecting above the line to 32 below. Besides, we habitually find most meaning in the upper parts of objects; we ourselves are so placed and so oriented as to bring this about."① He tries to show that "the upper half of a word or letter is obviously more important for perception than is the lower half. This may be tested by comparing the difficulty of reading" two mutilated passages of exactly the same type. ②

Huey reports also on the considerably greater importance for perception of the first half of a word than the latter half. "indeed," he says, "in ordinary reading I find myself much more conscious of the beginning of words than of their other parts, although I am not certain that my readers will be able to verify this by their introspection."③ He made "a quantitative test of the comparative importance of the first and last halves of words by having subjects read passages from which the first half of each word was carefully removed in the one case, and the second half in the other…. It was found that more words were made out, and in less time, when the first halves were read than when the latter halves alone remained. The four readers tested averaged .49 words per second when reading from the first halves, as against .33 words per second when reading from the

① E. B. Huay, The Psychology and pedagogy of reading, 1908, 99.
② Ibid, 98—99.
③ Ibid., 96—97.

last halves.

"Among factors which cooperate to produce this result may be mentioned, first, the tendency of English to place the accent upon the first part of the word, the accented part then tending to represent the word, at least the spoken word; second, the preponderance of the number of suffixes over prefixes, the main root of the word tending to appear in the first part, thus rendering the first part more important. It seems probable also, as a third factor, that the time—order in ordinary inter—association of syllables has much to do with the difference shown. The time—order has almost always been from the first part toward the latter, and, as has been shown by various experiments, associations do not work nearly so well in reversed time—order." ①

INTERRELATIONAL COMBINATIONS AMONG THE SEPARATE INDEPENDENT FACTORS OF READING CHINESE. I have made early in 1929 the first experimental approach to this problem of partial exposure, i. e. , character—exposure or half—character in the case of Chinese characters. The same material (Plate 3) used in my former experiment on reading—direction and character—position was utilized in this experiment with the following adaptation. Every sentence in the various series of direction—position combinations was out in the middle into two halves so that the entire selection became doubled. The resulting combinations are 32 instead of 16 as is the case in whole—characters. This may be clearly made out from Plate 2 in comparison with Fig. 1 (p. 59) . Every sentence in Series I is the corresponding half of every sentence in Series II. All notations have exactly the same meaning as in Fig. 1, except that the bar beside the symbol "AB" in various positions denotes that half of the sentence of 7 characters. Since there are altogether 8 selections for each of the original 16 combinations, each of the resulting 2 series of 32 combinations of opposite half—character sentences must have only half that number, i. e. , 4 selections to every combination, because the same subject must read the opposite halves of 2 different selections.

① Ibid. , 97—98.

Table 5. RANK ORDERS OF SPEED AND REPRODUCTION

I

		1	rDd½	lDlu	rDru	lDu½	
dRud	31	29	8	20	11	2½	
uRr½	13	16	6	21	8	5	2
dRl½	25	25					
uRdd	27½	21					
				1		1	uLuu
				17		19	dLr*
				15		16½	uLl*
				13		27½	dLdu

4	lUd*	rUld	lUrd	rUu*
	23	28	26	2
	16½	24	21	5½

3

II

		1	lDd*	rDld	lDrd	rDu*	
uRuu	2½	3	18	23	32	7	
dRr*	15	14	11	20	32	4	2
uRl*	9	10					
dRdu	26	24					
				27		22	dLud
				12		4	uLr½
				30		30	dLl½
				19		29	uLdd

4	rUd½	lUlu	rUru	lUu½
	22	18	9	7
	14	10	12	5½

3

Plate 2, READING MATERIAL（HALF—CHARACTERS）

I

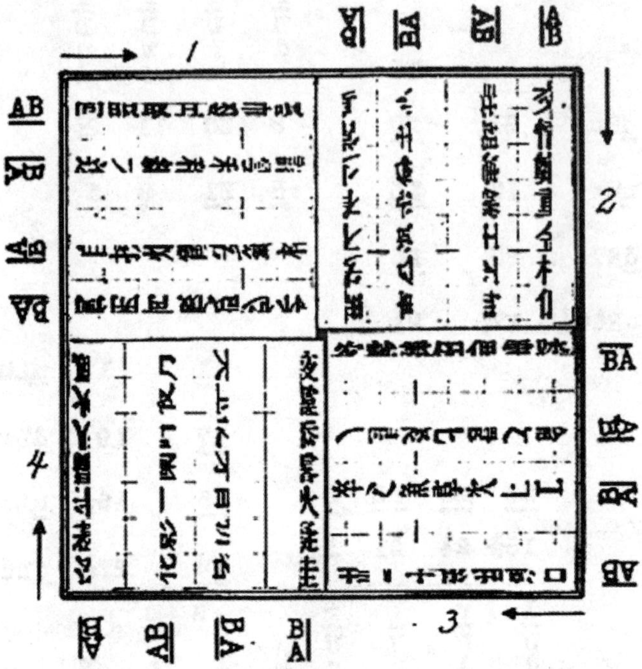

II

實驗漢字材料

Plate 2. READING MATERIAL

周先庚製

一九二七，一一，二五

橫往左 L	橫往右 R	直往上 U	直往下 D
11 水漾惟聞知寡琴	11 長嘯每來松下坐	11 [illegible]	11 [illegible]
21 山深是舊故中茶	21 新詩排向雪中吟	21 眞本性時圓月白	21 數篇今見古人詩
31 [illegible]	31 [illegible]	31 [illegible]	31 [illegible]
41 身由自水出尋偏	41 琴作自聲相辨聽	41 秋到直花看第次	41 [illegible]
12 酌能飲人何有更	12 由來自是煙霞客	12 果有偏栽手木花	12 [illegible]
22 [illegible]	22 閑酒詩名固已早	22 情生別作自詞歌	22 [illegible]
32 [illegible]	32 [illegible]	32 [illegible]	32 [illegible]
42 吟求取枝花把醉	42 山住舊中湖語自	42 鄉幸滿歌清入使	42 [illegible]
13 王詩隨硯筆將聽	13 故情歡喜閑書後	13 [illegible]	13 [illegible]
23 仙酒伴歌笙有定	23 [illegible]	23 仙神屬住官成樂	23 [illegible]
33 [illegible]	33 [illegible]	33 [illegible]	33 [illegible]
43 語待白人閑上天	43 師我即虛心解竹	43 高白話人閑得難	43 [illegible]
14 覺始眠窗過影松	14 共閑作伴無如鶴	14 書觀眼自日閒從	14 [illegible]
24 醒初醉面吹風竹	24 琴有只宜相老夏	24 席瑤酒泉香下竹	24 [illegible]
34 [illegible]	34 [illegible]	34 答試能門世是已	34 [illegible]
44 事不到書除紙黃	44 看把不枝花處何	44 書繩絕下窗攻東	44 閑自身詩題[illegible]

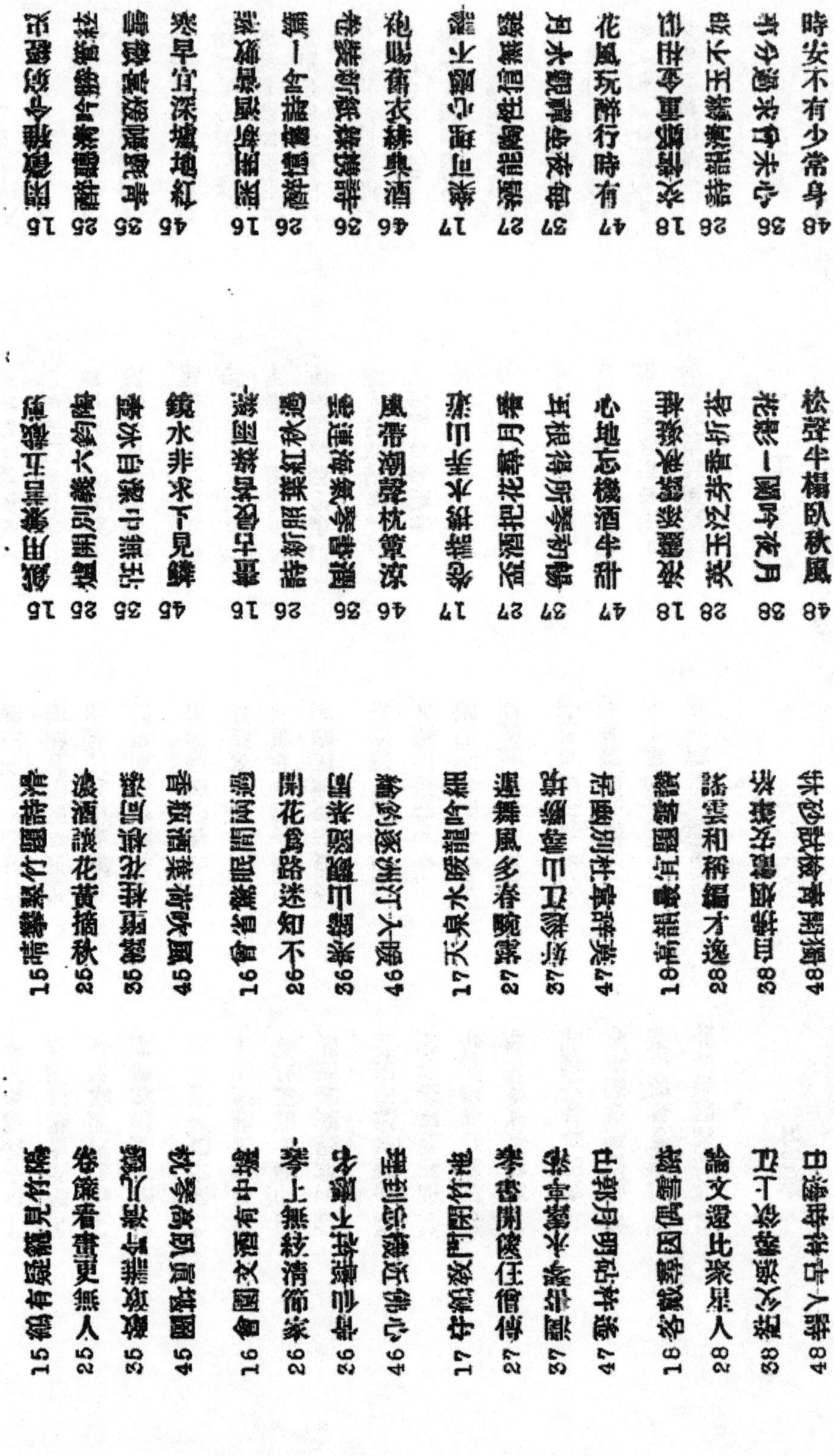

A SYSTEM OF NOTATION. These various factor combinations need a complete and consistent system of notation in order that they may be freely represented and conveniently worked upon both during experimentation and during treatment of data. They are at least to myself a great help when I manipulate these various sets of data systematically, althoughI am aware of the fact that, to those who are perhaps poor in visual imagery, they may complicate instead of simplifying the matter.

As formerly, capitals (D, U, R, L) denote reading—direction and small letters (u, d, r, l,) character—position. The same letters representing the latter also represent the half characters,(u, d, r, l) the hyphen breaking them thus signifying the fact that a specific symbol is with reference to that half of the 7 characters in the sentence denoted by the symbol. Two ways of representing the temporal—spatial sequences are adopted; one is by the underlined double letters (du, ud, rl, lr) as formerly used and the other by placing a dot at the side of the reading—direction symbol (e. g. R.) Supposing the reading—direction symbol to be one of the 7 characters in any one sentence, a dot beside any side of it means that during reading the eyes move from that side of the first character to the adjacent side of the next character. This simpler notation is necessary, because the underlined double—letters (italics in print) if written in the total formula representing one combination of all reading factors, would make it unduly long and cumbersome. Furthermore, the temporal—spatial sequence in any factor—combination is only a deduced fact and hence should be represented only secondarily. The underlined double—letters are useful when the temporal—spatial sequences are to be specifically referred to.

SIGNIFICANCE AND DISTINCTION OF SHUTTER — AND LINE — EXPOSURE. Since the half characters in a line may be in any of the 4 possible positions to be read from any of the 4 possible directions, it is clear that they may occupy any of the 4 possible halves of the two vertical and horizontal lines. In order to denote the position of the entire line irrespective of the half—characters, another similar but different set of symbols is needed. This is conveniently supplied by underlining (italics in print) the respective symbols already employed for character — positions. Because the underlined double—letters are always treated as one single symbol for temporal—spatial sequence, their partial identity with the former creates no confusion.

A closer look at Plate 2 will bring out the fact that the cut side of the half—characters in the line reaches clear to the edge of the printed gummed paper while the other side has some vacant space. This difference is practically justifiable because the original line of whole characters was not cut clear to the edges of every character. In order to equalize this difference and to compensate the fact of dissimultaneity of exposure of any one pair of thequadrant shutters in the tachistoscope, that pair of the shutters corresponding to that half of the entire line was opened every 8 exposures depending upon the order of the reading—direction. Thus, the shutter—exposure, i. e. , whichever pair of the quadrant shutters is to be opened, is made identical with the line—exposure. Hence, the underlined single—letter represents both the line—exposure and the shutter—exposure.

Table 6 FACTOR—COMBINATIONS OF THE DIFFERENTREADING FACTORS

Temporal—Spatial Sequence

Reading-Direction (Shutter-&-Line Exposure)			du	ud	rl	lr	Character-Exposure
r	r	D	r Ḍ ur	r Ḋ dl	r D.ru	r.D ld	
	l		l Ḍ ul	l Ḋ dr	l D.rd	l.D lu	u
	r	U	r Ú ur	r Ụ dl	r.U ru	r U.ld	d
l	l		l Ú ul	l Ụ dr	l.U rd	l U.lu	
u	u	R	u R.uu	u.R dd	u Ṙ rr	u Ṛ ll	
	d		d R.ud	d.R du	d Ṙ rl	d Ṛ lr	r
	u	L	u.L uu	u L.dd	u Ḷ rr	u L̇ ll	l
d	d		d.L ud	d L.du	d Ḷ rl	d L̇ lr	
			u	d	r	l	

Character—Position

The whole system of notation is schematically shown in Table 6, which is almost self—explanatory. The scheme or configuration of this chart is important because all results will hereafter be comprehensively presented exactly in this fashion. Columns have the character — positions in common, which are at the bottom, the basal position. Reading—directions together with shutter— and line—exposure run in rows and arelabeled at the left side. The patterns of temporal—spatial sequences on the top, the primary position, and of character—exposure on the right should be kept clearly in mind by the aid of the following configurations of dots.

TEMPORAL—SPATIAL SEQUENCE PATTERNS

du　　ud　　rl　　lr

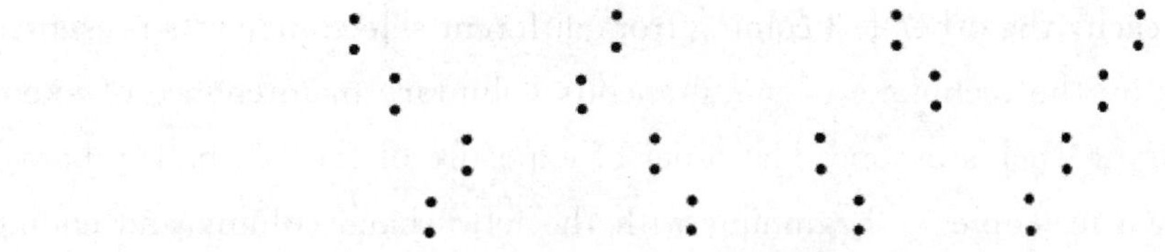

CHARACTER—EXPOSURE PATTERNS

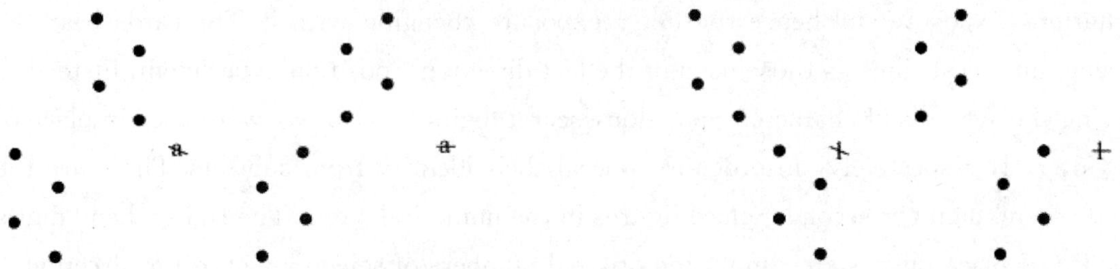

Table 7　ORDER OF EXPOSURE OF THE HALF—CHARACTER SENTENCES

I	Cards	II	I	Cards	II	I	Cards	II	I	Cards	II
	11			12			46			14	
	22			45			24			36	
	33			23			13			25	
	44			34			35			47	
rD	48	lD	dR	41	uR	lU	42	rU	uL	21	dL
	26			38			17			18	
	37			16			28			32	
	15			27			31			43	
	44			45			13			47	
	33			12			35			36	
	22			34			46			14	
	11			23			24			25	
lU	26	rU	uL	27	dL	rD	17	lD	dR	21	uR
	48			16			42			32	
	15			38			31			43	
	37			41			28			18	
	22			23			35			36	
	11			34			13			25	
	44			12			24			47	
	33			45			46			14	
uR	37	dR	lD	38	rD	dL	31	uL	rU	43	lU
	15			41			28			21	
	48			27			17			18	
	26			16			42			32	
	33			34			24			14	
	44			23			46			25	
	11			45			35			36	
	22			12			13			47	
dL	15	uL	rU	16	lU	uR	28	dR	lD	21	rD
	37			27			31			32	
	26			41			42			18	
	48			38			17			43	

Ⅰ & Ⅱ Series are two halves of the same sentence: to be read and reproduced by odd and even numbered O s respectively.

THE HALF—CHARACTER EXPERIMENT. Each of the two series of materials (opposite half—character sentences) consisting of 1/2 of the total 32 factor—combinations of 4 selections each, the other 1/2 coming from different selections, was presented to alternate subjects by the technique of simultaneous voluntary maintenance of exposure with the Quardrant Tachistoscope. The order of exposure of the 128 half—character sentences is shown in Table 7, beginning with the left—hand column and ending with the right—hand one. The reading—direction is changed every 8 exposures, the shutter—exposure and hence the line—exposure changing with it. The cards bear the same numerical signs as those used in the last direction—position experiment. Instead of using the symbols of character—position, secret digits 1, 4, 2, 3, were used in place of u, d, r, l, respectively, in order to conceal their identity from subjects. These are the left—hand digits or second—place figures in the numerical signs. The right—hand digits or first—place figures are simply the original numbers of selections used for direction—position combinations of whole characters.

These are 16 subjects who took the experiment on I and II series shown on Plate 2 (opposites of half—character sentences) of every selection alternately as they came to the laboratory. The experiment took on the average about an hour and a half but one or two spent as much as three hours throughout the entire sitting. The novelty entertained in the figuring out of the entire sentence of 7 half—characters is at the same time challenging to some and despairing to others.

The following detailed instructions were read to every subject. Verbal explanations were given to some who demanded them.

"The purpose of this experiment is to find out not individual reading ability but the effect of exposing only one half of a Chinese character on average speed and comprehension of reading in different persons. You are requested to follow the instructions very closely and faithfully in reading throughout the entire experiment.

"Now, look attentively at the cross of the window in the hood of the apparatus and at the same time, while holding your pen in your right hand, keep one of your right fingers barely touching the key at your right. At the signal "Ready! Go!", press the key down hard and hold it there. This will immediately open the window exposing a sentence of seven Chinese half—characters; in each case the other half is cut off. Read silently to yourself these half—characters as quickly as you can. Relying upon these half—characters shown, try to figure out the whole of every character. When you have decided on the identity of the complete character, quickly release your finger from the key. But never release it while you are reading, because this will immediately close the window. Remember to hold the key down tight as long as you are reading. I will start the stop—watch at the instant the window opens and stop it when the window closes. This will record the time you take in reading the whole sentence.

"After reading, write down immediately on the record—sheet before you from left to right the entire sentence of seven whole characters as you think they are in the order you read them. Write each sentence opposite each number and proceed downward beginning with the left column. If you are not sure of any whole character, put a cross in place of it. Write down only the whole character, because only the whole character correctly reproduced will be counted.

"The seven half—characters are all either the upper half, lower half, right half, or left half of the whole characters. The positions of all the characters in successive exposures are either upright, upside—down, tilted to the right or tilted to the left depending upon chance order. You will read eight cards in succession in either one of the four directions, namely downward, upward, rightward, or leftward. The order of the directions in successive series of eight cards is marked by the half arrow—head on the record—sheet. Do not care about the position of characters. Read always in the direction you are told to read. There will be 128 cards to read and to be written down on four pages. In case of vertical (downward and upward) readings, right and left pairs of the window shutters will be opened for eight times in succession showing respectively right and left half of the entire line. In case of horizontal (rightward and leftward) readings, upper and lower pairs of the window shutters will be opened for eight times in succession showing respectively upper and lower halves of the entire line. Do not pay any attention to which pair of the shutters will open. The only thing to do is to read in the proper direction every time, regardless of character—position or shutter—exposure.

"I will tell you in which direction you are going to read in every card within any one series by saying, for example, "Upward! Ready, go!" It is important that you should keep the same attitude and method as constant as possible in reading and recording throughout the entire experiment."

I have tried to explain in detail the nature and purpose of the experiment.

In working withnaïve subjects, I deem it better to tell what an experiment is all about than to keep them wondering over the tricks of it. The reading—time in this experiment was recorded in. 1 second, ample time for rest was automatically allowed since for every 8 exposures I had to reset the switch controlling the shutters of the tachistoscope and after 64 exposures to change the card—holder. The general procedure of conducting the experiment was in the main the same as in the direction—position experiment.

In view of the fact that individual differences in both reproduction and speed are great, yielding sometimes very unnormal distributions for both and frequently a very wide range in speed, I have calculated the successive means by the long method from the successive totals of all records ungrouped for every factor—combination in both cases. The following mathematics should fix well in mind the total number of characters and the total records of reading—times of all 16 subjects. The number of cases of the successive means is also shown(Table 8).

Table 8 SUMMARY OF THE HALF—CHARACTER EXPERIMENT

Reading—directions ——— 4	SUCCESSIVE PRODUCTS
Character—positions ——— 4	
Opposite halves ——— 2	
Selections ——— 4	Half—characters ——— 128
Characters ——— 7	Total characters ——— 896
Subjects ——— 16	
Characters read by all subjects ——— 14336	
Reading—directions ——— 4	
Character—positions ——— 4	
Opposite halves ——— 2	Factor—combinations ——— 32
Selections ——— 4	Records for each
Subjects ——— 16	combination ——— 64
Reading—time records from all subjects ——— 2048 N for each factor—combination ——— 64 N for each factor—combination of reading direction, character—position, character—exposure, shutter—&—line—exposure or temporal—spatial sequence ——— 512	

REPRODUCTION OF WHOLE—CHARACTER FROM HALF—CHARACTER. There are 20 independent factor—combinations arising from all 5 factors, these being separately ranked outside of the square (Tables 9 & 10). The shutter—&—line exposure combinations come from alternate rows as shown by the lines connecting them. The figures are the means for the number of whole—characters correctly reproduced out of a possible 7 in the sentence. The underlined figures are rank orders. It should be pointed out that while the significance of the absolute difference between any two factors or factor—com—binations depend upon the reliability of the difference, only the relative difference in rank order among the different factors or factor—combinations is primarily concerned in the following discussions.

Keeping character—exposure constant while varying all the other 4 factors, right (r) and left (l) half—characters yield on the average more reproduction than upper and lower halves. Left and upper (u) halves are much more suggestive of the whole character than right and lower (d) halves. In fact, reproducing 4. 62 whole—characters from the left half under all sorts of variable conditions is only 2nd to reproducing 4. 87 of them all upright (u) from any half, while reproducing 3. 38 from the lower half is 20th, the least conducive to reproduction not only when keeping the character—exposure constant but no matter what factor is kept constant. This is also shown by the fact that to figure out the whole—characters from the lower halves takes the longest time 11. 93 sec. (The decimal is omitted in the table).

REPRODUCTION AND SPEED IN READING HALF—CHARACTERS

Table 9. Reproduction — Temporal-spatial Sequence

Reading-direction (Shutter & Line Exposure)			Line exposure			du		ud		rl		lr		Character-exposure	
				4.22		4.59	3	4.41	8	3.75	18	4.13	14	4.22	
D	4.28	10	r	4.48	6	5.06	7	4.81	8	4.66	11	3.75	23		
						5.37	6½	4.17	18	2.25	22	4.08	20	4.50	5
						5.14	5½	4.34	14	4.52	12	3.62	24	3.38	20
U	4.47	7	l	4.24	11	5.14	5½	4.18	16½	4.03	21	4.68	10		
R	3.99	15	u	4.57	4	5.37	2½	3.28	27½	4.43	13	4.77	9		
						2.86	31	3.40	26	4.23	15	3.55	25	4.37	9
						5.97	1	3.22	29	5.26	4	4.18	16½	4.62	2
L	4.16	13	d	3.57	19	4.02	22	3.28	27½	4.16	19	3.09	30		
				4.22		4.87	1	3.84	17	4.20	12	3.97	16	4.22	
						u		d		r		l			

Character-position

Table 10. Speed — Temporal-spatial Sequence

Reading-direction (Shutter & Line Exposure)			Line exposure			du		ud		rl		lr		Character-exposure	
				1084		1058	7	1045	6	1117	15	1122	17	1084	
D	1060	8	r	1025	2	879	4	934	6	1007	8	1145	20		
						896	5	1056	11	1300	32	1260	31	1041	5
						836	2	1156	22	1030	9	1204	28	1193	20
U	1082	10	l	1120	16	968	7	1160	23	1194	26	1114	18		
R	1102	12	u	1035	3	858	3	1154	21	1110	16	1027	10		
						1220	29	1165	24	1100	14	1168	25	1065	9
						808	1	1140	19	1060	12	1105	15	1038	4
L	1095	11	d	1164	19	1200	27	1092	13	1112	17	1255	30		
				1084		958	1	1105	13	1115	14	1160	18	1084	
						u		d		r		l			

Character-position

The explanation for this result probably rests on the fact that most of the characters have their radicals on either the top or left side of the character. It is of little wonder that the upper should be dominant over the lower because that is the natural phenomenon of perception. But it is of some importance to note that, being written in the order of from left to right within the character, the left side of the character may thus acquire an ascendancy over the right side.

The normal bottom—to—top (du) sequence yields 4.59 whole—characters; and upper (u) half of the line—and—shutter, irrespective of the half—characters, the next number 4.57, although their relative speed is quite the reverse. Right (r) and upper (u) halves of the shutter—and—line show faster reading and yield more reproduction than the left (l) and lower (d) halves. This faster reading speed in favor of the right half of the line and shutter may be influenced by the fact that the reaction—key is on the right side of the tachistoscope. Furthermore, all except 3 of the 16 subjects were tested and found to be right—eyed and hence right—handed by the use of the Miles' V—scope or A—B—C— Vision Test.[①] The speed of reading of half—characters for reproduction of whole—characters, while O maintains exposure by the right half of the shutter with the right finger, probably is conditioned favorably by right—eyedness and by right—handedness. It should be pointed out that this is immaterial to character—exposure because every half of the character is represented in every half of the line or shutter.

Downward(D) reading of the half—characters for reproduction is not much faster in speed but gives appreciably more reproduction than upward (U) reading. On the whole, keeping reading—direction constant while varying the other 4 factors, there is not much difference in relative speed and reproduction; but leftward (L) reading is both faster and has more reproduction than rightward (R) reading. The difference may not be sufficiently significant by itself but it confirms the result from the last experiment and hence must be significant.

---

① W. H. Miles, Ocular dominance demonstrated by unconscious sighting test, J. Exper. Psychol., 1929, 12, 113—126.

Table 11. REPRODUCTION IN DIFFERENT FACTOR COMBINATIONS

r		l		u		d	
rDu	224	rDd	308	rDr	298	rDl	240
Md4.77	M5.06	4.25	4.81	4.11	4.66	3.67	3.75
7	7	4	8	13	11	20	23
l		r		d		u	
lDu	344	lDd	267	lDr	144	lDl	261
5.33	5.37	4.50	4.17	1.44	2.25	3.60	4.08
4	2½	9	18	32	32	21½	20
r		l		u		d	
rUu	329	rUd	278	rUr	289	rUl	232
5.50	5.14	3.60	4.34	3.92	4.52	3.50	3.62
2½	5½	21½	14	14	12	23½	24
l		r		d		u	
lUu	329	lUd	268	lUr	258	lUl	300
4.92	5.14	3.67	4.18	2.71	4.03	4.47	4.68
5	5½	20	16½	18	21	10	10
u		d		r		l	
uRu	344	uRd	210	uRr	284	uRl	305
5.50	5.37	2.58	3.28	4.14	4.43	4.56	4.77
2½	2½	30	27½	12	13	8	9
d		u		l		r	
dRu	183	dRd	218	dRr	271	dRl	227
2.67	2.86	3.17	3.40	3.88	4.23	2.88	3.55
28	31	25	26	15	15	26	25
u		d		r		l	
uLu	382	uLd	206	uLr	338	uLl	268
5.62	5.97	2.60	3.22	4.89	5.28	3.83	4.18
1	1	29	29	6	4	16	16½
d		u		l		r	
dLu	257	dLd	210	dLr	266	dLl	198
3.50	4.02	2.57	3.28	3.78	4.16	2.71	3.09
23½	22	31	27½	17	19	27	30

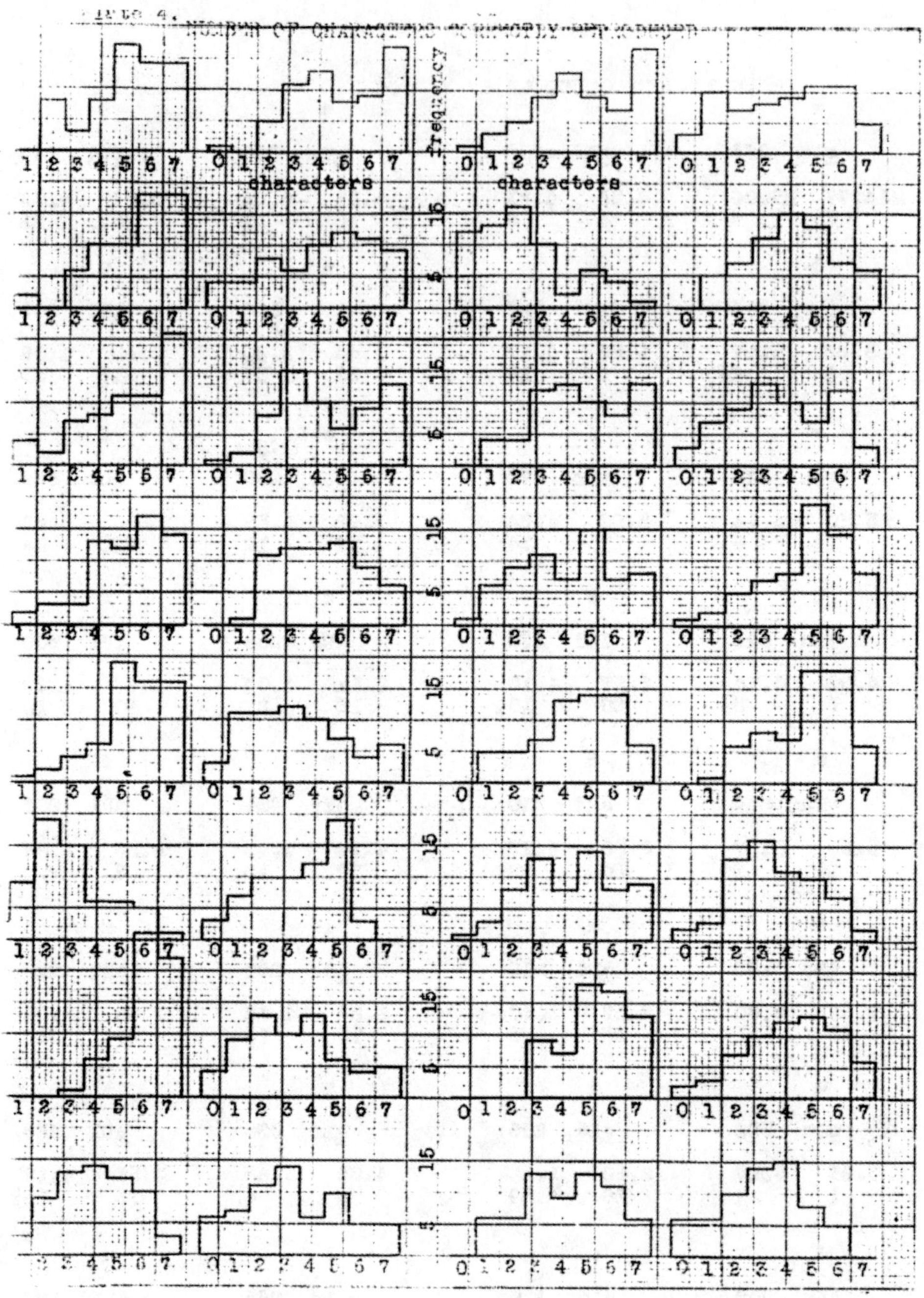

The frequency distribution of the number of whole—characters correctly reproduced for each of the 32 factor—combinations within thesquare of Table 9 is plotted on Plate 4 together with the transparent cover Table 11, on which can be read off the total whole—characters correctly reproduced with median and mean. The arrangement of the distributions is exactly the same as that within the square.

The best reproduction of 5. 97 whole—characters is leftward reading of upper half—line of

Table 12. INDIVIDUAL DIFFERENCES IN REPRODUCTION

1S	2C	3L	4W
618 Md4.52 M4.83 5 15	418 2.60 2.27 15 15	653 4.81 5.10 4 4	482 3.33 3.76 11 12
5L	**6S**	**7H**	**8W**
507 3.39 3.96 10 10	667 5.50 5.21 1 2	380 2.23 2.97 16 16	687 5.17 5.37 2 1
9H	**10L**	**11P**	**12C**
595 4.37 4.65 6 6	487 2.53 3.81 9 11	560 4.07 4.38 7 7	516 3.63 4.03 8 8
13L	**14C**	**15L**	**16L**
452 2.80 3.53 14 14	666 5.07 5.20 3 3	454 2.96 3.53 12 13	494 3.32 3.86 12 9

upright upper half—characters (uLuu). The distribution is skewed to the right, i. e. , there are more perfect reproductions (7 whole—characters) and none in which only 0, 1, or 2 whole—characters are reproduced in the sentence. The sequence is left—to—right (lr). The poorest reproduction of 2. 25 whole—characters is downward reading of left half—line of lower half—characters tilted to the right (lDrd). The distribution , on the other hand, is skewed to the left, i. e. , there are more cases where no or only a few whole—characters are reproduced. The sequence is right—to—left (rl). These two factor—combinations are also the fastest and the slowest respectively among the 32 combinations.

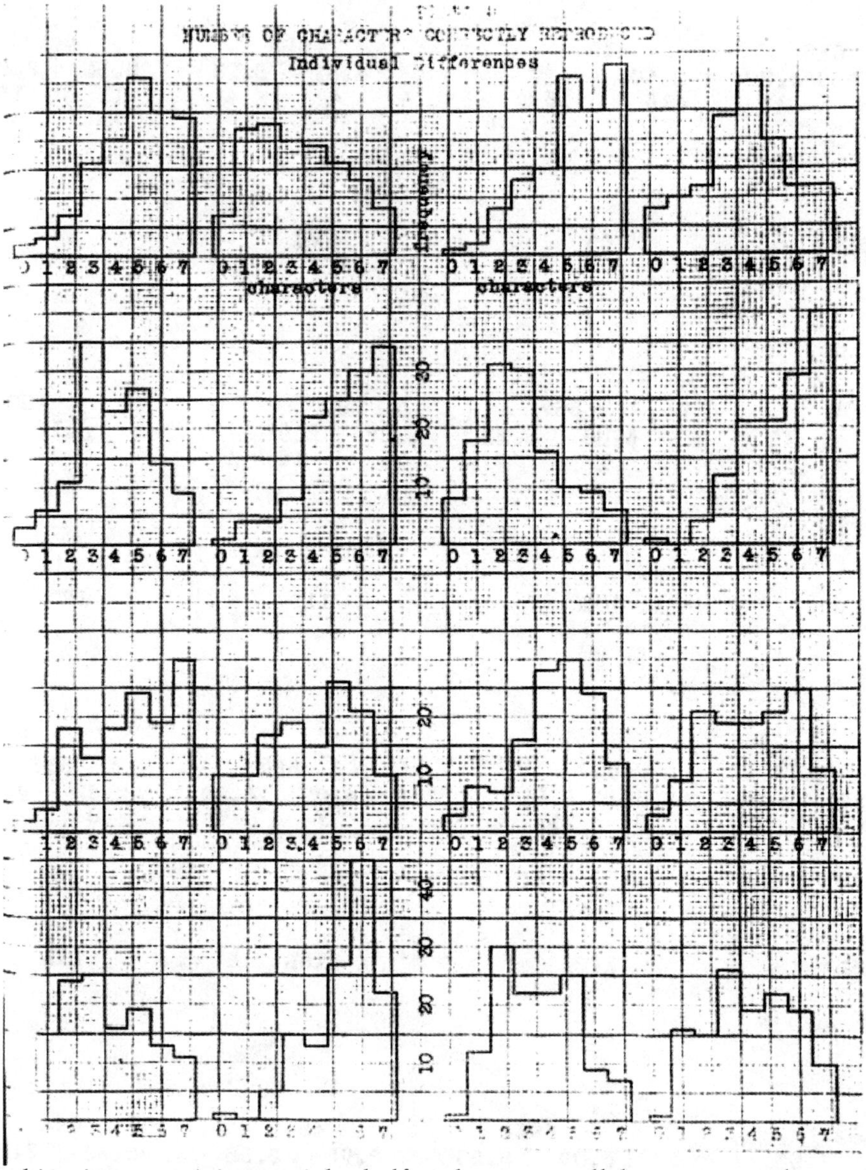

Combinationscontaining upright half—characters all have extremely asymmetrical distributions except in the case of leftward reading of lower half—line of upright lower half—characters(dLud), which is very unusually normal.

Individual differences in reproduction may be seen from Plate 5 and Table 12. Subject 8W reproduced correctly 687 whole—characters out of a possible total of 896 with a mean of 5. 37 to the sentence. This subject happens to be the only one who had taken the former experiment on whole—characters sentences, which are cut into halves for the present experiment. He was the second fastest reader in the former and the fastest in the present experiment. Subject 7H reproduced only 380 whole—characters correctly with a mean of2. 97 per sentence, although he is not the slowest to figure out the whole from the half. About half of the subjects yield distributions approaching normality.

The final rank orders of both reproduction and speed in the various factor—combinations can be directly compared by referring to Table 5 facing Plate. 2. Reproduction and apeed among the various combinations are highly correlated. The rank—order correlation coefficient (rho) between them is found to be. 83 when both are based upon the mean of all subjects but. 94 when the average rank of the separate ranks of mean speed of all subjects in speed is taken in place of that of the mean speed of all subjects.

CHAPTER VI
RELATIVE HINDERANCE OF THE DIFFERENT READING FACTORS

WHOLE VERSUS HALF CHARACTERS. Since the two experiments on whole and half characters were performed on identical material under otherwise similar circumstances by the same technique of simultaneous voluntary maintenance of exposure with the Quadrant Tachistoscope, the results are strictly comparable so far as reading speed is concerned. They have all been reduced to 1 sec. in the comparison (Tables 13, 14 and 15).

It takes on the average 2. 17 sec. to read out loud a sentence of 7 whole—characters in all positions from all directions by all subjects but the time taken to read it in half—characters in order to reproduce as many as possible in 'whole' is 10. 84 sec. , just about 5 times as long. Subject 8%, who is the second fastest reader in the whole—character experiment, and the fastest in the half—character experiment, takes on the average not quite double his time for 'wholes'. This was probably accounted for by the fact that the material was already more or less familiar to him. All subjects reproduce on the average 4. 22 whole—characters out of a sentence of 7 half—characters, yielding an accuracy of just about 60%.

READING WHOLE AND HALF CHARACTERS

Table 13. Whole—characters (11 subjects, 4 sittings each)

			du		ud		rl		lr	
	2.17		2.09	2½	2.27	12	2.15	4	2.16	5
D	2.17	6½	1.99	2	2.29	14½	2.21	10	2.17	6
U	2.22	9	2.24	11	2.18	7½	2.19	9	2.28	13
R	2.19	8	2.00	3	2.33	16	2.25	12	2.18	7½
L	2.09	2½	1.95	1	2.12	5	2.01	4	2.29	14½
	2.17		2.05	1	2.23	10½	2.17	6½	2.23	10½
			u		d		r		l	

Table 14. Half—characters (Speed: 16 subjects)

			du		ud		rl		lr	
	10.84		10.84	3	10.45	2	11.17	10	11.22	11
D	10.60	4	8.88	1	9.95	3	11.53	11	12.02	16
U	10.82	5	9.08	2	11.56	12	11.12	9	11.57	13
R	11.02	7	10.40	5	11.58	14	11.05	8	11.02	7
L	10.95	6	10.06	4	11.14	10	10.85	6	11.80	15
	10.84		9.58	1	11.05	8	11.15	9	11.60	12
			u		d		r		l	

Table 15. Half—characters (Reproduction: 16 subjets)

			du		ud		rl		lr	
	4.22		4.59	2	4.41	4	3.75	12	4.13	8
D	4.28	5	5.22	1	4.49	4	3.45	14	3.91	12
U	4.47	3	5.14	2	4.27	7½	4.27	7½	4.08	11
R	3.99	9	4.13	10	3.35	15	4.33	6	4.16	9
L	4.16	7	4.99	3	3.25	16	4.72	5	3.54	13
	4.22		4.87	1	3.84	11	4.20	6	3.97	10
			u		d		r		l	

RELATIVE EFFECTS OF THE DIFFERENT READING FACTORS. The comparative effect of reading—direction, temporal spatial sequence, and character—position in the case of whole—characters on speed and of character—exposure and shutter—&—line exposure, in addition, in the case of half—characters both on speed and on reproduction is summarized in Tables 16, 17, and 18.

Table 16. WHOLE-CHARACTERS: SPEED

Fastest		Slowest		% Increase
L	2.09	D,U,L	2.19	4.98
du	2.09	ud,rl,lr	2.19	4.98
u	2.05	d,r,l	2.21	7.92

Table 17. HALF-CHARACTERS: SPEED

Fastest		Slowest		% Increase
D	10.60	U,R,L	10.90	9.56
ud	10.45	du,rl,lr	10.96	14.97
l	10.38	u,d,l	10.98	17.86
r	10.25	u,d,l	11.02	24.00
u	9.58	d,r,l	11.25	54.81

Table 18. HALF-CHARACTERS: REPRODUCTION

Best		Worst		% Decrease
U	4.47	D,R,L	3.10	30.64
u	4.57	d,r,l	3.08	32.60
du	4.59	ud,rl,lr	3.07	33.10
l	4.62	u,d,r	3.04	34.20
u	4.87	d,r,l	3.00	38.40

The reliability of the different measures matters little, since it is the relative standing between them that is wanted. The differences in speed between the three factors in whole—characters (Table 16) are obscured by reducing the .02 second to 1 second.

By keeping the direction of reading constant while varying the other factors, the fastest leftward reading (L) of either whole or half characters is the slowest among the fastest records of any of the other constant factors while varying the rest. Upward reading (U) yields the best reproduction among other reading—directions but is the worst among the best of any of the other constant factors while varying the rest. This confirms my contention set out in my former reports that reading—direction is comparatively far less important as a factor than either temporal—spatial sequence or character—position in the case of whole—characters; and either character—exposure or shutter—&—line exposure, in addition, in the case of half—characters. Hence it should not receive so much attention.

Temporal—spatial sequence is the next least important factor in both whole and half characters so far as speed is concerned but is more important than shutter—&—line—exposure in the reproduction of whole from half characters. Left half—character (l) under variable conditions is most suggestive of the whole—character as is revealed by the fact that it is the fastest and gives the best reproduction among any other halves.

The different shutter—&—line—exposure positions do not have the same importance for speed and for reproduction. While right half of the shutter—&—line (r) is quicker to read, upper half (u) yields more reproduction. In fact, shutter—&—line exposure is a more important conditioning factor for speed than for reproduction.

Character—position is by far the most important conditioning factor both for speed and for reproduction, since the normal upright position yields the best reproduction in the shortest time in spite of the fact that all factors of reading—direction, character—exposure, shutter—&—line—exposure, and temporal—spatial sequence are heterogeneous. This is made more significant by the fact that the average speed in reading half—characters in other positions is increased 54% (Table 17), reproducing even 38% less of whole—characters (Table 18); although the effect is much less (8%, Table 16) in simply reading aloud the whole characters.

THE INCONCLUSIVE NATURE OF THE COMPARISON BETWEEN VERTICAL AND HORIZONTAL REANDING. It should be expressly made clear that care must be taken in drawing transferred conclusions regarding the normal reading process of Chinese characters. Both the technique and the procedure devised in these series of experiments are mainly for the purpose of making possible a more penetrating but hitherto undreamed analysis of the possible factors involved in the reading of Chinese characters. The repeated unitary act of reading a sentence must be different from ordinary reading for substance. But, if such a factor as reading—direction is the least effective among all others that also condition this repeated unitary act, how much less would it be of real significance in ordinary reading where countless other factors, theoretical and practical, are involved besides? The question is, of course, whether or not we can isolate some of these constant factors such as temporal—spatial sequence and character—exposure and treat reading—direction as an experimental factor by itself. Can we assume that constant practice in a certain direction, thus resulting in a certain definite, good, articulated, and sequential constellation of all these other factors, is indifferent to other directions of reading?

All past investigators were tacitly engaged not in comparing vertical and horizontal reading but in proving this constellation.

As set forth in my earlier reports, it is my contention that the problem of vertical and horizontal reading of Chinese can hardly be attacked conclusively by using adult subjects under the assumption that the habit factor is equally effective in the two cases. As a matter of fact, we have no justification to make such an assumption unless we are perfectly certain that other differential factors can be adequately and independently elicited apart from the conditioning influence of the habit factor.

LIMITATIONS OF DIFFERENTIAL PHYSIOLOGICAL EXPLANATIONS. Both Tu and Shen, while admitting thepossible role of habit in the explanation of their findings in favor of vertical downward reading, sought for differential factors other than habit. Tu[①] stresses the physiological factors[②] of the relative positions of the two eyes, retinal fields of clear vision, peripheral vision, lid and eye movement fatigue, muscular mechanism of the eye—balls as well as the possible factor of the common illusion of vertical and horizontal lines as support for his view that "other things being equal, the horizontal arrangement is more efficient than the vertical"[③] and for his finding that horizontal reading of geometrical figures is faster. But Shen tends to refute all of them[④] and adds further that asymmetrical convergence and accommodation and the greater facility in executing eye movements of small magnitude in the vertical are all against horizontal reading. The question is not how many possible differential factors we can enumerate to account for the difference, but whether they will be entirely obliterated by the age—long and lifelong practice of the traditional downward reading, and whether it is fertile or futile to employ adult subjects one investigation after another.

Fu[⑤] concludes, "The Chinese students read the Chinese material better in the vertical arrangement, because they had habitually practiced that method." But it does not follow that "If the vertical arrangement, were really more efficient than the horizontal, the results should have been the same for reading the geometrical figures as for the Chinese material." He admits the role of habit in the first once but denies it in the second. What he did prove is that faster reading of geometrical figures in the horizontal is due to the fact that geometrical figures are habitually read in that arrangement also by the Chinese students. They never encounter geometrical figures arranged vertically and it is improbable that the immense amount of practice in reading vertical Chinese should have so much positive transfer on reading horizontal geometrical figures as to yield quicker speed in the vertical.

① H. T. C. Tu, op. cit., pp. 292—294.

② In an article entitled "Why should we write horizontally?" published in a school publication as early as 1919, the writer noted several of these physiological factors.

③ H. T. C. Tu, op, cit., p. 298.

④ Eugene Shen. op. cit., pp. 178—182. of. E. B. Huey, Preliminary experiments …, Amer. J. Psychol., 1898, 9, p. 575.

⑤ H. T. C. Tu, op. cit., p, 298.

汉字实验材料
第三种
周先庚制 Plate 6. CHARACTERS USED FOR MEASURING
一九二七·一二·三
THE INTER－STROKE DISTANCE

弟川子士國夫界知病
福社田米蓄華等行冬
物大門鐵青食金銀謹
理東服特洋舘科告新
廣萬日齒支會旅市所
小宿店年山堂品古受
卸募到辰女保商安事
井世了仙丁不中上恭

The real point is that habit and training have conditioned favorably both the reading of Chinese characters in the vertical and the reading ofgeometrical figures in the horizontal. Chinese characters are simply better adapted in the long run to the "bottom－to－top", or top－follows－bottom, sequence for adult Chinese readers and geometrical figures to the "right－to－left", or left－follows－right, sequence for the same readers.

THE SIGNIFICANCE OF TEMPORAL－SPATIAL SEQUENOE IN WRITING. The bottom－to－top sequence is not only the preferred one for reading but also the best adapted to writing. In all Western horizontal languages running from left to right, the script has evolved in such a way that the last stroke of every letter or word is always connected at the shortest possible distance to the first stroke of the next. This has a tremendous practical significance. So it is also true of the Chinese characters arranged vertically even in print.

I have measured on a specially printed page of 72 random characters (Plate 6) this inter－stroke distance both when the characters are one above another and when thesame ones are supposed to be one beside another. The distributions of the two sets of measurements in mm. are plotted in Figure 3.

The mean distance of the inter－stroke distance between the end of the last stroke of every character and the beginning of the first stroke of every other is 8. 29 mm.

When the characters are arranged vertioally; but 14. 61 mm. when the same characters are supposed to be arranged horizontally. The significance of this fact on the speed

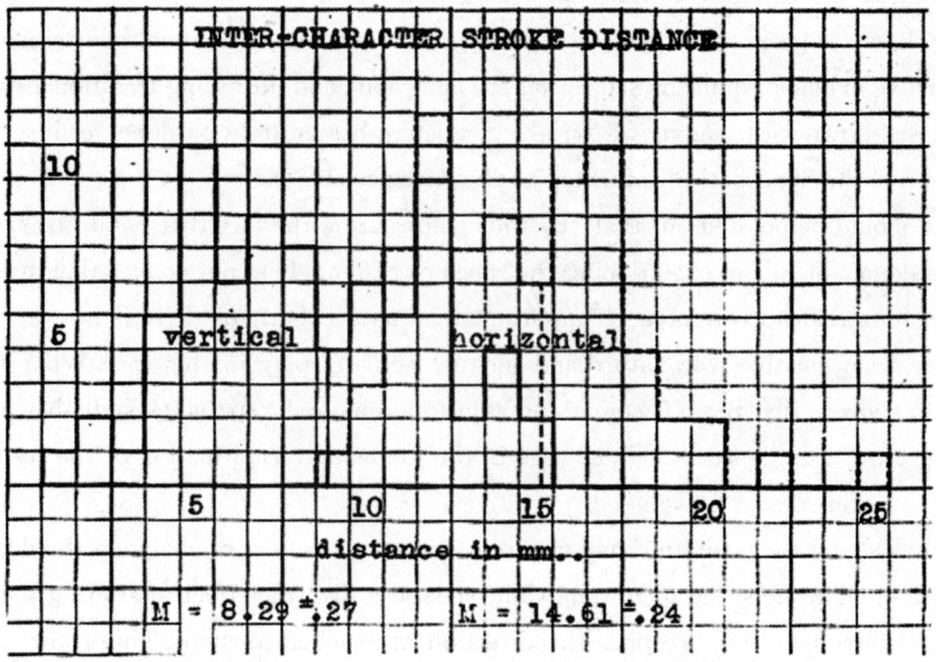

Figure 3.

of writing in the two directions can scarcely be over—estimated.

Chao[①] made an experiment on the relative efficiency of writing in the vertical and horizontal directions 16 characters by 97 fifth and sixth grade school children. The experiment was conducted on four successive days, the first two days writng being in the vertical and the last two in the horizontal. The vertical was invariably better written but slower. High correlations were obtained for speed and quality.

The data are utterly inconclusive as the author himself intinated. The slow speed was due to the fact that vertioal writing was practiced first and then horizontal.

DOWNWARD VERSUS RIGHTWARDREADING OF CHINESE. Concerning the fact of faster vertical downward reading, Shen was of the opinion that "though habit is a necessary and may even be a sufficient explanation, it is certainly neither exclusive nor exhaustive. "[②] It is a sufficient explanation for all conclusions favoring Chinese characters in the vertical, and geometrical or other materials in the horizontal for adult Chinese subjects, because it affects the relative reading speed between not only downward

① Y. J. Chao. A comparison of vertical and horizontal writing of the Chinese characters, (Chinese) New Educ. , 1925, 10, No. 5, 663—680.

② Ergene Shen, An analysis of eye movements in the reading of Chinese, J. Exper. Psychol. , 1927, 1C,179.

and rightward reading of upright reading material but also other reading directions and other character positions as well. However, it can be at the same time the exclusive and exhaustive explanation in the sense that the age—long and life—long traditional practice in vertical downward reading of upright characters has entirely outdone, eclipsed, and obliterated the hypothetical influence of all other possible factors.

It should be pointed out that, by thus emphasizing the fact that habit and training play a dominant role in conditioning the speed of reading, I am not committing myself to the position that nurture is more important than nature. Perhaps there is no way to determine what relative role nature and nurture actually play in this case. What I have tried to show is that there is something akin to a temporal—spatial Gestalt that is a direct result of experience as may be seen in the following recapitulation of the results of all my experiments.

By keeping the position of characters constant, the effect of changing the direction of reading upon the speed of reading Chinese is less than the effect of altering the position of characters while keeping the direction of reading constant. Thus, the normal downward direction of reading all positions of characters takes 3.8% longer time than all directions of reading the same upright characters. Furthermore, the average time of the three unusual positions of characters (read in all directions) is 7.9% longer than that for the normal upright position (read in all directions), while the average time of the other three non—habitual directions of reading all positions of characters happens to be exactly the same as that for downward reading all positions of characters. This is a conclusive evidence that the total quality of the relative positions of characters in a column or row is more important and significant than the general direction of reading. Similarly, temporal—spatial sequence, character—exposure, and shutter—&—line—exposure are all more important than reading—direction.

WHY READING CHINESE LEFTWARD IS THE FASTEST. The fact that reading leftward is faster than rightward (whole and half—characters) and even downward (whole characters) isinexplicable by any differential physiological factor; except perhaps that, as suggested by Prof. Miles, abductive (outward) movement of the eye—ball being faster than adductive (inward) movement. [1] the probable fact that most of my subjects might have a right ocular dominance may contribute to the result. At any rate, ocular dominance is at least an effect if not a cause of reading speed. On the other hand,

[1] Personal communication, cf. W. R. Miles, Horizontal eye movements at the onset of sleep, Psychol. Kev., 1929, 36, 122—141. See pp. 136, 135, 137.

it is doubtful whether the absolute speed of eye movement has any intrinsic relation with the direction of reading, especially when the reactions are pretty long. In reading only 6% of the reading time is consumed by eye movements, the rest being all allowed for the fixation pauses,[①] which are exclusively involved in the process. Furthermore, it is the fixation pauses that vary directly with the complexity of the reading material. There is no reason to suppose that the absolute speed of eye movement would be materially affected under normal reading circumstances.

It should be pointed out (and this seems to be the only plausible explanation) that although the direction of reading leftward within the line is neither that of the Western nor that of the Chinese original usage, this general direction is nevertheless the habitual direction of progress from line to line in the usual downward reading. In the normal downward reading, although the direction of eye movement within the line is from top downward, the direction of head movements from line to line is from right leftward. Similarly, the direction for head movements in horizontal reading is downward. The faster the reader, the greater significance should be attributed to this fact. It is a common but unchecked observation that more head movements occur in fast readers who skim over the page "ten lines in a glance" as the Chinese saying goes. The effect of the constant practice in this head movement during reading can not be underestimated. As a matter of fact, several of the readers actually commented either during the experiment or after my questioning that such is the case.

Furthermore, the habitual direction of progress from line to line is in a way also a secondary normal temroral—spatial sequence in the sense that the return sweep of the eye is first from the left side of one of the characters at the bottom of the first line and then across the right adjacent side of one of the characters on the top of the next line. When reading leftward in a line, the significance of this sequence is more marked and hence contributes to its favor in reading speed, not because the eye during the return sweep actually sees the adjacent sides of the characters between lines (which is not true) but because the perceptual process has a temporal"before—and—after" as well as a spatial "left—and—right." It is this temporal—spatial totality that constitutes the Gestalt of a sentence or line of Chinese characters.

GESTALT IN READING CHINESE CHARACTERS. What actually conditions reading efficiency is not the reading direction alone nor the character position alone but

① M. A. Tinker, Eye movement, duration, pause duration, and reading time, Psychol, Kev., 1928, 35, 385—397.,

also the temporal—spatial sequence created through the interaction of both. The normal habitual temporal—spatial sequence for Chinese is"top—follow—bottom", or from the standpoint of the reader, "bottom—to—top", i. e. , first from the bottom of one character and then to the top of another, irrespective of either the character position or the reading direction. Perhaps this is true in all perceptions of successive objects of a pictorial nature. For instance, in viewing a picture the directional attention is perhaps more frequently up—down than crosswise. It is only a truism to say that the uprightness of a Chinese character determines this directional attention in the crossing—over from character to character. When unusual positions of characters are introduced, the upright position is always taken as a reference for interpreting them and the normal habitual temporal—spatial sequence has a much greater tendency to run into completion, so to speak, than all the other sequences. This temporal—sequence as hitherto defined is what I call concretely the Gestalt in reading Chinese characters.

CHARACTER Ⅶ JUDGING THE UPRIGHTNESS OF CHINESE CHARACTERS BY AMERICAN SUBJECTS

PRACTICAL SIGNIFICANCE OF THE ABILITY TO JUDGE THE UPRIGHTNESS OF A CHINESE CHARACTER. As we have seen, character—position is the most important factor influencing the speed of reading the whole—characters and of reading the half—characters for reproducing the whole, among all the other factors of reading—direction, temporal—spatial sequence, character—exposure, and shutter—&—line—exposure. For Chinese subjects who have been accustomed to the characters, the positions of the characters still exert such an influence above all others. It may be well imagined how much it would disturb the foreigners who have no knowledge of the language at all. I find that not infrequently an illustration, an advertisement, or a notice consisting of a number of Chinese characters is printed or placed upside—down in some journal, magazine, or Sunday paper. In view of the fact that, although the characters are squares and hence can be taken in any position, the arrangement, nature, and heaviness of the different strokes can hardly betray the correct position of the total character; I have not wondered at the prevalence of the inability of foreign printers to judge the correct position of the characters.

Table 19 SPEED AND ACCURACY IN JUDGING THE UPRIGHTNESS OF CHINESE CHARACTERS

1 u 217 6 1r	2 d 199 6 1r	3 r 222 4 3l	4 l 321 4 2r 1l	5 l 236 6 1r	6 r 301 4 2l 1u	7 d 270 5 2u	8 u 181 7
9 d 268 4 3d	10 u 343 4 3d	11 r 322 4 2r 1l	12 l 280 4 3r	13 l 354 6 1r	14 u 225 5 1d 1r	15 d 232 3 2u1r1l	16 r 227 4 2l1u
17 u 243 4 3d	18 r 343 4 2u 1d	19 l 263 5 2r	20 d 395 6 1u	21 d 412 4 3r	22 u 543 5 2d	23 r 332 4 2l 1d	24 l 271 5 1u1d
25 u 373 4 2d 1l	26 d 473 5 2d	27 l 230 4 2d 1u	28 r 343 4 3l	29 l 237 5 2r	30 d 243 3 3u 1l	31 u 178 7	32 r 283 3 3l1d
33 l 199 5 2r	34 u 296 5 2d	35 d 315 4 2l 1r	36 r 306 5 2l	37 d 187 4 3d	38 l 162 4 3r	39 r 425 4 2u 1l	40 u 301 4 2d1l
41 r 262 5 2l	42 d 283 6 1u	43 u 284 7	44 l 282 4 2r 1u	45 d 173 5 2u	46 l 229 5 2r	47 r 289 4 2l1u	48 u 214 6 1d
49 l 249 4 3r	50 u 256 4 3d	51 d 199 4 3u	52 r 281 4 3l	53 u 210 5 2d	54 d 428 3 2r 2l	55 l 304 3 2r1u1d	56 r 828 4 2l1d
57 d 256 5 2u	58 u 188 6 1d	59 r 284 6 1l	60 l 351 5 2r	61 d 232 6 1u	62 u 346 5 2d	63 r 399 3 4l	64 l 209 5 2r

CHINESE CHARACTERS IN FOUR POSITIONS
to be judged
THROUGH SIMULTANEOUS VOLUNTARY MAINTENANCE OF EXPOSURE

Plate 7

SPEED AND ACCURACY OF JUDGMENT THROUGH SIMULTANEOUS VOLUNTARY MAINTENANCE OF EXPOSURE. For determining the approximate relative difficulty of the different positions of a character for their correct judgments by American subjects, I carried out one experiment early in 1928 through simultaneous voluntary maintenance of exposure of the Quadrant Tachistoscope on 7 American students.

The material used consists of 64 big size characters, 1/4 of which are upright, 1/4 upside—down, 1/4 tilted to the right, and 1/4 tilted to the left. These characters were cut out from the material (Plate 6) used for measuring the inter—stroke distance and were pasted on the regular stiff cards for exposing in the tachistoscope. The order of exposure of the different characters is marked by numbers on the page facing Plate 7. Every position is used every four exposures but the sequence of the 4 positions is in chance order. The following instructions were read to each subject.

“Look attentively at the cross of the window in the hood and at the same time keep your right index finger barely touching the key. At the signal “Ready, go!”, press the key down hard and hold it there. This will immediately open the window exposing a Chinese character. This will immediately open the window exposing a Chinese character. This Chinese character may be upright, it may be upside—down, it may be turned 90 degrees to the right, or it may be turned 90 degrees to the left. While you are holding the window open, study the character closely but quickly so as to determine its position, i. e. , whether it is upright, upside—down, turned 90 degrees to the right, or turned 90 degrees to the left. As soon as you have determined upon the position of the character, respond as quickly as you can by saying “upright”, if it is upright, “down”, if it is upside—down, “right”, if it is turned 90 degrees to the right, or “left”, if it is turned 90 degrees to the left, or “left”, if it is turned 90 degrees to the left. Immediately after the verbal response, quickly release the key. Never release the key while you are studying the character as the releasing will immediately close the window. There are altogether 64 characters to be studied. The first 2 exposures are some English material for you to read silently in order to adjust yourself to the noise of the opening and closing of the shutter window. I will mark by a stop—watch in 1/30th of a second the time you take in studying the actual Chinese Characters in each exposure. ”

Accuracy in terms of number of correct judgments of the position of each of the 64 characters is shown in Table 20 together with the individual differences. The character—position symbols with a “prime” mark mean the corresponding judgments.

Subject5M made only 2 mistakes while 6D judged only 17 correctly. Out of the total 448 judgments, 290 are correct and 158 incorrect. The nature of the correct and incorrect judgments can be made out from the main columns of the table. Upright characters (u) are judged 84 times upright (u'), 24 times upside—down (d'), and 2 times each tilted—to—the—right (r') or left (l'). Characters tilted to the right (r) are the most hard to judge since the correct judgments are only 64.

Table 20 JUDGMENTS OF THE POSITIONS OF CHINESECHARACTERS ACCURACY

CHAR'ER POSI'NS	S s		u'			d'			r'			l'		TOTAL FALSE	TOTAL TRUE	S s
	1R		16			--			--			--				
	2M		10			6			--			--				
	3R		5			10			--			1				
u	4I		16	84	24	--		2	--		2	--				
	5M		16			--			--			--		2	62	5M
	6D		7			6			2			1				
	7L		14			2			--			--				
	1R		2			13			1			--		7	57	1R
	2M		7			5			3			1				
	3R		7			5			1			3				
d	4I	30	2			14	68	8	--		6	--		8	56	4I
	5M		2			14			--			--				
	6D		7			6			2			1				
	7L		3			11			1			1		14	50	7L
	1R		1			--			14			1				
	2M		2			1			5			8		33	31	2M
	3R		3			2			4			7		47	17	3R
r	4I	11	1		4	--			13	64	33	2				
	5M		--			--			16			--				
	6D		3			1			2			10		47	17	6D
	7L		1			--			10			5				
	1R		--			1			1			14				
	2M		--			1			4			11				
	3R		--			2			11			3				
l	4I	5	--		4	--		29	3			13	74			
	5M		--			--			--			16				
	6D		5			--			9			2				
	7L		--			--			1			15				
TOTAL			46	84		32	68		39	64		41	74	158	290	
				120			100			103			115		448	

skc

Table 21 JUDGMENTS OF THE POSITIONS OF CHINESE CHARACTERS SPEED

		JUDGMENTS								TOTAL			
udrl	Ss	u' (mean)	u'	d' (mean)	d'	r' (mean)	r'	l' (mean)	l'	False	True	Mean	Ss
	1R		269		---		---		---				
	2M		212		283		---		---				
	3R		246		310		---		281				
u	4I	272	266	322	---	189	---	257	---				
	5M		296		---		---		---	326	301	49	5M
	6D		225		362		188		232				
	7L		235		505		---		---				
	1R		264		247		935		---				
	2M		196		274		412		508	204	261	111	2M
	3R		222		315		496		244				
d	4I	262	663	272	277	442	---	320	---				
	5M		226		292		---		---				
	6D		229		153		217		427				
	7L		243		218		246		254				
	1R		210		---		299		452	428	267	125	1R
	2M		459		437		336		321				
	3R		356		276		258		269	287	287	133	3R
r	4I	300	90	414	---	301	301	317	198				
	5M		---		---		329		---				
	6D		261		264		308		349	305	225	203	6D
	7L		236		---		244		326	218	269	222	7L
	1R		---		479		461		251				
	2M		---		272		259		291				
	3R		---		274		272		341				
l	4I	271	---	325	---	294	295	254	260	327	276	283	4M
	5M		---		---		---		275				
	6D		271		---		315		358				
	7L		---		---		301		187				
		272	273	241	273	319	301	314	254	309	274		
			273		295		308		275		286		

skc

Upright judgments are the most frequent and mostly correct. Upside—down judgments have more correct ones than tilted—to—the right judgments although they are the least frequent. Speed in. 02 sec. is similarly shown in Table 21. In order to weight out the individual speed factor so as to determine the relative difficulty of the different characters more adequately, the separate speed of every subject for every character is multiplied by a personal speed factor, which is the number of times his mean speed is shorter than the mean of the slowest person. Subject 5M's true mean speed for all judgments is 49 but his weighted mean speed for correct judgments is 301; i. e. , if he were 6. 10 times as slow as the slowest. Similarly, 4M's judgments take on the average 283, the slowest among the 7 subjects, and hence his weighted mean for correct judgments is

276, his speed factor being 1.00.

Tilted—to—the—right judgments (r') are the slowest to make as a whole, while upright judgments (u') are the quickest to make. Judging characters tilted—to—the left as such (ll') takes the shortest time, while judging those tilted—to—the—right as such (rr') takes the longest time. Generally speaking, correct judgments are made in shorter time.

THE NATURE OF JUDGMENTS OF THE POSITIONS OF CHINESE CHARACTERS. All judgments are either correct or incorrect but the incorrect ones are of 3 different kinds. When a character tilted—to—the—right is judged to be tilted—to—the—left or vice versa and when an upright character is judged to be upside—down or vice versa, these incorrect judgments are of opposite nature spatially along the horizontal and vertical axes and conceptually about a central idea of lineal extension. When an upright character is judged to be tilted—to—the right or vice versa and when an upside—down character is judged to be tilted—to—the left or vice versa, these incorrect judgments are analogous in the sense that up and right are primary or dominant while down and left are secondary or inferior. When upright characters are judged to be tilted—to—the—left or vice versa and when upside—down characters are judged to be tilted—to—theright or vice versa, these incorrect judgments are crossed just because they are not analogous in the former sense. Correct judgments are nothing but identical judgments: upright to be upright, upside—down to be upside—down, and so forth.

It has been shown that correct judgments are more frequent than incorrect ones for any true position of the character. This is what might be expected. But what is the relative frequency of these three classes of incorrect judgments? Are there any significant differences between them both in accuracy and in speed?

This question is schematically answered by Figure 4. The little circles represent the judged position of a character and the triangle the percentage of judgments for that position. The speed is given in parentheses.

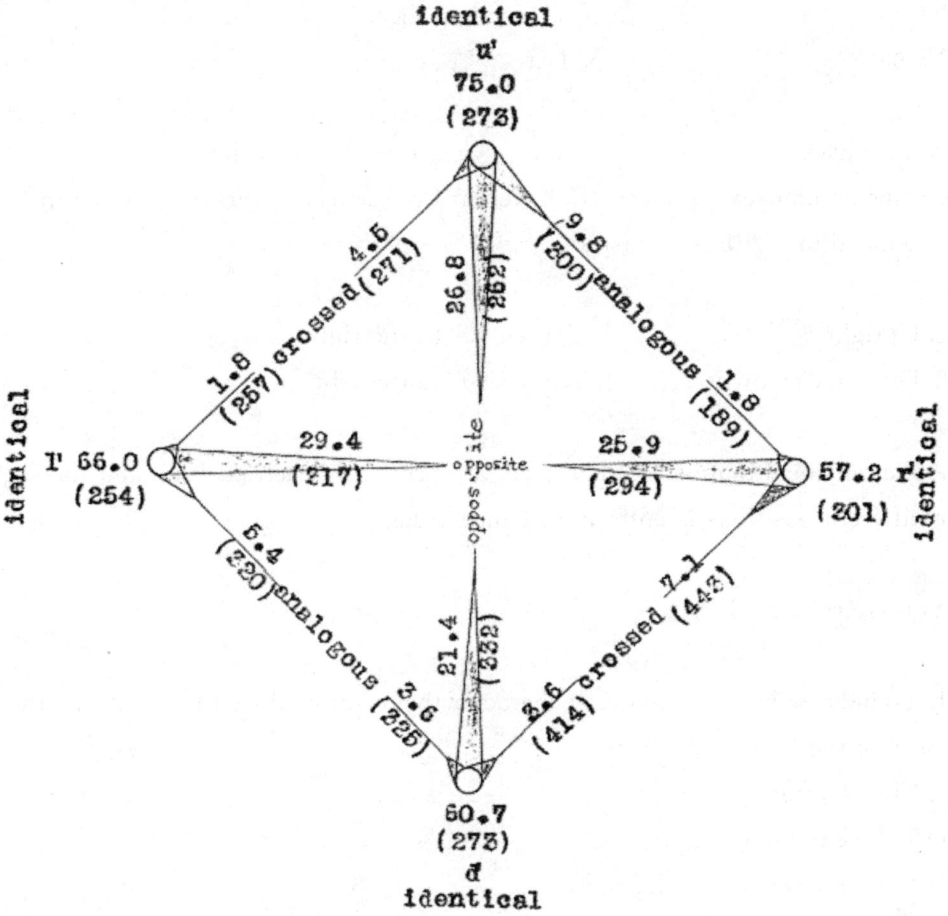

crossed	analogous	opposite	identical
4.2	5.1	25.9	64.8
(346)	(300)	(300)	(274)

Figure 4 SPEED AND ACCURACY Of judging the positions of Chinese characters THROUGH SIMULTANEOUS VOLUNTARY MAINTENANCE OF EXPOSURE

Upright as upright (uu') constitute 75.0% of the total judgments for that particular position, left as left (ll') 66.0%, upside—down as upside—down (dd') 60.7%, and right as right (rr') only 57.2%. These are the identical, i. e., correct judgments, yielding a mean of 64.8%. The opposite incorrect judgments average 25.9%, while analogous and crossed incorrect judgments average only 5.1% and 4.2% respectively. Generally, the higher the percentage of judgments, the quicker they are.

Plate 8 THE CHARACTER—POSITION TEST

Instruction Sheet

Name Date

Sex

Nationality

On the accompanying sheet 312 different Chinese characters are printed in 13 rows of 24 each and in 4 different positions:—

1. Upright
2. Up—side—down
3. Turned 90° to the right
4. Turned 90° to the left.

About an equal number of characters are printed in each position and the sequence of the different positions is entirely a chance order.

You are requested:—

1. To indicate underneath every character the position of that character by the letter T as used in the following scheme.

(a)T= Upright

(b)⊥=Up—side—down

(c)—|=Turned 90° to the right

(d)|—=Turned 90° to the left

2. To record near the lower right—hand corner of the printed sheet the time in minutes and seconds (if available) taken in marking the entire page.

3. To describe on the back of this sheet your bases for determining the position of each character, i. e. , the oritoria for your judgment as to whether each particular character is upright, up—side—down, turned 90° to the right, or turned 90° to the left.

4. To indicate your degree of familiarity with the Chinese language by making only one check mark in the appropriate place.

Read comPrehensively	Had some lessons	Recognise a few characters	Know the general nature	Am entirely unfamiliar with the language.

5. To put down your name on both sheets (upper left—hand corner on this sheet) and to return them by using the enclosed self—addressed and stamped envelope to the

undersigned.

Your kind cooperation is much appreciated.

Stanford University. Siegen K. Chou

W. R. Kiles.

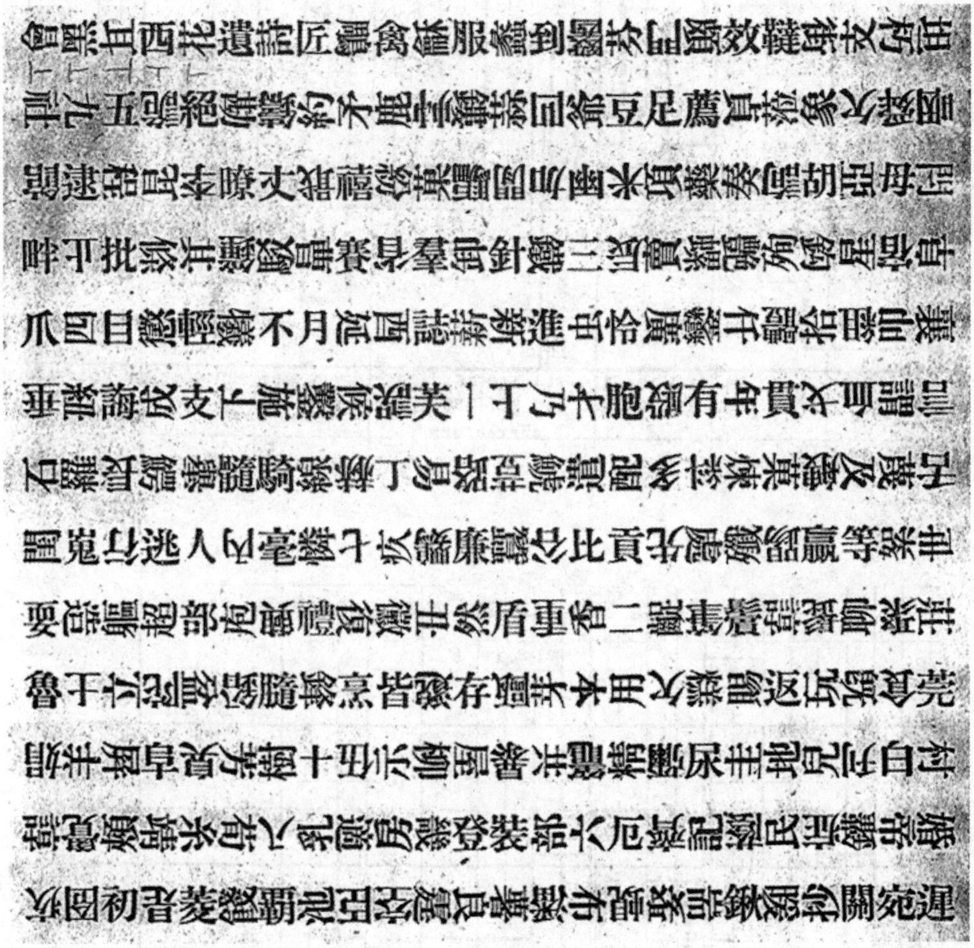

Plate 9

THE CHARACTER－POSITION TEST DATE

This analysis seems to confirm the fact that the inability of foreigners lies more in opposite judgments whenever they encounter the situation of determining the true position of a Chinese character.

The relative difficulty of the different characters in different positions for judgment can be seen from the table facing Plate I. The underlined figures are speed records and the next line reads, for example in character No. 1, "6 subjects judged it as upright, " that is, correct, and 1 judged it as tilted—to—the right, which is incorrect. Characters No. 8, 31, 43, were judged correct by all 7 subjects.

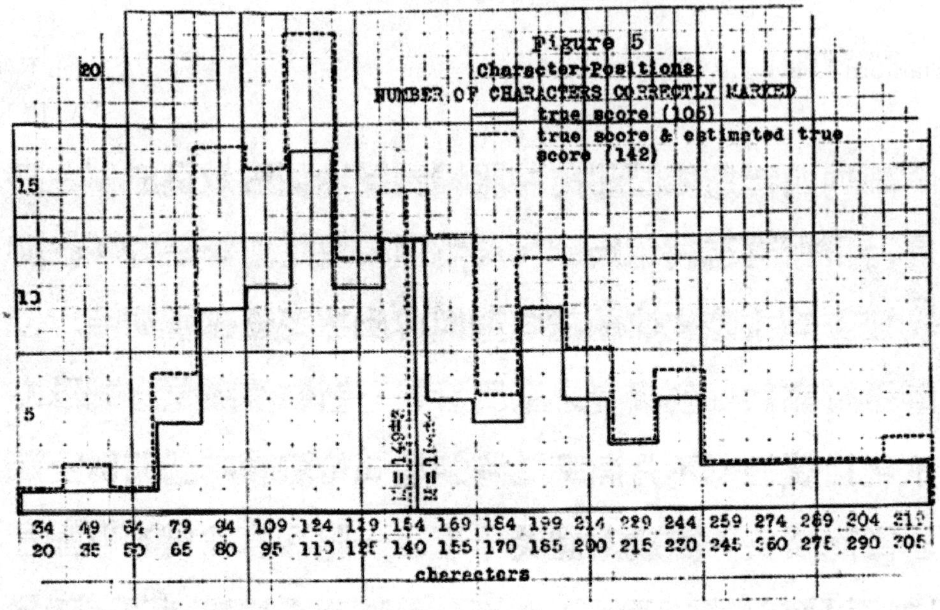

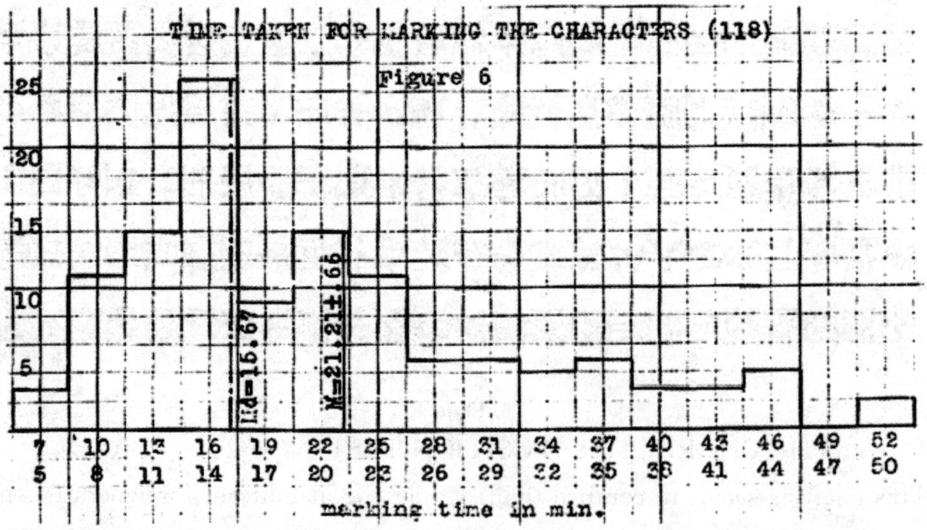

JUDGING THE POSITION OF CHARACTERS BY THE CHARACTER—POSITION TEST. In order to find out some of the possible cues used and character—parts dominant in the judging of the position of a Chinese character by American subjects, I devised along with the exposure experiment also a special test (Plate 8 & 9) for this purpose. I went to the typesetting department of a Chinese daily inSan Francisco (all the other materials used in former experiments were also typeset by myself and printed at the same place) and picked up at random from the type shelf a few characters from each and every radical group. Altogether 312 different① characters were set and printed in 13 rows of of 24 each. One quarter of them are upright, one quarter upside—down, one quarter tilted to the right, and one quarter tilted to the left. The sequence of the different positions is entirely in chance order.

The test sheet is accompanied by an instruction sheet, telling the person to mark the position of every character by the letter T in its various positions, to give the approximate time for thus marking, to indicate the degree of familiarity with the Chinese language, and, above all, to describe the bases or cues for judgment.

Data was collected on 110 students in introductory psychology at Stanford and Dr. Miles A. Tinker obtained 32 for me in the University of Minnesota. Both sexes were represented.

The distribution of the scores (characters whose positions are correctly marked) of all subjects is plotted in Figure 5. There are 105 who marked every one of the characters. These are plotted separately. The other 37 subjects missed willingly or carelessly a varying number of characters. Two marked less than a third of the total 312. The scores of all these persons were estimated by proportion from their actual true scores and plotted together with the rest.

The two distributions coincide fairly well. The mean for those who marked all of them is 5 characters higher than the whole group; these faithful markers correctly marked 154 characters while the average of the group is 149. This is less than half accuracy, whereas, in the former exposure experiment, out of a possible 448 judgments 290 were correct, more than half accuracy. More attention and seriousness in the controlled exposure experiment may account for this discrepancy. One Japanese made only 2 mistakes but one Chinese made 5, both marking all of them. One American, who received a sample of a few characters for preliminary inspection and who discovered the only one duplicate character on the test sheet, made 10 mistakes, while marking all. The lowest score from one subject was 31 although he did not omit any.

The mean time for those who did record their marking time is about 21 minutes. More took less than that. (Figure 6).

THE CUES DETERMINING THE POSITION OF A CHINESE CHARAC-

① One character was later found duplicated, line 2, character 22 and line 10, character 17. Only one subject noticed this.

TER. It is certainly instructive and interesting to read the comments of 126 subjects who cared to write something after they took the test, 16 foregoing the privilege to say anything.

"It may be Chinese, but it's all Greek to me."

"I have absolutely no basis for judging these characters." "Frankness is one of the human virtues. Lest I might otherwise hold myself lacking in it, I openly admit that my only reason for putting anything under the characters was that I had been asked to do so. Are criteria ever based on a complete absence of knowledge, I wonder?" So none of them made a score over 89, although all except one (who missed one) marked all characters.

But not all who got no cues made lowscores. One marked 219 correct perhaps because he has "seen numerous Chinese newspapers," although he confessed, "I have nothing whatever to base my decisions on except sight… but know nothing of the language, and so have based my decisions on the sense of sight." Another questioned, "Is it possible to find out how we rate?" But she marked them 193 correct, still far above the average.

On the other hand, those who had cues did not necessarily make high scores. No fewer than a dozen worked on an entirely wrong assumption. The one who, marking all, made a score of 31 had only one cue and that was just the reverse of correct. This is the most important cue: all horizontal lines have a little bump on the upper right end. He and two others took this to be at the lower left end and hence the absurdity. This most important cue was mistaken also as tilted to the left, i. e., it is upright when the line is vertical with the bump at top. About 8 made this assumption. About 18 discovered this as a cue took it in the right position.

Another obvious cue is that all vertical lines are much heavier and all horizontal ones much lighter. About 24 sensed this but there was one who took just the opposite hypothesis, leaning perhaps more on other better cues.

The base of the character is most frequently (about 46 times) used as a reference. It was assumed to be broad, wide, open, straight, flat, even, long, heavy, dark, solid, light, small, and separated.

The next most frequent but ambiguous criterion is appearance, which might mean any of these: one-sided, natural, typical Chinese, emphasis, logical, being upright, best, looks right, feel, judgment, square, and Gestalt.

The top of the character is not much less decisive of its position, although it was described only a little more concretely: short, light, fine, sharp, square, pointed, broad, heavy, wide, open, and flat.

It is only natural to find that writing was the next important cue. One based his judgments solely on this and wrote, "Understand that Chinese characters are made with a brush and have determined position of characters on the theory that each could be made easier from a certain position. The brush starting with a fine point and ending thick." However, this is not universally true. The heaviness of strokes depends, besides, upon the direction of writing them. Moreover, the printed characters are not quite amenable to brush writing. No wonder his score is less than average. Several characteristics were attributed to writing by a host of others: tapered stroke, stroke direction, shaded at top of stroke, shaded at bottom of stroke, and curved down and out.

Resemblance to or association with objects, English, and the letter T itself had been used quite a number of times. A dozen or more claimed they did the marking simply by guess or by chance, although balance or stability was equally taken by others as a criterion. Only a few noticed symmetry or proportion; much fewer specifically made clear that they had some knowledge.

A NOTE ON THE RELIABILITY AND OTHERCORRELATIONS OF THE TEST. The reliability by correlating the scores of the odd versus the even numbered lines of 24 characters each is found to be .933 with a probable error of .011. Marking time and marking score are positively correlated only to the extent of .155 with a probable error of .061. This is not very significant.

There were 81 subjects from the Stanford group who happened to have available their grades in the introductory course in psychology. The correlation between their psychology grade and their marking score is positive but even to a lesser extent of .107 with a probable error of .111, which is evidently not significant.

CHAPTER Ⅷ
GESTALT THEORY AND THE PSYCHOLOGY OFREADING

THE PSYCHOLOGY OF CHINESE CHARACTERS. Legibility and perception of Chinese characters are basal to the psychology of reading Chinese. Legibitity in the broadest sense may be defined as that quality of the language medium which yields the best result or comprehension in reading by the clearest presentation of the minium essential content under the best typographical conditions. This extension of the connotation of the term makes it possible to include such phases of the printed material as title—phrasing, topical captions, italics or broad—face types in the body of the discourse, numerical outline—form of exposition, schematie diagrams, charts and tables, alphabetical or chronological arrangement of bibliography, logical arrangement of content, etc. , which are legitimate problems in the psychology of reading but have been very little touched upon in the past. This broad definition of legibility has also a negative aspect, namely, the illegibility of exposition, which is often found to be the characteristic of psychological monographs, especially in the presentation of data.

Perceptual studieis of Chinese characters have clearly revealed the necessity of turning our attention to the legibility aspect of the characters themselves both in the narrow sense but perhaps more importantly in the broad sense of the word. The configuration of the characters—in—line is a factor of legibility just as much as is any other single isolated factor. This configuration, of course, cannot be fully realized without an adequate preliminary experimentation. In order to pave the way to a program of study in legibility, I have to call attention to the necessity of directing the center of interest of investigators to problems other than the one of vertical downward and horizontal rightward reading, which perhaps naturally enough occupied almost the whole attention of Chinese experimental psychologists in the last decade. It is for this purpose that the series of experiments on reading—direction, character—position, and their interaction both for whole characters and for half—characters has been taken up first.

A NEW METHOD OF APPROACH. A Quadrant Tachistoscope was specially designed for this purpose, which makes possible the technique of simultaneous voluntary maintenance of exposure for reading reaction experiments in general. In this technique, the reading reaction—time rather than the number of words read per second is taken as a measure, because efficiency is more adequately measured in time unit than in work unit and because more unitary reactions can be obtained for statistiical treatment. The tachistoscope described is also a bradyscope. The new term is suggested for all 'Memory Apparatus' in contradistinction to the tachistoscope.

I have tried to show that, in all Western alphabetical languages running from left to right, the word—Gestalt suffers comparatively less distortion by turning the entire line or page as a whole (orientation of the first order) than by turning the individual letters independently (orientation of the second order) in different positions. An analogous sentence—Gestalt in reading Chinese characters may therefore be defined as the temporal—spatial sequence of the individual characters in line irrespective either of the reading—direction or of the character—position. As the Chinese characters are traditionally arranged one below the other and intended to be read downward, there has resulted in adult Chinese readers a primary temporal—spatial sequence, that is, the top of one character follows the bottom of the foregoing; which invariably yields a faster reading speed than other sequences, no matter in what position the entire sentence is turned or in what direction it is read.

I offer this as the explanation of all former findings, including my own, that adult Chinese readers always read downward the faster and have called attention to the futility of using such subjects for further research in hope of discovering any inherent difference between any reading factor.

SOME RESULTS. As an explanation of the particular result of my experiment on both whole and half characters that leftward reading is faster than rightward reading, I have pointed out the fact that in the original Chinese usage the general leftward direction of progress from line to line has unwittingly conditioned a secondary sentence—Gestalt in creating a semi—normal temporal—spatial sequence, that is, right—follows—left①, in conjunction with the general downward direction of reading within the line.

Left and upper halves of Chinese characters have been found more suggestive of the whole character than either right or lower halves, since they take a shorter time to read and yield more reproduction of the supposed whole character. This may be accounted for by the fact that most of the characters have their radicals on either the top or left side of the character and also that the left and upper sides of the character are mostly written before the other two sides.

The fact that right and upper halves of the shutter and line give faster reading and yield more reproduction is perhaps due to primacy and right—handedness. The subjects used the right hand to press the key. They were tested for eyedness and hence handedness. Thirteen out of the sixteen subjects are presumably right—handed.

Of the different reading factors, reading—direction gives the least hinderance upon speed and character position the most. Temporal—spatial sequence gives more hinderance on reproducing the whole character from the half, than upon the speed of reading the half characters. Half character gives more hinderance on both speed and reproduction than temporal—spatial sequence.

The inter—stroke distance between the end of the last stroke of every character and the beginning of the first stroke of every other is found shorter when the characters are vertically arranged than when they are supposed to be arranged horizontally. This favors vertical writing.

---

① Right side of one character follows the left side of another character.

American subjects have about 65% accuracy in judging the uprightness of a Chinese character. When they make mistakes, the mistakes are mostly of the opposite nature, for example, an upright character is mistaken for an upside—down one. The main cues of the uprightness of a Chinese character are the characteristic differences between the horizontal and vertical lines.

THE PART—WHOLE PARADOX. When I am constantly reiterating the single concept of temporal—spatial sequennce of the characters in group, I am cognizant of Kreuger's recent criticism that, "The danger exists already that the name Gestalt will be used as a magical lamp for any psychological darkness, and especially that the misuse of such an important concept will prevent the completeness of analysis both of phenomena and of conditions. "① Gestalt exists only after complete analysis both of phenomena and of conditions. "The Psychology of Gestalt"?② No! "Gestalt Psychology. "③ Behavior gets its 'ism' again!

No naive student of mathematics would have the least doubt that the whole is the sum of its parts. But according to the Gestalt psychologists, the whole is not the sum of its parts. Where comes the paradox? Why should it be only the sum? Who says it should be only the sum? Work is the whole; force and distance are its parts. But the whole is the product of its parts. Standard deviation may be considered a whole and the number of cases, probabilities of success and failure its parts. But the whole is the square root of the product of its parts.

The speed for reading the 7 whole characters is one—fifth of that for reading the halves. The whole may be any function of its parts. Mathematicians are right and so are the naive minded. Only to those, whose sole purpose is to put up a target to shoot at, need one cry that the whole is and is not the sum of its parts.

SUGGESTIONS FORFURTHER RESEARCH. While the validity of the conclusions drawn from these series of experiments would not perhaps be much impaired even by a doubt upon the significance of differences, the preference of leftward over rightward reading both for speed and for comprehension deserves further confirmation. Problems of the legibility of Chinese characters in the narrow sense are mentioned below for future investigation.

---

① F. Krueger. The essence of feeling, outline of a systematic theory, Feelings and Emotions, the Wittenberg Symposium, edited by M. L. Reymert, 1928, p. 66.

② H. Helson, The psychology of Gestalt, Amer. J. Psychol. , 1925, 36, 342—370,494—526; 1926, 37, 25—62, 189—223.

③ W. Kohler, Gestalt Psychology, 1929.

(1) Form or Individual Differences of the Characters. The individual characters differ in the number of strokes, in the arrangement of strokes, in the combination of radicals, in the ratio of horizontal, vertical, and slant strokes, in the kinds and heaviness of strokes, in the kinds and heaviness of strokes, in the relative importance of different strokes in different positions, in symmetry, and in balance. This factor of form is much more complicated than the corresponding factor of different letters in the alphabet of the Western languages and no one to my knowledge has approached the problem by any method that is comparable to that used in the early extensive legibility studies of the English and German languages.

(2) Size of the Character. The most frequently used type size·is No. 4, about 3/16" square. The next smaller size, No. 5, about 1/8" square, is also used for ordinary printing. Just what are the optimal sizes of type for different purposes, such as newspapers, adult books, magazines, and, above all, children's books?

(3) Style of the Character. There are no less than ten different styles or faces of type. The one in general use has the characteristic of being heavy in all vertical strokes but light in all horizontal ones and is known as the Sung Type, invented about the 14th century. Almost all printing is done in this type. Two other evenstroke types are adopted recently by the two leading publishing firms inShanghai, respectively, namely, Commercial Press and Chung Hua Book Company. Becauses of their artistic appeal, they are now used gradually more and more and, in some cases, in place of the first type. All the other forms were introduced for special purposes and only in parts of the main printing, such as headings, captions, advertisements, book and article titles, newspaper topic sentences, etc. Where are one bold face type of uniform strokes, two representative fancy styles, one with the strokes all winder at the bottom, and four script forms. The script forms are different from the print styles mainly in the nature of strokes which may be most conveniently drawn with a brush. One of them is the old original pictorial form, while the other represents the latest in the evolutional scale of script writing and is known as the "grass" style, which is really an extremely abbreviated version of all the other styles. What is the legibility value of the characters in all these different styles? Is the present usage adequate? Which is the best for different purposes, such as children's books, advertisements, etc?

(4) Space Between Characters. How far apart should characters be separated from one another? Does space depend upon other factors, such as whether they are one above the other or side by side?

(5) Length of Line. The lengthe of the line seems to depend upon whether the line

is vertical or horizontal. Of course the visual angle and the distance of the reading material from the eye also condition the optimal length. What are the optimal lengths for different arrangements and for different purposes under normal circumstances?

(6) Leading or Space Between Lines. This seems to depend again upon whether the line is vertical or horizontal and upon the size of type. In general how far should the lines be separated?

(7) Appearance of Arabic Digits or Foreign Words. What is the effect of the introduction of foreign words and signs in the body of the context? Is it detrimental?

(8) Special Marks. Certain special signs have been developed along with the introduction of Western punctuation marks. As there is nothing corresponding to the Western upper and lower case type, the difficulty of differentiating proper names and places, books and titles arises. A straight line put ont the right or left in case of vertical printing and on the bottom in case of horizontal printing denotes proper names, persons, places or dynasties and a wavy one denotes books or articles. While undoubtedly these special signs help comprehension, do they influence the legibility of the page as a whole? Would the adoption of different styles or faces of type for these different purposes be just as good or even better? This idea is entirely new and is, I think, worth investigating.

(9) Index System. The Chinese characters are arranged in the dictionaries under some 200 radicals or ideographs and under each radical by the number of strokes, the ones having the fewest strokes are placed first. Some twenty years ago attempts were made to develop some sort of system that will eliminate the usual clumsy way of looking for words. Up to the present many systems have been suggested for this purpose. Some classified the strokes and grouped them in a definite sequence so that, by counting the different strokes of a character in their proper order, any word can be looked up in a dictionary thus arranged, not much different from looking up any English word according to the sequence of the alphabets: some assigned arbitrary numbers to every character and endeavored to arrange the characters according to their respective numbers; and more recently one system was to classify the strokes into a few classes and to assign a number to each, then to give a total number to each character as determined by the strokes on the four corners of the character. The writer developed a system about five years ago, basing it upon the old idea of classifying all strokes in their simplestelements into eight logical geometrical kinds in a simple and easily reasoned out sequence, so that by looking at the strokes of a word in their proper order it can be very easily and quickly located in a dictionary or list of words thus arranged. In view of the fact that a practically satisfactory system for indexing is very urgent both for the general public and for li-

braries, the relative merits of these different systems need to be experimentally ascertained or, if necessary, new systems be evolved from them. ①

BIOGRAPHY

Siegen K. Chou (Chou Hsien Keng in the conventional form of transcription from the Chinese) was born in Ch'uan Chiao, of the Province of Anhwei, China, on August 10 (6 month, 18th day, Chinese calendar), 1903. His childhood days were spent in the village where he was born. He did not receive any formal education until 1913 when he was summoned to town to enter the Primary School where his uncle was principal. In 1916, after a competitive entrance examination, he entered theDistrict Middle School in the same town only to find in the summer that he had to take another competitive entrance examination in the Capital of the Province to Tsing Hua College, Peking (now Tsing Hua University, Peiping). He entered that College in the fall of that year. He graduated from the Middle School of the same College in 1920 and entnered High School (equivalent to Junior College in America), preparing to take up Mechanical Engineering. However, he changed his course of study from Engineering to Library Science immediately on graduation from that High School in 1924. In order to have some foundation in literary and social courses he did not come to America together with his classmates that year but transferred to the National Southeastern University (now National Central University), Nanking, under special subsidy of his Alma Mater. In 1925, he came together with the next class to America as a Tsing Hua Scholar and registered in the School of Social Sciences at Stanford, still thinking of taking up Library Science for post—graduate work. His first course in psychology was taken in the fall and then he changed to the Department of Psychology next quarter. He received his degree of Bachelor of Arts at Stanford in October, 1926, and the degree of Master of Arts in

① Recently Wong's Four—Corner Numeral System has been very widely and ably advertised and adopted. However, Wong seems to belittle other systems. His significant departure from all older systems is that he avoids ones for all the trouble of determining the sequence of the strokes, which has no definite rule or uniformity generally, by taking arbitrarily the four strokes at the cornera of the character. He is still elinging to the indirect method of using numerals to represent kinds of strokes. (See Y. W. Wong, Wong's System for Arranging Chinese Characters. The Revised Four—Corner Numeral System, Commercial Press, Shanghai, China, 1928.) My eight—fold classification of the unit strokes in 1923 has been almost duplicated by Chen (See L. F. Chen. Classification of Writing Strokes. (Chinese) Eastern Miscellany. 1928. March 10, Vol, 25, No. 5, 59—64.) He's analysis of the single stroke and the principles governing the sequence of different strokes is a considerable advance toward the direct psychological solution of the problem. (See K. G. Ho. Single—Stroke Index System, (Chinese) Eastern Miscellany, 1928, February 25, Vol. 25, No. 4, 59—72.)

June, 1928. He was a graduate student at the University of California in the Summer Sessions of 1927 and 1928.

Ph. D. ,Stanford University, October, 1929.

附　录

周先庚生平简介和主要学术成就

阎书昌、陈晶

一、生平简介

周先庚（1903—1996），曾用名伏生，英文名 Siegen K. Chou，中国现代著名心理学家，长于实验心理学。1903 年 8 月 10 日出生于安徽省全椒县金城港村。3 岁时父亲因病逝世，家庭境遇使幼年的周先庚养成了本分、不惹是非和勤奋好学、刻苦努力的性格特点。

1916 年安徽省共有 7 人考上了清华学校，周先庚的成绩在其中名列第三，由此可见其学习之刻苦用功。周先庚入学后就读于工科，其后八年时间（中等科四年、高等科四年）里，他兴趣广泛，如饥似渴地涉猎群书，直到毕业也没有最终确定专攻的学业目标。1924 年他到南京国立东南大学文法科借读一年，为改习图书馆学做准备。他选学图书馆学，是为了能更多地阅览书籍。1925 年周先庚以普通文科专业考入美国斯坦福大学，后转入生物学院心理学系改习实验心理学和生理心理学，从此开始了他 60 多年的心理学生涯。1926 年 10 月获学士学位。随后在硕士研究生学习阶段补习了电学、生理、生物神经学课程，1928 年 8 月获硕士学位。在博士研究生学习阶段，曾任动物实验室助理。1930 年 2 月获博士学位。其后到欧洲考察学习，先后在伦敦（2—4 月）、布鲁塞尔（5—7 月）和柏林（8—10 月）逗留 1 年，旁听了理论、历史等课程，并撰写了理论性文章《心理学的电影观》（*Cinematography of Psychologies*），发表在美国《心理学评论》杂志上。接着他途经波兰、苏联，于 1931 年 2 月回到北平，任清华大学理学院心理系教授，讲授实验心理学和应用心理学，曾兼职任北京大学教育系高级实验心理学讲师（1931～1934 年），并兼职于协和医院脑系科（1934～1935 年）。1936～ 1937 年周先庚兼任清华大学心理学系代主任。抗日战争爆发后，清华大学辗转内迁经长沙至昆明，与北京大学、南开大学联合成立西南联合大学。1938—1946 年周先庚任哲学心理学系心理组教授及行政负责人，并任清华大学理学院心理系系主任至 1947 年 10 月。1943～1946 年兼任昆明云南省立昆华师范学校教育心理学讲师。1943～1945 年他在昆明国民党第五军内领导了军官心理测验及伞兵选拔测验三年。周先庚在清华大学执教 21 年，曾获" 久任" 奖状。1947 年 10 月至 1948 年 5 月赴美休假考察学习，1948～1949 兼任北京大学教育及心理测验讲师一年。1951～1952 年兼任辅仁大学高级实验心理学讲师一年。1952 年院系调整后，任北京大学哲学系心理专业（1978 年改为心理系）教授。1954～1957 年兼任北京体育学院生理教研组研究班导师三年。

1982 年任《中国大百科全书·心理学》编委，1984 年任中国社会心理学会顾问，1985 年任中国心理卫生协会顾问，1986 年应聘为北京心理学会顾问。1996 年 2 月 4 日，卒于北京，享年 93 岁。

二、基础心理学研究

（一）汉字心理学研究

中国第一代心理学留学生在美国学习期间，很多人选择了汉字为研究对象，一方面汉字是中国本土的学术资源，另一方面是当时国内的文字改革运动对这些研究具有推动力。周先庚于 1925 年入学斯坦福大学之后，在迈尔斯（Walters R. Miles）的指导下，也开展了汉字阅读心理的研究。当时旧金山有一个《国民日报》，报馆在旧金山唐人街上，它是左派的进步报纸，周先庚在报馆地下室排字间，自己排印横竖读汉字阅读心理的实验材料。周先庚关于汉字横竖排对阅读影响的实验结果，证实了决定汉字横竖排利弊的具体条件。他的研究目标并没有拘泥于汉字横直读的比较问题上，而是进一步探索了汉字位置和阅读方向的关系，这是一个典型的汉字阅读心理问题。同时周先庚采取格式塔心理学理论来审视，一个汉字与其他汉字在横排上的格式塔能否迁移到竖排汉字的格式塔上，以及这种迁移对阅读速度影响大小的问题。最后他提出汉字分析的三个要素，即位置、方向及持续时间，其中位置是最为重要的要素。周先庚总共发表四篇实验报告和一篇理论概括性文章，分别发表于美国《实验心理学杂志》和《心理学评论》上，其中一篇后来译成中文发表于国内《测验》杂志上。周先庚在《汉字阅读中的格式塔》（*Gestalt in Reading Chinese Character*）一文的致谢中还提到格式塔心理学家卡夫卡（Koffka）和黄翼对该文提出评论和建议。可见周先庚曾经接受过格式塔心理学的直接影响。从这一系列研究中，可以看到周先庚对汉字心理的研究是理论指导下的系列性研究，展示了他在实验心理学方法与技术方面深厚的功底与钻研精神，同时也是汉字心理学领域中具有开创性的研究成果，为汉字心理研究以及汉字心理学的形成起到了积极的推动作用，并在国际上产生了广泛影响。自 20 年代以来，用心理学的原理和方法研究汉字的特性及认知过程，并将其成果应用于汉字教学、文字改革、汉字的编码和信息处理等方面，已经形成心理学的一个重要分支，在实践中发挥了重要作用。周先庚关于汉字阅读的研究，是汉字心理学早期研究的的开创性工作之一，对汉字心理的研究以及汉字心理学的形成起到积极的推动作用。

（二）心理学理论与历史

1. 理论心理学

周先庚 1925 – 1930 年在美国受到了严格的实验心理学训练，而这一时期也正是西方心理学界内学派纷争的早期阶段，诸如内省主义学派、机能主义学派、行为主义学派、目的主义学派、格式塔学派，等等。由于各个学派都带有个人色彩，因此一些心理学家的名字往往代表着一个学派。周先庚受到电影拍摄的启发，用电影拍摄的比喻来理解心理学派的分歧与争论。这个电影片段所拍摄的内容是斯坦福大学校园内的一个女生等候另外一个男生到图书馆去，经过一个叫“法阶”（Law Steps）的台阶时，因当时校园的惯例是女生不得在那个法阶上走过，于是男生把女生抱起走下了“法阶”的情景。拍摄过程中，摄像师的位置变换了多次。周先庚即以一部完整的电影是由取自不同角度的画面组成，来比拟当时众多心理学派或心理学家的各自观点。他称心理学各派的领袖从他们各自的观点去开辟心理学的领地，有时候像个摄像师一样只顾从自己的观点或位置去拍摄画面，有时候又像个导演一样，心中有一个要拍摄成电影的故事，但他只拍摄以他的故事为中心的影片，全然不顾其他导演在拍摄电影时所采取的观点是什么样的，各个心理学派领袖也是如此。周先庚借此批评了心理学派的相对封闭性、自尊自大、持某一种观点而必把其他观点看作是错误的情况。就前述的拍摄故事而言，每个心理学派都可以从这个片断中找到自己一个位置，架设一台摄像机对自己的关注焦点进行拍摄。例如内省主义学派用放大、望远的方法去研究心理学的元素，如同摄像师取近景照到女生所阅读的书上一样；目的主义心理学专注于男生哼唱着走路的行为；格式塔心理学视角下的这两位男女生并不是一个男生和一个女生的简单相加；行为主义心理学则只注意他们两个走上长廊时简单的行为以及那些齐整的拱门；精神分析学派则关注男生抱着女生过“法阶”的场景，女生无意踏上“法阶”，是因为不敢打破传统禁忌而不得不被抱着经过它。周先庚认为，如果只是站在某个学派的立场上，则无法使我们看清整个故事，最好的办法就是建一个高塔，站在上面去观看整个场景。但是这可能是一种折衷主义或者叫做“心理学的格式塔”。同时周先庚有所顾虑地承认，如此一来，它仍然是一种观点，而且严格意义上讲，真正的格式塔或折衷主义在事实上是不可能的。如同编剧、演员、导演、摄像师、司机以及观众构成一个整体一样，心理学与心理学家也构成了一个整体，这是一个更高层次的格式塔。即使在这个整体层面上，如果告诉别人去关注关系和整体时，人们依然会忽视一些关于部分的重要事实，就会从一个极端走到另一个极端。由此看来，周先庚反对居于一隅来研究心理学，而是要从整体、综合的角度去研究，同时也不能忽视具有重要意义的“部分”，不能从一个极端走向另一个极端。在这里周先庚展示了富有辩证性的心理学理论性思考①。

周先庚深感当时心理学的混乱，同时也对心理学脱离实际生活一味追求细枝末节的问题这一状况提出了批评，他引用了布莱恩（Bryan）在 1892 年的一段话：心理学家的努力，并不是没有目的的，实际上最关键的问题，人类最有兴趣的问题，我们最感深刻的问题，诸如健康、教育、政府和宗教问题，现代心理学正在用它的全副精神努力研究。假若布莱恩能看到 20 世纪 20 年代心理学的情形，必定会大失所望。很多心理学研究都是在小题大做，在无关痛痒的地方吹毛求疵，而对我们日常生活最普遍

① 周先庚．(1935)．心理学之观点（陈汉标 译）．教育杂志，25（3）：147 - 158.

的心理，丝毫无讨论和关注。周先庚甚至称，“心理学”的心理与心理学家的心理已经成了问题，很多心理学家用自己的成果去哗众取宠，而对自己的工作并无信仰，对自己的实验也不觉得有多大道理。周先庚充满反思精神地称，许多实验（包括他自己）差不多都是为了实验而实验，为搜集资料而实验，为计算资料而实验，不是为了求真理而实验。并称，心理学若想叫别人看得起，与其他各科学中的实验有同等的尊严，它本身必须先要有够上看得起的资格，配有同等尊严的可能[①]。

多做思想的功夫，少做实验的妄动，这是周先庚的箴言。这些观点放在今天的心理学界，也是掷地有声的。他提到心理学的发展一直有两种形态：一是大学中所谓的心理学，二是一般人所谓的心理学，而心理学的“破产”，大半是由于大学的心理学不肯成为普通人所了解的真正的、原本的、常识层面上“心理”的意义，这要归因于“心理学”和心理学家本身的固执。心理学家要敢于承认自己的人格、偏见、兴趣与他的工作是密不可分的。周先庚认为，欲求心理学的积极发展，就要开诚布公地注意“心理学”本身的心理、心理学家自己的心理与学问发展的关系，并且他将之称谓“心理主义”，心理学家要像无数学派运动一样，去为之努力，这种常识的心理学就会实现。[②] 周先庚所谓常识心理学是一种面向大众、面向人类实际生活的心理学。

2. 中国心理学的发展与历史

周先庚对中国心理学自身的发展不仅通过自身努力去推动它，而且也以其为对象去关注、审视、反省。1927 年，周先庚给国内的张耀翔写信购买了他主编的中国第一本心理学专业期刊《心理》，以“自 1922 年以来中国心理学旨趣的趋势”（*Trends in Chinese psychological interests since 1922*）为题向西方心理学界介绍了刊发在《心理》杂志上共分为 21 类的 110 篇论文[③]。美国学者沃什伯恩（Ruth Wendell Washburn）邀请周先庚把中国心理学界的情况介绍给西方心理学界，沃什伯恩认为中国心理学研究的信息由中国心理学学者来介绍比较适宜的。周先庚在介绍中国心理学界的情况时，将中国对西方心理学的引介主要概括了普通心理学、儿童心理学、教育心理学、社会心理学这四个领域，同时他还专门介绍了中国原创性著述，如陈大齐的《心理学大纲》、郭任远的《人类行为》、陆志韦的《心理学》（当时唯一的高级中学教材）、廖志承的《教育心理学》。[④] 可见周先庚对中国心理学自主发展的重视。此后周先庚回国在清华大学任教以后，又将国内心理学实验的建立和发展情况介绍给西方心理学界。他提到了中山大学、燕京大学、清华大学的心理学实验，同时国立中央研究院增设了心

① 周先庚.（1931）. 心理学的回顾. 清华周刊，35（8/9）：621 - 633.

② 同上。

③ Siegen K. Chou.（1927）. Trends in Chinese Psychological Interests *since* 1922. *The American Journal of Psychology*，38（3）：487 - 488.

④ Siegen K. Chou.（1927）. The Present Status of Psychology in China. *The American Journal of Psychology*，38（4）：664 - 666.

理学学科，在北平拥有了一群建筑，能够满足现代心理学实验室的需求①。这些介绍基本涵盖了中国当时心理学界的研究队伍和研究条件，以及研究成果，这既代表着当时中国心理学所取得的成绩，也是中国心理学未来发展的基础。

1937 年，周先庚积极参与了中国心理学会的创建工作。从 1934 年 7 月开始，北平各大学的一些心理学者，每月第一周举行聚餐会，周先庚既是最初参加者之一，同时也是第一次聚餐会的主持人。在聚餐会上大家积极讨论中国心理学的现状及将来的出路等问题。在 1935 年 11 月份的聚餐会上，陆志韦发动组织“中国心理学会”，得到与会者的一致赞同，并与同仁草拟了“中国心理学会章程草案”。1936 年 4 月的聚餐会上提议刊行《中国心理学报》时，周先庚是三位负责编辑事务的心理学者之一。1936 年 11 月，包括周先庚在内的 32 位心理学界同仁发出通知发起组织中国心理学会的倡议。1937 年 1 月 24 日在南京国立编译馆大礼堂举行了中国心理学会成立大会。周先庚赴南京后先是参加了中国心理学会成立大会之前召开的心理学名词审查会，其后因病返回北平治疗，故未能未能亲自参加心理学会成立大会。心理学会成立大会上周先庚被选为七位理事之一，并与另外五位心理学者承担起《中国心理学报》及其他学术著作的出版事务。不久“七七事变”爆发，中国心理学会的活动和刊物出版都被迫停止。

1946 年周先庚发表了《四十年来中国心理学的回顾》一文，简要回顾了张耀翔、陆志韦、郭任远、唐钺、汪敬熙、陈大齐六位心理学前辈的事略与功绩，深感心理学在中国虽然有四十多年的历史，仍然是一门不发达的科学。正是因为心理学的不发达，青年人更应选择这门科学去发展它。最后周先庚也提到不应该忘记最初把心理学介绍到中国师范学校的日本教师和日本来华的留学生。② 当时正值战火纷飞的抗日战争时期，这也反映了周先庚的求实精神和博大胸怀。

抗战期间，中国心理学的发展受到严重影响，发展极其缓慢，甚至出现倒退现象，这本是可以理解的。但是周先庚作为一位有责任感的心理学家，指出这根本原因是心理学与心理学家本身，心理学要为出路而努力，为学术而奋斗。这句话放在今天来看，也不失其警诫意义。也许是限于当时中国处于水深火热的战争年代，心理学发展无法依托社会支持得以实现，因此周先庚更推崇英雄观，他认为中国也需要类似冯特、铁钦纳、华生式的心理学人物。孙中山自 1912 年提出“心理建设”的口号之后，一直是当时国民党政府的一个重要政治口号，周先庚认为这正是中国心理学的发展契机，尤其是当时人人都在响应“心理建设”，如果不以发展心理学为前提，又何谈开展“心理建设”运动呢？他称“发展心理学以求心理建设才能真正地心理建设。”③

（三）普通心理学

在基础心理学方面，周先庚探讨了错觉、推理、遗忘曲线、创造性思维、情绪等

---

① Siegen K. Chou. (1932). *The American Journal of Psychology*, 44 (2): 372 - 374.

② 周先庚. (1946). 四十年来中国心理学之回顾. 教育通讯, 复刊 1 (3): 7 - 9.

③ 周先庚. (1935). 心理学与“心理建设”. 中山文化教育馆季刊, 2 (2): 423 - 435.

诸多方面。周先庚在清华大学任教时的一位学生叫何维登偶然发现一个现象：在一个有一定厚度的玻璃镜子表面撒上一些粉笔末，然后用眼睛在镜子上方垂直向下看，会发现本来穿透的视线看似受到磁场的感应，导致围绕注视点的粉笔末自该点以直线方向往四周散去。周先庚将其命名为“磁电神眼错觉”（Optical illusion of personal magnetism）。当然他也认识到这不同于心理学意义上的错觉，因为普通错觉之中的刺激物本身是没有问题的，然而在该条件下的刺激物是半真实半虚假的，“磁电神眼错觉”则完全是一个物理事实，这是个单纯而简单的感知觉现象。[①] 这反映了周先庚对日常生活经验敏锐思考的能力。

周先庚在推理研究方面设计实验并指导陈汉标和赵婉和完成三段论判断的性别差异问题。他们采用了瑟斯顿的推理测验（乙种）作为实验材料，研究男生和女生在三段论判断过程中错误率和判断速度的差异，其中他们主要控制的混淆变量是实验者的性别因素，即由男性实验者去主持男性被试实验，女性实验者主持女性被试实验。另外，周先庚还注意到过去关于理解力的研究表明男生比女生强，但是这些研究的统计方法往往是根据平均数和中位数而得出的判断。他认为必须采用更为严格的统计方法才能得出更为可靠的结果。这项研究整个实验材料的准备、实验室环境的布置、步骤的实施都十分严格，由此可以看出周先庚实验心理学方面深厚的功底和素养。该实验的数据结果表明，在简单三段论判断上，男生错误率（百分比）低于女生，在判断速度上女生快于男生。周先庚等据此推论男生的推理判断能力比女生强。然后周先庚又用更为严格的统计分析了上述结果的可靠性，即采用了临界比（Critical ratio）方法，结果发现此时的性别差异比平均数的性别差异要小很多，其可信度没有达到统计学上差异显著性的标准。周先庚认为其原因在于，一方面很好地控制了实验实施者的性别因素，另一方面严格的统计计算方法降低了性别差异的可靠度。第三种可能性是实验材料过于简单而无法测验出男女大学生在推理能力方面的性别差异。[②]

在记忆方面，周先庚探讨过艾宾浩斯的遗忘曲线问题。艾宾浩斯关于遗忘规律的研究结果最初是通过文字表述和表格数据进行阐述的，后来由拉德（G. T. Ladd）和伍德沃斯（R. S. Woodworth）于1911年首次以坐标曲线图形式呈现出来，虽然艾宾浩斯同时讨论了遗忘和保留两个方面的数据指标，但是拉德和伍德沃斯却将根据艾宾浩斯所讨论的保留数据所得出的保留曲线（Curve of Retention）命名为遗忘曲线（Curve of Forgetting），而且后来者，如桑戴克、华生、吴伟士等众多心理学家均无视这一事实，也将这条线称之为遗忘曲线。周先庚认为这个现象很有趣，艾宾浩斯的表述很清楚，而最初转换成坐标曲线图者制造了这个并非准确的术语，后来者仍然延续

① Siegen K. Chou.（1938）. An Optical Illusion of Personal Magnetism. *The American Journal of Psychology*, 51：575

② 周先庚、陈汉标、赵婉和.（1935）. 男女判断三段论法的性别差异. 中华教育界，32（5）：41 - 47.

着这种错误。[①] 放在今天来看，在众多文献和话语中，心理学界仍然称之为遗忘曲线，称之为保留曲线者则很少，这可能是和人的易理解相关联的一个问题。首次指出这一错误现象的功绩自然属于周先庚。

周先庚关于创造性思维的论述体现在他与夫人郑芳合著的《谈天才》一书之中。他们提到天才是劳动积累的结果，需要从兴趣、想象力、感情、意志等几个方面进行培养。天才的劳动必须是创造性劳动，天才的创造性劳动（思维）分为四个阶段，即准备时期、孕育时期、灵感时期、整理时期。周先庚一方面利用大量科学史资料进行说明，一方面进行学理的分析。例如，他提到"我们必须在前人的研究基础上前进，去钻研前人所有钻研过的，才从而得出自己的创造性的结论"，"新的概念在你脑中逐渐形成，新的概念需要在脑中有一相当长的孕育时期"，"灵感是创造性思维的准备时期和孕育时期的结果……当你的思想成熟的阶段时，当偶然的一些联系，自然界或社会生活中的一些偶然因素，突然使你的思想最后得到完全联系，于是你就得出了最后的结论。所以灵感只是一种成熟时期，思想最后成熟时期。""在灵感时期中，注意力高度集中，也可以说是兴奋过程达到了顶点。""整理时期是创造性劳动的最后阶段……整理资料要注意全面，同时也要使重点突出，要注意部分与整体之间的关系，同时要注意到部分与部分之间的关系。要注意到系统性，合乎逻辑的规律，材料一部分又一部分地发展出，最后达到结论。"[②] 周先庚与郑芳写作这个小册子时正值50年代后期，当时开展心理学实验研究的条件不具备，他将精力集中于心理学的科学普及工作上，凭借他严密的逻辑性论述，使心理学知识走向大众。

周先庚在汉字诵读实验研究中发明了"四门速示机"，这个速示机有四个窗口可以各自横开或竖开。在实验中，被试用右手将四门速示机前面的一个电键按下，速示机的任何一个窗口都可以自由打开，至于窗口是横开还是竖开，要看诵读材料是横排还是竖排而定。被试右手按键后就可以从窗口中看到诵读的材料，等到他读完之后，按在键上的右手向上提起，则窗口自动闭合，诵读材料就不见了。这个方法被周先庚称为"按指示自视朗读法"。该仪器有许多先进之处，通用性好，应用广泛。周先庚在实验中发现某些被试的一些反应与其情绪状态和人格特征相关联，即虽然大多数被试都能适应这种新的诵读反应方法，但是还是有些人似乎被它所困扰，因为他们有时过早地提起按在键上的手指或者他们的手指从键上滑开溜脱，而导致窗口关闭无法继续阅读窗口的材料。有些被试则在诵读完毕，快要把手指提起时，往往会有一种相反的下压力，这种把键上的手指先期上提的反应，被周先庚视为有意义的，用来推测这些被试的人格和心理的健全与否。周先庚据其所观察指出，这些有先期上提反应的人都是

① Siegen K. Chou. (1938). What is the Curve of Forgetting? *The American Journal of Psychology*, 45: 348 - 350.

② 周先庚、郑芳.(1957).谈天才.中国青年出版社.第24 - 35页.

属于神经质的人。苏联心理学家鲁利亚曾用“联想运动反应并用法”以先期反应为主要观察指标研究被试的情绪以及心理冲突问题。周先庚独立发现的这一反应与鲁利亚所使用的观察指标大同小异，同样具有研究人类情绪的实际价值，而且在速示机上呈现刺激字比鲁利亚让实验者口头说出刺激词的方式更容易做到标准化。[①] 1937 年 7 月，周先庚原本要参加在法国巴黎召开的第 11 届国际心理学会议，但因卢沟桥事变，交通阻断，未能成行。后来由沈乃璋代为宣读了《关于一个实验情绪的新方法》一文，介绍了他的研究发现和设想。同年他利用清华大学心理实验室的一套由达罗（C. W. Darrow）所研制的行为研究多导照相记录仪器（Behavior Research Photopolygraph）做情绪研究的实验，这套仪器由许多实验系统组合在一起，记录的指标也很多，而且记录系统是采用了照相技术，既简便又精确。1957～1964 年，周先庚凭借其在情绪、情感方面的研究基础，陆续开设了情感测量、情感心理学等课程。

（四）生理心理学

周先庚就学于斯坦福大学生物学院心理学系，这种学科背景深刻影响着他对生理心理学的关注。当外部条件具备之时，自然就促使他朝着这一方向迈进。例如，1934～1935 年，周先庚兼职于北平私立协和医学院脑系科做名誉讲师一年，指导了皮肤电反射的研究，将皮肤电反射作为人类心理实验的客观指标，进行了中国最早的皮肤电测谎器的初步研制，指导雷肇唐完成了《心理电反射及其史略》一文。只可惜因抗战爆发，周先庚的学术关注点转向了其他领域，而对皮肤电反射的研究延宕了十多年之久，当战后复员北平之后，担任清华大学心理学系主任的同时，他又开始进入心理实验室从事皮肤电反射的研究。新中国成立之后的 50 年代，周先庚先后从不同著作中翻译出了六章（部）关于皮肤电反射的内容，后来仅发表了魏赫斯娄（David Wechsler）的《皮肤电反射》一书的译著。周先庚自称皮电、脑电是其新中国成立后集中搞的唯一方向。

20 世纪 50 年代，国内心理学界进入学习巴甫洛夫的高潮时期。周先庚从英文文献中把两卷的巴甫洛夫演讲集译成中文，后来又与龙叔修、李家治、彭瑞祥、荆其诚等人对照俄文版进行了校译，并以中国科学院心理研究所的名义出版。60 年代以后，周先庚仍然透过英文学术文献关注苏联心理生理学的最新进展并译成中文，供教学使用。

（五）实验心理学（狭义）

关于实验心理学有广义和狭义之分。凡是用实验方法所研究出来的心理学都属于广义的实验心理学，无论是关于人类还是动物的，儿童的还是成人的，民族的还是个人的。至于狭义的实验心理学，它不仅仅是就方法而言，而且受研究对象和态度的限制，是以常态成年人的普遍心理现象为研究对象的纯粹心理学。周先庚自称研究专长

---

① 陈汉标．一个实验人类情绪的新方法．教育杂志，25（11）：61－71.

是实验心理学，即采用广义的称谓，可见其立场就是用实验技术研究人的各种心理现象和规律，如本文前面所评述的各个领域的研究。但同时，周先庚在狭义实验心理学领域也同样做出了重要贡献。这里主要讨论他在心理学实验技术与手段的开发与研制方面的贡献。

周先庚的导师迈尔斯一直希望有雄心壮志的学生能与他一起在问题探索、研究方法、研究仪器设计方面携手工作，周先庚勤于动手动脑设计研究仪器，能够不断发现新的问题，因此他在当时绝对属于能达到导师要求的学生之一。周先庚分析了当时研究中所用速示机的产生及其两种类型：Bradyscope 和 Tachistoscope，以及两大类型中的不同仪器。周先庚针对自己的研究课题，即汉字心理研究的各种特定需求而专门设计了四门速示机，用于研究汉字横竖排对阅读的影响，以及汉字阅读和理解的特点。该仪器因由四块档板的开闭来覆盖或显露阅读材料而得名。周先庚就四门速示机撰写的汉字心理学研究论文曾在 1929 年第九届国际心理学年会上宣读，同年发表于美国《实验心理学杂志》上。在这套仪器中，周先庚有以下创新：①设计了一种新的反应键，即被试压住按键可以打开速视器的其中一个窗口进行文字阅读，读毕把手抬起则窗口闭合，阅读材料消失，这样可以达到精确地控制时间以及阅读材料的呈现，而且被试可以自行操作，避免了受其他因素的影响；②设计了阅读材料的自动提供和抓取的装置；③改进了兰施堡（Ranschburg）的阅读材料呈现装置；④改进了邓拉普（Dunlap）的计时装置。[①] 周先庚的四门速示机具有自助性、方便性、呈现时间精确性、阅读材料量大可依次迅速呈现等特点，这是当时用于研究阅读的仪器中所不具备的。这充分反映了周先庚以问题为目的，在缺乏适宜技术手段的情况下创制仪器设备的自主创新精神。

周先庚还在迷津仪器方面做出很多贡献。他设计了通用型手指迷津，即一个模式箱，稍作调制就可以分别用于推孟、麦独孤、卡夫卡、迈尔斯各自不同的实验之中，还可以用于运动测验，供艺术师、设计师、眼盲的阅读者使用。甚至在麦独孤建议之下，Stoelting 公司已经同周先庚进行接触，准备将这种通用型迷津投放市场。[②] 在斯坦福大学时，有一次周先庚看到白鼠在墙壁镶嵌的书架上爬来爬去，就产生了竖式迷津的思路，后来汀克（Tinker）知道了，就根据这种思路发明了（Elevated Maze）。

周先庚在利用多槽板做迷津实验时，想到如果在迷津沟槽里不是一个跑动的实验老鼠，而是一个滚动的球，让被试调整槽板以使球按照要求避免掉入沟槽中的陷阱，

---

① See Siegen K. Chou. （1927）. Reaction—keys and a New Technique for Reading—reactions *The American Journal of Psychology*，41：469 - 473；An Automatic Card Feeder and Catcher Mechanism. *Journal of General Psychology*，3：179 - 182；A Modification of Ranschburg's Exposure Apparatus. *Journal of General Psychology*，9：；A Modification of Ranschburg's Exposure Apparatus. *Journal of General Psychology*，9（2）：243 - 246；*A Modification of the Dunlap Chronoscope*. *Journal of Experimental Psychology*，12（5）：459 - 461.

② *A Universal Finger Maze*：*The Pattern Box*. *Journal of General Psychology*，2（4）：527 - 532.

从出发点到终点，这时测量的当然不是小球的智力，而是测量被试的技能熟练与否，而且这是一种真正的追求型（pursuit）迷津，这种实验过程不仅生动、自然、具有挑战性，而且新颖、易学、有趣，适合学前儿童。[①]

1932 年周先庚与牟乃祚编写了《初级心理实验手册》，由清华大学心理学系铅印供学生们使用。这是目前所知国内最早编著的心理实验手册。新中国成立后于 1951 年又进行了修订，供教学使用。

三、应用心理学研究

周先庚在其填写的教师情况表中自称其特长为“实验心理学”（广义的），兼长于“应用实验心理学”，“实验”二字明显是后来填补上去的，由此可见周先庚所谓的应用心理学是以实验心理学为根基的。1957 年，周先庚曾翻译《应用实验心理学》中的六章内容，可惜未能出版。周先庚认为纯粹的实验心理学代表着心理学的科学性，固然重要，但实验应用心理学或应用心理学更为重要。他呼吁国家和政府以及心理学界重视应用心理学的研究，同时把心理学服务于社会实践、为大众所接受看作是推动心理学发展的重要动力。[②] 周先庚不仅是应用心理学的倡导者，而且也是一位身体力行的实践者，在以下几个领域都做出了重要贡献。

（一）工业心理学

周先庚认为在当时的中国，工业心理学之迫切急需，远在其他各门心理学之上，并相继发表了多篇文章宣传、倡导工业心理学研究。1935 年初，陈立自国外接受过工业心理学的培训和相关研究工作之后回国，在周先庚的推荐下，被清华大学和中央研究院心理研究所（汪敬熙时任所长）联合聘为工业心理学研究员。1935～1937 年，周先庚参加了中央研究院心理研究所工业心理研究合作计划，在北平南口机车厂进行了关于职工提合理化建议的调查研究，试图从心理学的角度摸索调动职工积极性的途径。这是中国最早的工业心理实验研究。后来撰写了多篇报告，如平绥铁路南口机厂考察后记（与陈立、陈汉标、郑沛缪合著）、平绥铁路南口机厂建议制度之试行（与陈立、陈汉标、郑沛缪合著）、平绥铁路南口机厂建议制度试行之结果报告（与陈立、陈汉标、郑沛缪合著）、平绥铁路南口机厂建议制度试行之简易报告（与陈立、陈汉标、郑沛缪合著），抗战结束之后，《工厂建议制度》和《工人心理考察：平绥铁路南口机厂试行建议制度初次简易报告》经周先庚整理之后得以发表。

南京国防设计委员会调查处曾发出全国人才调查表，以期统计全国专门人才。周先庚认为这是所谓的“心理技术建设”（Psychotechnology）的一种。Psychotechnology 是欧洲战后，实验应用心理学在国计民生日常生活方面应用的体现。周先庚是受到孙中山提出并发动的“心理建设”的影响，而使用了心理技术建设一词，有时也用“心

① *A Multiple Groove Board for Testing Motor Skill. Journal of Experimental Psychology*, 12 (3): 249 - 253.

② 周先庚．(1935)．心理学与“心理建设”．中山文化教育馆季刊，2 (1/2): 423 - 435.

理技术”一词。他希望无论是调查者、被调查者都要认真对待这一调查，学术团体要推荐专门人才，提供专门技术，政府也要充分利用专门人才，采纳专门技术建议。[①]

周先庚在倡导发展中国工业心理学的过程中，首先是借鉴了英国工业心理学发展的经验和教训，尤其是介绍了英国“国立工业心理研究所”的情况。其次周先庚将维特列斯（Morris S. Viteles）的《工业心理学》第一章翻译出来刊行于世，以使国内学界更多地了解国外工业心理学的情况，目前已经发现他翻译该书的多章内容有手稿存世。当然他也深刻认识到“万万不能忽略中国社会的实地情况，为之不可不反省：这些技术我们是否也能彻底应用。”“我们要认定一国的社会背景决定一国所需要的工业心理学。”例如，美国和德国运用测验技术查验工人的特殊技能并让其承担专门化的工作。而当时的中国远未达到工业化程度，就没有必要大规模运用测验技术去选择工人。再如，英国、俄国工业心理学注重工业效率，更注重人本身的因素，中国的工业刚刚萌芽，劳工问题更多的是环境管理问题。因此在中国要首先效法英、俄，注重工业效率，而不宜效仿美、德。[②]

周先庚在讨论工业心理学的过程中，经常提到“心理技术”一词，可见他是强调心理学在工业领域中的发展要侧重技术层面的，技术要面向实践中的具体问题。

1943 年 4～8 月周先庚在昆明中央电工器材厂举办过工业心理讲习班。1958 年 3 月在北京参加了由第一机械工业部、中科院心理研究所、北京大学合办的“操作活动合理化研究班”的授课任务，直接把工业心理学的知识传授给工业技术人员。

（二）军事心理学

抗日战争之前是周先庚创作与科研的一个高峰期，有大量的成果发表，但是在其大力主张的工业心理学远未深入开展之际，抗战爆发了。周先庚很快投入到军事心理学领域，这是时代的需要，社会实践的需要。周先庚对于心理学在军事领域的应用，有着丰富的背景知识。他的导师迈尔斯就曾经在一战期间参加了军事心理学研究。周先庚毕业回国后，仍然与导师保持着书信联系，并同他讨论军事心理学的问题。因此当战争爆发之际，周先庚能够凭借其军事心理学的背景知识迅速投入到这一领域中。

1943 年冬，周先庚应第五军军长邱清泉的邀请，他亲自赴军中考察军事心理问题，并为之筹划创办军官心理测验所。1945 年，受任职于美国战略情报局的莫里（H. A. Murray）的邀请，周先庚率领西南联大心理组的师生参加中国伞兵选拔的心理测验工作。抗战结束前夕，莫里和周先庚为邱清泉进行了军官心理测验的演示性测试。莫里回国后，周先庚先后在邱清泉部队中共测验受训军官 168 人。之后成都航空心理研究会曾邀请周先庚前往，主持空勤飞行人员心理分析研究工作，虽因故未往，但其规划建议，实开中国航空心理研究之端。1945 年初，他发表的《知识从军与心理建军》一

---

① 周先庚．(1934)．国防设计与心理技术建设．独立评论，110：4 - 9.

② 周先庚．(1934)．发展工业心理学的途径．独立评论，135：9 - 15.

文，就是结合当时正在发动的知识青年从军运动，呼吁当局在建立新军之际，务必重视现代军事心理学教育。他批评“吾国军事教育，未免忽略现代心理学之科学性，对于实验心理学在军事方面之作用，似乎亦不注意”；军事心理学知识，虽在欧美相当丰富，但“吾国军事学家，军事教育者，除一二人曾经习学者外，对之毫无认识。”他认为“陆军大学、中央军校及军队中，全有添授军事心理学之必要，添聘教师担任此课并筹设心理实验室、心理测验所，较完善者，可成立心理学系或心理部，专门担任全校或全军之心理工作，非如此，军事心理学在中国绝不能开展，绝不会脱离纸上谈兵之阶段”，并建议“所有陆军大学、中央军官学校及其他各分校此次知识从军，与各主要示范部队、教导团、远征军等，一律加添军事心理学课程，聘请心理学者，创立心理实验室，筹办心理测验所，增设心理学系，以便适应美国盟军最进步，最开明，最合理之认识组织与军事心理技术，而开吾国特殊军事心理研究之先河。”他深感我国军事心理学同欧美之间差距甚大：“欧美平时对军事教育，授有军事心理知识外，在战时特别大量训练军事心理专门课程，目前我国军官学校及军队中，颇有身知现代军事心理学之重要者，然无正式行政系统，以便开设心理学课程，并聘请心理学者讲授、实习、研究实际军事心理问题。”他认为“我国若要知识从军，非彻底心理从军不可，在目前中国情况之下，若要心理建军首当改善军事教育行政系统，务使军校及军队，能应及时添设心理学课程，聘用心理专家，设立心理学系，创立心理实验室，心理测验所，以使实地研究中国特殊军事心理问题，军事心理学是有地方色彩的，西洋军事学知识，不尽趋合吾国军事组织与人事之需要”，建议“知识建军当局，切勿忘记现代科学的试验心理学，在现代军事方面之重要性，特别是军事心理学，必须打入知识军队中，然后知识从军，心理建军，乃为现代化之实议。”。周先庚在当时昆明的报纸上相继发表了一系列军事心理学文章如《战时中国心理之动态》、《心理服务》、《知识从军与心理建军》、《现代心理学自然是自然科学》等文章，以此来呼吁当局和国人对军事心理学的重视，同时还完成了《伞兵选拔测验简述》（与曹日昌、丁赞、赵婉和、马启伟、范准合著）、《军官心理测验总报告》（与林宗基、倪佩芝合著）等文章，并指导孙际良完成了《军官心理测验》的毕业论文。[①]

改革开放之后，周先庚依然关心军事心理学事业，为刘红松所著的《军事心理学》进行校阅，并欣然作序，进一步阐明发展军事心理学的意义和价值。

（三）教育心理学

周先庚经过分析以桑戴克为代表所著的教育心理学著作，认为其体系不过是由人的本性、学习心理、个别差异三部分组成，其中人的本性部分依据动物心理学实验的结果，学习心理是艾宾浩斯记忆研究的扩展，个别差异是卡特尔对冯特研究人类普遍

① 详见阎书昌，陈晶，张红梅.（2012）. 抗战时期周先庚的军事心理学实践与思想. 心理学报，44（11）：1554—1562.

规律的观点予以反对的结果，这些内容没有一个是源于教育本身的实际问题，传统的教育心理学简直就成了理论的实验心理学，远不是人们心目中所认为的那样，应该是应用的、技术的心理学。因此，传统教育心理学必须要加以改造。教育心理学不是利用艾宾浩斯的记忆术来学习语言文字，因为生活中的许多特殊问题需要用特殊心理技术来解决，教育心理学而是要模仿艾宾浩斯的精神去实地解决记忆外语、生字等切身问题。改造传统教育心理学必须研究各学科的学习记忆术，各种特殊学习者的学习记忆术，同时这些技术必须精益求精，能够跟得上社会发展趋势。[①]

周先庚在教育心理学领域的实践体现于他在中华平民教育促进会中的平民教育测验工作上。中华平民教育促进会定县实验区自 1926～1934 年开展了测验工作。这项大型研究有以下几个特点：这是为解决平民教育教学上实际问题而进行的研究工作；是以农村识字不多、甚至不识字的青年和成年人为对象的；是为解决青年和成年人的学习问题所迫切需要的；是以测验法为研究手段；是一项大规模的测验，能为彻底解决青年和成年人的教育学习等问题提供充分科学依据；其中使用了成绩测验与智慧测验，以及初级平校之千字课、注音符号、珠算等测验；高级平校之文艺测验等。自 1927～1932 年共测验 15～25 岁男女学生 27198 人，陆军士兵 862 人，合计 28060 人。1932 年，中华平民教育促进会与清华大学心理学系合作成立教育心理研究委员会，周先庚担任委员会主席。使自 1926 年开始在河北定县进行的学业测验的主要目的，由研究成绩的分布状况为取舍修订测验材料提供依据，扩展到以研究学习能力为主。研究结果得出一条 7～70 岁被试者的识字能力曲线，被当时心理学界称为“周先庚曲线”。这条曲线表明不同年龄阶段识字能力的变化，周先庚并对这条曲线的变化作出了适当的解释说明。[②] 测验过程、测验方法的改进和测验的统计结果等形成多篇文章在《测验》和《民间》等期刊发表。基于这项大型研究的问题意识、研究对象与研究手段等诸多方面来看，它堪称教育心理学的典范之作。

（四）颜色偏好心理研究

颜色偏好对于广告、印刷、服饰等各行各业都有着重要的应用价值。周先庚对此关注也反映了他对研究应用性的重视。同时在其研究之前，西方学者的研究结果往往认为颜色偏好在各个民族是普遍的、绝对的。同时关于中国人的颜色偏好仅有陈鹤琴的一篇简略的测验结果，而且被试人数也较少。周先庚认为人对颜色的偏好是受到过去生活经验的影响，具有相对性。他自从 1932 年就开始编制测验工具，共选出 9 种颜色字，即红、橙、黄、绿、蓝、紫、白、灰、黑，分别两两组合进行配对比较分析。同时他还选出 7 类物品，每一类 6 个物品，其中一个是普遍的，5 个是特殊的物品。这

① 周先庚．(1944)．论教育心理学的改造．教育通讯，复刊 3 (12)：5 - 6.

② 周先庚、诸葛龙．(1935)．定县实验区学校式教育测验定县历年测验统计结果略述，测验，2 (3)：13—27；周先庚、诸葛龙．(1935)．定县历年测验统计结果略述，测验，2 (3)：1—27.

42个物品组成42句话，例如，你最喜欢什么颜色的菊花，然后由被试做出选择。总共收到451份有效问卷。最后结果发现，中国学生的颜色偏好由最喜欢到最不喜欢的等级如下：白、蓝、红、黄、绿、黑、橙、紫、灰。如果以灰为基点0进行赋值的话，则紫为0. 236，橙为0. 4499，黑为0. 4626，绿为0. 5338，黄为0. 5424，红为0. 6048，蓝为0. 9643，白为1. 1491。周先庚还将中国学生颜色偏好同墨西哥、菲律宾、日本、黑种人、白种人、印第安人进行了跨文化、跨种族的比较，结果发现，颜色偏好是具有文化差异性的。周先庚对中国人喜欢白色和蓝色的原因，大体解释为有三个方面原因：①欧阳湘和程俊英对中国的诗文作品进行分析发现，其中所用的颜色字“白”字最多，“橙”和“灰”使用最少，因此中国学生在接受教育中受到了这方面的影响；②中国当时的国民党旗是由红、黄、蓝、黑五色组成；③颜色字意义的影响，如白代表清白，灰代表灰色人生。另外，白字的笔划比较少，看得比较清晰，也有可能影响到此研究结果。就某一类物品而言，如房子，都会有一种颜色为多数人所喜欢，但是普通物品与特殊物品之间虽然在颜色偏好上有一定相关，但是也不一定完全相符，如36%的人喜欢蓝色衣服（普通物品），但是58%的人会喜欢黑色的冬大衣（特殊物品）。[①] 周先庚这项研究一方面得出了当时中国学生颜色偏好的情况，同时其结论与西方心理学界的研究结果构成了学术对话，否定了葛斯（Garth）的研究所提出白色不为人类喜爱的观点。后来沈乃璋也作了有关研究，得出了相似的结论。更为重要的是他对我们中国人的颜色偏好研究留下了珍贵的实证性资料，为研究中国人颜色偏好与历史变迁之间的关系提供了基础。1986年周先庚又指导学生通过对北京、广东的大中学生，以及河北师范大学的进修教师的调查，发现了中国人的颜色偏好最喜欢的颜色已经变为“绿色”等新的结果[②]，这表明颜色偏好受到社会文化变迁的影响。

（五）心理卫生与职业指导

周先庚批评当时的中国大学只教而不育，大学教授只讲学而不督学。而作为现代教育除了讲授知识以外，还要对于学生的行为、道德、品性、人格负相当的责任，要培养人格健全、情感生活健全的人。周先庚与米景沅在1932年利用瑟斯顿（Thurstone）的“烦恼调查单”在北平、济南、太原调查了大约600名大学生和高中生，发现中国大学生在情感方面的障碍（神经症倾向）比美国大学生严重得多。他认为当时中国学生即使有心理疾病，但因无处医治而仍然滞留在学校中，这些人看似安全但实际上最困惑地生存着。这些学生的存在导致其调查结果显示中国大学生中情感障碍者比美国多得多。[③] 西方“心理卫生运动”兴起之后，学校均有“心理卫生”选修课，也有心理学专家负责心理卫生指导工作，周先庚认为我们要效仿西方这些教育制度，并按

① 周先庚．(1935)．中国学生之普通的与特殊的颜色嗜好．测验，2 (2)：

② 曾虹文．(1986)．中国学生颜色爱好特点及其发展．心理科学通讯，16 - 22.

③ 周先庚．(1934)．学生“烦恼”与“心理卫生”中山文化教育馆季刊，1 (2)：707 - 727.

照发展的层次提出了以下设想：①最低限度上，学校要设置有教师担任的学生辅导制度。②学校要设置关于心理卫生的课程。③如有可能应当设置学生辅导员科或人事部，专门负责学生辅导责任，能有精神病学者、应用实验心理学者或德高望重而有经验的长者辅之以心理学专业的学生来施行调查、指导；④最理想的办法是设立一个“心理卫生部”，由一位精神病学家主持，此外可有一位诊断心理学家或实验应用心理学家，以及一位职业指导员协助工作。但是这在当时条件下是难以实现的，所以周先庚提出具有可行性的方案是⑤设立一个委员会，由教务长、秘书长、校医、德高望重而有兴趣的教授与实验应用心理学教授等人组织，并以最后一位专负其责。具体做法就是增加心理卫生课程，并举办心理卫生类的公开演讲，增加学生与教师的接触机会，要调查学生个人详细情况并存档①。周先庚身体力行，西南联大时就曾在昆明开办过《心理服务社》和《青年心理问题顾问处》，从事心理咨询的工作。

周先庚深知“心理卫生运动”在美国兴起之时，也兴起了“职业指导运动”。职业心理学是一门关于职业指导、职业选择、职业分配的实验应用心理学。大学应当有职业指导机关与专门人员，一年级新生应当受传统的、科学的、心理的职业指导。从个人发展方面来看，职业指导是重要的，从国家人才专业化方面来看，职业指导尤为重要。教育的最大目标是“人适其业”，而途径就在于要有科学的、心理化的职业指导。由于职业指导在中国当时尚在启蒙时期，国人对其还不熟悉，当务之急是证明或宣传职业指导的价值和重要性，能用实例与统计证明它是十分必要的。周先庚将迈尔斯的一篇文章翻译之后发表了《职业指导价值之最近证据》一文。这篇文章所涉及的多项研究均为实验法，设有实验组和控制组，并对其进行二至四年的追踪，其中六项研究以 14 岁左右的少年为研究对象，一项研究的对象是 16～18 岁的青年。观察指标是接受职业指导的实验组成员在第一个工作岗位上任职时间、对第一个工作岗位和最后一个工作岗位的满意程度、工作效率以及第一个雇主和最后一个雇主对其工作满意程度的评价等多种测量指标。这篇文章以翔实的数据论证了职业指导的价值，同时也能为当时中国的职业指导提供参考框架。在该文中，周先庚也提到在选择职业时，兴趣固然重要，但它不是唯一的决定性因素，要综合各种因素进行考虑。如果能够依据测验的结果，经过冷静地考虑再加以选择，应当可以获得最为满意的职业和位置。周先庚提出凡是能够区别某个工作岗位成功者和失败者的实验方法，就能成为相对的标准测验，有了这种标准测验，“为事找人”比较容易，但是“为人找事”就难得多了。要想达到满意的职业选择结果，必须有比较精准的标准心理测验不可②。就兴趣与职业的关系而言，青年择业自然要选择有相当能力担当并且有兴趣的职业。周先庚专门撰写文章介绍了斯坦福大学斯特朗（Strong）的职业兴趣测验的一部分，供青年自修反省之

---

① 周先庚．（1935）．大学生的训育问题．独立评论，165：10 - 14.

② 周先庚、程时学．（1934）．职业指导的价值（编译）．教育与职业，154：211 - 220.

用。虽然在当时中国各种职业离专业化还有很远的距离，职业合理化的道路也很漫长，严格的职业指导存在着诸多困难，但是青年人若能立足于自知自省而选择职业，对于个人发展以及国家人才培养是有着重要意义的。[①]

四、心理学的人才培养与科学普及

（一）心理学的人才培养

周先庚自1931年任教于国内之后，先后培养了许多心理学家或其他领域的科学家。如张民觉（1908～1991），美籍中国生殖生物学家、育种学家和甾体避孕药的创始人之一，1933年毕业于清华大学心理系。曹日昌（1911～1969），1932年由北京师范大学教育系转清华大学心理系，1935年毕业。沈乃璋（1911～1966），1932毕业于燕京大学心理系，同年入清华大学研究院心理系学习，1936年研究院毕业后留学法国，入巴黎大学研究院心理系进修，1938年回国后相继任教于辅仁大学、燕京大学、北京大学心理系。郑丕留（1911～2004），我国家畜人工授精技术的开创者，1931年入清华大学心理学系，1934年毕业，1935年后在清华和西南联大任教。林传鼎（1913～1996），1938年毕业于清华大学心理系，曾任北京师范大学副教务长、教授、北京师范学院教务长、教育所所长。李家治（1915～1998），1935年就读于清华大学心理系，1940年毕业于昆明西南联合大学，曾任中国科学院心理研究所研究员、研究室主任。田汝康（1916～2010），1935—1937年就读于北京师范大学教育心理学系，后转入西南联合大学学习哲学心理学，1940年获文学士学位。后来成为著名的人类学、历史学家。马启伟（1919 - 2003），中国体育心理学家、排球运动专家，1943年毕业于西南联大心理组。王树茂（1938～），1963年就读于北京大学哲学系心理专业，后考取了我国著名心理学家周先庚教授的研究生，1966年毕业，任沈阳市心理研究所所长。从周先庚1963年填写的“清华大学教师情况表”来看，周先庚在1939～1948年战火纷飞的十年里，指导了将近20名学生的毕业论文。周先庚新中国成立后还承担了培养进修教师的工作，龚耀先曾于1956年12月～1957年5月，进修了周先庚的实验心理学，以及联想、皮电研究。邹玉慧曾于1957年11月～12月进修了实验心理学以及皮电研究。黄耀庭于1957～1958年旁听了情绪测量课程，参与了皮电实验研究。沈德立于1960～1962年进修于清华大学，虽然是由其他老师指导，但是他多次跟随周先庚学习皮电研究，探讨普通心理学实验设备的设计等问题。

（二）科学普及工作

周先生一贯重视心理学科普工作。早在1943年，他就在昆明开办了工业心理学讲习班，向社会实践领域传播心理学知识。1957年他与夫人郑芳合著了《谈天才》这本有名的科普著作，相继发表了“谈记忆”、“谈兴趣”、“谈独立思考”等多篇科学普及

① 周先庚．(1935)．兴趣与职业．独立评论，137：6 - 11.

文章。周先生称，不要小看科普工作，如果专业工作者只注重研究，忽视向人民大众的普及和传播，“知识就是力量”就变成了一句空语。周先庚热心科普事业。他认为，科普工作并非易事，科普工作是一种“变压”劳动，如同变压器把高压变成民用电才能为人民生活服务的道理一样，科普工作者是把高深的理论转换成能为大众所理解和接受的通俗知识，进而起到教育人民、提高民族文化素质的作用。① 由此可见，周先庚心目中的心理学应该是属于人民的心理学。

五、周先庚与中西心理学的交流及其本土意识

无论是在美国留学期间还是在国内工作期间，周先庚都十分关注东西方心理学界的交流。他不仅向西方宣传中国心理学的发展状况，而且将国外重要心理学机构的发展变化介绍给国内同行。除了通过在国际刊物上发表实证研究论文展示中国心理学者的研究工作，还专门撰文宣传中国的心理学期刊、心理学者、心理学系和心理学实验室的情况、西方心理学专著在中国的翻译出版情况，以及中国心理学者的研究兴趣等。周先庚回国后，仍与美国心理学界保持着密切而广泛的联系，如加入美国心理学会成为会员，与自己的导师耶鲁大学心理系主任迈尔斯保持学术交流的信件往来。1947 年周先庚赴美国斯坦福大学、耶鲁大学考察 1 年。从其间周先庚与美国著名心理学家莫里的一通往来信件，可以看出周先庚在美国心理学同行心目中的学术地位和所受到的尊敬，更可以看到周先庚作为中国心理学家的谦逊、自信、不卑不亢的精神和品质，以及尤为可贵的开创中国心理学的本土意识和品牌意识。莫里在获知周先庚已到美国访学的消息之后给他的写下了如下一封信件：

亲爱的周博士：

展信好！我非常高兴获知您已经来到美国，而且要这里待上一年！这真是太棒了！当然你最先去了您的母校。我希望在那里他们仍然可以教给您一些东西，但是我猜想您也会有很多东西可以教给他们，待今冬您来访问我们东城之时，我们也会受教于您很多东西。

我已经在头脑里给你写了很多封信，但我知道您不会收到其中任何一封——当然除了是在晚上的梦幻之中——因为这些信件没有一封写到纸上被寄送出去，但当我看见活生生的您的时候，我将会把这些信件从我大脑皮层上刮下来，您就会知道我是多么感激您同我们在中国一起共事，我是多么频频想起您和您的学生们，我是多么焦急地想知道在眼下这动荡的岁月里，您过得是否安好。

今年冬天的三个月期间我会在纽约和波士顿度过，这样我可以很容易地调整我的计划以配合您的计划。那时，我们会有机会来讨论我们互相感兴趣的问题了。同时，

---

① 王树茂．(1997)．怀念我的导师周先庚教授．心理科学，21 (2)：188 - 189.

我将在您的帮助之下，了解您已经构思地更为精细的计划。

1947 年 11 月 24 日

周先庚回信写到：

亲爱的莫里博士：

收到您 11 月 24 号那封友好、热情洋溢的回信，我高兴地都不知该如何再给您写信了。我的惰性，不主动，或者说僵滞，暴露的仅仅是我优柔寡断和踌躇不前的内心状态——这种状态反映的或许是外在的客观环境，在这种环境下我们的挣扎与努力更多的是为了摆脱环境的束缚——而不是我的个性。走还是不走，这是个问题，并且您也知道为什么它对我的决定来说是至关重要的问题。

然而，就算只为了您和您的热情，我也必须得在纽约和波士顿度过冬天的几个月，这样我们就有机会来讨论我们相互感兴趣的问题了。没错，相互感兴趣，因为我们已经证明了我们之间有这样一种东西。我来美国是学习而不是教学，你的希望是对的，在这里他们仍旧有东西教给我，就像主题统觉测验、罗夏墨迹测验，[我可以受教于]道奇、赫尔，当然是间接地了。① 当然，我也有许多东西来教他们，但是内容应该是“情境心理学”这样的典型地源自中国的东西，对吧？但中国的“情境心理学”，如果确实有这么一样东西的话，那么它应该在在中国情境下进行讲授。请您允许我希望有朝一日我们能有机会当场讲授我们自己品牌的心理学。

我预计 12 月 28 号左右到纽约。但是你也知道我们永远不能对世事过于肯定，情况并不是简简单单地按既定的严格程序行事，明年五月底我就得到回北平。

非常期待把我亲身从您大脑皮层上刮下那些未曾寄出的信件，当然，我也会以反射性的行为从我自己皮层上刮的。

1947 年 12 月 6 日

六、简评

周先庚作为中国现代心理学家，为中国心理学的创建和发展做出了不可磨灭的贡献。周先庚的心理学科研、教学生涯，自从接受西方心理学的训练开始，一直和中国现代社会的发展道路密切关联，他矢志不渝，一直热爱着、执着追求着中国心理学的梦想。

周先庚的心理学实践几乎涉及心理学的各个领域，从基础心理学到应用心理学。他是一位实验心理学家，坚持心理学的科学性、实证性方向，这为中国心理学草创时期奠定了坚实的基础。同时他又不囿于实验心理学的基础研究，而是面向生活实践，以问题为导向，努力用心理学的知识，解决中国人日常生活中的实际问题，从他倡导

① Clark Hull（1884—1952）当时是在耶鲁大学工作。Raymond *Dodge*（1871—1942），美国著名实验心理学家，在周先庚 1947 赴斯坦福大学访学之际，道奇已经过世，赫尔在耶鲁大学工作，所以周先庚说是间接地受教于他们。

中国工业心理学、教育心理学、心理卫生与职业指导等心理学分支中可以看到他的这种精神。

周先庚倡导心理学应该是人民所能理解、接受的心理学，也就是说心理学应该属于人民，他一方面把心理学应用于实践，一方面积极开展心理学的普及工作，并认为人民所能接受的心理学才是心理学发展的动力。

周先庚为我们培养了一大批心理学家以及其他领域的专家学者。他自己亲身接受过严格的心理学专业训练，通过这些师承关系，科学取向的心理学在中国现代心理学历程上成为了一种重要力量，无论是周先庚自己的研究，还是他指导的学生们所做的研究都能达到与西方心理学研究进行对话的水平。中国近现代心理学发展的一个重要方面，就是在与西方心理学对话、交融之中不断前进的。

周先庚殚精竭虑地关心、推动中国心理学的发展。早年他在美国积极向西方心理学界介绍中国心理学家的原创性著作，回国后积极参与中国心理学会的创建，同中国第一代心理学家一起建立了自己的学术共同体和专业学术期刊（《中国心理学报》），这反映了作为中国早期心理学家之一员的周先庚自主、创新的精神，其自主创新精神在大的方面来讲，体现在主动推动、参与中国心理学的学科自主发展，具体层面上体现在他对心理学仪器的发明和创制上，以及心理学术语的创立上。他与莫里的通信中提到的希望有一天能够在美国讲授“中国牌”的心理学，这是周先庚最大的心愿，也是对中国心理学发展的殷切希望。

心理学虽然是一门由西方引入的学科，但是周先庚始终立足于发展自己的心理学技术、心理学概念，努力探索新的发现，并解决中国人实际生活中的问题。如果中国现代心理学发展史上留有文化遗产的话，这种自主发展“中国牌”心理学，解决中国人的实际问题的时代精神是当时众多心理学前辈们所提倡、所实践着的一种信念，也是当代中国心理学发展过程中所要继承和发展的。

参考文献

周先庚. 北京大学教师情况表（1963 年 11 月 11 日填写）

周广业. 周先庚. 见《清华名师风采》（周文业、史际平、陶中源等编著，第 527 - 552 页），山东画报出版社，2012 年 1 月 .

刘秋梅，刘东霞. 中国心理学的先驱——周先庚心理学研究成就探讨.《科协论坛》，2010，7（下）：60～61.

胡延峰.《留学生与中国心理学》，南开大学出版社，2009 年 5 月 .

北京大学心理学系，《心理学报》编辑部. 纪念周先庚先生诞辰 100 周年.《心理学报》，2003，35（6）：850.

《心理学报》编委会. 沉痛悼念周先庚教授.《心理学报》，1996，28（3）：336.

阎书昌，陈晶，张红梅. 抗战时期周先庚的军事心理学实践与思想.《心理学报》，2012，44（11），1552－1564.

Yan，S. C，Chen，J. Correspondence Between Henry A. Murray And Siegen K. Chou，History of Psychology，2013，16（3）：212－216

附录二　周先庚生平年表

1903 年

8 月 10 日，生于安徽全椒县武家岗镇金城巷村。三岁时父亲去世。

7 岁前在家放牛。

1910 年　7 岁

7 岁至 10 岁读私塾三年。

1913 年　10 岁

10 岁上全椒县县立第二高等小学。该小学由清末进士、三叔周联奎创办并亲任校长。

1916 年　13 岁

春至夏，上全椒县县立中学半年，13 岁小学毕业后，母亲去世，但在上清华学校第一年暑假回家时才知此噩耗。

夏，以全椒县唯一、安徽省七名中的第三名，录取清华学校中等科，与施滉、周培源、冀朝鼎、徐永煐、黄自、梁思永、吴鲁强、梅汝璈等是甲子级的同班同学。

在中等科时，由徐永煐介绍，周先庚参加了共产党的外围组织“修业团”和“唯真学会”。是唯真学会六位发起人之一。

1919 年　16 岁

经国文老师汪巩庵的推荐，在《清华周刊》第 165 期上发表“论礼让与竞争之得失”短文，由此开始在该刊物上发表多篇文章。

1920 年　17 岁

中等科毕业后升入高等科（理工科），期间升任《清华周刊》编辑。

在校期间曾参加校管弦乐队，任第三黑管，梁思成为乐队队长。

1924 年　21 岁

高等科毕业，后与同学徐永煐等七人，于 1924 年 9 月至 1925 年 7 月在南京东南大学文法科借读。学习图书馆学，并为出国留学作准备。

1925 年　22 岁

8 月，与徐永煐、章裕昌等 20 余人由上海赴美留学。入美国斯坦福大学社会科学学院，曾选修一门普通心理学课程，受其吸引，第二学期进入生物学院心理学系学习。

1926 年　23 岁

8 月，获学士学位。

1928 年　25 岁

8 月，获硕士学位，硕士论文为汉字心理学。

研究生导师为美国著名心理学家迈尔斯（Walters R. Miles），他是美国科学院心理学部最高决策人之一。

8 月，在斯坦福大学举行的美国心理学年会上宣读汉字阅读心理学的论文。

1929 年　26 岁

5 月，周先庚被美国自然科学荣誉学会选为会员。

9 月，在美国耶鲁大学举行的第九届国际心理学会年会上宣读“四门速示器”论文，其后论文又发表在美国《实验心理学杂志》1929 年第 12 卷上。

1930 年　27 岁

1 月，获博士学位，博士论文为“The psychology of reading Chinese characters”。

2 月，被美国心理学会选为副会员。

2 月—11 月，先后赴伦敦、布鲁塞尔和柏林考察与研究，11 月至 1931 年 2 月，途经波兰、莫斯科、西伯利亚和哈尔滨返回北平。

1931 年　28 岁

2 月，受聘于清华大学理学院心理学系任心理学教授，开始了他任教大学心理学六十多年的经历。

1931—1934 年，周先庚在北京大学教育系任高级实验心理学兼课教授三年。

1931—1937 年，周先庚受著名平民教育家晏阳初领导的“中华平民教育促进会”的委托，在河北定县主持年龄与学习能力关系的研究，并担任该促进会的教育心理研究委员会名誉主席，研究结果得出一条 7 至 70 岁被试者的识字能力曲线，被当时心理学界称为“周先庚曲线”。

1932 年　29 岁

编著《初级心理学实验》(与牟乃祚合著)(清华大学心理学系印):这本实验讲义是目前所知国内编著最早的心理实验手册。

1932 年 9 月—1936 年 7 月,培养第一个研究生雷肇唐,研究内容为:汉字阅读,皮肤电反射历史,毕业论文为"白鼠把握反射"。

1933 年　30 岁

1 月 10 日,与郑芳在清华结婚,婚后住清华新西院 27 号。

1934 年　31 岁

7 月开始,北平各大学的一些心理学者,每月第一周举行聚餐会,周先庚既是最初参加者之一,同时也是第一次聚餐会的主持人。

1934—1935 年,周先庚应著名精神病学家莱曼(Leman)之邀,兼职北平协和医学院脑系科名誉讲师一年,与其合作,指导皮肤电反射的研究,进行了中国最早的皮肤电测谎器的初步研制,指导雷肇唐完成了《心理电反射及其史略》一文。

1935 年　32 岁

7 月初,开始筹划工业心理研究。

8 月 29 日,与陈立同赴南口,调查持续到 1936 年 4 月,并写成调查报告。

1936 年　33 岁

1936 年—1937 年,周先庚担任清华大学心理系代主任(系主任孙国华赴美休假)。

4 月,聚餐会上提议刊行《中国心理学报》,周先庚是三位负责编辑事务的心理学者之一。

11 月,包括周先庚在内的心理学界人士 32 位发出通知正式发起组织中国心理学会。

1937 年　34 岁

1 月起,周先庚担任中国心理学会理事。

1 月 24 日,在南京国立编译馆大礼堂举行了中国心理学会正式成立大会,周先庚作为清华大学心理系代主任代替孙国华赴会,会间因患严重失眠精神失常,赴沪治疗后回校休养,但是在成立大会上仍然被选为七位理事之一。

10 月,抗战开始后举家迁往长沙临时大学南岳分校,清华大学理学院心理系编入联大文学院哲学心理教育系。

11 月，文学院在南岳开课。

1938 年　35 岁

2 月，周先庚举家随校坐火车自长沙迁往香港九龙。住东庐石硖尾街 37 号。

4 月，周先庚独自一人由香港九龙经越南到云南蒙自，在西南联大蒙自分校任文学院哲学心理教育系心理学组教授兼行政负责人。

6 月，周先庚在蒙自为昆明西南联大心理系设计了实验室建筑草图，该实验室为至今保存下来的西南联大唯一建筑。

8 月，蒙自分校结束，回到昆明，任西南联大哲学心理学系心理学组教授兼行政负责人。

1939 年　36 岁

2 月，回九龙东庐接全家赴昆明，行至越南河内夫人郑芳突患疟疾滞留，周先庚一人先赴昆明。

7 月，再接全家回到昆明西南联大。住西仓坡民强巷 1 号。

1940 年　37 岁

3 月 24 日，国民党中央组织部部长朱家骅致函周先庚，勉励为教育学术更加努力工作。

7 月，因孙国华先生病假，周先庚代理清华大学理学院心理系主任。

在西南联大主讲普通心理学、理论心理学、心理学史、工业心理学、心理学实验和高级心理学实验等课程（在清华和西南联大历年培养的著名学生有张民觉、袁永熙（何维登）、曹日昌、马启伟、李家治、林宗基、郑丕留、张世富等）。

10 月，获国民政府教育部部长陈立夫颁发的在清华大学连续服务十年以上教师的三等服务奖状。

1941 年　38 岁

9 月，当选美国心理学会正式会员。

因躲避日本飞机轰炸，曾在云南滇池畔乌龙浦村暂住。

9 月，幼子周宏业，外甥女程淑端相继去世。

1943 年　40 岁

周先庚领导的西南联大心理学组曾受美国战略情报局方面之委托，在驻昆明的美国心理作战部专家、美国著名心理学家莫里（H. A. Murray）等合作，参与选拔中国伞兵的心理测验。周先庚经梅贻琦校长介绍，应驻昆明的国民革命军第五军军长邱清泉之邀请，为其筹划创办“军官心理测验所”。

4月—8月，在昆明马街子资源委员会中央电工器材厂“工业心理讲习班”任讲师5个月。

1943年—1945年，领导第五军军官心理测验工作研究（兼伞兵测验）小组3年。

1943年—1946，昆明云南省立昆华师范学校“教育心理学”讲师3年。

由西仓坡搬至昆华师范学院胜因寺居住。

1944年 41岁

组织田汝康、戴寅等翻译了波林（Boring）等著的《战士心理学》（*Psychology for the Fighting Man*），以《战斗员所应知道的心理学》为题在天津《民国日报》上在1947—1948年连续发表50多期，为军队官兵提供心理学知识。

2月—1945年3月，曾在昆明军事委员会译员训练班任兼职英语教师，共6期。

3月，长子周伟业患病7年后去世。

1945年 42岁

5—7月，进行伞兵测验。

9—11月，完成军官心理测验。

1946年 43岁

6—9月，全家经重庆辗转复员回到北平清华园，住新林院4号，继续担任清华大学心理系教授，并任系主任至1947年10月。

1947年 44岁

10月15日，赴美国休假考察一年，到美国斯坦福大学、耶鲁大学、纽约大学心理学系、加利福尼亚旧金山鲍特医院等地考察条件反射与脑电波等研究工作。

1948年 45岁

4—5月，在纽约见到了美国著名心理学家莫里（H. A. Murray），他带周先庚到一家书铺，选了几本当时的新心理学书送给周先庚，其中有莫里自己的著作《人的评估》。

5月7日，离开纽约赴旧金山返程回国，6月18日回到清华园。访美期间见到了原导师迈尔斯，会见了著名心理学家波林、斯金纳、本特雷、赫尔格达、童第周、张香桐、张民觉、丁瓒等，购买两本巴甫洛夫著作英译本带回国准备翻译。

1949年 46岁

4月，携夫人、子女前往颐和园益寿堂见郑芳的姑父母柳亚子、郑佩宜。

6月11日，在清华新林院4号设家宴招待柳亚子夫妇和郑芳的叔父郑之蕃等，为此柳亚子书赠墨宝。

1950年 47岁

3月11日，参加中国科学院副院长竺可桢召开的心理学座谈会，讨论筹建心理研究所的问题。

6月，被聘为中国科学院专门委员，同时受聘为中国科学院心理研究所筹委会委员，协助陆志韦、曹日昌、丁瓒等筹建心理研究所。

8月26日，在中国心理学会理事会第一次会议上与丁瓒、孙国华、曹日昌一起当选为常务理事，陆志韦为理事长。

在“中国科学院1949～1950年全国科学家综合调查表”中，对心理组67名心理学家的投票排名，周先庚排名第一，陆志韦、陈立排名第二、第三。

1951年 48岁

1951－1952年，任北京私立辅仁大学心理学系“高级实验心理学”讲师1年。

1952年 49岁

在清华大学执教21年，获学校的“久任”奖状。

6月底至9月，七次参加清华、燕京两校心理系联席会。

9月，全国院系调整，清华心理系合并至北京大学，遂任北京大学哲学系心理专业教授。全家由清华搬至北大燕东园42号甲。

1953年 50岁

1946－1952年，先后在北京师范大学、北京大学（红楼）和北京辅仁大学教育系兼课。翻译了英文版的巴甫洛夫著作《大脑皮层生理活动的研究》（未出版）。

翻译英文版巴甫洛夫著作《条件反射演讲集》（详见著作年表）。

1954年 51岁

1953年12月至1954年5月，在北京师范大学听苏联专家彼特鲁舍夫斯基心理学讲座，6月写出对此讲座的学习心得与问题等多篇文章。

1954－1957年，应北京体育学院马启伟（后曾任院长）之邀，兼职指导北京体育学院生理学系佟启良等多名研究生。

1956 年　53 岁

翻译《皮肤电反应》（Ruckmick 原著）、《心理电反射》（Woodworth 原著）、《心理电反射现象与托肯诺夫现象的实验技术》（Thouless 原著）三本著作，但均未出版。

1957 年　54 岁

1957—1958 年，编写《情绪测量》讲稿，为北大哲学系心理专业 1954 级和 1955 级（三年级和四年级）分别讲授“情绪测量”课使用。

所带北京体育学院生理研究生佟启良 1957 年 6 月完成毕业论文“起赛前状态与起赛状态的皮肤电反射研究”。

1958 年　55 岁

3 月，在北京参加了由一机部、心理研究所、北大合办的“操作活动合理化研究班”的授课任务，讲授“工作与疲劳”、“技能与学习”。

指导心理专业教员陈仲庚完成《神经衰弱病人皮肤电反射的休息曲线》（发表于北京大学学报 1958 年第三期，354～359 页）。

秋冬，下放北京市大兴劳动。

1961 年　58 岁

12 月 25 日，夫人郑芳因患直肠癌不治逝世，终年 51 岁。此后一直独身未再续弦。

1962 年　59 岁

为心理学专业五年级（1958 级）开设“情感心理学问题”课程，该课程等于“高级实验心理学”专题课程。

7 月，指导心理学专业学生林国彬、王栋、魏华忠、张春青完成毕业论文。

1963 年　60 岁

为心理学专业五年级（1959 级）开设“情感心理学”课程。

收王树茂为硕士研究生，课题为实验心理学的“表象与想像在认识活动中的相互作用”。

7 月，指导心理专业毕业班学生凌文辁完成毕业论文“皮肤电反应与定向反射”。

8 月 23 日，应心理专业学生的约请，在家举办“学习方法介绍会”，向学生介绍他的论文著作及学习方法，为此所谓“家庭展览会”在“文化大革命”中受到多次批判。

1965 年　62 岁

1965—1966 年，到北京朝阳区王四营参加“四清”工作。

1966 年　63 岁

5 月，“文化大革命”开始，当作“资产阶级反动权威”被批斗。

8 月 25 日，请红卫兵第一次来家，红卫兵封存全部现金和存折，抄走许多珍贵资料。

1967 年　64 岁

1 月份，红卫兵来家查抄出在昆明西南联大时兼职为国民党第五军做伞兵和军官心理测验因兼任军官心理测验所所长时的“少将参议”的薪奉单（1945 年小米 135 斤），然后在北大校内贴出大字报，由此在“文化大革命”中被当作所谓的“国民党少将”遭受残酷批斗。

9—11 月，下放到群众中去“锻炼学习“，接受批斗。

12 月 22 日，北大召开“控诉资产阶级知识分子统治心理学界大会”，批斗北大哲学系心理专业的周先庚、沈迺璋、桑灿南。北大的陆平和社科院心理所和北京师范大学的于光远、潘菽、曹日昌、丁瓒、陈元晖、彭飞等到会陪斗。

1968 年　65 岁

5 月 24 日，被关进新北大公社的监改大院，即“牛棚”，与陆平、冯友兰、季羡林、王力等劳动改造。

1969 年　66 岁

1 月 23 日，解除监改搬到 38 楼 202。

2 月 1 日批准回家住。

3 月 28 日，哲学系召开批判周先庚大会。

10 月 17 日，北大第五次落实政策大会，从宽 32 人，周先庚为第 6 人。

10 月 26 日，下放江西南昌北大鲤鱼州农场。由老保姆潘氏看家。

1970 年　67 岁

在农场八连放牛，在工具房修理保管农具，并参加各种农活。

1971 年　68 岁

8 月 6 日，由农场返回北京。

9 月 24 日，心理实验室由南阁搬至哲学楼，路过的学生对放在室外的人脑等人体模型好奇，他对学生们说：“总有一天还会需要心理学的!”。

9月29日，在南阁门外垃圾上捡回曾指导凌文辁作的毕业论文《皮肤电反应与定向反射》。

11月20日，下放北京针织总厂毛巾厂劳动至1972年2月。每天早起打扫厕所和宿舍卫生，周末可回家。

1972年　69岁

3月20日，调北大哲学系资料室做管理工作。

8月，调回心理学组。

10月，在哲学楼找到“文化大革命”前翻译后丢失的《情绪与人格》（M. B. Arnold著）译稿，誊写三份给心理专业教师使用。

1973年　70岁

7月17日，针对周先庚1957年出版的《谈天才》科普读物，心理专业召开“天才资料汇报会”，周先庚主要发言。

8月10日，北大心理专业召开“批天才座谈会”。

11月5日和12月13日，两次全校大会上点名与不点名批判周先庚。

11月6日至12月11日，心理专业和哲学系共开十次揭发批判周先庚大会。

1974年　71岁

2月5日至4月8日，随心理专业教工下北京针总厂劳动改造。期间共召开八次大小会议工人教师联合批判周先庚。

7月23日至10月18日，随心理专业教工下到北京市鸦儿胡同劳动改造。

11月7日，参加哲学系主任郑昕追悼会。

1975年　72岁

2月24日，再次下针织总厂劳动改造，仍每天早起打扫厕所。

4月，工厂车间的党团支部和中学连开三次批判周先庚会。

8月2日至10月20日，随1974级工农兵学员到大兴基地（后为北大开门办学分校）劳动改造，管理工具、打扫卫生、刻蜡板、看花生地等。

1976年　73岁

3月25日，再次下针织总厂劳动一个月。

6月19日—25日，参加全校教工赴顺义县许家务麦收。

9月15日，调哲学系办公室，仍做清洁卫生，附带刻字、油印、抄稿等工作。

1977年 74岁

9月19日，正式回心理专业上班，管理报纸、图书资料，为教师们校阅译稿。

12月10日，北大正式通知成立心理系，仍任心理系教授。

1978年 75岁

1月19日，正式担任《心理学纲要》（Krech著）译稿的校对编辑工作三人小组成员之一。

6月10日，参加八宝山曹日昌骨灰安放仪式。有潘菽、陈元晖、钱三强、童弟周等参加。仪式后在走廊中泪下如雨。

9月21日，哲学系宣布落实政策，周先庚终于得到平反。

12月7—16日，参加保定心理学学术报告会。

1979年 76岁

1月15日，北大校刊登载周先庚短文“我获得了第二次解放”。

8月30日，心理系推荐周先庚为“大百科全书”心理学卷编委。

11月24—29日，参加心理学会天津会议。

12月11日，参加陆志韦追悼会，到会的有方毅、胡乔木、周培源、潘菽等。

12月29日，陈舒永发还实验室325钥匙，请求分派实验室工作和参加听课，想重回讲台。

1980年 77岁

1月28日，在哲学楼心理系实验室找到四门速示器等珍贵的老旧仪器。

2月，因燕东园42号甲要拆除盖公寓楼，遂搬迁至34号小楼楼下。

3月5日，开始为进修班辅导英语。

6月14日，参加“大百科全书”心理卷第一次编委会。

9月8日，为78级“专业英语班”18人上课，主持翻译《心理学导论》（Hilgard著）作为专业英语训练教材。

9月22日，会见美国著名心理学家马森（Mussen）。

9月29日，参加八宝山丁瓒追悼会。

1981年 78岁

1月3日，安排心理系教师分工审校《心理学导论》译稿。

11月14日，经张廉云、商鸿逵和江元铸介绍，加入民革。

12月4—9日，参加“中国心理学会第三次代表大会纪念建会六十周年学术会议”。

1982年　79岁

1月19日，到人民大会堂云南厅参加中国科协主办的“春节座谈会”。

4月13日，美国著名人工智能专家、诺贝尔奖获得者西蒙（Simon）访华在心理所讲课，周先庚听课后上台对西蒙说：“我们上次见面是1981年。”

4月22—24日，参加“中国社会心理学研究会”成立大会，参观中南海并留影。

11月11日，“北京心理学会”选举，周先庚当选为顾问。

1983年　80岁

2月25日，到中央团校参加“马克思逝世百年心理学座谈会”。

3月4日，参加方辰遗体告别会。

3月28日，晏阳初之侄晏昇东来访并写周先庚访问记。

7月12日，参加“北京市社会心理学会”成立大会。

1984年　81岁

4月5日，分别三十多年的敦福堂自美国来信，查找周先庚为他保存的当年的“汉字检索卡片”和油印的“普通心理学”讲义。

1985年　82岁

7月8日，《军事心理学》作者刘红松来信感谢周先庚为其书作序。

1986年　83岁

5月16日，在昆明师专工作的西南联大学生张世富来信报告已入党，正在编写全国师专用心理学教材，同年10月张世富被选为“民族心理专业委员会”主任。

1987年　84岁

12月，北大校长陈佳洱专为周先庚、姜德珍二人开会，正式宣布他们离休。随后欧美同学会通知给予司局级待遇。

1988年　85岁

4月24日，参加清华校庆“西南联大纪念碑”揭幕典礼。

6月12日，出席北京市社会心理学会第二届学术年会。

8月10日，在燕东园34号小楼家中，北大校领导、心理系师生及清华校友会为他举行85岁生日祝寿会，到会26人，学生23人，送寿桃蛋糕等。

12月28日，参加北京心理学会会议。

1989年　86岁

2月12日，率全体子婿媳亲属共16人在北大畅春园饭店聚餐并合影。

1990年　87岁

1月18日，心理系联欢会，第一个到会演讲“天时地利人和”。

4月29日，长子周广业接周先庚、沈同、陈岱孙到清华参加校庆。

8月6日，郑丕留来取周先庚为他保存了四十多年的手稿资料两捆，激动不已。

1991年　88岁

3月29日，学生王宇宏第四次来谈写周先庚生平论文事，分为传记、年谱、日记三部分，5月交稿。

4月底，清华八十周年校庆，周广业蹬三轮车送他到清华二校门、清华学堂、三教施滉（清华同班同学）像等处摄影留念。

6月3日，中国青年出版社《社会科学名著选萃》请他写《心理学导论》浓缩稿两万字。7月27日写成。

8月头晕，中医研究院诊断为“老年痴呆症”，后去北医三院做CT检查，确诊“大脑萎缩”。

1993年　90岁

8月10日，北大人大民革支部在未名湖岛亭会议室召开周先庚90岁祝寿座谈会，因身体不适，由长子周广业代为发言。

1995年　92岁

两次病危，分别送北医三院和人民医院抢救。

12月，再病危，送北大校医院护理。

1996年　93岁

2月4日，因长期脑萎缩引起并发症，多项功能衰竭于北大校医院去世。享年93岁。

附录三　周先庚生平地图

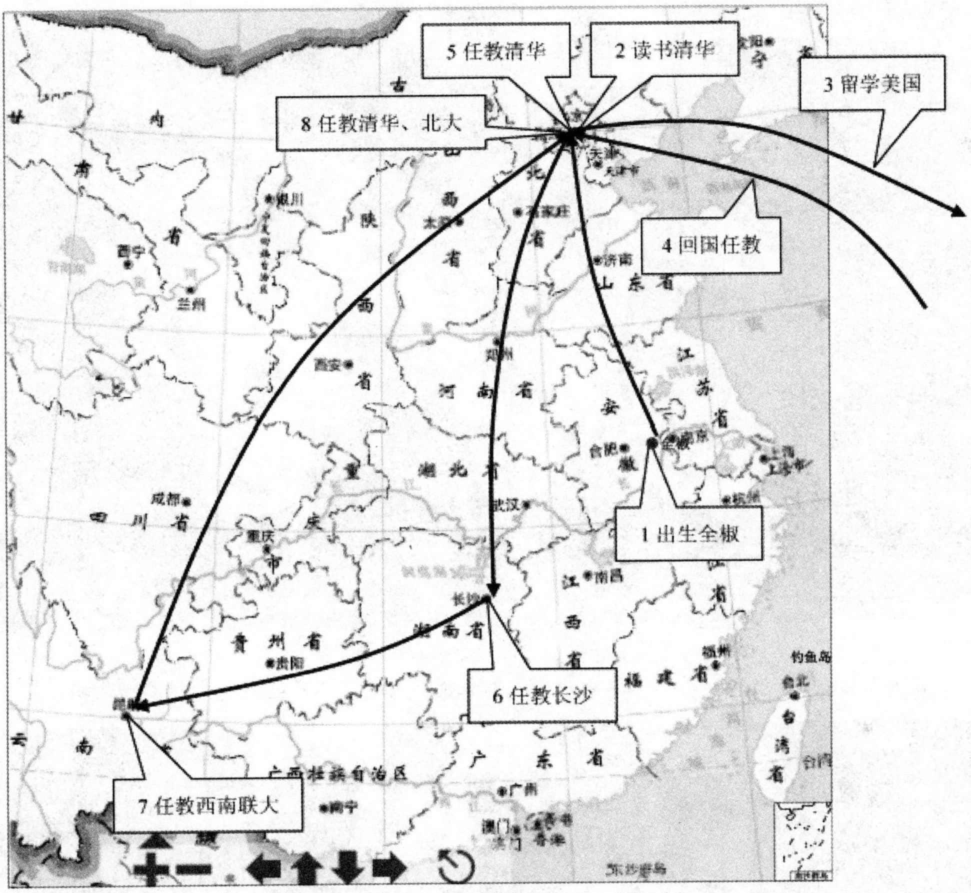

周先庚生平简历

1903 年 出生安徽全椒
1913 年 安徽全椒第二小学读书
1916 年 清华学校读书
1924 年 清华大学毕业
1925 年 留学美国斯坦福大学
1931 年 回国任教清华大学
1937 年 任教长沙临时大学
1938 年 任教西南联合大学
1946 年 复员返回北平，继续任教清华大学
1952 年 院系调整到北京大学哲学系心理专业
1996 年 病逝于北京

附录四 周先庚生平照片

清华 1924 级合影（二排左一冀朝铸，左四施滉，五排左五周先庚，七排右四周培源）

清华军乐队合影（一排左二周先庚，二排左一梁思成）

1

2

3

1周先庚

2施滉

3周培源

梅汝璈

黄 自

冀朝鼎

吴鲁强

梁思永

李方桂

清华学校1924级毕业生合影

斯坦福大学学习时的博士论文导师 W. R. Miles 教授与他的女儿

1937 年 1 月 19—23 日在南京参加心理学名词审查会

（前排左起：程迺颐、孙贵定、唐钺、陆志伟、蔡乐生、许逢熙、赵演；

后排左起：沈有乾、谢循初、周先庚、郭一岑、萧孝嵘、潘菽、樊际昌）

抗战时在昆明西南联大

1947 年 8 月 21 日 周先庚（左 1）与曾性初（右 1）、汪彬在清华大学生物馆心理系实验室做实验

1947 年 5 月 周先庚在清华大学心理系欢迎辅仁大学师生参观时讲话

1947 年 5 月 在清华大学心理系欢迎辅仁大学师生参观后于生物馆门口合影

（前排教师：左 1 周先庚，右 1 沈履，右 2 辅仁大学心理系主任葛尔兹；二排右 1 唐钺）

1947 年访美周先庚在斯坦福大学
与清华校友纪文勋留影

1947 年访美周先庚在斯坦福大学
与镇江江苏医学院教授陈少白留影

1947 年清华大学任教休假
期间访问美国与胥永福合影

1947 年清华大学任教休假
期间访问美国留影

1947 年清华大学任教休假期间周先庚访问美国

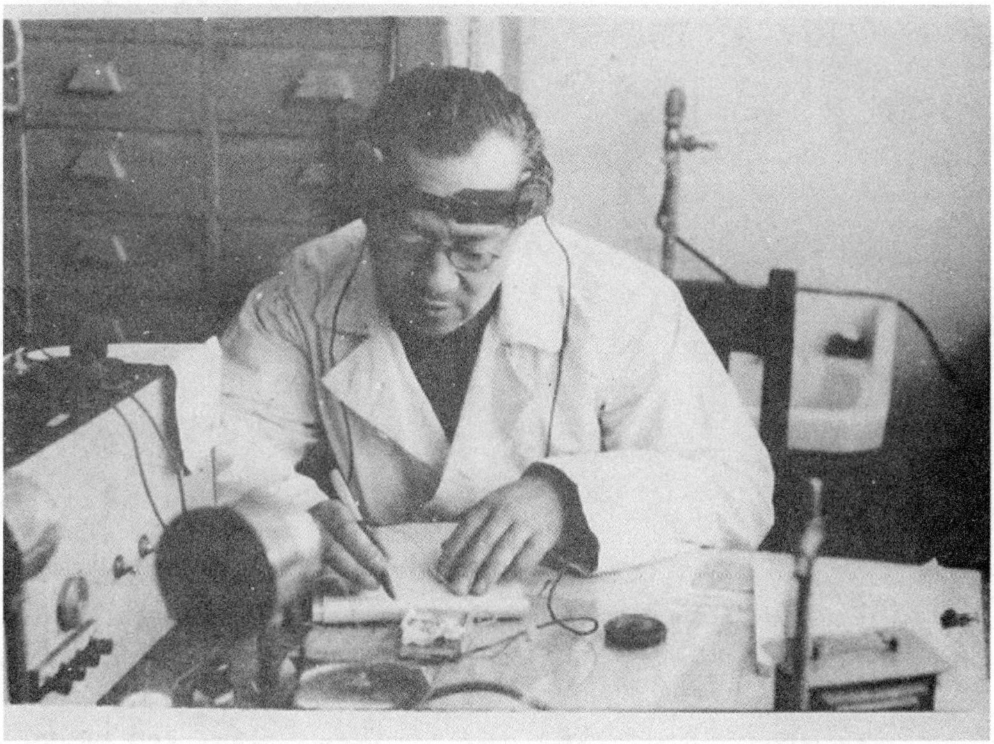

1956—1958年间周先庚在北京大学哲学楼326室实验室做皮肤电反射实验

1956—1958年间周先庚在北京大学哲学楼326室实验室做皮肤电反射实验

1950 年 清华 1924 甲子级同学携家眷在北京西单西堂子胡同聚餐会留影

[大人前排：右 1 胡毅，右 2 周先庚，右 3 章裕昌（友江），右 4 骆启荣，右 5 冀朝鼎，左 1 徐永煐，左 3 张淑义；后排：左 1 张乔啬，左 2 周培源，左 4 王蒂徵，左 7 夫人郑芳]

1955 年秋 北京大学哲学系心理专业教工与 53、54、55 级学生在哲学楼前合影

（前排左起：傅世侠、许政援、张明娟、孙国华、夏佩玉、段惠芬、杨博民；二排左起：曹启刚、俞文钊、朱新民、杨恩寰、沈德灿、陈舒永、任仁眉、孟昭兰；三排左二起：桑灿南、沈迺璋、周先庚、唐钺、吴天敏、陈仲庚、张述道；四、五排左起：孙维葵、韩永昌、盛怀文、古裕祥、冯恒灿、方至、艾莎、刘成杰、张伯源、黄忠琦、吴西获、高云鹏、陈永明、王忠义、范存仁）

1955年8月1日 中国心理学会第一次会员代表大会合影

（前排：右2陈立，右3周先庚，右7孙国华，右9潘菽，右10朱智贤，右11陈汉标，左1曹日昌，左2陈元晖，左3丁瓒，左4章益；二排：左1张厚粲，左2陈帼眉，左4许淑莲，左5马莉英，左6王宪钿，左7季楚卿，左8张增慧，左9茅以燕，右1陈惠芳，右2陶蔚扬，右3汪兴安，右4郑祖心，右5李美格，右6匡培梓，右7叶绚，右8方云秋；三排：左1章志光，左2伍棠棣，左5龙叔修，左6张述祖，右2苗学谊，右3郑主珍，右5谢斯俊，右6赫葆源，右7赵壁如；右9龚耀先，右10吴江霖，四排：左2郭长燊，左3彭瑞祥，左5郭占基，右1刘范，右3孙长识，右5胡士襄，右6荆其诚，右7李家治，右8徐联仓）

1954年与心理专业毕业生合影［一排左3任仁眉；二排左崔莉芳，右杨博民；第三排左起：唐钺、周先庚、沈履、陈舒永、吴天敏、桑灿南（其余：王复宗、阮传毡、陈翼柱、虞仲琪）］

与北京大学哲学系心理专业教师合影（左起：吴重光、唐钺、沈廼璋、汪青、任仁眉、孟昭兰、周先庚、陈舒永、张庆云、王甦）

1971年春北大哲学系教工在江西鲤鱼洲干校欢送军宣队运指导员时合影

一排左起：王凤林、阎品忠、赵建文、张文俊、金可溪、甘霖、李存立、石坚、汤侠生；二排：吴天敏、冯瑞芳、郭兰芳、徐大筠、杨博民、辛文荣、孟昭兰、李慎、任仁眉、钱俊杨、宴成书、许政援；三排：×××、朱伯崑、谢淀波、×××、三位军宣队和工宣队员、赵长林、夏剑豸、×××、王义近；四排左起：×××、邓艾民、邵郊、任宁芬、黄耀枢、熊伟、陈舒永、李廷举、周辅成、齐良骥、李世繁；五排左起：沈少周、周先庚、张伯源、×××、楼宇烈、叶朗、张继安、张岱年、宋文坚、黄聃森。（未署名×××为随家长到干校的子弟）

1982 年 1 月 19 日 周先庚在人民大会堂云南厅春节座谈会上发言（赵莉如提供）

1981 年 12 月 12 日周先庚参加《中国大百科全书·心理学》编委会后集体合影

（一排：右 2 陈元晖，右 3 高觉敷，右 4 陈立，右 5 潘菽，右 6 周先庚，右 7 胡寄南，右 8 朱智贤，右 9 阮镜清，左 1 丁祖荫，左 2 刘兆吉；二排：左 2 张述祖，左 3 林传鼎；三、四排合计：右 5 徐联仓，右 7 章志光，左 3 张人骏，左 7 陈泽川，左 8 陈大柔，左 12 荆其诚，左 13 孙晔）

1980 年 4 月 25 日 周先庚在北大临湖轩会见澳大利亚心理学家 J. A. Keats)
(中间为孟昭兰，其身后为邵郊)

1980 年春在北大会见澳大利亚心理学家代表团，与 Angela Custro 女士交谈

1981 年 7 月 15 日北京社会心理学座谈会后，周先庚（左）与费孝通（右）、林传鼎（中）等合影

1982 年 7 月 16 日北京大学心理系教工与首届毕业生合影

（一排左起：张庆云、陈仲庚、邵郊、荆其诚、王学珍（校党委书记）、周先庚、王甦、姜德珍、郭永禄；二排：左 1 崔岩，左 3 董素兰，左 4 肖健，左 5 朱滢，左 6 骆政、左 7 薛怍宏，左 8 汪青，左 9 郭淑琴，左 11 韩凯；三排：右 1 王爱民，右 2 李明德，右 3 白殿一，右 4 陈国英，右 5 赫尔实，左 2 吴志平，左 3 胡丹，左 4 杨志芳，左 5 钱铭怡，左 6 徐晓娟；四排：右 1 张伯源，右 2 叶永富，右 3 赵宝然，左 1 张雨新，左 2 张建新，左 3 武国城，左 4 姜长青，左 5 梁煌）

1983年4月清华校庆时周先庚（二排左6）应邀参加1933级同学会六十周年及欢迎张民觉回国合影

（前排左起：施嘉炀、周培源、钱端升、刘达、梅贻琦夫人、冯友兰、陶葆楷、张维；二排：右3钱端升夫人，左1陆士嘉，左3傅承义；四排左5为张民觉）

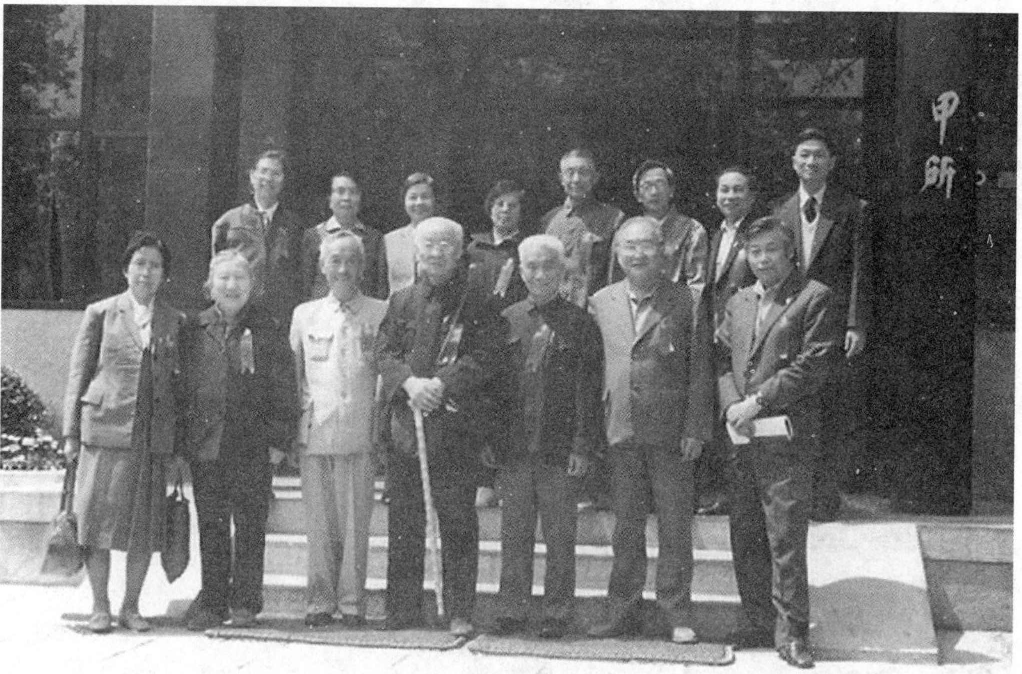

1989年 清华78周年校庆与沈同及心理系校友摄于甲所门前

（一排：左1姜德珍，左3沈同，左4周先庚，左6邵郊，左7徐联仓；后排：左1李卓宝，左2张增慧，左3许政援，左4张一华，左5倪启贤，左6沈德灿，左7林仲贤，左8周广业）

1984年 庆祝唐钺从教63年（93岁）纪念会
（右1汪青，左1张增慧，左2周先庚，左3唐钺；后排：左1荆其诚，左3沈德灿）

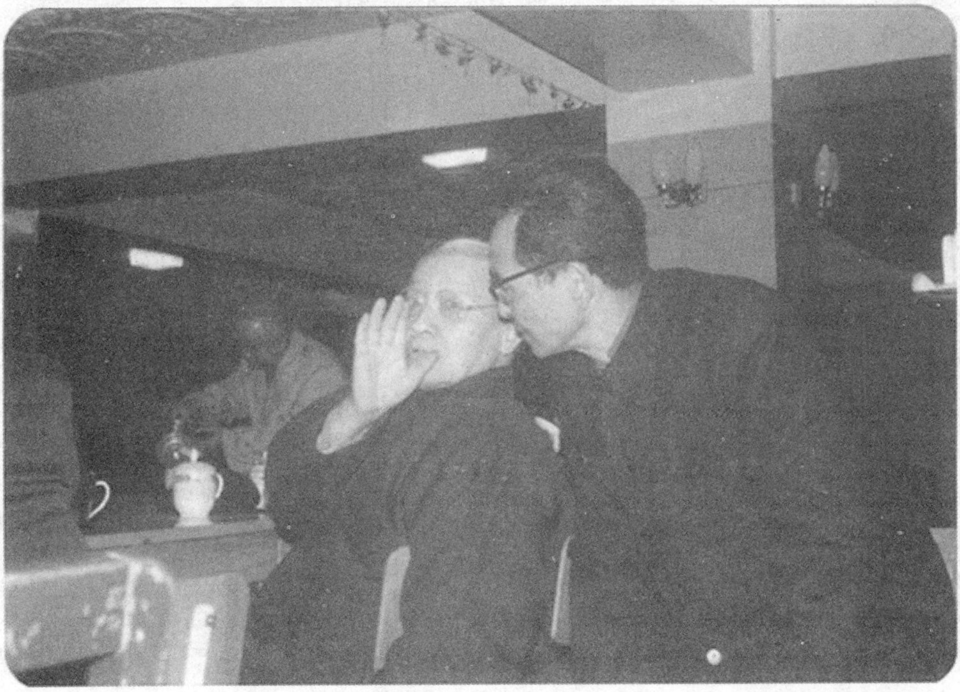

1988年6月12日 出席北京市社会心理学会第二届学术年会与孙昌龄谈话（孙昌龄提供）

1990 年参加清华校庆［左为王士倬（25 级），中为周先庚（24 级），右为施嘉炀（23 级）］

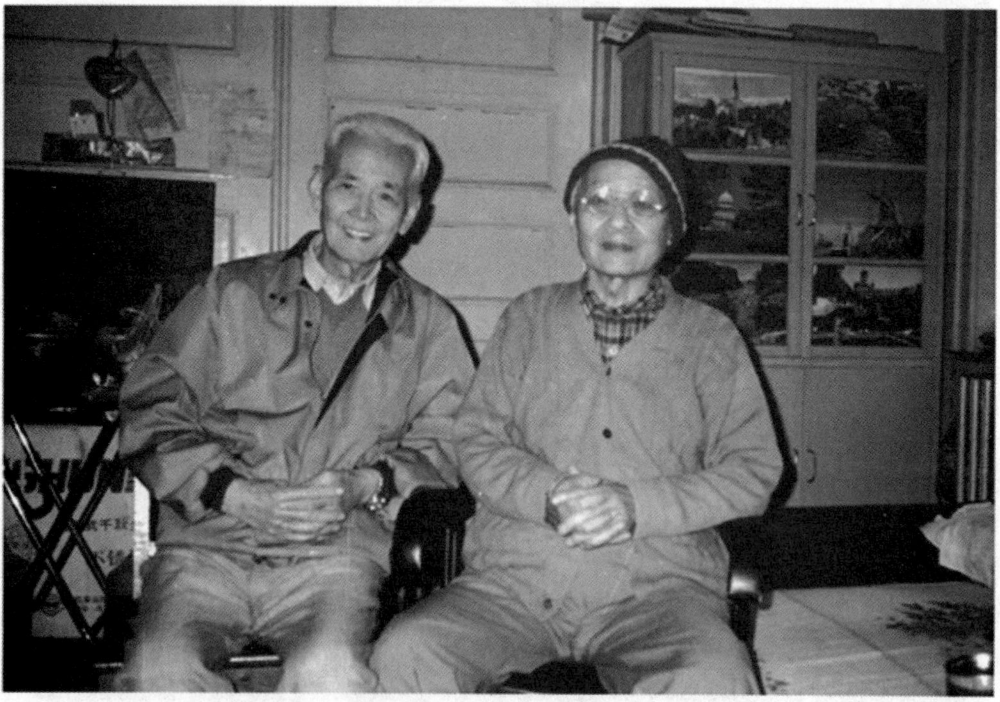

1994 年 5 月 20 日 与学生畜牧学家郑丕留（左）合影于北大燕东园 34 号家中

1991年清华大学80周年校庆于二校门

1990年5月北大燕东园34号小楼门前

1990年5月北大燕东园34号小楼门前

北大燕东园34号院内

1932年周先庚、郑芳于清华工字厅合影

1935年与在京的亲戚合影

（前排左起：郑佩亚、郑桐荪、郑桐荪夫人曹纯如；后排左起：郑葆、谢惠、周先庚、郑芳、郑重、程淑端）

1945 年周先庚、郑芳与孩子门在昆明胜因寺院内
[前排孩子左起：周文业、周广业、周明业，后排左起：周立业、周伟业（已病重）]

1949 年与柳亚子夫妇在颐和园佛香阁前合影
（前排左三起：周先庚、柳亚子夫人郑佩宜、柳亚子、郑芳、钮咏絮、郑芹；
狮子上左起：周广业、周文业、周明业）

1974年立业带三个孩子首次来京，8月18日与广业、明业、文业、治业在莫斯科餐厅会餐后到动物园商场合影唯一“全家福”照片（一排左起：魏欣来、赵晓、赵元周、周先庚、赵子周、周巧愚；二排左起：江小琼、周治业、周立业、周文业、周明业、周广业）

1989年3月与妻弟郑重摄于柳亚子女儿柳无非家中
［后面为妻妹郑芹长子、中科院动物所研究员汪松（曾获爱丁堡奖）
及夫人、中科院心理所研究员陈双双］

1980年9月13日 在东风市场五芳斋的家宴上与陈省身合影

1986年与周广业（中）、周文业（右一）、周治业（左一）摄于北大燕东园34号小楼

附录五 周先庚著作年表

1919 年

论礼让与竞争之得失（署名伏生） 《清华周刊》第 165 期
五四运动真正目的（署名伏生） 《清华周刊》第 178 期
新文学与旧文字（署名伏生） 《清华周刊》第 182 期

1920 年

读一九四期“实行集稿制期中之清华周刊”所生之意见
《清华周刊》第 196 期
“贱卖劣货!”与焚烧劣货 《清华周刊》第 197 期
电影加价的钱究竟作什么用了 《清华周刊》第 197 期
改良清华电影的发端 《清华周刊》第 198 期
事后该说的话 《清华周刊》第 202 期

1921 年

《骊骥自传》节译：我的训练 《清华周刊》第 207 期
学校里禁止换菜是否全无根据? 《清华周刊》第 207 期

1925 年

留国不留? 《清华周刊》第 342 期

1927 年

Trends in Chinese psychological interests *since* 1922
The American Journal of Psychology, 38 (3)
The Present Status of Psychology in China
The American Journal of Psychology, 38 (4)
America through Chinese eyes *Stanford Literary Magazine*, November

记一九二七年留美学生团及留美清华同学会西部团聚会《清华周刊》第 28 卷 13 期

1928 年

America through Chinese eyes　*Chinese Students'Monthly*, 24 (1)

A Chinese college life Ⅰ.　Alma Mater *Chinese Students'Monthly*, 24 (2)

1929 年

A Quadrant Tachistoscope forstudying the legibility of Chinesecharacters
Journal of Experimental Psychology, 12 (2)

Reading and legibility of Chinese characters: I. Influence of Reading—direction and characters—position upon speed　*Journal of Experimental Psychology*, 12 (2)

A multiple groove board for testing motor skill
Journal of Experimental Psychology, 12 (3)

A modification of the Dunlap chronoscope
Journal of Experimental Psychology, 12 (5)

A universal finger maze: The pattern box　Journal of General Psychology, 2 (4)

Reaction—keys and anew technique for reading—reactions
The American Journal of Psychology, 41 (3)

A Chinese college life. Ⅱ. A Summer Institute for Science Teacher
Chinese Students'Monthly, 24 (4)

Can you read upside down?　*Chinese Students'monthl*y, 24 (6)

为什么直读快　《清华周刊》第 457 期

1930 年

An automatic card feeder and catcher mechanism.
Journal of General Psychology, 3 (1)

"Tachistoscope" vs. "Bradyscope"
The American Journal of Psychology, 42 (2)

Gestalt in reading Chinese characters.　*Psychological Review*, 37 (1)

Reading and legibility of Chinese characters. II: Reading alf—characters
Journal of Experimental Psychology, 13 (4)

Reading and legibility of Chinese characters. III: Judging the positions of Chinese characters by American subjects　*Journal of Experimental Psychology*, 13 (5)

1931 年

Cinematography of psychologies *Psychological Review*, 38 (3)

Correction of reading and legibility of Chinese characters, I & II *Journal of Experimental Psychology*, 14 (3)

大学生的心理与心理学（敦福堂记录） 《清华周刊》第 35 卷 7 期

心理学的回顾 《清华周刊》第 35 卷 8/9 期

清华心理实验室 《清华周刊》第 35 卷 11/12 期

1932 年

Psychological laboratories in China *The American Journal of Psychology*, 44 (3)

“心理问答”报告（丕留记录） 《清华周刊》第 37 卷 12 期

评 Boring 著 *A history of experimental psychology*（与陈汉标合著） 《清华学报》第 7 卷 2 期

《初级心理实验》（与牟乃祚合著） 清华大学心理学系印

1933 年

1933—1. A modification of Ranschburg's exposure apparatus *Journal of General Psychology*, 9 (1)

1933—2. What is the curve of forgetting? *The American Journal of Psychology*, 45 (3)

1934 年

Maze-construction and the rolling—ball maze *Journal of General Psychology*, 11 (1)

A Water elevated maze *Journal of General Psychology*, 11 (1)

职业指导的价值（与程时学合译） 《教育与职业》第 154 期

学生颜色嗜好之调查（与陈汉标合著） 《教育与职业》第 157 期

学生“烦恼”与“心理卫生” 《中山文化教育馆季刊》第 1 卷 2 期

二十年来周刊变迁表（与潘如澍、李洪谟合制） 《清华周刊》第 41 卷 6 期

美人判断汉字位置之分析 《测验》第 2 卷 1 期

定县实验区学校式教育测验（与诸葛龙合著） 《测验》第2卷1期
国防设计与心理技术建设 《独立评论》第110期
英国十年工业心理技术建设之教训 《独立评论》第113期
心理学与心理技术 《独立评论》第116期
学术研究的途径 《独立评论》第126期
职业指导的重要 《独立评论》第130期
定县七年新法测验考试之实施及结果《民间半月刊 》 第1卷9期
平民识字的几个先决问题（与诸葛龙合著） 《民间半月刊》第1卷13期

农历年在民间的意义 《民间半月刊》第1卷19期

1935年

Reading and legibility of Chinese characters IV: An analysis of judgments of positions of Chinese characters by American subjects
Journal of Experimental Psychology, 18 (3)
General versus specific color preferences of Chinese students (with Han－Piao Chen)
The Journal of Social Psychology, 6 (3)
中国学生之普通的与特殊的颜色嗜好 《测验》第2卷2期
挂题测验法的初步报告（与诸葛龙合著） 《测验》第2卷3期
陆军士兵与平校学生智慧测验的统计报告（与诸葛龙合著） 《测验》第2卷3期
定县历年测验统计结果略述 《测验》第2卷3期
心理学之观点（陈汉标译） 《教育杂志》第25卷3期
应用心理学的史略及其最近趋势（与丕留合著）
《中山文化教育馆季刊》第2卷1期
心理学与“心理建设” 《中山文化教育馆季刊》第2卷2期
发展工业心理学的途径 《独立评论》第135期
男女判断三段论法的性别差异（与陈汉标、赵婉和合著）
《中华教育界》第32卷5期
大学生的训育问题 《独立评论》第165期
兴趣与职业 《独立评论》第137期
评 Morris S. Viteles 著 *Industrial Psychology* 《清华学报》第10卷3期
工业心理学之兴起及范围（与程时学合译） 《教育杂志》第25卷4期
定县历年测验成绩统计略述 《民间半月刊》第2卷12期
平教会施行的智慧测验 《民间半月刊》第2卷14期

农民千字课测验（诸葛龙编著，周先庚校订） 中华平民教育促进会

1936 年

Some comments on color preference of Chinese students

The Journal of Social Psychology, 7 (1)

中国工业心理学之兴起（与陈汉标合著） 《中国心理学报》第 1 卷第 2 期

第九级举行心理问答的初步报告（与陈汉标合著） 清华九级级刊 1 月

1937 年

Relative Neurotic tendency of Chinese and American students (with Ching—Yuan Mi)

The Journal of Social Psychology, 8 (2)

平绥铁路南口机厂考察后记（与陈立、陈汉标、郑沛曌合著） 未发表

平绥铁路南口机厂建议制度之试行（与陈立、陈汉标、郑沛曌合著） 未发表

平绥铁路南口机厂建议制度试行之结果报告（与陈立、陈汉标、郑沛曌合著） 未发表

平绥铁路南口机厂建议制度试行之简易报告（与陈立、陈汉标、郑沛曌合著） 未发表

1938 年

Anoptical illusion of personal magnetism

The American Journal of Psychology, Vol. 51 (3)

人之本性（评麦独孤著《社会心理学引论》） 《自由论坛》第 3 卷 1 期

1943 年

昆明中央电工器材厂工业心理讲习班演讲大纲 未发表

1944 年

论教育心理学之改造 《正义报》1 月 10 日

实验心理学与教育 《正义报》2 月 14 日

教育心理与心理教育 《正义报》2 月 28 日

心理技术与心理建设 《正义报》3 月 27 日

军官心理测验之商榷（署名伏生） 《扫荡报》3 月 13、20 日

论机关学术化　《扫荡报》3 月 19 日
机关学术化之途径　《扫荡报》4 月 11 日
四十年来中国心理学之回顾　《中央日报》5 月 27 日、6 月 3、9 日
又见于《教育通讯》复刊 1 卷 3 期
昆华师范三十七、八班毕业感言
昆明昆华师范学校范三十七、八班毕业同学录 6 月 2 日
心理服务　《云南日报》6 月 18 日
心理服务社缘起　《中央日报》6 月 24 日
战时中国心理学之动态　《扫荡报》7 月 7 日
心理学系课程之商榷　《中央日报》7 月 11 日
战时教师应有牧师传教之精神　《中央日报》8 月 26 日
寄语升学与就业青年　《中央日报》9 月 21、28 日、10 月 19 日
心理学与人事管理　《建国导报》13、14/15 期
交通与工业安全问题　《昆明中央日报》1944 年 11 月 27 日
论心理学为大学公共必修科之一　《中央日报》12 月 21 日
知识青年从军运动之心理基础　《云南日报》12 月 24 日

1945 年

知识从军与心理建军　《扫荡报》1 月 3 日
漫谈战时刊物　《文化青年》第 1 期
工商心理漫谈　《中国工商导报》第 6 期
军事心理与军事教育　《军事与政治》第 6 期
心理学与民主实验　《民主周刊》第 1 卷 8 期
《论情绪》（W. James 著，唐钺译，周先庚校阅）　商务印书馆
伞兵选拔测验简述（与曹日昌、丁瓒、赵婉和、马启伟、范准著）　未发表
军官心理测验总结报告（与林宗基、倪佩兰合著）　未发表
机关生产与生产机关（手稿）　未发表

1946 年

青年问题顾问处工作报告　《中央日报》1 月 5 日
青年问题顾问处工作检讨　《中央日报》1 月 26 日
天才是要发现的　《中央日报》4 月 28 日
天才是否样样都好　《民意日报》5 月 7 日

催眠术之历史与性质（广播稿） 昆明广播台 5 月 17 日
现代心理学自然是自然科学 《中央日报》6 月 30 日
被催眠会不会做出不道德的行为（广播稿） 昆明广播台 7 月 5 日
我们需要宗教及其他 《民意日报》8 月 4 日
人生四阶段 《平明日报》11 月 22、28 日
现代心理学之进化史（书评） 《平明日报》12 月 8 日
普通心理学应列为大学共同必修科 《教育通讯》复刊 1 卷 12 期

1947 年

心理学系研究生在大学中应有之准备（译） 《教育通讯》复刊 3 卷 11 期
论教育心理学之改造 《教育通讯》复刊 3 卷 12 期
哈佛大学之心理学及社会关系（译） 《教育通讯》复刊 4 卷 2 期
齐泮林著：《教育统计学》（书评） 《教育通讯》复刊 4 卷 7 期
工人心理考察：平绥铁路南口机厂试行建议制度初次简易报告
天津《民国日报》3 月 29 日、4 月 5 日
战斗员所应知道的心理学（周先庚、田汝康、戴寅等合译）
天津《民国日报》自 69 期起至 138 期，共载 70 期
青年心理之发展 天津《民国日报》5 月 31 日
心理学在军事上的应用 《北平时报》8 月 31 日

1948 年

工厂建议制度（上、中、下） 天津《民国日报》1 月 24、31 日、2 月 7 日
青年心理之发展 《民国日报》5 月 31 日

1953 年

《心理学》（上册，参编） 人民教育出版社
大脑皮层生理活动的研究（译自英文版的巴甫洛夫著作） 未发表

1954 年

《心理学》（陈选善，曹日昌，周先庚等编） 中南人民出版社
《条件反射演讲集：动物高级神级活动（行为）的二十五年客观研究》
（巴甫洛夫著）（中国科学院心理研究室译）（以周先庚的英译本为主参照俄文本译

成）　　人民卫生出版社

1955 年

《皮肤电反应》（译自 Ruckmick 原著）　　未发表

心理电反射（Woodworth 原著）　　未发表

心理电反射现象与托肯诺夫现象（Thouless 原著）　　未发表

1957 年

《谈天才》（与郑芳合著）　　中国青年出版社

创造性劳动的形成过程（与郑芳合著）　　《中国青年》第 5 期

谈独立思考（与郑芳合著）　　《中国青年》第 7 期

谈兴趣　　《中国青年》第 12 期

《应用实验心理学》（原著，译第 1 章绪论、第 2 章米一点小统计、第 10 章我们怎样执行动作、第 12 章工作布置、第 13 章工作与休息、第 14 章工作环境）　未发表

《情绪测量》（讲稿）（手稿）（1957 年—1958 年）　　未发表

1959 年

皮肤电反射》[魏赫斯娄（Wechsler，D）原著]　　科学出版社

皮肤电行为（Rothman 原著）　　未发表

条件反应与学习（赫加德、马奎斯著，第 8—13 章）　　未发表

心理学历史选读（Denner 原著，翻译 Helsulaly，Watson，Hunter，Cannon，Tesman，Kuhler 等人物）　　未发表

《现代心理学历史导引》（Murphy 原著，译 11、12、13、14、15、16、19、28 章）　　未发表

1962 年

谈记忆（与郑芳合著）　　《中国青年》第 7 期

新近苏维埃心理生理学中可以观察的无意识与可以推测的意识：内感受的条件联系建立，语义条件联系建立与定向反射（G. Razan 原著）　　未发表

情绪的认识（译自 Lindzey 主编 *Handbook of social psychology*）　　未发表

颜色与形状的美术（译自 Fryer 和 Henry 主编 *Handbook of applied psychology*）　　未发表

1964 年

北京大学哲学系心理专业关于皮肤电反射与生理心理学研究的经过和现状 未发表
情绪与人格，第二卷（译自 Magda. B. Arnold：Emotion and Personality Vol Ⅱ Neurological and Physiological Aspects）（手稿） 未发表

1980 年

《心理学纲要》（上册，主译） 文化教育出版社

1981 年

《心理学纲要》（上下册，主译） 文化教育出版社
《心理学实验方法》（审校） 科学出版社
《犯罪及其矫正》（审校） 北京心理学会

1984 年

《社会心理学》（审校序） 黑龙江人民出版社

1986 年

《军事心理学》（刘红松著）序 解放军出版社

1987 年

《心理学导论》（上下册，主译） 北京大学出版社

1988 年

必要的丧失（朱迪丝·维尔斯特著，张家卉等译、周先庚、王宁校） 北京大学出版社
照明、色彩与环境的科学化（F. Birren 著，徐德康、汪慧丽译，周先庚校） 新时代出版社

阎书昌 编写

附录六 回忆周先庚

一间教室引起的思念[①]

张世富[②]

云南师范大学校园东南角是我们敬仰的西南联大四烈士墓。在墓园大门的对面有一间西南联大保留至今的教室。每次看到这间教室，总引起我深深的思念。那还是1939年的事。这一年秋末，我作为联大心理学专业的新生找到了这间教室，这是联大心理系的办公室。教室的一半是一个小教室，另外一半是心理实验室。学生上课和自习，老师自修、实验、开会、办公都在这里。在这里，我第一次见到了系主任周先庚教授，而且，从此我在这间教室里度过了我的学习和研究生活。在当时的西南联大，心理专业与哲学专业合并在一起成为哲学心理系。但是，当时西南联大都习惯地称之为心理系，主要原因是那时心理专业的教师全部为清华大学心理系的，一些教学用的仪器也是辗转数千里从清华大学运来的。

现云南师范大学校内保留的联大教室

在这间教室里，担任心理专业主要课程的是周先生，他讲授普通心理学、心理学史、工业心理学，此外还主讲心理实验和高级心理实验。刚从德国留学归来的敦福堂教授也讲授心理实验课，对德国的完形学派讲解详尽，对德国的诸多心理学派介绍有独到之处。郑丕留先生主讲动物心理学，他的讲授内容十分丰富，极有启发性，让学生能自然地将心理学的一般规律与人的心理活动联系起来。他对动物的生理解剖尤为擅长。曹日昌先生当时是刚留在系里的青年助教，已在系里开课，这在当时的联大称之为教员。他也讲授普通心理学，他的课联系实际，生动活泼，对于探讨

① 本文原载云南时报2003年11月7日周末版。——编者注

② 张世富，男，1921年生，1946年毕业于清华大学研究院心理学部。昆明学院教育学科教研室主任，教授。中国社会心理学会常务理事，民族心理学专业委员会主任，国际跨文化心理研究会会员及特约研究员。——编者注

人的心理极有启发性。当然，给心理系学生上课的还有西南联大的许多老师，这里所说的几位老师都是在这间简陋的教室里上过课的。这间教室的窗子和屋顶四处透风，冬天很冷。于是我们便把教室里的椅子（即火腿椅）搬出来，晒着太阳上课。

新中国成立前，在抗战期间的昆明，物价时时飞涨，生活条件难以使人有最起码的温饱生活。这些老师都过着物质生活极为贫乏的苦日子，但他们都从真教学，努力工作并且坚持进修。他们的理论知识基础厚实，博学多才。周先生除了担任系里的工作外，还是任课最多的老师。郑丕留先生于1942年赴美留学，在动物生理解剖方面很有造诣，新中国成立后已是我国培育优良马品种的出色专家。曹日昌先生于1945年赴英留学，他在联大时即参加党的地下工作，在英国完成学业后在香港大学任教。新中国建立之初即从香港回京参加新中国建设工作。在香港时，他动员和组织不少爱国知识分子返回祖国投入革命工作。曹先生回国后，受党组织的委托筹备成立了中国科学院心理研究所。为此，他倾心尽力历经种种困难，最终建立了新中国第一个心理研究所。曹先生还编写并出版了《普通心理学》，这是一本很有价值的心理学专著。在新中国成立初期，这本专著对心理学的学习与研究起到了很大的推动作用。他为新中国心理科学研究基地的建立打下了良好的基础。此外，他还组织和聘请了一大批心理学工作者开展了许多有重大意义的研究。他为新中国心理研究的发展和强大付出了巨大辛劳、功不可没。最令人痛惜的是在“文化大革命”期间，敬爱的曹先生被“四人帮”迫害致死。

我最思念的周老师在我初进大学时引导我进入心理科学的大门。在大学毕业后，我考入了清华大学理科研究所心理学部读研究生，周先生又是我的导师。整整7年，他对我做了无数次指导讲话。在他每次的指导中，都蕴含着智慧、广博的知识与理论深度，讲到兴奋处，他常常会忘了吃饭。在周先生的引导下，我对心理学从无知到有所认识，之后又指导我在心理科学的广阔天地中进行不懈地探索。周先生于清华大学毕业后，曾赴美深造在斯坦福大学获得博士学位。他专攻实验心理学，也是我国较早研究工业心理学的心理学家。他的心理学理论知识不仅渊博，而且有其深入的思考和深刻的看法。

周先生一家五口，周师母虽然是燕京大学的高材生，但在抗战期间的昆明却找不到工作。周先生家中还有一个患慢性病的孩子，每月需大量的费用为孩子治病和养病。我们可以想象，在极度贫困的旧中国，周先生过的是很贫困的日子。我多次去周先生家，见到全家饭食简单清淡，常年是白菜挂帅。周先生瘦瘦的高个子，脸色又不见红润，嘴唇总略显苍白，显然营养不良。他一年到头穿着从北京带来的灰色西装上衣，冬天穿着灰色带格子的花呢大衣。在昆明期间再没见他穿什么新衣服。由于通货膨胀太猛，他的工资支付全家费用实在困难。周先生教学任务很重，系里的工作繁多，毕业生的论文他要细心详阅并提出意见。我的研究课题和论文都是在他多次指导下才完成的。虽然他身体欠佳，生活劳累，教学与教务工作很繁重，但他每次对我的研究提出指导意见时总是那么精神抖擞，滔滔不绝，就好像一位精力充沛的青年人。每一次这样的指导谈话后，我的心情是复杂的。我感谢他对我不知疲倦地精心指教，让我从中获益。同时又让我深感不安，他的担子如此繁重还要为我付出那么多的精力，我佩服他甘为孺子牛的精神和敬业的高尚情操。

他爱他的学生，关心他们的成长。在昆明期间，在他的教育和培养下，曹日昌留学英国，回国后为我国心理学研究的发展作出了巨大的贡献；李家治学长从昆明赴美留学，回国后在中科院心理研究所任研究员。他是研究人工智能颇享盛名的专家，也是在这个领域最早开展研究的知名专家。彭瑞祥学长在心理研究所是研究感知方面有所成就的研究员。同级学友马启伟是清华大学马约翰教授的儿子，他继承父亲的事业，从美国春田大学毕业后，在清华大学和北京体育学院从事体育教育工作。他潜心研究体育运动心理学，对体育运动心理研究做了许多出色的工作。他也是中国心理学会体育运动心理专业委员会的主任。林宗基学长在昆明考取留法公费生，回国后在北京师范大学等学校任心理学教授。同级学友李宗蕖在上海师范大学主讲儿童文学，他的讲授将心理学与儿童文学联系起来，很有造诣。

在读研究生期间，周先生对我严格要求，反复教导我要下功夫打基础，他常说这是清华的精神。这也就是说，基础越坚实，研究才越自如。至今他的话语仍在我的耳际回响：作学问要打好基础，作学问要实实在在、认认真真。有了基础，研究才有弄头。我牢记导师的教诲，因此，在近二十多年来从事教育心理和跨文化心理的研究中，我的研究成果受到国内外同行的重视。我三次应邀赴美国参加国际心理研讨会，一次赴澳大利亚参加国际心理学大会，一次作为中国代表团的成员到台湾参加国际心理学研讨会。此外，我还担任了中国社会心理学常务理事和民族心理学专业委员会主任。20 世纪 80 年代初，我在全国社会心理学大会做了跨文化心理学研究的专题报告。周先生坐在第一排的位子上十分专注于我的发言。我讲完后，他向我表示祝贺，并且连连点头说："好！好！可以再做下去。"二十多年来，我每次去北京开会都要去北大燕东园看望他，每次都长谈到很晚。一次我们的谈话从上午十点一直谈到次日凌晨两点，两人竟忘了吃饭，后来只买到两个麻花充饥。在谈话中，周先生关心我的跨文化心理研究，一再说这项研究很有意义。

我于 2002 年底终于完成了对西双版纳傣族自治州四个民族的跨文化心理的调查研究，并写成了论文《西双版纳傣族自治州四个民族的二十年跨文化心理研究》。这是周先生生前多次鼓励我做的研究项目。论文现已在我国心理学权威性学术刊物《心理学报》发表。

在完成这一课题后，我又一次走过这间教室，周先生讲课的声音、面貌和动作，特别是对我多次孜孜不倦指导的讲话都历历在目，宛如昨天发生的一样。

怀念我的导师周先庚教授①

王树茂②

1. 引言

"现代实验心理学家、中国社会心理学会顾问、北京大学心理系教授周先庚，因病于1996年2月4日在北京逝世，终年92岁。"《光明日报》这短短的一则消息也许不会引起很多人的注意，因为真正熟悉他的人并不是很多。然而他的确堪称我国实验心理学的一代宗师，他的逝世意味着心理学界一颗巨星的悄然陨落！

周先生逝世的消息令我潸然泪下，无限的怀念和对往事的回忆使我彻夜难眠。因为周先生是我在北大读研究生时的导师，是带我走上教授之路的领路人。1958年我进入北大心理学专业，周先生任我的实验心理学课教师，他渊博的学识和严谨的治学态度给我留下深刻印象。1963年我怀着对他的崇仰之情，考取了他的实验心理研究生，在他身边度过了千辛万苦、学有所成的三年时光。毕业近三十年来，每当我到北京，只要时间允许，都要去北大看望恩师。如今周先生永远地离开北大了。他给我留下的最后印象竟是去年秋天的一幕。那次见面，我已经看出他与前几年明显不同。已卧病多年的他，意识开始出现障碍，甚至一下子认不出我是谁，认出后又紧紧拉着我的手久久不让我走，一会说我又胖了，一会又问我最近在搞什么研究。我看到他的屋子里因为无人照料而一片狼藉，以及病榻旁一个自制的、可用手脚控制便能呼唤求助的装置……不免产生许多感慨。周先生却很乐观地说："医生说，我的心脏和血压都没事，一半会儿死不了。"但是，没想到春节还没有过，他就离开人世了。

2. 一位严师

60年代我读研究生时，总是非常努力地把学习和工作做得好上加好。其中一个最主要的原因是怕周先生不满意。这位终日板着面孔，从不在学生面前流露感情的严师，即使我做得再好，他也只是点一下头或轻轻嗯一声，使我总觉得自己还差一节，还需再努力。许多年以后，我终于深深地懂得了，先生是用另一种感情方式爱他的学生——倾注心血培育成材。那时候，我每周必得去见先生一次。想见，怕见，又不能不见。这位严师，每次留给我的作业都超过我已有的能力，目的是调动出我的潜能。还记得，刚一入学，他就把外语与专业结合起来训练我，每周要我读20页外文书，以后

① 此文刊载于《心理科学》1997年第2期。——编者注

② 王树茂，1938年生，1958～1963年就读于北京大学哲学系心理专业，后考取心理学家周先庚教授的研究生，1966年北京大学实验心理学研究生毕业。1985年晋升为研究员、教授，1989年被评为全国优秀教育工作者。从1992年开始享受国务院政府特殊津贴。1996年被评为首批辽宁省优秀专家。曾任沈阳教育学院、沈阳大学师范学院院长，沈阳市心理研究所所长，辽宁省委、省政府决策咨询委员会委员，沈阳市委、市政府决策咨询委员会委员，沈阳市社会科学联合会副主席，沈阳市心理学会理事长，美国心理学会（APA）国外会员，国际政治心理学会会员等。——编者注

又增加到 30 页。每次见面，头一件事就是听我复述这 20 页书的内容，哪里复述得出来呀，许多字词虽查了字典，仍不能把握它的确切含意，许多句子连不起来，逼得我一再加班加点。

周先生对学生的要求还不仅仅停留在了解和掌握书本知识上，他更重视学生的分析和综合能力的培养。他除了要我复述书的内容，还要我对书中的论述进行评价，甚至提出批评意见。我心里想，既然已成书，那就是言之有理，论之有序，怎能挑出毛病来。所以，每次见面，我总是不能使周先生满意，听他说的最多的词是“No!”，很少听到“Yes”或“Ok”。在一大串“No”之后，他就开讲了，而且讲起来就不停顿，使我一点喘息的空当也没有，那架式恨不得一个晚上让我尝遍他心中所有的心理学研究成果。面对我的这位严师，我只能全神贯注地去听、去理解，忍着不插嘴，忍着把一切思索都留到属于我的那六天中。

3. **热心科普工作**

在我毕业 19 年后，正值我国迎来科学春天的时候，我出版了第一本科普读物《心理学趣谈》。当我怀着忐忑不安的心情把此书寄给周先生时，真怕他又是毫不客气地给我一个“No”，但这次他却意外地给了我热情地赞赏。回信对我说：“这是一本真正的心理学科普著作。”先生的肯定，使我异常兴奋，更加坚定了我从事科普工作的信心。

周先生为什么对我那本小书如此赞赏？我想这与他一贯重视心理学科普工作有直接关系。早在 1943 年，他就在昆明开办了工业心理学讲习班，向大众传播心理学知识。1963 年他又与夫人郑芳合著了《谈天才》这本有名的科普著作。周先生常对我说，不要小看科普工作，如果我们这些专业工作者只注重研究，忽视向人民大众的普及和传播，“知识就是力量”就变成了一句空语。周先生热心科普事业对我有很大的影响。每当我的工作有了新的进展，都会收到来自先生的及时鼓励。至今我仍珍藏着先生用绝好的蝇头小楷写给我的每一封绝无潦草和疏漏的书信。也正是由于我长时间从事心理学的科普工作，才更深刻地理解了周先生所说的“科普工作并非易事，科普工作是一种‘变压’劳动，如同变压器把高压变成民用电才能为人民生活服务的道理一样，科普工作者是把高深的理论转换成能为大众所理解和接受的通俗知识，进而起到教育人民、提高民族文化素质的作用。”有人评价我的书是“化深奥为浅显而不舍其本，变乏味为有趣而不见其俗”。如果我写的科普著作真是这样的话，那也是得益于周先生的榜样力量。

4. **终生致力于应用研究**

周先生是一位实验心理学家。他极力反对把心理学关在书斋里。早在 1925 年，他就以汉字心理研究在国内颇有影响。1930 年，他在美国斯坦福大学获得博士学位后，从 1931 年回国开始，一直到 1937 年，他都在河北定县主持“年龄与学习能力关系的研究”，先后发表了“定县历年测验统计结果略述”、“定县七年新法测验考试之实施效果”，得出 7～70 岁受试者的识字能力曲线。这就是著名的“周先庚曲线”。他还多次主持了人格测验，军官、士兵选拔测验等应用性研究。我做研究生时，他不厌其烦地向我传授应用研究的过程和方法，并谆谆告诫我，只有掌握了这些方法，才能使心理学真正为社会主义建设服务。最后，他欣然同意我的研究生毕业论文选做应用研究。正是在周先生的支持下，我与中科院心理所和生理所的几位学长一起在西北进行了"高山缺氧对人的生理心理影响"的研究，为某钢铁公司的上马提供了心理、生理的科学数据，在应用研究领域迈出了可喜的第一步。近些年来，我特别注重结合我国改革开放、经济发展和社会稳定的实际，精心选择研究课题，因而倍受周先生的赞赏和鼓励。应该说，我的每一项研究成果，无不凝聚着先生的悉心指导和热情支持。

5. **严守职业道德**

周先生堪称德高望重的学者，他不仅在学术上成就卓著，而且更具有高尚的学术品格。从我成了他的学生的那一天起，他就告诫我："我们搞心理学研究的，不同于搞物理、化学、生物的，我们的研究对象是人，实验要遵循伦理原则。"并且不厌其烦地向我介绍他在美国留学时他的导师告诉他的，从事人的心理实验必须遵守的清规戒律和伦理信条。我至今仍清楚地记得周先生的教诲：任何时候任何实验，不仅绝对不可以给人的肉体和精神带来些许的伤害，而且也不能给被试者带来身体上任何的不适和心灵上的痛苦；不能把无劣迹的少年放到少年犯罪区去研究环境对人的影响；也不能把婴幼儿从养育的环境移至继养的家中，即使我们设想这种环境变化可能对孩子有利也是绝对不允许的。从事心理学研究的人，务必把尊重人放在第一位。周先生所讲的这些，其实是在给我上职业道德课，是他教书育人的生动而具体的体现。

周先生就是这样一个以知识、能力，令我尊敬仰慕的人。现在他已离开人世。他的离去，有一件让我想起来就觉得遗憾，有愧于周先生的事时常困扰着我。那就是我曾想在他的有生之年把他一生的研究成果编成《周先庚研究集》，一方面给我的老师以慰藉，一方面使周先生这位大师的学术思想得以传诸后人，有贡献于学术界。但是，由于一直没能筹得这笔巨资，终未能如愿以偿。昨夜梦中又见周先生孑然无助的目光，使我平添了无限的愧疚和惆怅。然而我，只能以此篇零星的回忆作为一束小花，祭献在周先生的灵前。

我景仰的导师周先庚教授[①]

王树茂

8月10日是周先庚教授诞辰110周年，作为周先生的弟子，因身在大洋彼岸不能参加有关的纪念活动，谨以下面的文字表达我对导师的怀念和崇敬之情。

濒岸的海水因其浅而喧声鼓浪，及至沧海深处其表面反愈宁静。岩丘兀立，易显秀色，大山绵亘，更藏雄浑磅礴。

与周先生在一起，我总是想到沧海，想到大山！

周先生是沧海，因为他有海一样宽阔的胸怀。记得，那还是“十年浩劫”后的一个春天，我专程去北京拜见久违整整十年的周先生。我静静地走在燕东园的小路上，昔日葱茏的绿色和花草已不复存在，一切都是那样的荒芜和杂乱，我的内心充满了忐忑和不安。见面之后，除了久别重逢的喜悦之外，我最想知道的是“浩劫的十年”，给周先生的身体和精神落下了哪些病残和创伤。所以，不时地询问他的血压、心脏怎样，睡眠如何，腿脚有何不便，等等，是想用心追寻他在“浩劫十年”的历史记忆。可是，令我心奇的是，他对此却十分淡定，对于那些惨无人性的批斗，以及在“五七干校”的牛棚折磨，不但没有丝毫的牢骚和怨言，反而带着些许兴奋忆起当年曾怎样春耕夏锄、秋收打场，喂猪割草，叙说着农村一件又一件勤劳朴实的故事。特别是因为周先生是搞实验心理学出身，心灵手巧，因而在“干校”还做过一段时间的木匠活。对此，他颇有几分乐道，以致后来曾多次与我谈起做“木匠”这个“俏活”。“浩劫的十年”，本该是他人生中最富创造活力、最有辉煌成就的时期。然而，他却被无休止地审查、批斗，到后来蛰居荒村的“干校”。对于这些，他不仅没有绝望和悲哀，而且至今仍能无怨无悔。用他自己的话说，在对待这些事情上，他遵循的是弗·培根的教诲，过去毕竟过去了，不忘旧怨只能枉费心力，我的眼睛始终是盯着现在和未来的。虽然“浩劫的十年”经受了精神和肉体的折磨，身居狭窄阴暗的茅屋，但他深知身安不如心安，心宽自然天地宽。谁能理解，一个哲思纷飞、才华横溢的心理学家，蒙种种磨难而又安心于寂寞荒村的事实呢？那是无可奈何的随遇而安吗？不，周先生之所以心安，是因为在他的内心深处有着矢志不渝的人生追求和坚强信念。就是在那种艰苦的乡野生涯里，他仍以他豁达的心胸，乐观的态度和惊人的毅力，读他“被获准”读的书，思考着世界心理学的流派和发展趋势，偷偷地写下他的所思、所想，他的精神世界是充实的，这也为他后来泉涌般的著述打下了坚实的基础。精神和肉体的折磨，茅屋陋室怎能锁住一个学者的深思和哲人的神思？他因“唯吾德馨”而心安。雨果说：“世界上

① 此文是作者为纪念周先庚先生诞辰110周年而作。——编者注。

最宽阔的是海洋，比海洋还宽阔的是天空，比天空更宽阔的是人的胸怀。”先生的胸怀确比海洋和天空还要宽阔！

说先生是沧海，还因为他的学识像海一样的浩瀚，他的思想像海一样的深邃。“十年浩劫”结束，我又重新开始了我的心理学研究。记得，1983年的初夏，我带着我的两位合作者美国心理学家去拜见周先生。那天，他的兴致非常高，犹如遇到了知音，与她们谈了许久，从他的留美学习生涯，谈到他的导师后来的著述，以及对美国心理学发展的影响；从当代美国心理学发展的状况，谈到当前所出现的一些值得关注的倾向性问题；从对某个流派的评价，谈到当代美国心理学科学研究前沿的状况和展望，等等，等等。周先生侃侃而谈，不时的转换话题，两位美国学者像学生一样，很少插话，一直在认真地做笔记，巨细不遗，好似以备过后再进一步消化理解。从周先生家里出来，两位美国学者一反刚刚的拘谨和少语，情绪异常高涨，豪不掩饰她们内心的喜悦和崇敬之情。一再表示，有幸在中国能见到如此杰出的心理学家，聆听教授的讲话，终生难忘，对于周先生纯熟的美式英语，对于他所言及的研究领域之宽广，思想之深刻，逻辑之严谨，用语之道地，倍加赞赏，十分折服。后来，两位学者不止一次地谈起，她们十分羡慕我能成为这样一位资深学者的弟子，为我感到庆幸和骄傲。

但是，每当我忆起周先生的聪慧天资和才华楚楚不凡时，内心总有一种难以言状的痛楚。从1952年的“院系调整”开始，直至“十年浩劫”的终了，在整整20多年的时间里，他的盖世才华却无处可施，甚至连自己的身世和人格都被弄得“浮石沉木，以直为曲”。原本踌躇满志，誓为心理学的研究大展身手的周先生，在这漫长的20多年时间里却成了沧海遗珠和有才无命之人。这对于中国心理学的发展，不能不说是个难以弥补的巨大损失，实在可惜，可悲！

周先生是巍巍高山，因为他有山一样崇高的精神境界和社会责任感。淡泊宁静，与世无争，“高山仰止，景行行止”，他的品德是有口皆碑，令人仰慕的。凡认识周先生的人，无不从其身上感受到“人生天地间，要做有益于世的”人生追求。令我至今记忆犹新的是，“十年浩劫”后，我重新开始了我的研究生涯，同美国心理学家合作开展的第一个跨文化研究课题是《中美大学生梦境的对比研究》。当我把有关这个研究课题的文献准备，研究方法和具体操作步骤等，一一向先生汇报时，他久久没有说话。突然间问道：“你为什么选择这样一个研究课题?”我如实地说了选题的初衷，鉴于当时正值改革开放的初期，对同外国学者合作开展心理学研究尚存种种疑惧，为稳妥起见，尽量避开比较敏感的课题。周先生听了之后，没再说什么，只是就样本的选择和问卷的设计等，讲了他的意见。但是，周先生说的“为什么选这个课题”，却常常在我耳畔萦回，一直不得其解。至到这个课题完成，我又有了新的选题时，我再次问起周先生。先生语重心长地说，“我不是反对你们的合作，也不是反对开展有关梦的心理学基础理论研究，何况开展跨文化的研究是当今世界心理学研究的一大趋势。我要说的是，在选题上要考虑是否有益于世，尽可能的考虑到社会需求，选题不仅要有理论意义，更要有实际应用价值。”“心理学的研究选题，不能到文献的狭缝里去找，而是要到社会的需求里面去找……。”这时我才恍然大悟。周先生所言绝非仅仅是个方法或个人偏好的问题，而是关乎到一个心理学家的社会责任和立德之本的原则问题。

周先生对我的这种教诲、嘱托和厚望，一直铭刻心间，催我奋进。20 年来，我的研究方向始终围绕改革开放的社会实践，尽管研究课题的难度之巨，研究领域的跨度之大，研究成果的可操作性要求之高，在这诸多挑战面前，我从未动摇过。我的一个又一个成果，受到省市领导的肯定和赞许，给了我很高的荣誉，并且在财力、人力和研究条件方面给予大力支持。如果说我围绕社会实践的需求开展的研究也有些许成就的话，那是与周先生谆谆教诲和殷殷忠告分不开的。

周先生是这样要求我的，他的一生正是这样做的，为我们后生树立了光辉的榜样。他一生中的重大研究成果，无一不是“有益与世”。1930 年先生获得美国史丹福大学的博士学位，回国后的第一个研究项目，便是在河北定县开展的《年龄与学习能力关系的研究》。此项研究一直做了 7 年，最后得出了 7～70 岁受试者的识字能力曲线；接下来便是到北京协和医院开展皮肤电的研究，该项研究成果被广泛运用于临床和司法部门；再后就是到北京南口机车厂开展职工合理化建议的心理学研究，以及有关伞兵选拔等一系列的心理测验研究。此外，先生还在河北定县，昆明等地开办心理学讲习班。正是这些如此跨度和涉及诸多学科的研究课题，充分展示了他坚实的功力，深厚的学养，以及终生致力于服务社会的追求和使命感。

这里还有一个插曲。当我把研究方向定位于为社会服务之后，出现了一个问题，我的多数成果虽然通过新华社的内部刊物，进入国家最高决策层的视野，有的国家领导人还对我的研究成果做了重要批示，然而我的研究成果却不能公开发表，更不能进行国际交流，直接影响到我的学术地位和知名度，以及国内外相关学术会议的参加。对此，我的怏怏不悦和抱怨情绪，曾在先生面前有所流露。他听了之后，对我狠狠地说了一句话：“不要去管那些，你做你应当做的就是了！”先生的告诫，犹如一付清凉剂，令我悟出了周先生与普通人的境界竟如此大相径庭，下决心抛弃原有的情结，默默地做着自己应当做的研究课题。周先生如此严肃认真的对待心理学研究选题，使我万分感动，从中窥见了他“不昧已心，不拂人情，不竭物力，只为天地立心，为生民立命，为后裔造福”的人生追求和坚定信念。

海纳百川有容乃大，壁立千仞无欲则刚，此亦先生之胸怀也。

周先庚先生是我真诚崇拜和仰慕的人。我崇仰他，宛如小溪之倾慕沧海，低丘之仰望泰岳。在他身上有我学不完的东西，不仅学他的治学，更多的是学他的做人。

2013 年 6 月 10 日于美国纽约

纪念我国工业心理学的开创者周先庚老师

凌文辁　方俐洛[①]

一、感谢

2013年是我国现代伟大的心理学家周先庚先生诞辰110周年。获悉周先生已被列入国家"老科学家学术成长资料采集工程"，而且是唯一入选的心理学家，我们的心情非常激动！可以说，这是记入中国心理学史的大事！因为它填补了我国心理学史的一些重要的空白，也是对周先生一生的公正评价。作为周先生的嫡系弟子，我们感到非常欣慰。广业兄率众弟兄与阎书昌、彭凯平、范庭卫、陈晶等专家全力以赴地投入到浩瀚的资料收集、整理和出版工作中，颇令人感动和敬佩。对此，心理学界的同仁和周先生的弟子们都会满怀感激之情，对你们及全体参与到这一抢救工程的同仁们表示衷心的敬意！

二、还历史一个公正

20世纪50年代末期，当我们跨入心理学这一行时，就明显地感觉到我国老一辈的心理学家被划为三、六、九等。随着时间的推移，我们发现不少被打入冷宫的心理学家曾经都有过辉煌的过去，甚至对我国现代心理学的引进和发展曾做出过开拓性的贡献，周先庚老师就是其中的一位典型代表。带着这种好奇，凌文辁在做大学毕业论文时，就特地选了周先生作自己的毕业论文的指导老师，而且是唯一选他做导师的学生。从此之后，凌就成了周先生家的常客。大学毕业后，直到周先生去世为止，在近34年里，我们是造访周先生家次数最多的学生。在他最后住院期间，据说许多人去看望，他都说不出他们的名字，但当他看到我们俩时，就能脱口叫出我们的名字，让同去的其他北大同学感到惊讶！那次也是我们与周先生见的最后一面，这一幕永远留在我们的脑海里。

随着对周先生的接触增多，我们一直有一个心结无法解开：为什么一位对我国工业心理学乃至心理学的各个方面都有卓越贡献的周先生在我国心理学史中却很少提及？

---

① 凌文辁，1941年生，1964年北京大学哲学系心理学专业毕业，暨南大学人力资源管理研究所所长、教授、博士生导师，中国社会心理学会副会长，中国心理学会常务理事，广东省社会心理学会会长，广东省心理学会副理事长。

方俐洛，研究员、博士生导师，1964年北京大学哲学系心理学专业毕业，1967年中国科学院心理研究所工业心理学研究生毕业。1982－1984年美国麻省理工学院（MIT）访问学者，全国政协委员，民革中央常委，全国妇联执委，中国心理学会理事。——编者注

湖南大学两位教授在国家自然科学基金资助下，写了一本《中国管理科学历程》，共有一千多页。在写到我国工业心理学的历程中，详细介绍了陈立先生的贡献，却只字未写周先庚先生的开创性贡献。这可能是他们在心理学史的文献中找不到有关周先生的资料。这是我国心理学界过去对周先生不公正的对待所造成的。

为了还历史的一个公正，凌文辁在2008年写了一篇《行为科学在中国》的文章，主要是给暨南大学应用心理学硕士生和组织行为与人力资源管理博士生讲课时，介绍我国行为科学发展的历史。在去一些大学心理系访问时，也作为讲演的内容。其中，在讲述我国行为科学和工业心理学的发展历史时，重点介绍了周先庚和陈立先生的贡献。由于手中缺乏有关周先生的全面资料，也无法详细地介绍他的更多贡献。但就我们对周先生的粗浅了解，就认定周先庚先生应是我国工业心理学的开创者。通过这次采集工程所挖掘出来的资料，完全可以弥补这一缺憾。周先生不仅在我国工业心理学的开创期进行了大量的系统研究，而且在心理学许多领域都有着卓越的贡献。这次国家“抢救”工程，周先庚先生被列为心理学家中的唯一采集对象是当之无愧的，从而还了周先庚历史的一个真实和公正。

三、周先生是我国工业心理学的开创者

工业心理学诞生于西方，1912年心理学家闵斯特伯格（Müensterberg，H. M）用德文出版了《心理学与经济生活》，1913年出版了英文版的《心理学与工业效率》。同在1912年，美国女心理学家莉莲·吉尔布瑞斯（LiLian，M. G.）出版了《管理心理学》。从而标志着工业心理学的诞生。

中国的工业心理学是从西方引进的。在引进的初期，首先是介绍国外的有关该学科的一些基本概念、研究对象和内容，以引起国人对该学科的兴趣，从而吸引更多的学者来研究它。但这些人往往只是宣传者，并不是真正的研究者和实践者。我国工业心理学的引进，最早是从职业指导和职业心理开始的。其中，中华职业教育社和《教育与职业》杂志起到了推动的作用。而一些著作的出版也起到了宣传普及的作用。例如，邹韬奋编译出版了《职业知能测试法》（1923年）、《职业指导》（1923年）、《职业指导实验》（1925年）、《职业心理学》（1926年）等四本书。稍后，随着科学管理的引进，介绍工业心理学的书籍陆续出版。如，高祖武翻译出版了莫斯西奥（Muscio，B）的《工业心理学浅讲》（1931），莫若强1932年出版了《科学管理之意义》，在书中涉及从事工业中“人的因素”，提出了在工业中如何发挥人的最大作用。该书所列的参考文献第一部就是莫斯西奥的《工业心理学报告集》（1917年出版）。

当时的一些心理学家如陆志韦、汪敬熙、唐钺、潘菽等人在开设应用心理学课中或在杂志上也介绍了心理与工业效率问题，提倡开展工业心理学研究的重要性。但他们都只是介绍和宣传者，并没有实际进行工业心理学的研究。最早在中国开创工业心

理学研究的是周先庚、陈立等人。而从事系列工业心理学研究的学者当数周先庚先生。

据不完全统计，周先生回国后，自 1934 年起发表有关工业心理的文章、论文和未公开发表的研究报告不下 20 篇。1935 年，周先生与刚回国的陈立先生合作，在南口机车厂进行“建议制度”（合理化建议，或提案制度）的试验。该试验研究延续到 1937 年，并由周先庚、郑沛畛、陈汉标三人完成了四篇研究报告。该项研究堪称中国工业心理学的开创之举，可与梅约（Mayo，G. E. 1880—1949）的“霍桑试验”开创“行为科学”新时代相比。实际上，抗日战争期间，周先生所从事的伞兵选拔测验和军官心理测验等都是人事心理学在军事领域中的应用，广义上也是属于工业心理学范畴。

以上历史事实表明，周先庚先生不仅最早从学术的角度将国外工业心理学的内容介绍到中国来，而且在国内最早开展并进行了工业心理学的系列实验研究，并留有系列的研究成果。因此，他对我国工业心理学发展的开创性贡献是不可磨灭的。

四、周先生对我国早期心理学的贡献

周先庚先生不仅对我国工业心理学的发展作出了开创性的贡献，而且对我国心理学诸多领域都作出了卓越的贡献。由于工科出身的背景，又在美国受到了严格的实验心理学训练，当他在攻读心理学硕士、博士时，为了实验研究的需要，曾对多种实验仪器进行了改造和设计。如，为了研究汉字而发明了“四门速示器”，从而成就了他对汉字心理的开创性研究成果。他设计的“通用型手指迷津”和“追求型迷津”可用于许多实验之中。这些心理学实验技术和手段的开发和研究，对实验心理学的发展作出了他人不可替代的贡献。

1931 年周先生回国后，在清华大学执教。1932 年参与了中华平民教育促进会在河北定县实验区的平民教育心理测验的研究。通过大规模的学习能力测验，获得了一条 7—70 岁被试者的识字能力曲线，被学界称之为“周先庚曲线”。这项研究在教育心理学史上也是空前的。

抗战期间，周先庚先生开创了我国军事心理学之先河。参与选拔中国伞兵的心理测验，完成了《伞兵选拔测验简述》，规划了空勤飞行人员心理分析研究方案；应军方邀请筹划创办了“军官心理测验所”，对受训军官进行心理测验并完成了《军官心理测验总报告》。他撰文呼吁要重视普及心理教育和心理建军，认为这是军事现代化的重要内容。这些观点对我国现代的军事心理学的发展都有启迪作用。

以上都是周先生对心理学具有开创性贡献的领域，其他如在普通心理、生理心理等领域也都有独到的见解。总之，像周先庚先生这样对我国早期的心理学发展作出如此多的创造性贡献的心理学家实属罕见。

五、学生眼中的周教授

在我们未进入北京大学前，对高等学府有一种神奇感。考入北大哲学系后，见到中国哲学泰斗、秃顶长须的冯友兰教授，穿着长袍拄着拐杖的铁钦纳的高徒唐钺教授，留着列宁式大胡子、年纪不老却拄着洋拐棍并西服革履的沈迺璋教授等，都增强了这种“晕轮效应”。对这些教授我们都怀着敬畏的心情而不敢靠近。但当我们遇见周先庚先生时，却是另外一种感觉。他穿着一身灰蓝色旧布中山装，戴着赵本山式的旧解放帽，骑着除了铃不响其他零件都响的破自行车。初见时还以为他是系里的工友呢！他给人的印象是和蔼可亲、平易近人，没有一点大教授的架子。从他朴实的外表中，人们不会联想到他曾是对我国的心理学作出过众多开创性贡献的大教授，因为当时没有人宣传他的学术成就，而只听说他有“历史问题”。那时，他是一位被遗忘的老人，但却是一个十分关爱学生的老师！

1963 年初，正赶上恢复研究生培养制度的第二年，党组织动员有条件的学生报考研究生。我们响应党的号召，向科学进军，献身祖国科学事业。离考试日期很短，我们利用寒假留在学校备考中科院的研究生，整天关在宿舍里不休息、不睡觉，临阵磨枪。有一天下午 5 时左右，有人敲宿舍的门，开门看是周先生。我们都很惊讶，周先生怎么知道我们寒假没有回家？而且还能找到我们的宿舍？只见到他从一个旧布袋里拿出一个铝饭盒，打开一看是一盒油炸春卷。在那困难的年代，我们这些穷学生天天都处于饥饿状态，一看到这从未吃过的油炸春卷，顿感饥肠辘辘。周先生说，赶快趁热吃，又问还有谁考研，凌文辁说，还有郭念锋。他连忙说，快叫他一起来吃！两人狼吞虎咽地每人大概吃了三根，虽然周先生一再催我们再吃，可我们不敢再吃了。因为在那个困难的年代，每人的粮食都是定量的。如果我们要都吃了，周先生就没得吃了，所以我们推辞说，吃饱了，够了！坚持不再吃了。

送走周先生后，我们才缓过神来，感激之情顿然而生。因为我们知道，在那个年代是没有人请客吃东西的，在大学和研究生期间从未听说过老师请学生吃过饭。可周先生却能把自己口粮省下来给我们考研的学生补一补营养，怎么能让我们不感动！周先生是把学生当成自己孩子一样爱护啊！

对学生的关爱还体现在周先生把学生的作业和写的稿子都认真批阅修改，学生的论文他都收藏保存。有时连学生都忘了自己还有这些资料。例如，当方俐洛第一次去周先生家拜访时，周先生马上就说出她父亲的名字，说你的父亲名方辰号旦明。因为在 20 世纪 30 年代，方俐洛的父亲曾在清华大学心理系进修过。周先生还从资料收藏箱中找出方俐洛父亲编写的一本《实验心理学》，这让方俐洛万分惊喜，连她都不知道父亲还写过这样一本著作。顿时，方俐洛热泪盈眶，连声感谢。这是周先庚老师送给方俐洛的最好最好的礼物！我们的毕业论文，周先生都收藏着。若没有这种对学生的爱心，是很难做到的。特别让人感动的是学生毕业后，周先生都能如数家珍一样说出每一位学生的名字，哪年入学，哪年毕业，甚至和谁结婚都一清二楚。周先生这种对学生的关爱，也影响着我们，当我们带学生以后，也像周先生一样，认真负责地对待学生，关爱他们。

六、老师教我做学问

凌文辁的大学毕业论文选择了周先生作指导老师，论文内容是关于高级神经活动与皮肤电方面的。因为只有凌文辁一名学生，所以周先生要凌文辁一周见他两次：一次到他家去，一次在实验室。起初，凌文辁很不适应他的指导方式，因为每次去他家时，他都海阔天空，滔滔不绝，跳跃式地转换话题，却很少涉及毕业论文的主题，时间一长凌文辁就不耐烦了。当时，陈仲庚老师也常去家请教周先生，有次在回校的路上，凌文辁就向陈仲庚老师诉说了他的苦恼，说每次来半天都没有收获，还不如自己去看资料呢。陈老师告诉他，周先生思维奔逸，天马行空，你要时常地提出自己的问题，把话题拉回来。另外，你要学会从周先生的跳跃式的言谈中，抓住他的思想火花，这可能对你是很有帮助的。在凌文辁以后的学术研究生涯中，特别体会到了周先生的创造性思想火花，非常具有学术的前瞻性。

改革开放以后，受到"文化大革命"严重摧残的心理学开始复苏。八十年代前期，我们留学回国后，开展了组织行为学和人力资源管理的研究。时常去看望已年过八旬的周先生，并向他汇报我们正在从事的研究。当他听说凌文辁在研究领导问题时，就说：好！领导选拔和培训对国家治理很重要，这是心理学对社会贡献价值的体现。为什么心理学在"文化大革命"中被取消？就是因为社会没有看到它的价值。当他听说我正在用我们自己的CPM理论和量表去给国家机关和大型企业的局（厅）处级干部进行测评、考核和选拔时，周先生说今后应将这种测评扩大到部级领导，甚至中央领导的选拔中去。凌说，我们还没有这种雄心壮志，要是能推广到局处干部的选拔中去就心满意足了。2000年前后，中组部成立了干部考核与测试中心和培训中心，表明党中央对这一问题的重视。周先生还希望我们能开展社会心理、政治心理、广告消费心理、军事心理等领域的研究。当听到方俐洛准备为中美妇女大会做一个中国妇女特质的调查时，周先生鼓励说：方俐洛你是全国政协委员、全国妇联执委，你要参政，还要带头把妇女心理学开展起来。周先生在谈每一个研究领域时，常常会有一些超前的创新思想。正是因为他有这种超前的创新意识，成就了他在20世纪30—40年代在众多学科领域的开拓性研究，并获得了创造性的成果。

在跟周先生做大学毕业论文时，每周要有半天必须到实验室去与周先生见面。他搬出30年代从美国购回来的老仪器，让我熟悉这些仪器的性能和操作手法。这些30年代的老古董早已过时，还让我花时间去摆弄，实在感到浪费时间。有一次我实在忍不住，就非常不耐烦地对周先生说：我现在做论文的时间那么紧，您还让我花这么多时间来搞这些与做论文无关的老仪器，这不是浪费时间吗？周先生看到了我的不耐烦，就给我上了一堂永远让我记住的课!

周先生心平气和地对我说，有两种导师：一种是自己学问做的很好，没有时间去管学生，他只给学生提出要求，不教你如何做，你完不成任务，达不到他的要求，他就不理你了。还有一种导师，会认真指导学生从基础一步一步地学做学问。周先生谦虚地自认为是后者。他说做学问要打好基础，我让你熟悉这些仪器，就是让你知道做学问必须从最基础做起，就像做生物化学实验，一定要学会把试管刷干净一样。基础的东西没有做好，后面的研究就有可能都是建立在错误基础上的。做学问可不能浮躁啊!

当时，我并不太理解周先生这番教诲的真谛，但当我自己从事一段时间科研工作后，我才真正从周先生的教诲中体会到做学问必须要从基础做起的重要性。首先要掌握基础知识和方法，一步一个脚印，不能投机取巧，不能浮躁，不能高傲自大。做学问如做人，科学家是老实人，不能招摇撞骗，要耐得住寂寞和清贫，经得住金钱名利的诱惑。周先生的教诲影响着我的一生。我现在给博士生、硕士生上的第一课，就是要做好学问，就必须要先学会做人，在做学问中学做人。我自己也学着像周先生那样真心地去关爱学生，认真地阅读和修改学生的论文，和他们一起讨论学术问题。从与学生们的互动中，我也学到了许多新的东西。我虽年过七旬，学术兴趣却依然很浓，这都归功于周先生对我的学术启蒙。因此，周先生不仅是我国著名的心理学家，而且是一位伟大的教育家。许多著名学者，如张明觉、曹日昌、马启伟、郑丕留、林传鼎、张世富、李家治、田汝康、徐联仓等以及新中国成立后北京大学心理系的大部分教师都是周先生培养出来的学生，他们都为我国现代心理学的发展做出了自己的贡献。因此，周先庚先生是当之无愧的我国心理学大师。

2013 年 2 月于广州暨南花园

后 记

2013年8月10日是父亲心理学家周先庚诞辰110周年，文集编委们历经两年多的努力，《周先庚文集》卷一、卷二终于编辑完成，即将由中国科技出版社出版，兴奋和感慨真是难于言表！

《周先庚文集》能够问世，首先是因为父亲一生写有大量的文章和著作留存，尤其新中国成立前的大多数文章和论文都很少为世人所知；其二是父亲一生有极其认真执着地保存各种资料、手稿和书信的习惯；第三是改革开放以来，对历史的评判更为客观，困扰父亲后半生的所谓“历史问题”，实际上是对抗战和我国军事心理学作出的贡献，因而重新评价周先庚已成为可能；第四是阎书昌老师等国内心理学史研究工作者们对周先庚的生平学术成就和著作正进行深入的研究。

父亲1996年2月以93岁高龄去世后，我们把父亲保存了几十年的珍贵资料分别捐给了清华和北大档案馆，清华整理为117盒（470件），北大整理为87盒（555件），但多年没有被利用。2011年11月河北师大教育学院阎书昌副教授来信问询周先庚的资料情况，他已研究周先庚两年多，周广业立即给他发去了有关资料，并告知想编文集的打算，他十分赞成，表示将全力给予支持，并发来了他花费多年心血收集整理的“周先庚著作年表”。阎书昌老师专门研究中外心理学史，2009年他从网上购买到了一份美国著名心理学家莫里（Murray）1947年底和周先庚的英文来往信件。阎书昌在从事心理学史研究的过程中，从来没有听说过莫里来过中国，觉得其中必有文章，于是开始查找资料研究这段历史，因此开始深入研究父亲的生平，并与陈晶一起撰写了一系列文章在海内外发表。

2012年初，《周先庚文集》编委会成立，由张侃先生（第三世界科学院院士、中国心理学会原理事长、心理所原所长）担任顾问，阎书昌和周广业（周先庚长子、清华大学原生物系教授，已退休）任主编，编委还有彭凯平（清华大学教授、心理系主任，1983年北京大学心理系毕业后曾任周先庚助手）、周文业（周先庚次子、首都师范大学高工，已退休）、范庭卫（苏州大学心理系副教授）、陈晶（心理学博士、中科院心理所图书馆馆长）。

2012年8月在心理所由张侃先生主持召开了“中国心理学会和心理所关于纪念周先庚先生诞辰110周年出版周先庚文集工作会议”，对文集的出版和110周年纪念活动安排作了初步的布署，确定文集由中国科学技术出版社出版。9月召开了第一次编委会会议，根据阎书昌、范庭卫、陈晶和广业收集的资料，确定了文集的文章分类和编排。2012年底高云鹏老师参加了编委会，他1960年于北京大学哲学系心理专业毕业后留校，是父亲的第一位也是唯一一位助教，编辑过多本心理学教材，经验丰富，对周先庚也十分熟悉和了解，他参加编辑工作对文集的整理和编辑都有很大帮助，为文集挑选了一批新增重要文献。

《周先庚文集》的主要内容涉及理论心理学、实验心理学、教育心理学、工业心理学、军事心理学、青年心理和心理学教学与普及。在散论部分还收集了周先庚青少年时代发表在《清华周刊》上的12篇文章，这些都是十分珍贵的历史材料，从中可以看到父亲的成长历程。关于周先庚先生生平学术资料的介绍，可参见文集第二卷末的附录，阎书昌和陈晶撰写的论文“周先庚教授生平简介和主要学术成就”。

父亲生前留下的档案资料非常丰富，由于时间紧迫，目前只出版了卷一、卷二，是按照分类排列，在每类之下再按照时间排序。这两卷主要收入的是公开发表的中、英文文章和硕士博士论文，有少量未发表的手稿。父亲还留下大量的译稿、书信和笔记日记，我们初步计划再继续整理编辑卷三、卷四。

《周先庚文集》篇幅很大，缺乏经费，我们先后找过多家出版社，都由于经费等原因而没有成功。2012年底，由于父亲生前保留的大量档案资料对于我国心理学史研究极为珍贵，而有幸特批进入国家“老科学家学术成长资料采集工程”，经采集工程专家组组长张藜研究员建议，尤其是得到中国科协王春法书记的大力支持，苏青社长亲自决定由中国科学技术出版社出版全套《周先庚文集》，我们谨向中国科协和中国科学技术出版社致以由衷的敬意和感谢！

《周先庚文集》卷一、卷二得以出版，还要感谢各方面人士的大力支持：

张侃先生很早就指出出版《周先庚文集》是中国心理学界的一件大事，对文集的整理出版倾注了很大心血，我们遇到问题首先请教张先生，他都及时给予指导和建议。彭凯平系主任曾任父亲的助手，对父亲非常有感情，他在几年前就提出要出版《周先庚文集》，一直全力支持文集的出版。

父亲的学生、我们家的老朋友、北大心理系许政援教授高度重视保存父亲的档案资料，嘱咐我们这是心理学界的宝贵财富，并不顾体弱多病花半年多时间，亲自整理入档周先庚资料；清华档案馆的沙俊平老师不仅花大量时间整理入档了一百多盒档案，并复制了全部手稿，两年来更是不厌其烦地协助我们查阅这些档案资料，他（她）们的工作默默无闻，但意义深长，令我们十分感动。

我们要感谢清华档案馆老馆长白永毅，现任校史档案馆馆长顾良非、副馆长金富军，北大校史档案馆馆长马建钧、副馆长刘晋伟和李向群老师等的大力支持。

我们要感谢清华大学心理系樊富珉副系主任、钱静老师和三年级全班同学，他们热情地帮助校对了父亲的硕士博士论文英文稿。

还要感谢父亲的老学生王树茂先生和凌文辁、方俐洛夫妇，他们饱含深情撰写了纪念文章；还有徐联仓、季楚卿夫妇、姜德珍、李卓宝、沈德灿（已故）等老师对文集的关心和支持。

当今心理学界元老、86岁的张厚粲教授亲自为文集撰写序言，88岁的孙昌龄先生协助反复修改，特向他们两位老前辈致以衷心的感谢。

中国科学技术出版社许慧副主编精心组织文集的出版工作，周晓慧、韩颖等责编更是仔细辛苦地校对与编辑，没有她们的努力文集也不可能出版，我们全体编委和家属向她们致谢！

文集整理、编辑工作主要由阎书昌、周广业和周文业负责。阎书昌负责文集文章分类、总编与总校；周广业负责联系出版社、两校校史档案馆和资料的收集；周文业负责全书的策划、编辑、校对和排版；大姐周立业在山西太原，身体不好，我们曾去太原告知文集整理编辑情况，有不清楚的问题还要问她；周明业身体也不太好，但非常关心和支持文集的编辑和出版；小弟周治业在湖南长沙，为文集编辑提出了很多很好的建议，还专程来京参加扩大的编委会会议。

《周先庚文集》卷一、卷二终于出版，由于我们的专业都不是心理学，编辑经验不足，父亲档案资料规模庞大，整理起来非常吃力，时间又十分仓促，文集中难免出现一些问题、遗漏和错误，欢迎各位读者和心理学界人士不吝赐教。

周广业、周文业

2013 年 8 月 3 日

联系方式：周广业：电话 13661022703，电子邮件 zhougy@tsinghua.edu.cn

周文业：电话 010－68903205，电子邮件 zhouwy1945@126.com